"十二五"普通高等教育本科国家级规划教材

住房和城乡建设部"十四五"规划教材

教育部高等学校工程管理和工程造价专业教学指导分委员会规划推荐教材

工程项目管理

（第六版）

丛培经　赵世强　主　编

曹小琳　贾宏俊　副主编

成　虎　主　审

中国建筑工业出版社

图书在版编目（CIP）数据

工程项目管理/丛培经，赵世强主编；曹小琳，贾宏俊副主编. —6 版. —北京：中国建筑工业出版社，2023.8（2025.2 重印）

"十二五"普通高等教育本科国家级规划教材　住房和城乡建设部"十四五"规划教材　教育部高等学校工程管理和工程造价专业教学指导分委员会规划推荐教材

ISBN 978-7-112-28923-3

Ⅰ. ①工…　Ⅱ. ①丛… ②赵… ③曹… ④贾…　Ⅲ. ①工程项目管理-高等学校-教材　Ⅳ. ①F284

中国国家版本馆 CIP 数据核字（2023）第 128812 号

本教材以培养学生具有工程项目管理知识和能力为目标，全面地、系统地讲述了工程项目管理的理论、方法和实务。工程项目管理包括建设项目管理、设计项目管理、施工项目管理和工程咨询（监理）等，本教材以施工项目管理为主。全书分为九章：工程项目管理概论，中国工程项目管理相关制度，施工项目管理，流水施工方法，工程网络计划技术，施工组织设计编制，施工项目目标管理，施工项目过程管理，工程项目收尾管理。书后附有各章思考题、作业题和课程设计任务书及指导书，便于培养学生独立思考和实际操作能力。

教材吸收了国内外工程项目管理科学的传统内容和最新成果，紧密结合我国建筑业、建筑施工企业和工程建设改革实践，内容丰富，系统性和实用性强，可作为工程管理和工程造价专业的教材，也可供土建类其他专业作为学习工程项目管理的教材，还可作为建造师、项目经理、工程技术人员和工程管理人员学习工程项目管理知识、进行工程项目管理工作的参考书籍。

为更好地支持相应课程的教学，我们向采用本书作为教材的教师提供教学课件，有需要者可与出版社联系，邮箱：jckj@cabp.com.cn，电话：（010）58337285，建工书院 https://edu.cabplink.com（PC 端）。

扫描二维码可获取思考题提示、作业题参考答案和施工组织设计实例。

参考答案与实例

责任编辑：张　晶　向建国
责任校对：张　颖

"十二五"普通高等教育本科国家级规划教材
住房和城乡建设部"十四五"规划教材
教育部高等学校工程管理和工程造价专业教学指导分委员会规划推荐教材
工程项目管理（第六版）
丛培经　赵世强　主　编
曹小琳　贾宏俊　副主编
成　虎　主　审

*

中国建筑工业出版社出版、发行（北京海淀三里河路 9 号）
各地新华书店、建筑书店经销
霸州市顺浩图文科技发展有限公司制版
天津安泰印刷有限公司印刷

*

开本：787 毫米×1092 毫米　1/16　印张：26　字数：647 千字
2024 年 1 月第六版　　2025 年 2 月第二次印刷
定价：**65.00** 元（赠教师课件）
ISBN 978-7-112-28923-3
（41643）

教材编审组名单

编 写 成 员：丛培经　北京建筑大学

赵世强　北京建筑大学

曹小琳　重庆大学

贾宏俊　山东科技大学

穆静波　北京建筑大学

王炳霞　北京建筑大学

陈立军　中国建筑业协会

张义昆　北京城建集团

教 材 主 审：成　虎　东南大学

课 件 制 作：花园园　北京建筑大学

朱维娜　北京建筑大学

出 版 说 明

党和国家高度重视教材建设。2016 年，中办、国办印发了《关于加强和改进新形势下大中小学教材建设的意见》，提出要健全国家教材制度。2019 年 12 月，教育部牵头制定了《普通高等学校教材管理办法》和《职业院校教材管理办法》，旨在全面加强党的领导，切实提高教材建设的科学化水平，打造精品教材。住房和城乡建设部历来重视土建类学科专业教材建设，从"九五"开始组织部级规划教材立项工作，经过近 30 年的不断建设，规划教材提升了住房和城乡建设行业教材质量和认可度，出版了一系列精品教材，有效促进了行业部门引导专业教育，推动了行业高质量发展。

为进一步加强高等教育、职业教育住房和城乡建设领域学科专业教材建设工作，提高住房和城乡建设行业人才培养质量，2020 年 12 月，住房和城乡建设部办公厅印发《关于申报高等教育职业教育住房和城乡建设领域学科专业"十四五"规划教材的通知》（建办人函〔2020〕656 号），开展了住房和城乡建设部"十四五"规划教材选题的申报工作。经过专家评审和部人事司审核，512 项选题列入住房和城乡建设领域学科专业"十四五"规划教材（简称规划教材）。2021 年 9 月，住房和城乡建设部印发了《高等教育职业教育住房和城乡建设领域学科专业"十四五"规划教材选题的通知》（建人函〔2021〕36 号）。为做好"十四五"规划教材的编写、审核、出版等工作，《通知》要求：（1）规划教材的编著者应依据《住房和城乡建设领域学科专业"十四五"规划教材申请书》（简称《申请书》）中的立项目标、申报依据、工作安排及进度，按时编写出高质量的教材；（2）规划教材编著者所在单位应履行《申请书》中的学校保证计划实施的主要条件，支持编著者按计划完成书稿编写工作；（3）高等学校土建类专业课程教材与教学资源专家委员会、全国住房和城乡建设职业教育教学指导委员会、住房和城乡建设部中等职业教育专业指导委员会应做好规划教材的指导、协调和审稿等工作，保证编写质量；（4）规划教材出版单位应积极配合，做好编辑、出版、发行等工作；（5）规划教材封面和书脊应标注"住房和城乡建设部'十四五'规划教材"字样和统一标识；（6）规划教材应在"十四五"期间完成出版，逾期不能完成的，不再作为《住房和城乡建设领域学科专业"十四五"规划教材》。

住房和城乡建设领域学科专业"十四五"规划教材的特点，一是重点以修订教育部、住房和城乡建设部"十二五""十三五"规划教材为主；二是严格按照专业标准规范要求编写，体现新发展理念；三是系列教材具有明显特点，满足不同层次和类型的学校专业教学要求；四是配备了数字资源，适应现代化教学的要求。规划教材的出版凝聚了作者、主审及编辑的心血，得到了有关院校、出版单位的大力支持，教材建设管理过程有严格保障。希望广大院校及各专业师生在选用、使用过程中，对规划教材的编写、出版质量进行反馈，以促进规划教材建设质量不断提高。

住房和城乡建设部"十四五"规划教材办公室
2021 年 11 月

序　言

教育部高等学校工程管理和工程造价专业教学指导分委员会（以下简称教指委），是由教育部组建和管理的专家组织。其主要职责是在教育部的领导下，对高等学校工程管理和工程造价专业的教学工作进行研究、咨询、指导、评估和服务。同时，指导好全国工程管理和工程造价专业人才培养，即培养创新型、复合型、应用型人才；开发高水平工程管理和工程造价通识性课程。在教育部的领导下，教指委根据新时代背景下新工科建设和人才培养的目标要求，从工程管理和工程造价专业建设的顶层设计入手，分阶段制定工作目标、进行工作部署，在工程管理和工程造价专业课程建设、人才培养方案及模式、教师能力培训等方面取得显著成效。

《教育部办公厅关于推荐2018-2022年教育部高等学校教学指导委员会委员的通知》（教高厅函〔2018〕13号）提出，教指委应就高等学校的专业建设、教材建设、课程建设和教学改革等工作向教育部提出咨询意见和建议。为贯彻落实相关指导精神，中国建筑出版传媒有限公司（中国建筑工业出版社）将住房和城乡建设部"十二五""十三五""十四五"规划教材以及原"高等学校工程管理专业教学指导委员会规划推荐教材"进行梳理、遴选，将其整理为67项，118种申请纳入"教育部高等学校工程管理和工程造价专业教学指导分委员会规划推荐教材"，以便教指委统一管理，更好地为广大高校相关专业师生提供服务。这些教材选题涵盖了工程管理、工程造价、房地产开发与管理和物业管理专业主要的基础和核心课程。

这批遴选的规划教材具有较强的专业性、系统性和权威性，教材编写密切结合建设领域发展实际，创新性、实践性和应用性强。教材的内容、结构和编排满足高等学校工程管理和工程造价专业相关课程要求，部分教材已经多次修订再版，得到了全国各地高校师生的好评。我们希望这批教材的出版，有助于进一步提高高等学校工程管理和工程造价本科专业的教学质量和人才培养成效，促进教学改革与创新。

教育部高等学校工程管理和工程造价专业教学指导分委员会

第六版前言

　　《工程项目管理（第五版）》出版到现在已经六年多了，六年间，中国的工程建设突飞猛进，工程项目管理水平也有很大发展，因此，作为普通高等教育本科国家级规划教材的《工程项目管理（第五版）》，必须与时俱进，跟上发展变化的形势进行修订，以更好地适应工程管理专业教学对这门主干课程的需要。

　　为了使本教材水平进一步提升，我们成立了以北京建筑大学赵世强教授为组长的编写组。组员有北京建筑大学的丛培经教授、穆静波教授和王炳霞副教授，重庆大学的曹小琳教授，山东科技大学的贾宏俊教授，中国建筑业协会工程项目管理与建造师分会的陈立军高级工程师，北京城建集团的张义昆高级工程师。大家分工修改补充，最后由赵世强教授统稿并进行适当补充。各位教师都有工程项目管理的相关研究成果及专著，以及丰富的教学经验；两位高级工程师都是优秀的工程项目管理专家和领导者。这样就在组织上为第六版修订的成功奠定了基础。

　　与第五版比较，第六版教材的主要变化有以下五点：

　　（1）增加了国内外工程项目管理领域的最新发展成果。根据六年来工程项目管理最新发展，每章均安排了两位编写组成员，各自独立地对自己分工的任务予以完善更新。

　　（2）强化了我国工程项目管理发展相关制度和创新。本版在涵盖国际工程项目管理知识体系的基础上，强化了中国工程项目管理理论与实践的介绍。除第二章冠以中国工程项目管理相关制度外，第六章更是专章阐述施工组织设计（项目管理实施规划）编制。

　　（3）调整了教材结构体系。与第五版相比，原第一章分为现第一、二两章；原第五、六章合并为现第六章；原第七章分为现第七、八两章。这使得第六版形成了脉络清晰的三个模块，工程项目管理理论（第一、二、三章）、方法（第四、五、六章）和实务（第七、八、九章），教材结构体系更趋于合理，各章篇幅也更为均衡。

　　（4）形成了中国特色的工程项目管理知识体系。基于中国工程项目管理制度和实践基础上工程项目管理理论、方法和实务模块的成型，显示了中国特色的工程项目管理知识体系的初步形成。

　　（5）添加了新的教学资料和教学资源。第六版教材将思考题提示、作业题答案和施工组织设计实例用二维码的方式附于书中，方便教师和学生查阅，有助于教学效果提升。

　　本教材的编写得到了北京建筑大学城市经济与管理学院党政领导的大力支持，花园园和朱维娜两位教师制作了精美适用的课件，在此深表谢忱；感谢东南大学成虎教授对本教材进行主审；感谢20多年来所有支持、使用和关心本教材的学校、教师、学生和广大读者；感谢编写组全体成员对本版教材编写付出的辛勤劳动！感谢中国建筑工业出版社领导和编审对本教材的编辑、出版、发行和使用信息收集付出的大量辛勤劳动，使本教材的质量不断提高，应用范围持续扩大。欢迎广大读者对本版教材的不足之处提出批评和改进建议，以达不断提高教学质量之目的。

丛培经

2023 年 3 月

第五版前言

《工程项目管理》教材自 1997 年出版以来，历经 20 年，根据学科发展和专业教学的需要，曾于 2003 年、2006 年和 2012 年三次改版，使其质量不断提高，适用性越来越好，长期受到各有关高等学校师生和广大读者的欢迎，成为常销教材，其第四版于 2014 年被评为"十二五"普通高等教育本科国家级规划教材。

第四版出版五年来，与本教材有关的客观变化主要是《建设工程项目管理规范》、《建设工程监理规范》、《建设工程施工质量验收统一标准》、《工程网络计划技术规程》等许多标准性文件再次修订出版。编写第五版除了要贯彻新标准外，还有四个目的：一是"瘦身"，使教材更加精炼，减轻教师与学生的负担；二是利用"思考题和作业题"为教与学提示重点内容；三是利用作业题和课程设计题为培养学生的独立思考能力和实践动手能力提供更多条件；四是为使教材更加完善而补充一些新的内容。根据以上目的，第五版教材在坚持第一版的宗旨和二、三、四版的改进成果外，主要变化有三点：

第一，贯彻了许多新的标准化文件；

第二，取消了第四版的全部附件，以达到瘦身的目的，让学生于课外学习有关规范和文件，在大量成功的施工组织设计案例中自选中意的学习内容。

第三，增加了附件一"思考题和作业题"、附件二课程设计题。这两部分供学生结合实际，抓住重点内容，培养思考能力、课外自学能力和组织施工的实践动手能力。

因此，第五版教材的最大特点是，有利于学生全面学习工程项目管理知识，在学习时把握重点，独立思考，融会贯通，避免死记硬背；让学生多看参考资料并结合实际进行学习，以成为掌握理论知识、实践知识和具有动手能力等真实本领的工程项目管理人才。

参加本版修订的有：重庆大学曹小琳教授、山东科技大学贾宏俊教授、西安建筑科技大学张书行教授、北京建筑大学赵世强教授、穆静波教授和王炳霞副教授、北京城建集团张义昆高级工程师、中国建筑业协会工程项目管理委员会陈立军高级工程师。在此我对各位编写老师、使用和支持本书的相关学校师生及社会同行、中国建筑工业出版社的责任编辑和有关人员，表达诚挚的感谢。希望大家把使用本教材时发现的问题及时反馈给我们，以便抓紧改进，确保教学质量。

丛培经

2017 年 2 月

第四版前言

《工程项目管理》教材是主编人在1997年根据"全国高等学校建筑与房地产管理学科指导委员会"讨论通过的工程管理专业工程项目管理教学大纲编写的,目的是为工程管理专业提供一部专业主干课程教材,培养学生掌握工程项目管理的理论和方法,具有建设工程项目管理知识,具有进行施工企业项目管理的能力,具有从事建设工程项目管理的初步能力,具有有关其他工程实践的能力。

本书成书后,于2003年出版了修订版,2006年出版了第三版。第三版出版5年以来,又产生了许多变化,由于以下原因需要出版第四版。

第一,实施了一些与本书有密切关系的新的标准和规范,包括:《质量管理体系　基础和术语》GB/T 19000—2008/ISO 9000:2005,《质量管理体系　要求》GB/T 19001—2008/ISO 9001:2008,《建筑施工企业质量管理规范》GB/T 50430—2007,《网络计划技术　第2部分:网络图画法的一般规定》GB/T 13400.2—2009,《网络计划技术　第3部分:在项目管理中应用的一般程序》GB/T 13400.3—2009,《建筑施工组织设计规范》GB/T 50502—2009。《工程网络计划技术规程》JGJ/T 121—1999的修订工作已经启动一年有余,主要内容基本确定。

第二,2008年北京奥运会工程全面成功投入运营后,中国建筑业协会编辑出版了《北京奥运工程项目管理创新》一书推广了其项目管理经验,尤其是"科技、绿色、人文"三大理念在工程项目管理中的成功应用,引起了国内外业界人士的高度关注。

第三,广大科技人员在大量的国家重点工程建设中,创新和应用了大量的高新施工技术,把我国的施工技术推向了世界先进水平。相应的,工程项目技术管理水平得到了快速提升,丰富了工程项目管理的内容。强化工程项目技术管理并纳入工程项目管理教材中是十分必要的。

第四,为了实现科学发展和可持续发展战略,节约资源,保护环境,我国把绿色建筑和绿色施工作为工程建设的重要指导方针,大力推进研究和创新,并在北京奥运工程、上海世博会工程和其他的国家重点工程上取得了成功经验。住房和城乡建设部发布了《绿色施工导则》,各地发布并修订了一批与绿色施工有关的管理规程,如北京市建委发布了《绿色建筑评估标准》《建设工程施工现场安全防护、场容卫生环境保护及保卫消防标准》《建设工程施工现场生活区设置和管理标准》等,这些都对绿色施工起到了倡导、引导和规范作用。一大批绿色施工示范工程建设成功并取得了经验。这些,要求我们在工程项目管理教材中必须增加绿色施工的内容。

第五,我国推进工程项目管理国际化和职业化的研究和实践有了新发展,国际国内的工程总承包管理取得了许多新经验,连续多年的全国优秀工程项目管理成果发布把大量的工程项目管理优秀成果呈现在工程项目管理者的面前,工程项目管理发展方向更加明确。

第六,我国教育改革更加深入;本教材在10多年的使用中,得到了广大师生和读者的厚爱，也提出了与时俱进的更高要求和改进意见。

教育要与经济发展的需要相结合，工程项目管理教材要与工程项目管理人才的培育需要相结合；教材的内容必须反映学科的先进思想、理论和方法，并满足学生工作后具有专业实践能力和创新能力的需要。因此，本版在保持第三版框架和主要内容的前提下，在第一章中增加了"我国工程项目管理在改革中发展与创新"；在第二章中精练了项目管理规划的内容，贯彻了《建筑施工组织设计规范》GB/T 50502—2009，增加了绿色施工的项目管理指导思想和工程项目安全监理，附录了《建筑施工组织设计规范》GB/T 50502—2009（节录）；第三章中增加了多层建筑的流水施工；第四章按照网络计划国家标准和将即将发布的新《网络计划技术规程》做了较大改动；第五章和第六章按照《建筑施工组织设计规范》GB/T 50502—2009 和北京市的《建筑工程施工组织设计管理规程》DB11/T 363—2006 做了全面修改，更换了新的单位工程施工组织设计实例；第七章增加了施工项目技术管理、施工项目文化建设和附件五《2010 年住房城乡建设部发布的建筑业 10 项新技术》；第八章的附件六更新为《大跨度马鞍型钢结构支撑卸载工法》YJGF 016—2006，这也是北京奥运工程技术和管理的经验总结。这样，本教材进一步坚持了主要为施工项目管理服务的方向，具备了工程项目管理学科内容的全面性、基本理论的先进性、专业方法的适用性、应用范围的系统性、学科发展的前瞻性、与经济体制改革结合的紧密性、基本框架和内容的稳定性等特点，从而使它在未来较长时期内既能满足在校学生学习专业性课程的需要，又能满足工程项目管理专业人员继续教育的需要。

在第四版的内容中，引入了由北京建筑工程学院穆静波教授撰写的多层建筑工程流水施工的内容；北京城建集团有限责任公司张义昆高级工程师、中国建筑业协会工程项目管理委员会陈立军副秘书长、中国核电工程有限公司李庆梅高级工程师为本书的修订提供了宝贵的资料；参阅了大量的文献。在此，对以上老师和专家以及参考文献的作者，表示衷心的感谢。

我非常感谢重庆大学曹小琳教授和山东科技大学贾宏俊教授对本教材的一贯支持并承担本版的副主编，非常感谢西安建筑科技大学张书行教授承担每版的主审。三位老师长期不辞劳苦地为本教材撰写、指导和把关，保证和提高了教材质量。本教材是我们这个集体的共同成果。

尽管我们做了最大努力，但是项目管理科学发展很快，实践经验和成果大量问世，改革中新的规范、标准不断发布，而我们的知识和视野有限，教材中难免会有不少偏见、疏漏或错误，希望业内的老师、专家、同学、读者多多批评指正，使本书不断提高质量。

丛培经

2011 年 8 月

第三版前言

《工程项目管理》教材是主编人在 1997 年根据"全国高等学校建筑与房地产管理学科指导委员会"讨论通过的工程管理专业工程项目管理教学大纲编写的，目的是为工程管理专业提供一部专业主干课程教材，培养学生掌握工程项目管理的理论和方法，具有建设工程项目管理知识，具有进行施工企业项目管理的能力，具有从事建设工程项目管理的初步能力，具有有关其他工程实践的能力。

本书成书于 1997 年。2003 年进行了修改，出版了修订版，原因有四：一是我国工程项目管理发展很快，原书相对滞后；二是 2001 年实施了《建设工程监理规范》GB/T 50319—2000，2002 年实施了《建设工程项目管理规范》GB/T 50326—2001，使我国的工程项目管理走上了规范化的道路；三是 1999 年修改了《工程网络计划技术规程》JGJ/T 121—99，2000 年我国等同采用了 ISO 的《质量管理——项目管理质量指南》GB/T 19016—2000；四是从 2000 年以后，国际上的工程项目管理理论和方法大举输入我国并进行资质认证与发展专业人员。因此，本书的关键内容要按新情况和新标准（规程）进行修改，以适应新的需要。

修订版出版后的三年来，工程项目管理的形势又有了很大的变化，主要表现在以下四个方面：

第一，涉及工程项目管理的法规进一步完善。新发布的法规有：2002 年 12 月发布《建造师执业资格制度暂行规定》；2003 年 2 月发布《关于培育发展工程总承包和工程项目管理企业的指导意见》；2003 年 11 月份发布《建设工程安全生产管理条例》；2004 年 7 月发布《国务院关于投资体制改革的决定》并开始实施代建制；2004 年 11 月发布《建设工程项目管理试行办法》；2006 年 12 月 1 日实施《建设工程项目管理规范》修订版 GB/T 50326—2006 等。这些法规，丰富了工程项目管理的理论，指明了工程项目管理的方向。

第二，按照《建设工程项目管理试行办法》的有关规定，我国的工程项目管理正在向着以业主为核心的全过程管理的方向发展；按照《关于培育发展工程总承包和工程项目管理企业的指导意见》，我国的工程总承包企业和工程项目管理企业正在迅速发展并不断积累经验；按照《建造师执业资格制度暂行规定》，建造师的队伍正在建立并不断扩大，2008 年将由注册建造师担任大中型工程项目的项目经理，由建造师制度代替政府主管部门对项目经理的资质核准。

第三，项目管理国际化的力度增大。主要表现在四个方面：一是建造师制度是一种国际习惯做法，它的建立，拉近了我国与国际习惯做法的距离；二是 IPMA 和 PMI 队伍在我国不断扩大，架起了我国工程项目管理与国际习惯做法融通的桥梁；三是我国连续四年举办国际工程项目管理高峰论坛，实际地进行了国际工程项目管理理论和实践的沟通与结合；国际杰出项目经理数量不断增加，形成了国际工程项目管理的骨干队伍；四是我国实施"走出去"的战略大见成效，国际工程承包发展迅速，国际工程项目管理实践经验不断积累，并产生了更新更高的需求。

第四，项目经理职业化建设全面开展。2006 年 2 月 28 日，中国建筑业协会等 7 个协会联合发布《关于进一步加强项目经理职业化建设的指导意见》（建协［2006］7 号），提出抓好项目经理职业化建设的四个环节：素质培养、考核评价、行业服务、完善提高。同时发布《建设工程项目经理职业资质管理导则》，对 A、B、C、D 四个级别项目经理的标准和职业范围做出了规定。

教育要与经济发展的需要相结合，工程项目管理教材要与工程项目管理人才的培育需要相结合；教材的内容必须反映学科的先进理论和方法，并满足学生工作后具有专业实践能力和创新能力的需要。基于这个前提，本教材便根据上述四项变化，在保持修订版框架的前提下，进行了较大的修改，增加了学生必须学习的许多新内容，形成了《工程项目管理》（第三版）。第三版教材在坚持主要为施工项目管理服务的前提下，具备了工程项目管理学科内容的全面性、基本理论的先进性，专业方法的适用性、应用范围的系统性，学科发展的前瞻性，与经济体制改革结合的紧密性，基本框架和内容的稳定性等特点；从而使它在较长时期内，既能满足在校学生学习专业性课程的需要，又能满足工程项目管理专业人员继续教育的需要。

第三版的内容中，参考了许多文献，保留了修订版中由曹小琳教授和贾宏俊教授参与修改的内容，仍由张书行教授主审。谨对文献的作者和三位教授表示衷心感谢。

无论在国际上和在我国国内，项目管理的理论和实践的发展都是很快的。由于作者知识和能力有限，第三版的不足是在所难免的。切望在校的老师、学生、项目管理的专家和同仁们批评、指正。

丛培经
2006 年 9 月

修订版前言

《工程项目管理》教材是主编人在 1997 年根据"全国高等学校建筑与房地产管理学科指导委员会"讨论通过的"工程管理专业"《工程项目管理》教学大纲编写的,目的是为工程管理专业提供一部专业主干课程教材,培养学生掌握工程项目管理的理论和方法,具有从事工程建设的项目管理知识,具有进行建筑业企业项目管理的能力,具有从事建设工程项目管理的初步能力,以及具有有关其他工程实践的能力。

为了达到上述目的,本教材的内容是这样安排的:第一章除了对工程项目管理的概念和分类、内容和方法进行概述以外,还对建设项目管理和建设监理作了简要讲解,以便使该学科具有完整性和系统性,使学生具有建设项目管理的初步能力。从第二章开始至第八章的全部内容,都是围绕施工项目管理讲述的。也就是说,本课程的核心是施工项目管理。施工项目管理的关键方法是施工组织设计。施工组织设计的科学原理是流水作业和网络计划技术。因此,首先讲述流水作业和网络计划技术,再讲述施工组织总设计、单位工程施工组织设计,之后讲述施工项目管理的核心内容——施工项目目标控制,包括施工项目的进度控制、质量控制、成本控制、安全控制、风险管理和组织协调。在对工程项目的后期管理中,突出三点:竣工验收、工法和回访保修。施工组织总设计、单位工程施工组织设计和工法各附了一个实例,有利于学生学习操作技能。理论、实例、作业、课程设计及实习等各个环节相结合,构成了培养学生上述能力的完整学科体系。本教材具有学科独立性,恰当处理了与其他学科的关系。

本教材成书于 1997 年,在这之后的近 6 年时间里,我国的工程项目管理得到很大发展,尤其是 2001 年实施了《建设工程监理规范》GB 50319—2000、2002 年实施了《建设工程项目管理规范》GB/T 50326—2001,使我国的工程项目管理走上了规范化的道路。1991 年发布实施的《工程网络计划技术规程》,1999 年重新修订发布(编号 JGJ/T 121—99),使本书中对这一关键部分的论述必须进行修订。从 2000 年以后,国际上项目管理的两大体系 PMI 和 IPMA 以现代项目管理知识体系和项目管理人员资质认证标准的内容,在我国掀起了学习和应用项目管理科学的强大浪潮。2000 年我国等同采用 ISO 的《质量管理——项目管理质量指南》,发布了 GB/T 19016—2000。以上这些,就是我们出版本书修订版的理由。修订版根据新的情况对全书进行了较大修改和补充。第一、第二章由山东科技大学贾宏俊老师修改,第四章由重庆大学曹小琳老师修改,谨此对两位老师表示感谢。

丛培经

2003 年 1 月

目　　录

参考答案与实际案例

绪论

工程项目管理是指工程建设者运用系统工程的理论和方法，对工程项目进行全过程的计划、组织、指挥、协调、控制等专业化活动。其基本特征是面向工程，实现生产要素在工程项目上的优化配置，为用户提供优质产品（服务）。根据管理主体和管理内容的不同，工程项目管理可分为建设项目管理（由建设单位进行管理）、工程设计项目管理（由设计单位进行管理）、工程施工项目管理（由施工企业进行管理）和工程咨询（由工程咨询单位接受项目建设单位的委托，进行工程项目管理相关的服务）。本教材以讲述工程施工项目管理为主，亦涉及其他各类工程项目管理。

本课程是工程管理专业的专业主干课程，具有很强的理论性和实践性。学习本课程是学生掌握专业理论知识和培养业务能力的主要途径，是学生毕业后从事专业工作的知识源泉。

本课程的任务是培养学生具有从事工程建设的项目管理知识，掌握工程项目管理的理论和方法，具有进行工程施工项目管理的能力，具有从事建设项目管理的初步能力，以及具有其他有关工程实践的能力。

"项目"的最显著特征是它的一次性，即有具体的开始日期和完成日期。一次性决定了项目的单件性和管理的复杂性。"工程项目"是"项目"中最主要的一大类，它除了具有"项目"的共性外，还具有生产过程的流动性、露天性，产品固定性、体形庞大性等特点，对它的管理要求实现科学化、规范化、程序化、制度化、数字化和国际化。工程项目管理具有系统性和市场性，既是市场经济的产物，又要在市场中运行。项目管理作为一门学科，是从 20 世纪 60 年代以后在西方发展起来的。当时，大型建设项目、复杂的科研项目、军事项目和航天项目大量出现，国际承包事业大发展，竞争非常激烈，使人们认识到，由于项目的一次性和约束条件的多样性，要取得成功，必须加强项目管理，引进和开发科学的管理方法，于是项目管理学科作为一种客观需要被提出来了；另外，从第二次世界大战以后，科学管理方法大量出现，逐步形成了管理科学体系，广泛被应用于生产和管理实践，产生了巨大的效益；网络计划技术在 20 世纪 50 年代末的产生、应用和迅速推广，在管理理论和方法上是一次突破，它特别适用于项目管理，大量极为成功的应用范例，引起了世界性的轰动；人们把成功的管理理论和方法引进到项目管理之中，作为动力，使项目管理越来越具有科学性，终于作为一门学科迅速发展起来了，跻身于管理科学的殿堂。项目管理学科是一门综合学科，应用性很强，很有发展潜力。它与计算机的应用相结合，更使这门年轻学科呈现出了勃勃生机，成为人们研究、发展、学习和应用的热门学科。20世纪90年代以后发展起来的现代项目管理科学具有四大特点：运用高科技；应用领域扩展到各行业；各种科学理论（组织论、信息论、系统论、控制论等）被广泛采用；向职业化、标准化、集成化和数字化发展。可以得出这样的结论：理论的不断突破，管理方法和技术方法的大量开发与运用，使项目管理发展成为一门完整的学科；工程项目管理是这门学科的一个重要及主要分支。

我国进行工程项目管理的实践源远流长，至今有2000多年的历史，许多伟大的工程，如都江堰水利工程、京杭大运河工程、宋朝丁渭修复皇宫工程、北京故宫工程等，都是名垂史册的工程项目管理实践活动，并运用了许多科学的思想和组织方法，反映了我国古代工程项目管理的水平和成就。新中国成立以后，随着国民经济和建设事业的发展，进行了数量庞大、规模宏伟、成就辉煌的工程项目管理实践活动，如第一个五年计划的156项重点工程，国庆十周年北京的十大建筑工程，大庆石油化工工程，南京长江大桥工程，上海宝钢工程等，都进行了成功的工程项目管理实践活动，只是没有系统地上升至工程项目管理理论和学科的高度，是在不自觉地进行"工程项目管理"。在计划经济体制下，许多做法违背了项目管理的规律而导致效益低下。长时间以来我国在工程项目管理学科理论上是一片盲区，谈不上按项目管理模式组织建设。

在改革开放的大潮中，作为市场经济下适用的工程项目管理理论，根据我国建设领域改革的需要从国外引进，是十分自然和合乎情理的事。20世纪80年代初，工程项目管理理论首先从德国传入我国。之后，其他发达国家，特别是美国、日本和世界银行的项目管理理论和实践经验，随着文化交流和工程建设陆续传入我国。1987年，由世界银行投资的鲁布革引水隧洞工程进行工程项目管理和工程监理取得成功，迅速在我国形成了鲁布革冲击波。1988~1993年，在建设部的领导下，对工程项目管理和工程监理进行了5年试点，于1994年在全国全面推行，取得了巨大的经济效益、社会效益、环境效益和文化效益。2001年和2002年，分别实施了《建设工程监理规范》GB 50319—2000和《建设工程项目管理规范》GB/T 50326—2001，使工程项目管理实现了规范化。2006~2012年进入了项目经理职业化建设阶段，2012~2015年进入了深化发展阶段，2018年开始了推进BIM应用及全过程咨询阶段。纵观多年来推行工程项目管理的实践可以看出，我国的这一项事业及学科发展体现了以下特点：

第一，项目管理理论引进的时候，正是改革开放已经起步，开始向纵深发展的时候。探求项目管理与企业体制改革相结合，在改革中发展我国的项目管理科学，这就是当时的现实。

第二，由于实行开放政策，国外投资者和承包商给我国带来了项目管理经验，又做出了项目管理的典范，使我们少走许多弯路。我们自己的队伍也走出国门，迈入世界承发包市场，在国外进行工程项目管理的学习和实践。

第三，我国推行项目管理，是在政府的统一领导和推动下，有规划、有步骤、有法规、有制度、有号召地进行,故我们用了十几年就走出了国外用了 30 多年走过的路程。

第四,项目管理学术活动非常活跃(包括学会和协会的学术活动、学者的研究活动,学校开设课程,国际与国内的学术交流活动),一批批很有价值的项目管理研究成果开花结果,形成了我国的工程项目管理学科体系。

第五,迅速产生了许多工程项目管理的成功典型,并带动了全面性的工程项目管理活动的开展,形成科学管理促进生产实践和提高效益的良好态势,理论和实践得到了有效的结合。

第六,教育与培训先导。我国推行工程项目管理,把教育与培训放到了先导的位置,编写教材,培训师资,设立培训点,进行有计划的岗前培训,并坚持对项目经理、注册建造师、咨询工程师和监理工程师进行培训和继续教育,有力地促进了项目管理人员水平的提高。

我国工程项目管理正沿着科学化信息化的方向发展,具体表现在六个方面:一是实现了工程项目管理规范化,规范多次修改完善,不断提高水平;二是大力开展工程项目管理自主创新和实践经验总结与交流活动;三是坚持使用科学的工程项目管理方法;四是努力推行工程项目管理集成化和信息化;五是广泛深入学习和吸收国外的先进项目管理理论、思想、知识、方法和人员认证标准,并努力实现国际化;六是把工程项目管理与建立社会主义建筑市场紧密结合起来,与建立新的建设体制和模式结合起来,与各种先进的投融资方式结合起来,相互协调促进,以项目管理推动生产力不断提高。

本教材以工程项目为对象,以其施工阶段为重点,系统地阐述了其管理活动中的各种科学和实践活动。既吸纳了国际上的工程项目管理理论,又总结了我国自己的工程项目管理理论和实践经验,具有中国特色,这样既能与国际上的工程项目管理相衔接,又能为国内的工程项目管理服务,使学生牢固地打好工程项目管理的就业基础。本教材包括三个版块共计九章内容:第一个版块是第一、二、三章的内容,综合阐述了工程项目管理基本理论和制度;第二个版块是第四、五、六章的内容,详述了具有中国特色的三大工程项目管理方法(指流水施工方法、工程网络计划技术和施工组织设计);第三个版块是第七、八、九章的内容,是工程项目目标管理、过程管理和竣工验收管理的有关实务,这一部分与国家的法律、法规及标准(规范、规程)等的有关规定紧密结合,接地气,具有良好的实用性和可操作性。每章后设思考题和作业题,为学生深入学习和掌握工程项目管理知识服务。此外,教材附有课程设计任务书及指导书,用于培养学生实践和应用工程项目管理知识的能力。

本课程的性质和任务决定了它在工程管理专业中的地位。工程项目管理课程必须在学完了建筑经济学、工程经济学、建筑施工技术等课程之后才方便学习;在它之后(或可部分搭接)进行学习的是建筑企业经营管理、工程造价管理、工程合同管理,以及国际工程管理等;这样才能保证学习的系统性、渐进性、连贯性,取得良好的学习效果。

要求学生在学习这门课程的时候,一定要用系统的观点,把工程管理专业的这一学习环节牢牢把握住,特别要注意在以前所学主干课程的基础上进行深化学习。对于理论问题,要融会贯通;对于方法问题,要结合实际牢固掌握;尤其是在毕业前的实践环节中,要进行本门课程所学内容的再强化。在学习的过程中,必须完成足够的思考题和作业题,最后还要完成一个课程设计，以掌握解决实际问题的能力。由于在国际上及我国国内，工程项目管理这门学科处在不断创新的蓬勃发展时期，新的理论、方法、实践经验和成功案例会不断出现，希望学生在掌握本书内容的同时，要多学习工程项目管理成功案例，熟悉相关标准（规范和规程），多浏览参考书、有关专业期刊和资料，跟上这门学科应用和持续发展的步伐。

第一章　工程项目管理概论

第一节　工程项目管理概念和分类

一、项目与工程项目

1. 项目

项目是由一组有起止时间的、相互协调的受控活动所组成的特定过程，该过程要达到符合规定要求的目标，包括时间、成本和资源的约束条件。项目具有以下共同的特征：

（1）项目的特定性。项目的特定性也可称为单件性或一次性，是项目最主要的特征。每个项目都有自己的特定过程，都有自己的目标和内容，都有开始时间和完成时间，因此也只能对它进行单件处置（或生产），不能批量生产，不具有重复性。只有认识到项目的特定性，才能有针对性地根据项目的具体特点和要求进行科学管理，以保证项目一次成功。

（2）项目具有明确的目标和一定的约束条件。项目的目标有成果性目标和约束性目标。成果性目标指项目应达到的功能性要求，如兴建一所学校可容纳的学生人数、医院的床位数、宾馆的房间数等；约束性目标是指项目的约束条件，凡是项目都有自己的约束条件，包括时间、质量、成本和资源。项目只有满足约束条件才能成功，因而约束条件是项目成果性目标实现的前提。

（3）项目具有特定的生命期。项目过程的一次性决定了每个项目都具有自己的生命期，任何项目都有其产生时间、发展时间和结束时间，在不同的阶段都有特定的任务、程序和工作内容。如建设项目的生命期包括项目建议书、可行性研究、设计工作、建设准备、建设实施、竣工验收与交付使用；施工项目的生命期包括：投标与签订合同、施工准备、施工、交工验收、用后服务。概括地说，项目的生命期一般包括：决策阶段、规划设计阶段、实施阶段和结束阶段。

（4）项目作为管理对象的整体性。一个项目，是一个整体管理对象，在按其需要配置生产要素时，必须以总体效益的提高（增值）为标准，做到数量、质量、结构的整体优化。由于内外环境是变化的，所以项目的管理和其生产要素的配置是动态的。项目中的一切活动都是相关的，构成一个整体。

（5）项目的不可逆性。项目按照一定的程序进行，其过程不可逆转，必须一次成功，失败了便不可挽回，因而项目的风险很大，与批量生产过程（重复的过程）有着本质的区别。

2. 项目的分类

项目的种类应当按其最终成果或专业特征为标志进行划分，包括：投资项目，科学研究项目，开发项目，建设工程项目（以下简称工程项目），航天项目，维修项目，咨询项目和 IT 项目等。分类的目的是为了有针对性地进行管理，以提高完成任务的效果水平。对每类项目还可以进一步分类。工程项目是项目中数量最大的一类，既可以按专业分为建筑工程、公路工程、水电工程等类项目，又可以按管理者的不同划分为建设项目和施工项目等。凡最终成果是"工程"的项目，均可称为工程项目。原建设部曾将工程项目按专业划分为 10 余类，把工程项目的专业施工企业划分为 60 类。

3. 建设项目

一个建设项目就是一个实现固定资产投资的项目。固定资产投资项目又包括基本建设项目（新建、扩建等扩大生产能力的项目）和技术改造项目（以改进技术、增加产品品种、提高质量、治理"三废"、劳动安全、节约资源为主要目的的项目）。建设项目的定义是：需要一定量的投资，按照一定程序，在一定时间内完成，应符合质量要求，以形成固定资产为明确目标的特定性任务。建设项目有以下特征：

（1）建设项目在一个总体设计或初步设计范围内，是由一个或若干个互相有内在联系的单项工程所组成的，在建设中实行统一核算、统一管理的建设单位。

（2）建设项目在一定的约束条件下，以形成固定资产为特定目标。约束条件有以下三方面：一是时间约束，即一个建设项目有合理的建设工期目标；二是资源约束，即一个建设项目有一定的投资总量目标；三是质量约束，即一个建设项目都有预期的生产能力、技术水平或使用效益目标。

（3）建设项目需要遵循必要的建设程序和经过特定的建设过程。即一个建设项目从提出建设的设想、建议、方案拟订、可行性研究、评估、决策、勘察、设计、施工，一直到竣工、试运行和交付使用，是一个有序的系统过程。

（4）建设项目按照特定的要求，进行一次性组织。表现为建设机构的一次性设置，建设过程的一次性实施，建设地点的一次性固定，项目经理的一次性任命。

（5）建设项目具有投资限额标准。只有达到一定限额投资的才作为建设项目，不满限额标准的称为零星固定资产购置。

4. 工程施工项目

工程施工项目（后文简称施工项目）是施工企业自施工承包投标开始到保修期满为止的全过程中完成的项目。施工项目具有下述特征：

（1）施工项目是建设项目或其中的单项工程或单位工程的施工任务。

（2）施工项目是以施工企业为管理主体的。

（3）施工项目的范围是由工程施工合同界定的。

从上述特征来看，只有单位工程、单项工程和建设项目的施工任务，才称得上施工项目。由于分部分项工程的结果不是施工企业的最终产品，故不能称作施工项目，而是施工项目的组成部分。

二、项目管理与工程项目管理

1. 项目管理

项目管理是为使项目取得成功（实现所要求的质量、所规定的时限、所批准的费用预算）进行的计划、组织、协调和控制等专业化活动。项目管理的对象是项目，项目管理的职能同所有管理的职能均是相同的。需要特别指出的是，项目的一次性，要求项目管理具有程序性、全面性和科学性，主要是用系统工程的观念、理论和方法进行管理。项目管理是知识、智力、技术密集型的管理。

2. 工程项目管理

工程项目管理是项目管理的一大类，其管理对象是有关种类的工程项目。工程项目管理的本质是工程建设者运用系统理论和方法，对工程的建设进行的计划、组织、指挥、协调和控制等专业化活动，以实现生产要素在工程项目上的优化配置，为用户提供优质产品。它是一门综合学科，实用性强，有很强的应用和发展潜力。

三、工程项目管理的分类

由于工程项目可分为建设项目、工程设计项目、工程咨询项目和工程施工项目，故工程项目管理亦可据此分类，分成为建设项目管理、工程设计项目管理、工程咨询项目管理和工程施工项目管理，它们的管理者分别是建设单位、设计企业、咨询（监理）企业和施工企业。建设工程项目管理企业可以接受建设单位的委托进行建设项目管理。

1. 建设项目管理

建设项目管理是站在项目法人（建设单位）的立场对项目建设进行的综合性管理工作。建设项目管理是通过一定的组织形式，采取各种措施、方法，对投资建设的一个项目的所有工作的系统实施过程进行计划、协调、监督、控制和总结评价，以达到保证建设项目质量、缩短工期、提高投资效益的目的。广义的建设项目管理包括投资决策的有关管理工作，狭义的建设项目管理只包括项目立项以后至交付使用的全过程的管理。

2. 工程设计项目管理

工程设计项目管理是由设计单位对自身参与的建设项目设计阶段的工作进行自我管理。设计项目管理同样需进行质量管理、进度管理、投资管理，对工程的实施在技术上和经济上进行全面而详尽地安排，引进先进技术和科研成果，形成设计图纸和说明书以供实施，并在实施的过程中进行监督和验收。所以工程设计项目管理包括以下阶段：设计投标、签订设计合同、设计条件准备、设计计划、设计实施阶段的目标控制、设计文件验收与归档、设计工作总结、建设实施中的设计控制与监督、竣工验收。工程设计项目管理不仅仅局限于设计阶段，而是延伸到了施工阶段和竣工验收阶段。

3. 工程施工项目管理

工程施工项目管理（后文简称施工项目管理）有以下特征：

（1）施工项目管理的主体是工程施工企业。由建设单位或监理单位进行的工程项目管理中涉及的施工阶段管理仍属建设项目管理，不能算作施工项目管理。

（2）施工项目管理的对象是施工项目。施工项目管理的周期也就是施工项目的生命期，包括工程投标、签订工程项目施工合同、施工准备、施工、交工验收及用后服务等。施工项目管理的任务包括进度管理、质量管理、成本管理、安全管理、环境管理、合同管理、资源管理、信息管理、沟通管理、风险管理、组织协调等。施工项目的特点给施工项目管理带来了特殊性，主要是生产活动与市场交易活动同时进行；先有交易活动，后有"产成品"（竣工项目）；买卖双方都投入管理，生产活动和交易活动很难分开。所以施工项目管理是对特殊的生产活动、在特殊的市场上进行的特殊的交易活动的管理，其复杂性和艰难性都是一般生产管理难以比拟的。

（3）施工项目管理要求强化组织协调工作。施工项目具有生产活动的单件性，对产生的问题难以补救或虽可补救但后果严重；参与施工人员不断在流动，需要采取特殊的流水方式，组织工作量很大；施工在露天进行，工期长，需要的资金多；施工活动涉及复杂的经济关系、技术关系、法律关系、行政关系和人际关系等。以上原因使施工项目管理中的组织协调工作艰难、复杂、多变，只有通过强化组织协调的办法才能保证施工顺利进行。主要强化方法是优选项目经理，建立调度机构，配备称职的调度人员，努力使调度工作科学化、信息化，建立起动态的控制体系。

施工项目管理与建设项目管理在管理主体、管理任务、管理内容和管理范围方面都是不同的。第一，建设项目的管理主体是建设单位或受其委托的建设工程项目管理企业；施工项目管理的主体是施工企业。第二，建设项目管理的结果是取得符合要求的、能发挥应有效益的固定资产；施工项目管理的结果是把项目施工搞好并取得利润。第三，建设项目管理的内容是涉及投资周转和建设的全过程的管理；而施工项目管理的内容涉及从投标开始到回访保修为止的全部生产组织管理。第四，建设项目管理的范围是一个建设项目，是由可行性研究报告确定的所有工程；而施工项目管理的范围是由工程施工合同约定的承包范围，是建设项目或单项工程或单位工程施工过程的管理。

4. 工程咨询（监理）项目管理

工程咨询项目是由咨询单位进行中介服务的工程项目。咨询单位是中介组织，它具有相应的专业服务知识与能力，可以接受建设单位的委托进行项目管理，也就是进行智力服务。通过咨询单位的智力服务，提高工程项目管理水平，并作为政府、市场和企业之间的联系纽带。在市场经济体制中，由咨询单位进行工程项目管理已经形成了一种国际惯例。

工程监理项目管理是由监理企业进行的项目管理。一般是监理企业受建设单位的委托，签订监理委托合同，为建设单位进行建设项目管理。监理企业也是中介组织，是依法成立的专业化的、高智能型的组织，它具有服务性、科学性与公正性，按照有关监理法规进行项目管理。监理企业是一种特殊的工程咨询机构，它受建设单位的委托，对设计、施工单位在承包服务活动中的行为和责权利进行必要的协调与约束，对建设项目进行投资管理、进度管理、质量管理、合同管理、信息管理与组织协调。实行建设监理制度，是我国为了发展生产力、提高工程建设质量和投资效益、建立市场经济、对外开放与加强国际合作的需要。

第二节　工程项目管理的基本内容和方法

一、工程项目管理的基本内容

（一）工程项目范围管理

工程项目范围是指工程项目各过程的活动总和，或指组织为了成功完成工程项目并实现工程项目各项目标所必须完成的各项活动。工程项目的范围既包括其产品的范围，又包括项目工作范围。工程项目产品范围决定了工程项目的工作范围，包括各项设计活动、施工活动和管理活动的范围。工程产品范围要求的深度和广度，决定了工程项目范围的深度和广度。

工程项目范围管理就是对从项目建议书开始到竣工验收交付使用为止的全过程中所涉及的活动范围进行界定和管理的过程。它主要包括5个过程：

（1）启动一个新的项目，或启动项目的一个新的阶段。

（2）编制范围计划（或规划），即指工程项目可行性研究报告推荐的方案、各种项目合同、设计、各种任务书、有关范围说明书等。

（3）界定项目范围，即工程项目范围定义。该过程把范围计划中确定的可交付成果分解成便于管理的组成单元。

（4）由投资人或建设单位等客户或利益相关者确定工程项目范围，也称为范围核实，即对工程项目范围给予正式认可或同意。

（5）控制项目范围的变更，即在工程项目实施的过程中，控制工程变更，包括建设单位提出的变更、设计变更和计划变更等。

以上过程是相互联系和相互影响的，甚至发生一定程度的搭接。在工程项目启动后，以上工作会从大到小不断反复进行，形成大环套小环，小环、大环一起转的工程项目实施过程。在这个过程中，范围的控制是重要的，通过控制及时纠偏或及时确定（或调整）各项活动范围，直至工程项目交付使用。

（二）工程项目组织管理

"组织"有两种含义，即组织机构和组织行为。组织机构是按一定的领导体制、部门设置、层次划分、职责分工、规章制度和信息系统等构成的有机整体，是社会人的结合形式，可以完成一定的任务，并为此而处理人与人、人与事、人与物的关系。组织行为也即组织活动，指通过一定的权力和影响力，为达到一定目标所进行的活动过程。组织职能是通过两种含义的有机结合而实现的。

工程项目组织管理，是指为实现工程项目组织职能而进行的组织系统的设计、建立、运行和调整。组织系统的设计与建立，是指经过筹划与设计，建成一个可以完成工程项目管理任务的组织机构，建立必要的规章制度，划分并明确岗位、层次、部门、责任和权力，通过一定岗位和部门内人员的规范化的活动和信息流通，实现组织目标。高效率的组织体系的建立是工程项目管理取得成功的组织保证。组织运行就是按分担的责任完成各自的工作。组织运行有三个关键：一是人员配置；二是业务联系；三是信息反馈。组织调整是指根据工作的需要和环境的变化，分析原有的项目组织系统的缺陷、适应性和效率，对原有组织系统进行调整或重新组合，包括组织形式的变化，人员的变动，规章制度的修订和废止，责任系统的调整，以及信息流通系统的调整等。

工程项目管理组织机构的建立程序是：首先采用适当的方式选聘称职的项目经理；其次是根据工程项目组织原则和工程任务（目标），选用适当的组织形式，在企业的支持下组建工程项目管理机构，明确责任、权限和利益；再次，在遵守企业制度的前提下，制订工程项目管理制度。不同的工程项目管理，其组织机构是不相同的，且具有一次性，任务完成后即行解体。

（三）工程项目管理规划与决策

规划是制定目标及安排如何完成这些目标的过程。通常规划应形成书面文件。进行规划的目的是指出努力的方向和标准，降低环境变化对任务完成造成的冲击，最大限度地减少浪费。规划可以导致较高的绩效。工程项目管理者应很好利用规划的手段，编制科学、严密、有效的工程项目管理规划，通过实施该规划达到提高工程项目管理绩效的目的。在进行工程项目管理规划时，大致应按下列内容和程序进行工作：

（1）进行工程项目分解，形成由大到小的项目分解体系，以便由细部到整体地确定管理目标及阶段控制目标。

（2）建立工程项目组织体系，绘制工程项目组织体系图和信息流程图。

（3）编制工程项目管理规划文件，确定管理内容、方式、手段、目标和标准，明确管理点。

工程项目管理规划既是对合同目标的贯彻，又是进行管理决策的依据。决策的工程项目管理目标是工程项目管理控制的依据。工程项目目标控制的目的，就是确保决策的工程项目管理规划目标的实现。

（四）工程项目目标控制与组织协调

目标控制是工程项目管理的核心内容。控制的目标是工程项目管理规划决策的目标。

1. 工程项目控制目标的内容

（1）施工项目管理控制目标包括：进度、质量、成本、安全和环境目标。

（2）建设项目管理与工程建设监理控制目标包括：功能、投资、质量和进度目标。

2. 工程项目目标控制的基本理论

（1）工程项目目标控制的概念。所谓目标控制，是指在实现计划目标的过程中，行为主体通过检查，收集实施状态的信息，将它与原计划（标准）比较，发现偏差，采取措施纠正这些偏差，从而保证计划的正常实施，达到预定目标。从这个定义可以看出，工程项目目标控制问题的要素包括：工程项目、控制目标、控制主体、实施计划与信息、偏差数据、纠偏措施、纠偏行为。工程项目控制的直接目的是实现规划目标或计划目标，其最终目的是实现合同目标。因此可以说，工程项目目标控制是排除干扰、实现目标的手段，是工程项目管理的核心，如果没有控制，便谈不上工程项目管理。

（2）工程项目控制原理。控制的需要产生于社会化的生产活动。法约尔把它作为管理的职能之一，其原意是指：注意是否一切都按制定的规章和下达的命令进行。1948年，美国的诺伯特·维纳创立了控制论，并应用于蓬勃发展的自动化技术、信息论和计算机，使控制论发展成为一门应用广泛、效果显著的现代科学理论。控制的基本理论如下：

1）控制者进行控制的过程是：从反馈过程得到控制系统的信息后，便着手制定计划，采取措施，输入受控系统，在输入资源转化为产品的过程中，对受控系统进行检查、监督，并与计划或标准进行比较，发现偏差进行直接修正，或通过（报告等）信息反馈修正计划或标准，开始新一轮控制循环。这个循环就是我们通常所说的 PDCA 循环（见图 1-1）。

2）要实现最优控制，必须有两个先决条件：一是要有一个合格的控制主体；二是要有明确的系统目标。

3）控制是按事先拟订的计划（或标准）进行的。控制活动就是要检查实际发生的情况与计划（或标准）是否存在偏差，偏差是否在允许范围之内，是否应采取控制措施及采取何种措施来纠正偏差。

4）控制的方法是检查、监督、分析、指导和纠正。

5）控制是针对被控制系统而言的，既要对被控制系统进行全过程的控制，又要对其所有要素进行全面控制。要素控制包括人力、物力、财力、信息、技术、组织、时间、信誉等的控制。

6）提倡主动控制，即在偏差发生之前，预先分析发生偏差的可能性，采取预防措施，防止发生偏差。

7）控制是动态的，见图 1-2 所示。在控制过程中会不断受到各种干扰，各种风险因素有随时发生的可能，故应通过组织协调和风险管理进行动态控制。

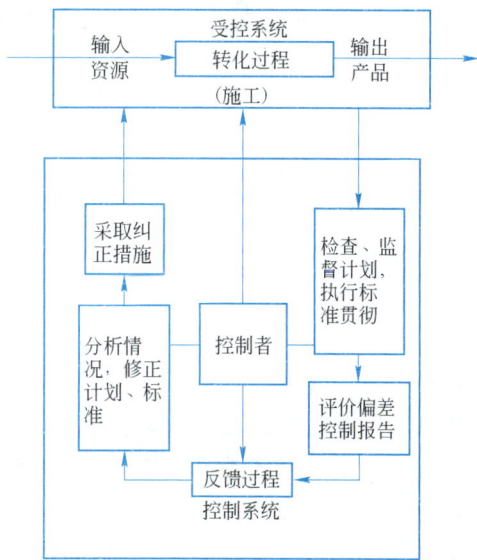

图 1-1　控制模式

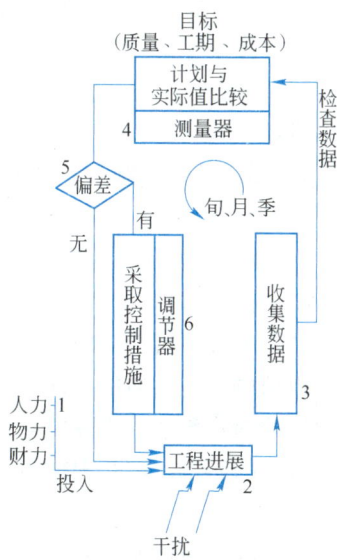

图 1-2　动态控制原理图

8）控制是一个大系统。工程项目控制系统见图 1-3。该系统包括组织、程序、手段、措施、目标和信息 6 个分系统。其中信息分系统贯穿于工程项目实施的全过程。

3. 工程项目的沟通管理与组织协调

（1）工程项目沟通管理

沟通就是信息的交流。沟通是管理活动和管理行为中最重要的组成部分，也是企业和其他一切管理者最为重要的职责之一。

项目沟通管理就是确保通过正式的机构和步骤，及时和适当地对项目信息进行收集、分发、储存和处理，并对非正式的沟通网络进行必要的控制，以利于项目目标的实现。

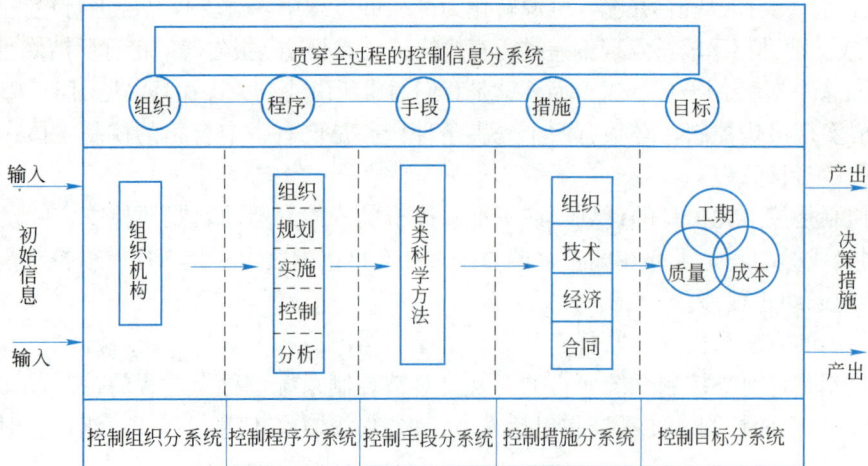

图 1-3   工程项目控制系统模式

项目利益相关者之间良好有效的沟通是组织效率的切实保证，而管理者与被管理者之间的有效沟通是各种管理艺术的精髓。

沟通可以是口头的或书面的，也可以是面对面的，还可以使用媒介，如电话、传真、E-mail、微信等。在传统的项目管理中，项目进展报告、备忘录是基本的交流方式。而在电子通信技术如此发达的今天，沟通方式更是多种多样。

沟通过程就是发送者将信息通过选定的渠道传递给接收者的过程。项目沟通管理包括以下过程：

1）沟通计划编制——确定项目利益相关者的信息需求和沟通需求；

2）信息发布——项目利益相关者可以及时得到所需要的信息；

3）绩效报告——收集并发布绩效信息，包括状态报告，进度测量和预测；

4）管理收尾——产生、收集和发布阶段或项目完成的信息。

（2）工程项目组织协调

组织协调是沟通的一种手段，是指正确处理各种关系。组织协调为目标控制服务。组织协调的内容包括：人际关系、组织关系、配合关系、供求关系及约束关系的协调。工程项目管理的协调范围是根据与工程项目管理组织的关系的松散与紧密状况决定的，大致有三层：一层是内部关系，是紧密的自身机体关系，应通过行政的、经济的、制度的、信息的、组织的和法律的等多种方式进行协调；二层是近外层关系，指直接的和间接的合同关系，如施工项目经理部与建设单位、监理单位及设计单位等单位的关系，都属于近外层关系，因此，合同就成为近外层关系协调的主要工具；第三层关系是远外层关系，这是比较松散的关系，如项目经理部与政府部门、与现场环境相关单位的关系就是这一类。这些关系的处理没有定式，协调困难，应按有关法规、公共关系准则、经济联系规章等处理。如与政府部门的关系是请示、报告、汇报、接受领导与监督的关系；与现场环境单位的关系则是力求和谐，讲信誉，遵守有关规定，争取给予支持等。

（五）资源、合同、信息和风险管理

1. 工程项目资源管理

工程项目资源是工程项目得以实现的保证，主要包括人力资源、材料、设备、资金和技术（即 5M）。工程项目资源管理的内容包括三项：

（1）分析各项资源的特点。

（2）按照一定原则、方法对工程项目资源进行优化配置，并对配置状况进行评价。

（3）对工程项目的各项资源进行动态管理，使资源与项目的需求始终保持平衡和相互适应。

2. 工程项目合同管理

由于工程项目管理是在市场条件下进行的特殊交易活动的管理，且交易活动持续进行于工程项目管理的全过程，因此应依法签订合同，履约经营。由于合同管理是一项执法、守法活动，市场有国内市场和国际市场，因此合同管理势必涉及国内及国际上有关法规和合同文本、合同条件，在合同管理中应予高度重视。为了取得经济效益，还应搞好索赔，讲究索赔的方法和技巧，提供充分的索赔证据。

3. 工程项目信息管理

现代化管理要依靠信息。工程项目管理是一项复杂的现代化管理活动，更要依靠大量信息及大量的信息管理活动。而信息管理又要依靠计算机辅助进行。

人类正在步入信息时代，我们要注意和研究信息时代经营管理的变化及其对工程项目管理的影响。信息时代的管理要有两项基础建设，一个是设备的信息化建设，一个是人和组织的知识化建设，一个硬件，一个软件，两者缺一不可。信息时代的管理要建立在两个基本变化之上，一个是企业战略和策略的变化，一个是企业价值观和文化的变化，一个外变，一个内变，两者缺一不可。所谓战略和策略的变化也有两个方面，一个是从单纯的技术驱动转变为市场、技术双重驱动，一个是从追求利润最大化转变为利润最大化及企业价值最大化同市场份额之间找平衡点；再一个是从单纯追求规模效益转变为在追求效益中处理好多快好省的关系，寻找新的效益突破口。信息时代的管理需要用重新构建公司的观念对衡量当代企业的基本范畴进行重新审视。这些范畴包括质量、服务、技术、效率和社会责任等。信息时代的企业，应具备以下基本特点：

第一，它有一个以市场为中心的明确的目标和策略。信息化使企业可以直接从市场的每一个顾客那里得到需求信息，以便明确地提高设计、生产、供给和服务水平。需求和供给之间明确而直接，规模无比巨大。它将是有史以来最节省的需求与供给的关系，也是最有效率和效益的关系。

第二，它将有一个以人为本的价值观和企业文化。

第三，它将有一个以效率和效益为中心的不断变革的制度和程序，因为市场的变化不断地通过信息化通道促使企业不断变化。

总之，市场、人、效率、效益和社会责任，这些就是信息时代企业管理的核心，工程项目管理也应当围绕这个核心进行变革。

4. 工程项目风险管理

项目风险是发生之后对于项目欲创造的成果产生不利后果的不确定性事件或者条件。风险管理是系统地识别和分析项目风险，并采取应对措施的过程。项目风险管理主要有风险管理规划、风险识别、定性风险分析、定量风险分析、风险应对规划和风险监视与控制六个过程，这六个过程彼此之间相互影响，而且还与项目其他方面的管理过程，例如范围管理、进度管理、费用管理、质量管理、采购与合同管理、人力资源管理、沟通与信息管理有关。风险管理的各个过程在实践中交叉重叠，互相影响。项目要想获得成功，公司和项目经理部必须在整个项目进程中投入力量进行风险管理。风险管理的宗旨是采取主动行动，创造条件，尽量扩大风险事件的有利结果，妥善地处理风险事故造成的不利后果，以最小的代价实现项目的目标。

（六）工程项目收尾管理

从管理的循环原理来说，管理的收尾阶段是对工程收尾期工作的管理，是对计划、执行、检查阶段的经验和问题的回顾和提炼，是进行新的管理所需信息的来源，其经验可作为新的管理制度和标准的源泉，其问题有待于下一循环的管理予以解决。由于工程项目的一次性，其管理更应注意总结，依靠总结不断提高管理水平并发展工程项目管理学科。收尾管理的内容如下：

（1）工程项目的竣工检查、验收及资料整理（即工程收尾）。

（2）工程项目的竣工结算或决算（即经济收尾）。

（3）工程项目管理活动总结（工作收尾）。

（4）工程项目管理质量及效益的分析（管理收尾）。

二、工程项目管理方法

（一）工程项目管理方法的应用特征

1. 选用方法的广泛性

工程项目管理的发展过程，实际上是其管理理论和方法的继承、研究、创新和应用过程。工程项目管理方法的选用，带有时代的特点。管理理论发展到现在，已经形成了以经营决策为中心，以信息资源和信息技术的应用为手段，应用运筹学和系统理论的方法，结合行为科学的应用，把管理对象看作由人和物组成的完整系统的综合管理，即现代化管理。还应注意，人类进入信息时代以后，管理方法必然产生巨大的变革。因此，工程项目管理所选用的方法必然是现代化的、信息化的，范围非常广泛。凡是现代化的管理方法和信息化的方法，均可在工程项目管理中有针对性地选用。现代化管理方法具有科学性、综合性和系统性，可以适应工程项目管理的需要。这里所说的科学性，是指现代化管理方法即生产、技术和管理知识体系在管理中的具体应用方法，它本身就是为各种管理服务的。这里所说的综合性有两层含义，一是某种管理方法可以应用到不同的专业中，甚至全部管理工作中；二是某一管理领域可以综合运用各种现代化管理方法，使之互相补充，发挥系统配套的整体功能。这里所说的系统性是指各种管理方法形成一个大系统，各项专业管理活动的管理方法形成子系统，大系统和子系统都是由许多种现代化管理方法形成的组合，并且互相联系和依存。工程项目管理方法自成体系，其方法又包括在大体系之中。

2. 工程项目管理方法服从于项目目标管理的需要

工程项目的一次性产生了工程项目管理方法的特殊性，这些方法必须满足目标管理的需要。各种目标管理有各自的专业系统方法。但是某种方法由于有综合性，可以被几种目标管理方法系统纳入。例如合同管理方法，适用于所有的目标管理。我们在对某种目标进行管理时，应首先选用适用的方法体系。

3. 工程项目管理方法与企业管理方法紧密相关

企业的管理方法是针对企业的生产和经营活动的需要而选用的方法体系。企业的主业是生产与经营，其经营管理应以工程项目为中心，于是企业的管理方法与工程项目管理的方法就变得关系密切。但这不等于说企业经营管理方法全部适用于工程项目管理。企业经营管理的对象是企业这个组织及其全部活动，而工程项目管理的对象是工程项目及由项目组织进行的工程管理活动。所以就管理方法而言，既是母体系和子体系的关系，又是不同体系的交叉关系。项目管理方法和企业管理方法之间有结合部，只有结合部才表示了两个体系的相关性。例如量本利方法就处在结合部之中，而网络计划方法应在项目管理方法体系之内，市场预测和决策方法应在企业管理方法体系之中。

（二）工程项目管理方法的分类

（1）按管理目标划分，工程项目管理方法有进度管理方法、质量管理方法、成本管理方法、安全管理方法、环境管理方法等。

（2）按管理方法的量性分，工程项目管理方法有定性方法、定量方法和综合管理方法。其中定性方法是经验方法；综合管理方法是定性方法和定量方法兼容。

（3）按管理方法的专业性质分，工程项目管理方法有行政管理方法、经济管理方法、管理技术方法和法规管理方法等。这是最常用的具体分类方法。

所谓行政管理方法，是指上级单位及上级领导人，包括项目经理和职能部门，利用其行政上的地位和权力，通过发布指令、进行指导、协调、检查、考核、激励、审批、监督、组织等手段进行管理的方法。它的优点是直接、迅速、有效，但应注意科学性，防止武断、主观、官僚主义和命令主义的瞎指挥。一般地说，用行政方法进行工程项目管理，指令要少些，指导要多些。项目经理应主要使用行政管理方法。

工程项目管理的经济方法是指用经济类手段进行管理，如实行经济责任制，编制项目资金收支计划，制订经济分配与激励办法以调动积极性，物资管理办法等。

工程项目的法规管理方法主要是通过贯彻有关工程法律、法规、制度、标准等加强管理。合同是依法签订的明确双方权利、义务关系的协议，广泛用于工程项目管理进行履约经营，故亦属于法规方法。在市场经济中，合同管理是最重要的法规管理方法。

工程项目管理中可用的管理技术方法是大量的。最重要的适用方法有：经济评价方法，TQC方法，流水施工方法，网络计划方法，价值工程方法，数理统计方法，信息管理方法，线性规划方法，ABC分类方法，目标管理方法，系统分析方法等。管理技术方法是管理中的硬方法，以定量方法居多，有少量定性方法。定量方法科学性更高，能产生的管理效果会更好。

（三）工程项目管理方法的应用原则和步骤

1. 工程项目管理方法应用原则

工程项目管理方法是工程项目管理的动力，在应用时应贯彻四项原则：

（1）适用性原则。即首先要明确管理的目标，不同的管理目标分别选用不同的、有针对性的方法，并且要对管理环境调查分析，以判断管理方法应用的可行性，可能产生的干扰和效果。

（2）灵活性原则。即为了达到一定的管理目的，必须灵活运用各种有效的管理方法，必须根据变化了的内部和外部情况，灵活运用管理方法，防止盲目、教条和僵化。

（3）坚定性原则。在应用管理方法时，并非一帆风顺，会遇到各种干扰和困难。如习惯性会产生对应用新方法的抵触；应用某种方法时可能受许多条件的限制而产生干扰或制约等。这时，项目管理人员就应该有坚定性，克服困难以取得效果。

（4）开拓性原则。即进行工程项目管理方法创新。既要创造新方法，又应对成熟方法的应用方式进行创新，用出新水平，产生更大效果。

2. 工程项目管理方法的应用步骤

成功应用某种管理方法，必须按下列步骤实施：

第一步，研究管理任务，明确其专业要求和管理方法应用目的。

第二步，调查进行该项管理所处的环境，以便对选择管理方法提供决策依据。

第三步，选择适用、可行的管理方法。选择的方法应专业对路，条件允许，能实现任务目标。

第四步，对所选方法在应用中可能遇到的问题进行分析，找出关键，制订保证措施。

第五步，在实施该选用方法的过程中加强动态控制，解决矛盾，使之产生实效。

第六步，在应用过程结束之后，进行总结，以不断提高管理方法的应用水平。

第三节　建设项目管理

一、建设程序

工程项目按照程序运行是社会经济运行规律的要求，是工程项目的技术经济规律的要求，也是工程项目的复杂性（环境复杂、涉及面广、相关环节多、多行业多部门配合）决定的。我国的建设程序分为六大阶段，即项目建议书阶段、可行性研究阶段、设计工作阶段、建设准备阶段、建设实施阶段和竣工验收交付使用阶段。这六个阶段的关系如图 1-4 所示。其中项目建议书阶段和可行性研究阶段称为"前期工作阶段"或"决策阶段"，其他阶段合称为"实施阶段"。

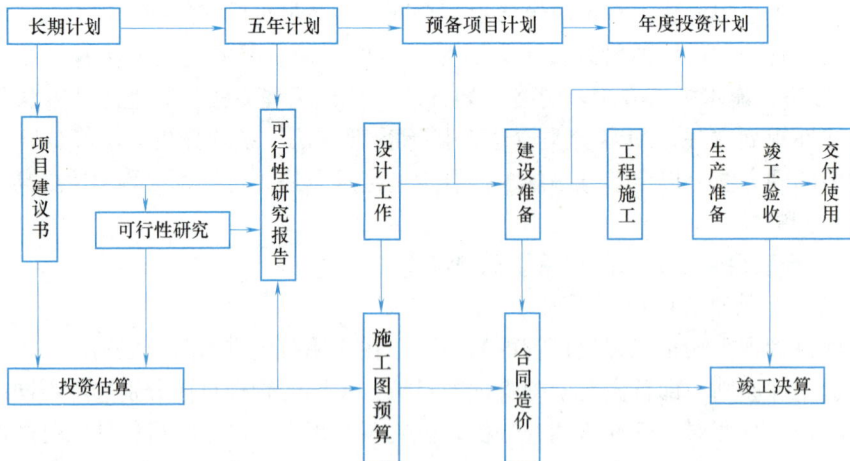

图 1-4　建设程序图

1. 项目建议书阶段

项目建议书是项目法人向国家（地方）提出要求建设某一建设项目的建议文件，是对建设项目的轮廓设想，是从拟建项目的必要性及可能性加以考虑的。在客观上，建设项目要符合国民经济长远规划，符合部门、行业和地区规划的要求。它实际上是一个机会研究文件。

2. 可行性研究阶段

项目建议书经批准后，应紧接着进行可行性研究。可行性研究是对建设项目在技术上和经济上（包括微观效益和宏观效益）是否可行进行科学分析和论证工作，是技术经济的深入论证阶段，为项目决策提供依据。可行性研究的主要任务是通过多方案比较，提出评价意见，推荐最佳方案。可行性研究的内容可概括为市场（供需）研究、技术研究和经济研究三项。具体说来，工业项目的可行性研究的内容是：项目提出的背景、必要性、经济意义、工作依据与范围，需要预测和拟建规模，资源和公用设施情况，建厂条件和厂址方案，环境保护，企业组织定员及培训，实际进度建议，投资估算数和资金筹措，社会效益及经济效益。在可行性研究的基础上，编制可行性研究报告。

可行性研究报告经批准后，是初步设计的依据，不得随意修改和变更。如果在建设规模、产品方案、建设地区、主要协作关系等方面有变动以及突破投资控制数时，应经原批准机关同意。可行性研究报告经批准，项目才算正式"立项"。

按照现行规定，大中型和限额以上项目可行性研究报告经批准之后，项目可根据实际需要组成筹建机构，即组织项目法人。但一般改、扩建项目不单独设筹建机构，仍由原企业负责筹建。

3. 设计工作阶段

一般项目进行两阶段设计，即初步设计和施工图设计。技术上比较复杂而又缺乏设计经验的项目，在初步设计阶段后加技术设计。

（1）初步设计。是根据可行性研究报告的要求所做的实施方案，目的是为了阐明在指定的地点、时间和投资控制数额内，拟建项目在技术上的可能性和经济上的合理性，并通过对工程项目所作出的基本技术经济规定，编制项目总概算。

初步设计不得随意改变被批准的可行性研究报告所确定的建设规模、产品方案、工程标准、建设地址和总投资等控制指标。如果初步设计提出的总概算超过可行性研究报告总投资的10%以上或其他主要指标需要变更时，应说明原因和计算依据，并报可行性研究报告原审批单位重新审批。

（2）技术设计。是根据初步设计和更详细的调查研究资料编制的，进一步解决初步设计中的重大技术问题，如工艺流程、建筑结构、设备选型及数量确定等，以使建设项目的设计更具体，更完善，技术经济指标更好。

（3）施工图设计。施工图设计根据批准的扩大初步设计或技术设计绘制建筑安装图纸和非标准设计图纸，完全表现工程的形状、构造、结构、尺寸、细部内容、设备型号、安装要求、材料品种、构件型号等，满足施工和计价要求。

4. 建设准备阶段

（1）预备项目。初步设计已经批准的项目，可列为预备项目。国家投资的预备项目计划，是对列入部门、地方编报的年度建设预备项目计划中的大中型和限额以上项目，经过从建设总规模、生产力总布局、资源优化配置以及外部协作条件等方面进行综合平衡后安排和下达的。预备项目在进行建设准备过程中的投资活动，不计算建设工期，统计上单独反映。

（2）建设准备的内容。建设准备的主要工作内容包括：1）征地、拆迁和场地平整；2）完成施工用水、电、路等工程；3）组织设备、材料订货；4）准备必要的施工图纸；5）组织施工招标投标，择优选定施工承包单位。

（3）报批开工报告。按规定进行了建设准备和具备了开工条件以后，便应组织开工。建设单位申请批准大中型工程项目开工要经国家发改委统一审核后编制年度大中型建设项目开工计划报国务院批准。部门和地方政府无权自行审批大中型建设项目的开工报告。年度大中型新开工项目经国务院批准，国家发改委下达项目计划。按《建筑法》第七条规定，建筑工程开工前，建设单位应当按照国家有关规定向工程所在地县级以上人民政府建设行政主管部门申请领取施工许可证；但是国务院建设行政主管部门确定的小型工程除外。按照国务院规定的权限和程序批准开工报告的建筑工程，不再领取施工许可证。

5. 工程施工阶段

建设项目经批准开工建设，项目便进入了工程施工阶段。这是项目决策的实施、建成投产发挥投资效益的关键环节。新开工建设的时间，是指建设项目设计文件中规定的任何一项永久性工程第一次破土开槽开始施工的日期。不需要开槽的，正式开始打桩日期就是开工日期。铁道、公路、水库等需要进行大量土、石方工程的，以开始进行土、石方工程日期作为正式开工日期。分期建设的项目，分别按各期工程开工的日期计算。施工活动应按设计要求、合同条款、预算投资、施工程序和顺序、施工组织设计，在保证质量、工期、成本计划等目标的前提下进行，达到竣工标准要求，经过验收后，移交给建设单位。

在工程施工阶段还要进行生产准备。生产准备是项目投产前由建设单位进行的一项重要工作。它是衔接建设和生产的桥梁，是建设阶段转入生产经营的必要条件。建设单位应适时组成专门班子或机构做好生产准备工作。

生产准备工作的内容根据工程项目的不同而异，一般包括下列内容：

（1）组建管理机构，制定管理制度和有关办法。

（2）招收并培训人员，组织生产人员参加设备的安装、调试和工程验收。

（3）签订原料、材料、协作产品、燃料、水、电等供应及运输的协议。

（4）进行工具、器具、备品、备件等的制造或订货。

（5）其他必须的生产准备。

6. 竣工验收交付使用阶段

当建设项目按设计文件的规定内容全部施工完成以后，便可组织验收。它是建设全过程的最后一道程序，是投资成果转入生产或使用的标志，是建设单位、设计单位和施工单位向国家汇报建设项目的能力、质量、成本、收益等全面情况及交付新增固定资产的过程。竣工验收对促进建设项目及时投产、发挥投资效益及总结建设经验，都有重要作用。通过竣工验收，可以检查建设项目实际形成的生产能力或效益，也可避免项目建成后继续消耗建设费用。

二、建设项目管理相关组织的项目管理目标和任务

建设项目管理的相关组织主要是建设单位，总承包单位，设计单位，施工单位，供应单位，工程咨询单位，建设监理单位。它们的项目管理目标既有共同点，亦有各自的特点，具体阐述如后。

（一）建设单位的项目管理目标和任务

建设单位，即项目法人，也是建设阶段的项目业主，其项目管理服务于自身的利益，项目管理目标包括项目的投资目标、进度目标和质量目标。其中投资目标指项目的总投资目标。进度目标指项目动用的时间目标，也即项目交付使用的时间目标，如工厂建成可以投入生产、道路建成可以通车、办公楼可以启用、旅馆可以开业的时间目标等。项目的质量目标不仅涉及施工的质量，还包括设计质量、材料质量、设备质量和影响项目运行或运营的环境质量等。质量目标包括满足相应的技术规范和技术标准的规定，以及满足建设单位相应的质量要求。

项目的投资目标、进度目标和质量目标之间既有矛盾的一面，也有统一的一面，它们之间的关系是对立统一的关系。要加快进度往往需要增加投资，欲提高质量往往也需要增加投资，过度地缩短进度会影响质量目标的实现，这都表现了目标之间关系矛盾的一面；但通过有效的管理，在不增加投资的前提下，也可缩短工期和提高工程质量，这反映了目标之间关系统一的一面。

建设单位的项目管理工作涉及项目实施阶段的全过程，即在设计前准备阶段、设计阶段、施工阶段、动用前准备阶段和保修期分别进行如下工作：安全管理；投资控制；进度控制；质量控制；合同管理；信息管理；组织和协调。

表 1-1 有 7 行和 5 列，构成建设单位 35 分块项目管理的任务，其中安全管理是项目管理中最重要的任务，因为安全管理关系到人身的健康与安全，而投资控制、进度控制、质量控制和合同管理等则主要涉及物质的利益。

建设单位项目管理的任务　　　　　　　　　　　　　　　表 1-1

阶段 项目	设计前准备阶段	设计阶段	施工阶段	动用前准备阶段	保修期
安全管理					
投资控制					
进度控制					
质量控制					
合同管理					
信息管理					
组织和协调					

（二）设计单位项目管理的目标和任务

设计单位作为项目建设的一个参与方，其项目管理主要服务于项目的整体利益和设计单位本身的利益。由于项目的投资目标能否得以实现与设计工作密切相关，因此，设计单位项目管理的目标包括设计的成本目标、设计的进度目标和设计的质量目标，以及项目的投资目标。

设计单位的项目管理工作主要在设计阶段进行，但也涉及设计前准备阶段、施工阶段、动用前准备阶段和保修期。设计单位项目管理的任务包括：与设计工作有关的安全管理；设计成本控制和与设计工作有关的工程造价控制；设计进度控制；设计质量控制；设计合同管理；设计信息管理；与设计工作有关的组织和协调。

（三）供货单位项目管理的目标和任务

供货单位作为项目建设的一个参与方，其项目管理主要服务于项目的整体利益和供货单位本身的利益，其项目管理的目标包括供货单位的成本目标、供货的进度目标和供货的质量目标。

供货单位的项目管理工作主要在施工阶段进行，但它也涉及设计前准备阶段、设计阶段、动用前准备阶段和保修期。供货单位项目管理的主要任务包括：供货安全管理；供货成本控制；供货进度控制；供货质量控制；供货合同管理；供货信息管理；与供货有关的组织与协调。

（四）施工单位项目管理的目标和任务

1. 施工单位项目管理的目标

由于施工单位是受建设单位的委托承担工程建设任务，施工单位必须树立服务观念，为项目建设服务，为建设单位提供建设服务；另外，合同也规定了施工单位的任务和义务，因此施工单位作为项目建设的一个重要参与方，其项目管理不仅应服务于施工单位本身的利益，也必须服务于项目的整体利益。项目的整体利益和施工单位本身的利益是对立统一关系，两者有其统一的一面，也有其矛盾的一面。

施工单位项目管理的目标应符合合同的要求，它包括：施工的安全管理目标；施工的成本目标；施工的进度目标；施工的质量目标。

如果采用工程施工总承包或工程施工总承包管理模式，施工总承包单位或施工总承包管理单位必须按工程合同规定的工期目标和质量目标完成建设任务。而施工总承包单位或施工总承包管理单位的成本目标是由施工企业根据其生产和经营的情况自行确定的。分包单位则必须按工程分包合同规定的工期目标和质量目标完成建设任务，分包单位的成本目标是该施工企业内部自行确定的。

按国际工程的惯例，当采用指定分包单位时，无论指定分包单位与施工总承包单位，或与施工总承包管理单位，或与建设单位签订合同，由于指定分包单位合同在签约前必须得到施工总承包单位或施工总承包管理单位的认可，因此，施工总承包单位或施工总承包管理单位应对合同规定的工期目标和质量目标负责。

2. 施工单位项目管理的任务

施工单位项目管理的任务包括：施工安全管理；施工成本控制；施工进度控制；施工质量控制；施工合同管理；施工信息管理。与施工有关的组织与协调等。

施工单位的项目管理工作主要在施工阶段进行，但由于设计阶段和施工阶段在时间上往往是交叉的，因此，施工单位的项目管理工作也会涉及设计阶段。在动用前准备阶段和保修期施工合同尚未终止，在这期间，还有可能出现涉及工程安全、费用、质量、合同和信息等方面的问题，因此，施工单位的项目管理也涉及动用前准备阶段和保修期。

（五）项目总承包单位项目管理的目标和任务

1. 项目总承包单位项目管理的目标

由于项目总承包单位（或称建设项目工程总承包单位，或简称工程总承包单位）是受建设单位委托而承担工程建设任务，项目总承包单位必须树立服务观念，为项目建设服务，为业主提供建设服务。另外，合同也规定了项目总承包单位的任务和义务，因此，项目总承包单位作为项目建设的一个重要参与方，其项目管理主要服务于项目的整体利益和项目总承包单位本身的利益，其项目管理的目标应符合合同的要求，包括：工程建设的安全管理目标；项目的总投资目标和项目总承包单位的成本目标（其前者是建设单位的总投资目标，后者是项目总承包单位本身的成本目标）；项目总承包单位的进度目标；项目总承包单位的质量目标。

项目总承包单位项目管理工作涉及项目实施阶段的全过程，即设计前准备阶段、设计阶段、施工阶段、动用前准备阶段和保修期。

2. 项目总承包单位项目管理的任务

项目总承包单位的管理工作涉及：项目设计管理；项目采购管理；项目施工管理；项目试运行管理和项目收尾等。

其中属于项目总承包单位项目管理的任务包括：项目风险管理；项目进度管理；项目质量管理；项目费用管理；项目安全、职业健康与环境管理；项目资源管理；项目沟通与信息管理；项目合同管理等。

（六）工程咨询单位和监理单位的目标和任务

工程咨询单位及监理单位均按合同为建设单位服务，因此它们的项目管理目标即是建设单位的项目管理目标；它们的项目管理任务也是建设单位的项目管理任务。

三、建设项目投资管理

（一）投资构成

"投资"有多种含义：第一，为了将来获得收益或避免风险而进行的资金投放活动；第二，用于投放的资金；第三，固定资产投资。固定资产投资包括基本建设投资和更新改造投资两类。基本建设投资是指新建、改建和扩建各种生产性和非生产性固定资产所用的资金；更新改造投资是指用于旧企业更新或改造其固定资产的资金。两者均由于扩大再生产的需要而进行投资。

投资按其投放的途径可分为直接投资和间接投资，或称实物投资和金融投资。"直接投资"（实物投资）一般不经过金融中介，主要包括：固定资产投资，实际经营投资，租赁、承包、收购企业等，一般不受通货膨胀的影响，风险较小，但需投资者亲自经营管理。"间接投资"指投资购买股票、债券及其他特权票据，所以也称金融投资或证券投资，即要通过金融中介把资金由供方传递给需方，这种投资受通货膨胀影响，风险很大，但不需投资者亲自从事实物资产的经营管理，流动性较好。

建设项目投资属于固定资产投资，即用于基本建设项目和更新改造项目的投资。包括投资项目从酝酿、决策、建设实施到竣工投产的全过程活动和投资的筹集、运用及其相关的工作。投资量是以货币形式表现的"投资额"。

建设项目总投资构成见图1-5。

总投资中包括固定资产投资和流动资金。其中，固定资产投资即工程造价，包括拟建项目工程费用，工程建设其他费用预备费用和建设期利息。

拟建项目工程费用分为建筑工程费、设备购置费和安装工程费。

工程建设其他费用的内容比较广泛，主要包括以下内容：土地使用费（土地出让金、土地补偿、青苗补偿和安置补偿费）；建设单位管理费；科研试验费；勘察设计费；监理、

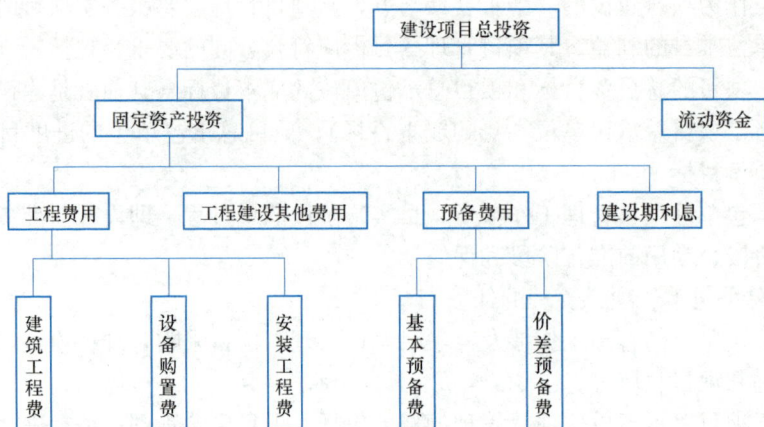

图 1-5　建设项目总投资构成

咨询费；可行性研究费；项目评估费；生产职工培训费；办公和生活家具购置费；负荷联合试车费；施工机构迁移费；样品样机购置费；矿山巷道维修费；引进技术和进口设备的其他费用；与建筑安装、设备购置无关但又必须支出的其他建设费用。

预备费用是指难以预料的工程费用，即基本预备费（不可预见费或用包干系数所计算的费用）及价差预备费。这些费用用于以下方面：在批准的初步设计和概算范围内所增加的工程和费用；设备、材料的差价；由于一般自然灾害所造成的损失和预防自然灾害所采取的措施费用；在上级主管部门组织竣工验收时，验收者为鉴定工程质量，必须开挖和修复隐蔽工程的费用等。

建设期利息是在建设期内发生的为工程项目筹措资金的融资费用及债务资金利息。

总投资中的流动资金，是指维持生产所占用的全部周转资金，它是流动资产与流动负债的差额（即流动资金＝流动资产－流动负债）。其中，流动资产＝应收账款＋预付账款＋存货＋现金；流动负债＝应付账款＋预收账款。

（二）建设项目投资的来源

建设项目投资有以下几种来源：

（1）国家建设拨款。这些资金用于没有偿还能力的建设单位的项目。

（2）建设贷款。它有以下几种：第一，国家预算内基本建设投资贷款；第二，基本建设信用贷款，指银行利用长期存款发放的投资性贷款；第三，特种贷款，是银行为支持重点项目建设，缓解其资金不足发放的投资性贷款业务；第四，基本建设储备贷款，是指为企业进行储备而进行的贷款，如为支付下一年度储备材料及设备需要的款项；第五，临时周转贷款，是指列入国家基本建设计划的项目，在年度内资金尚未下达或进度加快资金临时不足的，可向银行申请临时周转贷款。

（3）自有资金。

（4）发行建设债券和股票集资。

（5）利用国外资金。

利用国外资金有多种多样的形式，可以归纳为三大类：

一是借用国外资金。例如向外国政府、国际金融机构、外国银行借入资金，在国际债券市场上发行债券，吸收外国银行、企业或私人的定期存款等。这一类资金的特点是发生债权、债务关系，必须还本付息。

二是吸收国外投资。如与外商共同投资经营，合作开发，合作经营、吸引外商来华举办独资企业等。还可将本国企业的股票出售给外商。这类形式的特点是外商直接投资进行生产经营，并采取股利等形式获得利润。

三是接受国外援助。这主要是接受国外的馈赠，不需还本付息。有时政府间贷款中馈赠成分占 25％以上，也属于这一类。

（三）项目融资模式

1. BT 方式

（1）BT 方式的含义

BT（Build-Transfer）方式，即"建设—移交"方式，是指投资者通过政府 BT 项目招标，投标并中标取得 BT 建设资格的投资者（承包人），负责建设资金的筹集和工程建设，并在项目完工、经验收合格后立即移交给建设单位（通常为政府），建设单位向 BT 建设投资者（承包人）支付工程建设费用和融资费用，其支付时间由 BT 建设双方约定。

（2）BT 方式的运作模式

1）政府根据当地社会和经济发展需要立项，完成项目建议书、可行性研究、筹划报批等前期工作，将项目融资和建设的特许权转让给投资方（建筑企业），银行或其他金融机构根据项目未来的收益情况对投资方的经济等实力情况，为项目提供融资贷款，政府与投资方签订 BT 投资合同，投资方组建 BT 项目公司，投资方在建设期间行使业主职能，对项目进行融资、建设，并承担建设期间的风险。

2）项目竣工后，按 BT 合同，投资方将完工验收合格的项目移交给政府，政府按约定总价（或计量总价加上合理回报），按比例分期偿还投资方的融资和建设费用。

3）政府在 BT 投资全过程中实施监管，保证 BT 投资项目的顺利融资、建设、移交。投资方是否具有与项目规模相适应的实力，是 BT 项目能否顺利建设和移交的关键。

（3）BT 方式的特点

1）BT 方式仅适用于政府基础设施非经营性项目建设；

2）政府利用的资金是非政府资金，是通过投资方融资的资金，融进的资金可以是银行的，也可以是其他金融机构或私有的，可以是外资，也可以是国内资金；

3）BT 模式仅是一种新的投资融资模式，BT 模式的重点是 B（施工）阶段；

4）投资方在项目建成移交后，不进行经营，也不获取经营收入；

5）政府根据合同按比例分期向投资方支付合同约定的总价款。

6）投资者承担的风险较大，最大的风险还是政府的债务偿还是否按合同约定，因此投资方应增强风险管理能力，利用担保，防止以 BT 之名行垫资之实。

2. BOT 方式

（1）BOT 方式的含义

BOT（Build-Operate-Transfer）方式，即"建设—经营—转让"方式，是指政府或政府授权项目业主，将拟建的工程项目，通过招标投标方式选择 BOT 项目投资者并按合同约定授权中标投资者来融资、投资、建设、经营、维护项目，该投资者在特许经营期内通过经营来获取收益，并承担风险。政府或授权项目业主在此期间保留对该项目的监督调控权。协议期满，根据协议由授权的投资者将该项目移交给政府或政府授权项目业主。BOT 项目的主导思想是所有权与经营权分离，其特点是：前期工作准备复杂；运营管理简单；国家可一次吸收利用外资；外商在特许经营期内逐年收回资金并盈利。

（2）BOT 方式的实施步骤

1）项目发起方成立专设项目公司，专设项目公司同东道国政府或有关政府部门达成项目特许协议。

2）项目公司与工程承包商签署建设合同，并得到承包商和设备供应商的保险公司 BOT 投资方式的担保。专设项目公司与项目运营承包商签署项目经营协议。

3）专设项目公司与商业银行签订贷款协议或与出口信贷银行签订买方信贷协议。

4）进入经营阶段后，专设项目公司把项目收入转移给一个担保信托公司。担保信托公司再把这部分收入用于偿还银行贷款。

（3）BOT 方式的优点

1）适用于对现在不能盈利而未来却有较好或一定的盈利潜力的项目；

2）有利于利用外资解决基础设施不足及建设资金短缺的矛盾；

3）有利于帮助基础设施使用者树立有偿使用的新观念，实现基础设施建设的良性循环；

4）有利于在不影响政府所有权的前提下，分散基础设施投资风险；

5）有利于在投资建设和运营管理中引进先进的技术和管理方法，提高基础设施项目的建设效率。

3. BOOT 方式和 BOO 方式

（1）BOOT 方式

BOOT（Build-Own-Operate-Transfer）方式，即"建设—拥有—经营—转让"方式是国内投资者（承包人）或国际财团对中标承包的工程项目投资建设，待项目建成后，在规定的期限内拥有所有权并进行经营，期满后将项目移交给政府或其授权的业主。BOOT 方式，在项目建成后规定的期限内，私人既有经营权，也有所有权，代表了一种居中的私有化程度，因为设施的所有权在一定有限的时间内转给了私人，从项目建成到移交给政府期间，BOOT 方式比 BOT 方式的时间长一些。

（2）BOO 方式

BOO（Build-Own-Operate）方式，即"建设—拥有—经营"方式。它与 BOOT 方式比较，显然没有项目的移交，而是归私人所有。因此，BOO 代表的是一种最高级别的私有化。由于基础设施项目通常直接对社会产生影响，并且要使用到公共资源，诸如土地公路、铁路、管道，广播电视网等等。因此，基础设施的私有化是一个特别重要的问题，是否采用这种方式，要由国家政府的政策决定。

4. PPP 方式

（1）PPP 方式的含义

PPP（Public-Private-Partnership）方式，即政府与私人之间合作的方式，也可称为公私合营方式。目的是为了提供某种公共物品和服务，以特许权协议为基础，政府与私人彼此之间形成一种伙伴式的合作关系，并通过签署合同来明确双方的权利和义务，以确保合作的顺利完成，最终使合作各方达到比预期单独行动更为有利的结果。

PPP方式以其政府参与全过程经营的特点受到国内外广泛关注。它将部分政府责任以特许经营权方式转移给企业，政府与企业建立起"利益共享、风险共担、全程合作"的共同体关系，使政府的财政负担减轻，企业的投资风险减小。为了促进基础设施建设项目的民营化，我国政府为PPP方式的发展提供了一定的国家政策层面和法律法规层面的支持。这种方式需要合理选择合作项目和考虑政府参与的形式、程序、渠道、范围与程度。

（2）PPP方式的主要优点

1）对政府来说，在PPP项目中的投入要小于传统方式的投入，两者之间的差值是政府采用PPP方式的收益。

2）消除费用的超支。公共部门和私人企业在初始阶段共同参与项目的识别、可行性研究、设施和融资等项目建设过程，保证了项目在技术和经济上的可行性，缩短前期工作周期，使项目费用降低，利于提高效率和降低工程造价，能够消除项目完工风险和资金风险。与传统的融资模式相比，PPP项目平均为政府部门节约17%的费用，并且建设工期都能按时完成。

3）有利于转换政府职能，减轻财政负担。政府可以从繁重的事务中脱身出来，从过去的基础设施公共服务的提供者变成一个监管的角色，从而保证质量，也可以在财政预算方面减轻政府压力。

4）促进了投资主体的多元化。利用私营企业来提供资产和服务能为政府部门提供更多的资金和技能，促进投融资体制改革。同时，私营企业的参与还能推动项目设计、施、设施管理过程等方面的革新，提高办事效率，传播最佳管理理念和经验。

5）政府部门和私营企业可以取长补短，发挥政府公共机构和民营企业各自的优势弥补对方的不足。双方可以形成互利的长期目标，可以以最有效的成本为公众提供高质量的服务。

6）风险分配合理。在项目初期就可以实现风险分配，同时由于政府分担一部分风险，使风险分配更合理，减少了承包商与投资商的风险，从而降低了融资难度，提高了项目融资成功的可能性。政府在分担风险的同时也拥有一定的控制权。

7）应用范围广泛。该方式突破了引入私人企业参与公共基础设施项目组织机构的多种限制，可适用于城市供热等各类市政公用事业及道路、铁路、机场、医院、学校等的工程项目建设。

四、建设项目进度管理

建设项目进度管理是指对建设项目各个阶段的工作顺序和持续时间进行规划、实施、检查、协调及信息反馈等一系列活动的总称。建设项目进度管理的最终目的是确保项目动用的时间目标的实现。建设项目进度管理的总目标是建设工期。建设项目进度管理的意义在于：第一，保证建设项目按预定的时间交付使用，及时发挥投资效益；第二，维护国家良好的建设秩序和经济秩序；第三，提高建筑施工企业的经济效益。

（一）影响建设项目进度管理的相关因素

建设项目进度管理是一个动态过程，影响因素多，风险大，应当认真地分析总结，以便采取措施，适应变化，使不平衡变为相对的平衡，在动态中实现进度管理目标。

（1）来自建设单位的影响因素包括：建设单位提出的项目动用目标，资金、材料和设备的供应进度，各项准备工作的进度，建设单位管理的有效性等。

（2）来自勘察设计单位的影响因素包括：勘察设计进度目标的确定，可投入的勘察设计力量及其工作效率，各设计专业的配合状况，设计的速度，对设计文件审查的进展速度，建设单位与设计单位的协作状况等。

（3）来自施工单位的影响因素包括：施工进度目标的确定，施工项目管理规划的编制，施工企业的生产能力和管理素质，投入的人力及装备规模，分包施工单位的进度保证能力等。

（4）来自于环境的影响因素包括：上级领导部门的指令和指导意见，建筑市场和物资供应市场的状况，国家财政状况，政治的影响，气候的影响，使用要求及建设目标变更的可能性，改革的影响，偶发性不可抗力等。

以上诸多的影响因素既是客观存在的，许多又是人为的，可以预测和控制。工程监理单位参与进度管理，既构成了影响进度的重要因素，又可以通过签订合同接受建设单位的委托，采用有效的方法和手段，对各种进度管理的影响因素实施干预，确保进度管理目标的实现。

（二）建设项目进度管理的全过程

建设项目的各个阶段，都与进度管理有密切关联。各阶段的工作进度固然需要管理，而前期工作阶段所进行的进度决策工作，又给实施阶段的进度管理以重大影响，表1-2所列，就是建设全过程与进度管理全过程的关系。这里必须强调，进度管理的重点阶段是项目的建设准备和施工阶段。

进度管理的全过程　　　　　　　　　　表 1-2

建设过程	项　目建议书	可行性研　究	项目设计	建设准备	建设施工	竣工验收交付使用
进度管理阶段	进度决策阶段				进度实施阶段	
进度管理描述	进度建议	进度预测建议、规划	设计进度管理，施工进度预测	编制施工进度计划	实施进度管理，实现工期目标	收尾进度管理，及时验收、交工

在项目建议书的内容中，按规定有"项目进度建议"，是对项目进度的轮廓设想，是上级对项目建议书进行审批的重要依据。

在可行性研究报告中，按规定有"实施进度的建议"，是对项目建议书中项目进度建议的具体化，是对建设项目进行评估的时间依据，是对项目进度进行决策的依据。

在设计的过程中，应实施设计进度管理，并对设计方案的施工进度做出预测，与可行性研究报告中的建设工期对比，从而对设计文件做出评价。

在建设准备阶段，编制施工进度计划，进行进度决策，为施工中的进度管理提供依据。

在建设施工阶段，严格按计划进度实施，是进度管理的"操作过程"，应对造成计划偏离目标的各种干扰因素予以排除，保证进度目标的实现。

在竣工验收交付使用阶段，要加快收尾，尽量缩短验收进程，使竣工后的工程要及时验收，交付使用。

（三）建设项目进度管理的计划系统

为了使工程建设符合国家宏观投资计划的要求，遵循建设程序，按合理工期建成投产，实现项目进度目标，使工程造价低、投资少、工期短、质量好，就需要编制各种计划作为进度管理的基础。按照我国的有关规定，大中型项目应当编制下列各种计划。

（1）建设项目前期工作计划。前期工作计划是指对可行性研究及初步设计的工作进行安排，通过这个计划，使建设前期各项工作相互衔接，时间得到控制。计划表格见表1-3。表中的"建设性质"指的是改建、扩建或新建；"建设规模"指生产能力、使用规模或建筑面积等。前期工作计划表由建设单位在预测的基础上进行编制。

建设项目前期工作计划　　　　　　　　　　表 1-3

项目名称	建设性质	建设规模	可行性研究		可行性研究报告		初 步 设 计	
			进度要求	负责单位负责人	进度要求	负责单位负责人	进度要求	负责单位负责人

（2）建设项目总进度计划。建设项目总进度计划是指初步设计被批准后、编制上报年度计划以前，根据初步设计对建设项目从开始建设（设计、施工准备）至竣工投产（动用）全过程的统一部署，以安排各单项工程和单位工程的建设进度，合理分配年度投资，组织各方面的协作，保证初步设计确定的各项建设任务的完成。它对于保证项目建设的连续性、增强建设工作的预见性、确保项目按期动用等具有重要作用，是编制上报年度计划的依据。它由以下几个部分组成。

1）文字部分。包括建设项目的概况和特点，安排建设总进度的原则和依据，投资的来源和年度安排情况，技术设计、施工图设计、设备交付和施工力量进场时间的安排，道路、供电、供水等方面的协作配合及进度的衔接，计划中存在的主要问题及采取的措施，需要上级及有关部门解决的重大问题。

2）表格部分，包括：工程项目一览表；工程项目总进度计划表；投资计划年度分配表；工程建设项目进度平衡表。

（3）建设项目年度计划。建设项目年度计划依据建设项目总进度计划、国家年度计划和批准的设计文件，由建设单位进行编制。该计划既要满足建设项目总进度计划的要求，又要与当年可投入资金和融资获得的资金、设备、材料、施工力量相适应，根据分批配套投产或交付使用的要求，合理安排年度建设的项目。建设项目年度计划的内容如下：

1）文字部分。说明编制年度计划的依据和原则；建设进度和各项主要技术经济指标；施工图、设备、材料、施工力量等建设条件的落实情况；动员内部资源情况；对外部协作配合项目建设的进度安排或要求；需要上级主管部门协助解决的问题；计划中存在的其他问题；为完成计划采取的各项措施。

2）表格部分。包括：年度计划项目表；年度竣工投产交付使用计划表；年度项目计划综合平衡表（含资金平衡表和设备平衡表）。

（4）设计单位的计划系统。包括：设计准备工作计划；施工总进度计划；设计工作分专业进度计划。

（5）施工单位的进度管理计划系统。包括：施工准备工作计划；施工总进度计划；单位工程进度计划；分包工程进度计划；分部分项工程进度计划；施工项目年度（季度或月度）进度计划。

（四）建设项目进度管理的实施系统

建设项目进度管理实施系统可用图 1-6 表示。图中所反映的系统关系是：建设单位委托工程监理单位进行进度管理；监理单位根据工程监理合同分别对建设单位、设计单位、施工单位的进度管理实施监督；各单位都按本单位编制的各种计划实施并接受监理单位的监督，实施进度管理，实现所承担的进度管理目标；各单位的进度管理实施相互衔接和联系，进行合理而协调的运行，从而保证进度管理总目标的实现。

（五）加快进度的 CM 方式

1. CM 方式的含义

CM（Construction Management）方式，可称为"快速路径法施工"方式，又称"阶段施工法"，指从工程施工图设计阶段开始，业主方就选择具有施工经验的 CM 单位（如咨询公司、建设开发公司、工程总承包公司等，大多选择施工总承包公司），参与到工程实施中来，为设计方提供施工方面的建议，并随后负责施工管理；其目的是将工程建设的实施作为一个完整的过程来对待，协调设

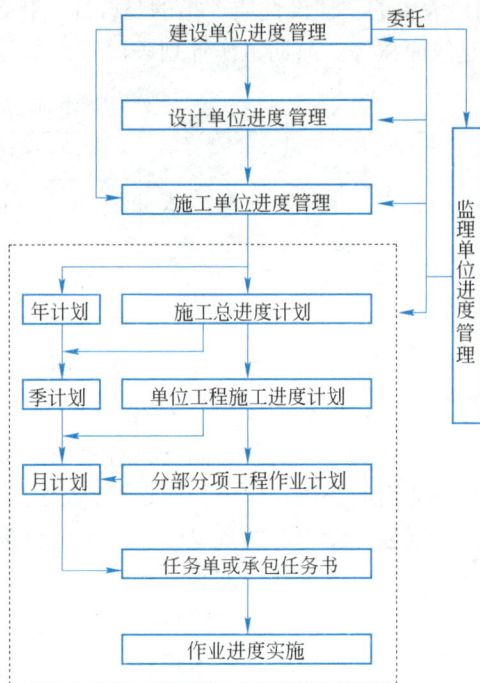

图 1-6　建设项目进度管理实施系统

计、施工的关系，以便在尽可能短的时间内，高效、经济地完成工程建设任务。其主要特点是，在工程实施阶段，业主建立起以 CM 单位为核心的治理结构（即建设管理组织体系）以及相应的合同体系。

2. CM 方式的类型

（1）代理型 CM 方式。CM 单位是业主的咨询单位，业主与 CM 单位签订咨询服务合同，CM 合同价就是 CM 费，其表现形式可以是百分率（以今后陆续确定的工程费用总额为基数）或固定数额的费用；业主分别与多个施工单位签订所有的工程施工合同。代理型 CM 模式中的 CM 单位通常是由具有较丰富的施工经验的专业 CM 单位或咨询单位担任。

（2）非代理型 CM 模式。业主一般不与施工单位签订工程施工合同，但也可能在某些情况下对某些专业性很强的工程内容和工程专用材料、设备，与少数施工单位和材料设备供应单位签订合同。业主与 CM 单位所签订的合同既包括 CM 服务的内容，也包括工程施工承包的内容；由 CM 单位与施工单位和材料、设备供应单位签订合同。虽然 CM 单位与各个分包商直接签订合同，但 CM 单位对各分包商的资格预审、招标、议标和签

约都对业主公开，并必须经过业主的确认才有效。另外，由于 CM 单位介入工程时间较早（在设计阶段介入）且不承担设计任务，所以 CM 单位并不向业主直接报出具体数额的价格，而是报 CM 费。至于工程本身的费用则是今后 CM 单位与各分包商、供应商的合同价之和。采用非代理型 CM 模式时，业主对工程费用不能直接控制。为促使 CM 单位加强费用控制工作，业主往往要求在 CM 合同中预先确定一个具体数额的"保证最大价格"（Guaranteed Maximum Price，简称 GMP，包括总的工程费用和 CM 费）。合同条款中通常规定，如果实际工程费用加 CM 费超过了 GMP，超出部分由 CM 单位承担，反之，节余部分归业主。而确定一个合理的 GMP，则取决于 CM 单位的水平、经验和设计所达到的深度。

3. CM 方式的优点

（1）由于设计和施工的时间可以搭接，故可缩短工期。

（2）由于设计与施工的早期结合，设计在施工上的可行性在设计尚未完全结束时已逐步明朗，因此在很大程度上减少了设计变更。

（3）施工招标由一次性工作被分解成若干次进行，施工合同价也由传统的一次确定变为若干次确定，因此提高了确定合同价格的准确性。

（4）"成本＋利润"的取费方式。由于 CM 单位与业主签约时设计尚未结束，因此 CM 合同价通常既不能采用单价合同，也不能采用总价合同，而采用"成本＋利润"合同。CM 单位向业主收取其工作成本，再加上一定利润。

五、建设项目质量管理

（一）质量和质量管理的相关概念

1. 质量

"质量"是一组固有特性满足要求的程度。其中"固有"就是指在某事或某物中本来就有的，尤其是那种永久的特性。"特性"就是可以区分的特征；既可以是固有的，也可以是赋予的；既可以是定性的，也可以是定量的。"质量特性"是指"产品、过程或体系与要求有关的固有特性"。"要求"是指明示的、通常隐含的或必须履行的需求或期望。"通常隐含"是指组织、顾客和其他相关方的惯例或一般做法，所考虑的需求或期望是不言而喻的。

2. 质量管理

"质量管理"是指"在质量方面指挥和控制组织的协调的活动"。通常包括质量目标和质量方针，以及质量策划、质量控制、质量保证和质量改进。"质量策划"是质量管理的一部分，致力于制定质量目标并规定必要的运行过程和相关资源以实现质量目标。质量计划可以是质量策划的一部分。"质量控制"是质量管理的一部分；"质量保证"致力于提供质量要求会得到满足的信任；"质量改进"致力于增强满足质量要求的能力。

3. 质量管理体系

"质量管理体系"是在质量方面指挥和控制组织的管理体系（建立方针和目标并实现这些目标的体系）。"质量方针"是由组织的最高管理者正式发布的关于质量方面的全部意图和方向；"质量目标"是在质量方面所追求的目的。

4. 建设项目质量

"建设项目质量"是指建设项目作为过程的一组固有特性满足要求的程度。这些要求主要是建设单位的要求，设计要求，标准或规范要求，社会要求，环境要求及组织自身的要求等。

（二）建设项目质量形成的全过程

建设项目质量形成的全过程，就是建设程序的全过程。不同的建设阶段，对建设项目的质量有不同的影响，正如不同建设阶段对投资和进度有不同的影响一样。需要指出的是，质量与投资、进度三项目标是相互制约的，不能脱离投资和进度的制约而孤立地对待质量。

1. 项目建议书阶段对建设项目质量形成的影响

由于项目建议书对建设项目提出轮廓设想，其中包括产品方案、拟建规模、建设地点、投资估算等，故对建设项目的功能和建设决策产生重要影响，为可行性研究提供依据。所以这个阶段起着机会研究和初步可行性研究的作用，对建设项目质量有潜在的影响。

2. 可行性研究阶段对建设项目质量形成的影响

在可行性研究阶段，要对建设项目技术上、经济上和对国家及社会影响上进行论证，并作多方案比较，从而推荐最佳方案，为设计提供依据。根据可行性研究报告作出的项目决策，是对项目质量的决定性影响，是项目成败的关键。与建设项目质量相关的论证工作主要有以下几项：

（1）生产能力、产品类型是否满足市场需求。

（2）建设地点（或厂址）的选择是否符合城市、地区总体规划要求，有无发展余地。

（3）资源来源是否可靠，有无充足的水源、能源。

（4）工程地质、水文地质、气象等自然条件是否良好。

（5）交通、运输条件是否有利于生产，方便于生活。

（6）如何治理"三废"，如何保护文物、环境以减少公害。

（7）生产工艺、技术是否先进、成熟，设备是否配套。

（8）对设计和施工有哪些要求，如何获得较好的社会效益、经济效益和环境效益。

3. 设计阶段对建设项目质量的影响

可行性研究阶段提出的质量要求，要通过设计工作具体化。设计的质量决定着建设项目建成后的使用价值和功能。所以，设计阶段是影响建设项目质量的决定性环节。为此，应对设计质量进行严格的监督和管理。

4. 施工阶段对建设项目质量的影响

施工阶段根据设计文件的要求实施，形成工程实体。施工阶段的质量要求与前几个阶段的质量要求是不相同的，如果说可行性研究阶段解决"能否做"和"做什么"的问题，设计阶段决定"如何做"，而施工阶段要决定"做出来"。前几个阶段都与决策有关，施工阶段则是生产实践，是生产与操作的质量问题。质量管理工作量最大的阶段就是施工阶段。所有与建设活动有关的单位都在此时参与质量形成的活动。所以施工阶段是质量管理的最重要阶段。

5. 项目竣工验收对建设项目质量的影响

在项目竣工验收阶段，要对施工阶段的质量效果进行试运转、检查、评定与考核，看是否达到了决策阶段和设计阶段的质量目标。这个阶段对工程投入使用后能否正常发挥作用（即使用质量）有重大影响。

（三）建设项目质量管理的主体及其责任

建设项目质量管理体现了主体多元化的特点，建设单位、监理单位、质量监督单位、设计单位、建筑材料、构件及设备供应单位、施工单位等，均对建设项目的质量管理负有责任。建设项目质量管理好比是一个舞台，各相关单位好比剧目的角色，各个角色都要在舞台上进行表演（质量管理），而且各个角色又是相互联系和制约的，在质量管理上，既要独立地承担责任，又要相互支持，还要按规定接受应有的监督。

1. 建设单位的质量管理责任

建设单位是质量管理贯穿建设全过程的管理者和组织者，对质量负决策、监督、帮助、考核、验收责任。

2. 设计单位的质量管理责任

设计单位对建设项目质量负设计责任。设计单位亦应实行项目管理，设计总负责人实际上就是项目经理，组成项目管理班子，进行设计目标管理。为此，应建立设计质量管理体系，健全设计质量的校对、审核制度。所有设计图纸都要经审核人员签字，否则不得出图。设计文件必须符合国家和地区的有关法规、技术标准，必须符合当地建设主管部门确定的规划位置、标高、建筑密度、层数、建筑物与室外工程的衔接、与环境协调等要求。务必使功能满足可行性研究报告的要求，各种设计内容和质量符合设计合同的要求，保证结构安全、防火、卫生和环境保护等方面的要求。在施工中，设计单位负有监督与参加验收的责任。

3. 施工单位的质量责任

施工单位对建设项目质量负有制造责任。要通过实行施工项目管理和建立施工项目质量保证体系确保每个分项、分部工程和单位工程质量达到标准和合同要求，按竣工标准要求交工。达不到合格标准的要进行返修，确保安全和使用功能。交工后实行回访和保修。在施工中还要接受建设单位、设计单位、监理单位按规定进行的监督和检查。

4. 建筑构配件生产单位的质量责任

建筑构配件生产单位应建立有效的质量体系，对外、对内进行质量保证。车间、科室、班组都要有明确的产品质量责任。建立质量检查、测试机构进行质量把关。要做到出厂的产品达到国家标准规定的合格标准，具有产品标准编号等文字说明，在构配件上标明出厂的合格标志、厂名、产品型号、出厂日期、检查编号等。

5. 建筑材料、设备供应单位的质量责任

建筑材料、设备供应单位对所供应的产品质量负责。供应的产品必须符合下列要求：达到国家有关法规、技术标准和购销合同规定的质量要求；有产品检验合格证、说明书及有关技术资料；实行生产许可证制度的产品，要有许可证主管部门颁发的许可证编号、批准日期和有效期限；产品包装符合国家有关规定和标准；使用商标或分级分等的产品，在产品包装上有标记。建筑设备除符合上述要求外，还应有产品详细的使用说明书，电气产品应附有线路图。厂家负责售后服务。供应单位售出的产品发生质量问题时，供应单位对使用单位负保修、保换、保退、赔偿经济损失责任。

6. 质量监督部门的质量责任

质量监督部门代表政府对建设项目的质量负监督和评定等级责任。在监督中要做到：未经持证设计单位设计或设计不合格的工程，一律不准施工；无出厂合格证明和没有按规定复试的原材料，一律不准使用；不合格的建筑构件，一律不准出厂和使用；所有工程都必须按照国家规范、标准施工和验收，一律不准降低标准；质量不合格的工程及构件，一律不准报竣工面积和产量，也不计算产值；没有持证单位进行认真勘探，不准进行设计。这就是有名的"六不准"。

7. 监理单位的质量责任

监理单位受建设单位的委托对建设项目的实施（设计和施工）进行监理。为了履行监理合同，监理单位应进行质量目标管理，按质量标准、设计承包合同、施工合同和设计要求实现质量目标。

第四节　中国工程项目管理的发展

一、改革开放前我国工程项目管理的成功实践

我国在改革开放前实施计划经济模式，其对工程项目的管理称为工程管理。此时期工程管理的成功实践成为现在工程项目管理内容的组成部分。这说明，我国对工程项目管理发展有着巨大的贡献，我们应当引以为自豪，提高民族自信。我国目前进行的工程项目管理和本书中的内容，汇集了我国的大量工程项目管理经验。改革开放后我国工程项目管理的长足发展，已走进国际工程项目管理前列，而改革开放前工程管理中的成功实践功不可没。

（一）工程设计前工程项目管理的成功实践

在工程设计前，工程建设坚持基本建设程序，做好各项建设准备，包括编制工程规划，编制工程设计任务书，进行投资估算和投资准备，做好环境和现场准备。

（二）设计阶段工程项目管理的成功实践

1. "三结合"设计。在项目的设计阶段，开展"三结合"设计，即以设计单位为主，建设单位和施工单位共同参与工程设计；

2. "三阶段"设计。即进行初步设计、扩大初步设计和施工图设计；

3. 设计"三算"。即初步设计阶段编制设计概算，扩大初步设计阶段编制修正设计概算，施工图设计阶段编制施工图预算。

（三）施工阶段工程项目管理的成功实践

1. 施工准备。包括：现场准备，施工组织准备，工程物资准备，技术准备和施工队伍准备。

2. 施工组织设计。根据工程施工的阶段需要，分别编制施工组织总设计、单位施工组织设计和施工方案。

3. 图纸审查。工程项目施工开始前，安排施工技术人员对施工图进行审查，在建设单位召开的图纸会审会上提出审查意见，设计单位负责对图纸进行修改或予以答复；施工单位根据施工需要，对分项工程细部进行"施工放样"，指导具体施工。

4. "两参一改三结合"。即干部参加劳动，工人参加管理，改革不合理的规章制度，

领导干部、技术人员和工人群众三结合。

5. 流水施工和工程网络计划技术的应用。我国从 20 世纪 50 年代开始推广应用流水施工，从 1965 年开始推广由数学家华罗庚倡导的工程网络计划技术，并使该技术得到了迅猛的发展和提高。目前，我国编制了工程网络计划技术的国家标准以及建筑行业标准，工程网络计划技术已成为工程项目管理的关键技术方法。

6. 工程现场组织。包括：设专业工长负责现场技术管理；设现场主管，进行现场施工的组织决策；设劳资员对工人和工资进行管理；设材料员进行现场的物资管理。

7. 作业计划管理。在施工组织设计的基础上，每项工程均编制年度计划、季度计划、月度计划，乃至旬计划和周计划，用以指导进度管理，成为工程管理的"龙头"。

8. 成本管理。施工现场设成本员，根据施工图和作业计划等资料，按照施工图预算和施工预算编制成本计划，制定成本降低额指标，据以进行成本核算和成本管理，考核成本降低效果。

9. 技术革新和技术管理。技术革新是指组织技术人员和工人对施工工艺、施工技术和施工组织进行改革和创新。在计划经济阶段积累了大量的技术管理经验。（详见本教材第八章第二节）。

10. 工程调度。施工企业在企业组织架构中设置生产调度部门，工程现场专设调度员进行工程施工协调，及时解决现场发生的各项矛盾。

11. 工程分解技术。我国工程施工中，使用的施工组织设计、施工预算、施工图预算和各种定额，所使用的单位工程、分部工程和分项工程分解技术，经验十分丰富，它有助于项目分解（WBS）、工程量计算、施工组织设计、作业计划编制和经济核算的进行，成为了工程管理的基础。沿用至今，仍是工程项目分解、建筑信息模型（BIM）分解、项目规划和目标管理的基础。

12. 工程验收制度。即在工程施工后，按制度规定进行工程预验、竣工验收，然后工程扫尾，交付建设单位。（详见第九章）。

二、中国工程项目管理发展的六个历史阶段

1. 学习试点阶段

时间主要是 1986 年至 1994 年，创新内容是学习推广鲁布革工程管理经验，推行项目法施工，改革计划经济下的工程管理模式。

鲁布革工程管理经验 1982 年至 1986 年创立于云南与贵州交界的鲁布革水电站建设过程中，主要体现在：（1）把竞争机制引入工程建设领域，工程采购实行公开竞争性招标，工程建设实行项目总承包方式；（2）以项目法施工为突破口，建立"独立核算、自主经营、自负盈亏"的业主责任制，创新市场经济下的工程项目管理模式；（3）借鉴学习工程管理的科学方法，实行进度、质量、安全和效益挂钩，推行目标管理，科学组织施工，按照现代项目管理方法实施项目管理；（4）出资人、融资机构对招标过程乃至项目管理过程实行监督审查。

1986 年，国务院领导发出了把推广鲁布革工程管理经验与工程管理体制改革结合起来的指示；随之，人民日报发表了"鲁布革冲击"的长篇报道。从此，鲁布革经验像春风吹遍了全国，冲击了原有陈旧思想观念突破了计划经济体制下建设管理模式的藩篱，开创

了我国工程建设业改革发展的起始点和里程碑。1987年，建设部等五部委联合发布文件，号召根据鲁布革经验进行项目法施工试点，1993年试点成功。在此基础上建设部向全国提出了"分类指导，专题突破，分步实施，全面深化施工管理体制改革"的指导意见。项目法施工强调施工企业管理以施工项目为中心，企业通过竞争获得施工项目，与建设单位在平等的前提下签订工程承包合同，建立以项目经理为核心的项目经理部实行项目经理责任制，以项目管理控制进度、质量和成本目标，在企业内进行与项目管理相适应的配套改革，建立企业管理层和项目管理层的两级企业管理体制；劳务和管理两层分离，实现劳务队伍企业化、社会化。由此改变了中国建筑企业的管理体制，适应了社会主义市场经济发展的需要。

2. 全面推广阶段

时间是1994年至2001年，创新内容主要是实现"四个一"。

1994年夏，建设部和建筑业协会工程项目管理委员会在九江召开的项目管理工作会议，做出了在全国推行项目管理的决定，提出了实现"四个一"的号召：通过推行项目管理，在不太长的时间内，形成"一套"具有中国特色并与国际惯例接轨、适应市场经济要求、操作性强、成系统的项目管理理论和方法；造就"一支"具有一定专业知识、懂法律、会经营、善管理、敢负责、作风硬的项目管理人才队伍；开发应用"一代"能较快促进建筑生产力发展、提高企业技术和经济含量的新材料、新设备、新工艺和新技术；总结推广"一批"高质量、高速度、高效益，能充分展示建筑企业科技水平和管理能力、具有国际水平的代表性工程。会后，建设部颁发了《关于推行项目管理的指导意见》，从理论与实践相结合的高度明确了推行工程项目管理的意义、目的、指导思想及运作方式，指导全国的施工企业实施和完善项目管理体制。

3. 规范行为阶段

时间是2001年至2006年，创新内容主要是编制（修订）和实施《建设工程项目管理规范》。

1999年，中国建筑业协会工程项目管理委员会为了规范建筑施工企业的项目管理行为，立项编制项目管理规范，2001年发布实施了《建设工程项目管理规范》GB/T 50326—2001，为广大施工企业的项目管理提供了行为标准；2006年发布了第一次修改的规范《建设工程项目管理规范》GB/T 50326—2006，把建设工程项目相关管理组织的行为均纳入了规范的约束范围，在规范内容上做到了与国际惯例基本接轨；2018年实施第二次修改版《建设工程项目管理规范》GB/T 50326—2017，该版规范在2006年规范的基础上，纳入了我国自主创新的工程项目管理思想、理论、实践和方法体系，成为适合我国需要、与国际接轨的工程项目管理标准，使我国的工程项目管理跃上更高的平台。

4. 项目经理职业化建设阶段

时间是2006年至2012年，主要内容是宣传、贯彻与实施项目经理职业化建设的相关规定。

2006年2月，为了贯彻落实中共中央、国务院《关于进一步加强人才工作的决定》和政府有关部门有关文件精神，建立健全职业项目经理人的社会评价机制，逐步实现项目经理职业化、市场化、社会化管理，中国建筑业协会等7家中字号行业协会联合发布了《关于进一步加强项目经理职业化建设的指导意见》，全面启动了工程项目经理职业化建设进程。建筑业协会等 13 家中字号行业协会提出了《关于做好建设工程项目经理执业导则宣贯实施工作加快推进项目经理职业化建设的指导意见》。以上文件的颁发和实施，为项目经理树立了人生目标的大方向和提高素质的行为标准，推进了工程项目经理走向职业化的步伐，使工程项目经理这支项目管理的骨干队伍、中国建设业的中坚力量的管理素质得到迅速提高。

5. 深化发展、大力提升管理水平阶段

时间是 2012 年至今，主要内容是使工程项目管理促进建筑业转型与管理升级。

2012 年，中国建筑业协会根据中国共产党十七届四中全会、五中全会提出的"转变经济发展方式，调整优化经济结构"的战略决策，提出了结合行业实际，紧紧围绕科学发展这一主题，抓住转变发展方式这条主线，着力提升创新'一个理论'、明确转变'两个竞争'、始终坚持'三个提升'、准确把握'四个走向'、促进实现'五个转型'的思想，并开始了与工程项目管理相关的转型升级的重大实践。

（1）创新"一个理论"，即项目生产力理论。

（2）明确转变"两个竞争"：一是从企业以降低标价、减少费用为主的市场竞争，转向质量取胜、诚信领先的品牌企业竞争；二是市场准入以企业资质高低的竞争转向项目管理人才与项目经理职业化水平高低的竞争。

（3）始终坚持"三个提升"：一是提升项目管理创新水平；二是提升工程项目的综合效益；三是提升全员智力结构和行业整体素质。

（4）准确把握"四个走向"：一是工程项目管理由传统管理模式向运用信息技术实现以现代项目管理促进企业转型升级的新走向；二是工程项目管理以现场施工阶段为主的管理进入以工程项目全寿命（过程）管理为趋势的新走向；三是工程项目管理从"三位一体"的现场文明施工上升到"人文、科技、绿色"三大理念，创新文化建设为标志的新走向；四是项目管理由不同主体单项施工承包进入以工程总承包为主流模式的新走向。

（5）加快实现"五个转型"：一是深化产权制度改革，推进企业结构转型；二是坚持多元化发展，推进经营模式转型；三是加快企业技术进步，推进科技先导转型；四是注重人力资源开发，推进人才强企转型；五是树立企业"品牌战略"，推进管理创新转型。

6. 推进 BIM 技术应用和全过程工程咨询服务阶段

这项工作从 2016 年持续至今，主要内容是推进建筑信息模型（BIM）技术应用和全过程工程咨询服务。

2015 年 6 月，住房和城乡建设部发文"建质函〔2015〕159 号《关于推进建筑信息模型应用的指导意见》"，文件提出，BIM 是在计算机辅助设计（CAD）等技术基础上发展起来的多维模型信息集成技术，能应用于工程项目的各个阶段，实现参与各方在同一多维建筑信息模型基础上的信息共享，为产业链贯通、工业化建造和繁荣建筑创作提供技术保障；支持对工程环境、能耗、经济、质量、安全等方面的分析、检查和模拟，为项目全过程的方案优化和科学决策提供依据，支持各专业协同工作、项目的模拟建造和精细化管理，为建筑业的提质增效、节能环保等创造良好的信息模型和沟通条件。

文中提出了"企业主导，需求牵引；行业服务，创新驱动；政策引导，示范推动"的基本原则。提出的发展目标是："到 2020 年末，建筑行业甲级勘察、设计单位以及特级、一级房屋建筑工程施工企业掌握并实现 BIM 与企业管理系统和其他信息技术的一体化集成应用"。"到 2020 年末，以下新立项项目勘察、设计、施工、运营维护中，集成应用BIM 的项目比率达到 90%：以国有资金投资为主的大中型建筑；申报绿色建筑的公共建筑和绿色生态示范小区。"文件提供了建设单位、勘察单位、设计单位、施工企业、工程总承包企业、运营维护单位各自的工作重点。文件中提出了四项保障措施：

第一，大力宣传 BIM 理念、意义、价值，通过政府投资工程招投标、工程创优评优、绿色建筑和产业现代化评价等工作激励建筑领域的 BIM 应用。

第二，梳理、修订、补充有关法律法规、合同范本的条款规定，研究并建立基于BIM 应用的工程建设项目政府监管流程，研究基于 BIM 的产业（企业）价值分配机制，形成市场化的工程各方应用 BIM 费用标准。

第三，制订有关工程建设标准和应用指南，建立 BIM 应用标准体系，研究建立基于BIM 的公共建筑构件资源数据中心服务平台。

第四，研究解决提升 BIM 应用软件数据集成水平等一系列重大技术问题，鼓励 BIM应用软件产业化、系统化、标准化，支持软件开发企业自主研发适合国情的 BIM 应用软件，推动开发基于 BIM 的工程项目管理与企业管理系统。

BIM 技术的本质决定了它对工程项目管理全过程的特殊应用价值。上述文件为BIM 技术在工程项目管理中推广应用提供了政府号召，政策定向和具体目标与措施，无疑给工程项目管理事业向高维度发展提供了动力，从而使工程项目管理发展到了一个新的阶段。

2019 年国家发展和改革委员会和住房和城乡建设部联合发文《关于推进全过程工程咨询服务发展的指导意见》（发改投资规〔2019〕515 号文，以下简称《指导意见》）。这是一份直接号召进行工程项目管理升级的重要文件。《指导意见》中指出，改革开放以来，我国工程咨询服务市场形成了投资咨询、招标代理、勘察、设计、监理、造价、项目管理等各类咨询服务的新业态。这种分散咨询的业态与固定资产投资全过程的咨询要求产生了日益突出的矛盾，有必要创新咨询服务组织实施方式。基于此，《指导意见》提出"大力发展以市场需求为指导、满足委托方多样化需求的全过程工程咨询服务模式"。同时明确了培育全过程工程咨询服务模式市场的一系列政策措施。

一是明确了培育发展全过程工程咨询服务的两个着力点：投资决策综合咨询和建设全过程咨询，指明了发展方式和实施路径。

二是明确了投资决策综合性咨询的内容和方式。《指导意见》要求，投资决策综合性咨询要统筹考虑影响项目可行性的各种因素，将各专项评价和评估一并纳入可行性研究统筹论证，提高决策科学化水平。

三是明确了工程建设全过程咨询的内容和条件。《指导意见》鼓励由咨询单位提供招标代理、勘察、设计、监理、造价、项目管理等全过程的咨询服务。全过程工程咨询单位应具备与工程规模及委托内容相适应的资质条件，其咨询项目负责人应当取得相应的执业资格，具有工程类、工程经济类高级职称，具有类似工程的经验。

四是明确了全过程工程咨询服务的酬金计取方法：全过程工程咨询服务酬金可在项目投资中列支，也可根据所包含的专项服务在项目投资中列支。全过程工程咨询服务酬金既可按各专业服务费用叠加后再增加相应统筹管理费用计取，也可以按人工成本加酬金方式计取。鼓励投资者或建设单位根据服务节约的投资额对咨询单位予以奖励。

BIM 的应用，为工程全过程咨询服务提供了极好的信息服务工具，全过程咨询服务为 BIM 的研究和发展提供了极好的对象，两者共同把工程项目管理推向了新阶段。

三、中国工程项目管理的特点

中国的工程项目管理走过了不同于世界其他国家的发展之路，这条道路丰富多彩，充满传奇，达到了促进建筑业改革和我国经济发展的理想效果，其特点如下：

（1）它是在中国改革开放的大潮中和经济发展进入"新常态"的转换发展期的大环境中进行的，这个时期充满着机遇和挑战，也有种种矛盾和困惑，故而推动工程项目管理的发展需要勇气。

（2）中国工程项目管理的实践者是在中国建筑业协会的组织下、在全国范围内、以举国之力长期进行的，参与的组织和成员众多，包括广大的相关企业，高等学校，科研机构，有关协（学）会，专家学者，政府主管部门，还包括外国的相关组织及专家学者。

（3）中国的工程项目管理总的说来是引进消化吸收再创新。国外的许多做法和经验仅仅有启发作用，我们不能也从来没有照抄照搬，而是经过消化吸收，根据我国的国情和需要进行创新和实践。外国的工程项目管理是在市场经济中产生和发展的，而我国的工程项目管理是在计划经济转入社会主义市场经济中进行的；外国的工程项目管理不涉及体制问题，只是作为管理方法。我国的工程项目管理则必须涉及体制改革，涉及体制创新和制度创新，需要进行与工程项目管理的各种配套建设。我国的经济环境和发展时间与外国不同，国情特殊，不具备照搬国外做法的条件，只能创新才有出路。

（4）工程项目管理创新是在经济发展中根据需要选题并逐渐破题深化的，符合了实践—认识—再实践—再认识的循环提高、不断发展、逐渐深入的认识和发展规律。项目管理所经历的发展阶段、理论创新内容和实践创新的内容，充分体现了这一普遍规律，所以能够获得创新的丰硕效果。

（5）我国的工程项目管理推广涉及的范围广大，参与的企业众多，实践的工程成千上万，调动的人员和新培养的专业人才数量巨大，因而其组织工作，是一项复杂的系统工程。

（6）中国的工程项目管理创新，首先是形成自己的一套管理理论和做法，然后解决与国际交往的问题。现在，"国际化"的目标已经逐步实现，在某些理论和实践方面我国已经处于领先地位，例如工程项目管理的人本理论和全国性的大规模项目管理实践活动，就受到国外同行的高度重视和赞赏。

（7）改革无终期，创新无尽头。经济发展进入"新常态"下战略转型和管理升级时期以后，工程项目管理遇到了新环境，需要解决的新矛盾更多、更突出，困难也更大，中国工程项目管理的创新活动将在新的发展阶段中展开。

四、中国工程项目管理理论

1. 工程项目生产力理论

（1）工程项目管理是生产力。我们为什么引进并实施工程项目管理？理由就是用工程项目管理促进生产力发展。我们在改革开放起步不久就发现，我国的管理水平远远不能满足生产力发展的要求，工程项目管理就是我国为提高生产力引进的先进管理方法之一。鲁布革工程项目的成功，证明了项目管理方法是可以促进项目生产力发展的。大量的管理成果说明，管理是生产力，工程项目管理毫不例外地也是生产力，它能提高企业的核心竞争力及行业的生产力。

（2）工程项目生产关系要适应项目生产力的发展。当生产关系不适应生产力发展的时候，就要改变生产关系，使之相适应。我国原有的计划经济体制不适应工程项目生产力发展的需要。为了解决这一矛盾，我国调整了建筑业行业和企业的生产关系，在建筑行业中建立集团企业，发展龙头企业；进行企业改制，建立现代企业制度；将计划经济下施工企业的三级管理改变为在企业管理层的领导下，成立一次性的项目经理部进行工程项目管理的两级管理；管理层与作业层两层分离，作业队伍社会化；推行矩阵组织结构模式和信息化管理；发展以业主为核心组织的工程项目管理；实施项目管理企业和工程总承包企业进行工程项目管理的改革；建立建设工程监理制度。以上这些，都使我国建筑业和企业的生产关系逐渐适应了工程项目生产力发展和建立建筑市场的需要，为工程项目管理这种生产管理方式的应用提供了基础条件。

2. 工程项目文化理论

我国首提的工程项目文化理论要点如下：

（1）工程项目文化是以品牌形象为外在表现，以企业理念为内在要求，以项目团队建设为重点对象的阵地文化；工程项目文化是工程项目文明的载体，是对创造"文明工地"活动的升华。

（2）企业文化建设在工程项目上实施的结果是工程项目文明，是对项目管理主体和客体的全面要求。主体是指建筑企业，包括总包单位、分包单位、监理单位和项目管理层次的文明建设；客体是指工程项目的质量、安全、成本、进度和现场管理的优化。

（3）工程项目文化具有三个特征：一是露天文化特征，具有形象宣传力；二是显形文化特征，工程项目文化形象明显，也是不同的项目行为主体文化的统一体；三是大众文化特征，工程项目文化是项目管理人员和作业人员创造的并成为项目文明的载体，因此必须加强作业队伍建设。

（4）我国工程项目文化的内容包括：工程项目管理理念、理论、推进动力、发展目标和历程、组织建设、管理方法应用、管理特征、管理法规、管理规范和规程、管理著述和文献、管理教育与培训、管理形象与影响等。

3. 工程项目管理发展理论

（1）工程项目管理发展的典型理论是：建设工程项目管理应不断改进，提高水平，实现绿色可持续发展。

（2）我国工程项目管理发展的历程是：引进→试点→典型经验推广→全面推行工程项目管理→推行工程总承包项目管理→发展以业主为核心的工程项目管理→由工程项目管理企业进行工程项目管理社会化服务→工程项目管理科学化、规范化、制度化、国际化和数字化→创新驱动工程项目管理持续发展。

（3）发展的动力是：政府政策调控，协会组织引领，市场竞争促进，企业实践创新，可持续发展理念支持。

（4）工程项目管理的理论、方法、范围、主体、文化等，都是发展的。

（5）工程项目管理发展的成果是：促进了建筑业和建筑企业的改革与发展，提高了企业的核心竞争力，使建筑业对国民经济的发展和 GDP 的增长发挥支柱产业作用。

4. 工程项目管理人本理论

我国提出了工程项目以人为本的全新理念，要点如下：

（1）工程项目管理以人为本，是指工程项目管理为人、管人、造就人、依靠人、处理好人际关系、建立人才战略。

（2）工程项目管理"为人"，就是为顾客（用户）服务。对工程项目管理者来说，下道工序、员工、发包人、使用人、社会和国家都是用户。

（3）工程项目管理"管人"，就是要运用各种管理职能把员工和作业人员管好。管理的各项职能对"管人"都适用，尤其是不要忽略教育和激励。人是最主要的资源，是可再生的资源。工程项目人力资源管理应特别重视五点：一是坚持项目经理责任制，二是加强继续教育，三是建立诚信型项目管理组织，四是管好作业队伍，五是合理的报酬和激励。

（4）工程项目管理"造就人"。实践是造就项目管理人才的最主要途径，我国现在工程任务量很大，大中型项目很多，从政府主管部门到企业普遍重视工程项目管理，正是出人才、出经验的大好时机，应当充分利用这个机遇，创造和发展我国自己的工程项目管理理论和方法，锻炼出一个庞大的项目管理专家群体。项目管理人员应是复合型人才。"造就人"要适当地处理好文凭、资历和能力的关系。唯文凭论、唯资历论和唯经验论都不可取；也要处理好引进和自主创新的关系，不要妄自菲薄，也不要故步自封。

（5）工程项目管理"依靠人"。首先依靠项目经理部的一班人，依靠具有专业理论知识、工程实践能力、优秀职业道德品质的个人，尤其是项目经理。其次要依靠企业，企业给项目经理确定管理目标，支持其建立项目经理部，在项目运行期间供应资源，进行调控、监督与考核。第三要依靠所有的相关组织，包括设计单位、供应单位、监理单位和建设单位等；第四要依靠劳务作业组织和工人。为此，要执行合同，加强沟通，协调运作。

（6）"处理好人际关系"。这是项目管理成功的重要因素，因为管理归根结底是管人，管人就要处理好人际关系，包括内部关系和外部关系等。内部关系又有个人之间的关系、部门之间的关系及项目经理部与企业各部门之间的关系，应进行科学的沟通与协作，越过沟通障碍，敞亮沟通渠道，使信息保持原始状态，尽力避免干扰，协作配合默契。处理外部关系时，要履行合同，诚信处事，讲求职业道德和行为规则，遵纪守法，以出色的服务取得相关组织的信赖和支持。

（7）工程项目管理应建立"人才战略"。这是以人为本的根本方向标。企业的人才战略应包括四项内容：凝聚人才，开发人才，善用人才和发展工程项目文化。

5. 工程项目管理组织理论

组织理论是项目管理的基础理论。我国在工程项目管理组织理论上的主要特点是建立项目经理责任制。项目经理责任制强调以下几点：

一是用制度确定项目经理的责任；二是建立适应项目管理对象需要的一次性高效项目管理团队——项目经理部；三是把项目经理放到项目经理部的核心地位，作为承担项目管理任务的第一责任人；四是精选项目经理，使项目经理作为企业法定代表人的授权委托代理人，全权进行项目管理；五是项目经理应具有与项目需要相适应的职业资格和素质；六是项目经理在企业的参与下组建的项目经理部是企业的项目管理层；七是项目经理部要处理好与企业管理层各职能部门的关系，使各职能部门发挥专业指导、综合服务和总体调控的作用；八是企业用项目管理目标责任书确定项目经理部的任务和责、权、利，并以此作为考核和激励的依据；九是建立适应项目管理需要的规章制度、运行机制和奖惩办法；十是建立项目经理责任制采用四个结合方式：与政府推动相结合，与体制改革相结合，与工程项目的特征要求相结合，与人才教育培训（主要是项目经理的教育培训）相结合。

6. 工程项目经理职业化建设理论

（1）工程项目经理职业化建设是职业经理人建设的一个组成部分，其职责是管理工程项目，可以在社会上流动执业，接受聘任。他们具有工程项目管理的职业素养、职业能力、职业道德和职业社会价值，是国家人才发展战略规划建立的高素质人才的组成部分。

（2）我国进行工程项目经理职业化建设是企业和市场的迫切需要。因为工程项目经理人才总量不适应建筑业发展的需要，其知识结构和素质不适应经济建设发展的需要，尤其是高层次、复合型的项目管理人才短缺，不适应工程总承包和国际化发展的需要，企业和行业都需要有一个统一的项目经理职业标准。

（3）项目经理职业化建设的内容：一是下大力气，常抓不懈地做好项目经理培训和继续教育工作；二是建立健全社会化项目经理资质评价与管理机制，制定标准和办法予以实施；三是大力发展建造师队伍为项目经理队伍发展提供执业人才库。

（4）抓好项目经理职业化建设应坚持六个不变：一是坚持企业对项目经理的科学管理方式不变；二是坚持项目经理部的组织形式不变；三是坚持项目经理在项目管理中的重要地位和作用不变；四是坚持项目经理责任制的基本制度不变；五是坚持项目经理人才培养的科学体系不变；六是坚持项目经理职业化建设紧紧依靠政府主管部门强有力的指导不变。

7. 工程项目规范化管理

为了规范建设工程项目管理程序和行为，提高建设工程项目管理水平，我国在 2001年、2006 年和 2017 年先后发布了三版《建设工程项目管理规范》GB/T 50326。

2001 年发布的《建设项目管理规范》是在 1987 年学习鲁布革项目管理经验以后的 10多年试点推广应用于建设工程施工阶段项目管理的基础上，总结经验制订的，主要适用于施工企业施工准备至交工验收阶段的工程项目管理。2006 年发布的《建设项目管理规范》在 2001 年规范的基础上，又经过了 5 年实践，吸收了 IPMI 和 PMP 的项目管理知识体系制定的。它把作为投资主体的业主项目管理体系与承包商等组织的项目管理体系统一于工程项目全过程的管理行为，把项目的范围、规划、组织合同、采购、进度、质量、成本、职业健康与安全、环境、资源、信息、风险、沟通及收尾等的内容全部纳入工程项目管理规范。2017 年的《建设工程项目管理规范》是又经过 10 年实践，在进一步提高项目管理水平的基础上制订的。该规范不但规范了项目管理的全过程的内容，而且规范了项目管理的程序、行为、制度、各有关方的责任和绩效评估等，使《建设工程项目管理规范》更有可行性，而且易于与国际上的通行做法相沟通，此规范还促进了建设工程建设总承包和全过程咨询服务的推行与发展。

五、中国工程项目管理的若干实践

1. 多渠道持续进行项目管理人才的培养

为了培养和造就一支有技术、懂法律、会经营、善管理、敢负责的项目管理人才队伍，我国开展了多渠道、持续性、大规模的项目管理人才培训。

2. 开展优秀工程项目管理成果发布活动

我国从 2006 年开始，由中国建筑业协会组织，每年举办一届优秀工程项目管理成果发布活动，取得了以下效果：

第一，推动了《建设工程项目管理规范》的贯彻与实施。

第二，扩大了工程项目管理的应用范围。

第三，积累了工程项目管理成果资料，开发应用了一代能较快促进建筑生产力发展、提高企业技术和经济含量的新材料、新设备、新工艺和新技术，总结推广了一批高质量、高速度、高效益、能充分展示建筑业企业科技水平和管理能力，以及具有国际水平的代表性工程。

第四，提升了工程项目管理的基本思想和理念。

第五，创新了工程项目管理：一是推广工程项目管理方式的创新；二是进行工程项目管理活动的大众性创新。

3. 大力推进工程项目经理职业化建设

为了推进工程项目经理职业化建设，中国建筑业协会进行了下述工作：

（1）领导讲话和编写书籍，阐述工程项目经理职业化建设的重要意义、必要性、需要进行的工作，需要解决的有关问题。

（2）总结项目经理培训的经验，充实师资力量，理清项目经理资质管理与建造师职业资格制度的关系，理清职业经理人培养与项目经理职业化建设的关系，持续进行项目经理培训。

（3）制定《建设工程项目经理执业导则》，并由十三家中字号行业协会发布《关于做好建设工程项目经理执业导则宣贯实施工作，加快推进项目经理职业化建设的指导意见》。

（4）发布并实施《建设工程项目经理岗位职业资质管理导则》。

（5）发布并实施《关于全面推进项目经理职业化建设的指导意见》。

（6）与 IPMA（国际项目管理协会）及其中国认证委员会合作进行 IPMP（国际项目管理人才）培训与认证。

4. 立项调查研究，获得创新理论成果

为了适应改革开放和经济发展的需要，根据中央和行业的宏观战略指导思想与部署，与时俱进地推动工程项目管理的发展，中国建筑业协会不断立项进行调查研究，以获得创新的理论成果，满足指导和推进中国的工程项目管理实践的需要。

5. 推进并引领国际工程项目管理

推进项目经理职业化建设的一项重要内容就是使我国的工程项目管理向国际化发展，从而提高我国项目管理的整体水平，进行国际工程项目管理沟通，参与国际建设市场的竞争。围绕这一主题，中国建筑业协会开展了以下创新性活动。

（1）从 1997 年开始，中国建筑业协会与台湾营建业协会开展每年一度的"两岸营建业交流活动"。

（2）加强境内外项目管理组织国际交流与合作，不断深化理论研究力度，营造良好的行业氛围。

（3）每年召开一届"中国国际工程项目管理高峰论坛"，进行国际项目管理交流，考核认证国际杰出项目经理。国际工程项目管理合作联盟成员国的代表与会交流，形成了良好的国际工程项目管理前沿理论和成功的重大工程项目管理经验的国际交流学习氛围。

（4）中国建筑业协会积极协同国际项目管理协会、IPMA 与 CIOB、IPMP 中国认证委员会，共同制定国际项目经理资格标准，建立了一套具有中国特色的国际项目管理人员职业资格评价认证体系，其中包括了职业培训体系、资格评估体系和资格认证体系等

（5）自 2002 开始，由国际项目管理协会、英国皇家建造师学会、英国皇家建造师学会（香港）、韩国建设事业管理协会、新加坡项目管理协会、中国建筑业协会工程项目管理委员会等 6 家项目管理组织共同发起成立"国际工程项目管理合作联盟"并签署了协议，加强国际的交流与合作，建立国际项目管理人才互认激励机制。我国每年推荐一批国际杰出项目经理，并由英国皇家特许建造师学会首席执行官颁发证书和奖状。国际杰出项目经理必须具备三个条件：一是必须是具有一定外语水平的中国优秀项目经理；二是必须经过国际化培训（如 CIOB 及 IPMP 的培训）；三是必须具有亲自组织完成重大工程项目管理的代表作工程，真正体现"中国优秀"和"国际杰出"。因此，他们是中国优秀项目经理的形象大使，是国际工程项目管理的专家，是与国际工程项目管理沟通的杰出人物，具有很高的国际工程管理诚信度。

第二章 中国工程项目管理相关制度

第一节 工程项目管理相关法律、法规

一、概述

工程项目管理是市场经济的产物，又在市场环境中运行。工程项目相关的市场主要是建筑市场和物资供应市场。一切市场都需要有法律、法规进行引导、促进、规范、保障和制约。因此工程项目管理必须遵守有关法律、法规以及依法制订的各类制度。

与工程项目管理相关的法律主要有：《中华人民共和国建筑法》（后文简称《建筑法》）《中华人民共和国招标投标法》《中华人民共和国规划法》《中华人民共和国环境保护法》等。与工程项目管理相关的行政法规主要有：《建设工程质量管理条例》《建设工程安全生产管理条例》《建设项目环境保护管理条例》《建筑业企业资质管理规定》等。

本章所述工程项目管理相关制度包括：工程项目管理制度、工程项目投资管理制度、建设工程造价管理制度、工程项目招标、投标制度、工程项目总承包管理制度、工程咨询制度、建设工程监理制度、建造师执业资格制度、施工组织设计制度（见图 2-1）。工程项目管理者的职责就是：在执

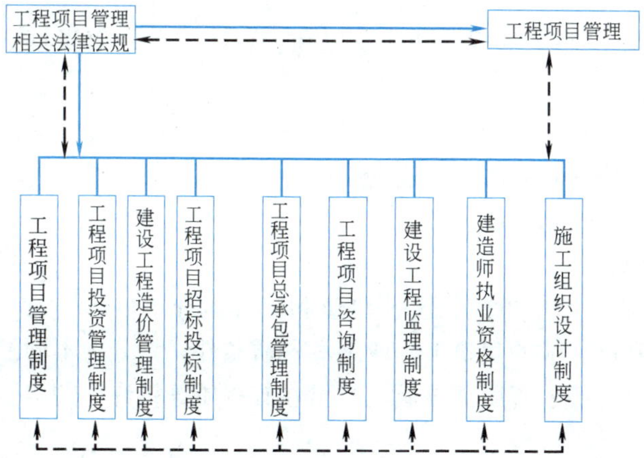

图 2-1 工程项目管理相关制度关系图

备注：——→制约关系；←- - -→相关关系

业中全面遵守各项制度的规定，确保项目管理运行的合法性、合规性及有效性。

二、《建筑法》的立法目的和约束对象

（一）立法目的

《建筑法》诞生于 1997 年，2011 年进行了第一次修正，2019 年进行了第二次修正。以下所述内容依据第二次修正后的内容。

《建筑法》的立法目的是："加强对建筑活动的监督管理，维护建筑市场秩序，保证建筑工程的质量和安全，促进建筑业健康发展"。

（二）约束对象

《建筑法》的约束对象是："在中华人民共和国境内的从事建筑活动，实施对建筑活动的监督管理"的企业、单位和人员。

所谓的建筑活动是指，"各类房屋建筑及其附属设施的建造和与其配套的线路、管道、设备的安装活动"。建筑活动应当确保建筑工程质量和安全，符合国家的建筑工程安全标准。

三、《建筑法》的主要规定

（一）建筑许可

1. 建筑工程开工前，建设单位应当按照国家有关规定向工程所在地县级以上人民政府的建设行政主管部门申请领取施工许可证。

2. 申请领取施工许可证的条件如下：

（1）已经办理该工程用地批准手续；

（2）已经取得建设工程规划许可证；

（3）拆迁进度符合施工要求；

（4）已经确定建筑施工企业；

（5）有满足施工需要的资金安排、施工图纸及技术资料；

（6）有保证工程质量和安全的具体措施；

（二）从业资格

1. 从事建筑活动的建筑施工企业、勘察单位、设计单位和工程监理单位应当具备下列条件：

（1）符合国家规定的注册资本；

（2）有与其从事的建筑活动相适应的具有法定执业资格的专业技术人员；

（3）有从事相关建筑活动所应有的技术装备；

（4）法律、行政法规规定的其他条件。

2. 从事建筑活动的建筑施工企业、勘察单位、设计单位和工程监理单位，按照其注册资本、专业技术人员、技术装备和已完成的建筑工程业绩等资质条件，划分为不同的资质等级，经资质审查合格，取得相应等级的资质证书后，方可在其资质等级许可的范围内从事建筑活动。

3. 从事建筑活动的专业技术人员，应当依法取得相应的执业资格证书，并在专业资格证书许可的范围内从事建筑活动。

（三）建筑工程发包与承包

1. 建筑工程的发包单位与承包单位应当依法订立书面合同，明确双方的权利与义务。

2. 建筑工程发包与承包的招标投标活动，应当遵循公开、公正、平等竞争的原则，择优选择承包单位。

3. 建筑工程造价应当由发包单位与承包单位在合同中约定。公开招标发包的，其造价的约定，须遵守招标投标法律的规定。

4. 建筑工程依法实行招标发包，对不适于招标发包的可以直接发包。

5. 承包建筑工程的单位应当持有依法取得的资质证书，并在其资质等级许可的业务范围内承揽工程。

（四）建筑工程监理

1. 国家推行建筑工程监理制度。

2. 实行监理的建筑工程，由建设单位委托具有相应资质条件的工程监理单位监理，建设单位与监理单位应当订立书面委托合同。

（五）建筑安全生产管理

1. 建筑工程安全生产管理必须坚持安全第一、预防为主的方针，建立健全安全生产的责任制度和群防群治制度。

2. 建筑工程设计应当符合按照国家规定制定的建筑安全规程和技术规范，保证工程的安全性能。

3. 建筑施工企业在编制施工组织设计时，应当根据建筑工程的特点，制定相应的安全技术措施。对专业性较强的工程项目，应当编制专项安全施工组织设计，并采取安全技术措施。

4. 建筑施工企业应当在施工现场采取维护安全、防范风险、预防火灾等措施，有条件的，应当对施工现场实行封闭管理。施工现场对毗邻的建筑物、构筑物和特殊作业环境可能造成损害的，建筑施工企业应当采取安全防护措施。

5. 建筑施工企业应当遵守有关环境保护和安全生产的法律、法规的规定，采取控制和处理施工现场的各种粉尘、废气、废水、固体废物以及噪声、振动对环境的污染和危害的措施。

6. 建筑施工企业必须依法加强对建筑安全生产的管理，执行安全生产责任制度，采取有效措施，防止伤亡和其他安全生产事故发生。建筑施工企业的法定代表人对本企业的安全生产负责。

7. 施工现场安全由建筑施工企业负责。实行施工总承包的，由总承包单位负责、分包单位向总承包单位负责，服从总承包单位对施工现场的安全生产管理。

8. 建筑施工企业应当建立健全劳动安全生产教育制度，加强对职工安全生产的教育培训；未经安全生产教育培训的人员，不得上岗作业。

9. 建筑施工企业和作业人员应当遵守有关安全生产的法律、法规和建筑行业安全规章、规程不得违章指挥或者违章作业。

10. 建筑施工企业应当依法为职工参加工伤保险，缴纳工伤保险费。

11. 涉及建筑主体和承重结构变动的装修工程，建设单位应当在施工前委托设计单位或者具有相应资质条件的设计单位提出设计方案，没有设计方案的，不得施工。

（六）建筑工程质量管理

1. 建筑工程勘察、设计、施工的质量必须符合国家有关建筑工程安全标准的要求。

2. 国家对从事建筑活动的单位推行质量体系认证制度。

3. 建设单位不得以任何理由，要求建筑设计单位或者建筑施工企业在工程设计或者施工作业中，违反法律、行政法规和建筑工程质量、安全标准，降低工程质量。

4. 建筑工程实行总承包的，工程质量由工程总承包单位负责。

5. 建筑工程的勘察设计单位必须对勘察设计的质量负责。

6. 建筑施工企业对工程的施工质量负责。

7. 建筑工程竣工经验收合格后，方可交付使用。

8. 建筑工程实行质量保修制度。

9. 任何单位和个人对建筑工程的质量事故、质量缺陷都有权向建设行政主管部门或者其他有关部门进行检举、控告、投诉。

（七）法律责任

《建筑法》中的法律责任共 17 条，占总法条数 85 条的 20%，足见国家对依法治国、执业依法的高度重视。

对违反《建筑法》的组织，上自行政管理机关，下至企业，分别情节及损害程度进行惩处，惩处种类有：责令整改、停止施工、停业整顿、没收非法所得、吊销营业执照罚款、连带赔偿责任、降低资质等级、吊销资质证书、追究刑事责任等。

对违反《建筑法》的个人，包括法定代表人、专业负责人等，惩处的种类根据情节有：行政处分、罚款、没收执业资格证书、追究刑事责任等。

第二节　工程项目管理制度

一、《建设工程项目管理规范》构成框架

现行《建设工程项目管理规范》GB/T 50326—2017（以下简称"项目管理规范"）全面概括了工程项目管理制度，共 19 章，89 节，其构成框架见表 2-1。

《建设工程项目管理规范》GB/T 50326—2017 框架构成　　　　表 2-1

章号	章名	节　名	节数
1	总则		1
2	术语		1
3	基本规定	一般规定,项目范围管理,项目管理流程,项目管理制度,项目系统管理,项目相关方管理,项目管理持续改进	7
4	项目管理责任制度	一般规定,项目建设相关责任方管理,项目管理机构,项目团队建设,项目管理目标责任书,项目管理机构负责人职责、权限和管理	6
5	项目管理策划	一般规定,项目管理规划大纲,项目管理实施规划,项目管理配套策划	4
6	采购与投标管理	一般规定,采购管理,投标管理	3
7	合同管理	一般规定,合同评审,合同订立,合同实施计划,合同实施控制,合同管理总结	6
8	设计与技术管理	一般规定,设计管理,技术管理	3

章号	章名	节　名	节数
9	进度管理	一般规定,进度计划,进度控制,进度变更管理	4
10	质量管理	一般规定,质量计划,质量控制,质量检查与处置,质量改进	5
11	成本管理	一般规定,成本计划,成本控制,成本核算,成本分析,成本考核	6
12	安全生产管理	一般规定,安全生产管理计划,安全生产管理实施与检查,生产安全应急响应与事故处理,安全生产管理评价	5
13	绿色建造与环境管理	一般规定,绿色建造,环境管理	3
14	资源管理	一般规定,人力资源管理,劳务管理,工程材料与设备管理,施工机具与设施管理,资金管理	6
15	信息与知识管理	一般规定,信息管理计划,信息过程管理,信息安全管理,文件与档案管理,信息技术应用管理,知识管理	7
16	沟通管理	一般规定,相关方需求识别与评估,沟通管理计划,沟通程序与方式,组织协调,冲突管理	6
17	风险管理	一般规定,风险管理计划,风险识别,风险评估,风险应对,风险监控	6
18	收尾管理	一般规定,竣工验收,竣工结算,竣工决算,保修期管理,项目管理总结	6
19	管理绩效评价	一般规定,管理绩效评价过程,管理绩效评价范围、内容和指标,管理绩效评价方法	4
合计	19		89

二、《项目管理规范》的"总则"与"术语"

(一) 总则

1. 为规范建设工程项目管理程序和行为, 提高工程项目管理水平, 制定本规范。

2. 本规范适用于建设工程有关各方的项目管理活动。

(二) 术语

1. 建设工程项目

为完成依法立项的新建、扩建、改建工程而进行的、有起止日期的、达到规定要求的一组相互关联的受控活动, 包括策划、勘察、设计、采购、施工、试运行、竣工验收和考核评价等阶段。简称为项目。

2. 建设工程项目管理

运用系统的理论和方法, 对建设工程项目进行的计划、组织、指挥、协调和控制等专业化活动。简称为项目管理。

3. 组织

为实现其目标而具有职责、权限和关系等自身职能的个人或群体。

4. 项目管理机构

根据组织授权, 直接实施项目管理的单位。其可以是项目管理公司、项目部、工程监理部等。

5. 发包人

按招标文件或合同中约定, 具有项目发包主体资格和支付合同价款能力的当事人或者取得该当事人资格的合法继承人。

6. 承包人

按合同约定，被发包人接受的具有项目承包主体资格的当事人，以及取得该当事人资格的合法继承人。

7. 分包人

承担项目的部分工程或服务并具有相应资格的当事人。

8. 相关方

能够影响决策或活动、受决策或活动影响，或感觉自身受到决策或活动影响的个人或组织。

9. 项目负责人（项目经理）

组织法定代表人在建设工程项目上的授权委托代理人。

10. 项目范围管理

对合同中约定的项目工作范围进行的定义、计划、控制和变更等活动。

11. 项目管理责任制

组织制定的、以项目负责人（经理）为主体，确保项目管理目标实现的责任制度。

12. 项目管理目标责任书

组织的管理层与项目管理机构签订的，明确项目管理机构应达到的成本、质量、工期、安全和环境等管理目标及其承担的责任，并作为项目完成后考核评价依据的文件。

13. 项目管理策划

为达到项目管理目标，在调查、分析有关信息的基础上，遵循一定的程序，对未来（某项）工作进行全面的构思和安排，制订和选择合理可行的执行方案，并根据目标要求和环境变化对方案进行修改、调整的活动。

三、《项目管理规范》的"基本规定"

（一）一般规定

1. 组织应识别项目需求和项目范围，根据自身项目管理能力、相关方约定及项目目标之间的内在联系，确定项目管理目标。

2. 组织应遵循策划、实施、检查、处理的动态管理原理，确定项目管理流程，建立项目管理制度，实施项目系统管理，持续改进管理绩效，提高相关方满意水平，确保实现项目管理目标。

（二）项目范围管理

1. 组织应确定项目范围管理的工作职责和程序。

2. 项目范围管理的过程应包括下列内容：范围计划；范围界定；范围确认；范围变更控制。

3. 组织应把项目范围管理贯穿于项目的全过程。

（三）项目管理流程

1. 项目管理机构应按项目管理流程实施项目管理。项目管理流程应包括启动、策划、实施、监控和收尾过程，各个过程之间相对独立，又相互联系。

2. 启动过程应明确项目概念，初步确定项目范围，识别影响项目最终结果的内外部相关方。

3. 策划过程应明确项目范围，协调项目相关方期望，优化项目目标，为实现项目目标进行项目管理规划与项目管理配套策划。

4. 实施过程应按照项目管理策划要求组织人员和资源，实施具体措施，完成项目管理策划中确定的工作。

5. 监控过程应对照项目管理策划，监督项目活动，分析项目进展情况，识别必要的变更需求并实施变更。

6. 收尾过程应完成全部过程或阶段的所有活动，正式结束项目或阶段。

（四）项目管理制度

1. 组织应建立项目管理制度。项目管理制度应包括下列内容：

（1）规定工作内容、范围和工作程序、方式的规章制度；

（2）规定工作职责、职权和利益的界定及其关系的责任制度。

2. 组织应根据项目管理流程的特点，在满足合同和组织发展需求条件下，对项目管理制度进行总体策划。

3. 组织应根据项目管理范围确定项目管理制度，在项目管理各个过程规定相关管理要求并形成文件。

4. 组织应实施项目管理制度，建立相应的评估与改进机制。必要时，应变更项目管理制度并修改相关文件。

（五）项目系统管理

1. 组织应识别影响项目管理目标实现的所有过程，确定其相互关系和相互作用，集成项目寿命期阶段的各项因素。

2. 组织应确定项目系统管理方法。系统管理方法应包括下列方法：系统分析；系统设计；系统实施；系统综合评价。

3. 组织在项目管理过程中应用系统管理方法，应符合下列规定：

（1）在综合分析项目质量、安全、环保、工期和成本之间内在联系的基础上，结合各个目标的优先级，分析和论证项目目标，在项目目标策划过程中兼顾各个目标的内在需求；

（2）对项目投资决策、招投标、勘察、设计、采购、施工、试运行进行系统整合，在综合平衡项目各过程和专业之间关系的基础上，实施项目系统管理；

（3）对项目实施的变更风险进行管理，兼顾相关过程需求，平衡各种管理关系，确保项目偏差的系统性控制；

（4）对项目系统管理过程和结果进行监督和控制，评价项目系统管理绩效。

（六）项目相关方管理

1. 组织应识别项目的所有相关方，了解其需求和期望，确保项目管理要求与相关方的期望相一致。

2. 组织的项目管理应使顾客满意，兼顾其他相关方的期望和要求。

3. 组织应通过实施下列项目管理活动使相关方满意：

（1）遵守国家有关法律和法规；

（2）确保履行工程合同要求；

（3）保障健康和安全，减少或消除项目对环境造成的影响；

（4）与相关方建立互利共赢的合作关系；

（5）构建良好的组织内部环境；

（6）通过相关方满意度的测评，提升相关方管理水平。

（七）项目管理持续改进

1. 组织应确保项目管理的持续改进，将外部需求与内部管理相互融合，以满足项目风险预防和组织的发展需求。

2. 组织应在内部采用下列项目管理持续改进的方法：

（1）对已经发现的不合格采取措施予以纠正；

（2）针对不合格的原因采取纠正措施予以消除；

（3）对潜在的不合格原因采取措施防止不合格的发生；

（4）针对项目管理的增值需求采取措施予以持续满足。

3. 组织应在过程实施前评审各项改进措施的风险，以保证改进措施的有效性和适宜性。

4. 组织应对员工在持续改进意识和方法方面进行培训，使持续改进成为员工的岗位目标。

5. 组织应对项目管理绩效的持续改进进行跟踪指导和监控。

四、《项目管理规范》的"项目管理责任制度"

（一）一般规定

1. 项目管理责任制度应作为项目管理的基本制度。

2. 项目管理机构负责人责任制应是项目管理责任制度的核心内容。

3. 建设工程项目各实施主体和参与方应建立项目管理责任制度，明确项目管理组织和人员分工，建立各方相互协调的管理机制。

4. 建设工程项目各实施主体和参与方法定代表人应书面授权委托项目管理机构负责人，并实行项目管理机构负责人责任制。

5. 项目管理机构负责人应根据法定代表人的授权范围、期限和内容，履行管理职责。

6. 项目管理机构负责人应取得相应资格，并按规定取得安全生产考核合格证书。

7. 项目管理机构负责人应按相关约定在岗履职，对项目实施全过程及全面管理。

（二）项目建设相关责任方管理

1. 项目建设相关责任方应在各自的实施阶段和环节，明确工作责任，实施目标管理，确保项目正常运行。

2. 项目管理机构负责人应按规定接受相关部门的责任追究和监督管理。

3. 项目管理机构负责人应在工程开工前签署质量承诺书，报相关工程管理机构备案。

4. 项目各相关责任方应建立协同工作机制，宜采用例会、交底及其他沟通方式，避免项目运行中的障碍和冲突。

5. 建设单位应建立管理责任排查机制，按项目进度和时间节点，对各方的管理绩效进行验证性评价。

（三）项目管理机构

1. 项目管理机构应承担项目实施的管理任务和实现目标的责任。

2. 项目管理机构应由项目管理机构负责人领导，接受组织职能部门的指导、监督、检查、服务和考核，负责对项目资源进行合理使用和动态管理。

3. 项目管理机构应在项目启动前建立，在项目完成后或按照合同约定解体。

4. 建立项目管理机构应遵循下列规定：

（1）结构应符合组织制度和项目实施要求；

（2）应有明确的管理目标、运行程序和责任制度；

（3）机构成员应满足项目管理要求及具备相应资格；

（4）组织分工相对稳定并可根据项目实施变化进行调整；

（5）应确定机构成员的职责、权限、利益和需承担的风险。

5. 建立项目管理机构应遵循下列步骤：

（1）根据项目管理规划大纲、项目管理目标责任书及合同要求明确管理任务；

（2）根据管理任务分解和归类，明确组织结构；

（3）根据组织结构，确定岗位职责、权限以及人员配置；

（4）制定工作程序和管理制度；

（5）由组织管理层审核认定。

6. 项目管理机构的管理活动应符合下列要求：

（1）应执行管理制度；

（2）应履行管理程序；

（3）应实施计划管理，保证资源的合理配置和有序流动；

（4）应注重项目实施过程的指导、监督、考核和评价。

（四）项目团队建设

1. 项目建设相关责任方均应实施项目团队建设，明确团队管理原则，规范团队运行。

2. 项目建设相关责任方的项目管理团队之间应围绕项目目标协同工作并有效沟通。

3. 项目团队建设应符合下列规定：建立团队管理机制和工作模式；各方步调一致，协同工作；制定团队成员沟通制度，建立畅通的信息沟通渠道和各方共享的信息平台。

4. 项目管理机构负责人应对项目团队建设和管理负责，组织制定明确的团队目标、合理高效的运行程序和完善的工作制度，定期评价团队运作绩效。

5. 项目管理机构负责人应统一团队思想，增强集体观念，和谐团队氛围，提高团队运行效率。

6. 项目团队建设应开展绩效管理，利用团队成员集体的协作成果。

（五）项目管理目标责任书

1. 项目管理目标责任书应在项目实施之前，由组织法定代表人或其授权人与项目管理机构负责人协商制定。

2. 项目管理目标责任书应属于组织内部明确责任的系统性管理文件，其内容应符合组织制度要求和项目自身特点。

3. 编制项目管理目标责任书应依据下列信息：项目合同文件；组织的管理制度；项目管理规划大纲；组织经营方针和目标；项目特点和实施条件与环境。

4. 项目管理目标责任书宜包括下列内容：

(1) 项目管理实施目标；

(2) 组织和项目管理机构职责、权限和利益的划分；

(3) 项目现场质量、安全、环保、文明、职业健康和社会责任目标；

(4) 项目设计、采购、施工、试运行管理的内容和要求；

(5) 项目所需资源的获取和核算办法；

(6) 法定代表人向项目管理机构负责人委托的相关事项；

(7) 项目管理机构负责人和项目管理机构应承担的风险；

(8) 项目应急事项和突发事件处理的原则和方法；

(9) 项目管理效果和目标实现的评价原则、内容和方法；

(10) 项目实施过程中相关责任和问题的认定和处理原则；

(11) 项目完成后对项目管理机构负责人的奖惩依据、标准和办法；

(12) 项目管理机构负责人解职和项目管理机构解体的条件及办法；

(13) 缺陷责任期、质量保修期及之后对项目管理机构负责人的相关要求。

5. 组织应对项目管理目标责任书的完成情况进行考核和认定，并根据考核结果和项目管理目标责任书的奖惩规定，对项目管理机构负责人和项目管理机构进行奖励或处罚。

6. 项目管理目标责任书应根据项目实施变化进行补充和完善。

（六）项目管理机构负责人职责、权限和管理

1. 项目管理机构负责人应履行下列职责：

(1) 项目管理目标责任书中规定的职责；

(2) 工程质量安全责任承诺书中应履行的职责；

(3) 组织或参与编制项目管理规划大纲、项目管理实施规划，对项目目标进行系统管理；

(4) 主持制定并落实质量、安全技术措施和专项方案，负责相关的组织协调工作；

(5) 对各类资源进行质量监控和动态管理；

(6) 对进场的机械、设备、工器具的安全、质量和使用进行监控；

(7) 建立各类专业管理制度，并组织实施；

(8) 制定有效的安全、文明和环境保护措施并组织实施；

(9) 组织或参与评价项目管理绩效；

(10) 进行授权范围内的任务分解和利益分配；

(11) 按规定完善工程资料，规范工程档案文件，准备工程结算和竣工资料，参与工程竣工验收；

(12) 接受审计，处理项目管理机构解体的善后工作；

(13) 协助和配合组织进行项目检查、鉴定和评奖申报；

(14) 配合组织完善缺陷责任期的相关工作。

2. 项目管理机构负责人应具有下列权限：

(1) 参与项目招标、投标和合同签订；

(2) 参与组建项目管理机构；

(3) 参与组织对项目各阶段的重大决策；

（4）主持项目管理机构工作；

（5）决定授权范围内的项目资源使用；

（6）在组织制度的框架下制定项目管理机构管理制度；

（7）参与选择并直接管理具有相应资质的分包人；

（8）参与选择大宗资源的供应单位；

（9）在授权范围内与项目相关方进行直接沟通；

（10）法定代表人和组织授予的其他权利。

3. 项目管理机构负责人应接受法定代表人和组织机构的业务管理，组织有权对项目管理机构负责人给予奖励和处罚。

五、《项目管理规范》的"项目管理策划"

（一）一般规定

1. 项目管理策划应由项目管理规划策划和项目管理配套策划组成。项目管理规划应包括项目管理规划大纲和项目管理实施规划，项目管理配套策划应包括项目管理规划以外的所有项目管理策划内容。

2. 组织应建立项目管理策划的管理制度，确定项目管理策划的管理职责、实施程序和控制要求。

3. 项目管理策划应包括下列管理过程：

分析、确定项目管理的内容与范围；协调、研究、形成项目管理策划结果；检查、监督、评价项目管理策划过程；履行其他确保项目管理策划的规定责任。

4. 项目管理策划应遵循下列程序：

识别项目管理范围；进行项目工作分解；确定项目的实施方法；规定项目需要的各种资源；测算项目成本；对各个项目管理过程进行策划。

5. 项目管理策划过程应符合下列规定：

（1）项目管理范围应包括完成项目的全部内容，并与各相关方的工作协调一致；

（2）项目工作分解结构应根据项目管理范围，以可交付成果为对象实施；应根据项目实际情况与管理需要确定详细程度，确定工作分解结构；

（3）提供项目所需资源应按保证工程质量和降低项目成本的要求进行方案比较；

（4）项目进度安排应形成项目总进度计划，宜采用可视化图表表达；

（5）宜采用量价分离的方法，按照工程实体性消耗和非实体性消耗测算项目成本；

（6）应进行跟踪检查和必要的策划调整；项目结束后，宜编写项目管理策划的总结文件。

（二）项目管理规划大纲

1. 项目管理规划大纲应是项目管理工作中具有战略性、全局性和宏观性的指导文件。

2. 编制项目管理规划大纲应遵循下列步骤：

明确项目需求和项目管理范围；确定项目管理目标；分析项目实施条件，进行项目工作结构分解；确定项目管理组织模式、组织结构和职责分工；规定项目管理措施；编制项目资源计划；报送审批。

3. 项目管理规划大纲编制依据应包括下列内容：

项目文件、相关法律法规和标准；类似项目经验资料；实施条件调查资料。

4. 项目管理规划大纲宜包括下列内容，组织也可根据需要在其中选定：

项目概况；项目范围管理；项目管理目标；项目管理组织；项目采购与投标管理；项目进度管理；项目质量管理；项目成本管理；项目安全生产管理；绿色建造与环境管理；项目资源管理；项目信息管理；项目沟通与相关方管理；项目风险管理；项目收尾管理。

5. 项目管理规划大纲文件应具备下列内容：

项目管理目标和职责规定；项目管理程序和方法要求；项目管理资源的提供和安排。

（三）项目管理实施规划

1. 项目管理实施规划应对项目管理规划大纲的内容进行细化。

2. 编制项目管理实施规划应遵循下列步骤：

了解相关方的要求；分析项目具体特点和环境条件；熟悉相关的法规和文件；实施编制活动；履行报批手续。

3. 项目管理实施规划编制依据可包括下列内容：

适用的法律、法规和标准；项目合同及相关要求；项目管理规划大纲；项目设计文件；工程情况与特点；项目资源和条件；有价值的历史数据；项目团队的能力和水平。

4. 项目管理实施规划应包括下列内容：

项目概况；项目总体工作安排；组织方案；设计与技术措施；进度计划；质量计划；成本计划；安全生产计划；绿色建造与环境管理计划；资源需求与采购计划；信息管理计划；沟通管理计划；风险管理计划；项目收尾计划；项目现场平面布置图；项目目标控制计划；技术经济指标。

5. 项目管理实施规划文件应符合下列要求：

规划大纲内容应得到全面深化和具体化；实施规划范围应满足实现项目目标的实际需要；实施项目管理规划的风险应处于可以接受的水平。

（四）项目管理配套策划

1. 项目管理配套策划应是与项目管理规划相关联的项目管理策划过程。组织应将项目管理配套策划作为项目管理规划的支撑措施纳入项目管理策划过程。

2. 项目管理配套策划依据应包括下列内容：

项目管理制度；项目管理规划；实施过程需求；相关风险程度。

3. 项目管理配套策划应包括下列内容：

确定项目管理规划的编制人员、方法选择、时间安排；安排项目管理规划各项规定的具体落实途径；明确可能影响项目管理实施绩效的风险应对措施。

4. 项目管理机构应确保项目管理配套策划过程满足项目管理的需求，并应符合下列规定：

（1）界定项目管理配套策划的范围、内容、职责和权利；

（2）规定项目管理配套策划的授权、批准和监督范围；

（3）确定项目管理配套策划的风险应对措施；

（4）总结评价项目管理配套策划水平。

5. 组织应建立下列保证项目管理配套策划有效性的基础工作过程：

积累以往项目管理经验；制定有关消耗定额；编制项目基础设施配置参数；建立工作

说明书和实施操作标准；规定项目实施的专项条件；配置专用软件；建立项目信息数据库；进行项目团队建设。

第三节 工程项目投资管理制度

中共中央、国务院于 2016 年 7 月 5 日发布《关于深化投融资体制改革的意见》，确立了我国现行的投资体制。

一、总体要求

树立和贯彻落实创新、协调、绿色、开放、共享的新发展理念，推进结构性改革尤其是供给侧结构性改革，充分发挥市场在资源配置中的决定性作用和更好发挥政府作用。进一步转变政府职能，深入推进简政放权、放管结合、优化服务改革，建立完善企业自主决策、融资渠道畅通、职能转变到位、政府行为规范、宏观调控有效、法治保障健全的新型投融资体制。

（1）企业为主，政府引导。科学界定并严格控制政府投资范围，平等对待各类投资主体，确立企业投资主体地位，放宽放活社会投资，激发民间投资潜力和创新活力。充分发挥政府投资的引导作用和放大效应，完善政府和社会资本合作模式。

（2）放管结合，优化服务。将投资管理工作的立足点放到为企业投资活动做好服务上，在服务中实施管理，在管理中实现服务。更加注重事前政策引导、事中事后监管约束和过程服务，创新服务方式，简化服务流程，提高综合服务能力。

（3）创新机制，畅通渠道。打通投融资渠道，拓宽投资项目资金来源，充分挖掘社会资金潜力，让更多储蓄转化为有效投资，有效缓解投资项目融资难融资贵问题。

（4）统筹兼顾，协同推进。投融资体制改革要与供给侧结构性改革以及财税、金融、国有企业等领域改革有机衔接、整体推进，建立上下联动、横向协同工作机制，形成改革合力。

二、改善企业投资管理，充分激发社会投资动力和活力

（1）确立企业投资主体地位。坚持企业投资核准范围最小化，原则上由企业依法依规自主决策投资行为。在一定领域、区域内先行试点企业投资项目承诺制，探索创新以政策性条件引导、企业信用承诺、监管有效约束为核心的管理模式。对极少数关系国家安全和生态安全、涉及全国重大生产力布局、战略性资源开发和重大公共利益等项目，政府从维护社会公共利益角度确需依法进行审查把关的，应将相关事项以清单方式列明，最大限度缩减核准事项。

（2）建立投资项目"三个清单"管理制度。及时修订并公布政府核准的投资项目目录，实行企业投资项目管理负面清单制度，除目录范围内的项目外，一律实行备案制，由企业按照有关规定向备案机关备案。建立企业投资项目管理权力清单制度，将各级政府部门行使的企业投资项目管理职权以清单形式明确下来，严格遵循职权法定原则，规范职权行使，优化管理流程。建立企业投资项目管理责任清单制度，厘清各级政府部门企业投资项目管理职权所对应的责任事项，明确责任主体，健全问责机制。建立健全"三个清单"

动态管理机制，根据情况变化适时调整。清单应及时向社会公布，接受社会监督，做到依法、公开、透明。

（3）优化管理流程。实行备案制的投资项目，备案机关要通过投资项目在线审批监管平台或政务服务大厅，提供快捷备案服务，不得设置任何前置条件。实行核准制的投资项目，政府部门要依托投资项目在线审批监管平台或政务服务大厅实行并联核准。精简投资项目准入阶段的相关手续，只保留选址意见、用地（用海）预审以及重特大项目的环评审批作为前置条件；按照并联办理、联合评审的要求，相关部门要协同下放审批权限，探索建立多评合一、统一评审的新模式。加快推进中介服务市场化进程，打破行业、地区壁垒和部门垄断，切断中介服务机构与政府部门间的利益关联，建立公开透明的中介服务市场。进一步简化、整合投资项目报建手续，取消投资项目报建阶段技术审查类的相关审批手续，探索实行先建后验的管理模式。

（4）规范企业投资行为。各类企业要严格遵守城乡规划、土地管理、环境保护、安全生产等方面的法律法规，认真执行相关政策和标准规定，依法落实项目法人责任制、招标投标制、工程监理制和合同管理制，切实加强信用体系建设，自觉规范投资行为。对于以不正当手段取得核准或备案手续以及未按照核准内容进行建设的项目，核准、备案机关应当根据情节轻重依法给予警告、责令停止建设、责令停产等处罚；对于未依法办理其他相关手续擅自开工建设，以及建设过程中违反城乡规划、土地管理、环境保护、安全生产等方面的法律法规的项目，相关部门应依法予以处罚。相关责任人员涉嫌犯罪的，依法移送司法机关处理。各类投资中介服务机构要坚持诚信原则，加强自我约束，增强服务意识和社会责任意识，塑造诚信高效、社会信赖的行业形象。有关行业协会要加强行业自律，健全行业规范和标准，提高服务质量，不得变相审批。

三、完善政府投资体制，发挥好政府投资的引导和带动作用

（1）进一步明确政府投资范围。政府投资资金只投向市场不能有效配置资源的社会公益服务、公共基础设施、农业农村、生态环境保护和修复、重大科技进步、社会管理、国家安全等公共领域的项目，以非经营性项目为主，原则上不支持经营性项目。建立政府投资范围定期评估调整机制，不断优化投资方向和结构，提高投资效率。

（2）优化政府投资安排方式。政府投资资金按项目安排，以直接投资方式为主。对确需支持的经营性项目，主要采取资本金注入方式投入，也可适当采取投资补助、贷款贴息等方式进行引导。安排政府投资资金应当在明确各方权益的基础上平等对待各类投资主体，不得设置歧视性条件。根据发展需要，依法发起设立基础设施建设基金、公共服务发展基金、住房保障发展基金、政府出资产业投资基金等各类基金，充分发挥政府资金的引导作用和放大效应。加快地方政府融资平台的市场化转型。

（3）规范政府投资管理。依据国民经济和社会发展规划及国家宏观调控总体要求，编制三年滚动政府投资计划，明确计划期内的重大项目，并与中期财政规划相衔接，统筹安排、规范使用各类政府投资资金。依据三年滚动政府投资计划及国家宏观调控政策，编制政府投资年度计划，合理安排政府投资。建立覆盖各地区各部门的政府投资项目库，未入库项目原则上不予安排政府投资。完善政府投资项目信息统一管理机制，建立贯通各地区各部门的项目信息平台，并尽快拓展至企业投资项目，实现项目信息共享。改进和规范政

府投资项目审批制，采用直接投资和资本金注入方式的项目，对经济社会发展、社会公众利益有重大影响或者投资规模较大的，要在咨询机构评估、公众参与、专家评议、风险评估等科学论证基础上，严格审批项目建议书、可行性研究报告、初步设计。经国务院及有关部门批准的专项规划、区域规划中已经明确的项目，部分改扩建项目，以及建设内容单一、投资规模较小、技术方案简单的项目，可以简化相关文件内容和审批程序。

（4）加强政府投资事中事后监管。加强政府投资项目建设管理，严格投资概算、建设标准、建设工期等要求。严格按照项目建设进度下达投资计划，确保政府投资及时发挥效益。严格概算执行和造价控制，健全概算审批、调整等管理制度。进一步完善政府投资项目代理建设制度。在社会事业、基础设施等领域，推广应用建筑信息模型技术。鼓励有条件的政府投资项目通过市场化方式进行运营管理。完善政府投资监管机制，加强投资项目审计监督，强化重大项目稽察制度，完善竣工验收制度，建立后评价制度，健全政府投资责任追究制度。建立社会监督机制，推动政府投资信息公开，鼓励公众和媒体对政府投资进行监督。

（5）鼓励政府和社会资本合作。各地区各部门可以根据需要和财力状况，通过特许经营、政府购买服务等方式，在交通、环保、医疗、养老等领域采取单个项目、组合项目、连片开发等多种形式，扩大公共产品和服务供给。要合理把握价格、土地、金融等方面的政策支持力度，稳定项目预期收益。要发挥工程咨询、金融、财务、法律等方面专业机构作用，提高项目决策的科学性、项目管理的专业性和项目实施的有效性。

四、创新融资机制，畅通投资项目融资渠道

（1）大力发展直接融资。依托多层次资本市场体系，拓宽投资项目融资渠道，支持有真实经济活动支撑的资产证券化，盘活存量资产，优化金融资源配置，更好地服务投资兴业。结合国有企业改革和混合所有制机制创新，优化能源、交通等领域投资项目的直接融资。通过多种方式加大对种子期、初创期企业投资项目的金融支持力度，有针对性地为"双创"项目提供股权、债权以及信用贷款等融资综合服务。加大创新力度，丰富债券品种，进一步发展企业债券、公司债券、非金融企业债务融资工具、项目收益债等，支持重点领域投资项目通过债券市场筹措资金。开展金融机构以适当方式依法持有企业股权的试点。设立政府引导、市场化运作的产业（股权）投资基金，积极吸引社会资本参加，鼓励金融机构以及全国社会保障基金、保险资金等在依法合规、风险可控的前提下，经批准后通过认购基金份额等方式有效参与。加快建立规范的地方政府举债融资机制，支持省级政府依法依规发行政府债券，用于公共领域重点项目建设。

（2）充分发挥政策性、开发性金融机构积极作用。在国家批准的业务范围内，政策性、开发性金融机构要加大对城镇棚户区改造、生态环保、城乡基础设施建设、科技创新等重大项目和工程的资金支持力度。根据宏观调控需要，支持政策性、开发性金融机构发行金融债券专项用于支持重点项目建设。发挥专项建设基金作用，通过资本金注入、股权投资等方式，支持看得准、有回报、不新增过剩产能、不形成重复建设、不产生挤出效应的重点领域项目。建立健全政银企社合作对接机制，搭建信息共享、资金对接平台，协调金融机构加大对重大工程的支持力度。

（3）完善保险资金等机构资金对项目建设的投资机制。在风险可控的前提下，逐步放宽

保险资金投资范围，创新资金运用方式。鼓励通过债权、股权、资产支持等多种方式，支持重大基础设施、重大民生工程、新型城镇化等领域的项目建设。加快推进全国社会保障基金、基本养老保险基金、企业年金等投资管理体系建设，建立和完善市场化投资运营机制。

（4）加快构建更加开放的投融资体制。创新有利于深化对外合作的投融资机制，加强金融机构协调配合，用好各类资金，为国内企业走出去和重点合作项目提供更多投融资支持。在宏观和微观审慎管理框架下，稳步放宽境内企业和金融机构赴境外融资，做好风险规避。完善境外发债备案制，募集低成本外汇资金，更好地支持企业对外投资项目。加强与国际金融机构和各国政府、企业、金融机构之间的多层次投融资合作。

五、切实转变政府职能，提升综合服务管理水平

（1）创新服务管理方式。探索建立并逐步推行投资项目审批首问负责制，投资主管部门或审批协调机构作为首家受理单位"一站式"受理、"全流程"服务，一家负责到底。充分运用互联网和大数据等技术，加快建设投资项目在线审批监管平台，联通各级政府部门，覆盖全国各类投资项目，实现一口受理、网上办理、规范透明、限时办结。加快建立投资项目统一代码制度，统一汇集审批、建设、监管等项目信息，实现信息共享，推动信息公开，提高透明度。各有关部门要制定项目审批工作规则和办事指南，及时公开受理情况、办理过程、审批结果，发布政策信息、投资信息、中介服务信息等，为企业投资决策提供参考和帮助。鼓励新闻媒体、公民、法人和其他组织依法对政府的服务管理行为进行监督。下移服务管理重心，加强业务指导和基层投资管理队伍建设，给予地方更多自主权，充分调动地方积极性。

（2）加强规划政策引导。充分发挥发展规划、产业政策、行业标准等对投资活动的引导作用，并为监管提供依据。把发展规划作为引导投资方向，稳定投资运行，规范项目准入，优化项目布局，合理配置资金、土地（海域）、能源资源、人力资源等要素的重要手段。完善产业结构调整指导目录、外商投资产业指导目录等，为各类投资活动提供依据和指导。构建更加科学、更加完善、更具操作性的行业准入标准体系，加快制定修订能耗、水耗、用地、碳排放、污染物排放、安全生产等技术标准，实施能效和排污强度"领跑者"制度，鼓励各地区结合实际依法制定更加严格的地方标准。

（3）健全监管约束机制。按照谁审批谁监管、谁主管谁监管的原则，明确监管责任，注重发挥投资主管部门综合监管职能、地方政府就近就便监管作用和行业管理部门专业优势，整合监管力量，共享监管信息，实现协同监管。依托投资项目在线审批监管平台，加强项目建设全过程监管，确保项目合法开工、建设过程合规有序。各有关部门要完善规章制度，制定监管工作指南和操作规程，促进监管工作标准具体化、公开化。要严格执法，依法纠正和查处违法违规投资建设行为。实施投融资领域相关主体信用承诺制度，建立异常信用记录和严重违法失信"黑名单"，纳入全国信用信息共享平台，强化并提升政府和投资者的契约意识和诚信意识，形成守信激励、失信惩戒的约束机制，促使相关主体切实强化责任，履行法定义务，确保投资建设市场安全高效运行。

六、强化保障措施，确保改革任务落实到位

（1）加强分工协作。各地区各部门要充分认识深化投融资体制改革的重要性和紧迫

性，加强组织领导，搞好分工协作，制定具体方案，明确任务分工、时间节点，定期督查、强化问责，确保各项改革措施稳步推进。国务院投资主管部门要切实履行好投资调控管理的综合协调、统筹推进职责。

（2）加快立法工作。完善与投融资相关的法律法规，制定实施政府投资条例、企业投资项目核准和备案管理条例，加快推进社会信用、股权投资等方面的立法工作，依法保护各方权益，维护竞争公平有序、要素合理流动的投融资市场环境。

（3）推进配套改革。加快推进铁路、石油、天然气、电力、电信、医疗、教育、城市公用事业等领域改革，规范并完善政府和社会资本合作、特许经营管理，鼓励社会资本参与。加快推进基础设施和公用事业等领域价格改革，完善市场决定价格机制。研究推动土地制度配套改革。加快推进金融体制改革和创新，健全金融市场运行机制。投融资体制改革与其他领域改革要协同推进，形成叠加效应，充分释放改革红利。

七、工程项目投资管理的全过程

投资管理的全过程应贯穿于工程项目建设的全过程或建设程序的所有步骤。每个阶段投资管理的重要性不一样。越是前期，投资管理越重要。越是后期，投资管理的影响作用越小。因此投资管理重点在决策阶段和设计阶段。它与进度管理和质量管理的管理重点阶段均为实施期是不同的。

1. 项目建议书阶段的投资管理

在项目建议书阶段要进行投资估算和资金筹措设想。如果项目是打算利用外资的，应分析利用外资的可能性，初步测算偿还贷款的能力。还要对项目的经济效益和社会效益作初步估计。项目建议书编制时，伴随着进行机会研究和初步可行性研究。

2. 可行性研究阶段的投资管理

在可行性研究阶段，即在项目建议书获得批准后，对项目进行评估，为项目决策提供主要依据。其任务虽然涉及市场、工艺技术和经济等多方面，但投资管理却是最主要的。这个阶段要在完成市场需求预测、厂址选择、工艺技术方案选择等可行性研究的基础上，对拟建项目的各种经济因素进行调查、研究、预测、计算及论证，运用定量分析与定性分析相结合、动态分析与静态分析相结合的方法，计算内部收益率、净现值率、投资利润率等指标，完成财务评价；大中型项目还利用影子价格、影子汇率、社会折现率等经济参数进行国民经济评价，从而考察投资行为的宏观经济合理性。可行性研究报告是进行投资决策的主要依据。

3. 编制设计文件阶段的投资管理

初步设计根据批准的可行性研究报告和有关设计基础资料，拟订工程建设实施的初步方案，从技术上、经济上做出合理安排，通过初步设计概算具体确定建设投资。技术设计是对复杂工程的重大技术问题进一步深化设计，作为施工图设计的依据，编制修正概算，修正投资控制额。施工图设计则根据初步设计（或技术设计）进行编制。通过施工图预算，确定建设项目的造价。因此，整个设计阶段是实施投资管理的关键阶段，建设项目具体投资多少，是在这个阶段确定的。在设计中，必须始终具有经济观念，不浪费投资，根据功能的要求进行设计，使资金用在实处。

4. 工程施工招标阶段的投资管理

在工程施工招标阶段，项目法人要通过编制招标文件、工程量清单，发布招标文件，合理评标与决标进行投资管理。标底是评标与决标的依据，标价是签订合同时确定合同价的依据，合同价又是实施阶段投资管理的最高限价。

5. 施工阶段的投资管理

施工阶段是投资活动的物化过程，是大量投资支出阶段。这个阶段投资管理的任务是，按设计要求实施，使实际支出控制在合同价之内，合同价控制在初步设计概算之内。因此，要减少设计变更，努力降低造价，竣工后做好结算和决算。

第四节　建设工程造价管理制度

一、建设工程造价管理制度概述

（一）建设工程造价

1. 建设工程造价的含义

建设工程造价，简称工程造价，通常是指工程建设预计或实际支出的费用。由于所处的角度不同，工程造价有不同的含义。

从投资者（业主）的角度，工程造价是指建设一项工程预期开支或实际开支的全部固定资产投资费用。这里的"工程造价"强调的是"费用"的概念。投资者为了获得投资项目的预期效益，就需要对项目进行策划、决策及建设实施，直至竣工验收等一系列投资管理活动。在上述活动中所花费的全部费用，就构成了工程造价。从这个意义上讲，工程造价就是建设工程项目固定资产投资。

从市场交易的角度，工程造价是指工程价格。即为建成一项工程，预计或实际在工程发承包交易活动中所形成的建筑安装工程价格或建设工程总价格。这里的"工程造价"强调的是"价格"的概念。显然，这种含义是将建设工程这种特定的商品作为交易对象，通过招标投标等交易方式，由市场形成价格。

2. 建设工程造价的作用

（1）工程造价是项目决策的依据。建设工程造价是项目决策阶段进行项目财务分析和经济评价的重要依据。投资对象是否值得投资、投资者是否有足够的财务能力，是项目决策中要考虑的主要问题。

（2）工程造价是设计阶段优化设计方案的重要依据。不同的设计方案需要不同的材料消耗、人工劳动消耗和机械设备消耗，要想控制造价，就必须在设计阶段做好设计方案优化，选择最优设计方案。

（3）作为招标投标中评标和报价的主要依据。

在招投标阶段，可以帮助招标人建立同类工程造价的价格基准，从而选择最合适的投标人。作为投标人，可以参考造价指标进行快速报价，评判自己报价的合理程度，避免报价过高难以中标，也避免报价过低，使公司利益受损，保证收益。通过工程造价指标的衡量和评判，可以促使投标人不断提高生产力，降低消耗节约成本。

（二）工程造价管理

1. 工程造价管理的含义

工程造价管理是指综合运用管理学、经济学和工程技术等方面的知识与技能，对工程造价进行预测、计划、控制、核算、分析和评价等的过程。

工程造价管理既涵盖宏观层次的工程建设投资管理，也涵盖微观层次的工程项目费用管理。工程造价的宏观管理是指政府部门根据社会经济发展需求，利用法律、经济和行政等手段规范市场主体的价格行为、监控工程造价的系统活动。工程造价的微观管理是指工程参建主体根据工程计价依据和市场价格信息等预测、计划、控制、核算工程造价的系统活动。

2. 建设工程全面造价管理

全面造价管理（Total Cost Management，TCM）是指有效地利用专业知识与技术，对资源、成本、盈利和风险进行筹划和控制。建设工程全面造价管理包括全寿命期造价管理、全过程造价管理、全要素造价管理和全方位造价管理。

（1）全寿命期造价管理

建设工程全寿命期造价是指建设工程初始建造成本和建成后的日常使用成本之和，包括策划决策、建设实施、运行维护及拆除回收等各阶段费用。由于在建设工程全寿命期的不同阶段，工程造价存在诸多不确定性，因此，全寿命期造价管理主要是作为一种实现建设工程全寿命期造价最小化的指导思想，指导建设工程投资决策及实施方案的选择。

（2）全过程造价管理

全过程造价管理是指覆盖建设工程策划决策及建设实施各阶段的造价管理。包括：策划决策阶段的项目策划、投资估算、项目经济评价、项目融资方案分析；设计阶段的限额设计、方案比选、概预算编制；招投标阶段的标段划分、发承包模式及合同形式的选择、招标控制价或标底编制；施工阶段的工程计量与结算、工程变更控制、索赔管理；竣工验收阶段的结算与决算等。

（3）全要素造价管理

影响建设工程造价的因素有很多。为此，控制建设工程造价不仅是控制建设工程本身的建造成本，还应同时考虑工期成本、质量成本、安全与环境成本的控制，从而实现工程成本、工期、质量、安全、环保的集成管理。全要素造价管理的核心是按照优先性原则，协调和平衡工期、质量、安全、环保与成本之间的对立统一关系。

（4）全方位造价管理

建设工程造价管理不仅是建设单位或承包单位的任务，而应是政府建设主管部门、行业协会、建设单位、设计单位、施工单位以及有关咨询机构的共同任务。尽管各方的地位、利益、角度等有所不同，但必须建立完善的协同工作机制，才能实现对建设工程造价的有效控制。

3. 工程造价管理的主要内容

在工程建设全过程各个不同阶段，工程造价管理有着不同的工作内容，其目的是在优化建设方案、设计方案、施工方案的基础上，有效控制建设工程项目的实际费用支出。

（1）工程项目策划阶段：按照有关规定编制和审核投资估算，经有关部门批准，即可作为拟建工程项目的控制造价；基于不同的投资方案进行经济评价，作为工程项目决策的重要依据。

（2）工程设计阶段：在限额设计、优化设计方案的基础上编制和审核工程概算、施工图预算。对于政府投资工程而言，经有关部门批准的工程概算将作为拟建工程项目造价的最高限额。

（3）工程发承包阶段：进行招标策划，编制和审核工程量清单、招标控制价或标底，确定投标报价及其策略，直至确定承包合同价。

（4）工程施工阶段：进行工程计量及工程款支付管理，实施工程费用动态监控，处理工程变更和索赔。

（5）工程竣工阶段：编制和审核工程结算、编制竣工决算，处理工程保修费用等。

4. 工程造价管理的主要原则

实施有效的工程造价管理，应遵循以下三项原则：

（1）以设计阶段为重点的全过程造价管理。工程造价管理贯穿于工程建设全过程的同时，应注重工程设计阶段的造价管理。工程造价管理的关键在于前期决策和设计阶段，而在项目投资决策后，控制工程造价的关键就在于设计。建设工程全寿命期费用包括工程造价和工程交付使用后的日常开支（含经营费用、日常维护修理费用、使用期内大修理和局部更新费用）以及该工程使用期满后的报废拆除费用等。

长期以来，我国往往将控制工程造价的主要精力放在施工阶段——审核施工图预算、结算建筑安装工程价款，对工程项目策划决策和设计阶段的造价控制重视不够。为有效地控制工程造价，应将工程造价管理的重点转到工程项目策划决策和设计阶段。

（2）主动控制与被动控制相结合。长期以来，人们一直把控制理解为目标值与实际值的比较，以及当实际值偏离目标值时，分析其产生偏差的原因，并确定下一步对策。但这种立足于调查—分析—决策基础之上的偏离—纠偏—再偏离—再纠偏的控制是一种被动控制，这样做只能发现偏离，不能预防可能发生的偏离。为尽量减少甚至避免目标值与实际值的偏离，还必须立足于事先主动采取控制措施，实施主动控制。也就是说，工程造价控制不仅要反映投资决策，反映设计、发包和施工，被动地控制工程造价，更要能动地影响投资决策，影响工程设计、发包和施工，主动地控制工程造价。

（3）技术与经济相结合。要有效地控制工程造价，应从组织、技术、经济等多方面采取措施。从组织上采取措施，包括明确项目组织结构，明确造价控制人员及其任务，明确管理职能分工；从技术上采取措施，包括重视设计多方案选择，严格审查初步设计、技术设计、施工图设计、施工组织设计，深入研究节约投资的可能性；从经济上采取措施，包括动态比较造价的计划值与实际值，严格审核各项费用支出，采取对节约投资的有力奖励措施等。

应该看到，技术与经济相结合是控制工程造价最有效的手段。应通过技术比较、经济分析和效果评价，正确处理技术先进与经济合理之间的对立统一关系，力求在技术先进条件下的经济合理、在经济合理基础上的技术先进，将控制工程造价观念渗透到各项设计和施工技术措施之中。

（三）建设工程造价管理制度

建设工程造价管理制度是国家及相关部门为规范建设工程造价的管理，合理确定和有效控制工程造价，提高投资效益，通过一定的程序所制定出的依据和准则的总和。

工程造价管理制度包括工程造价管理的组织管理、建设工程造价咨询企业管理、建设工程造价专业人员资格管理和建设工程造价计价管理制度。

二、工程造价管理的组织管理

工程造价管理的组织管理是指履行工程造价管理职能的工程造价管理机构，为实现工程造价管理目标，各自承担管理权限和职责范围。

为实现工程造价管理目标而开展有效的组织活动，我国设置了多部门、多层次的工程造价管理机构，并规定了各自的管理权限和职责范围。

（一）政府行政管理

政府在工程造价管理中既是宏观管理主体，也是政府投资项目的微观管理主体。从宏观管理的角度，政府对工程造价管理有一个严密的组织系统，设置了多层管理机构，规定了管理权限和职责范围。

1. 国务院建设主管部门造价管理机构

（1）制定工程造价管理有关法规、规章，并监督其实施；

（2）制定造价咨询企业的资质标准，并监督其执行；

（3）制定造价专业技术人员执业标准，并监督执行；

（4）组织制定全国统一经济定额，并监督指导其实施；

（5）监督管理建设工程造价管理的有关行为。

2. 省、自治区、直辖市工程造价管理部门

（1）修编、解释当地定额、收费标准和计价制度；

（2）开展工程造价审查（核）；

（3）提供造价信息；

（4）处理合同纠纷等职责。

（二）企事业单位管理

企事业单位的工程造价管理属微观管理范畴。设计单位、工程造价咨询单位等按照建设单位或委托方意图，在可行性研究和规划设计阶段合理确定和有效控制建设工程造价，通过限额设计等手段实现设定的造价管理目标；在招标投标阶段编制招标文件、标底或招标控制价，参加评标、合同谈判等工作；在施工阶段通过工程计量与支付、工程变更与索赔管理等控制工程造价。设计单位、工程造价咨询单位通过工程造价管理业绩，赢得声誉，提高市场竞争力。

工程承包单位的造价管理是企业自身管理的重要内容。工程承包单位设有专门的职能机构参与企业投标决策，并通过市场调查研究，利用过去积累的经验，研究报价策略，提出报价；在施工过程中，进行工程造价的动态管理，注意各种调价因素的发生，及时进行工程价款结算，避免收益的流失，以促进企业盈利目标的实现。

（三）行业协会管理

（1）研究建设工程造价咨询与管理改革和发展的政策、方针，参与相关法律法规及行业标准规范的研究和制定；

（2）建立和完善建设工程造价咨询行业自律机制；

（3）发挥联系政府和企业的桥梁和纽带作用；

（4）接受国务院建设主管部门造价管理机构委托，承担工程造价咨询企业的资质申报、复核、变更，造价工程师的注册、变更和继续教育等具体工作；

　　（5）以服务为宗旨，维护会员的合法权益；

　　（6）建立建设工程造价信息服务系统（网站和期刊等）；

　　（7）对外代表我国造价工程师组织和建设工程造价咨询行业与国际组织及各国同行组织建立联系与交往；

　　（8）受理违反行业自律行为的投诉，对违规的工程造价咨询企业、造价工程师实行行业惩戒，或提请政府建设主管部门进行处罚；

　　（9）指导各专业委员会和地方建设工程造价管理协会的业务工作。

三、建设工程造价咨询企业管理

　　工程造价咨询企业是指接受委托，对建设项目投资、工程造价的确定与控制提供专业咨询服务的企业。

（一）工程造价咨询业务范围

　　（1）建设项目建议书及可行性研究投资估算、项目经济评价报告的编制和审核；

　　（2）建设项目概预算的编制与审核，并配合设计方案比选、优化设计、限额设计等工作进行工程造价分析与控制；

　　（3）建设项目合同价款的确定（包括招标工程工程量清单和标底、投标报价的编制和审核）；合同价款的签订与调整（包括工程变更、工程洽商和索赔费用的计算）及工程款支付，工程结算及竣工结（决）算报告的编制与审核等；

　　（4）工程造价经济纠纷的鉴定和仲裁的咨询；

　　（5）提供工程造价信息服务等。

（二）工程造价咨询企业资质等级与标准

　　工程造价咨询企业资质等级分为甲级、乙级。

　　甲级企业资质应满足：

　　（1）已取得乙级工程造价咨询企业资质证书满3年；

　　（2）技术负责人已取得一级造价工程师注册证书，并具有工程或工程经济类高级专业技术职称，且从事工程造价专业工作15年以上；

　　（3）专职从事工程造价专业工作的人员（以下简称专职专业人员）不少于12人，其中，具有工程（或工程经济类）中级以上专业技术职称或者取得二级造价工程师注册证书的人员合计不少于10人；取得一级造价工程师注册证书的人员不少于6人，其他人员具有从事工程造价专业工作的经历；

　　（4）企业与专职专业人员签订劳动合同，且专职专业人员符合国家规定的职业年龄（出资人除外）；

　　（5）企业近3年工程造价咨询营业收入累计不低于人民币500万元；

　　（6）企业为本单位专职专业人员办理的社会基本养老保险手续齐全；

　　（7）在申请核定资质等级之日前3年内无规定禁止的行为。

（三）工程造价咨询管理

　　（1）工程造价咨询企业依法从事工程造价咨询活动，不受行政区域限制。

　　（2）甲级工程造价咨询企业可以从事各类建设项目的工程造价咨询业务。乙级工程造价咨询企业可以从事工程造价2亿元人民币以下各类建设项目的工程造价咨询业务。

（3）工程造价咨询企业可以对建设项目的组织实施进行全过程或者若干阶段的管理和服务。

（4）工程造价咨询企业在承接各类建设项目的工程造价咨询业务时，应当与委托人订立书面工程造价咨询合同。

（5）工程造价咨询企业从事工程造价咨询业务，应当按照有关规定的要求出具工程造价成果文件。

工程造价成果文件应当由工程造价咨询企业加盖有企业名称、资质等级及证书编号的执业印章，并由执行咨询业务的注册造价工程师签字、加盖执业印章。

四、建设工程造价专业人员资格管理

为了加强建设工程造价管理专业人员的执业准入管理，确保建设工程造价管理工作质量，维护国家和社会公共利益，国家确立了注册造价工程师职业资格制度。所谓注册造价工程师，是指通过土木建筑工程或者安装工程专业造价工程师职业资格考试取得造价工程师职业资格证书或者通过资格认定、资格互认，按规定注册后，从事工程造价活动的专业人员。从事工程建设活动的建设、设计、施工、工程造价咨询、工程造价管理等单位和部门，必须在计价、评估、审查（核）、控制及管理等岗位配备有造价工程师职业资格的专业技术管理人员。从事建设工程计价活动的人员，应当依法取得 造价工程师注册证书或者全国建设工程造价员资格证书。建设工程造价文件应当由负责本次计价活动的注册造价工程师签字并加盖执业印章。注册造价工程师分为一级注册造价工程师和二级注册造价工程师。

（一）资格考试

一级造价工程师职业资格考试全国统一大纲、统一命题、统一组织。二级造价工程师职业资格考试全国统一大纲，各省、自治区、直辖市自主命题并组织实施。一级和二级造价工程师职业资格考试均设置基础科目和专业科目。

凡遵守中华人民共和国宪法、法律、法规，具有良好的业务素质和道德品行，具备下列条件之一者，可以申请参加一级造价工程师职业资格考试：

（1）具有工程造价专业大学专科（或高等职业教育）学历，从事工程造价业务工作满5年；具有土木建筑、水利、装备制造、交通运输、电子信息、财经商贸大类大学专科（或高等职业教育）学历，从事工程造价业务工作满6年。

（2）具有通过工程教育专业评估（认证）的工程管理、工程造价专业大学本科学历或学位，从事工程造价业务工作满4年；具有工学、管理学、经济学门类大学本科学历或学位，从事工程造价业务工作满5年。

（3）具有工学、管理学、经济学门类硕士学位或者第二学士学位，从事工程造价业务工作满3年。

（4）具有工学、管理学、经济学门类博士学位，从事工程造价业务工作满1年。

（5）具有其他专业相应学历或者学位的人员，从事工程造价业务工作年限相应增加1年。

（二）注册

注册造价工程师实行注册执业管理制度。取得职业资格的人员，经过注册方能以注册造价工程师的名义执业。为了保护其所注册单位的合法权益并加强对造价工程师执业行为的监督和管理，我国规定，造价工程师只能在一个单位注册和执业。

注册造价工程师的注册条件为：

（1）取得职业资格；

（2）受聘于一个工程造价咨询企业或者工程建设领域的建设、勘察设计、施工、招标代理、工程监理、工程造价管理等单位；

（3）不存在不予注册的情形。

取得职业资格证书的人员，可自职业资格证书签发之日起 1 年内申请初始注册。逾期未申请者，须符合继续教育的要求后方可申请初始注册。初始注册的有效期为 4 年。注册造价工程师注册有效期满需继续执业的，应当在注册有效期满 30 日前，按照本办法第八条规定的程序申请延续注册。延续注册的有效期为 4 年。

（三）执业

造价工程师的执业必须依托所注册的工作单位。一级注册造价工程师执业范围包括建设项目全过程的工程造价管理与工程造价咨询等，具体工作内容有：

（1）项目建议书、可行性研究投资估算与审核，项目评价造价分析；

（2）建设工程设计概算、施工预算编制和审核；

（3）建设工程招标投标文件工程量和造价的编制与审核；

（4）建设工程合同价款、结算价款、竣工决算价款的编制与管理；

（5）建设工程审计、仲裁、诉讼、保险中的造价鉴定，工程造价纠纷调解；

（6）建设工程计价依据、造价指标的编制与管理；

（7）与工程造价管理有关的其他事项。

二级注册造价工程师协助一级注册造价工程师开展相关工作，并可以独立开展以下工作：

（1）建设工程工料分析、计划、组织与成本管理，施工图预算、设计概算编制；

（2）建设工程量清单、最高投标限价、投标报价编制；

（3）建设工程合同价款、结算价款和竣工决算价款的编制。

五、建设工程造价计价管理

建设工程造价计价，简称工程计价，也称工程估价。是指工程造价人员按照法律法规及标准规范规定的程序、方法和依据，在项目实施的各个阶段，根据各个阶段的不同要求，遵循计价原则和程序，采用科学的计价方式，对项目工程造价及其构成内容进行的预测和估算。

（一）工程计价的特点

由于工程造价的特点，所以工程计价的内容，方法及表现形式也就各不相同。业主或其委托的咨询单位编制的工程项目投资估算、设计概算、招标控制价以及承包商和分包商提出的报价，都是工程计价的不同表现形式。工程造价的特点决定了工程造价有如下的计价特征。

1. 计价的单件性

建设工程产品的个别差异性决定了每项工程都必须单独计算造价。即便是完全相同的工程，由于建设地点或建设时间不同，仍必须进行单独计价。

2. 计价的多次性

建设项目建设周期长、规模大、造价高，这就要求在工程建设的各个阶段多次计价，并对其进行监督和控制，以保证工程造价计算的准确性和控制的有效性。多次性计价特点决定了工程造价不是固定、唯一的，而是随着工程的进展逐步深化、细化和接近实际造价的过程。工程建设各阶段计价包括：

（1）投资估算。在编制项目建议书、可行性研究阶段。根据投资估算指标、类似工程的造价资料、现行的设备材料价格并结合工程的实际情况，对拟建项目的投资需要量进行估算。投资估算是可行性研究报告的重要组成部分，是判断项目可行性、进行项目决策、筹资、控制造价的主要依据之一。经批准的投资估算是工程造价的目标限额，是编制概预算的基础。

（2）设计总概算。在初步设计阶段，根据初步设计的总体布置，采用概算定额或概算指标等编制项目的总概算。设计总概算是初步设计文件的重要组成部分。经批准的设计总概算是确定建设项目总造价、编制固定资产投资计划、签订建设项目承包合同和贷款合同的依据，是控制拟建项目投资的最高限额。概算造价可分为建设项目概算总造价、单项工程概算综合造价和单位工程概算造价三个层次。

（3）修正概算。当采用三阶段设计时，在技术设计阶段，随着对初步设计的深化，建设规模、结构性质、设备类型等方面可能要进行必要的修改和变动，因此初步设计概算随之需要做必要的修正和调整。但一般情况下，修正概算造价不能超过概算造价。

（4）施工图预算。又称预算造价，是在施工图设计阶段，根据施工图以及各种计价依据和有关规定编制施工图预算，它是施工图设计文件的重要组成部分。经审查批准的施工图预算，是签订建筑安装工程承包合同、办理建筑安装工程价款结算的依据，它比概算造价或修正概算造价更为详尽和准确，但不能超过设计概算造价。

（5）合同价。工程招标投标阶段，在签订总承包合同、建筑安装工程施工承包合同、设备材料采购合同时，由发包方和承包方共同协商一致作为双方结算基础的工程合同价格。合同价属于市场价格的性质，它是由发承包双方根据市场行情共同议定和认可的成交价格，但它并不等同于最终决算的实际工程造价。

（6）结算价。在合同实施阶段，以合同价为基础，同时考虑实际发生的工程量增减、设备材料价差等影响工程造价的因素，按合同规定的调价范围和调价方法对合同价进行必要的修正和调整，确定结算价。

（7）竣工决算价。在竣工验收阶段，根据工程建设过程中实际发生的全部费用，由建设单位编制竣工决算，反映工程的实际造价和建成交付使用的资产情况，作为财产交接、考核交付使用财产和登记新增财产价值的依据，它才是建设项目的最终实际造价。

以上说明，建设工程的计价过程是一个由浅入深、由粗到细、由概略到精确，多次计价达到实际造价的过程。计价过程之间相互联系、相互补充、相互制约，前者制约后者，后者补充前者。

3. 计价的组合性

建设工程造价的计算是逐步组合而成，一个建设项目总造价由各个单项工程造价组成：一个单项工程造价由各个单位工程造价组成；一个单位工程造价按分部分项工程计算得出。可见，建设工程计价过程是：分部分项工程费用→单位工程造价→单项工程造价→建设项目总造价。

（二）工程计价的依据

由于工程造价的构成复杂，影响因素多，且计价方法也多种多样，因此计价依据的种类也多，主要可分为以下七类：

（1）设备和工程量的计算依据。包括项目建议书、可行性研究报告、设计文件等。

（2）计算人工、材料、机械等实物消耗量的依据。包括各种定额。

（3）计算工程资源单价的依据。包括人工单价、材料单价、机械台班单价等。

（4）计算设备单价的依据。

（5）计算各种费用的依据。

（6）政府规定的税、费依据。

（7）调整工程造价的依据。如造价文件规定、物价指数、工程造价指数等。

（三）工程计价模式

1. 定额计价模式

定额计价是以定额为依据，按定额规定的分部分项子目，逐项计算工程量，套用定额单价（或单位估价表）确定直接工程费，然后按取费标准确定构成工程价格的间接费、利润、税金，汇总确定建筑安装工程造价。定额计价是国家通过颁布统一的估价指标、概算定额、预算定额和相应的费用定额，对建筑产品价格有计划管理的一种方式，体现是工程的计划价格。

因为工程概预算定额是我国几十年计价实践的总结，具有一定的科学性和实践性，所以用这种方法计算和确定工程造价过程简单、快速、比较准确，也有利于工程造价管理部门的管理。但预算定额是按照计划经济的要求制定、发布、贯彻执行的，定额中的人工、材料、机械的消耗量是根据"社会平均水平"综合测定的，费用标准是根据不同地区平均测算的，因此企业采用这种模式报价时就会表现为平均主义，企业不能结合项目具体情况、自身技术优势、管理水平和材料采购渠道价格进行自主报价，不能充分调动企业加强管理的积极性，也不能充分体现市场公平竞争的基本原则。

2. 工程量清单计价模式

工程量清单计价模式，是建设工程招标投标中，按照国家统一的工程量清单计价规范，招标人或其委托的有资质的咨询机构编制反映工程实体消耗和措施消耗的招标工程量清单，并作为招标文件的一部分提供给投标人，由投标人依据招标工程量清单，根据各种渠道所获得的工程造价信息和经验数据，结合企业定额自主报价的计价方式。

采用工程量清单计价，能够反映出承建企业的工程个别成本，有利于企业自主报价和公平竞争；同时，实行工程量清单计价，招标工程量清单作为招标文件和合同文件的重要组成部分，对于规范招标人计价行为，在技术上避免招标中弄虚作假和暗箱操作及保证工程款的支付结算，起到重要作用。

（四）工程计价管理

1. 一般规定

（1）投资估算、设计概算、施工图预算编制，应当按照确保工程质量、提高投资效益、全面优化设计的要求，根据规定的计价依据，参考规定的造价信息，按照国家、省规定的计价规则及法定税费，并合理预测编制期至工程竣工期价格、利率、汇率变化趋势。

（2）全部使用国有资金投资或者以国有资金投资为主的建设项目，经批准的投资估算或者设计概算，是该建设项目的投资最高限额，未经项目审批部门批准，不得突破。

（3）招标工程量清单、招标控制价、投标报价、工程计量、合同价款调整、合同价款结算与支付以及工程造价鉴定等工程造价文件的编制与核对，应由具有专业资格的工程造价人员承担。承担工程造价文件的编制与核对的工程造价人员及其所在单位，应对工程造价文件的质量负责。

（4）全部使用国有资金投资或者以国有资金投资为主的建设项目，建筑安装工程招标投标应当采用工程量清单计价方法计价。非国有资金投资的建设项目的建筑安装工程招标投标，提倡工程量清单计价方法计价。依法不招标的建筑安装工程，由发包单位和承包单位根据施工图预算，平等协商确定工程合同价。

（5）建设工程施工发承包造价由分部分项工程费、措施项目费、其他项目费、规费和税金组成。措施项目清单中的安全文明施工费，以及规费和税金应按照国家或省级、行业建设主管部门的规定计价，不得作为竞争性费用。

2. 招标工程量清单

（1）招标工程量清单是招标人依据国家标准、招标文件、设计文件以及施工现场实际情况编制的，随招标文件发布供投标报价的工程量清单。

（2）招标工程量清单应当作为招标文件的组成部分，是工程量清单计价的基础，应作为编制招标控制价、投标报价、计算工程量、工程索赔等的依据之一。招标人应当对招标工程量清单的准确性和完整性负责。

（3）工程量清单应由分部分项工程量清单、措施项目清单、其他项目清单、规费项目清单、税金项目清单组成。

（4）编制工程量清单应依据：计价规范和相关工程的国家计量规范；国家或省级、行业建设主管部门颁发的计价依据和办法；建设工程设计文件；与建设工程有关的标准、规范、技术资料；拟定的招标文件；施工现场情况、工程特点及常规施工方案；其他相关资料。

3. 招标控制价

（1）招标控制价是招标人根据国家或省级、行业建设主管部门颁发的有关计价依据和办法，以及拟定的招标文件和招标工程量清单，编制的招标工程的最高限价。

（2）国有资金投资的工程建设项目应实行工程量清单招标，招标人应编制招标控制价。

（3）招标控制价是建设工程招标中限定的最高工程造价，投标人的投标报价高于招标控制价的，其投标应予以拒绝。

（4）招标控制价应在招标时公布，招标人应将招标控制价及有关资料报送工程所在地工程造价管理机构备查。

（5）招标控制价编制依据包括建设工程工程量清单计价规范、综合定额、招标工程量清单、设计文件、招标文件、施工现场情况和常规施工方案，以及招标文件载明的风险费用等编制，不得上调或下浮。

（6）投标人经复核认为招标人公布的招标控制价未按照本规范的规定进行编制的，应当在招标控制价公布后 5 天内向招投标监督机构和工程造价管理机构投诉。

4. 投标报价

（1）投标报价是投标人投标时报出的工程合同价。

（2）投标人应按招标工程量清单填报价格。项目编码、项目名称、项目特征、计量单位、工程量必须与招标工程量清单一致。投标人可根据工程实际情况结合施工组织设计，对招标人所列的措施项目进行增补。投标报价不得低于工程成本。

（3）投标报价由投标人依据建设工程工程量清单计价规范、招标文件、招标工程量清单、设计文件、企业定额、施工现场情况和投标时拟定的施工组织设计或者施工方案，结合企业成本、市场价格以及招标文件载明的风险费用等编制。

（4）投标报价不得低于工程成本，不得高于招标控制价。

（5）招标工程量清单与计价表中列明的所有需要填写的单价和合价的项目，投标人均应填写且只允许有一个报价。未填写单价和合价的项目，视为此项费用已包含在已标价工程量清单中其他项目的单价和合价之中。竣工结算时，此项目不得重新组价予以调整。

（6）发包人和承包人应当依法签订书面的《建设工程施工合同》，并不得在合同之外另行订立与合同内容不一致的其他协议。中标人的中标价即为工程合同价，签订合同时不得改变。

（7）发承包双方应当签订书面《建设工程施工合同》，约定合同价款相关事项，明确合同价款调整因素、方法及合同工程风险的内容、范围（幅度）和费用。不得采用无限风险、所有风险或类似语句规定计价中的风险内容及其范围（幅度）。

5. 竣工结算价

（1）竣工结算价（合同价格）是发、承包双方依据国家有关法律、法规和标准规定，按照合同约定确定的，包括在履行合同过程中按合同约定进行的工程变更、索赔和价款调整，是承包人按合同约定完成了全部承包工作后，发包人应付给承包人的合同总金额。

（2）工程量应当按照相关工程的现行国家计量规范规定的工程量计算规则计算。

（3）因承包人原因造成的超范围施工或返工的工程量，发包人不予计量。

（4）单价合同工程计量时，若发现招标工程量清单中出现缺项、工程量偏差，或因工程变更引起工程量的增减，应按承包人在履行合同过程中实际完成的工程量计算。

（5）承包人应当按照合同约定的计量周期和时间，向发包人提交当期已完工程量报告。发包人应在收到报告后 7 天内核实，并将核实计量结果通知承包人。发包人未在约定时间内进行核实的，则承包人提交的计量报告中所列的工程量视为承包人实际完成的工程量。

（6）发包人认为需要进行现场计量核实时，应在计量前 24 小时通知承包人，承包人应为计量提供便利条件并派人参加。双方均同意核实结果时，则双方应在上述记录上签字确认。承包人收到通知后不派人参加计量，视为认可发包人的计量核实结果。发包人不按照约定时间通知承包人，致使承包人未能派人参加计量，计量核实结果无效。

（7）建设工程结算由发承包双方依据建设工程合同文件、设计文件、施工方案、投标文件、标准规范、综合定额、施工过程中发承包双方已确认的工程量及其结算的合同价款、调整后追加（减）的合同价款等有效文件编制或者核对。

（8）合同工程完工后，承包人应在提交竣工验收申请前编制完成竣工结算文件，并在提交竣工验收申请的同时向发包人提交竣工结算文件。承包人未在规定的时间内提交竣工结算文件，经发包人催促后 14 天内仍未提交或没有明确答复，发包人有权根据已有资料编制竣工结算文件，作为办理竣工结算和支付结算款的依据，承包人应予以认可。

（9）发包人在收到承包人竣工结算文件后的 28 天内，不审核竣工结算或未提出审核意见的，视为承包人提交的竣工结算文件已被发包人认可，竣工结算办理完毕。承包人在收到发包人提出的核实意见后的 28 天内，不确认也未提出异议的，视为发包人提出的核实意见已被承包人认可，竣工结算办理完毕。

（10）竣工结算办理完毕，发包人应将竣工结算书报送工程所在地（或有该工程管辖权的行业主管部门）工程造价管理机构备案，竣工结算书作为工程竣工验收备案、交付使用的必备文件。

第五节　工程项目招标投标制度

一、招标投标是国家法律法规规定的一项制度

《中华人民共和国招标投标法》第二条规定："在中华人民共和国境内进行下列工程建设项目包括项目的勘察、设计、施工、监理以及与工程建设有关的重要设备、材料等的采购，必须进行招标：（1）大型基础设施、公用事业等关系社会公众利益、公众安全的项目；（2）全部或者部分使用国有资金投资或者国家融资的项目；（3）使用国际组织或者外国政府贷款、援助资金的项目"。

《中华人民共和国建筑法》第九条规定，"建筑工程依法实行招标发包"。

住房和城乡建设部第 43 号部令发布的《住房建筑和市政基础设施工程招标投标管理办法》第一条明确指出，本办法依据 "《中华人民共和国建筑法》、《中华人民共和国招标投标法》行政法规制定"。

二、工程施工招标

（一）工程施工招标应具备的条件

1. 按照国家规定需要履行项目审批手续的，已经履行审批手续；
2. 工程资金或者资金来源已经落实；
3. 有满足施工招标需要的设计文件及其他技术资料；
4. 法律、法规、规章规定的其他条件。

（二）招标分类

工程施工招标分为公开招标和邀请招标两类。

依法必须进行施工招标的工程，全部使用国有资金投资或者国有资金投资控股或主导地位的，应当公开招标，但经国家计委或者省、自治区、直辖市人民政府依法批准可以进行邀请招标的重点建设项目除外。其他工程可以实行邀请招标。

（三）招标人

1. 招标人自行办理施工招标事宜的，应当有编制招标文件和组织评标的能力；

2.有专门的施工招标组织机构；

3.有与工程规模、复杂程度相适应并具有同类工程施工招标经验，熟悉有关工程施工法律、法规的工程技术、概预算及工程管理的专业人员。

不具备上述条件的，招标人应当委托工程招标代理机构代理施工招标。

（四）招标程序

1.上报备案

招标人自行办理招标事宜的，应当在发布招标公告或者投标邀请书的5日前向工程所在地县级以上地方人民政府行政主管部门报送备案，报送资料如下：

（1）按照国家有关规定办理审批手续的各项审批文件；

（2）前述招标人条件的证明材料，包括：专业人员的名单、职称证书或者执业资格证书及其工作经历的证明材料；

（3）法律、法规、规章规定的其他材料。

全部使用国有资金投资或者国有投资资金占控股或主导地位、依法必须进行施工招标的工程项目，进入有形建筑市场集中办理有关手续，并依法实行监督。

2.发布招标公告或者投标邀请书

依法必须进行公开招标的工程项目，在国家或地方指定的报刊、信息网络或其他媒介上发布招标公告，公告上载明招标人的名称和地址，招标工程的性质、规模、地点以及获取招标文件的办法等。

招标人采用邀请招标方式的，应当向三个以上符合资质条件的施工企业发出投标邀请书，投标邀请书的内容与公开招标公告的内容相同。

3.进行资格预审

（1）资格预审可以由招标人进行，也可以委托招标代理机构进行。

（2）资格预审的招标工程，应在招标公告中或招标邀请书中载明获取资格预审文件的办法。

（3）资格预审文件一般应包括：资格预审书格式、申请人须知、需要投标申请人提供的材料（包括：企业资质、业绩、技术装备、财务状况、拟派出的项目经理及主要技术人员的简历、业绩等证明材料）。

（4）资格预审后，招标人向资格预审合格者发出预审合格通知书，告知获取招标文件的时间、地点和方法，向不合格者告知预审结果。

4.将编制招标文件上报工程所在地的建设行政主管部门备案、听取意见并加以改正，向资格预审的合格投标人发放。

（五）招标文件

1.招标文件的内容

招标人应当根据招标工程的特点和需要，自行或者委托工程招标代理机构编制招标文件。招标文件应当包括下列内容：

（1）投标须知，包括工程概况，招标范围，资格审查条件，工程资金来源或者落实情况，标段划分，工期要求，质量标准，现场踏勘和答疑安排，投标文件编制、提交、修改、撤回的要求，投标报价要求，投标有效期，开标的时间和地点，评标的方法和标准等；

（2）招标工程的技术要求和设计文件；

（3）采用工程量清单招标的，应当提供工程量清单；

（4）投标函的格式及附录；

（5）拟签订合同的主要条款；

（6）要求投标人提交的其他材料。

2. 标底

招标人设有标底的，应当依据国家规定的工程量计算规则及招标文件规定的计价方法和要求编制标底，并在开标前保密。一个招标工程只能编制一个标底。

3. 收费

招标人对于发出的招标文件可以酌收工本费。其中的设计文件，招标人可以酌收押金。对于开标后将设计文件退还的，招标人应当退还押金。

三、投标

（一）投标人

1. 施工招标的投标人是响应施工招标、参与投标竞争的施工企业。

2. 投标人应当具备相应的施工企业资质，并在工程业绩、技术能力、项目经理资格条件、财务状况等方面满足招标文件提出的要求。

3. 投标人对招标文件有疑问需要澄清的，应当以书面形式向招标人提出。

4. 投标人应当按照招标文件的要求编制投标文件，对招标文件提出的实质性要求和条件作出响应。招标文件允许投标人提供备选标的，投标人可以按照招标文件的要求提交替代方案，并作出相应报价作备选标。

（二）投标文件的内容

1. 投标函；

2. 施工组织设计或施工方案；

3. 投标报价；

4. 招标文件要求提供的其他材料。

（三）投标保函

如果招标人在招标文件中要求投标人提交投标担保的，投标担保可以采用投标保函或者投标保证金的方式。投标保证金可以使用支票、银行汇票等，一般不得超过投标总价的2‰，最高不得超过50万元。投标人应当按照招标文件要求的方式和金额，将投标保函或者投标保证金随投标文件提交招标人。

（四）投标的有关注意事项与纪律

1. 投标人应当在招标文件要求提交投标文件的截止时间前，将投标文件密封送达投标地点。

2. 招标人收到投标文件后，应当向投标人出具标明签收人和签收时间的凭证，并妥善保存投标文件。

3. 在开标前，任何单位和个人均不得开启投标文件。

4. 在招标文件要求提交投标文件的截止时间后送达的投标文件，为无效的投标文件，招标人应当拒收。

5. 提交投标文件的投标人少于 3 个的，招标人应当依法重新招标。

6. 招标人在招标文件要求提交投标文件的截止时间前，可以补充、修改或者撤回已提交的投标文件。补充、修改的内容为投标文件的组成部分。

7. 在招标文件要求提交投标文件的截止时间后送达的补充或者修改的内容无效。

8. 两个以上施工企业可以组成一个联合体，签订共同投标协议，以一个投标人的身份共同投标。联合体各方均应当具备承担招标工程的相应资质条件。相同专业的施工企业组成的联合体，按照资质等级低的施工企业的业务许可范围承揽工程。招标人不得强制投标人组成联合体共同投标，不得限制投标人之间的竞争。

9. 投标人不得相互串通投标，不得排挤其他投标人的公平竞争，损害招标人或者其他投标人的合法权益。

10. 投标人不得与招标人串通投标，损害国家利益、社会公共利益或者他人的合法权益。禁止投标人以向招标人或者评标委员会成员行贿的手段谋取中标。

11. 投标人不得以低于其企业成本的报价竞标，不得以他人名义投标或者以其他方式弄虚作假，骗取中标。

四、开标、评标和中标

（一）开标

1. 开标应当在招标文件确定的提交投标文件截止时间的同一时间公开进行；开标地点应当为招标文件中预先确定的地点。开标由招标人主持，邀请所有投标人参加。

2. 开标的规定。

（1）由投标人或者其推选的代表检查投标文件的密封情况，也可以由招标人委托的公证机构进行检查并公证。

（2）确认无误后，由有关工作人员当众拆封，宣读投标人名称、投标价格和投标文件的其他主要要求。

（3）招标人在招标文件要求提交投标文件的截止时间前收到的所有投标文件，开标时都应当当众予以拆封、宣读。

（4）开标过程应当记录，并存档备查。

3. 无效投标文件：

在开标时，投标文件出现下列情形之一的，应当作为无效投标文件，不得进入评标：

（1）投标文件未按照招标文件的要求予以密封的；

（2）投标文件中的投标函未加盖投标人的企业及企业法定代表人印章的，或者企业法定代表人委托代理人没有有效的委托书（原件）及委托代理人印章的；

（3）投标文件的关键内容字迹模糊、无法辨认的；

（4）投标人未按照招标文件的要求提供投标保函或者投标保证金的；

（5）组成联合体投标的，投标文件未附联合体各方共同投标协议的。

（二）评标

1. 评标委员会

评标由招标人依法组建的评标委员会负责。依法必须进行施工招标的工程，其评标委员会由招标人的代表和有关技术、经济等方面的专家组成，成员人数为 5 人以上单数，其中招标人、招标代理机构以外的技术、经济等方面专家不得少于成员总数的三分之二。评标委员会的专家成员，应当由招标人从建设行政主管部门及其他有关政府部门确定的专家名册或者工程招标代理机构的专家库内相关专业的专家名单中确定。确定专家成员一般应当采取随机抽取的方式。

2. 评标相关事项

（1）评标委员会按照招标文件确定的评标标准和方法，对投标文件进行评审和比较，并对评标结果签字确认；设有标底的，应当参考标底。

（2）评标委员会可以用书面形式要求投标人对投标文件中含义不明确的内容作必要的澄清或者说明。投标人应当采用书面形式进行澄清或者说明，其澄清或者说明不得超出投标文件的范围或者改变投标文件的实质性内容。

（3）评标委员会经评审，认为所有投标文件都不符合招标文件要求的，可以否决所有投标。依法必须进行施工招标工程的所有投标被否决的，招标人应当依法重新招标。

（4）评标可以采用综合评估法、经评审的最低投标价法或者法律法规允许的其他评标方法。

（5）采用综合评估法的，应当对投标文件提出的工程质量、施工工期、投标价格、施工组织设计或者施工方案、投标人及项目经理业绩等，能否最大限度地满足招标文件中规定的各项要求和评价标准，进行评审和比较。以评分方式进行评估的，对于各种评比奖项不得额外计分。

（6）采用经评审的最低投标价法的，应当在投标文件能够满足招标文件实质性要求的投标人中，评审出投标价格最低的投标人，但投标价格低于其企业成本的除外。

（三）中标

1. 评标委员会完成评标后，应当向招标人提出书面评标报告，阐明评标委员会对各投标文件的评审和比较意见，并按照招标文件中规定的评标方法，推荐不超过 3 名有排序的合格的中标候选人。招标人根据评标委员会提出的书面评标报告和推荐的中标候选人确定中标人。

2. 使用国有资金投资或者国家融资的工程项目，招标人应当按照中标候选人的排序确定中标人。当确定中标的中标候选人放弃中标或者因不可抗力提出不能履行合同的，招标人可以依序确定其他中标候选人为中标人。招标授权评标委员会直接确定中标人。

3. 有下列情形之一的，评标委员会可以要求投标人作出书面说明并提供相关材料：

（1）设有标底的，投标报价低于标底合理幅度的；

（2）不设标底的，投标报价明显低于其他投标报价，有可能低于其企业成本的。经评标委员会论证，认定该投标人的报价低于其企业成本的，不能推荐为中标候选人或者中标人。

4. 招标人应当在投标有效期截止时限 30 日前确定中标人。投标有效期应当在招标文件中载明。

5. 依法必须进行施工招标的工程，招标人应当自确定中标人之日起 15 日内，向工程所在地的县级以上地方人民政府建设行政主管部门提交施工招标投标情况的书面报告。书面报告应当包括下列内容：

（1）施工招标投标的基本情况，包括施工招标范围、施工招标方式、资格审查、开评标过程和确定中标人的方式及理由等。

（2）相关的文件资料，包括招标公告或者投标邀请书、投标报名表、资格预审文件、招标文件、评标委员会的评标报告（设有标底的，应当附标底）、中标人的投标文件。委托工程招标代理的，还应当附工程施工招标代理委托合同。

6. 建设行政主管部门自收到书面报告之日起 5 日内未通知招标人在招标投标活动中有违法行为的，招标人可以向中标人发出中标通知书，并将中标结果通知所有未中标的投标人。招标人和中标人应当自中标通知书发出之日起 30 日内，按照招标文件和中标人的投标文件订立书面合同；招标人和中标人不得再行订立背离合同实质性内容的其他协议。

7. 中标人不与招标人订立合同的，投标保证金不予退还并取消其中标资格，给招标人造成的损失超过投标保证金数额的，应当对超过部分予以赔偿；没有提交投标保证金的，应当对招标人的损失承担赔偿责任。

8. 招标人无正当理由不与中标人签订合同，给中标人造成损失的，招标人应当给予赔偿。

9. 招标文件要求中标人提交履约担保的，中标人应当提交。招标人应当同时向中标人提供工程款支付担保。

签订工程承包合同，既为招标投标收尾，又为工程项目合同管理起始。合同管理详见第八章第一节。

第六节　工程项目总承包管理制度

一、工程承包制度发展概述

早在我国计划经济时代，建设工程施工就实行发包承包制度，工程施工由建设单位发包，由政府主管部门按地域分配给施工企业承包施工。土建施工企业总包，设备安装和机械施工企业等专业施工企业作为土建施工企业的分包。至于工程设计，则由建设单位委托。投资资金则储存在中国人民建设银行，由银行代为支付施工费和设计费。

这种建设体制的弊端显而易见是建设链条的断裂，相关组织各行其是、沟通松散，信息传递不畅，缺乏协作中的相互促进和约束之力，对工程质量和进度的负面影响极大。

随着我国改革开放的不断深入，国际工程承包走出去与请进来的规模逐渐扩大，市场经济的建立和发展，市场竞争的加剧，计划经济时代的建设方式显然必须改革，建立工程总承包模式势在必行。20 世纪 80 年代初世界银行投资项目首先把工程总承包方式和 FIDIC 合同文本引进到我国，我国的对外工程承包也必须按照工程总承包的惯例签约实施。我国的工程总承包制度也逐步建立。

《建筑法》第 24 条指出，"提倡对建筑工程实行总承包，禁止将建筑工程肢解发包"；"建筑工程的发包单位可以将建筑工程的勘察、设计、施工、设备采购一并发包给一个工程总承包单位，也可以将其一项或多项发包给一个工程总承包单位"。

住房和城乡建设部多次发布推进工程总承包发展的政策性文件，制定工程总承包企业的资质等级标准，并于 2005 年发布《建设项目工程总承包管理规范》GB/T 50358—

2005，使工程总承包事业实现了制度化。该规范于 2017 年改版，使这项制度进一步完善。总之，近 40 年来，我国的工程承包事业经历了一场彻底的转型，可以与国际惯例接轨，促进了我国国内和国际工程承包事业的发展和飞跃。

二、工程总承包

1. 工程总承包的概念

工程总承包是指从事工程总承包的企业受业主委托，按照合同约定对工程项目的勘察、设计、采购、施工、试运行（竣工验收）等实行全过程或若干阶段的承包。工程总承包企业按照承包合同的约定对工程项目的质量、工期、造价等向业主负责；可依法将所承包工程中的部分工作发包给具有相应资质的分包企业；分包企业按照分包合同的约定对总承包企业负责。

2. 工程总承包的优点

（1）减少工程承包的中间环节，化解了各建设阶段之间的界面矛盾。

（2）由一个企业对所承包工程的质量、安全、工期、造价全面负责，责任明确，有利于提高建设质量和投资效益。

（3）业主项目管理的沟通环节大大减少，有利于实施项目法人责任制，以业主为核心强化工程项目管理。

（4）深化我国工程建设项目组织实施方式的改革，调整企业经营结构和经营规模，增强企业的综合实力。

（5）有利于规范建筑市场秩序，贯彻"走出去"的国际承包发展战略，积极开拓国际建筑市场，带动我国技术、机电设备和建筑材料的出口，促进劳务输出。

（6）可以与国际上的工程承包方式接轨，使用通用合同文本，从而增强国际竞争力与国际合作力。

三、工程总承包的主要方式

按照工程总承包所承包工程的建设阶段不同，工程总承包的主要方式有：设计—采购—施工总承包（EPC）方式，设计—施工（D-B）总承包方式，设计—采购（E-P）总承包方式，采购—施工（P-C）总承包方式等。

（1）设计—采购—施工（EPC)/交钥匙总承包方式

设计—采购—施工（EPC）总承包方式是指工程总承包企业按照合同的约定，承担工程项目的设计、采购、施工、试运行服务等工作，对承包工程的质量、安全、工期、造价全面负责。

交钥匙总承包是设计-采购-施工总承包业务和责任的延伸，最终是向业主提交一个满足使用功能、具备使用条件的工程项目产品。在国际上，此类总承包方式最为普遍。FIDIC 合同条件适用于这类工程总承包。

（2）设计—施工（D-B）总承包方式

设计—施工（D-B）总承包方式是指工程总承包企业按照合同的约定，承担工程项目的设计和施工，并对承包工程的质量、安全、工期、造价全面负责。

四、工程总承包项目管理

《建设工程项目管理规范》GB/T 50326—2017 适用于工程总承包项目管理。

我国早在 20 世纪 80 年代就把发展工程总承包作为一项战略决策提了出来，并列入建筑业体制改革和发展规划，提出以下推行工程总承包方式的措施：

（1）鼓励具有工程勘察、设计或施工总承包资质的勘察、设计和施工企业，通过改造和重组，建立与工程总承包业务相适应的组织机构和项目管理体系，充实项目管理人员，提高融资能力，发展成为具有设计、采购、施工（施工管理）综合功能的工程公司，在其勘察、设计或施工总承包资质等级许可的工程项目范围内，开展工程总承包业务。

（2）工程勘察、设计、施工企业也可以组成联合体，对工程项目进行联合总承包。

（3）鼓励具有勘察、设计、施工、监理资质的企业，通过建立与工程项目管理业务相适应的组织机构、项目管理体系，充实项目管理人员，按照有关资质管理规定，在其资质等级许可的工程项目范围内开展相应的工程项目管理业务。

（4）工程总承包企业可以接受业主委托，按照合同约定承担工程项目管理业务。

（5）对于必须进行监理的工程项目，具有相应监理资质的工程项目管理企业受业主委托进行项目管理，业主可不再委托监理，该工程项目管理企业依法行使监理权利，承担监理责任。

（6）各级行政主管部门加强协调，使有关融资、担保、税收等方面的政策有利于发展工程总承包企业和工程项目管理企业。

（7）鼓励大型设计、施工、监理等企业与国际大型工程公司以合资或合作的方式，组建国际型工程公司或项目管理公司，参加国际竞争。

（8）提倡具备条件的建设项目，采用工程总承包、工程项目管理方式组织建设。

第七节　工程项目咨询制度

一、工程咨询概述

（一）工程咨询与工程咨询业

1. 工程咨询

工程咨询是遵循独立、公正、科学的原则，综合运用多学科知识、工程实践经验、现代科学和管理方法，在经济社会发展、境内外投资建设项目决策与实施活动中，为投资者和政府部门提供阶段性或全过程咨询和管理的智力服务。

2. 工程咨询业

工程咨询业是智力服务性行业，运用多种学科知识和经验、现代科学技术管理方法，遵循独立、科学、公正的原则，为政府部门和投资者对经济建设和工程项目的投资决策与实施提供咨询服务，以提高宏观和微观的经济效益。

工程咨询者既不是投资者、决策者，也不是项目法人、业主，更不是工程建设实施者，而是为项目及其投资决策和实施提供智力服务的专家、专家集体和单位。

工程咨询业是服务业，属第三产业。

（二）工程咨询的原则

1. 独立。独立是工程咨询的第一属性，即咨询专家独立于客户而展开工作。独立性是社会分工要求咨询行业必须具备的特性，是其合法性的基础。咨询机构或个人不应隶属或依附于客户，而是独立自主的，在接受客户委托后，应独立进行分析研究，不受外界的干扰或干预，向客户提供独立、公正的咨询意见和建议。

2. 科学。科学是指以知识和经验为基础为客户提供解决方案。工程咨询所需的是多种专业知识和大量的信息资料，包括自然科学、社会科学和工程技术知识。多种知识的综合应用是咨询科学化的基础。同时，经验是实现工程咨询科学性的重要保障，技术知识的开发和说明不是咨询服务，只有运用技术知识解决工程实际问题才是咨询服务。知识、经验、能力和信誉是工程咨询科学性的基本要素。

3. 公正。公正是指工程咨询应该维护全局和整体利益，要有宏观意识，坚持可持续发展的原则。在调查研究、分析问题、作出判断和提出建议的时候要客观、公平和公正，遵守职业道德，坚持工程咨询的独立性和科学态度。

（三）工程咨询的作用

1. 运用各种咨询方法和手段，为工程项目决策提供有效的服务

我国工程咨询业，首先是为投资决策服务。各类工程咨询机构承担了大量项目的可行性研究与评估，为决策科学化，避免和减少决策失误，提高投资效益提供了可靠的依据。

2. 工程咨询是搞好经济建设，加强和改善宏观调控的一支重要力量

为了克服市场经济体制下，市场调节机制的自发性、滞后性等弊端，避免投资规模、投资结构等失控，国家通过制定发展战略、规划与产业政策等，加强和改善宏观调控。这些宏观上的决策涉及经济、技术、社会以及国内外各种影响因素，没有各方面专家的广泛参与和全面系统的研究是难以完成的。工程咨询机构通过发挥多学科技术优势，运用系统分析、运筹学、最优化等现代决策理论和方法，可以在这方面发挥重要的参谋作用。

3. 工程咨询是对工程项目进行科学管理的得力助手

随着我国建设管理体制不断深化和学习国外先进经验，已有众多的工程项目由工程咨询单位参与项目管理，或者提供施工监理服务，这比由项目单位临时组建管理班子的作法，既可节约人力，又可大大提高项目管理的科学性。特别是现代项目管理技术和手段的应用，使工程项目的进度、质量和投资得到较好的控制。

4. 开拓国际工程咨询业务，促进外贸发展和国际合作

我国一些有实力的咨询公司和工程设计单位已开始积极发展国际业务。工程咨询业进入国际市场，不仅直接为国家创造了外汇收入，更重要的是可以带动材料、设备和工程承包与劳务出口，促进外贸发展和国际合作，并且培养了一批国际工程管理人才和国际咨询专家。

（四）工程咨询服务的范围

（1）规划咨询：含总体规划、专项规划、区域规划及行业规划的编制；

（2）项目咨询：含项目投资机会研究、投融资策划，项目建议书（预可行性研究）、项目可行性研究报告、项目申请报告、资金申请报告的编制，政府和社会资本合作（PPP）项目咨询等；

（3）评估咨询：各级政府及有关部门委托的对规划、项目建议书、可行性研究报告、

项目申请报告、资金申请报告、PPP 项目实施方案、初步设计的评估，规划和项目中期评价、后评价，项目概预决算审查，及其他履行投资管理职能所需的专业技术服务；

（4）全过程工程咨询：采用多种服务方式组合，为项目决策、实施和运营持续提供局部或整体解决方案以及管理服务。

二、全过程工程咨询概述

（一）全过程工程咨询

全过程工程咨询是对建设项目投资决策、工程建设和运营的全生命周期提供包含涉及组织、管理、经济和技术等各有关方面的局部或整体解决方案的智力服务活动。

全过程工程咨询服务是对建设项目全生命周期提供的组织、管理、经济和技术等各有关方面的工程咨询服务。包括项目的全过程工程项目管理以及投资咨询、勘察、设计、造价咨询、招标代理、监理、运行维护咨询、BIM 咨询及其他咨询等全部或部分专业咨询服务。

2019 年，国家发改委和住建部两部委发布了《关于推进全过程工程咨询服务发展的指导意见》；2020 年 2 月，中国建筑业协会发布了《全过程咨询服务管理标准》，开启了发展建设项目全过程咨询的步伐，把我国建设项目管理的水平和效果又提升了一个台阶。

（二）全过程工程咨询服务的目的和意义

1. 目的

全过程工程咨询服务的目的是在项目全过程期内，由咨询单位统筹人、材、机等核心资源，满足成本、质量、安全、环境等目标，从而提高投资效益、工程建设质量和运营效率。

2. 意义

（1）新时代中国高质量发展的需要

新时代，中国进入了高质量发展阶段，工程建设理所应当要实现高质量发展。工程建设咨询服务业要促进工程建设高质量发展，必须解决传统模式下碎片化、分散化工程咨询服务问题，实施建设项目咨询服务模式的变革，培育推进全过程工程咨询，推进工程建设项目咨询服务的集约化、高效化发展方向，提高建设项目全寿命周期决策的科学性，确保项目投资效益的充分发挥。

（2）满足委托方多样化需求的需要

随着社会的发展，建设项目越来越复杂，投资规模越来越大，工程建设市场中对综合性、跨阶段、一体化的咨询服务需求越来越高，传统的工程建设单项服务供给模式已不能适应市场的需求，深化工程领域咨询服务供给侧结构性改革，培育、推进全过程工程咨询，是破解工程咨询市场供需矛盾的必然选择。

（3）推进工程咨询行业国际化发展战略的需要

随着中国进一步的改革开放，中国工程咨询行业必须融入国际化发展战略，要在国内外市场中具备竞争能力，赢得应有的市场，必须推进中国工程咨询类企业转型升级，推进全过程工程咨询，培育一批具有国际水平的全过程工程咨询企业。

（三）全过程工程咨询服务的内容

全过程工程咨询服务的内容包含全过程工程项目管理服务与专业咨询服务。

（1）全过程工程项目管理服务的内容包括：项目策划管理、项目报批报建、勘察管理、设计协调管理、投资管理、招标采购管理、合同管理、进度管理、组织协调管理、安全生产和绿色施工管理、数字化管理、风险管理、竣工验收管理、项目后评价与运营维护管理等方面的管理服务。

（2）专业咨询的内容，包括决策阶段咨询、招标采购阶段咨询、勘察设计阶段咨询、造价咨询、工程监理、运营阶段咨询、BIM数字化咨询和其他专业咨询。

三、全过程工程咨询服务的组织

（一）全过程工程咨询服务的委托程序

1. 建设单位确定工程咨询范围及目标

建设单位在委托全过程工程咨询服务单位前，识别项目需求与范围，根据自身服务管理能力、相关方约定及项目目标之间的内在联系，确定全过程工程咨询服务范围及管理目标。

2. 全过程工程咨询服务委托招标与投标

建设单位可采用招标或非招标采购方式将全过程工程咨询业务委托给一个全过程工程咨询服务单位或联合体承担。参与全过程工程咨询投标的投标人由联合体方式组成时，应明确联合体的牵头单位。

全过程工程咨询业务应由具有相应能力和业绩的工程咨询方承担，其中涉及工程勘察、设计、监理、造价等咨询业务的，应由具有相应资质的工程咨询类单位承担。

3. 签订委托工程咨询服务合同

建设单位委托全过程工程咨询业务，应与全过程工程咨询服务单位签订全过程工程咨询服务合同。承担全过程工程咨询业务的全过程工程咨询服务单位，不得违反合同约定转让应由其完成的咨询服务工作。全过程工程咨询服务单位委托专业咨询工作时，应与专业咨询单位依法签订合同，明确双方的权利、义务和责任。

4. 工程咨询服务单位确定服务流程和制度

全过程工程咨询服务单位应依据合同约定的服务范围和管理目标，确定全过程工程咨询服务的流程和制度。

5. 建立组织体系

全过程工程咨询服务单位应针对建设项目实际要求，建立有效的组织协调管理体系，对合同约定的咨询服务内容实施全过程的管理与控制。

（二）组织形式

全过程工程咨询的服务形式宜采用"1+N+X"模式。其中，"1"是指全过程项目管理，由一家企业或者两家以上企业组成联合体承担全过程咨询项目管理。工程咨询项目管理服务范围包括投资决策阶段、工程建设阶段、运营阶段中的一个阶段或多个阶段。"N"指专业咨询的一项或多项，可由上述承担全过程项目管理的企业或具有勘察、设计、监理、造价等至少一项资质的咨询企业承担。"X"指在项目实施过程中，根据建设单位需求，不由承担全过程项目管理的企业实施，但应整合资源协调管理的专项服务。

（三）全过程咨询服务团队

1. 全过程咨询服务团队组建要求

全过程咨询服务单位可根据建设项目的特点、规模、技术复杂程度、环境等因素，组建项目全过程工程咨询服务团队：

（1）书面授权全过程工程咨询服务项目的总咨询师，并实行总咨询师责任制。

（2）根据项目全过程工程咨询服务的内容配备专业咨询工程师和必要的管理人员，做到专业配套，数量满足咨询业务的需求。

2. 全过程咨询服务团队成员的要求

（1）总咨询师应取得工程咨询类、工程建设类注册执业资格且具有工程类或工程经济类高级职称，并具有类似工程经验。当采用分阶段咨询时，总咨询师宜具有相应阶段主要专业咨询的注册执业资格。

（2）专业咨询工程师应取得相应专业咨询的注册执业资格或具备相应能力，取得工程类或工程经济类中级及以上职称，并具有类似工程经验。

（四）咨询服务职责

1. 总咨询师职责

（1）组织制定项目全过程工程咨询服务的组织架构、专业分工、决策机制、管理制度、工作流程及相关成果文件标准等，并组织实施。

（2）组织编制全过程工程咨询服务工作大纲，审批专业咨询实施方案。

（3）确定全过程工程咨询项目部人员及岗位职责，选定专业咨询工程师，明确专业咨询工程师的职责。

（4）统筹、协调和管理项目全过程各专业咨询服务工作，检查和监督工作计划执行情况。

（5）全过程工程咨询服务单位或建设单位委托授予的其他权责。

2. 专业咨询工程师职责

（1）参与全过程工程咨询服务工作大纲的编制，负责专业咨询实施方案的编制。

（2）按照工作计划、任务分配和现行法律法规、标准规范、质量要求等，完成所负责的专业咨询服务工作，并及时向总咨询师汇报工作。

（3）完成总咨询师安排的其他咨询服务工作。

四、全过程工程咨询服务的内容

（一）全过程工程咨询服务管理策划

全过程工程咨询服务单位应根据全过程工程咨询服务合同，进行全过程工程咨询管理策划，管理策划内容包括：（1）编制全过程工程咨询服务工作大纲；（2）编制专业咨询实施方案，用以指导特定的专业咨询工作。

全过程工程咨询服务工作大纲应由全过程工程咨询服务单位技术负责人审批，并进行大纲交底，形成交底记录。专业咨询实施方案经总咨询师批准后实施，应在全过程工程咨询服务团队内部进行交底并形成交底记录。

1. 全过程工程咨询服务工作大纲的内容

全过程工程咨询服务工作大纲的内容包括：（1）项目概况；（2）服务范围和内容；（3）管理目标；（4）组织模式与管理措施；（5）项目决策阶段的咨询服务；（6）勘察设计阶段的咨询服务；（7）招标采购阶段的咨询服务；（8）工程施工阶段的咨询服务；（9）竣

工验收阶段的咨询服务；（10）项目运营阶段的咨询服务；（11）全过程项目咨询服务的数字化管理。

2. 专业咨询实施方案的内容

专业咨询实施方案的内容包括：（1）工作范围；（2）工作内容；（3）工作目标；（4）编制依据；（5）工作流程；（6）组织方案；（7）重点、难点及薄弱环节分析；（8）服务措施。

（二）项目决策阶段的咨询服务

在项目的决策阶段，全过程工程咨询服务单位可按照服务合同要求，对项目进行融投资策划、项目建议书编制、可行性研究论证、投资估算等咨询服务，工作内容包括编制《项目策划报告》、《项目建议书》和《项目可行性研究报告》等。

1. 项目策划报告的内容

项目策划报告的内容应包括：（1）市场研究；（2）项目定位；（3）设计策划；（4）运营策划；（5）经济性评价。

2. 项目建议书的主要内容

项目建议书应对项目建设的必要性进行充分论证；并对主要建设内容、拟建地点、拟建规模、投资估算、资金筹措、社会效益和经济效益等进行初步分析。

3. 可行性研究报告的内容

可行性研究报告编制包括调查收集资料、制定技术路线、编制方案及评价、撰写研究报告、成果验收报审、评审修改完善等工作阶段。

可行性研究报告包括项目的经济、技术可行性，社会效益分析，项目资金等主要建设条件的落实情况，多种建设方案比选，项目的必要性、可行性和合理性的研究论证。

4. 投资估算的内容

投资估算的编制应符合国家标准《建设工程造价咨询规范》的相关要求，重点对拟建项目固定资产投资、流动资金和项目建设期贷款利息进行估算，并对建设项目概况、编制依据、编制方法、投资分析、主要经济技术指标、投资估算总表等内容进行分析。

（三）勘察设计阶段的咨询服务

勘察设计阶段咨询服务有工程勘察咨询服务、工程设计咨询服务和设计阶段造价管理咨询服务。

1. 工程勘察咨询服务的内容

工程勘察阶段咨询服务包括：（1）组织编制工程勘察任务书，审定工程勘察工作计划；（2）组织勘察团队或确定勘察单位；（3）核查工程勘察工作方案等文件；（4）监督和管理工程勘察工作；（5）审查工程勘察成果，协调处理勘察成果的修改；（6）签发补勘通知书；（7）验收工程勘察成果；（8）组织勘察单位与建设单位、设计单位、施工单位、监理单位的工作对接和工程勘察文件的解释说明，以及各阶段工程勘察的验收工作；（9）工程项目完成后，检查勘察单位技术档案管理情况，监督原始资料及时归档保存。

2. 工程设计咨询服务的内容

工程设计咨询服务的内容包括：（1）设计任务书编制咨询；（2）方案设计、优化及审查咨询；（3）初步设计、优化及审查咨询；（4）施工图设计、优化及审查咨询。

3. 设计阶段造价管理咨询服务的内容

设计阶段造价管理包括：（1）设计概算的编制与组织审核；（2）限额设计和设计方案经济比选优化；（3）施工图预算的编制与组织审核。

设计阶段造价管理应注意：（1）初步设计概算不超过立项批复的投资估算；（2）经审查的施工图预算不超过设计概算；（3）设计方案评价与优化采用统一的经济技术评价指标体系。

（四）招标采购阶段的咨询服务

招标采购阶段咨询服务有：招标采购策划、招标采购文件编制、过程管理和合同条款策划。

1. 招标采购策划的内容

（1）收集建设单位对拟建项目的需求信息，编制建设单位投资需求分析报告。

（2）根据拟建项目范围、内容、规模和专业复杂程度等，提出标段划分建议。

（3）确定拟采用的招标方式。

（4）选择适宜的合同种类和合同条件，合理合法明确界定各方责任和应承担的风险。

（5）制定整个项目完整的招标工作计划。

2. 招标采购文件的编制内容

（1）资格预审文件的编制。

（2）招标文件的编制。

（3）工程量清单的编制。

（4）标底与招标控制价的编制。

（5）答疑文件的编制。

（6）评标结果、中标通知书的编制。

3. 招标采购过程管理内容

（1）组织招标采购信息的发布。

（2）组织资格预审文件、招标文件的审核。

（3）组织开标、评标、定标等相关工作。

（4）协助建设单位进行合同签订的相关工作。

4. 合同条款策划的内容

（1）根据不同类型招标采购项目的特点，详尽地描述承包范围以及合同签约双方的责、权、利和义务。

（2）清晰地约定各类款项的支付条件。

（3）合理约定服务范围及价格调整的方法。

（4）清晰地界定违约及索赔的处理方法。

（五）工程施工阶段的咨询服务

工程施工阶段的咨询服务包括勘察设计服务、进度控制服务、质量控制服务、造价控制服务、安全文明施工与绿色施工服务、工程监理服务等。

1. 施工阶段勘察设计咨询服务内容

（1）勘察设计文件的接收、分发和存档管理；

（2）提供勘察设计的现场咨询服务；

（3）组织对原设计图纸进行必要的专项设计或深化设计；

（4）组织设计交底与图纸会审。

2. 施工阶段进度控制咨询服务内容

（1）编制包括工程施工阶段项目总进度计划，并上报建设单位审定；

（2）按照经建设单位审定的项目总进度计划及工程施工合同确定的总工期，督促施工单位严格控制工程进度；

（3）编制年、季、月工程进度计划报告并按期上报给建设单位；

（4）协调解决影响工程进度控制的关键问题；

（5）对施工单位提交的工程延期申请进行审查和评估；

（6）对计划进度与实际进度进行比较，出现偏差时提出相应的纠正或调整措施，组织编制调整后的施工进度计划。

3. 施工阶段质量控制咨询服务内容

（1）设置质量管理组织机构、明确质量职责，建立项目质量保证体系；

（2）按照施工实施过程的先后次序，做好事前质量控制、事中质量控制和事后质量控制；

（3）组织工程竣工验收。

4. 施工阶段造价控制咨询服务内容

（1）根据施工合同约定及项目实施计划编制项目资金使用计划，并根据项目实施情况适时进行调整；

（2）进行工程造价的动态管理，组织编制和审核工程造价动态管理报告；

（3）审核承包人提出的工程计量报告和合同价款支付申请，编制支付工程款的相关文件；

（4）承担人工、材料、设备、机械及专业工程等的市场价格咨询工作，并出具相应的价格咨询报告或审核意见；

（5）处理工程变更、工程索赔和工程签证的相关事项；

（6）组织审核工程合同期中结算。

5. 安全文明施工与绿色施工咨询服务内容

安全文明施工咨询服务内容包括：（1）科学确定创优目标，推进建筑施工安全监管信息系统建设；（2）督促施工单位建立健全施工安全生产管理体系和安全生产责任制度；（3）进行安全说明施工的考核和奖惩，督促施工单位持续改进项目的安全文明施工措施。

绿色施工咨询服务内容包括：（1）制定绿色施工目标和关键指标；（2）组织进行绿色施工总体策划，推进绿色施工新技术、新材料、新工艺、新设备的应用；（3）督促和检查施工单位编制涵盖绿色施工及环境保护、职业健康与安全等内容的绿色施工专项方案；（4）开展绿色施工实施效果考核、评价，督促施工单位持续改进绿色施工措施。

6. 施工阶段工程监理咨询服务内容

（1）以施工合同工期为工程进度控制总目标，采用动态控制方法，实施主动控制，注重跟踪检查，使阶段性施工进度计划与总进度计划目标协调一致；

（2）以施工合同中所约定的合同价款和工程量清单为依据，进行工程量计量并签认应支付的工程款，实施工程造价控制；

（3）根据相关法律法规、工程建设强制性标准、施工图纸、工程质量目标等相关要求，履行建设工程质量管理的监理职责；

（4）根据相关法律法规、工程建设强制性标准，履行建设工程安全生产管理的监理职责；

（5）依据施工合同文件进行施工合同管理，处理工程变更、工程延期、索赔及施工合同争议、解除等事宜。

（六）竣工验收阶段的咨询服务

竣工验收阶段咨询服务包括竣工验收、竣工结算、竣工移交、竣工决算和项目保修工作。

1. 竣工验收咨询服务内容

（1）接收各承包人提出的验收申请；

（2）审查项目竣工验收的实际情况，参加项目预验收；

（3）协助建设单位组织制定工程项目验收计划并进行审核；

（4）按照竣工验收程序协助组织工程相关方进行工程验收。

2. 竣工结算咨询服务内容

（1）收集、整理竣工结算的依据资料，做好送审资料的交接、核实、签收，对资料缺陷向建设单位提出书面意见及要求；

（2）计量、计价审核及核对，现场踏勘核实，召开审核会议，澄清问题，提出补充依据性资料和必要的弥补性措施，形成会议纪要；

（3）就竣工结算审核结果与承包人、建设单位进行沟通，召开协调会议，处理分歧事项，形成竣工结算审核成果文件，提交竣工结算审核报告；

（4）按照合同约定，自行编制或组织审核承包人编制的竣工结算书。

3. 竣工移交咨询服务内容

项目竣工移交包括项目竣工档案移交和项目工程实体移交。

项目竣工档案移交咨询服务内容包括：（1）协助建设单位与城建档案管理部门签订《建设工程竣工档案移交责任书》；（2）协助组织各参与单位参加城建档案管理部门进行的业务指导和技术培训；（3）组织项目各参与单位按归档要求对建设项目档案进行收集、整理与汇总；（4）向城建档案管理部门提交《建设工程竣工档案预验收申请表》；（5）城建档案管理部门对工程档案预验收合格后，协助建设单位组织各参与单位向城建档案管理部门移交建设工程竣工档案。

项目工程实体移交咨询服务内容包括：（1）依照移交内容编制移交计划，明确各项移交工作的主体、移交时间、移交责任人等事项；（2）组织承包人提交房屋竣工验收报告、消防验收文件、电梯验收文件等相关资料；（3）协助建设单位向当地建设行政管理部门办理竣工验收备案手续，取得竣工验收备案回执；（4）参与工程移交预验收，发现问题后要求承包人限期整改并跟踪处理结果；（5）办理工程移交手续，并协助建设单位提前组织设备厂商、承包人完成技术培训。

4. 竣工决算咨询服务内容

项目竣工决算咨询服务有竣工决算编制工作和竣工决算审计工作。竣工决算严格遵守编、审分离的原则，全过程工程咨询服务单位不得同时承担同项目的编制和审计工作。

项目竣工决算编制咨询服务内容包括：（1）收集、整理有关项目竣工决算的依据资料；（2）对建设项目合同台账进行全面梳理；（3）对建设项目的会计账簿（财务明细账）进行全面梳理，核定项目投资额；（4）对拟移交的财产物资编制资产清单，逐项进行盘点核实；（5）督促建设单位财务部门对债权、债务进行清理，按照合同中约定比例预留工程质量保证金，并进行账务处理；（6）对账务上的各项基建项目拨款、借款，与各年度的投资计划进行核对，落实资金来源；（7）编制项目竣工决算报表和竣工决算说明书；（8）将编写的文字说明和填写的各种报表装订成册，形成完整的项目竣工决算文件及时上报审批。

项目竣工决算报告在项目竣工验收交付使用后约定的时间内完成，项目竣工决算未经审批前，建设单位不撤销，项目负责人、财务主管人员、工程技术主管人员不调离。

项目竣工决算审计咨询服务内容包括：

（1）审计准备阶段的相关工作，主要有：与建设单位沟通，了解委托审计目的、审计范围和审计要求；对委托审计项目进行现场查勘，了解项目建设节点和完工验收情况，资产验收情况、资产移交情况等；初步评价审计风险，制定审计服务方案；了解委托审计项目的基本情况，收集和整理相关资料；向被审计单位提供审计所需的资料清单。

（2）审计实施阶段的相关工作，主要有：召开进点会；开展现场审计工作，收集审计证据，按规定编制相关的工作底稿；按照要求的时间和方式及时上报审计工作的进展情况和审计工作中发现的重要问题；就审计工作中发现的问题与被审计单位进行沟通核实。

（3）审计完成阶段的相关工作，主要有：撰写竣工决算审计报告初稿，与建设单位、被审计单位进行沟通，处理分歧事项形成竣工决算审计报告，经各方签署意见后，出具正式竣工决算审计报告。

5. 项目保修咨询服务内容

（1）协助建设单位与承包人签订工程保修期保修合同，确定质量保修范围、期限、责任与费用的计算方法。

（2）审核承包人制定的项目保修管理制度和保修工作计划。

（3）执行定期回访制度，编制回访报告。

（4）出现项目质量缺陷（或设备故障）时，及时开展原因调查，出具书面报告，并与建设单位、承包人协商确定责任归属。

（5）对承包人原因造成的工程质量缺陷（或设备故障），出具书面函件要求承包人修复，监督实施及验收。

（6）对非承包人原因造成的工程质量缺陷（或设备故障），对承包人提出的修复费用进行审核，并报建设单位确认。

（7）督促承包人履行在工程质量保修范围和工程质量保修期限内的保修责任。

项目保修阶段咨询服务，应注意：工程质量缺陷（或设备故障）修复费用审核结果应由建设单位、承包人、全过程工程咨询服务单位共同签认；有竣工 BIM 模型时，在竣工 BIM 模型基础上增加保修信息。

（七）运营维护阶段的咨询服务

项目运营维护阶段的咨询服务有项目后评价、项目绩效评价、运营维护管理策划、资产管理等工作。

1. 项目后评价咨询服务内容

项目后评价咨询服务应包括项目自我总结评价报告编制和项目后评价报告编制。

项目自我评价总结报告应包括：（1）项目概况；（2）项目实施过程总结；（3）项目实施效果评价；（4）项目目标评价；（5）评价结论、主要经验教训；（6）相关建议。

项目后评价报告应包括：（1）项目概况；（2）项目全过程总结和评价；（3）项目效果和效益评价；（4）项目目标和可持续性评价；（5）项目后评价结论、主要经验教训；（6）相关对策建议。

2. 项目绩效评价咨询服务内容

项目绩效评价报告应包括：（1）项目基本概况；（2）项目绩效评价的组织实施情况；（3）项目绩效评价的指标体系、评价标准和评价方法；（4）项目绩效分析及绩效评价结论；（5）项目的主要经验及做法；（6）存在问题及原因分析；（7）相关建议；（8）项目绩效评价报告使用限制等其他需要说明的问题；（9）相关附件。

3. 设施管理咨询服务内容

（1）空间管理，优化空间分配、分析空间利用率、分摊空间费用。

（2）租赁管理，根据业务发展合理配置不动产和办公空间。

（3）运维管理，通过应需维护、定期维护流程对建筑运维进行规范化。

（4）环境与风险管理，在发生灾难和紧急情况时确保业务连续性，加快设施功能恢复。

（5）家具和设备管理，监控固定资产成本和分配，计算折旧，规划人员和资产的搬迁。

（6）工作场所管理，包括服务台，为公共服务请求提供一站式自助服务门户，降低行政成本；预定管理，帮助员工或客户查找并预定空间、设备或其他任何资源，共享办公空间管理，有效安排多人共享一个工位，减少空间成本支出。

（7）物业管理，以项目管理的方式管理物业的重要维护、翻修、装修工作。

（8）绿色运行管理，从绿色发展的视角研究企业运行的过程，主要包括绿色运行环境、绿色运行战略的选择、绿色产品的开发与设计、企业绿色供应链管理、绿色知识产权管理等。

（9）其他系统与运维系统的数据交换管理，运维管理系统中心的部门、员工、供应商、采购订单等数据和流程与业主的企业资源计划或协同工作平台交互。

4. 资产管理咨询服务内容

项目资产管理咨询服务应包括：资产保值和增值分析；运营安全分析和策划；建设项目运营资产的清查和评估；建设项目招商和租赁管理策划。

第八节　建设工程监理制度

一、建设工程监理概述

（一）制度规定

1.《中华人民共和国建筑法》第四章"建筑工程监理"首条规定："国家推行建筑工程监理制度。国务院可以规定实行强制监理的建筑工程的范围"

2.《建设工程监理规范》GB/T 50313 于 2000 年颁布，2013 年修订，对"建设工程监理与相关服务行为"进行了规范。

3.《建设工程监理范围和规模标准规定》（中华人民共和国建设部令 2001 年第 86 号）规定了必须实行监理的建设工程：

（1）国家重点建设工程，是指依据《国家重点建设项目管理办法》所确定的对国民经济和社会发展有重大影响的骨干项目。

（2）大中型公用事业工程，是指项目总投资额在 3000 万元以上的下列项目：供水、供电、供气、供热等市政工程项目；科技、教育、文化等项目；体育、旅游、商业等项目；卫生、社会福利等项目；其他公用事业项目。

（3）成片开发建设的住宅小区工程，是指建筑面积在 5 万平方米以上的住宅建设工程；高层住宅及地基、结构复杂的多层住宅。

（4）利用外国政府或者国际组织贷款、援助资金的工程，范围包括：使用世界银行、亚洲开发银行等国际组织贷款资金的项目；使用国外政府及其机构贷款资金的项目；使用国际组织或者国外政府援助资金的项目。

（5）国家规定必须实行监理的其他工程，是指：1）项目总投资额在 3000 万元以上关系社会公共利益、公众安全的基础设施项目：煤炭、石油、化工、天然气、电力、新能源等项目；铁路、公路、管道、水运、民航以及其他交通运输业等项目；邮政、电信枢纽、通信、信息网络等项目；防洪、灌溉、排涝、发电、引（供）水、滩涂治理、水资源保护、水土保持等水利建设项目；道路、桥梁、地铁和轻轨交通、污水排放及处理、垃圾处理、地下管道、公共停车场等城市基础设施项目；生态环境保护项目；其他基础设施项目。2）学校、影剧院、体育场馆项目。

4. 对建设工程监理作出有关规定的文件还有：

（1）《建筑工程安全生产管理条例》（中华人民共和国国务院令第 393 号，自 2004 年 2 月 1 日起施行）。

（2）《建筑工程质量管理条例》（中华人民共和国国务院令第 279 号，自 2000 年 1 月 30 日起施行）。

（3）《注册监理工程师管理规定》（中华人民共和国建设部令第 147 号，自 2006 年 4 月 1 日起施行）。

（4）《房屋建筑工程施工旁站监理管理办法（试行）》（建市〔2002〕189 号，自 2002 年 7 月 17 日起施行）。

（5）《工程建设监理规定》（建监〔1995〕737 号，自 1996 年 1 月 1 日起施行）。

（二）建设工程监理的相关概念

（1）建设工程监理

工程监理单位受建设单位委托，根据法律法规、工程建设标准、勘察设计文件及合同，在施工阶段对建设工程质量、造价、进度进行控制，对合同、信息进行管理，对工程建设相关方的关系进行协调，并履行建设工程安全生产管理法定职责的服务活动。

工程监理单位指依法成立并取得建设主管部门颁发的工程监理企业资质证书，从事建设工程监理与相关服务活动的服务机构。

（2）项目监理机构

　　项目监理机构指工程监理单位派驻工程负责履行建设工程监理合同的组织机构。该机构由总监理工程师、专业监理工程师和监理员组成，必要时可设总监理工程师代表。

　　（3）总监理工程师及专业监理工程师

　　总监理工程师指由工程监理单位法定代表人书面任命，负责履行建设工程监理合同、主持项目监理机构工作的注册监理工程师。

　　专业监理工程师指由总监理工程师授权，负责实施某一专业或某一岗位的监理工作，有相应监理文件签发权，具有工程类注册执业资格或具有中级及以上专业技术职称、2年及以上工程实践经验并经监理业务培训的人员。

　　（4）总监理工程师代表及监理员

　　总监理工程师代表指经工程监理单位法定代表人同意，由总监理工程师书面授权，代表总监理工程师行使其部分职责和权力，具有工程类注册执业资格或具有中级及以上专业技术职称、3年及以上工程实践经验并经监理业务培训的人员。

　　监理员指从事具体监理工作，具有中专及以上学历，并经过监理业务培训的人员。

（三）建设工程监理的性质

　　（1）制度性。根据我国经济发展的具体要求，对开展建设工程监理以法律、法规及国家管理机构文件的形式，赋予了建设工程监理的制度性。

　　（2）服务性。工程监理单位受业主的委托进行工程建设的监理活动，它提供的是服务，工程监理单位将尽一切努力进行项目的目标控制，但它不可能保证项目的目标一定实现，它也不可能承担由于不是它的责任而导致项目目标的失控责任。

　　（3）科学性。工程监理单位拥有从事工程监理工作的专业人士——监理工程师，它将应用所掌握的工程监理科学的思想、组织、方法和手段从事工程监理活动。

　　（4）独立性。其指的是不依附性，它在组织上和经济上不能依附于监理工作的对象（如承包商、材料和设备的供货商等），否则它就不可能自主地履行其义务。

　　（5）公平性。工程监理单位受业主的委托进行工程建设的监理活动，当业主方和承包商发生利益冲突或矛盾时，工程监理机构应以事实为依据，以法律和有关合同为准绳，在维护业主的合法权益时，不损害承包商的合法权益，这体现了工程监理的公平性。

二、建设工程监理的工作任务

　　按照建筑法律、法规、有关技术标准、设计文件及建筑工程承包合同，对承包单位在施工质量、工期和建设资金使用等方面，代表建设单位实施监督和服务。

（一）设计阶段建设工程监理工作的主要任务

　　（1）编写设计要求文件。

　　（2）组织建设工程设计方案竞赛或设计招标，协助业主选择勘察设计单位。

　　（3）拟订和商谈设计委托合同。

　　（4）配合设计单位开展技术经济分析，参与设计方案的比选。

　　（5）参与设计协调工作。

　　（6）参与主要材料和设备的类型（视业主的需求而定）。

　　（7）审核或参与审核工程估算、概算和施工图预算。

　　（8）审核或参与审核主要材料和设备的清单。

（9）参与检查设计文件是否满足施工的需求。

（10）设计进度控制。

（11）参与组织设计文件的报批。

（二）施工招标阶段建设工程监理工作的主要任务

（1）拟订或参与拟订建设工程施工招标方案。

（2）准备建设工程施工招标条件。

（3）协助业主办理招标申请。

（4）参与或协助编写施工招标文件。

（5）参与建设工程施工招标的组织工作。

（6）参与施工合同的商签。

（三）材料和设备采购供应阶段建设工程监理工作的主要任务

（1）制定（或参与制定）材料和设备供应计划和相应的资金需求计划。

（2）通过材料和设备的质量、价格、供货期和售后服务等条件的分析和比选，协助业主确定材料和设备等物资的供应单位。

（3）起草并参与材料和设备的订货合同。

（4）监督合同的实施。

（四）施工准备阶段建设监理工作的主要任务

（1）审查施工单位提交的施工组织设计中的质量安全技术措施、专项施工方案与工程建设强制性标准的符合性。

（2）参与设计单位向施工单位的设计交底。

（3）检查施工单位工程质量、安全生产管理制度及组织机构和人员资格。

（4）检查施工单位专职安全生产管理人员的配备情况。

（5）审核分包单位资质条件。

（6）检查施工单位的试验室。

（7）查验施工单位的施工测量放线成果。

（8）审查工程开工条件，签发开工令。

（五）工程施工阶段建设工程监理工作的主要任务

1. 施工阶段的质量控制

（1）核验施工测量放线，验收隐蔽工程、分部分项工程，签署分项、分部工程和单位工程质量评定表。

（2）进行巡视、旁站和平行检验，对发现的质量问题应及时通知施工单位整改，并做监理记录。

（3）审查施工单位报送的工程材料、构配件、设备的质量证明资料，抽检进场的工程材料、构配件的质量。

（4）审查施工单位提交的采用新材料、新工艺、新技术、新设备的论证材料及相关验收标准。

（5）检查施工单位的测量、检测仪器设备、度量衡定期检验的证明文件。

（6）监督施工单位对各类土木和混凝土试件按规定进行检查和抽查。

（7）监督施工单位认真处理施工中发生的一般质量事故，并认真做好记录。

（8）发生重大质量事故以及其他紧急情况报告业主。

2. 施工阶段的进度控制

（1）监督施工单位严格按照施工合同规定的工期组织施工。

（2）审查施工单位提交的施工进度计划，核查施工单位对施工进度计划的调整。

（3）建立工程进度台账，核对工程形象进度，按月、季和年度向业主报告工程执行情况、工程进度以及存在的问题。

3. 施工阶段的投资控制

（1）审核施工单位提交的工程款支付申请，签发或出具工程款支付证书，并报业主审核、批准。

（2）建立计量支付签证台账，定期与施工单位核对清算。

（3）审查施工单位提交的工程变更申请，协调处理施工费用索赔、合同争议等事项。

（4）审查施工单位提交的竣工结算申请。

4. 施工阶段的安全生产管理

（1）依照法律法规和工程建设强制性标准，对施工单位安全生产管理进行监督。

（2）编制安全生产事故的监理应急预案，并参加业主组织的应急预案的演练。

（3）审查施工单位的工程项目安全生产规章制度、组织机构的建立及专职安全生产管理人员的配备情况。

（4）督促施工单位进行安全自查工作，巡视检查施工现场安全生产情况，对实施监理过程中，发现存在安全事故隐患的，应签发监理工程师通知单，要求施工单位整改；情况严重的，总监理工程师应及时下达工程暂停指令，要求施工单位暂时停止施工，并及时报告业主。施工单位拒不整改或者不停止施工的，应通过业主及时向有关主管部门报告。

（六）竣工验收阶段建设工程监理工作的主要任务

（1）督促和检查施工单位及时整理竣工文件和验收资料，并提出意见。

（2）审查施工单位提交的竣工验收申请，编写工程质量评估报告。

（3）组织工程预验收，参加业主组织的竣工验收，并签署竣工验收意见。

（4）编制、整理工程监理归档文件并提交给业主。

（七）建设工程监理在施工合同管理方面的工作

（1）拟订合同结构和合同管理制度，包括合同草案的拟订、会签、协商、修改、审批、签署和保管等工作制度及流程。

（2）协助业主拟订工程的各类合同条款，并参与各类合同的商谈。

（3）合同执行情况的分析和跟踪管理。

（4）协助业主处理与工程有关的索赔事宜及合同争议事宜。

三、建设工程监理人员的职责

（一）总监理工程师的职责

（1）确定项目监理机构人员及其岗位职责。

（2）组织编制监理规划，审批监理实施细则。

（3）根据工程进展及监理工作情况调配监理人员，检查监理人员工作。

（4）组织召开监理例会。

（5）组织审核分包单位资格。

（6）组织审复查施工组织设计、（专项）施工方案。

（7）审查工程开复工报审表，签发工程开工令、暂停令和复工令。

（8）组织检查施工单位现场质量、安全生产管理体系的建立及运行情况。

（9）组织审核施工单位的付款申请，签发工程款支付证书，组织审核竣工结算。

（10）组织审查和处理工程变更。

（11）调解建设单位与施工单位的合同争议，处理工程索赔。

（12）组织验收分部工程，组织审查单位工程质量检验资料。

（13）审查施工单位的竣工申请，组织工程竣工预验收，组织编写工程质量评估报告，参与工程竣工验收。

（14）参与或配合工程质量安全事故的调查和处理。

（15）组织编写监理月报、监理工作总结，组织整理监理文件资料。

（二）专业监理工程师的职责

（1）参与编制监理规划，负责编制监理实施细则。

（2）审查施工单位提交的涉及本专业的报审文件，并向总监理工程师报告。

（3）参与审核分包单位资格。

（4）指导、检查监理员工作，定期向总监理工程师报告本专业监理工作实施情况。

（5）检查进场的工程材料、构配件、设备的质量。

（6）验收检验批、隐蔽工程、分项工程，参与验收分部工程。

（7）处置发现的质量问题和安全事故隐患。

（8）进行工程计量。

（9）参与工程变更的审查和处理。

（10）组织编写监理日志，参与编写监理月报。

（11）收集、汇总、参与整理监理文件资料。

（12）参与工程竣工预验收和竣工验收。

（三）监理员的职责

（1）检查施工单位投入工程的人力、主要设备的使用及运行状况。

（2）进行见证取样。

（3）复核工程计量有关数据。

（4）检查工序施工结果。

（5）发现施工作业中的问题，及时指出并向专业监理工程师报告。

四、对项目监理单位的工作要求

（1）根据建设工程监理合同约定，遵循动态控制原理，坚持预防为主的原则，制定和实施相应的监理措施，采用旁站、巡视和平行检验等方式对建设工程实施监理。

（2）熟悉工程设计文件，参加建设单位主持的图纸会审和设计交底会议，会议纪要由总监理工程师签认。

（3）工程开工前，参加由建设单位主持召开的第一次工地会议，会议纪要应由项目监理机构负责整理，与会各方代表应会签。

（4）定期召开监理例会，组织有关单位研究解决与监理相关的问题，根据工程需要，主持或参加专题会议，解决监理工作范围内工程专项问题。

监理例会以及由项目监理机构主持召开的专题会议的会议纪要，应由项目监理机构负责整理，由与会各方代表会签。

（5）协调工程建设相关方的关系。项目监理机构与工程建设相关方之间的工作联系，除另有规定外宜采用工作联系单形式进行。

（6）审查施工单位报审的施工组织设计，符合要求时，由总监理工程师签认后报建设单位。项目监理机构应要求施工单位按已批准的施工组织设计组织施工。施工组织设计需要调整时，项目监理机构按程序重新审查。

（7）审查施工组织设计的内容：编审程序是否符合相关规定；施工进度、施工方案及工程质量保证措施是否符合施工合同要求；资金、劳动力、材料、设备等资源供应计划是否满足工程施工需要；安全技术措施是否符合工程建设强制性标准；施工总平面布置是否科学合理。

（8）总监理工程师组织专业监理工程师审查施工单位报送的工程开工报审表及相关资料；同时具备下列条件时，应由总监理工程师签署审核意见，报建设单位批准后，总监理工程师签发工程开工令：

① 设计交底和图纸会审已完成；

② 施工组织设计已由总监理工程师签认；

③ 施工单位现场质量、安全生产管理体系已建立，管理及施工人员已到位，施工机械具备使用条件，主要工程材料已落实；

④ 进场道路及水、电、通信等已满足开工要求。

（9）分包工程开工前，审核施工单位报送的分包单位资格报审表，专业监理工程师提出审查意见后，由总监理工程师审核签认。审查内容如下：

① 营业执照、企业资质等级证书；

② 安全生产许可文件；

③ 类似工程业绩；

④ 专职管理人员和特种作业人员的资格。

（10）根据工程特点、施工合同、工程设计文件及经过批准的施工组织设计，对工程风险进行分析，提出工程目标控制及安全生产管理的防范对策。

五、建设工程监理的工作程序、方法、监理规划和实施细则

（一）监理工作程序

监理单位进行工程项目监理工作的程序为：

1. 监理单位参加建设单位组织的招标活动，通过投标、中标、签订工程监理合同，取得招标项目的监理任务。

2. 监理单位法人委派总监理工程师，组建项目管理机构负责按监理合同执行监理任务。

3. 监理机构编制监理规划和监理实施细则。

4. 总监理工程师组织监理人员熟悉设计文件，对图纸中存在的问题通过建设单位向

设计单位提出书面意见。参加由建设单位组织的设计技术交底会议并由总监理工程师对设计交底会议纪要进行签认。

5. 工程项目开工前，总监理工程师组织专业监理工程师审查施工组织设计（方案）报审表，提出意见，经总监理工程师签认后报建设单位。审查承包单位的现场监理机构的质量管理体系、技术管理体系、质量保证体系、环境管理体系和安全管理体系。

6. 监理机构参加建设单位组织的第一次工地会议，下达开工指令，处理工程变更、索赔、合同纠纷，采用签认、指令、旁站监理、巡视、平行检验、见证取样、工程计量、检查、签证、签认等方法，对工程施工质量、成本、进度目标进行控制，进行范围管理以及合同、安全、生产、环境、沟通、信息等过程管理完成工程施工监理任务。

7. 组织工程竣工预验收，出具监理评估报告。参与建设单位组织的工程项目竣工验收，签署工程监理意见。

8. 按工程监理合同完成监理任务后，按规定表格填写监理资料，向建设单位提交监理工作报告及所有工程监理档案文件。

（二）监理工作方法

1. 编制监理规划和监理实施细则。

2. 旁站监理。在关键部位或关键工序施工过程中，由监理人员在现场进行的监督活动。

3. 巡视：项目监理机构对施工现场进行定期或不定期检查活动。

4. 平行检验：项目监理机构在施工单位自检的同时，按有关规定、建设监理合同约定对同一检验项目进行检验试验的活动。

5. 见证取样：项目监理机构对施工单位进行的涉及结构安全的试块、试件及工程材料现场取样、送检工作的监督活动。

6. 工程计量：根据工程设计文件及施工合同约定，项目监理机构对施工单位申报的合格工程的工程量进行核验。

（三）监理规划

1. 概念

监理规划是项目监理机构全面开展建设工程监理的指导性文件，它结合工程实际情况，明确项目监理机构的工作目标，确定具体的监理工作制度、内容、程序、方法和措施。监理规划在签订建设工程监理合同及收到工程设计文件后由总监理工程师组织编制，在召开第一次工地会议前报送建设单位。

2. 监理规划的编审程序

（1）总监理工程师组织专业监理工程师编制。

（2）总监理工程师签字后由工程监理单位技术负责人审批。

3. 监理规划的内容：

（1）工程概况。

（2）监理工作的范围、内容、目标。

（3）监理工作依据。

（4）监理组织形式、人员配备及进退场计划、监理人员岗位职责。

（5）监理工作制度。

（6）工程质量控制。

（7）工程造价控制。

（8）工程进度控制。

（9）安全生产管理的监理工作。

（10）合同与信息管理。

（11）组织协调。

（12）监理工作设施。

（四）监理实施细则

1. 监理实施细则的概念

监理实施细则指针对某一专业或某一方面建设工程监理工作的操作性文件。编制对象应是专业性较强，危险性较大的分部分项工程。监理实施细则在相应工程施工开始前由专业监理工程师编制，并报总监理工程师审批。

2. 监理实施细则的编制依据

（1）监理规划。

（2）工程建设标准、工程设计文件。

（3）施工组织设计、（专项）施工方案。

3. 监理实施细则的主要内容

（1）专业工程特点。

（2）监理工作流程。

（3）监理工作要点。

（4）监理工作方法及措施。

六、建设工程监理的目标控制与合同管理

（一）工程质量控制

（1）工程开工前，项目监理机构审查施工单位现场的质量管理组织机构、管理制度及专职监理人员和特种作业人员的资格。

（2）由总监理工程师组织专业监理工程师审查施工单位报审的施工方案，符合要求后予以签认。

（3）由专业监理工程师审查施工单位报送的新材料、新工艺、新技术、新设备的质量认证材料和相关验收标准的适用性，必要时，要求施工单位组织专题论证，审查合格后报总监理工程师签认。

（4）由专业监理工程师检查、复核施工单位报送的施工控制测量成果及保护措施，签署意见。专业监理工程师应对施工单位在施工过程中报送的施工测量放线成果进行查验。

（5）由专业监理工程师检查施工单位为工程提供服务的试验室。

（6）项目监理机构审查施工单位报送的用于工程的材料、构配件、设备的质量证明文件时，按有关规定、建设工程监理合同约定，对用于工程的材料进行见证取样、平行检验。项目监理机构对已进场经检验不合格的工程材料、构配件、设备，要求施工单位限期将其撤出施工现场。

（7）由专业监理工程师审查施工单位定期提交影响工程质量的计量设备的检查和检定

报告。

（8）项目监理机构根据工程特点和施工单位报送的施工组织设计，确定旁站的关键部位、关键工序，安排监理人员进行旁站，并应及时记录旁站情况。

（9）监理人员对工程施工质量进行巡视。

（10）项目监理机构根据工程特点、专业要求，以及建设工程监理合同约定，对施工质量进行平行检验。

（11）项目监理机构对施工单位报验的隐蔽工程、检验批、分项工程和分部工程进行验收，验收合格的应给予签认；对验收不合格的拒绝签认。

（12）项目监理机构发现施工存在质量问题的，或施工单位采用不适当的施工工艺，或施工不当，造成工程质量不合格的，及时签发监理通知单，要求施工单位整改。整改完毕后，项目监理机构应根据施工单位报送的监理通知回复单对整改情况进行复查，提出复查意见。

（13）对需要返工处理或加固补强的质量缺陷，项目监理机构要求施工单位报送经设计等相关单位认可的处理方案，并应对质量缺陷的处理过程进行跟踪检查，同时应对处理结果进行验收。

（14）对需要返工处理或加固补强的质量事故，项目监理机构要求施工单位报送质量事故调查报告和经设计等相关单位认可的处理方案，并应对质量事故的处理过程进行跟踪检查，同时对处理结果进行验收。项目监理机构及时向建设单位提交质量事故书面报告，并将完整的质量事故处理记录整理归档。

（15）项目监理机构审查施工单位提交的单位工程竣工验收报审表及竣工资料，组织工程竣工预验收。存在问题的，要求施工单位及时整改；合格的，总监理工程师应签认单位工程竣工验收报审表。

（16）工程竣工预验收合格后，项目监理机构编写工程质量评估报告，并经总监理工程师和工程监理单位技术负责人审核签字后报建设单位。

（17）项目监理机构参加由建设单位组织的竣工验收，对验收中提出的整改问题，督促施工单位及时整改。工程质量符合要求的，总监理工程师在工程竣工验收报告中签署意见。

（二）工程造价控制

（1）项目监理机构按下列程序进行工程计量和付款签证：

① 专业监理工程师对施工单位在工程款支付报审表中提交的工程量和支付金额进行复核，确定实际完成的工程量，提出到期应支付给施工单位的金额，并提出相应的支持性材料。

② 总监理工程师对专业监理工程师的审查意见进行审核，签认后报建设单位审批。

③ 总监理工程师根据建设单位的审批意见，向施工单位签发工程款支付证书。

（2）项目监理机构编制月完成工程量统计表，对实际完成量与计划完成量进行比较分析，发现偏差的，应提出调整建议，并应在监理月报中向建设单位报告。

（3）监理机构按下列程序审核竣工结算款：

① 专业监理工程师审查施工单位提交的竣工结算款支付申请，提出审查意见。

② 总监理工程师对专业监理工程师的审查意见进行审核，签认后报建设单位审批，同时抄送施工单位，并就工程竣工结算事宜与建设单位、施工单位协商；达成一致意见

的，根据建设单位审批意见向施工单位签发竣工结算款支付证书；不能达成一致意见的，应按施工合同约定处理。

（三）工程进度控制

（1）项目监理机构审查施工单位报审的施工总进度计划和阶段性施工进度计划，提出审查意见，并应由总监理工程师审核后报建设单位。审查内容包括：

① 施工进度计划是否符合施工合同中工期的约定。

② 施工进度计划中主要工程项目有无遗漏，是否满足分批投入试运、分批动用的需要，阶段性施工进度计划是否满足总进度控制目标的要求。

③ 施工顺序的安排是否符合施工工艺要求。

④ 施工人员、工程材料、施工机械等资源供应计划是否满足施工进度计划的需要。

⑤ 施工进度计划是否符合建设单位提供的资金、施工图纸、施工场地、物资等施工条件。

（2）项目监理机构检查施工进度计划的实施情况，发现实际进度严重滞后于计划进度且影响合同工期时，应签发监理通知单，要求施工单位采取调整措施加快施工进度。总监理工程师应向建设单位报告工期延误风险。

（3）项目监理机构比较分析工程施工实际进度与计划进度，预测实际进度对工程总工期的影响，并应在监理月报中向建设单位报告工程实际进展情况。

（四）安全生产管理的监理工作

（1）项目监理机构根据法律法规、工程建设强制性标准，履行建设工程安全生产管理的监理职责，并应将安全生产管理的监理工作内容、方法和措施纳入监理规划及监理实施细则。

（2）项目监理机构审查施工单位现场安全生产规章制度的建立和实施情况，审查施工单位安全生产许可证及施工单位项目经理、专职安全生产管理人员和特种作业人员的资格，核查施工机械和设施的安全许可验收手续。

（3）项目监理机构审查施工单位报审的专项施工方案，符合要求的，由总监理工程师签认后报建设单位。超过一定规模的危险性较大的分部分项工程的专项施工方案，检查施工单位组织专家进行论证、审查的情况，以及是否附具安全验算结果。项目监理机构要求施工单位按已批准的专项施工方案组织施工。专项施工方案需要调整时，施工单位应按程序重新提交项目监理机构审查。

（4）项目监理机构应巡视检查危险性较大的分部分项工程专项施工方案实施情况。发现未按专项施工方案实施时，应签发监理通知单，要求施工单位按专项施工方案实施。

（5）项目监理机构在实施监理过程中，发现工程存在安全故隐患时，应签发监理通知单，要求施工单位整改；情况严重时，应签发工程暂停令，并应及时报告建设单位。施工单位拒不整改或不停止施工时，项目监理机构应及时向有关主管部门报送监理报告。

（五）合同管理

1. 工程暂停及复工

（1）总监理工程师签发工程暂停令时，可根据停工原因的影响范围和影响程度，确定停工范围，并按施工合同和建设工程监理合同的约定签发工程暂停令。

（2）项目监理机构发现下列情况之一时，总监理工程师应及时签发工程暂停令：

① 建设单位要求暂停施工且工程需要暂停施工的。

② 施工单位未经批准擅自施工或拒绝项目监理机构管理的。

③ 施工单位未按审查通过的工程设计文件施工的。

④ 施工单位违反工程建设强制性标准的。

⑤ 施工存在重大质量、安全事故隐患或发生质量、安全事故的。

（3）总监理工程师签发工程暂停令应事先征得建设单位同意，在紧急情况下未能事先报告时，应在事后及时向建设单位作出书面报告。

（4）暂停施工事件发生时，项目监理机构如实记录所发生的情况。

（5）总监理工程师应会同有关各方按施工合同约定，处理因工程暂停引起的与工期、费用有关的问题。

（6）因施工单位原因暂停施工时，项目监理机构检查、验收施工单位的停工整改过程与结果。

（7）当暂停施工原因消失、具备复工条件时，施工单位提出复工申请的，项目监理机构审查施工单位报送的工程复工报审表及有关材料，符合要求后，总监理工程师及时签署审查意见，并报建设单位批准后签发工程复工令；施工单位未提出复工申请的，总监理工程师根据工程实际情况指令施工单位恢复施工。

2. 工程变更

（1）项目监理机构可按下列程序处理施工单位提出的工程变更：

① 总监理工程师组织专业监理工程师审查施工单位提出的工程变更申请，提出审查意见。对涉及工程设计文件修改的工程变更，应由建设单位转交原设计单位修改工程设计文件。必要时，项目监理机构应建议建设单位组织设计、施工等单位召开论证工程设计文件的修改方案的专题会议。

② 总监理工程师组织专业监理工程师对工程变更费用及工期影响作出评估。

③ 总监理工程师组织建设单位、施工单位等共同协商确定工程变更费用及工期变化，会签工程变更单。

④ 项目监理机构根据批准的工程变更文件监督施工单位实施工程变更。

（2）由项目监理机构在工程变更实施前与建设单位、施工单位等协商确定工程变更的计价原则、计价方法或价款。

（3）建设单位与施工单位未能就工程变更费用达成协议时，由项目监理机构提出一个暂定价格并经建设单位同意，作为临时支付工程款的依据。工程变更款项最终结算时，以建设单位与施工单位达成的协议为依据。

（4）由项目监理机构对建设单位要求的工程变更提出评估意见，并督促施工单位按会签后的工程变更单组织施工。

3. 费用索赔

（1）项目监理机构应及时收集、整理有关工程费用的原始资料，为处理费用索赔提供证据。

（2）项目监理机构处理费用索赔的主要依据有：

① 法律法规。

② 勘察设计文件、施工合同文件。

③ 工程建设标准。

④ 索赔事件的证据。

(3) 项目监理机构处理施工单位提出的费用索赔的程序为：

① 受理施工单位在施工合同约定的期限内提交的费用索赔意向通知书。

② 收集与索赔有关的资料。

③ 受理施工单位在施工合同约定的期限内提交的费用索赔报审表。

④ 审查费用索赔报审表。需要施工单位进一步提交详细资料时，应在施工合同约定的期限内发出通知。

⑤ 与建设单位和施工单位协商一致后，在施工合同约定的期限内签发费用索赔报审表，并报建设单位。

(4) 项目监理机构批准施工单位费用索赔应同时满足下列条件：

① 施工单位在施工合同约定的期限内提出费用索赔。

② 索赔事件是因非施工单位原因造成且符合施工合同约定。

③ 索赔事件造成了施工单位直接经济损失。

(5) 当施工单位的费用索赔要求与工程延期要求相关联时，项目监理机构可提出费用索赔和工程延期的综合处理意见，并应与建设单位和施工单位协商。

(6) 因施工单位原因造成建设单位损失，建设单位提出索赔时，项目监理机构应与建设单位和施工单位协商处理。

4. 工程延期及工期延误

(1) 施工单位提出的工程延期要求符合施工合同约定时，项目监理机构应予以受理。

(2) 当影响工期事件具有持续性时，项目监理机构应对施工单位提交的阶段性工程临时延期报审表进行审查，并应签署工程临时延期审核意见后报建设单位。

当影响工期事件结束后，项目监理机构应对施工单位提交的工程最终延期报审表进行审查，并应签署工程最终延期审核意见后报建设单位。

(3) 项目监理机构在批准工程临时延期、工程最终延期前，均应与建设单位和施工单位协商。

(4) 项目监理机构批准工程延期应同时满足下列条件：

① 施工单位在施工合同约定的期限内提出工程延期。

② 因非施工单位原因造成施工进度滞后。

③ 施工进度滞后影响到施工合同约定的工期。

(5) 施工单位因工程延期提出费用索赔时，项目监理机构可按施工合同约定进行处理。

(6) 发生工期延误时，项目监理机构应按施工合同约定进行处理。

5. 施工合同争议

(1) 项目监理机构处理施工合同争议时进行下列工作：

① 了解合同争议情况。

② 及时与合同争议双方进行磋商。

③ 提出处理方案后，由总监理工程师进行协调。

④ 当双方未能达成一致时，总监理工程师应提出处理合同争议的意见。

（2）项目监理机构在施工合同争议处理过程中，对未达到施工合同约定的暂停履行合同条件的，要求施工合同双方继续履行合同。

（3）在施工合同争议的仲裁或诉讼过程中，项目监理机构按仲裁机关或法院要求提供与争议有关的证据。

6. 施工合同解除

（1）因建设单位原因导致施工合同解除时，项目监理机构按施工合同约定与建设单位和施工单位按下列款项协商确定施工单位应得款项，并签发工程款支付证书：

① 施工单位按施工合同约定已完成的工作应得款项。

② 施工单位按批准的采购计划订购工程材料、构配件、设备的款项。

③ 施工单位撤离施工设备至原基地或其他目的地的合理费用。

④ 施工单位人员的合理遣返费用。

⑤ 施工单位合理的利润补偿。

⑥ 施工合同约定的建设单位应支付的违约金。

（2）因施工单位原因导致施工合同解除时，项目监理机构按施工合同约定，从下列款项中确定施工单位应得款项或偿还建设单位的款项，并与建设单位和施工单位协商后，书面提交施工单位应得款项或偿还建设单位款项的下列证明：

① 施工单位已按施工合同约定实际完成的工作应得款项和已给付的款项。

② 施工单位已提供的材料、构配件、设备和临时工程等的价值。

③ 对已完工程进行检查和验收、移交工程资料、修复已完工程质量缺陷等所需的费用。

④ 施工合同约定的施工单位应支付的违约金。

（3）因非建设单位、施工单位原因导致施工合同解除时，项目监理机构按施工合同约定处理合同解除后的有关事宜。

第九节　建造师执业资格制度

一、实施建造师执业资格制度的目的

我国自 2003 年开始，实施建造师执业资格制度，分为一级建造师和二级建造师，目的是加强建设工程项目管理，提高工程项目总承包及施工管理专业技术人员素质，规范施工管理行为，保证工程质量和施工安全。

国家实行的这项制度，适用于从事建设工程项目总承包、施工管理的专业技术人员。对建设工程项目总承包和施工管理关键岗位的专业技术人员，实行这项执业资格制度。

二、考试取证

（一）一级建造师

1. 考试组织

一级建造师执业资格实行统一大纲、统一命题、统一组织的考试制度，由人力资源和社会保障部、住房和城乡建设部共同组织实施。分综合知识与能力和专业知识与能力两个部分。其中，专业知识与能力部分的考试，按照建设工程的专业要求进行。

2.考试条件

具备下列条件之一者，可以申请参加一级建造师执业资格考试：

（1）取得工程类或工程经济类大学专科学历，工作满6年，其中从事建设工程项目施工管理工作满4年。

（2）取得工程类或工程经济类大学本科学历，工作满4年，其中从事建设工程项目施工管理工作满3年。

（3）取得工程类或工程经济类双学士学位或研究生班毕业，工作满3年，其中从事建设工程项目施工管理工作满2年。

（4）取得工程类或工程经济类硕士学位，工作满2年，其中从事建设工程项目施工管理工作满1年。

（5）取得工程类或工程经济类博士学位，从事建设工程项目施工管理工作满1年。

3.执业资格证书

参加一级建造师执业资格考试合格，由各省、自治区、直辖市人事部门颁发人力资源和社会保障部统一印制，人力资源和社会保障部、住房和城乡建设部用印的《中华人民共和国一级建造师执业资格证书》。该证书在全国范围内有效。

（二）二级建造师

1.考试组织

二级建造师执业资格实行全国统一大纲，各省、自治区、直辖市命题并组织考试的制度，由住房和城乡建设部负责拟定考试大纲，人事部负责审定考试大纲，各省、自治区、直辖市人力资源和社会保障厅（局），住房和城乡建设厅（委）按照该考试大纲和有关规定，在本地区组织实施二级建造师执业资格考试。

2.考试条件

凡遵纪守法并具备工程类或工程经济类中等专科以上学历并从事建设工程项目施工管理工作满2年，可报名参加二级建造师执业资格考试。

3.执业资格证书

二级建造师执业资格考试合格者，由省、自治区、直辖市人事部门颁发由人力资源和社会保障部、住房和城乡建设部统一格式的《中华人民共和国二级建造师执业资格证书》。该证书在所在行政区域内有效。

三、建造师的注册

（一）注册机构

取得建造师执业资格证书的人员，必须经过注册登记，方可以建造师名义执业。住房和城乡建设部或其授权的机构为一级建造师执业资格的注册管理机构。省、自治区、直辖市建设行政主管部门或其授权的机构为二级建造师执业资格的注册管理机构。

（二）注册条件

申请注册的人员必须同时具备以下条件：取得建造师执业资格证书；无犯罪记录；身体健康，能坚持在建造师岗位上工作；经所在单位考核合格。

（三）注册程序

（1）一级建造师执业资格注册：由本人提出申请，由各省、自治区、直辖市建设行政主管部门或其授权的机构初审合格后，报住房和城乡建设部或其授权的机构注册；准予注册的申请人，由住房和城乡建设部或其授权的注册管理机构发放由住房和城乡建设部统一印制的《中华人民共和国一级建造师注册证》。

（2）二级建造师执业资格注册：由省、自治区、直辖市建设行政主管部门制定，颁发辖区内有效的《中华人民共和国二级建造师注册证》，并报住房和城乡建设部或其授权的注册管理机构备案。

（四）注册有效期

建造师执业资格注册有效期一般为3年，有效期满前3个月，持证者应到原注册管理机构办理再次注册手续。在注册有效期内，变更执业单位者，应当及时办理变更手续。再次注册者，除应符合上述注册规定外，还须提供接受继续教育的证明。

四、注册建造师的执业资格和范围

（1）建造师经注册后，有权以建造师名义担任建设工程项目施工的项目经理及从事其他施工活动的管理。

（2）一级建造师可以担任特级、一级建筑业企业资质的建设工程项目施工的项目经理；二级建造师可以担任二级及以下建筑业企业资质的建设工程项目施工的项目经理。

（3）建造师的执业范围：

1）担任建设工程项目施工的项目经理。

2）从事其他施工活动的管理工作。

3）法律、行政法规或国务院建设行政主管部门规定的其他业务。

五、建造师的执业技术能力

（一）一级建造师的执业技术能力

（1）具有一定的工程技术、工程管理理论和相关经济理论水平，并具有丰富的施工管理专业知识。

（2）能够熟练掌握和运用与施工管理业务相关的法律、法规、工程建设强制性标准和行业管理的各项规定。

（3）具有丰富的施工管理实践经验和资历，有较强的施工组织能力，能保证工程质量和安全生产。

（4）有一定的外语水平。

（二）二级建造师的执业技术能力

（1）了解工程建设的法律、法规、工程建设强制性标准及有关行业管理的规定。

（2）具有一定的施工管理专业知识。

（3）具有一定的施工管理实践经验和资历，有一定的施工组织能力，能保证工程质量和安全生产。

第十节　施工组织设计制度

　　我国应用施工组织设计为建设工程服务由来已久，早在 20 世纪 50 年代初，学习苏联的施工组织设计并在建设工程中应用开始，沿用至今已有近 70 年的历史。

　　在计划经济时代，施工组织设计主要作为技术文件，指导施工的全过程，但是并未形成正式制度。

　　20 世纪 80 年代，改革开放以后，施工组织设计作为技术、经济和管理文件，被应用到招标投标，全面质量管理，施工全过程进度管理，安全管理，环境管理，20 世纪 90 年代初又被应用到建设监理等管理活动中。20 世纪 90 年代开始 ISO 9000 认证后，行业规定可以用施工组织设计代替"质量计划"。2009 年发布的《建设工程项目管理规范》GB/T 50326—2002 规定可以用施工组织设计代替施工项目管理规划。2009 年发布了《建筑施工组织设计规范》GB/T 50502—2009，于是，施工组织设计作为一项重要的建设工程管理制度被确定下来并且有了标准。总之近 70 年来，我国的每项重要建设工程施工，无一例外地都编制施工组织设计文件，并用它来指导施工的全过程。推行工程项目管理和进行工程建设体制改革以来，它顺理成章地成为施工项目管理规划。在长期的理论探索和工程实践中，积累了极为丰富的经验和成功案例，业界也编写了许许多多的施工组织设计案例文献被收入档案和文库。与施工组织设计文件的编制和应用相适应，其编制依据和应用方法，也形成了标准和制度，包括网络计划技术标准和规程，现场管理制度，绿色施工制度等等，所以施工组织设计制度已形成了一个体系。

　　由于人才培养的需要，从 20 世纪 50 年代初开始，施工组织设计被列入土木工程大学本科、专科和中等专业技术学校的专业必修课程。改革开放以后，工程项目管理又成为工程管理专业的主干课程。

　　施工组织设计之所以在我国形成了制度，源于它本身的许多特性符合工程项目管理需要：

　　一是编制依据的可靠性。施工组织设计的编制依据有：图纸、环境、标准、政策、制度、法规、经验总结、手册等资料，这些依据都是可靠的，符合编制和实施施工组织设计的需要。

　　二是施工组织设计的科学性。工程项目施工和管理必须按科学规律办事，施工组织设计只有具有科学性才能有效地满足需要。它的科学性表现在其编制内容和编制方法两个方面，其内容方面，无论是施工工艺、施工方法、施工程序和顺序、各项技术组织措施、各种计划、平面布置等都必须是科学的，违背科学规律就会造成困难、事故及损失，编制人员的责任大于天，能不按科学规律办事吗？

　　在编制施工组织设计所使用的方法上，也都具有科学性，例如编制施工进度计划使用的流水施工方法，其本质就是要做到资源使用的连续性和均衡性，以达到节约时间和资源之目的；编制进度计划所使用的网络计划技术，其灵魂在于提供一种图示模型，以正确处理工作之间的关系，合理确定工作时间、资源工期，从而可以抓住关键，挖掘时间资源潜力、优化施工和管理。在编制施工平面图时，必须科学规划用地，合理布置各项设施的位置，既方便使用确保安全，又节约资源和成本。至于各项技术组织措施、施工方法和施工工艺等，每一项设计都必须是科学的、可靠的。

三是施工组织设计的全面性。首先它要指导施工的全过程：包括施工准备阶段、施工阶段和竣工验收阶段。其次，是编制内容的全面性。它要规划设计施工技术和工艺，也要安排时间和空间的利用，还要有计划得使用资源，保证质量、安全，厉行节约，保护环境等等；再次是作用的全面性。它的作用包括技术，经济和管理三方面，将它作为施工项目管理规划并形成制度，正是主要发挥它的管理作用。

四是为它提供经验、信息的丰富性。正如前文所述，近 70 年来所有大中型项目都编制施工组织设计，积累的经验和信息不可计数，为编制人员提供了极其丰富的成功经验和创新成果。编制人员的水平很大程度上取决于掌握这些信息的多寡。

综上所述，我国工程项目管理中，施工组织设计应用之广泛，研究之深度，文献之丰富，在世界上是第一位的，已成为一项建设工程管理制度，这在世界上是独一无二的。

第一节　施工项目管理概述

一、施工项目管理全过程

施工项目管理的对象是施工项目寿命期各阶段的工作。施工项目寿命期可分为五个阶段，构成了施工项目管理有序的全过程。

1. 投标签约阶段的管理

项目发包人对建设项目进行设计和建设准备、具备了招标条件以后，便发出招标公告（或邀请函），施工企业见到招标公告或邀请函后，从做出投标决策至中标签约，实质上便是在进行施工项目管理的工作。这是施工项目寿命期的第一阶段。本阶段的最终管理目标是签订工程承包合同。这一阶段主要进行以下工作：

（1）施工企业从经营战略的高度做出是否投标争取承包该项目的决策。

（2）决定投标以后，从多方面（企业自身、相关单位、市场、现场等）掌握有关信息。

（3）编制既能使企业盈利、又有竞争力、可望中标的投标书。

（4）如果中标，则与招标方进行谈判，依法签订工程施工合同，使合同符合国家法律、法规和国家计划，符合平等互利、等价有偿的原则。

2. 施工准备阶段的管理

施工企业与招标单位签订了工程施工合同、交易关系正式确立以后，便应组建项目经理部，然后以项目经理部为主，与企业经营层和管理层、发包人配合，进行施工准备，使工程具备开工和连续施工的基本条件。这一阶段主要进行以下工作：

（1）根据工程管理的需要成立项目经理部，建立机构，配备管理人员。

（2）编制施工项目管理实施规划（或施工组织设计），以指导施工项目管理活动。

（3）进行施工现场准备，使现场具备施工条件，以利于进行连续、文明的施工。

（4）编写开工申请报告，待批开工。

3. 施工阶段的管理

这是一个自开工至竣工的实施过程。在这一过程中，项目经理部既是决策机构，又是责任机构。经营管理层、发包人、监理单位的作用是服务、监督与协调。这一阶段的目标是完成合同规定的全部施工任务，达到竣工验收的条件。这一阶段主要进行以下工作：

（1）按施工项目管理实施规划（或施工组织设计）的安排进行施工。

（2）在施工中努力做好动态控制，保证质量目标、进度目标、造价目标、安全目标、环境目标和现场目标的实现。

（3）严格履行工程施工合同，处理好内外关系，管好合同变更，搞好索赔。

（4）做好记录、协调、检查、分析工作。

4. 竣工验收阶段的管理

这一阶段是建设工程项目建设期的最后一道程序。施工项目竣工验收的交工主体应是承包人，验收主体应是发包人。实行竣工验收制度，是全面考核建设工程、检查工程是否符合设计文件要求、工程质量是否符合验收标准、能否交付使用、能否投产并发挥投资效益的重要环节。本阶段主要进行以下工作：

（1）竣工验收准备。

（2）编制竣工验收计划。

（3）组织现场验收。

（4）进行竣工结算。

（5）移交竣工资料。

（6）办理交工手续。

5. 回访保修阶段的管理

工程交工后回访用户是一种"售后服务"方式。工程交工后保修是我国一项基本法律制度，回访保修的责任应由承包人承担，承包人应建立施工项目交工后的回访与保修制度，提高工作质量，听取用户意见，改进服务方式。在该阶段中主要进行以下工作：

（1）瞄准建设市场，提高工程质量，与发包人建立良好的关系，并将回访保修工作纳入计划实施。

（2）适时召开一些有益双方交流的座谈会、经验交流会、佳庆茶话会，以加强联系，增进双方友好感和信赖感。

（3）及时研究解决施工问题、质量问题，听取发包人对工程质量、保修管理、在建工程的意见，不断改善项目管理，树立承包人的社会信誉。

（4）为发包人提供各种跟踪服务，不断满足提出的各种变更修改要求，建立健全工程项目登记、变更、修改等技术质量管理基础资料，把管理工作做得扎扎实实。

（5）妥善处理与发包人、监理单位和外部环境的关系，捕捉机会，创造有利条件，精心组织，细心管理，形成"我精心，你放心，他安心"的"三位一体"工程质量保证机制。

（6）组织发放有关工程质量保修、维修的注意事项等资料，切实贯彻企业服务宗旨，进行工程质量问卷调查，收集反馈工程质量保修信息。对实施效果应有验证和总结报告。

综上所述，施工项目管理的程序见图 3-1 所示。

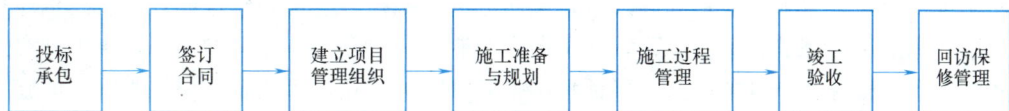

图 3-1　施工项目管理程序图

二、施工项目管理的指导思想

1. 科学技术第一生产力思想

科学技术的发展，促成了项目管理理论的产生和发展，给生产实践以巨大的推动力，使大量的工程项目获得成功。工程项目管理理论反映了项目运行和项目管理的客观规律，反映了科学技术作为第一生产力的巨大作用。因此，进行施工项目管理必须坚持科学技术是第一生产力的观点，依靠科学技术强化项目管理，把各种生产要素科学地组合起来，加强项目实施过程中的目标控制和协调，使设计出来的工程项目通过施工活动和项目管理活动的共同作用，实现最终产品。研究、实践、创新、发展工程项目管理理论，使之形成强大的生产力，是施工项目管理的首要指导思想。

2. 市场经济思想

市场经济是用市场关系管理经济的体制。这种体制的基本特征是利用市场运行规律实行社会资源的分配。发展市场经济的实质是解放生产力。我们推行的工程项目管理，是市场经济的产物。市场是施工项目管理的载体与环境，没有市场经济，也就没有施工项目管理；施工项目管理要取得成果，就必须充分依靠市场经济下的建筑市场；施工项目管理应在发展建筑市场方面起推动作用。施工项目管理的实践证明了这一指导思想的实际意义。施工企业通过市场竞争（投标）取得施工任务，在市场的大环境下实施，不断从市场上取得生产要素并进行优化组合，认真地进行履约经营。工程项目的竣工、验收、交工、结算等，实质上是建筑市场的一种特殊交易行为。进行施工项目管理，应尊重市场经济的竞争规律、价值规律和供求规律等，既利用和依靠市场，又建设和发展市场，靠市场取得施工项目管理效益。

3. 系统管理思想

建设项目是一个系统，施工项目是其中的一个分系统；建设项目管理是一个系统，施工项目管理是一个分系统；如果把施工项目管理作为一个大系统，则其中又包含了许多分系统，如：组织管理系统、经济管理系统、技术管理系统、质量管理系统等。所谓"系统"，是由多维相关体组成的一个整体。建立系统管理的思想，就是要真正认识到施工项目管理是系统性的管理，必须重视它与总系统及同等级别的子系统的关系，也要重视本系统内部各子系统之间的关系，特别要重视各系统之间的"结合部"的管理，它是项目和项目管理的重点和难点，是项目经理协调管理的工作焦点。施工项目管理利用系统的方法，就是进行分析和综合的方法。要围绕"系统综合满意化"这个核心，善于对大系统进行分解和分析，找出结合部和管理的焦点，然后制定措施，实施管理和控制；也要善于使分系统目标的实现对大系统目标的实现起保证作用，使局部不脱离全局，各子系统目标综合成完整的总目标体系，提高管理成效，发挥整体功能。在施工项目管理中坚持系统管理思想，要贯彻四项原则：第一是目标体系的分解与综合原则，既在综合的基础上进行分解，从而实现专业化，以求高质量和高效率，又通过进行系统综合提高管理成效，发挥整体功能。第二是协调控制的相关性原则，即协调和控制各项管理工作之间的关系、各生产要素之间的关系、目标和条件的关系、保证系统整体功能的优化。第三是有序性原则，即施工项目和施工项目管理在时间上、空间上、分解目标上、实施组织上都具有有序性，必须尊重这种有序性才能保证施工项目管理的成功。第四是动态性原则，即要随时预测和掌握系统内外各种变化，提高应变能力以取得工作的主动权，加强战略研究以取得驾驭未来的主动权。

4. 科学化管理思想

现代化管理，即科学化管理，把管理当作科学加以研究和应用。科学技术发展到现在，足以使施工项目管理实现高度科学化，服务于管理的现代化。

现代化的管理思想，一是管理观念的现代化，二是管理原理的科学化。现代化的管理观念，已经突破传统的生产性内向管理观念，强调经营性外向管理观念。从这个前提出发，在进行施工项目管理中，第一要强调战略观念，即全面系统的观念和面向未来的发展观念。面向未来，包括市场的未来、技术的未来、组织的未来和施工项目管理科学的未来。第二是市场观念，即要搞好施工项目管理，首先要了解市场，其次要以自身的优势去占有市场、赢得市场。第三是用户观念，即一切为了用户，全心全意地为用户服务，以对用户高度负责求得信誉，以信誉求得项目管理的成功。第四是效益观念，即进行施工项目管理要精打细算，减少投入；在进行产品交易以后，所获得的收益要大于投入，形成利润，为此要首先赢得市场和信誉，向管理求效益。第五是竞争观念，即以质量好、工期合理、服务周到、造价适当取胜。有市场就有竞争，有竞争就要加强管理，进行目标控制，取得竞争的优势。因此，树立竞争观念必然会促进施工项目管理提高水平。第六是时间观念，即要把握决策时机，缩短施工工期，加快资金周转，讲究资金的时间价值，讲究工作效率和管理效率，从而赢得时间，赢得效益。第七是变革和创新观念，即没有不变的施工项目管理模式，要根据工程和环境的变化进行调整和变革，故要讲预测，有对策。光有变革观念不成，还要有创新观念。赢得竞争胜利的关键在创新，广泛采用新工艺、新技术、新材料、新设备、新的管理组织、方法和手段。

现代科学管理原理对施工项目管理而言是具有根本指导性的道理，它是施工项目管理必须遵循、贯穿全过程的。主要包括系统原理、分工协作原理、反馈原理、能级原理、封闭原理和弹性原理等。系统原理就是施工项目管理要实施系统管理。分工协作原理是说管理要分工，以提高效率；但也要讲协作，使分工不失有序，不离整体。反馈原理即将生产和管理中的偏差信息反馈到原控制系统，使它影响管理活动过程，进行有效控制，实现管理目标。能级原理是说在施工项目管理中，管理能力是随管理组织的层次而变化的，因此要根据能级确定责权利，分别确定目标，以发挥每个能级人员的作用。封闭原理是指管理活动是循环活动，该循环按 P（计划）、D（执行）、C（检查）、A（处置）的顺序展开，并在管理的整个过程中不断循环。如果不进行每个循环的封闭，则不是完整的管理，因而也不是有效的管理。弹性原理指管理活动必须保持充分的弹性，以适应客观事物各种可能的变化，有应变打算，不搞绝对化。计划工作中的"积极可靠，留有余地"就是应用弹性原理的典型。信息时代的到来，对施工项目管理的信息化提出了更高的要求，应努力实现施工项目管理全过程的计算机辅助管理。

5. 绿色施工思想

为了人类社会持续发展的长远利益，我国已经确立了建设资源节约型、环境友好型社会的大目标，建设工程是实现这一大目标的重要责任领域，要建立绿色建设理念。所谓绿色施工，就是在建设工程的施工阶段，严格按照建设工程规划、设计要求，通过建立管理体系和管理制度，采取有效的技术措施，全面贯彻国家关于资源节约和环境保护的政策，最大限度地节约资源，减少资源消耗，降低施工活动对环境造成的不良影响，提高施工人员的职业健康安全水平，保护施工人员的安全与健康。

绿色施工的实现，既需要有相应的施工行为，又要有相应的管理。因此，项目管理人员应以绿色施工的思想为指导思想，搞好绿色施工规划，执行相关标准，执行《绿色施工导则》《绿色建筑评估标准》《绿色施工管理规程》等文件，执行相关政策和制度，将绿色施工思想落实在项目管理的全过程，确保工程施工项目管理取得全面的绩效。

三、施工准备工作

（一）施工准备工作的任务

施工准备连接设计和施工两大阶段，是取得良好建设效果的关键步骤之一。加强施工准备可以降低施工风险，使工程顺利开工和施工。施工准备工作的基本任务是为工程开工和连续施工创造一切必备条件。具体任务如下：

1. 取得工程施工的法律依据

工程施工需要的法律依据有计划的、规划的、经济的、行政的、交通的、公用事业的和环境保护的等。取得有关法律依据，既是守法之需，又可取得有关方面的支持。

2. 掌握工程的特点与关键

要认真分析研究拟建工程的特点，抓住关键，采取相应措施，保证顺利施工。

3. 调查并创造施工条件

施工条件有社会条件、投资条件、经济条件、技术条件、自然条件、地质条件、场地条件、资源条件。通过周密调查，掌握现状，排除不利条件，创造有利条件，使各方面的条件均能满足施工需要。

4. 对施工中的风险及可能发生的变化进行预测

由于施工复杂和工期长，必然会有许多风险和变化。通过预测做到心中有底，以便采取措施，进行风险管理，加强计划性，做好应变准备，从而减少损失。

（二）施工准备工作的内容

施工准备工作的范围包括两个方面：一是阶段性施工准备，是指开工前的各项施工准备工作，它带有全局性。没有这一阶段的准备，工程既不能顺利开工，更做不到连续施工，大型工程更是如此。二是工程作业条件的施工准备，它是为某一个单位工程，或某一个施工阶段，或某个分部分项工程，或某个施工环节所做的施工准备，是局部性的，也是经常性的。一般说来，冬雨季施工准备属于作业条件施工准备。了解了施工准备工作包含的这两个范围，我们就要对施工准备工作在时间上、内容上、步骤上进行合理安排，既要重视开工前的准备，又要重视施工中的准备，两方面的工作都要做好。要做到：条件具备再开工；准备充分再作业；不搞无准备的施工。

　　每项工程施工准备工作的内容，视该工程本身及其具备的条件而异。有的比较简单，有的却十分复杂：如只有一个单项工程的施工项目和包含多个单项工程的群体项目，一般小型项目和规模庞大的大中型项目，新建项目和改扩建项目，在未开发地区兴建的项目和在已开拓因而所需各种条件大多已具备的地区的项目等，都因工程的特殊需要和条件，按照施工项目的规划来确定准备工作的内容，并拟订具体的、分阶段的施工准备工作实施计划，才能充分而又恰如其分地为施工创造一切必要条件。一般工程必须的准备工作内容见图 3-2 所示，具体阐述如后。

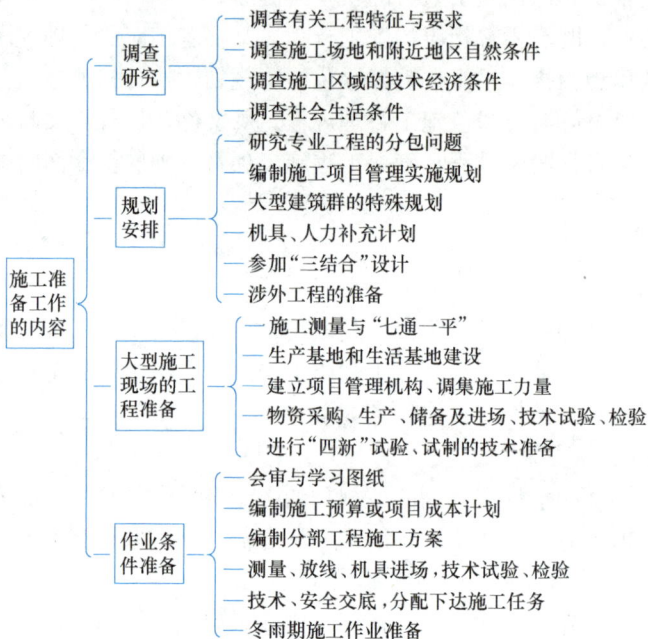

图 3-2　施工准备工作内容

　　1. 调查研究

　　（1）调查有关项目特征与要求

　　1）向建设单位和主管设计单位了解并取得可行性研究报告、工程地址选择、初步设计等文件。

　　2）了解设计规模、工艺特点、工艺流程、设备特点及来源。

　　3）摸清对工程分期、分批施工及配套交付使用的顺序要求，交付图纸的时间，工程施工的质量要求和技术难点。

　　（2）调查施工场地及附近地区自然条件。包括：地形与环境条件，地质条件，地震级别，工程水文地质情况，气象条件。

　　（3）调查施工区域的技术经济条件，包括：当地水、电、蒸汽的供应条件，交通运输条件，地方材料供应情况和当地协作条件，大宗材料和主要设备的供应条件。

　　（4）社会生活条件调查。包括：周围可为施工利用的房屋情况，附近的机关、企业、居民分布状况，生活习惯和交通情况，主副食供应、医疗、商业、邮电、通讯、治安条件等。

2. 规划安排

（1）专业工程分包。

（2）编制施工项目管理实施规划。

（3）场地土石方工程及其调配，道路，水电供应，排水系统工程规划，生产、生活条件建设规划，添置设备计划，人力招聘规划等。

（4）参加施工图"三结合"设计。

（5）涉外谈判，翻译的培训等。

3. 大型施工现场的工程准备

（1）施工测量。

（2）"七通一平"。包括给水、排水、供电、道路、燃气、热力、电信和场地平整。

（3）生产基地和生活基地建设。

（4）建立项目管理机构，调集施工力量。

（5）组织材料、构件、半成品的订货、生产、储备，材料和机具进场。

（6）材料、半成品等的技术试验及检验。

（7）进行"四新"试验、试制的技术准备。

4. 单位工程和分部工程作业条件的准备

（1）会审与学习图纸。

（2）编制施工预算或项目成本计划。

（3）编制分部工程施工方案。

（4）建筑物的定位、放线、引入水准控制点。

（5）单位工程和分部工程所用物资陆续进场。

（6）搭设必要的暂设工程。

（7）技术、安全交底。

（8）分配与下达分项施工任务。

（9）做好前后分部分项工程交接工作。

（10）冬雨期施工作业准备。

（三）施工准备工作计划与控制

（1）施工准备工作计划表见表 3-1。由于施工准备工作繁杂，故提倡编制网络计划以明确各项工作之间的关系，进行时间与进度控制。

施工准备工作计划表　　　　　　　　　　　　　　　　　　　表 3-1

序号	项目	施工准备工作内容	要求	负责单位（人）	涉及单位	要求完成日期	备注

（2）建立严格、明确的施工准备工作责任制，由项目经理全权负责。

（3）建立施工准备工作检查制度，检查准备工作计划的完成情况。

（4）坚持按建设程序办事，实行开工报告和审批制度。

（5）施工准备工作必须贯穿于施工全过程。

（6）争取协作单位的大力支持。

第二节　施工项目管理组织

一、施工项目管理组织原理

1. 组织机构的作用

（1）组织机构是施工项目管理的组织保证。项目经理在启动项目管理之前，首先要进行组织准备，建立一个能完成管理任务、使项目经理指挥灵便、运转自如、高效率的项目组织机构——项目经理部，其目的就是提供进行施工项目管理的组织保证。一个好的组织机构，可以有效地完成施工项目管理目标，应付环境的变化，供给组织成员生理、心理和社会需要，形成组织力，产生集体思想意识，使组织系统正常运转，完成项目管理任务。

（2）形成一定的权力系统以便进行集中统一指挥。权力由"法定"和"拥戴"产生。"法定"来自于授权，"拥戴"来自于信赖。"法定"或"拥戴"都会产生权力和组织力。组织机构的建立，首先是以法定的形式产生权力。权力是工作的需要，是管理地位形成的前提，是组织活动的反映。没有组织机构，便没有权力，也没有权力的运用。权力取决于组织机构内部是否团结一致，越团结，组织就越有权力，越有组织力。所以施工项目组织机构的建立要伴随着授权，以便使权力的使用能够实现施工项目管理的目标。要合理分层。层次多，权力分散；层次少，权力集中。所以要在规章制度中把施工项目管理组织的权力阐述明白，固定下来。

（3）形成责任制和信息沟通体系。责任制是施工项目组织中的核心问题。没有责任也就不成其为项目管理机构，也就不存在项目管理。一个项目组织能否有效地运转，取决于是否有健全的岗位责任制。施工项目组织的每个成员都应肩负一定责任。责任是项目组织对每个成员规定的一部分管理活动和生产活动的具体内容。信息沟通是组织力形成的重要因素。信息产生的根源在组织活动之中。下级（下层）以报告的形式或其他形式向上级（上层）传递信息。同级不同部门之间为了相互协作而横向传递信息。越是高层领导，越需要信息，越要深入下层获得信息。领导离不开信息，有了充分的信息才能进行有效决策。

综上所述，组织机构在项目管理中是一个焦点。一个项目经理建立了理想有效的组织系统，他的项目管理就成功了一半。

2. 施工项目管理组织机构的设置原则

（1）目的性原则。施工项目组织机构设置的根本目的，是产生组织功能，实现施工项目管理的总目标。从这一根本目的出发，就会因目标设事，因事设机构、定编制，按编制设岗位、定人员，以职责定制度、授予权力。

（2）精干高效原则。施工项目组织机构的人员设置，以能实现施工项目所要求的工作任务（事）为原则，尽量简化机构，做到精干高效。人员配置要从严控制二三线人员，力求一专多能，一人多职。同时还要增加项目管理班子人员的知识含量，着眼于使用和学习锻炼相结合，以提高人员素质。

（3）管理跨度和分层统一原则。管理跨度亦称管理幅度，是指一个主管人员直接管理的下属人员数量。跨度大，管理人员的接触关系增多，处理人与人之间关系的数量随之增大。跨度（N）与工作接触关系数（C）的关系公式是：

$$C=N(2^{N-1}+N-1)$$

这是有名的邱格纳斯公式，是个几何级数，当 $N=10$ 时，$C=5210$。故跨度太大时，领导者及下属常会出现应接不暇之烦。组织机构设计时，要使管理跨度适当。然而跨度大小又与分层多少有关。层次多，跨度会小；层次少，跨度会大。这就要根据领导者的能力和施工项目的大小进行权衡。美国管理学家戴尔曾调查 41 家大企业，管理跨度的正常数是 6～7 人之间。对施工项目管理层来说，管理跨度更应尽量少些，以集中精力于施工管理。在鲁布革工程中，项目经理下属 33 人，分成了所长、课长、系长、工长四个层次，项目经理的跨度是 5。项目经理在组建组织机构时，应认真设计切实可行的跨度和层次，画出机构系统图，以便讨论、修正、按设计组建。

（4）业务系统化管理原则。由于施工项目是一个开放的系统，由众多子系统组成一个大系统，各子系统之间，子系统内部各单位工程之间，不同组织、工种、工序之间，存在着大量结合部，这就要求项目组织也必须是一个完整的组织结构系统，恰当分层和划分部门，以便在结合部上能形成一个相互制约、相互联系的有机整体，防止产生职能分工、权限划分和信息沟通上相互矛盾或重叠。在设计组织机构时以业务工作系统化原则作指导，周密考虑层间关系、分层与跨度关系、部门划分、授权范围、人员配备及信息沟通等，使组织机构自身成为一个严密的、封闭的组织系统，能够为完成项目管理总目标而实行合理分工及协作。

（5）弹性和流动性原则。施工项目的单件性、阶段性、露天性和流动性是施工项目生产活动的主要特点，必然带来生产对象数量、质量和地点的变化，带来资源配置的品种和数量变化。于是要求管理工作和组织机构随之进行调整，以使组织机构适应施工任务的变化。这就是说，要按照弹性和流动性的原则建立组织机构，不能一成不变。要准备调整人员及部门设置，以适应工程任务变动对管理机构流动性的要求。

（6）项目组织与企业组织一体化原则。项目组织是企业组织的有机组成部分，企业是它的母体，归根结底，项目组织是由企业组建的。从管理方面来看，企业管理层是项目管理层的外部环境，项目管理的人员全部来自企业，项目管理组织解体后，其人员仍回企业。即使进行组织机构调整，人员也是进出于企业人才库的。施工项目的组织形式与企业的组织形式有关，不能离开企业的组织形式去谈项目的组织形式。

3. 施工项目组织机构的设置程序

根据上述原则要求，施工项目组织应按图 3-3 所示的程序进行设置。

二、施工项目组织形式

组织形式亦称组织结构的类型，是指一个组织以什么样的结构方式去处理层次、跨度、部门设置和上下级关系。施工项目组织形式与企业的组织形式是不可分割的。

施工项目组织形式有许多种，主要包括：工作队式、部门控制式、矩阵式、事业部式和直线职能式。

（一）工作队式项目管理组织

1. 特征

图 3-4 是工作队式项目管理组织构成示意图，虚线内表示项目组织，其人员与原部门

```
┌─────────────────┐
│ 研究施工项目的    │ ◄─── 项目分析
│ 规模、特点、要求  │
└────────┬────────┘
         │
┌────────▼────────┐
│  确定施工项目目标 │ ◄─── 明确目标
└────────┬────────┘
         │
┌────────▼────────┐
│     设    事     │ ◄─── 工作划分
└─┬──────┬──────┬─┘
  │      │      │
┌─▼──┐ ┌─▼───┐ ┌▼───┐
│定职责│ │设机构│ │分层次│ ◄─── 机构及职责确定
└─┬──┘ └─┬───┘ └┬───┘
  │      │      │
┌─▼──┐ ┌─▼───┐ ┌▼───┐
│授权 │ │设 人 │ │定制度│ ◄─── 人员及权力确定
└────┘ └─┬───┘ └────┘
         │
    否 ◄ ◇───────◇
        ╲能实现目标吗?╱ ◄─── 检查及反馈
         ◇───────◇
            │是
      ┌─────▼─────┐
      │  实    施  │ ◄─── 组织运行
      └───────────┘
```

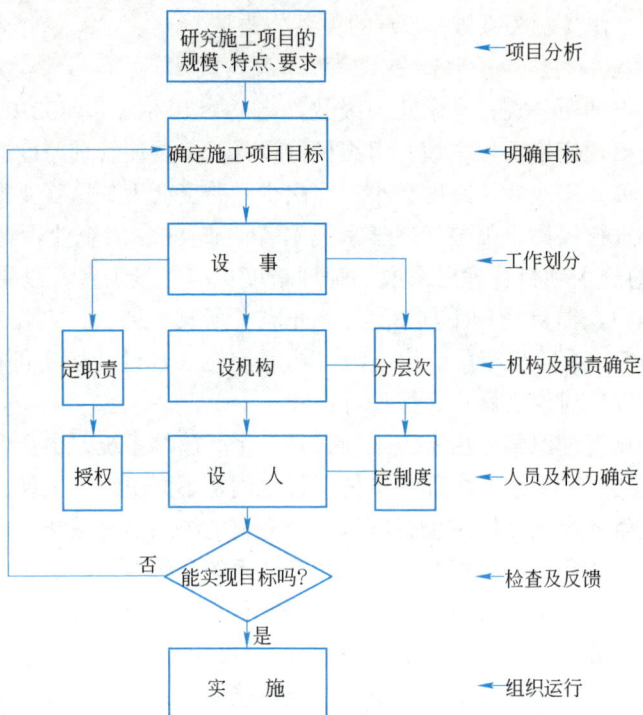

图 3-3　施工项目组织机构设置程序图

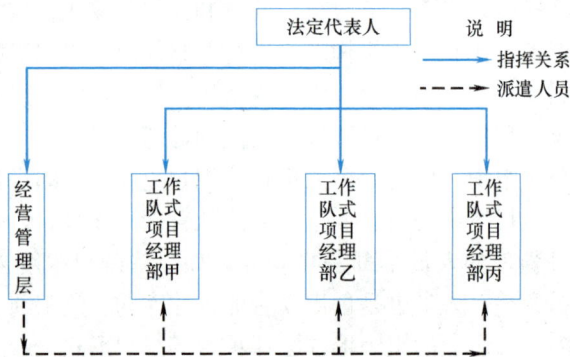

图 3-4　工作队式项目管理组织示意图

脱离。该组织结构类型有以下特征：

（1）项目经理在企业内部聘用职能人员组成管理机构（工作队）并亲自指挥。

（2）项目组织成员在工程建设期间与原所在部门脱离领导与被领导关系，原单位负责人负责业务指导及服务，但不能随意干预其工作或调回人员。

（3）项目管理组织与项目同寿命。项目结束后机构撤销，所有人员仍回原所在部门和岗位。

2. 适用范围

这是按照对象原则组织的项目管理机构，可独立地完成任务。企业职能部门只提供一些服务。这种项目组织类型适用于工期要求紧迫的项目、要求多工种多部门密切配合的项目。因此，它要求项目经理素质要高，指挥能力要强，有快速组织队伍及善于指挥来自各方人员的能力。

3. 优点

（1）项目经理从职能部门聘用的是一批专家，他们在项目管理中配合，协同工作，可以取长补短，有利于培养一专多能的人才并充分发挥其作用。

（2）各专业人才集中在现场办公，减少了扯皮和等待时间，办事效率高，解决问题快。

（3）项目经理权力集中，干扰少，决策及时，指挥灵活。

（4）由于减少了项目与职能部门的结合部，项目与企业的职能部门关系简化，易于协调关系，减少了行政干预，使项目经理的工作易于开展。

（5）不打乱企业的原建制，传统的直线职能式组织仍可保留。

4. 缺点

（1）各类人员来自不同部门，具有不同的专业背景，配合不熟悉，初期难免配合不力。

（2）各类人员在同一时期内所担负的管理工作任务可能有很大差别，因此很容易产生忙闲不均，可能导致人员浪费，稀缺专业人才难以在企业内调剂使用。

（3）职工长期离开原单位，即离开了自己熟悉的环境和工作配合对象，容易影响其积极性的发挥。而且由于环境变化，容易产生临时观念和不满情绪。

（4）职能部门的优势无法发挥。由于同一部门人员分散，交流困难，也难以进行有效的培养、指导，削弱了职能部门的工作。当人才紧缺而同时又有多个项目需要管理时，或者对管理效率要求很高时，不宜采用这种项目组织形式。

（二）部门控制式项目管理组织

1. 特征

这是按职能原则建立的项目组织。它并不打乱企业现行的建制。把项目委托给企业某一专业部门，由被委托的部门领导，在本单位组织人员负责实施项目组织，项目终止后恢复原职。图 3-5 是这种组织机构的示意图。

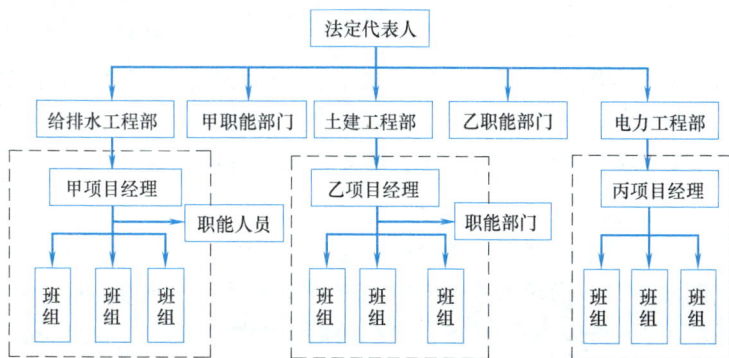

图 3-5 部门控制式项目管理组织示意图

2. 适用范围

这种形式的项目组织一般适用于小型的、专业性较强、不需涉及众多部门的施工项目。

3. 优点

（1）人才能充分发挥作用。这是因为相互熟悉的人组合办熟悉的事，人事关系容易协调。

（2）从接受任务到组织运转启动的时间短。

（3）职责明确，职能专一，关系简单。

（4）项目经理无需专门训练便容易进入状态。

4. 缺点

（1）不能适应大型项目管理需要，而真正需要进行施工项目管理的项目正是大型工程。

（2）不利于对计划经济体系下的组织（固定建制）进行调整。

（3）不利于精简机构。

（三）矩阵式项目管理组织

1. 特征

图 3-6 是矩阵式项目管理组织示意图，其特征有以下几点：

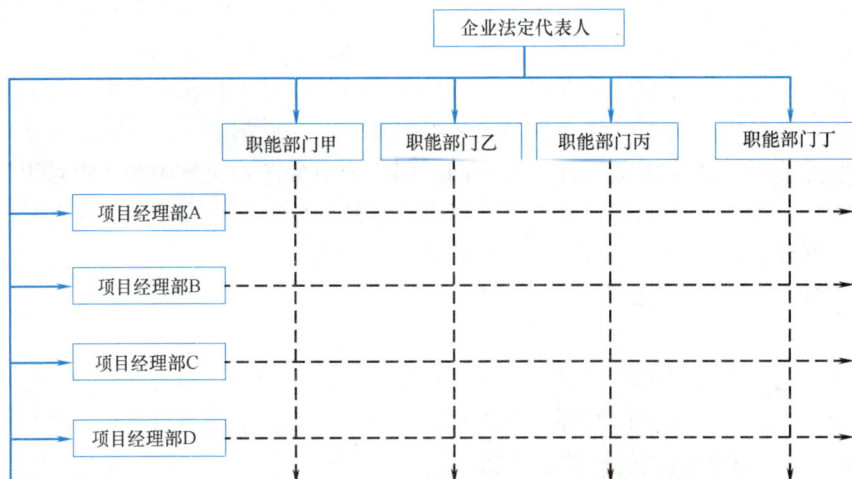

图 3-6　矩阵式项目管理组织示意图

（1）项目组织机构与职能部门的结合部同职能部门数相同。多个项目与职能部门的结合部呈矩阵状。每个结合部接受两个指令源的指令。

（2）把职能原则和对象原则结合起来，既发挥职能部门的纵向优势，又发挥项目组织的横向优势。

（3）专业职能部门是永久性的，项目组织是临时性的。职能部门负责人对参与项目组织的人员有组织调配、业务指导和管理考察的责任。项目经理将参与项目组织的职能人员在横向上有效地组织在一起，为实现项目目标协同工作。

（4）矩阵中的每个成员或部门，接受原部门负责人和项目经理的双重领导。但部门的控制力大于项目的控制力。部门负责人有权根据不同项目的需要和忙闲程度，在项目之间调配本部门人员。一个专业人员可能同时为几个项目服务，故特殊人才可充分发挥作用，免得人才在一个项目中闲置而另一个项目中短缺，大大提高人才利用率。

（5）项目经理对调配到本项目经理部的成员有权控制和使用。当感到人力不足或某些成员不得力时，他可以向职能部门要求给予解决。

（6）项目经理部的工作有多个职能部门支持，项目经理没有人员包袱。但要求在水平方向和垂直方向有良好的信息沟通及良好的协调配合，对整个企业组织和项目组织的管理水平和组织渠道畅通提出了较高的要求。

2. 适用范围

（1）适用于同时承担多个需要进行工程项目管理的企业。在这种情况下，各项目对专业技术人才和管理人员都有需求，加在一起数量较大。采用矩阵式组织可以充分利用有限的人才对多个项目进行管理，特别有利于发挥稀有人才的作用。

（2）适用于大型、复杂的施工项目。因大型复杂的施工项目要求多部门、多技术、多工种配合实施，在不同阶段，对不同人员，有不同数量和搭配的要求。矩阵式组织能够满足多个项目管理的人才要求。

3. 优点

（1）它兼有部门控制式和工作队式两种组织的优点，解决了传统模式中企业组织和项目组织相互矛盾的状况，把职能原则与对象原则融为一体，取得了企业长期例行性管理和项目一次性管理的一致性。

（2）能以尽可能少的人力，实现多个项目管理的高效率。通过职能部门的协调，一些项目上的闲置人才可以及时转移到需要这些人才的项目上去，防止人才短缺。项目组织也因此具有了弹性和应变力。

（3）有利于人才的全面培养。可以使不同知识背景的人在合作中相互取长补短，在实践中拓宽知识面；发挥了纵向的专业优势，可以使人才成长有深厚的专业训练基础。

4. 缺点

（1）由于人员来自职能部门，且仍受职能部门控制，故凝聚在项目上的力量薄弱，往往使项目组织的作用发挥受到影响。

（2）管理人员如果身兼多职地参与管理多个项目，便往往难以确定管理项目的优先顺序，有时难免顾此失彼。

（3）双重领导。项目组织中的成员既要接受项目经理的领导，又要接受企业中原职能部门的领导。在这种情况下，如果领导双方意见和目标不一致、甚至有矛盾时，当事人便无所适从。要防止这一问题产生，必须加强项目经理和部门负责人之间的沟通，还要有严格的规章制度和详细的计划，使工作人员尽可能明确在不同时间内应当干什么工作。如果矛盾难以协调解决，应以项目经理的意见为主。

（4）矩阵式组织对企业管理水平、项目管理水平、领导者的素质、组织机构的办事效率、信息沟通渠道的畅通等均有较高要求，因此要精干组织，分层授权，疏通渠道，理顺关系。由于矩阵式组织的复杂性和结合部众多，造成信息沟通量膨胀和沟通渠道复杂化，容易产生信息梗阻和失真。于是，要求协调组织内部的关系时必须有强有力的组织措施和协调办法以排除难题。因此，项目组织的层次、职责、权限要明确划分。

（四）事业部式项目管理组织

1. 特征

（1）图 3-7 是事业部式项目管理组织结构示意图。事业部对企业来说是职能部门，对企业外有相对独立的经营权，可以是一个独立单位。事业部可以按地区设置，也可以按工程类型或经营内容设置。图 3-7 中工程部下的工程处，也可以按事业部对待。事业部能较迅速适应环境变化，提高企业的应变能力，调动部门积极性。当企业向大型化、智能化发展时，事业部式是一种很受欢迎的选择，既可以加强经营战略管理，又可以加强项目管理。

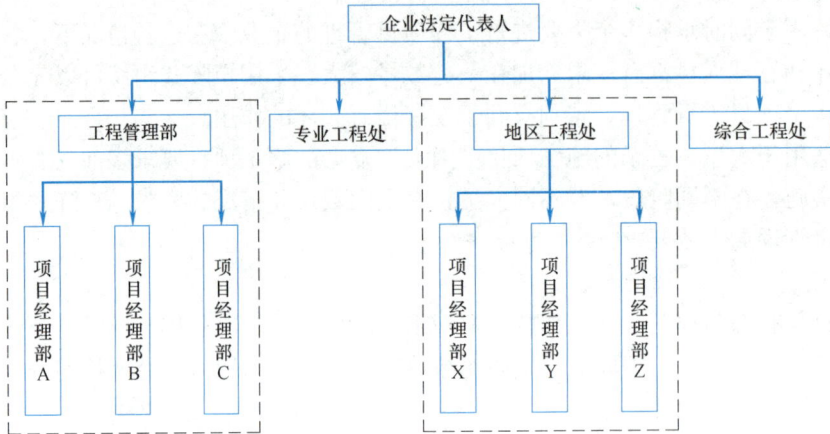

图 3-7　事业部式项目管理组织示意图

（2）在事业部（一般为其中的工程部或开发部，对外工程公司设海外部）下边设置项目经理部。项目经理由事业部选派，对事业部负责。

2. 适用范围

事业部式项目组织适用于大型经营性企业的工程承包，特别是适用于远离公司本部的工程承包。需要注意的是，一个地区只有一个项目，没有后续工程时，不能设立地区事业部，也即它适宜在一个地区内有长期市场或一个企业有多种专业化施工力量时采用。在此情况下，事业部与地区市场同寿命。地区没有项目时，该事业部应予撤销。

3. 优点

事业部式项目组织有利于延伸企业的经营职能、扩大企业的经营业务、开拓企业的业务领域，迅速适应环境变化以加强项目管理。

4. 缺点

按事业部式建立项目管理组织，企业对项目经理部的约束力减弱，协调指导的机会减少，故有时会造成企业结构松散。应加强制度约束，加大企业的综合协调能力。

（五）直线职能式项目管理组织

直线职能式项目管理组织是指结构形式呈直线状且设有职能部门或职能人员的组织，每个成员（或部门）只受一位直接领导人指挥。它不同于直线式项目组织，直线式项目组织的特征是只有两个管理层次，上一层次是项目经理部，下层是具体的业务操作人员，适用范围是任务种类单一和规模较小的项目，不适合于综合性大规模的施工任务，组织形式的一般模式见图 3-8，其优点是简单易行、灵活机动和指挥统一，其缺点是管理方法比较单一，缺乏专业职能部门，不适应提高专业化工作效率的需求。

1. 特征

直线职能式项目管理组织形式的特征是一般都设有三个管理层次：一是施工项目经理部，负责施工项目决策管理和调控工作；二是施工项目专业职能管理部门，负责施工项目内部专业管理业务；三是施工项目的具体操作队伍，负责项目施工的具体实施。

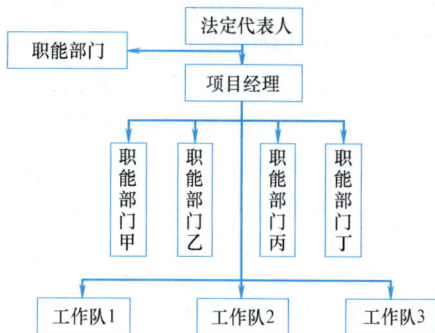

图 3-8　直线职能式项目管理组织示意图

直线职能式的项目管理组织形式是典型的现场组织形式。施工项目现场的任务相对比较稳定明确，符合直线职能式组织的要求。直线职能式组织能很好地适应完成施工项目现场施工任务的组织要求。

2. 适用范围

直线职能式的组织形式一般比较适合于大规模综合性的施工项目任务，其现场组织形式的一般模式见图 3-9。

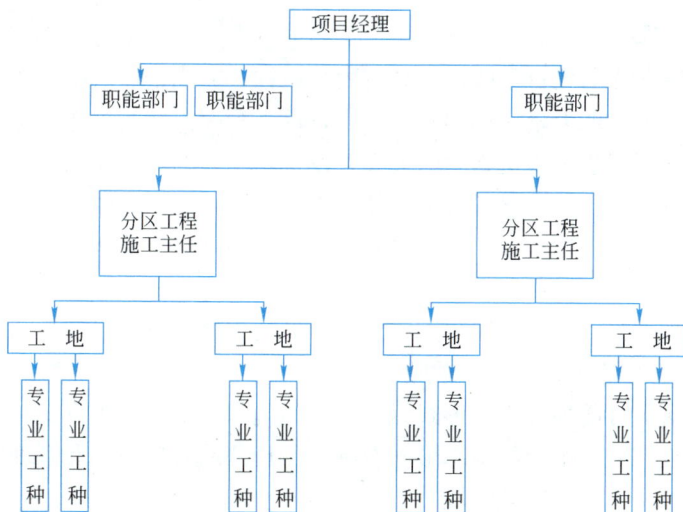

图 3-9　直线职能式项目管理现场组织形式示意图

3. 优点

指令源单一，有利于实现专业化的管理和统一指挥，有利于集中各方面专业管理力量，积累经验，强化管理。

4. 缺点

信息传递缓慢，不容易进行适应环境变化的调整。

（六）项目经理部组织形式的选用

项目经理部的组织形式的选用，应考虑施工项目的规模、结构复杂程度、专业特点、人员素质和地域范围：

（1）大型项目，宜按矩阵式项目管理组织设置项目经理部。

（2）远离企业管理层的大中型项目，宜按直线职能式、工作队式或事业部式项目管理组织设置项目经理部。

（3）中型项目，宜按直线职能式项目管理组织设置项目经理部。

（4）小型项目，宜选用部门控制式组织机构。

（5）项目经理部的人员配置应满足施工项目管理的需要。职能部门的设置应满足《规范》规定的项目管理内容中各项管理内容的需要。大型项目的项目经理要由具有一级注册建造师执业资格的人员担任，管理人员中的高级职称人员不应低于10%。

三、施工项目经理部

1. 项目经理部的作用

项目经理部是施工项目管理的工作班子，置于项目经理的领导之下。为了充分发挥项目经理部在项目管理中的主体作用，要设计好、组建好、运转好项目经理部，从而发挥其应有职能作用。项目经理部的作用如下：

（1）负责施工项目从开工到竣工的全过程施工的管理，对作业层负有管理与服务的双重职能。

（2）为项目经理决策提供信息依据，执行项目经理的决策意图，向项目经理全面负责。

（3）项目经理部作为项目团队，应具有团队精神，完成企业所赋予的基本任务——项目管理；凝聚管理人员的力量，调动其积极性，促进管理人员的合作，建立为事业献身的精神；协调部门之间、管理人员之间的关系，发挥每个人的岗位作用，为共同目标进行工作；影响和改变管理人员的观念和行为，使个人的思想、行为变为组织文化的积极因素；实行岗位责任制，搞好管理；沟通部门之间、项目经理部与作业队之间、与经营管理层之间、与环境之间的关系。

（4）项目经理部是代表企业履行工程承包合同的主体，对项目产品和建设单位负责。

2. 建立施工项目经理部的基本原则

（1）要根据所设计的项目组织形式设置项目经理部。项目组织形式与企业对施工项目的管理方式及授权有关。不同的组织形式对项目经理部的管理力量和管理职责提出了不同要求，同时也提供了不同的管理环境。

（2）要根据施工项目的规模、复杂程度和专业特点设置项目经理部。例如大型项目经理部可以设职能部、处；中型项目经理部可以设处、科；小型项目经理部一般只需设职能人员即可。如果项目有专业性，便可设置专业性的职能部门，如水电处、安装处、打桩处等。

（3）项目经理部是一个具有弹性的一次性管理组织，随着工程项目的开工而组建，随着工程项目的竣工而解体，不应搞成一级固定性组织。项目经理部不应有固定的作业队伍，而应根据施工的需要，在企业的组织下，从劳务分包公司吸收人员并进行动态管理。

（4）项目经理部的人员配置应面向现场，满足现场的计划与调度、技术与质量、成本与核算、劳务与物资、安全与文明施工等需要。一般不应设置专管经营与咨询、研究与发展、政工与人事等与项目施工关系较少的非生产性管理部门。

（5）应建立有益于项目经理部运转的工作制度。

3. 施工项目的劳动组织

施工项目的劳动力来源于社会的劳务市场。企业设劳动力管理部门（或劳务公司）统一管理。对外签订合同招用的社会劳动力应是劳务分包公司人员，它们按企业资质要求建立和注册，可保证技术与管理质量。

（1）劳务输入：坚持"计划管理，定向输入，市场调节，双向选择，统一调配，合理流动"的方针。具体做法是：项目经理部根据所承担的任务，编制年度劳动力需要量计划，报企业劳动管理部门，企业进行平衡，与有关劳务分包公司签订劳务分包合同，明确需要的工种、人员数量、进出场时间和有关奖罚条款等，正式将劳动力组织引入施工项目，形成劳务作业层。

（2）劳动力组织：劳务队伍均要以整建制进入施工项目，由项目经理部和劳务分包公司双方协商共同组建作业队。

（3）项目经理部对劳务队伍的管理：对于劳务分包公司派出的现场施工作业队，还要实行"三员"管理岗位责任制：即由项目经理派出专职质量、安全、材料员，对一线职工操作全过程监控、检查、考核和严格管理。这样，项目经理部及劳务组织便在施工项目中形成了如图3-10所示的组织结构。

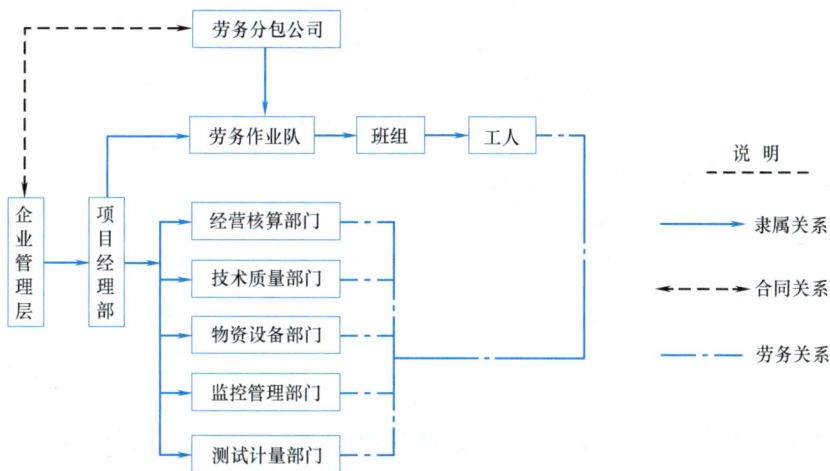

图3-10 施工项目组织劳务关系示意图

（4）劳务分包合同按中华人民共和国建设部和国家工商行政管理总局共同颁发的《建设工程施工劳务分包合同（示范文本）》执行。

四、施工项目管理制度

1. 施工项目管理制度的作用

管理制度是组织为保证其任务的完成和目标的实现，对例行性活动应遵循的方法、程序、要求及标准所作的规定，是根据国家和地方法规及上级部门（单位）的规定制定的内部法规。施工项目管理制度是由施工企业或施工项目经理部制定的，对项目经理部及其作业组织全体职工有约束力。施工项目管理制度的作用主要有两点：一是贯彻国家与施工项目有关的法律、法规、方针、政策、标准、规程等，指导本施工项目的管理；二是规范施工项目组织及职工的行为，使之按规定的方法、程序、要求、标准进行施工和管理活动，从而保证施工项目组织按正常秩序运转，避免发生混乱，保证各项工程的质量和效率，防止出现事故和纰漏，从而确保施工项目目标的顺利实现。

2. 建立施工项目管理制度的原则

项目经理部组建以后，作为组织建设内容之一的管理制度应立即着手制定。制定管理制度必须遵循以下原则：

(1) 制定施工项目管理制度必须贯彻国家法律、法规、方针、政策以及部门规章，且不得有抵触和矛盾，不得危害公众利益。

(2) 制定施工项目管理制度必须实事求是，即符合本施工项目的需要。施工项目最需要的管理制度是有关工程技术、质量、安全、现场、物资、核算、分配制度，它们应是制定管理制度的重点。

(3) 管理制度要配套，不留漏洞，形成完整的管理制度和业务体系。

(4) 各种管理制度之间不能产生矛盾，以免职工无所适从。

(5) 管理制度的制定要有针对性，任何一项条款都必须具体明确，词语表达简洁、明了。

(6) 管理制度的颁布、修改和废除要有严格程序。

项目经理部制定的制度，由项目经理签字，应报公司法定代表人批准方可生效。

3. 项目经理部管理制度的内容

项目经理部的管理制度主要应包括以下各项：

(1) 项目管理人员的岗位责任制度

项目管理人员的岗位责任制度是规定项目经理部各层次管理人员的职责、权限以及工作内容和要求的文件。具体包括项目经理岗位责任制度、项目副经理岗位责任制度以及各管理（部门）人员的岗位责任制度。通过各项制度做到分工明确，责任具体，标准一致，便于管理。

(2) 项目技术管理制度

项目技术管理制度是规定项目技术管理的系列文件，具体应包括图纸会审制度、施工项目管理规划文件的编制和审查制度、技术组织措施制度，新材料、新工艺、新技术、新设备的推广制度等。

(3) 项目质量管理制度

项目质量管理制度是保证项目质量的管理文件，其具体内容包括质量管理规定、质量检查制度、质量事故处理制度以及质量控制体系等。

(4) 项目安全管理制度

项目安全管理制度是规定和保证项目安全生产的管理文件，其主要内容有安全教育制度、安全保证措施、安全生产制度以及安全事故处理制度等。

(5) 项目计划、统计与进度管理制度

项目计划、统计与进度管理制度是规定项目资源计划、统计工作与进度控制工作的管理文件。其内容包括生产计划、劳务和资金等的使用计划及统计工作制度，进度计划和进度控制制度等。

（6）项目成本核算制度

项目成本核算制度是规定项目成本核算的原则、范围、程序、方法、内容、责任及要求的管理文件。

（7）项目材料、机械设备管理制度

项目材料、机械设备管理制度是规定项目材料和机械设备的采购、运输、仓储保管、维修保养以及使用和回收等工作的管理文件。

（8）项目现场管理制度

项目现场管理制度是规定项目现场平面布置，材料、设备、设施的放置，运输线路规划，文明施工要求等内容的一系列管理文件。

（9）项目分配与奖励制度

项目分配与奖励制度是规定项目分配与奖励的标准、依据以及其兑现等工作的管理文件。

（10）项目例会、施工日志与档案管理制度

项目例会及施工日志制度是规定项目管理日常工作例会、现场施工日志和施工记录及资料存档等工作的管理文件。

（11）项目分包及劳务管理制度

项目分包管理制度是规定项目分包类型、模式、范围以及合同履行等工作的管理文件。劳务管理制度是规定项目劳务的组织方式、渠道、待遇、要求等工作的管理文件。

（12）项目组织协调制度

项目组织协调制度是规定项目内部组织关系、近外层关系和远外层关系等的沟通原则、方法以及关系处理标准等的管理文件。

（13）项目信息管理制度

项目信息管理制度是规定项目信息的采集、分析、归纳、总结和应用等工作的程序、方法、原则和标准的管理文件。

项目管理制度一经制定，就应严格实施。在项目实施过程中应严格对照各项制度检查执行情况，并对制度进行及时的修改、补充和完善，以便于更好地规范项目管理。需要修订制度时，应报送企业或其授权的职能部门批准。

五、施工项目经理

（一）施工项目经理的地位

一个施工项目是一项一次性的整体任务，在完成这个任务过程中，现场必须有一个最高的责任者和组织者，这就是施工项目经理。

施工项目经理是承包人的法定代表人在施工项目上的委托授权代理人，是对施工项目管理实施阶段全面负责的管理者，在项目管理中处于核心地位。因此，确立施工项目经理的地位是搞好施工项目管理的关键。

（1）施工项目经理是施工企业法定代表人在施工项目上负责管理和合同履行的委托授权代理人，是项目实施阶段的第一责任人。从企业内部看，施工项目经理是施工项目实施过程所有工作的总负责人，是项目动态管理的体现者，是项目生产要素合理投入和优化组合的组织者。从对外方面看，企业法定代表人不直接对每个发包人负责，而是由施工项目

经理在授权范围内对发包人直接负责。由此可见，施工项目经理是项目目标的全面实现者，既要对发包人的成果性目标负责，又要对企业效益性目标负责。

（2）施工项目经理是协调各方面关系，使之相互紧密协作与配合的桥梁和纽带。他根据授权范围对项目承担合同责任，履行合同义务，执行合同条款，处理合同纠纷。

（3）施工项目经理对项目实施进行控制，是各种信息的集散中心。自上、自下、自外而来的信息，通过各种渠道汇集到项目经理；项目经理又通过报告和计划等形式对上反馈信息，对下发布信息。通过信息的集散达到控制的目的，使项目管理取得成功。

（4）施工项目经理是施工责、权、利的主体。这是因为，施工项目经理是项目中人、财、物、技术、信息和管理等所有生产要素的组织管理人。他不同于技术、财务等专业的总负责人，项目经理必须把组织管理职责放在首位。项目经理首先必须是项目实施阶段的责任主体，是实现项目目标的最高责任者，而且目标的实现还应该不超出限定的资源条件。责任是实现项目经理责任制的核心，它构成了项目经理工作的压力，是确定项目经理权力和利益的依据。对项目经理的上级管理部门来说，最重要的工作之一就是把项目经理的这种压力转化为动力。其次，项目经理必须是项目的权力主体。权力是确保项目经理能够承担起责任的条件与手段，所以权力的范围必须视项目经理责任的要求而定。如果没有必要的权力，项目经理就无法对工作负责。项目经理还必须是项目的利益主体。利益是项目经理工作的动力，是因项目经理负有相应的责任而得到的报酬，所以利益的形式及利益的多少也应该视项目经理的责任而定。项目经理必须处理好与项目经理部、企业和职工之间的利益关系。

（二）施工项目经理的职责、权限和利益

1. 项目经理的职责

（1）项目管理目标责任书规定的职责。

（2）主持编制项目管理实施规划，并对项目目标进行系统管理。

（3）对资源进行动态管理。

（4）建立各种专业管理体系并组织实施。

（5）进行授权范围内的利益分配。

（6）收集工程资料，准备结算资料，参与工程竣工验收。

（7）接受审计，处理项目经理部解体的善后工作。

（8）协助组织进行项目的检查、鉴定和评奖申报工作。

2. 项目经理的权限

（1）参与项目招标投标和合同签订。

（2）参与组建项目经理部。

（3）主持项目经理部工作。

（4）决定授权范围内的项目资金的投入和使用。

（5）制定内部计酬办法。

（6）参与选择和使用具有相应资质的分包人。

（7）参与选择物质供应单位。

（8）在授权范围内协调和处理与项目管理有关的内、外部关系。

（9）法定代表人授予的其他权力。

3. 项目经理的利益

（1）获得工资和奖励。

（2）项目完成后，按照项目管理目标责任书中的规定，经审计后给予奖励或处罚。

（3）获得评优表彰、记功等奖励或行政处罚。

（三）施工项目经理的知识素质和培养

现代工程建设项目的工程技术系统复杂，实施难度大，发包人越来越趋向把选择性竞争活动移向项目前期阶段，从过去的纯施工技术方案的竞争，逐渐过渡到设计方案的竞争，现在又以项目管理为竞争重点。发包人在选择项目管理单位和承包人时十分注重他们的项目经理的职称和经历、经验和能力的审查，并以此作为定标授予合同的条件之一，赋予很大权重。因此，项目管理公司和承包人便将项目经理的选择、培养作为一个重要的企业发展战略。

1. 施工项目经理知识素质培养途径

（1）应该把项目管理人员，包括项目经理，当作一个专业，在高校中进行有计划的人才培养。可以在大学培训，再进行实践锻炼；也可以在现场抽调人员到大学进行有计划的在职培训。

（2）可以从工程师、经济师以及有专业专长的工程管理技术人员中，注意发现那些熟悉专业技术、懂得管理知识、表现出色、有较强组织能力、社会活动能力和兴趣比较广泛的人，经过基本素质考察后，作为项目经理预备人才加以有目的地培养。主要是在取得专业工作经验以后，给以从事项目管理的锻炼机会，既挑担子、又接受考察，使之逐步具备项目经理条件，然后上岗。在锻炼中，重点内容是项目的设计、施工、采购和管理知识及技能，对项目计划安排、网络计划编排、工程造价管理、招标投标工作、合同业务、质量检验、技术措施制定及财务结算等工作，均要给予学习和锻炼的机会。

（3）大中型项目的项目经理，在上岗前要在其他项目经理的带领下，接受项目副经理、助理或见习项目经理的锻炼，或独立承担小型项目的项目经理工作。经过锻炼，积累经验，并证明确实有担任大中型项目经理的能力后，才能委以大中型项目经理的重任。但在初期，还应给予指导、培养与考核，使其眼界进一步开阔，经验逐步丰富，成长为德才兼备、理论和实践兼能、技术和经济兼通、管理和组织兼行的项目经理。

总之，经过培养和锻炼，施工项目经理的工程专业知识和项目管理能力才能提高，才能承担重大项目的管理重任。

2. 施工项目经理知识素质培养内容

培养项目经理的管理知识应当包括：

（1）现代项目管理基本知识。重点是项目及项目管理的特点和规律、管理思想、管理程序、管理体制、管理组织、项目计划、项目范围、项目采购与合同、项目控制、项目沟通、风险管理等管理知识。

（2）项目管理技术知识。重点是项目经理的主要管理技术，包括网络计划技术、项目协调、行为科学、系统工程、价值工程、计算机技术、项目管理信息系统等技术知识。

培训方法可以是采用面授和网上远程教育等多种形式。系统讲授管理基本知识和管理技术；采用经验交流会或学术会议的方式进行经验交流，推广试点经验；重点参观学习先进经验；进行案例剖析；进行模拟训练，即模拟项目实际情况，模拟谈判场所等，让学员扮演角色亲历其境，处理其事，以接受锻炼。

（四）施工项目经理的工作内容

1. 施工项目经理的基本工作

施工项目经理的基本工作主要有三项：

（1）规划施工项目管理目标。施工项目经理应当对质量、工期、成本等目标做出规划；应当组织项目经理班子成员对目标系统做出详细规划，绘制目标系统展开图，进行目标管理。这件事做得如何，从根本上决定了项目管理的效能，这是因为：

$$管理效能＝目标方向×工作效率$$

再者，确定了项目管理目标，就可以使员工的活动有了中心，拧到一股绳上。

（2）制定员工行为准则。就是建立合理而有效的项目管理制度，从而保证规划目标的实现。管理制度必须符合现代管理基本原理。特别是"系统原理"和"封闭原理"。管理制度应面向全体职工，使他们乐意接受，以有利于规划目标的实现。但绝大多数由项目经理班子或执行机构制定，项目经理给予审批、督促和效果考核。项目经理亲自主持制定的制度，一个是岗位责任制，另一个是赏罚制度。

（3）选用人才。一个优秀的项目经理，必须下一番功夫去选择好项目经理班子成员及主要的业务人员。一个项目经理在选人时，首先要掌握"用最少的人干最多的事"的最基本效率原则，要选得其才，用得其能，置得其所。

2. 施工项目经理的经常性工作

（1）决策。项目经理进行重大决定应按照科学方法。但项目经理不需要包揽一切决策，只有如下两种情况要项目经理做出及时明确的决断：

一个是出现了非规范事件，即例外性事件，例如特别的合同变更，对某种特殊材料的购买，领导重要指示的执行决策等。

另一个是下级请示的重大问题，即涉及项目目标的全局性问题，项目经理要明确及时做出决断。项目经理可不直接回答下属问题，只直接回答下属提出建议。决策要及时、明确，不要模棱两可，更不可遇到问题绕着走。

（2）沟通。项目经理要经常深入实际，密切联系员工及相关人员和单位，这样才能获得信息、发现问题、搞好关系、排除障碍，便于开展领导工作。要把问题解决在当事人面前，把关键工作做在最恰当的时候。

（3）实施合同。对合同中确定的各项目标的实现进行有效的协调与控制，协调各种关系，组织全体职工实现工期、质量、成本、安全管理、文明施工目标；利用合同工具搞好相关经营活动。

3. 施工项目经理责任制

由于项目经理对施工项目负有全面管理的责任，故对承包到手并签订了施工合同的施工项目，应建立以项目经理为首的管理系统，实行施工项目经理责任制。施工项目经理既是管理系统的中心，又是履行合同的主体。施工项目经理从施工项目开工到竣工验收及交付使用，进行全过程的管理，并在项目经理负责的前提下与企业签订项目管理目标责任书，实行成本核算，对实现各项目标负责。

项目经理责任制是企业制定的、以项目经理为责任主体，确保目标实现的责任制度。

（1）施工项目经理责任制应贯彻的原则

第一，实事求是原则

"项目管理目标责任书"制定形式和指标确定是责任制的重要内容，企业应力求从施工项目管理的实际出发，做到以下几点：

1）具有先进性。在指标的确定上，应以先进水平为标准，应避免"不费力、无风险、稳收入"的现象出现。

2）具有合理性。不同的工程类型和施工条件，确定不同水平的指标，不同的职能人员实行不同的岗位责任制，减少分配不公现象。

3）具有可行性。对因不可抗力而导致项目管理目标责任难以实施的，应及时调整，以使每个责任人既要感到有风险压力，又能充满成功的信念。

第二，兼顾企业、项目经理和员工三者利益的原则

在项目经理责任制中，企业、项目经理和员工三者的根本利益是一致的。施工项目经理责任制既要把保证企业利益放在首位，又要维护项目经理和员工的正当利益，特别是在确定个人收入时，切实贯彻按劳分配、多劳多得的原则。

第三，责、权、利、效统一的原则

责、权、利、效的统一原则特别需要注意的是，必须把"效"（即企业的经济效益和社会效益）放在重要地位。因为虽尽到了责任，获得相应的权力和利益，不一定就必然会产生好的效益，责、权、利应围绕企业的整体效益来发挥作用。

（2）实施以施工项目为对象的责任制，应做到指标合理、责任明确、利益直接、考核严格、个人负责、全员管理、民主监督合理分配并承担责任。

第三节　施工项目管理规划

一、施工项目管理规划概述

（一）施工项目管理规划的种类

1. 施工项目管理规划大纲（或称"标前设计"）。它是项目管理工作中具有战略性、全面性和宏观性的指导文件，它由组织的管理层或组织委托的项目管理单位编制。大型和群体工程的施工组织总设计也属此类。

2. 施工项目管理实施规划（或称"标后设计"）。它对项目管理规划大纲进行细化，使其具有可操作性。项目管理实施规划由项目经理组织编制。

（二）施工项目管理实施规划与施工组织设计和质量计划的关系

大中型项目应单独编制项目管理实施规划。承包人的项目管理实施规划可以用施工组织设计或质量计划代替，但应能满足项目管理实施规划的要求。这就要求注意三者的相容性，避免重复性的工作。

无论是称为施工组织设计还是质量计划，都应按项目管理规划的内容要求进行编制。施工组织总设计可参照施工项目管理规划大纲编制；单位工程施工组织设计可参照施工项目管理实施规划编制。

二、施工项目管理规划大纲

(一) 施工项目管理规划大纲的性质

（1）战略性，主要指其内容高屋建瓴，具有原则、长期、长效的指导作用。

（2）全面性，是指它所考虑的是项目的整体管理而不是某一部分或局部，是全过程而不是某个阶段的；

（3）宏观性，是指该规划涉及客观环境、内部管理、相关组织的关系、项目实施等，都是重要的、关键的、大范围的，而不是微观的。

(二) 施工项目管理规划大纲的作用

（1）作为编制投标文件的战略指导与依据。

（2）在投标、合同谈判和签订合同中贯彻执行。

（3）作为中标后编制施工项目管理实施规划的依据。

(三) 施工项目管理规划大纲的编制依据

1. 招标文件及发包人对招标文件的解释

招标文件（含设计文件、标准、规范与有关规定等）是编制项目管理规划大纲的最重要依据。在招标过程中，发包人常会以补充、说明的形式修改、补充招标文件的内容；在标前会议上发包人也会对承包人提出的问题，对招标文件不理解的地方进行解释。承包人在规划大纲的编写过程中一定要注意这些修改、变更和解释。

2. 招标文件分析

对在招标文件分析中发现的问题、矛盾、错误和不理解的地方应及早向发包人（或监理工程师）提出，由监理工程师给予解释。这对承包人正确地编制规划大纲和投标文件是十分重要的。

3. 工程现场环境调查

调查要求有：

（1）环境调查应有计划、有系统地进行，在调查前可以列出调查提纲。

（2）由于投标过程中时间和费用的限制，在这个阶段环境调查不可能十分细致和深入，主要着眼于对施工方案、合同的执行、实施合同成本有重大影响的环境因素。

（3）充分利用企业的信息网络系统和以前曾获得的信息。

（4）在施工项目的投标和执行过程中，环境调查和跟踪是一个持续的、不断细化的过程。

4. 发包人提供的工程信息和资料

发包人提供的工程信息资料包括勘探资料。按照施工合同条件的规定，承包人对发包人提供资料的解释负责。虽然发包人对他所提供的资料的正确性承担责任，但承包人应对它们作基本的分析，检查它们的准确性。发现有明显的错误，应及时通知发包人。

5. 有关本工程投标的竞争信息

参加投标竞争的承包人的数量、这些投标人的基本情况、本企业与这些投标人在本项目上的竞争力分析和比较等，都属于有关工程投标的竞争信息。

6. 承包人对本工程投标和进行工程施工的总体战略

施工项目管理规划大纲必须体现承包人的发展战略、总的经营方针和策略。包括：

（1）企业在项目所在地以及项目所涉及领域的发展战略。

（2）项目在企业经营中的地位，项目的成败对将来经营的影响，如是否是创牌子工程、是否是形象工程等。

（3）发包人的基本情况，如信用、管理能力和水平、发包人的后续工程情况等。

（四）施工项目管理规划大纲的内容

施工项目管理规划大纲的内容包括：施工项目概况；施工项目范围管理规划；施工项目管理目标规划；施工项目管理组织规划；施工项目成本管理规划；施工项目进度管理规划；施工项目质量管理规划；施工项目职业健康安全与环境管理规划；施工项目采购与资源管理规划；施工项目信息管理规划；施工项目沟通管理规划；施工项目风险管理规划；施工项目收尾管理规划。

三、施工项目管理实施规划

（一）施工项目管理实施规划的作用

施工项目管理实施规划应作为整个工程施工管理的执行计划，作为施工项目的管理规范。在施工过程中它还要做进一步的分解，由施工项目经理、经理部各部门和各工程分区负责人、分包人，在施工项目的各阶段中执行。它比施工项目管理规划大纲更具体、更细致，更注重操作性。

（二）施工项目管理实施规划的编制过程

施工项目管理实施规划的编制过程依次如下：

（1）工程施工合同和施工条件分析。

（2）确定施工项目管理实施规划的目录及框架。

（3）分工编写。施工项目管理实施规划应按照专业和管理职能分别由施工项目经理部的各部门（或各职能人员）编写。有时需要承包人的工程分区负责人、企业管理层的一些职能部门参与。

（4）汇总协调。由施工项目经理协调上述各部门（人员）的编写工作，给他们以指导，最后由施工项目经理汇总编写内容，形成初稿。

（5）统一审查。企业管理层出于对施工项目控制的需要应对项目管理实施规划进行审查，并在执行过程中进行监督和跟踪。审查、监督和跟踪具体工作可由企业管理层的职能部门（如总工程师办公室）负责。

（6）修改定稿。

（7）报批。由企业领导批准施工项目管理实施规划，它将作为一份有约束力的施工项目管理文件，不仅对施工项目经理部有效，而且对相关的各个职能部门有效。

（三）施工项目管理实施规划编制要求

（1）施工项目管理实施规划应在企业管理层的领导下由项目经理组织编写，并监督其执行。在编写中应符合现代项目管理的要求。

（2）它的编制应符合施工合同和施工项目管理规划大纲的要求。

从获得招标文件签订施工合同到现场开工，承包人所掌握的信息量不断增加，承包人的经营战略、策略也可能有修改。施工项目管理实施规划应反映这些变化。但如果施工项目管理实施规划对规划大纲有重大的或原则性的修改，应报请企业相关权力部门（人员）批准。

（3）编写完成后先经企业管理层批准并备案，然后送达发包人和/或监理机构认可。

（四）编制施工项目管理实施规划的依据

（1）施工项目管理规划大纲。

（2）企业与施工项目经理部签订的"项目管理目标责任书"。该文件规定着项目经理的责任、权力、利益、施工项目的目标管理过程、企业管理层与项目经理部之间工作关系等。

（3）工程施工合同及其相关文件。

（4）施工项目经理部的自身条件及管理水平。

（5）施工项目经理部掌握的新的其他信息。

（五）施工项目管理实施规划内容

施工项目管理实施规划的内容包括：工程概况；施工部署；施工项目管理组织方案；施工方案；资源供应计划；施工准备工作计划；施工平面图；施工技术组织措施计划；施工项目风险管理计划；技术经济指标计算与分析。

第四节　施工组织设计概述

一、施工组织设计的概念

（一）施工组织设计的定义

施工组织设计是以施工项目为对象编制的，用以指导施工的技术、经济和管理的综合性文件。

该定义说明，施工组织设计的编制对象是施工项目，施工项目分为单体项目和群体项目；施工组织设计的性质是综合文件，其内容应涵盖技术、经济和管理三个方面；施工组织设计的作用是用以指导施工项目的技术工作、经济工作和项目管理工作。

根据《建设工程项目管理规范》的规定，施工组织设计可以代替承包人的施工项目管理实施规划，并应满足施工项目管理实施规划的要求。

（二）施工组织设计的分类

施工组织设计按照编制对象的不同可分为四类：

1. 施工组织纲要。它是工程施工项目招标投标阶段，投标单位根据招标文件、设计文件及工程特点编制的有关施工组织的纲要性文件，即投标文件中的技术标。在项目管理规划文件中，施工组织纲要可以代替施工项目管理规划大纲。

2. 施工组织总设计。它是以多个单位工程组成的群体工程或特大型项目为主要对象编制的施工组织设计，对整个项目的施工过程起统筹规划、重点控制的作用。

根据工程的不同类型，国家对大中型工程项目的规模有专门的规定标准。大型房屋建筑工程标准如下：

（1）25层以上的房屋建筑工程；

（2）高度100m及以上的构筑物或建筑物工程；

（3）单体建筑面积 3 万 m² 以上的房屋建筑工程；

（4）单跨跨度 30m 及以上的房屋建筑工程；

（5）建筑面积 10 万 m² 及以上的住宅小区或建筑群体工程；

（6）单项建安合同额 1 亿元及以上的房屋建筑工程。

需要编制施工组织总设计的特大型建筑工程，其规模应当超过上述大型建筑工程的标准，通常需要分期分批建设。

3. 单位工程施工组织设计。它是以单位（子单位）工程为主要对象编制的施工组织设计，对单位（子单位）工程的施工过程起指导和制约作用。

单位工程和子单位工程的划分原则按照《建筑工程施工质量验收统一标准》执行（见第七章第三节"三"）。已经编制了施工组织总设计的项目，单位工程施工组织设计应是施工组织总设计的具体化，直接指导单位工程的施工管理和技术经济活动。

4. 施工方案。它是以分部（分项）工程或专项工程为对象编制的施工技术与组织方案，以具体指导其施工过程。

施工方案是施工组织设计的进一步细化，也是施工组织设计的补充，施工组织设计的某些内容在施工方案中不需赘述。

国务院规定，对下列达到一定规模的危险性较大的分部（分项）工程编制专项施工方案，并附具安全验算结果：

（1）基坑支护与降水工程；

（2）土方开挖工程；

（3）模板工程；

（4）起重吊装工程；

（5）脚手架工程；

（6）拆除爆破工程；

（7）国务院建设行政主管部门规定或其他危险性较大的工程。

二、施工组织设计编制应遵循的原则

（1）符合施工合同或招标文件中有关工程进度、质量、安全、环境保护、造价等方面的要求。

（2）积极开发、使用新技术和新工艺，推广应用新材料和新设备。

（3）坚持科学的施工程序和合理的施工顺序，采用流水施工和网络计划等方法，科学配置资源，合理布置现场，采取季节性措施，实现均衡施工，达到合理的技术经济指标。

（4）采取技术和管理措施，推广建筑节能和绿色施工。

（5）与质量、环境和职业健康安全三个管理体系有效结合。为保证持续满足过程能力和质量保证的要求，国家鼓励企业执行质量、环境和职业健康安全管理体系的认证制度，建立企业管理体系文件。编制施工组织设计时，应执行管理体系文件的要求。

三、施工组织设计的编制依据

施工组织设计的编制依据包括下列内容：

（1）与工程建设有关的法律、法规和文件。

（2）国家和地方现行有关标准和技术经济指标。

（3）工程所在地区行政主管部门的批准文件，建设单位对施工的要求。

（4）工程施工合同或招标投标文件。

（5）工程设计文件。

（6）工程施工范围内的现场条件，工程地质及水文地质、气象等自然条件。

（7）与工程有关的资源供应情况。

（8）施工企业的生产能力、机具设备状况、技术水平等。

四、施工组织设计的基本内容

施工组织设计应包括下列基本内容：

（1）编制依据。

（2）工程概况。

（3）项目管理组织机构。指施工单位为完成施工项目建立的项目施工管理机构、项目管理组织或项目团队（项目经理部）。

（4）施工部署。指对项目实施过程做出的统筹规划和全面安排，包括项目施工主要目标、施工顺序及空间组织、施工组织安排等。施工部署是施工组织设计的纲领性内容，其他施工组织设计的内容都应该围绕施工部署的原则编制。

（5）施工进度计划。指为实现项目设定的工期目标，对各项施工过程的施工顺序、起止时间和相互衔接关系所做的统筹策划和安排。

（6）施工准备与资源配置计划。施工准备是在项目施工前为保证施工及管理进行所需要的主要条件的筹备和提供。施工资源指为完成施工项目所需要的人力、物资等生产要素。

（7）主要施工方法。施工方法主要是指技术方法，也可包括必要的组织管理方法。

（8）施工现场平面布置。指在施工用地范围内对各项生产、生活设施及其他辅助设施等进行的规划和布置。

（9）主要施工管理计划。它是为完成施工项目管理目标而编制的管理计划，包括：进度管理计划、质量管理计划、安全管理计划、环境管理计划、成本管理计划、其他管理计划。

五、施工组织设计的编制职责和审批职权

（1）施工组织设计由项目负责人主持编制，可一次编制和审批，也可根据需要分阶段编制和审批。

（2）施工组织总设计由总承包单位技术负责人审批。

（3）单位工程施工组织设计应由施工单位技术负责人或技术负责人授权的技术人员审批。

（4）施工方案由项目技术负责人审批。

（5）重点、难点分部（分项）工程和专项施工方案由施工单位技术部门组织相关专家评审，施工单位技术负责人批准。

（6）由专业承包单位施工的分部（分项）工程或专项工程的施工方案，由专业承包单

位技术负责人或技术负责人授权的技术人员审批；有总承包单位时，由总承包单位项目技术负责人核准备案。

（7）规模较大的分部（分项）工程和专项工程的施工方案，按单位工程施工组织设计进行编制和审批。

（8）专项施工方案及其安全验算结果，经施工单位技术负责人、总监理工程师签字后实施。深基坑工程、地下暗挖工程、高大模板工程等危险性较大且达到一定规模的专项施工方案，施工单位还应当组织专家组进行论证审查。

（9）经过修改或补充的施工组织设计，原则上需经原审批级别重新审批。

六、施工组织设计的动态管理

1. 在项目施工过程中，发生下列情况之一时，应该及时修改或补充施工组织设计：

（1）工程设计有重大修改。如地基基础或主体结构的形式发生变化，装修材料或做法发生重大变化，机电设备系统发生大的调整，需要对施工组织设计进行修改；对工程设计图纸的一般性修改，视变化情况对施工组织设计进行补充；对工程设计图纸的细微修改或更正，施工组织设计则不需调整。

（2）有关法律、法规、规范和标准实施、修订和废止。

（3）主要施工方法有重大调整。

（4）主要施工资源配置有重大调整，对施工进度、质量、安全、环境、造价等造成潜在的重大影响时。

（5）施工环境有重大改变，如施工延期造成季节性施工方法变化，施工场地变化造成现场布置和施工方式改变等，致使原来的施工组织设计已不能正确地指导施工。

2. 经修改或补充的施工组织设计应重新审批后才能付诸实施。

3. 项目施工前，要对施工组织设计进行逐级交底；项目施工过程中，要对施工组织设计的执行情况进行检查、分析并适时调整。

4. 竣工验收后，应按照建设工程资料归档的有关规定归档。

第一节　流水施工原理

流水施工方法是在工程施工中广泛使用、行之有效的科学组织、计划方法。流水施工方法起源于工业生产中的流水作业方法，它建立在分工协作和大批量生产的基础上，其实质就是连续作业，组织均衡生产，大量的生产实践已经证明，流水作业方法是合理组织产品生产的有效手段。流水作业原理同样也适用于工程项目的施工过程，故称为流水施工，它也是工程项目施工进度控制的有效方法。

一、组织工程施工的基本方式

在组织工程项目施工时，根据项目的施工特点、工艺流程、资源利用、平面或空间布置等要求，可采用依次施工、平行施工和流水施工的组织方式。现举例说明三种施工组织方式及其特点。

【例 4-1】　某施工项目由四幢结构相同的建筑物组成，其工程编号分别为Ⅰ、Ⅱ、Ⅲ、Ⅳ。各建筑物的基础工程均可分解为挖土方、垫层、砌基础和回填土四个施工过程，分别由相应的专业队按照施工工艺要求依次完成。各个专业队在每幢建筑物的施工时间均为 5 天，其人数分别为 8 人、6人、14 人、5 人。四幢建筑物基础工程分别采用依次施工、平行施工和流水施工的组织方式，三种施工组织方式的比较如图 4-1 所示。

（一）依次施工

依次施工是一种最基本的、同时也是最原始的施工组织方式。它是将拟建工程项目分解为若干个施工过程，按照工艺顺序依次完成每一个施工过程。当一个施工对象完成以后，再按照同样的顺序完成下一个施工对象，依此类推，直至完成所有施工对象。该组织方式的施工进度安排、劳动力需求曲线及总工期见图 4-1 中"依次施工"栏所示，可以看到，依次施工具有以下特点：

（1）单位时间内投入的资源量较少，有利于资源供应的组织；

（2）每一时段仅有一个专业队在现场施工，施工现场的组织、管理比较简单；

（3）没有充分利用工作面，施工工期长；

（4）如果按专业建队，则各专业队不能连续作业，工作出现间歇，劳动力和机具设备等资源无法均衡使用；

（5）如果由一个工作队完成全部施工任务，则不能实现专业化施工，不利于提高劳动生产率和工程质量。

（二）平行施工

平行施工是组织多个同类型的专业队，在同一时间、不同的工作面上按照施工工艺要求，同时完成各施工对象的施工。该组织方式的施工进度安排、劳动力需求曲线及总工期如图 4-1 中"平行施工"栏所示，可以看到，平行施工具有以下特点：

（1）充分利用工作面，施工工期短；

（2）每一时段有多个专业队在施工现场，使施工现场的组织、管理比较复杂；

（3）单位时间内投入的资源量相对依次施工而言成倍增加，不利于资源供应的组织，也将导致工程成本增加；

（4）如果每一个施工对象均按专业组建工作队，则各专业队不能连续作业、劳动力和机具设备等资源无法均衡使用；

（5）如果由一个工作队完成一个施工对象的全部施工任务，则不能实现专业化施工，不利于提高劳动生产率和工程质量。

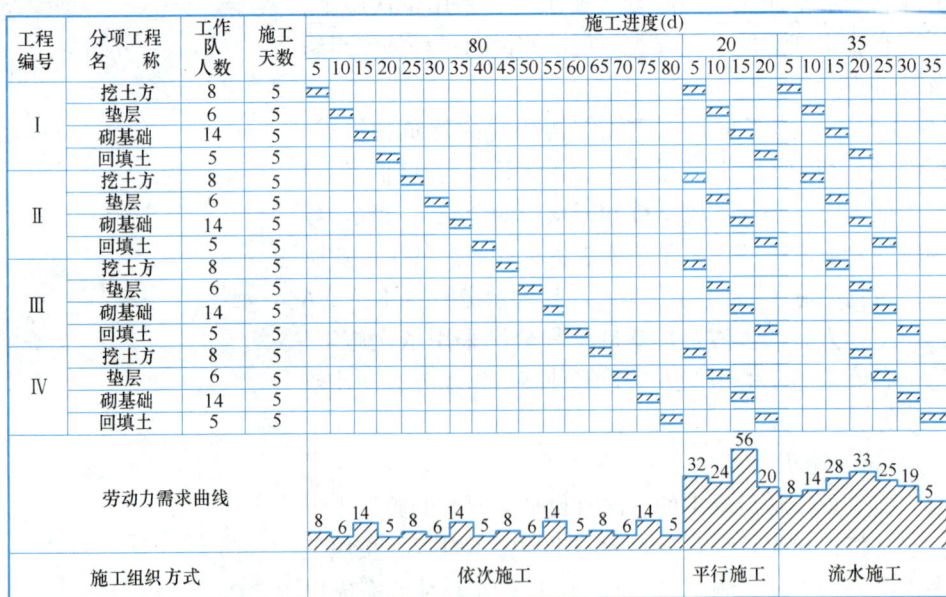

图 4-1　三种施工方式比较图

（三）流水施工

流水施工是将拟建工程项目的施工对象分解为若干施工段（区）和若干施工过程，并按照施工过程组建相应的专业队，各专业队按照施工顺序依次完成各个施工段的施工过程，同时保证施工在时间和空间上连续、均衡、有节奏地进行，并使相邻的两个专业队能最大限度地搭接施工。该组织方式的施工进度安排、劳动力需求曲线及总工期如图 4-1 中"流水施工"栏所示。可以看到，流水施工具有以下特点：

（1）可充分利用工作面，争取时间，相对依次施工而言，施工工期短；

（2）专业队能够连续施工，相邻专业队之间进行了最大限度的搭接施工；

（3）实现了专业化施工，有利于提高工人的技术水平和劳动效率，能更好地保证工程质量；

（4）单位时间投入的劳动力和机具设备等资源较为均衡，有利于资源供应的组织；

（5）为现场的文明施工和科学管理创造了有利条件。

由此可见，流水施工在不需要增加任何费用的前提下取得了良好的施工效果，是实现施工管理科学化的重要手段。

二、组织流水施工的条件

组织工程流水施工，必须具备以下五个方面的条件：

（1）将拟建施工项目的整个建造过程分解为若干个施工过程，每个施工过程分别由固定的专业队负责实施完成。

划分施工过程的目的，是为了将施工对象的建造过程进行分解，以便逐一实现局部对象的施工，从而使施工对象整体得以完成。只有经过合理的项目分解，才能组织专业化施工和有效协作。

（2）将拟建施工项目划分为若干个施工段（区），使施工对象形成"批量"。

流水施工的前提是批量生产。因此，要组织流水施工，应将形体庞大的施工项目划分成若干个劳动量相等或大致相等的施工段，每一个段就是一个"假定产品"，从而形成"批量"。没有"批量"就不可能也不必要组织任何流水施工。

（3）确定各施工专业队在各施工段内工作的持续时间。

每一个施工过程分别由固定的专业队负责在各个施工段实施完成，各专业队在各施工段内工作的持续时间被称为"流水节拍"，它将决定施工速度的快慢和施工的节奏性。工作持续时间要用工程量、人数、工作效率（或定额）三个因素进行计算或估算。

（4）各专业队按一定的施工工艺、配备必要的施工机具、使用相同的材料，依次地、连续地进入各施工段反复完成同类型的工作。

这就是说，各专业队要连续地对假定的批量产品逐个进行专业"加工"。由于施工项目是固定的，所以"流水"的只能是专业队，这也是流水施工与工业生产流水作业的重要区别。

（5）在保证各施工过程连续施工的前提下，将其施工时间最大限度地搭接起来。

不同的专业队之间的关系，关键是工作时间上有搭接，搭接的目的是节省时间，也往往是连续施工或工艺上所要求的。搭接的时间应当适当、合理，需经过计算确定，并要求保持施工工艺上的可行性。

三、组织流水施工的经济效果

流水施工在工艺划分、时间排列和空间布置上的统筹安排，将给施工项目带来显著的经济效果：

1. 缩短施工工期

由于各施工过程之间的合理搭接，减少了各专业工作之间的间隔时间，与依次施工相比，工期将大大缩短（一般能缩短 1/3～1/2），可以使拟建施工项目提前竣工，早日交付使用，尽早发挥投资效益。

【例 4-2】 某施工项目可划分为基础、主体、装饰三个施工过程，若采用依次施工，其进度计划如图 4-2 所示。在工作面允许的情况下，将其划分为三个施工段（Ⅰ、Ⅱ、Ⅲ段）采用流水施工组织方式施工，在不增加人力的情况下，其施工进度计划如图 4-3 所示。两种施工方式相比较，采用流水施工可以缩短施工工期 8 周，达 44%。

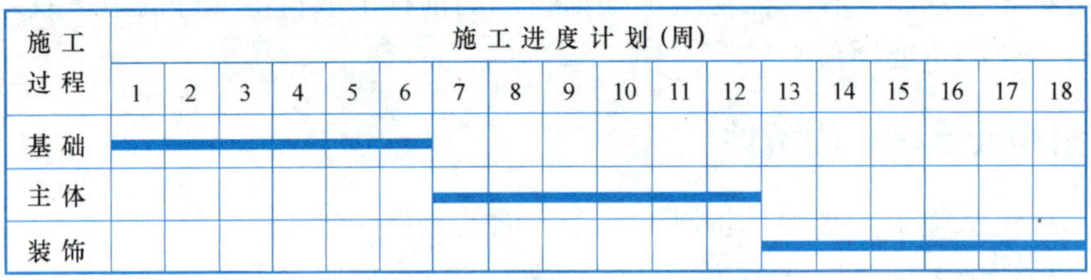

施工过程	施工进度计划（周）																	
	1	2	3	4	5	6	7	8	9	10	11	12	13	14	15	16	17	18
基础	▬	▬	▬	▬	▬	▬												
主体							▬	▬	▬	▬	▬	▬						
装饰													▬	▬	▬	▬	▬	▬

图 4-2　依次施工

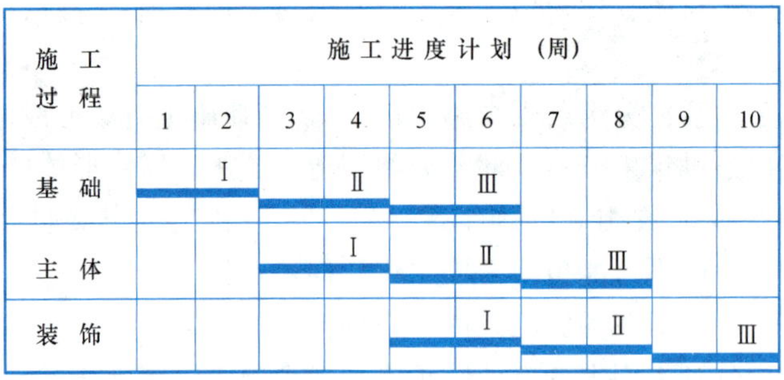

施工过程	施工进度计划（周）									
	1	2	3	4	5	6	7	8	9	10
基础	Ⅰ		Ⅱ		Ⅲ					
主体			Ⅰ		Ⅱ		Ⅲ			
装饰					Ⅰ		Ⅱ		Ⅲ	

图 4-3　流水施工

2. 提高劳动生产率

由于流水施工建立了合理的劳动组织，负责完成每一施工过程的专业队在各个施工段上反复、连续地进行同类型工作，实现了专业化施工，可以提高工人的施工技术水平，使单位时间内完成的成果增加，有利于劳动生产率的提高（一般能够提高 30%～50%）。

3. 降低工程成本

由于生产组织的连续性、均衡性，便于组织资源供应。既可使资源储存合理，减少用工量和临时设施的建造量，也可以使施工机械和劳动力得到充分、合理利用，达到节约资源、降低工程成本的目的（一般可以降低成本 6%～12%），使项目获得良好的经济效益。

四、流水施工主要参数

流水施工首先是在研究工程特点和施工条件的基础上，通过确定一系列参数来实现的。流水施工的主要参数按其性质的不同，可以分为工艺参数、空间参数和时间参数三种类型。

（一）工艺参数

组织流水施工时，首先应将施工对象划分为若干个施工过程。工艺参数是指参与流水施工的施工过程数目，一般用代号"n"表示。在划分施工过程时，只有那些对施工有直接影响的施工内容才予以考虑。施工过程所包括的范围可大可小，既可以是一个工序，又可以是分项工程、分部工程，还可以是单位工程、单项工程，其粗细程度根据计划的需要而确定。一个施工过程如果各由一个专业队施工，则施工过程数和专业队数相等。有时由几个专业队负责完成一个施工过程或一个专业队完成几个施工过程，于是施工过程数与专业队数便不相等。计算时可以用代号"N"表示专业队数。

对工期影响最大的，或对整个流水施工起决定性作用的施工过程（工程量大，须配备大型机械），称为主导施工过程。在划分施工过程以后，首先应找出主导施工过程，以便抓住流水施工的关键环节。

（二）空间参数

在组织流水施工时，用以表达流水施工在空间布置上所处状态的参数，称为空间参数。空间参数包括施工段数和施工层数。

1. 施工段

在组织流水施工时，将拟建工程在平面上划分成若干个工程量大致相等的部分，称为施工段。施工段数用代号"m"表示。

2. 施工层

施工层是指为了满足竖向流水施工的需要，在工程垂直方向上划分的层次，施工层数可用代号"j"表示。施工层的划分将视工程对象的具体情况加以确定，一般以建筑物的结构层作为施工层。在多层建筑流水施工中，总的施工段数是各层施工段数之和。

3. 施工段的划分原则

施工段的划分将直接影响流水施工的效果，为合理划分施工段，一般应遵循下列原则：

（1）有利于保持结构的整体性。

由于每一个施工段内的施工任务均由专业施工队伍完成，因而在两个施工段之间容易形成施工缝。为了保证拟建工程结构的完整性，施工段的分界线尽可能与结构的自然界线（如伸缩缝、沉降缝等）相一致，或设在对结构整体性影响较小的门窗洞口等部位。

（2）各施工段的工程量相等或大致相等。

划分施工段应尽量使各段工程量大致相等，其相差幅度不宜超过15%，以便使施工连续、均衡、有节奏地进行。

（3）应有足够的工作面。

施工段的大小应保证施工人员或机械有足够的作业空间（工作面），以便充分发挥专业工人和机械设备的生产效率。

（4）施工段的数目应与主导施工过程相协调。

施工段的划分宜以主导施工过程（即对整个流水施工起决定性作用的施工过程）为主，形成工艺组合，合理确定施工段的数目。多层工程的工艺组合数应等于或小于每层的施工段数，即：$n \leqslant m$。分段不宜过多，过多可能延长工期或使工作面狭窄；也不宜过少，过少则无法流水施工，使劳动力或机械设备窝工。

4. 施工段数（m）与施工过程数（n）的关系

在工程项目施工中，若某些施工过程之间需要考虑技术或组织间歇时间，则可用公式（4-1）确定每一施工层的最少施工段数：

$$m_{\min} = n + \frac{\sum z}{K} \tag{4-1}$$

式中　$m_{\min}$——每一施工层需划分的最少施工段数；

　　　n——施工过程数；

　　　$\sum z$——某些施工过程之间要求的技术或组织间歇时间的总和；

　　　K——流水步距。

施工段数 m 与施工过程数 n 的关系及其影响：

（1）$m > n$ 时，各专业工作队能连续施工，但工作面有闲置。

（2）$m = n$ 时，各专业队能连续施工，工作面没有闲置，是理想化的流水施工方案，此时要求项目管理者提高管理水平，充分利用工作面连续施工。

（3）$m < n$ 时，专业队不能连续工作，工作面没有闲置，但将造成专业队有窝工现象，是组织流水施工不允许的。

施工段数的多少，将直接影响工期的长短，而且要想保证专业队能连续施工，必须满足公式（4-1）的要求。

当无层间关系或未划分施工层时（如某些单层建筑物、基础工程等），则施工段数不受限制，可按前面所述划分施工段的原则确定。

【例 4-3】 某三层办公楼主体结构工程有绑扎钢筋、支模板、浇注混凝土三个施工过程，其流水节拍均为 3 天（暂不考虑施工段数量对流水节拍的影响），当施工段数 m 分别为 2、3、4 时，试组织该工程的流水施工。

【解】 当取施工段数：$m = 2$（$m < n$）时，组织该工程的流水施工如图 4-4 所示，此时，各专业队不能连续施工，工作面没有闲置；

楼 层	过 程	施工进度									
		3	6	9	12	15	18	21	24	27	30
第一层	绑筋	Ⅰ	Ⅱ								
	支模		Ⅰ	Ⅱ							
	混凝土			Ⅰ	Ⅱ						
第二层	绑筋				Ⅰ	Ⅱ					
	支模					Ⅰ	Ⅱ				
	混凝土						Ⅰ	Ⅱ			
第三层	绑筋							Ⅰ	Ⅱ		
	支模								Ⅰ	Ⅱ	
	混凝土									Ⅰ	Ⅱ

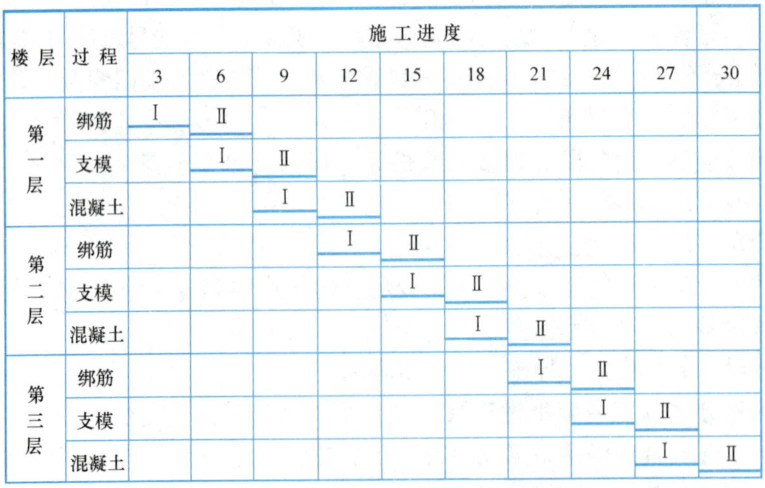

图 4-4　当 $m = 2$ 时（$m < n$），专业队不能连续施工，工作面无闲置

当取施工段数：$m=3$（$m=n$）时，组织该工程的流水施工如图 4-5 所示，此时，各专业队能连续施工，工作面没有闲置；

当取施工段数：$m=4$（$m>n$）时，组织该工程的流水施工如图 4-6 所示，此时，各专业队能连续施工，工作面有闲置。

楼层	过程	施工进度										
		3	6	9	12	15	18	21	24	27	30	33
第一层	绑筋	I	II	III								
	支模		I	II	III							
	混凝土			I	II	III						
第二层	绑筋				I	II	III					
	支模					I	II	III				
	混凝土						I	II	III			
第三层	绑筋							I	II	III		
	支模								I	II	III	
	混凝土									I	II	III

图 4-5　当 $m=3$（$m=n$）时，专业工作队能连续施工，工作面无闲置

楼层	过程	施工进度												
		3	6	9	12	15	18	21	24	27	30	33	36	39	42
第一层	绑筋	I	II	III	III									
	支模		I	II	III	III								
	混凝土			I	II	III	III							
第二层	绑筋					I	II	III	III					
	支模						I	II	III	III				
	混凝土							I	II	III	III			
第三层	绑筋								I	II	III	III		
	支模									I	II	III	III	
	混凝土										I	II	III	III

图 4-6　当 $m=4$（$m>n$）时，专业工作队能连续施工，工作面有闲置

（三）时间参数

在组织流水施工时，用以表达流水施工在时间排列上所处状态的参数，称为时间参数。时间参数主要包括：流水节拍、流水步距、流水施工工期等。

1. 流水节拍

流水节拍是指某一个专业队在一个施工段上完成一个施工过程的持续时间。流水节拍根据工程量、工作效率（或定额）和专业工作队的人数三个因素进行计算或估算，其计算公式是：

$$t=\frac{Q}{RS}=\frac{P}{R} \tag{4-2}$$

式中　t——流水节拍；

　　　Q——某施工段的工程量；

　　　R——专业队的人数（或机械台数）；

S——产量定额，即单位时间（工日或机械台班）内规定应完成的工程量标准；

P——某施工段的劳动量或机械台班量。

如果某施工过程没有定额可查，可采用三时估计法计算流水节拍，其计算公式如下：

$$t=\frac{a+4c+b}{6}$$

(4-3)

式中　a——完成某施工过程的乐观估计时间；

　　　b——完成某施工过程的悲观估计时间；

　　　c——完成某施工过程的最可能估计时间。

确定流水节拍应注意以下事项：

（1）专业队人数要满足该施工过程的劳动组合要求。

（2）流水节拍的确定应考虑到工作面大小的限制，必须保证有关专业队有足够的施工操作空间，确保施工操作安全和专业队的劳动高效。

（3）流水节拍的确定应考虑到机械台班产量，也要考虑机械设备操作场所的安全和质量要求。

（4）有特殊技术限制的工程，如有防水要求的钢筋混凝土工程，受潮汐影响的水工作业，受交通条件影响的道路改造工程和铺管工程，以及设备检修工程等，都受技术操作或安全质量等方面的限制，对作业时间长度和连续性都有限制或要求，在确定其流水节拍时，应当满足这些限制要求。

（5）必须考虑各种材料的储存及供应情况，合理确定有关施工过程的流水节拍。

（6）首先应确定主导施工过程的流水节拍，并以它为依据确定其他施工过程的流水节拍。主导施工过程的流水节拍应是各施工过程流水节拍的最大值，应尽可能是有节奏的，以便组织节奏流水。

2. 流水步距

流水步距是指相邻两个专业队相继进入施工现场开始流水施工的最小时间间隔，通常用代号"K"表示。

流水步距的大小应根据需要和采用的流水施工方式的类型经过计算确定。确定流水步距应遵循下列原则：

（1）各专业队连续施工的需要。流水步距必须使专业队进场以后，不发生停工或窝工的现象。

（2）技术间歇的需要。有些施工过程完成后，后续施工过程不能立即投入作业，必须有足够的间歇时间，这个间歇时间应尽量安排在专业队进场之前，否则便不能保证专业队工作的连续性。

（3）流水步距的长度应保证每个施工段的施工作业程序不乱，不发生前一施工过程尚未全部完成，而后一施工过程便开始施工的现象。有时为了缩短工期，某些次要的专业队可以提前插入，但必须在技术上可行，而且不影响前一个专业队的正常工作。提前插入的现象不宜过多，否则会打乱节奏，影响均衡施工。

3. 流水施工工期

从第一个专业队投入流水施工开始，到最后一个专业队完成最后一个施工过程全部工作为止的整个持续时间，即完成一个流水组施工所需要的时间，称为流水施工工期，可用代号"T"表示。在进行了流水施工安排以后，可以通过计算确定工期；如果绘制出了流水施工进度图，在图上也可以观察到工期长度。

4. 施工间歇

施工间歇就是根据施工工艺、技术要求或组织安排，留出的等待时间。按间歇的性质，可分为技术间歇和组织间歇；按间歇的部位，可分为施工过程间歇和层间间歇。

（1）技术间歇

在组织流水施工时，除要考虑相邻两个专业队之间的流水步距外，还应考虑合理的工艺等待间歇时间，这个等待间歇时间称为技术间歇时间。如混凝土浇筑后的养护时间，抹灰、油漆后的干燥时间等。技术间歇时间通常用代号"$Z_{i,i+1}$"表示。

（2）组织间歇

由于施工组织的原因造成的在流水步距以外增加的间歇时间。如弹线、人员及机械的转移、检查验收等。以代号"$G_{j,j+1}$"表示。

（3）施工过程间歇

在同一个施工层或施工段内，相邻两个施工过程之间的技术间歇或组织间歇，统称为施工过程间歇，用代号"Z_1"表示。施工过程间歇不仅影响施工段的划分，还影响流水施工工期。

（4）施工层间间歇

在相邻两个施工层之间，前一施工层的最后一个施工过程，与下一个施工层相应施工段上的第一个施工过程之间的技术间歇或组织间歇时间称为施工层间间歇，用代号"Z_2"表示。施工层间间歇仅影响施工段的划分，对流水施工工期没有影响。

5. 搭接时间

在组织流水施工时，有时为了缩短工期，在工作面允许的条件下，前一个专业队完成了部分作业后，为下一个专业队提供了一定的工作面，后者可提前插入，两者在同一个施工段上搭接施工，该搭接的时间称为平行搭接时间，通常可用代号"C"表示。

五、流水施工的分类

为了适应施工项目的具体情况和进度计划安排的需要，应根据拟建工程各施工过程时间参数的不同特点，采用相应类型的流水施工组织方式，以取得更好的效果。流水施工组织方式有以下几类：

（一）按流水施工对象的范围分类

根据流水施工的工程对象范围，可分为分项工程流水、分部工程流水、单位工程流水和群体工程流水。

（1）分项工程流水，也可称为细部流水或工序流水，指一个专业队利用同一生产工具依次地、连续不断地在各个施工段中完成同样施工过程的流水施工。

（2）分部工程流水，也可称为专业流水或工艺组合流水，指把若干个工艺上密切联系的分项工程流水施工组合起来形成了分部工程流水施工。它是各个专业队共同完成一个分部工程的流水，如基础工程流水，结构工程流水，装饰工程流水等。

（3）单位工程流水，也可称为工程项目流水，是为完成单位工程而组织起来的全部分部工程流水施工的总和。

（4）群体工程流水，也可称为综合流水。是为完成工业企业或民用建筑群而组织起来的完整工程项目流水的总和。

（二）按施工过程分解的深度分类

根据流水施工组织的需要，有时要求将工程对象的施工过程分解得细些，有时则要求分解得粗些，这就形成了施工过程分解深度的差异。

（1）彻底分解流水。即经过分解后的所有施工过程都由单一工种完成，故所组织的专业队都应该是由单一工种的工人（或机械）组成。

（2）局部分解流水。在进行施工过程的分解时将一部分施工任务适当合并在一起，形成多工种协作的综合性施工过程，这就是不彻底分解的施工过程。这种包含多工种协作的施工过程的流水，就是局部分解流水。如钢筋混凝土圈梁作为一个施工过程，它包含了支模、扎筋和混凝土浇筑这几项工作。该施工过程如果由一个混合工作队（由木工、钢筋工和混凝土工组成）负责施工，这个流水组就称为局部分解流水。

（三）按流水的节奏特征分类

按流水施工节奏特征分类情况如图 4-7 所示。

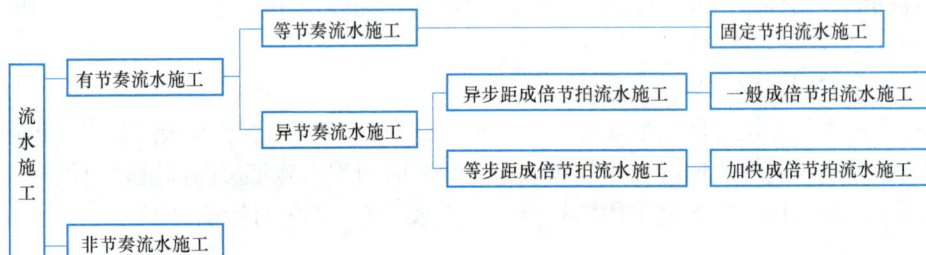

图 4-7　按流水施工节奏特征分类图

1. 有节奏流水施工

有节奏流水施工是指在组织流水施工时，每一个施工过程在各个施工段上的流水节拍都各自相等的流水施工，它分为等节奏流水施工和异节奏流水施工。

（1）等节奏流水施工。是指在流水组中，各个施工过程的流水节拍完全相等的流水施工，也称为固定节拍流水施工或全等节拍流水施工。

（2）异节奏流水施工。是指在流水组中，每一个施工过程的流水节拍相等，而不同施工过程的流水节拍不尽相等的流水施工。在组织异节奏流水施工时，又可以采用等步距和异步距两种流水施工方式。

等步距异节奏流水施工是指在组织异节奏流水施工时，按每个施工过程流水节拍之间的比例关系，成立相应数量的专业队进行的流水施工，称为成倍节拍流水施工。

异步距异节奏流水施工是指在组织异节奏流水施工时，每个施工过程成立一个专业队，由其完成各施工段任务的流水施工，其组织方法与无节奏流水相同（见第二节的"三"）。

2. 无节奏流水施工

无节奏流水施工是指在流水组中，全部或部分施工过程在各个施工段上的流水节拍不完全相等、各个施工过程的流水节拍无规律可循的流水施工。

第二节　流水施工组织方法

为了适应工程项目施工的具体情况，应根据拟建工程项目各施工过程时间参数的不同特点，采用相应类型的流水施工组织方式，以取得更好的效果。

一、等节奏流水施工的组织方法

（一）等节奏流水施工的特点

等节奏流水施工是指流水速度相等的施工组织方式，其主要特点如下：

（1）所有施工过程在各个施工段上的流水节拍均相等。

（2）各施工过程间的流水步距相等，且等于流水节拍。

（3）每个专业工作队在各施工段上能够连续作业，施工段之间没有空闲时间。

（4）专业队数等于施工过程数，即每一个施工过程成立一个专业队，由该专业队完成相应施工过程所有施工段上的任务。

组织等节奏流水施工的首要前提是使各施工段的工程量相等或大致相等；其次，要先确定主导施工过程的流水节拍；第三，使其他施工过程的流水节拍与主导施工过程的流水节拍相等，做到这一点的办法主要是调节各专业队的人数。

该组织方式能够保证专业队的工作连续、有节奏，可以实现均衡施工，是一种最理想的组织流水施工方式。

（二）等节奏流水施工的组织方法

（1）划分施工过程，确定其施工顺序。

（2）确定项目的施工起点流向，划分施工段（应根据前面所述原则划分）。

1）在没有施工间歇或搭接时间的情况下，可取：$m=n$（保证各专业队均有自己的工作面）；

2）在有间歇或搭接时间且为多个施工层（$j \geqslant 2$）的情况下，可取：

$$m=n+\frac{\sum Z_1}{K}+\frac{Z_2}{K}-\frac{\sum C}{K}$$
（4-4）

式中　Z_1——相邻两个施工过程之间的间歇时间；

　　　Z_2——施工层间的间歇时间。

　　　$\sum C$——平行搭接时间之和。

（3）确定流水节拍。

先计算主导施工过程的流水节拍 t，其他施工过程参照 t 确定。

（4）确定流水步距：常取 $K=t$；

（5）计算流水施工工期：

$$T=(m \times j+n-1)K+\sum Z_1-\sum C$$
（4-5）

式中　j——施工层数；

　　$\sum Z_1$——施工过程间歇时间之和（施工层间间歇时间不影响工期）；

（6）绘制流水施工水平图。

（三）应用举例

【例 4-4】　某施工项目按照施工工艺可分解为 A、B、C、D 四个施工过程，各施工过程的流水节拍均为 4d，其中，施工过程 A 与 B 之间有 2d 平行搭接时间，C 与 D 之间有 2d 技术间歇时间，试组织流水施工并绘制流水施工水平图。

【解】　由于：$t_1=t_2=t_3=t_4=t=4$ 天，$j=1$，故本工程宜组织全等节拍流水施工。

（1）流水步距：$K=t=4d$

（2）取施工段：$m=n=4$ 段

（3）计算工期：$T=(m+n-1)K+\sum Z_1-\sum C$

$\qquad\qquad\qquad =(4+4-1)\times 4+2-2=28$（d）

（4）流水施工水平图见图 4-8 所示。

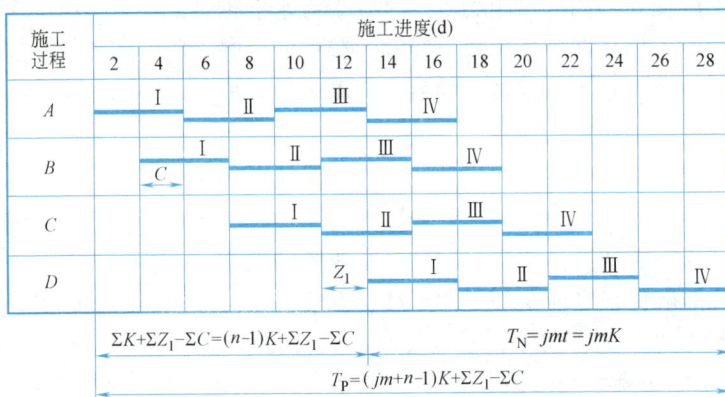

图 4-8　某工程全等节拍流水施工进度计划工期计算

【例 4-5】　某两层现浇钢筋混凝土结构工程，其主体工程可分解为：支模板、扎钢筋、浇混凝土三个施工过程，其流水节拍均为 2d，第一层浇完混凝土需养护 2d 后才能进行第二层的施工，试组织流水施工。

【解】　已知：$t_1=t_2=t_3=2d$，$j=2$，$Z_2=2d$；本工程宜组织全等节拍流水施工。

（1）确定流水步距 $K=t=2d$

（2）取施工段：$m=n+Z_2/K=3+2/2=3+1=4$（段）

（3）计算工期：$T=(m\times j+n-1)K=(4\times 2+3-1)\times 2=20$（d）

（4）绘制流水施工水平指示图表，见图 4-9 所示。

如果是线性工程，也可组织等节奏流水施工，称"流水线法施工"，其组织方法类似于建筑物施工的组织方法，具体步骤如下：

（1）将线性工程对象划分成若干个施工过程。

（2）通过分析，找出对工期起主导作用的施工过程。

（3）根据完成主导施工过程工作的专业队或机械的每班生产率确定专业队的移动速度。

（4）再根据这一移动速度设计其他施工过程的流水施工，使之与主导施工过程相协调。即工艺上密切联系的专业队，按一定的工艺顺序相继投入施工，各专业队以一定不变的速度沿着线性工程的长度方向不断向前推移，每天完成同样长度的工作内容。

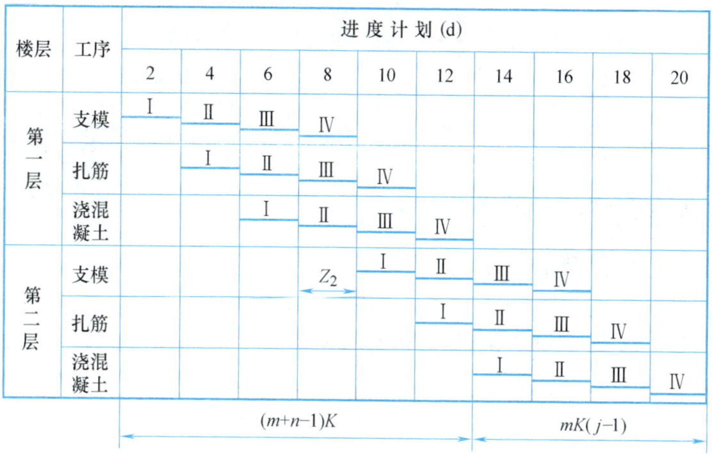

图 4-9 某结构工程全等节拍流水施工进度计划图

【例 4-6】 某铺设管道工程，由开挖沟槽、铺设钢管、焊接钢管、回填土四个施工过程组成。经分析，开挖沟槽是主导施工过程。每班可挖 50m。故其他施工过程都应该以每班 50m 的施工速度，与开挖沟槽的施工速度相适应。每隔一班（50m 的间距）投入一个专业队。这样，我们就可以对 500m 长度的管道工程按图 4-10 所示的进度计划组织流水线法施工。

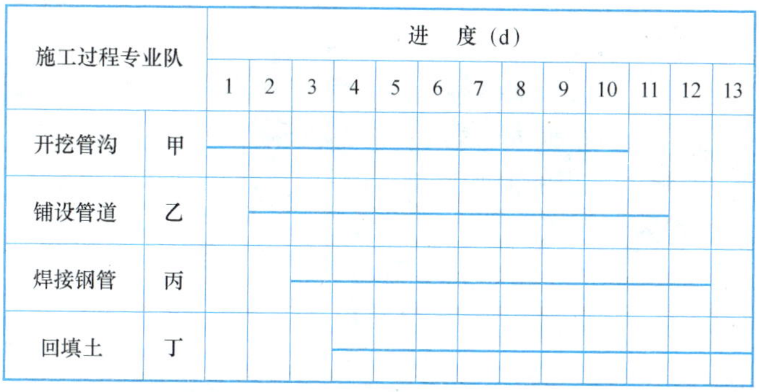

图 4-10 流水线法施工计划

【解】 流水线法组织施工的计算公式是：

$$T=(N-1)K+\frac{L}{V}K+\sum Z_1-\sum C \tag{4-6}$$

令

$$\frac{L}{V}=m$$

则

$$T=(m+N-1)K+\sum Z_1-\sum C \tag{4-7}$$

式中 T——线性工程施工工期（d）；

L——线性工程总长度；

K——流水步距；

N——专业队数；

V——每班移动速度。

本例中，$K=1\text{d}$，$N=4$，$m=\dfrac{500}{50}=10$，故：

$$T=(10+4-1)\times 1=13\text{d}$$

此计算结果与图 4-10 相符。

二、异节奏流水施工的组织方法

一般情况下，组织等节奏流水施工是比较困难的。因为在任何一个施工段上，不同的施工过程的复杂程度不同，影响流水施工的因素也各异，很难使得各施工过程的流水节拍均彼此相等。但是当各施工过程的流水节拍均为某一常数的倍数时，可组织异节奏流水施工（成倍节拍流水施工），即对流水节拍长的施工过程可相应地增加专业队，按全等节拍流水的方法组织施工。

（一）成倍节拍流水施工的特点

（1）同一施工过程在各施工段上的流水节拍彼此相等；

（2）不同的施工过程在同一施工段上的流水节拍彼此不等，但均为某一常数的整倍数；

（3）流水步距彼此相等，且等于各施工过程流水节拍的最大公约数（K）；

（4）各专业队在施工段上能够保证连续施工，施工段上没有空闲时间；

（5）专业队总数（N）大于施工过程数，即 $N>n$。

（二）成倍节拍流水施工的组织方法

1. 划分施工过程，确定其施工顺序。

2. 确定各施工过程的流水节拍。

3. 确定流水步距 K，方法是取各施工过程流水节拍的最大公约数。即：

$$K=\text{最大公约数}\{t_1,t_2,\cdots,t_i,\cdots,t_n\}$$

式中　t_i——是第 i 个施工过程的流水节拍（$i=1$，2，$\cdots$，n）。

4. 确定各施工过程的专业队数。

第 i 施工过程的工作队数：
$$b_i=\frac{t_i}{K} \tag{4-8}$$

则专业队总数为：
$$N=\sum_{i=1}^{n} b_i \tag{4-9}$$

5. 确定施工段数。施工段数 m 的确定原则为：

（1）没有层间关系（$j=1$）时，一般可取：
$$m=\sum b_i=N \tag{4-10}$$

（2）有多个施工层（$j \geqslant 2$）时，每层的施工段数可按下式确定：
$$m \geqslant N+\frac{\sum Z_1}{K}+\frac{Z_2}{K}-\frac{\sum C_i}{K} \tag{4-11}$$

式中　Z_1——相临两项施工过程之间的间歇时间（包括技术性的与组织性的）；

　　　Z_2——施工层间的间歇时间；

　　　C_i——相临两项施工过程之间的搭接时间。

当计算出的施工段数有小数时，应只入不舍取整数，以保证足够的间歇时间；当各施工层间的 $\sum Z_1$ 或 Z_2 不完全相等时，应取各层中的最大值进行计算。

6. 计算流水施工工期 T。

$$T=(m \times j+N-1) \cdot K+\sum Z_1-\sum C \qquad (4-12)$$

式中　j——施工层数；

$\sum Z_1$——施工过程间歇时间之和（施工层间间歇时间不影响工期）；

$\sum C$——平行搭接时间之和。

7. 绘制流水施工水平图。

(三) 应用举例

【例 4-7】 某工程由 A、B、C 三个施工过程组成，各施工过程的流水节拍分别为：$t_1=2$ 周、$t_2=4$ 周、$t_3=6$ 周，试组织成倍节拍流水施工，并绘制施工进度计划图。

【解】

(1) 确定流水步距 K。取各流水节拍的最大公约数，即 $K=2$ 周。

(2) 由公式 (3-8) 确定各施工过程的专业队数为：

$$b_1=t_1/K=2/2=1（队）$$
$$b_2=t_2/K=4/2=2（队）$$
$$b_3=t_3/K=6/2=3（队）$$

(3) 确定参加流水施工的专业队总数：$N=b_1+b_2+b_3=1+2+3=6$ （队）

(4) 确定施工段数，取：$m=N=6$ 段，$j=1$

(5) 计算施工工期：$T=(m+N-1)~K=(6+6-1) \times 2=22$ （周）

(6) 绘制流水施工水平图，如图 4-11 所示。

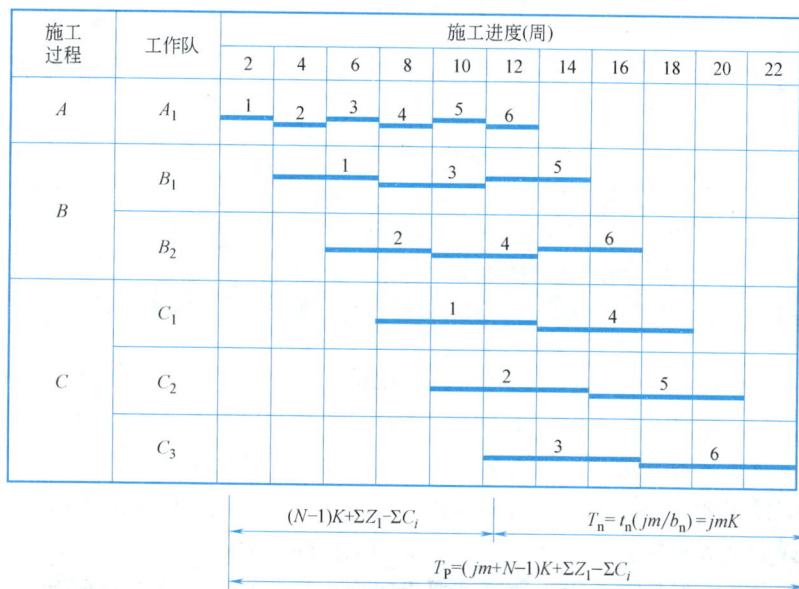

施工过程	工作队	施工进度(周)										
		2	4	6	8	10	12	14	16	18	20	22
A	A_1	1 2 3 4 5 6										
B	B_1			1 3 5								
	B_2				2 4 6							
C	C_1					1 4						
	C_2						2 5					
	C_3							3 6				

$(N-1)K+\sum Z_1-\sum C_i$　　$T_n=t_n(jm/b_n)=jmK$

$T_P=(jm+N-1)K+\sum Z_1-\sum C_i$

图 4-11　某工程成倍节拍流水施工进度计划工期计算

(注：图中 T_n、t_n、b_n 分别为最后施工过程的总持续时间、流水节拍、工作队数)

【例 4-8】 某两层楼房的主体工程由 A、B、C 三个施工过程组成，各施工过程在各个施工段上的流水节拍依次为：4 天、2 天、2 天，施工过程 B、C 之间至少应有 2 天技术间歇。试划分施工段，确定流水施工工期，并绘制流水施工水平图。

【解】

（1）确定流水步距 K。取各流水节拍的最大公约数，即 $K=2d$。

（2）按公式（4-8）确定各施工过程的专业队数为：

$$b_1=2（队），b_2=1（队），b_3=1（队）$$

（3）确定参加流水施工的专业队总数：$N=b_1+b_2+b_3=2+1+1=4$（队）

（4）确定施工段数，即取：

$$m_{\min}=N+\frac{Z_{B.C}}{K}=4+\frac{2}{2}=5（段）$$

（5）计算施工工期：

$$T=(m\times j+N-1)K+\sum Z_1$$
$$=(5\times2+4-1)\times2+2=28（d）$$

（6）绘制流水施工水平图，如图 4-12 所示。

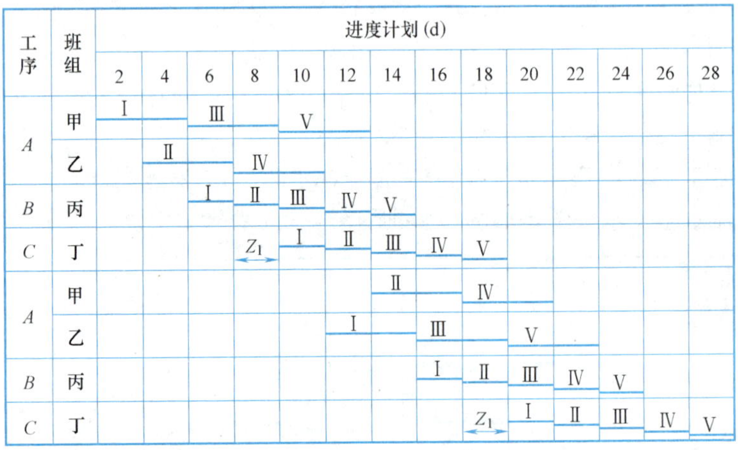

工序	班组	进度计划(d)													
		2	4	6	8	10	12	14	16	18	20	22	24	26	28
A	甲	I		III		V									
	乙		II		IV										
B	丙			I	II	III	IV	V							
C	丁				Z_1	I	II	III	IV	V					
A	甲								II		IV				
	乙						I		III		V				
B	丙								I	II	III	IV	V		
C	丁									Z_1	I	II	III	IV	V

图 4-12　某两层楼房的成倍节拍流水施工进度计划图

三、无节奏流水施工的组织方法

在实际工作中，每个施工过程在各个施工段上的工程量往往不相等，或各专业队的生产效率相差较大，导致流水节拍彼此不能相等，呈无规律状态而难以组织全等节拍流水施工或成倍节拍流水施工。此时，只能按照施工顺序要求，使相邻两个专业队在开工时间上最大限度地搭接起来，且每个专业队都能相对连续施工。该流水施工的组织方式称为无节奏流水施工或分别流水施工。此外，当流水节拍虽然能够满足等节奏流水施工或异节奏流水施工的组织条件，但是施工段数达不到要求时，也需要组织无节奏流水施工。因此，无节奏流水施工是组织流水施工的普遍方法。

（一）无节奏流水施工的特点

（1）各个施工过程在各个施工段上的流水节拍彼此不完全相等。

（2）一般情况下，相邻施工过程之间的流水步距也不相等。

（3）每一个施工过程在各个施工段上的工作均由一个专业队独立完成，一般取专业队数等于施工过程数（$N=n$）。

（4）各个专业队能相对连续施工，有些施工段可能有空闲。

（二）单层无节奏流水施工的组织方法（$j=1$）

（1）分解施工过程，划分施工段。

（2）确定各施工过程在各施工段的流水节拍。

（3）确定流水步距。

组织无节奏流水施工的关键是确定相邻两个专业队之间的流水步距，使其在开工时间上能够最大限度地搭接起来。可以采用最简便且易掌握的"潘特考夫斯基法"，此法又称"大差法"，其步骤如下：

1）累加各施工过程的流水节拍，形成累加数据系列。

2）将相邻两个施工过程的累加数据系列错位相减，得一系列差值。

3）取差值中的最大者作为该两个相邻施工过程之间的流水步距（$K_{i,i+1}$）。

（4）计算流水施工工期：

$$T=\sum K_{i,i+1}+\sum t_{nj}+\sum Z_1-\sum C \qquad (4\text{-}13)$$

式中　$\sum K_{i,i+1}$——相邻施工过程之间流水步距之和；

　　　$\sum t_{nj}$——最后一个施工过程在各个施工段上的流水节拍之和。

（5）绘制流水施工水平指示图。

（三）应用举例

【例4-9】　将某工程项目分解为甲、乙、丙、丁4个施工过程，在组织施工时将平面上划分为4个施工段，各施工过程在各个施工段上的流水节拍如表4-1所示，试组织流水施工并绘制流水施工水平图。

某工程各施工过程的流水节拍（单位：d）　　　　　　　　　　表 4-1

施工过程	施 工 段			
	I	II	III	IV
甲	2	3	3	2
乙	4	3	3	3
丙	3	3	4	4
丁	4	3	4	1

【解】　根据上述条件，本工程宜组织分别流水施工。

（1）求各施工过程流水节拍的累加数据系列：

甲：　　2　5　8　10

乙：　　4　7　10　13

丙：　　3　6　10　14

丁：　　4　7　11　12

（2）将相邻两个施工过程的累加数据系列错位相减：

```
             2   5    8    10
甲与乙：   －)    4    7    10    13
          ————————————————————————
             2   1    1     0   －13
```

$$\begin{array}{cccc} & 4 & 7 & 10 & 13 \\ \text{乙与丙：} & -) & 3 & 6 & 10 & 14 \\ \hline & 4 & 4 & 4 & 3 & -14 \end{array}$$

$$\begin{array}{cccc} & 3 & 6 & 10 & 14 \\ \text{丙与丁：} & -) & 4 & 7 & 11 & 12 \\ \hline & 3 & 2 & 3 & 3 & -12 \end{array}$$

（3）确定流水步距

流水步距等于各累加数据系列错位相减所得差值中数值最大者，即：

$$K_{\text{甲,乙}}=\text{Max}(2,1,1,0,-13)=2(\text{d})$$

$$K_{\text{乙,丙}}=\text{Max}(4,4,4,3,-14)=4(\text{d})$$

$$K_{\text{丙,丁}}=\text{Max}(3,2,3,2,-12)=3(\text{d})$$

（4）计算流水施工工期：$T=\sum K_{i,i+1}+\sum t_{nj}$

$$=(2+4+3)+(4+3+4+1)=21\ (\text{d})$$

（5）绘制流水施工水平图，见图 4-13 所示。

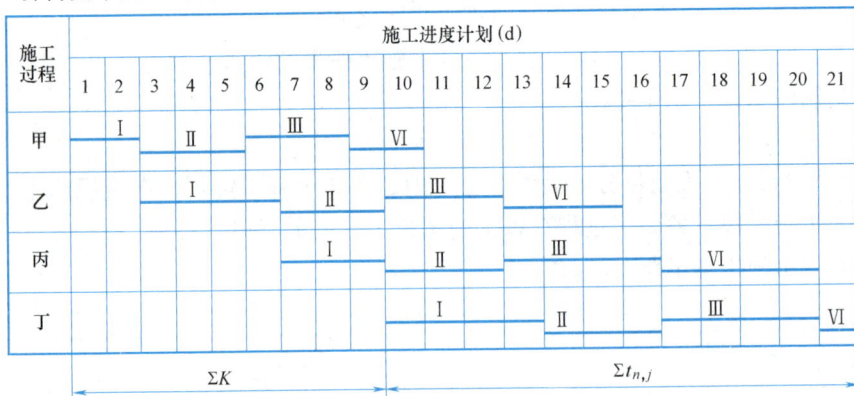

图 4-13　某工程分别流水施工进度计划图

（四）多层无节奏流水施工的组织方法

当工程有多个施工层（$j\geqslant2$），组织无节奏流水施工时为了避免上下层间相应施工段工作面冲突，应计算其层间流水步距。即计算上一层最后一个施工过程与下一层第一个施工过程间的流水步距，该计算仍可采用"大差法"。

【例 4-10】　某工程有 A、B、C 三个施工过程，其施工顺序为 $A\rightarrow B\rightarrow C$，可分为 4 个施工段和 2 个施工层组织施工。$A$、$B$、$C$ 三个施工过程在各施工段上的流水节拍分别为：A：3、3、2、2（d）；B：4、2、3、2（d）；C：2、2、2、3（d）。试组织流水施工并绘制流水施工水平图。

【解】　各施工过程流水节拍的累加数据系列及流水步距计算见表 4-2 所示。

从表 4-2 中可见，第一层最后一个施工过程 C 与第二层第一个施工过程 A 之间的流水步距为 2（d），即 $K_{\text{层间}}=2$。但是，如果第二层的 A 施工过程仅按这个步距投入施工，其他施工过程也都按照已定的流水步距有规律地施工，则可能造成一些专业队在前一层自己的工作未完的情况下，就同时要进行后一层的工作，即发生时间冲突，如 B 施工过程。

因此，在组织多层无节奏流水施工时，为保证每个专业队既要在每个施工层内连续作业，又不能出现工作面冲突和专业队的时间冲突，且实现有规律作业，则需将某些施工层的施工进度线在保持流水步距不变的情况下整体移动调整，以满足上述各种要求。向后移动的时间分析如下：

累加数据系列及流水步距计算 (d)　　　　　表 4-2

A 的节拍累加数列	3	6	8	10				差值之大值	流水步距 K
B 的节拍累加数列		4	6	9	11				
C 的节拍累加数列			2	4	6	9			
A 的节拍累加数列				3	6	8	10		
A、B 数列差值	3	2	2	1	−11			3	$K_{AB}=3$
B、C 数列差值		4	4	5	5	−9		5	$K_{BC}=5$
C、A 数列差值			2	1	0	1	−10	2	$K_{层间}=2$

在第一个施工层按照前述方法组织流水的前提下，以后各层何时开始，主要受到空间和时间两方面限制。所谓空间限制，是指前一个施工层任何一个施工段工作未完，则后一施工层的相应施工段就没有施工的空间；所谓时间限制，是指任何一个专业队未完成前一施工层的工作，则后一施工层就没有时间开始进行。

每项工程具体受到哪种限制，取决于其施工段数及流水节拍的特征。可用施工过程持续时间的最大值（T_{max}）与流水步距的总和（$K_总$）之关系进行判别，即：

（1）当 $T_{max} < K_总$ 时，除一层以外的各施工层施工只受空间限制，可按层间工作面连续来安排第一个施工过程施工，其他施工过程均按已定步距依次施工。各专业队都不能连续施工。

（2）当 $T_{max} = K_总$ 时，流水安排同上，但具有 T_{max} 值施工过程的专业队可以连续施工。

上述两种情况的工期计算公式如下：

$$T = j \sum K_{i,i+1} + (j-1)K_{层间} + T_N + \sum Z_1 + (j-1)Z_2 - \sum C \qquad (4-14)$$

式中　$K_总$——施工过程之间及相邻的施工层之间的流水步距总和（即 $K_总 = \sum K_{i,i+1} + K_{层间}$）；

　　　T_{max}——各施工层内各施工过程中持续时间的最大值，即 $T_{max} = \max [T_1, T_2, \cdots, T_N]$；

　　　j——施工层数；

　$\sum K_{i,i+1}$——施工过程之间的流水步距之和；

　$K_{层间}$——施工层之间的流水步距；

　　T_N——最后一个施工过程在一个施工层的施工持续时间；

　$\sum Z_1$——在一个施工层中施工过程之间的间歇时间之和；

　　Z_2——施工层之间的间歇时间；

　$\sum C$——在一个施工层中施工过程之间的搭接时间之和。

（3）当 $T_{max} > K_总$ 时，具有 T_{max} 值施工过程的专业队可以全部连续施工，其他施工过程可依次按与该施工过程的流水步距关系安排施工。若 T_{max} 值同属几个施工过程，则其相应专业队均可以连续施工。

该情况下的流水工期计算公式是：

$$T=j\sum K_{i,i+1}+(j-1)K_{层间}+T_N+(j-1)(T_{max}-K_{总})$$
$$=j\sum K_{i,i+1}+(j-1)(T_{max}-\sum K_{i,i+1})+T_N \quad (4\text{-}15)$$

当有间歇时间和搭接要求时，工期计算公式是：

$$T=j\sum K_{i,i+1}+(j-1)(T_{max}-\sum K_{i,i+1})+T_N+\sum Z_1+(j-1)Z_2-\sum C \quad (4\text{-}16)$$

式中符号同前。

如在【例 4-10】中：

（1）计算施工过程持续时间的最大值：$T_{max}=11$（见表 4-2），属于施工过程 B。

（2）计算 $K_{总}$：$K_{总}=3+5+2=10$，$T_{max}>K_{总}$，故 B 的施工队可以连续施工。

（3）计算流水施工工期。该两层的流水施工工期按公式（4-15）计算如下：

$$T=j\sum K_{i,i+1}+(j-1)(T_{max}-\sum K_{i,i+1})+T_N$$
$$=2\times(3+5)+(2-1)\times(11-3-5)+9=28(d)$$

（4）绘制流水施工水平指示图，见图 4-14 所示。绘制第二层时需先绘出 B 施工过程的进度线，再依据流水步距关系绘制出 A、C 的进度线。如图 4-14 的双线部分所示。

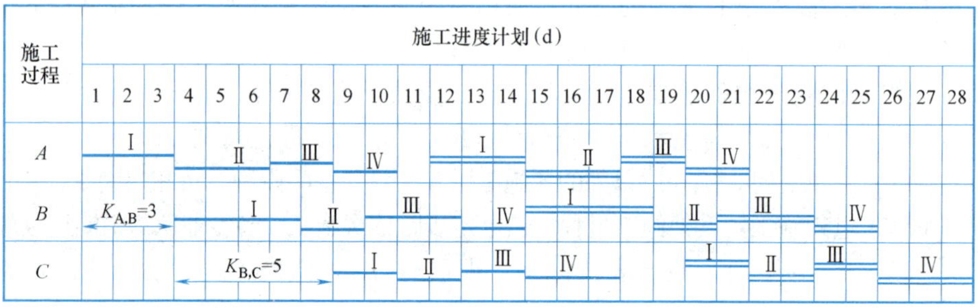
施工过程
施工进度计划(d)
1 2 3 4 5 6 7 8 9 10 11 12 13 14 15 16 17 18 19 20 21 22 23 24 25 26 27 28
A
B
C
Ⅰ Ⅱ Ⅲ Ⅳ
K_A,B=3
K_B,C=5

图 4-14 某工程无节奏流水施工进度计划图（单线为第一层，双线为第二层）

第三节 施工项目流水施工进度计划

一、等节奏流水施工进度计划

等节奏流水施工进度计划是用等节奏流水施工原理编制的。组织等节奏流水施工在一个群体工程总体上及在一个单体工程总体上是不可能的。但是我们完全可以在分部工程中或分区工程中实现等节奏流水施工。

【例 4-11】 图 4-15 是一幢 5 层 4 单元砖混结构工程结构分部工程的等节奏流水施工进度计划，安排一个瓦工组，以 2d 完成一个单元层砌砖为主导施工过程的等节奏流水施

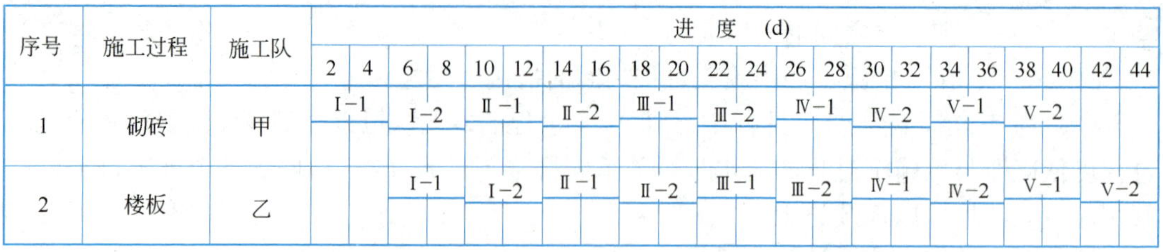
序号
施工过程
施工队
进 度 (d)
2 4 6 8 10 12 14 16 18 20 22 24 26 28 30 32 34 36 38 40 42 44
1 砌砖 甲
Ⅰ-1 Ⅰ-2 Ⅱ-1 Ⅱ-2 Ⅲ-1 Ⅲ-2 Ⅳ-1 Ⅳ-2 Ⅴ-1 Ⅴ-2
2 楼板 乙
Ⅰ-1 Ⅰ-2 Ⅱ-1 Ⅱ-2 Ⅲ-1 Ⅲ-2 Ⅳ-1 Ⅳ-2 Ⅴ-1 Ⅴ-2

图 4-15 某砖混结构工程流水施工进度计划

工。每段由 2 个单元组成，故流水节拍为 4d。其中楼板工艺组合包括的施工过程有：构造柱和圈梁的钢筋混凝土，吊楼板及阳台等预制构件，现浇板及板缝钢筋混凝土，跟随主导施工过程砌砖工程，流水节拍亦为 4d。5 层结构的工期按公式计算为：

$$T=(m×j+N-1)·K=(2×5+2-1)×4=44 \text{（d）}$$

计算结果与图 4-15 所示一致。

二、成倍节拍流水施工进度计划

成倍节拍流水施工是把异节奏流水施工中流水节拍为某一常数的倍数的工程转换为等节奏流水施工。在许多工程中，我们可以利用这一原理编制施工进度计划，现举例说明如下。

【例 4-12】 某建筑群体平面布置图见图 4-16，该群体工程的基础为筏板式钢筋混凝土基础，包括挖土、垫层、钢筋混凝土基础、砌砖基础、回填土 5 个施工过程，1 个单元的施工时间见表 4-3，要求组织成倍节拍流水施工，并绘制出基础施工的流水施工图。

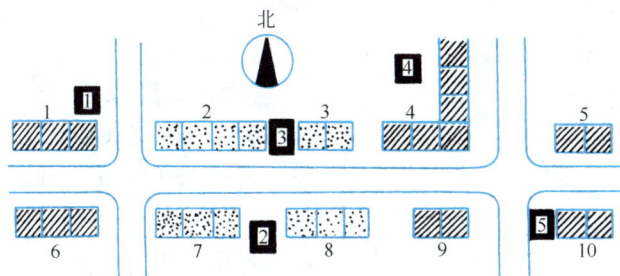

图 4-16 建筑群平面布置图

1 个单元施工过程的施工时间   表 4-3

施工过程	挖土	垫层	钢筋混凝土基础	砌砖基础	回填土
施工时间(d)	2	2	3	2	1

该建筑群体共 30 个单元，如果划分流水区，只能以 4 号楼为最大单元组合，以保持其基础的整体性。全部建筑分成如图 4-16 所示的五个流水区，每个区 6 个单元。为了合理利用已有道路，确定施工流向自西向东，施工顺序为：1 号、6 号（1 区）→7 号、8 号（2 区）→2 号、3 号（3 区）→4 号（4 区）→5 号、9 号、10 号（5 区），每个区各施工过程的流水节拍为一个单元施工时间的 6 倍。

组织异节奏流水施工时，由于各流水节拍为 6 的倍数，故可将该工程组织为成倍节拍流水施工，流水步距为 6d，各施工过程的专业队数是：挖土 2 个队，垫层 2 个队，钢筋混凝土基础 3 个队，砌砖基础 2 个队，回填土 1 个队，基础流水施工的进度图见图 4-17 所示。其工期计算如下：

$$T=(m+N-1)·K=[5+(2+2+3+2+1)-1]×6$$
$$=(5+10-1)×6=84d$$

总工期为 84d，与进度图相一致。

施工过程	专业队	进度（d）												
		6	12	18	24	30	36	42	48	54	60	66	72	78	84
挖 土	1		1	3			5								
	2			2		4									
垫 层	3				1		3		5						
	4					2		4							
混凝土基础	5					1			4						
	6							2		5					
	7							3							
砖基础	8									1		3		5	
	9										2		4		
回 填 土	10										1	2	3	4	5

图 4-17　某工程项目成倍节拍流水施工进度计划

三、分别流水施工进度计划

现举例说明用分别流水编制无节奏流水施工的进度计划。

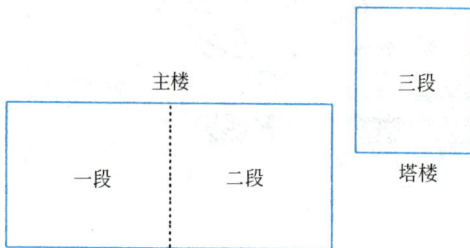

【例 4-13】　某工程由主楼和塔楼组成，现浇柱、预制梁板框架剪力墙结构，主楼 14 层，塔楼 17 层，拟分成三段流水施工，施工顺序有待于优化决策。平面图见图 4-18 所示。每层流水节拍见表 4-4 所示。要求合理安排施工顺序，绘制流水施工进度计划图。

为了保证主楼施工的连续性，可能的施工顺序有：

图 4-18　建筑平面布置图

（1）一段──→二段──→三段；
（2）二段──→一段──→三段；
（3）三段──→一段──→二段；
（4）三段──→二段──→一段。

采用"潘特考夫斯基法"对各流水方案的流水步距进行计算，并求出每个方案每层的工期，可得：第 1 方案 20d，第 2 方案 19d，第 3 方案 21d，第 4 方案 21d，故第 2 方案工期最短，以此顺序安排的流水施工计划见图 4-19 所示。

各施工过程的流水节拍　　　　　　　　　　　　　　表 4-4

序号	施工过程	流水节拍(d)		
		一段	二段	三段
1	柱	2	1	3
2	梁	3	3	4
3	板	1	1	2
4	节 点	3	2	4

【例 4-14】　某工程有 3 个施工层，每层分为 4 个施工段，有 A、B、C 3 个施工过程，其施工顺序为 $A \rightarrow B \rightarrow C$。各施工过程在各施工段上的流水节拍分别为：A：1、3、2、2

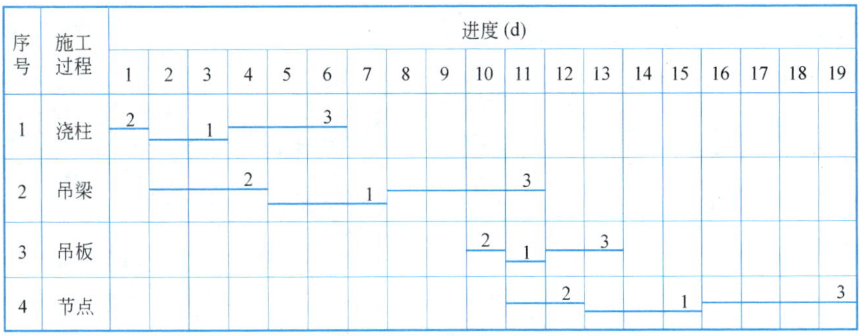

序号	施工过程	进度(d)																		
		1	2	3	4	5	6	7	8	9	10	11	12	13	14	15	16	17	18	19
1	浇柱																			
2	吊梁																			
3	吊板																			
4	节点																			

图 4-19 某工程项目每层的流水施工进度计划

(d)；B：1、1、1、1（d）；C：2、1、2、3（d）。试组织流水施工。

组织方式如下：

（1）确定流水步距：按"取大差法"计算，见表 4-5。

【例 4-14】的流水步距计算 表 4-5

A 的节拍累加数列	1	4	6	8		流水步距
B 的节拍累加数列		1	2	3	4	
C 的节拍累加数列			2	3	5	8
A 的节拍累加数列				1	4	6	8
A、B 数列差值	1	3	4	5	-4		$K_{AB}=5$
B、C 数列差值		1	0	0	-1	-8	$K_{BC}=1$
C、A 数列差值			2	2	1	2	-8	$K_{层间}=2$

（2）流水方式判别：$T_{\max}=8$（见表 4-5），属于施工过程 A 和 C；

$$K_{总}=5+1+2=8；$$

由于 $T_{\max}=K_{总}$，则 A 和 C 专业队均可全部连续作业。

（3）计算流水工期：按式 3-14，该三层工程的流水工期计算如下：

$$T=j\sum K+(j-1)K_{层间}+T_{N}$$
$$=3\times(5+1)+(3-1)\times2+8=30(d)$$

（4）绘制施工进度表：第二、三层需先绘出 A、C 的进度线，再依据步距关系绘出 B 的进度线。如图 4-20 所示。

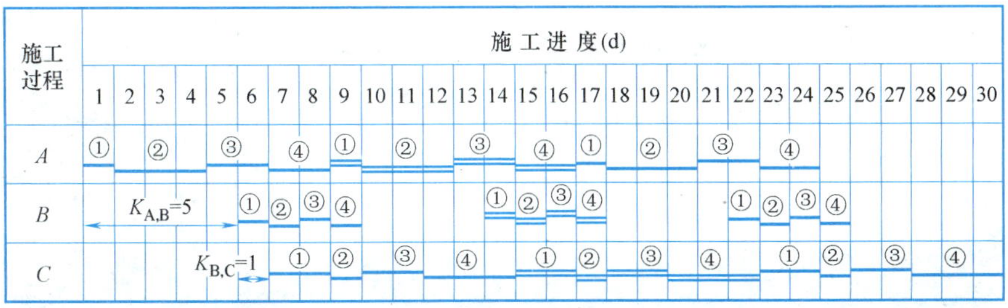

施工过程	施工进度(d)																													
	1	2	3	4	5	6	7	8	9	10	11	12	13	14	15	16	17	18	19	20	21	22	23	24	25	26	27	28	29	30
A																														
B																														
C																														

图 4-20 【例 4-14】的流水施工进度表（双线为第二层的进度线，其后的单粗线为第三层的进度线）

在施工中究竟应采用哪一种流水施工的组织形式，除要分析各施工过程流水节拍的特点外，还应考虑施工工期的要求和施工条件等来选择相应的组织形式，其最终目的是要确保施工项目进度目标的顺利实施。

第一节　网络计划技术概述

一、网络计划技术的起源与发展

网络计划技术是一种科学的计划管理方法，它是随着现代科学技术和工业生产的发展而产生的。20 世纪 50 年代末，为了适应科学研究和新的生产组织管理的需要，国外陆续出现了一些计划管理的新方法。1956 年，美国杜邦公司研究创立了网络计划技术的关键线路方法（Critical Path Method，缩写为 CPM），并试用于杜邦公司一个化学工程维修上，使杜邦公司维修停产的时间由过去的 125 小时降低到 74 小时，一年就节约了 100 万美元，取得了良好的经济效果。1958 年美国海军武器部在研制"北极星"导弹计划时，应用了计划评审技术（Programming Evaluation Review Tecnique，缩写为 PERT）进行项目的计划安排、评价、审查和控制，使"北极星"导弹的制造时间缩短了 3 年，节约了大量资金，获得了巨大成功。20 世纪 60 年代初期，网络计划技术在美国得到了迅速推广，一些新建工程采用这种计划管理的新方法。1965 年，美国 400 家最大的建筑企业中使用 CPM 进行计划管理的达 47％，1970 年达到 80％以上，并广泛应用于工业、运输等其他领域。由于其效果极为显著，引起了世界性的轰动，很快被欧洲、日本等发达国家和地区争相采用。随着现代科学技术的迅猛发展、管理水平的不断提高，网络计划技术也在不断发展和完善，特别是计算机技术和网络计划应用软件的面世，使其有了更加广阔的发展前景。目前，网络计划技术广泛应用于世界各国的工业、国防、建筑、运输和科研等领域，已成为发达国家盛行的一种现代化管理的科学方法。世界银行规定，凡是使用世界银行贷款的工程均需使用网络计划技术进行计划管理。

我国对网络计划技术的研究与应用起步较早，1965 年，著名数学家华罗庚教授首先在我国的生产管理中推广和应用这些新的计划管理方法，他根据网络计划统筹兼顾、全面规划的特点，将其称为统筹法，并亲自带领"小分队"在全国普及和推广。1980 年我国成立了"北京统筹法研究会"；1982 年成立了"中国优选法、统筹法与经济教学研究会"；1983 年成立了"中国建筑学会建筑统筹管理研究会"。40 多年来，网络计划技术作为一门现代管理技术已越来越受到各级领导和广大科技人员的重视。改革开放以后，网络计划技术在我国的工程建设领域也得到迅速的推广和应用，尤其是在大中型工程项目的建设中，对其资源的合理安排、进度计划的编制、优化和控制等应用成效显著。网络计划技术已成为我国工程建设领域中工程项目管理和工程监理等方面必不可少的现代化管理方法。

1992 年，国家技术监督局颁布了中华人民共和国国家标准 GB/T 13400.1、13400.2、13400.3—92《网络计划技术》，并于 2008 年开始修订，新标准已于 2009 年 10 月 1 日起正式实施；1991 年原建设部颁布了中华人民共和国行业标准《工程网络计划技术规程》JGJ/T 121—91，1999 年修订颁布了《工程网络计划技术规程》JGJ/T 121—99 版，2015 年颁布了《工程网络计划技术规程》JGJ/T 121—2015 版。国家标准和行业规程的实施，既使我国网络计划技术的应用有了一个可遵循的、统一的标准，对规范和提高工程项目管理水平发挥了重大作用，又把网络计划技术的应用推上了新台阶，使其步入了该领域的世界先进行列。

网络计划技术的分类如表 5-1 所示。

网络计划技术的类型

表 5-1

类　　型		持续时间	
		肯定型	非肯定型
逻辑关系	肯定型	关键线路法（CPM） 搭接网络法	计划评审技术（PERT）
	非肯定型	决策树型网络法 决策关键线路法（DCPM）	图示评审技术（GERT） 随机网络计划技术（QERT） 风险评审技术（VERT）

二、工程网络计划技术的特点

工程网络计划技术是以工程项目为对象的计划技术，既是一种科学的计划方法，又是一种有效的生产管理方法。如何最合理地组织、管理好生产，做到全面筹划，统一安排，使生产中的各个环节能够做到一环扣一环，互相密切配合和大力协同，使工作好、快、省的完成，这不是单凭经验和稍加思索就可以解决的问题，而是需要一个对各项工作进行统筹安排的科学方法。

长期以来，在工程技术界、在生产的组织和管理上，特别是在施工的进度安排方面，使用"横道图"编制施工进度计划已为施工现场的人员所熟知。下面将分析"横道图"和"网络图"的不同之处以及各自的优缺点来说明为什么宜采用"网络图"安排工程项目的进度计划。

某钢筋混凝土工程的进度计划分别采用横道图和网络图表示，如图 5-1～图 5-3 所示。两者内容完全相同，表示方法却完全不同。

采用"横道图"编制的进度计划是以横向线条结合时间坐标表示各项工作施工的起始点和先后顺序，整个计划是由一系列的横道组成。

工作	进度计划 (d)											
	1	2	3	4	5	6	7	8	9	10	11	12
支模板		I 段			II 段			III 段				
绑扎钢筋					I 段			II 段			III 段	
浇混凝土							I 段			II 段		III 段

图 5-1　用横道图表示的进度计划

采用"网络图"编制的进度计划是用箭线和节点组成的网状图形并加注作业时间来表示的进度计划。

(一) 横道计划方法的优缺点

横道图也称甘特图（Gantt Chart），是美国人亨利·甘特在 20 世纪初研究发明的，它是以条形图的方式通过活动列表和时间刻度形象地表示出任何特定项目的活动顺序与持续时间的状况。

1. 优点

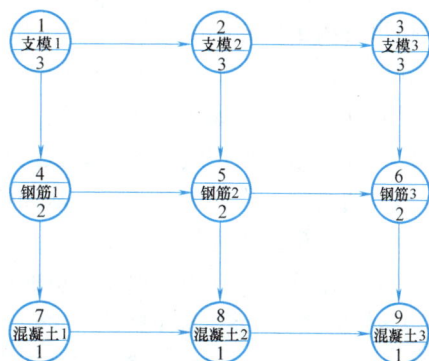

图 5-2　用网络图表示的进度计划（单代号）

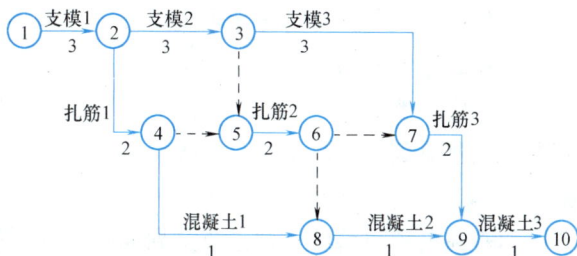

图 5-3　用网络图表示的进度计划（双代号）

（1）横道图编制简单，形象直观，易于理解，使用方便。

（2）结合应用时间坐标，各项工作的起止时间、作业持续时间、工程进度、总工期等均一目了然。

（3）可清楚显示工作之间开展流水施工的情况。

2. 缺点

（1）横道图只能表明工程已有的静态状况，不能反映各项工作之间错综复杂、相互联系、相互制约的生产和协作关系。比如图 5-1 中，浇注混凝土 II 只与绑扎钢筋 II 有关而与其他工作无关。

（2）不能反映出工程中的主要工作和关键性的生产联系，当然也就无法反映出工程的关键所在和全貌。即不能明确反映工程实施中的关键线路和可以灵活机动使用的时间，因而也就无法抓住工作的重点，看不到潜力所在，无法进行最合理的组织安排和指挥生产，不知道如何去缩短工期、降低成本及调整劳动力。

由于横道图存在着一些不足之处，所以对改进和加强工程管理工作是不利的，即使编制计划的人员开始也仔细地分析和考虑了一些问题，但是在图面上无法反映出来，特别是项目多、工作关系复杂时，横道图就很难充分暴露矛盾。在计划执行过程中，某项工作完成的时间由于某种原因提前或拖后了，将对工期和其他工作产生多大的影响，很难从横道图上看清，不利于全面指挥生产。

（二）网络计划方法的优缺点

网络计划与传统的计划管理方法——横道图计划相比，具有以下特点：

1. 优点

（1）网络图把一项工程中的各项工作作为一个有机整体统筹进行安排，能全面而清楚地表达出各项工作之间的先后顺序、相互联系和相互制约的关系。

如图 5-3 中浇注混凝土 1 必须在绑扎钢筋 1 之后进行，与其他工作无关，而浇注混凝土 2 又必须在绑扎钢筋 2 和浇注混凝土 1 之后进行等。

（2）在网络计划中通过时间参数的计算，可在名目繁多、错综复杂的计划中找出对全局有影响的关键工作和关键线路，从而使计划管理者能够采取技术组织措施，集中力量抓住主要矛盾，确保工程按期完工。

（3）利用网络计划中某些工作的时间储备，可以合理地安排人力、物力和资源，达到降低工程成本的目的。即计划管理者可根据工程中非关键工作具有的机动时间，知道从哪里下手去缩短工期，怎样更好地使用人力和设备，达到挖潜力、保重点、缩短工期的目的。

（4）通过网络计划的优化，能从若干可行方案中找出最优方案，还可以合理地进行资源优化配置，取得好、快、省的全面效果。

（5）在网络计划执行过程中，能够对其进行有效的监督和控制，如当某项工作提前或推迟完成时，计划管理者可以预见到它对总工期及后续工作的影响程度，以便及时采取技术、组织措施予以调整。

（6）可以利用计算机和有关的项目管理软件进行计划编制、各项参数计算和优化，为管理现代化创造条件。

2. 缺点

（1）网络图不如横道图那样简单明了、形象直观。

（2）绘制劳动力和资源需要量曲线较困难，流水施工的情况亦很难在网络计划上全面反映出来。

随着计算机硬件技术的提高和有关项目管理软件功能的不断完善，网络计划的不足已经不再是问题，还可以通过绘制带有时间坐标的网络计划弥补其不足。

（三）网络计划技术的适用范围

网络计划技术最适用于工程项目计划管理，特别适用于对大型、复杂、协作广泛的项目实行进度控制。就工程项目领域而言，它既适用于单体工程，又适用于群体工程；既适用于土建工程，又适用于安装工程；既适用于部门计划，又适用于企业的年、季、月度计划；既适用于肯定型的计划，又适用于非肯定型的计划；既可以进行常规时间参数的计算，又可以进行计划优化和调整，其他计划模型均无法与之相比拟。

三、网络计划技术在工程项目计划管理中的应用程序

根据《网络计划技术 第 3 部分：在项目管理中应用的一般程序》GB/T 13400.3—2009 的规定，网络计划技术在工程项目计划管理中的应用程序可分为 7 个阶段 18 个步骤，见表 5-2 所示。其中，前 5 个阶段共 13 个步骤是计划的编制阶段；第 6 个阶段共 3 个步骤是计划的实施与控制阶段；第 7 个阶段 2 个步骤是计划的分析总结阶段。可见，网络计划编制阶段是关键。其主要的编制过程是：在做好项目准备以后，先进行项目的任务分解、绘制网络图并计算时间参数，再编制可行性网络计划，经优化后确定正式网络计划。将网络计划的应用程序标准化，有利于网络计划的编制最佳化和应用有效化，克服应用网络计划的盲目和低效状态。

网络计划技术在工程项目计划管理中的应用程序　　　　表 5-2

序号	阶段名称	序号	步骤名称
1	准备	1	确定网络计划目标
		2	调查研究
		3	项目分解
		4	施工方案设计
2	绘制网络图	5	逻辑关系分析
		6	网络图构图
3	计算参数	7	计算工作持续时间和搭接时间
		8	计算其他时间参数
		9	确定关键线路
4	编制可行网络计划	10	检查与修正
		11	可行网络计划编制
5	确定正式网络计划	12	网络计划优化
		13	网络计划确定
6	网络计划的实施与控制	14	网络计划贯彻
		15	检查和数据采集
		16	控制与调整
7	收尾	17	分析
		18	总结

第二节　双代号网络计划

一、双代号网络图

网络计划技术的基本模型是网络图。网络图是用箭线和节点组成的，用来表示工作流程的有向、有序的网状图形。网络计划是用网络图表达工程中的任务构成、工作顺序，并

加注时间参数的进度计划。双代号网络图是以箭线及其两端有编号的节点表示工作的网络图，如图 5-4 所示。

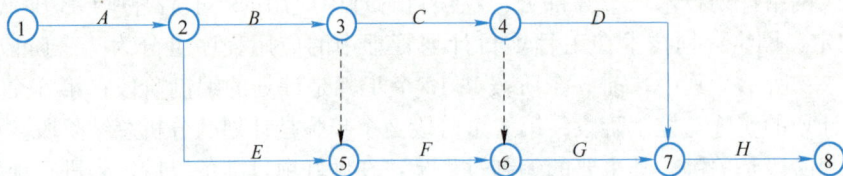

图 5-4　双代号网络图

（一）基本符号

分析图 5-4，可以将双代号网络图的基本符号归纳表述如下。

1. 箭线（工作）

（1）在双代号网络图中，工作以箭线表示。箭线的箭尾节点表示该工作的开始，箭头节点表示该工作的结束。工作的名称标注在箭线的上方，完成该项工作所需要的持续时间标注在箭线的下方。如图 5-5（a）所示。由于每一项工作需用一条箭线及其箭尾和箭头处两个节点中的代号来表示，故称为双代号网络图。

（2）在双代号网络图中，任意一条实箭线都要占用时间、消耗资源（有时只耗时间，不耗用资源，如混凝土养护）。在工程中，一条箭线表示项目中的一个施工过程，它可以是一道工序、一个分项工程、一个分部工程或一个单位工程，其粗细程度、大小范围的划分根据计划任务的需要来确定。

（3）虚箭线及其作用

在双代号网络图中，为了正确地表达工作之间的逻辑关系，往往需要应用虚箭线，其表示方法如图 5-5（b）所示。虚箭线是实际工作中并不存在的一项虚拟工作，故它既不耗用时间，也不耗用资源，一般起着工作之间的联系、区分和断路三个作用。

图 5-5　双代号网络图工作的表示法

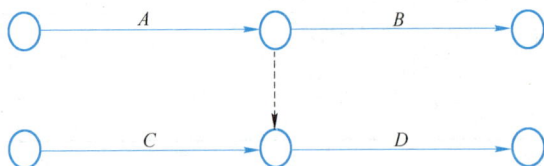

图 5-6　虚箭线的联系作用

联系作用是指应用虚箭线正确表达工作之间相互依存的关系。如某工程中的 A、B、C、D 四项工作的相互关系是：A 完成后进行 B，A、C 均完成后进行 D，则其逻辑关系如图 5-6 所示，图中必须用虚箭线把 A 和 D 的相互关系表示出来。

区分作用是指双代号网络图中每一项工作都必须用一条箭线和两个代号表示，若有两项工作同时开始，又同时完成，绘图时应使用虚工作才能区分两项工作的代号，如图 5-7 所示。

断路作用是用虚箭线把没有关系的工作断开，如图 5-8 中，三层墙面抹灰与一层立门窗口两项工作本来不应有关系，但在这里却产生了关系，故而导致了错误联系。在图 5-9

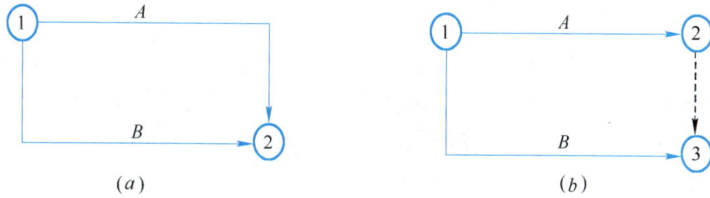

图 5-7　虚箭线的区分作用

（a）错误画法；（b）正确画法

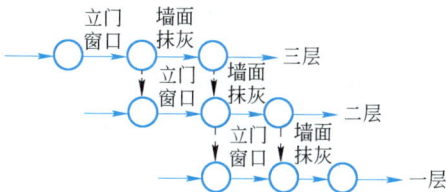

图 5-8　错误的联系

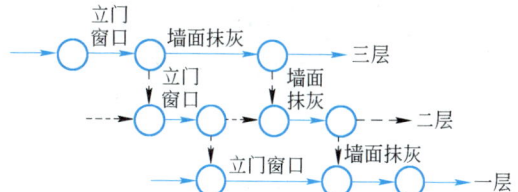

图 5-9　采用虚箭线断路

中，将二层的立门窗口与墙面抹灰两项工作之间加上一条虚箭线，则上述的错误联系就断开了。

（4）在无时间坐标限制的网络图中，箭线的长度原则上可以任意画，其占用的时间以下方标注的时间参数为准。箭线可以为直线、折线或斜线，但其行进方向均应从左向右，如图 5-10 所示。在有时间坐标限制的网络图中，箭线的长度必须根据完成该工作所需持续时间的大小按比例绘制。

图 5-10　箭线的表达形式

（5）在双代号网络图中，各项工作之间的关系如图 5-11 所示。通常将被研究的对象称为本工作，用 i-j 表示；紧排在本工作之前的工作称为紧前工作，用 h-i 表示；紧跟在本工作之后的工作称为紧后工作，用 j-k 表示；与之平行进行的工作称为平行工作。

图 5-11　工作间的关系

2. 节点

节点是网络图中箭线之间的连接点。在双代号网络图中，节点既不占用时间、也不消耗资源，是个瞬时值，即节点只表示工作的开始或结束的瞬间，起着承上启下的衔接作用。网络图中有三种类型的节点：

（1）起点节点

网络图中的第一个节点叫"起点节点"，它只有外向箭线，一般表示一项任务或一个项目的开始，如图 5-12 中（a）所示。

（2）终点节点

网络图中的最后一个节点叫"终点节点"，它只有内向箭线，一般表示一项任务或一个项目的完成，如图 5-12 中（b）所示。

（3）中间节点

网络图中既有内向箭线，又有外向箭线的节点称为中间节点，如图 5-12 中（c）所示。

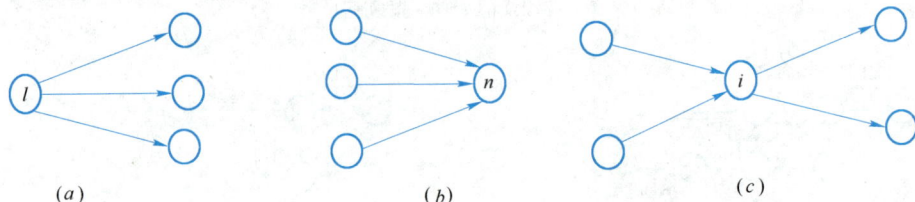

图 5-12　节点类型示意图
（a）起点节点；（b）终点节点；（c）中间节点

（4）在双代号网络图中，节点应用圆圈表示，并在圆圈内编号。一项工作应当只有唯一的一条箭线和相应的一对节点，且要求箭尾节点的编号小于其箭头节点的编号。例如在图 5-13 中，应是 $i<j<k$。网络图节点的编号顺序应从小到大，可以间断，但严禁重复。

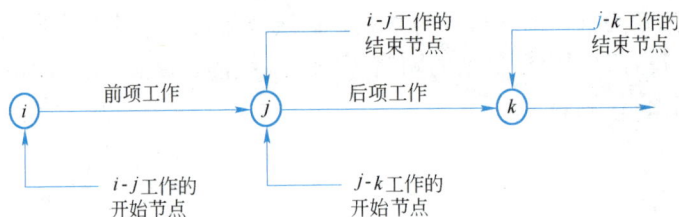

图 5-13　箭尾节点和箭头节点

3. 线路

网络图中从起点节点开始，沿箭线方向连续通过一系列箭线（或虚箭线）与节点，最后达到终点节点所经过的通路称为线路。线路上各项工作持续时间的总和称为该线路的长度。一般网络图有多条线路，可依次用该线路上的节点代号来表示，例如网络图 5-4 中的线路有：①—②—③—④—⑦—⑧，①—②—⑤—⑥—⑦—⑧ 等，其中最长的一条线路被称为关键线路，位于关键线路上的工作称为关键工作。

（二）逻辑关系

网络图中工作之间相互制约或相互依赖的关系称为逻辑关系，它包括工艺关系和组织关系，在网络中均应表现为工作之间的先后顺序关系。

1. 工艺关系

生产性工作之间由工艺过程决定的先后顺序，非生产性工作之间由工作程序决定的先后顺序叫工艺关系。

2. 组织关系

工作之间由于组织安排需要或资源（人力、材料、机械设备和资金等）调配需要而规定的先后顺序关系叫组织关系。

网络图的绘制应正确地表达整个工程或任务的工艺流程、各工作开展的先后顺序及它们之间相互依赖、相互制约的逻辑关系，因此，绘图时必须遵循一定的基本规则和要求。

（三）双代号网络图的绘图规则

1. 双代号网络图应正确表达工作之间已定的逻辑关系

双代号网络图中常见的逻辑关系的表达方式见图 5-14 中的第三列所示。

序号	逻辑关系	双代号表示方法	单代号表示方法
1	A完成后进行B； B完成后进行C		
2	A完成后同时 进行B和C		
3	A和B都完成 后进行C		
4	A和B都完成后 同时进行C和D		
5	A完成后进行C； A和B都完成后进行D		

图 5-14　逻辑关系表达方法

2. 双代号网络图中，不得出现回路

所谓回路是指从网络图中的某一个节点出发，沿着箭线方向又回到了原来出发点的线路。如图 5-15 所示。

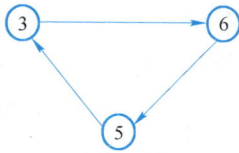

3. 双代号网络图中，不得出现带双向箭头或无箭头的连线。如图 5-16 所示。

4. 双代号网络图中，不得出现没有箭头节点或没有箭尾节点的箭线，如图 5-17 所示。

图 5-15　循环回路示意图　　图 5-16　箭线的错误画法

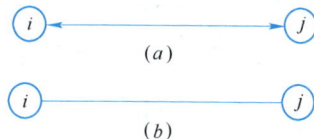

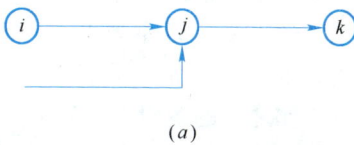

(a)

(b)

图 5-17　没有箭头和箭尾节点的箭线

5. 当双代号网络图的起点节点有多条外向箭线或终点节点多条内向箭线时，对起点节点和终点节点，可使用母线法绘制（但应满足一项工作用一条箭线和相应的一对节点表示的要求），如图 5-18 所示。

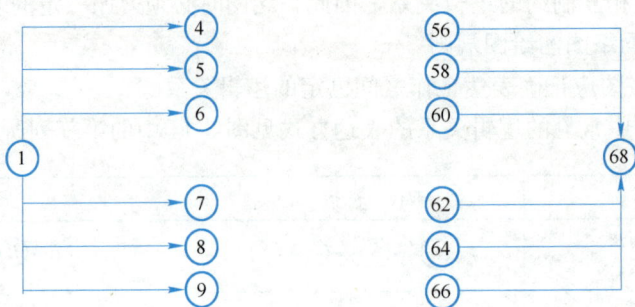

图 5-18　母线表示方法

6. 绘制网络图时，箭线不宜交叉；当交叉不可避免时，可用过桥法或指向法表示。如图 5-19 所示。

图 5-19　箭线交叉的表示方法

（a）过桥法；（b）指向法

7. 双代号网络图中应只有一个起点节点和一个终点节点（分期完成的网络计划除外）；而其他所有节点均应是中间节点。如图 5-20 所示。

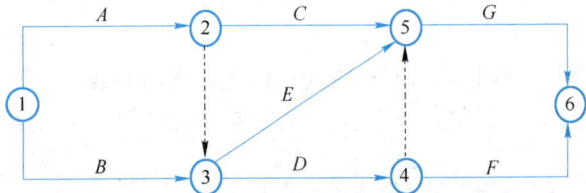

图 5-20　一个起点节点、一个终点节点的网络图

（四）双代号网络图的绘制

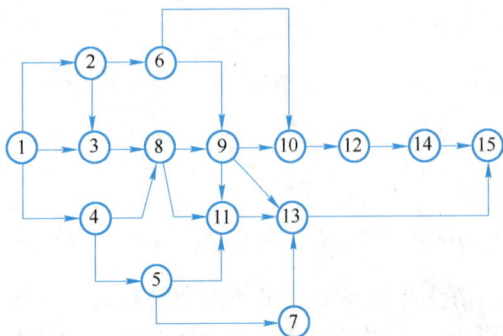

图 5-21　某工程正确的网络图构图

绘制双代号网络图应正确反映工作之间的既定关系，凡有关系的工作一定把关系表达准确，且不要漏画"关系"；没有关系的工作一定不要扯上"关系"，以保证工作之间的逻辑关系正确。绘制双代号网络图的关键有两条：第一，严格按照上述 7 条绘图规则绘图；第二，正确运用虚箭线。网络图应布局合理，条理清楚，尽量横平竖直，避免歪斜零乱。图 5-21 为某工程的正确构图。

二、双代号网络计划时间参数的计算

计算双代号网络计划时间参数的目的在于，通过计算，可以确定各项工作的开始、完成和机动时间，可以确定网络计划中的关键工作、关键线路和计算工期等，为网络计划的优化、调整和执行提供明确的时间依据。计算双代号网络计划时间参数的方法很多，一般常用的有：按工作计算法和按节点计算法；在计算方式上又有分析计算法、表上计算法、图上计算法、矩阵计算法和电算法等。本节只介绍按工作和节点、根据网络图进行分析计算的方法（图上计算法和分析计算法）。

（一）时间参数的概念及其符号

1. 工作持续时间：D_{i-j}

工作持续时间是一项工作从开始到完成的时间。在双代号网络计划中，工作 i-j 的持续时间用 D_{i-j} 表示。

2. 工期：T

工期泛指完成任务所需要的时间，一般有以下三种：

（1）计算工期：T_c

根据网络计划时间参数计算所得到的工期，用 T_C 表示。

（2）要求工期：T_r

任务委托人所提出的指令性工期或合同中规定的工期，用 T_r 表示。

（3）计划工期：T_p

在要求工期和计算工期的基础上，综合考虑需要与可能而确定的工期，也应作为工程项目进度目标的工期，称为计划工期，用 T_p 表示。

网络计划的计划工期 T_p 应按下列情况分别确定：

1）当已规定了要求工期 T_r 时，取：

$$T_p \leqslant T_r \tag{5-1}$$

2）当未规定要求工期 T_r 时，可令计划工期等于计算工期，即：

$$T_p = T_c \tag{5-2}$$

3. 网络计划中工作的六个时间参数

（1）最早开始时间：ES_{i-j}（Earliest Start Time）

工作最早开始时间是在紧前工作和有关时限约束下，本工作有可能开始的最早时刻。工作 i-j 的最早开始时间用 ES_{i-j} 表示。

（2）最早完成时间：EF_{i-j}（Earliest Finish Time）

工作最早完成时间是在紧前工作和有关时限约束下，本工作有可能完成的最早时刻。工作 i-j 的最早完成时间用 EF_{i-j} 表示。

（3）最迟开始时间：LS_{i-j}（Latest Start Time）

最迟开始时间是在不影响任务按期完成和有关时限约束下，工作最迟必须开始的时刻。工作 i-j 的最迟开始时间用 LS_{i-j} 表示。

（4）最迟完成时间：LF_{i-j}（Latest Finish Time）

最迟完成时间是在不影响任务按期完成和有关时限约束的前提下，工作最迟必须完成的时刻。工作 i-j 的最迟完成时间用 LF_{i-j} 表示。

（5）总时差 TF_{i-j}（Total Float）

总时差是在不影响工期和有关时限约束的前提下，一项工作可以利用的机动时间。工作 $i\text{-}j$ 的总时差用 TF_{i-j} 表示。

（6）自由时差 FF_{i-j}（Free Float）

自由时差是在不影响其紧后工作最早开始和有关时限约束的前提下，一项工作可以利用的机动时间。工作 $i\text{-}j$ 的自由时差用 FF_{i-j} 表示。

按工作计算法计算时间参数应在确定各项工作的持续时间之后进行。虚箭线必须视同工作进行计算，其持续时间为零。各项工作时间参数的计算结果应标注在箭线之上，如图 5-22 所示。

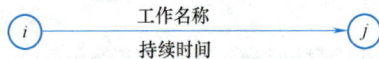

ES_{i-j}	EF_{i-j}	TF_{i-j}
LS_{i-j}	LF_{i-j}	FF_{i-j}

工作名称
持续时间

i ———→ j

图 5-22　工作时间参数标注形式

注：当为虚工作时，图中的箭线为虚箭线。

（二）按工作计算法计算

按工作计算法在网络图上计算工作的六个时间参数，必须在清楚计算顺序和计算步骤的基础上，列出必要的公式，以加深对时间参数计算的理解。时间参数的计算步骤为：

1. 计算工作最早开始时间和最早完成时间

由于工作最早时间参数受到紧前工作和有关时限的约束，故其计算顺序应从起点节点开始，顺着箭线方向依次逐项计算。

（1）以网络计划的起点节点 i 为箭尾节点的工作 $i\text{-}j$，当未规定其最早开始时间 ES_{i-j} 时，其最早开始时间按下式计算。如果网络计划起点节点的编号为 1，则：

$$ES_{i-j}=0(i=1) \tag{5-3}$$

（2）顺着箭线方向依次计算各个工作的最早完成时间和最早开始时间。

1）最早完成时间等于最早开始时间加上其持续时间：

$$EF_{i-j}=ES_{i-j}+D_{i-j} \tag{5-4}$$

2）最早开始时间等于各紧前工作 $h\text{-}i$ 的最早完成时间 EF_{h-i} 的最大值：

$$ES_{i-j}=\max[EF_{h-i}] \tag{5-5}$$

或
$$ES_{i-j}=\max[ES_{h-i}+D_{h-i}] \tag{5-6}$$

2. 确定计算工期 T_c

计算工期等于以网络计划的终点节点为箭头节点的各个工作的最早完成时间的最大值。当网络计划终点节点的编号为 n 时，计算工期为：

$$T_c=\max[EF_{i-n}] \tag{5-7}$$

当无要求工期 T_r 的限制时，取计划工期等于计算工期，即取：$T_p=T_c$。

3. 计算工作最迟开始时间和最迟完成时间

由于工作最迟时间参数受到紧后工作的约束，故其计算应从网络计划的终点节点开始，逆着箭线方向依次逐项计算。

（1）以网络计划的终点节点（$j=n$）为箭头节点的工作，最迟完成时间等于计划工期 T_p，即：

$$LF_{i-n}=T_p \tag{5-8}$$

（2）逆着箭线方向依次计算各项工作的最迟开始时间和最迟完成时间。

1）最迟开始时间等于最迟完成时间减去其持续时间：

$$LS_{i\text{-}j} = LF_{i\text{-}j} - D_{i\text{-}j} \tag{5-9}$$

2）最迟完成时间等于其紧后工作的最迟开始时间 $LS_{j\text{-}k}$ 的最小值，即：

$$LF_{i\text{-}j} = \min[LS_{j\text{-}k}] \tag{5-10}$$

或

$$LF_{i\text{-}j} = \min[LF_{j\text{-}k} - D_{j\text{-}k}] \tag{5-11}$$

4. 计算工作总时差

工作总时差等于其最迟开始时间减去最早开始时间，或等于其最迟完成时间减去最早完成时间：

$$TF_{i\text{-}j} = LS_{i\text{-}j} - ES_{i\text{-}j} \tag{5-12}$$

$$TF_{i\text{-}j} = LF_{i\text{-}j} - EF_{i\text{-}j} \tag{5-13}$$

5. 计算工作自由时差

当工作 $i\text{-}j$ 有紧后工作 $j\text{-}k$ 时，其自由时差应为：

$$FF_{i\text{-}j} = \min[ES_{j\text{-}k}] - EF_{i\text{-}j} \tag{5-14}$$

或

$$FF_{i\text{-}j} = \min[ES_{j\text{-}k}] - [ES_{i\text{-}j} + D_{i\text{-}j}] \tag{5-15}$$

以网络计划的终点节点（$j = n$）为箭头节点的工作，其自由时差 $FF_{i\text{-}n}$ 应按网络计划的计划工期 T_p 确定，即：

$$FF_{i\text{-}n} = T_p - EF_{i\text{-}n} \tag{5-16}$$

或

$$FF_{i\text{-}n} = T_p - (ES_{i\text{-}n} + D_{i\text{-}n}) \tag{5-17}$$

（三）关键工作和关键线路的确定

通过计算网络计划的时间参数，可确定工程的计划工期并找出关键线路。

（1）关键工作：网络计划中工作总时差最小的工作为关键工作。

（2）关键线路：网络计划中自始至终全部由关键工作组成的线路为关键线路，或线路上各工作持续时间之和最长的线路为关键线路。网络计划中的关键线路可用双线、粗线或彩色线标注。

关键路线上的工作均为关键工作，由于其完成的快慢将直接影响计划工期，故在进度计划执行过程中关键工作是管理的重点，在时间和费用方面均需严格控制。

【例 5-1】 已知网络计划的资料如表 5-3 所示，试编制双代号网络计划；若计划工期等于计算工期，试计算各项工作的六个时间参数并确定关键线路（用双线标注在网络计划图上）。

【解】 1. 绘制双代号网络图

根据表 5-3 中网络计划的有关资料，按照网络图的绘图规则，绘制双代号网络图，如图 5-23 所示。

网络计划资料表   表 5-3

工作名称	A	B	C	D	E	F	G	H
紧前工作	—	—	B	B	A、C	A、C	D、E、F	D、F
持续时间(d)	4	2	3	3	5	6	3	5

2. 计算各项工作的时间参数

（1）计算各项工作的最早开始时间和最早完成时间

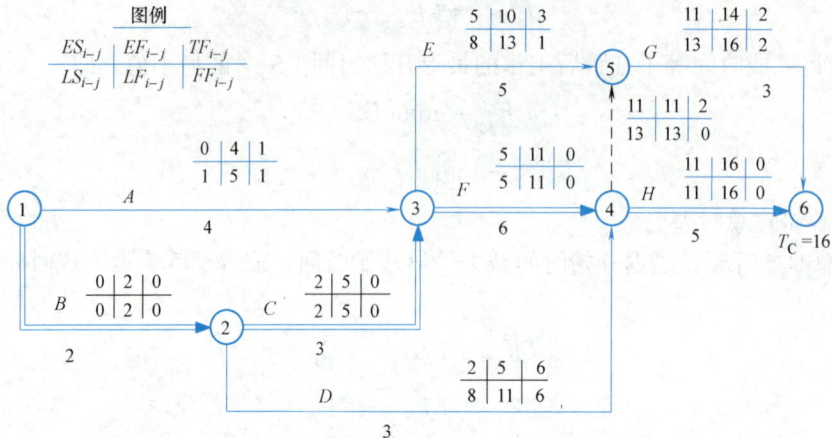

图 5-23　双代号网络计划按工作计算法计算实例

从起始节点（①节点）开始顺着箭线方向依次逐项计算，直到终点节点（⑥节点）。

1）以网络计划起点节点为开始节点的各工作的最早开始时间为零：

$$ES_{1\text{-}2}=ES_{1\text{-}3}=0$$

2）计算各项工作的最早开始和最早完成时间：

$$EF_{1\text{-}2}=ES_{1\text{-}2}+D_{1\text{-}2}=0+2=2$$

$$EF_{1\text{-}3}=ES_{1\text{-}3}+D_{1\text{-}3}=0+4=4$$

$$ES_{2\text{-}3}=ES_{2\text{-}4}=EF_{1\text{-}2}=2$$

$$EF_{2\text{-}3}=ES_{2\text{-}3}+D_{2\text{-}3}=2+3=5$$

$$EF_{2\text{-}4}=ES_{2\text{-}4}+D_{2\text{-}4}=2+3=5$$

$$ES_{3\text{-}4}=ES_{3\text{-}5}=\max[EF_{1\text{-}3},EF_{2\text{-}3}]=\max[4,5]=5$$

$$EF_{3\text{-}4}=ES_{3\text{-}4}+D_{3\text{-}4}=5+6=11$$

$$EF_{3\text{-}5}=ES_{3\text{-}5}+D_{3\text{-}5}=5+5=10$$

$$ES_{4\text{-}6}=ES_{4\text{-}5}=\max[EF_{3\text{-}4},EF_{2\text{-}4}]=\max[11,5]=11$$

$$EF_{4\text{-}6}=ES_{4\text{-}6}+D_{4\text{-}6}=11+5=16$$

$$EF_{4\text{-}5}=11+0=11$$

$$ES_{5\text{-}6}=\max[EF_{3\text{-}5},EF_{4\text{-}5}]=\max[10,11]=11$$

$$EF_{5\text{-}6}=11+3=14$$

将以上计算结果标注在图 5-23 中的相应位置。

（2）确定计算工期 T_c 及计划工期 T_p

计算工期：$T_c=\max[EF_{5\text{-}6},EF_{4\text{-}6}]=\max[14,16]=16$

由于未规定要求工期，取计划工期等于计算工期，即：

计划工期：$T_p=T_c=16$

（3）计算各项工作的最迟开始时间和最迟完成时间

从终节点（⑥节点）开始逆着箭线方向依次逐项计算到起点节点（①节点）。

1）以网络计划终点节点为箭头节点的工作的最迟完成时间等于计划工期：

$$LF_{4\text{-}6}=LF_{5\text{-}6}=16$$

2）计算各项工作的最迟开始和最迟完成时间：

$$LS_{4\text{-}6}=LF_{4\text{-}6}-D_{4\text{-}6}=16-5=11$$
$$LS_{5\text{-}6}=LF_{5\text{-}6}-D_{5\text{-}6}=16-3=13$$
$$LF_{3\text{-}5}=LF_{4\text{-}5}=LS_{5\text{-}6}=13$$
$$LS_{3\text{-}5}=LF_{3\text{-}5}-D_{3\text{-}5}=13-5=8$$
$$LS_{4\text{-}5}=LF_{4\text{-}5}-D_{4\text{-}5}=13-0=13$$
$$LF_{2\text{-}4}=LF_{3\text{-}4}=\min[LS_{4\text{-}5},LS_{4\text{-}6}]=\min[13,11]=11$$
$$LS_{2\text{-}4}=LF_{2\text{-}4}-D_{2\text{-}4}=11-3=8$$
$$LS_{3\text{-}4}=LF_{3\text{-}4}-D_{3\text{-}4}=11-6=5$$
$$LF_{1\text{-}3}=LF_{2\text{-}3}=\min[LS_{3\text{-}4},LS_{3\text{-}5}]=\min[5,8]=5$$
$$LS_{1\text{-}3}=LF_{1\text{-}3}-D_{1\text{-}3}=5-4=1$$
$$LS_{2\text{-}3}=LF_{2\text{-}3}-D_{2\text{-}3}=5-3=2$$
$$LF_{1\text{-}2}=\min[LS_{2\text{-}3},LS_{2\text{-}4}]=\min[2,8]=2$$
$$LS_{1\text{-}2}=LF_{1\text{-}2}-D_{1\text{-}2}=2-2=0$$

（4）计算各项工作的总时差：$TF_{i\text{-}j}$

$TF_{i\text{-}j}$ 可以用工作的最迟开始时间减去最早开始时间或用工作的最迟完成时间减去最早完成时间：

$$TF_{1\text{-}2}=LS_{1\text{-}2}-ES_{1\text{-}2}=0-0=0$$
或 $$TF_{1\text{-}2}=LF_{1\text{-}2}-EF_{1\text{-}2}=2-2=0$$
$$TF_{1\text{-}3}=LS_{1\text{-}3}-ES_{1\text{-}3}=1-0=1$$
$$TF_{2\text{-}3}=LS_{2\text{-}3}-ES_{2\text{-}3}=2-2=0$$
$$TF_{2\text{-}4}=LS_{2\text{-}4}-ES_{2\text{-}4}=8-2=6$$
$$TF_{3\text{-}4}=LS_{3\text{-}4}-ES_{3\text{-}4}=5-5=0$$
$$TF_{3\text{-}5}=LS_{3\text{-}5}-ES_{3\text{-}5}=8-5=3$$
$$TF_{4\text{-}6}=LS_{4\text{-}6}-ES_{4\text{-}6}=11-11=0$$
$$TF_{5\text{-}6}=LS_{5\text{-}6}-ES_{5\text{-}6}=13-11=2$$

将以上计算结果标注在图 5-23 中的相应位置。

（5）计算各项工作的自由时差：$FF_{i\text{-}j}$

$FF_{i\text{-}j}$ 等于紧后工作的最早开始时间最小值减去本工作的最早完成时间：

$$FF_{1\text{-}2}=\min[ES_{2\text{-}3},ES_{2\text{-}4}]-EF_{1\text{-}2}=2-2=0$$
$$FF_{1\text{-}3}=\min[ES_{3\text{-}4},ES_{3\text{-}5}]-EF_{1\text{-}3}=5-4=1$$
$$FF_{2\text{-}3}=\min[ES_{3\text{-}4},ES_{3\text{-}5}]-EF_{2\text{-}3}=5-5=0$$
$$FF_{2\text{-}4}=\min[ES_{4\text{-}6},ES_{5\text{-}6}]-EF_{2\text{-}4}=11-5=6$$
$$FF_{3\text{-}4}=\min[ES_{4\text{-}6},ES_{5\text{-}6}]-EF_{3\text{-}4}=11-11=0$$
$$FF_{3\text{-}5}=ES_{5\text{-}6}-EF_{3\text{-}5}=11-10=1$$
$$FF_{4\text{-}6}=T_{p}-EF_{4\text{-}6}=16-16=0$$
$$FF_{5\text{-}6}=T_{p}-EF_{5\text{-}6}=16-14=2$$

将以上计算结果标注在图 5-23 中的相应位置。

3. 确定关键工作及关键线路

在图 5-23 中，最小的总时差是 0，所以，凡是总时差为 0 的工作均为关键工作。该例中的关键工作是：①—②，②—③，③—④，④—⑥（或关键工作是：B、C、F、H）。

在图 5-23 中，自始至终全由关键工作组成的线路为关键线路，即：①—②—③—④—⑥。关键线路用双箭线标注，如图 5-23 所示。

（四）按节点计算法

按节点计算法计算网络计划的时间参数是先计算节点的最早时间（ET_i）和节点的最

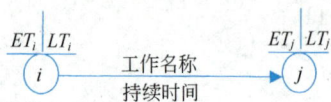

图 5-24　节点时间参数标注方式

迟时间（LT_i），再根据节点时间推算工作时间参数。按节点计算法计算时间参数，其计算结果应标注在节点之上。如图 5-24 所示。

1. 计算节点时间

（1）节点最早时间 ET_i 的计算

双代号网络计划中，节点的最早时间是以该节点为开始节点的各项工作的最早开始时间。

节点 i 的最早时间 ET_i 应从网络计划的起点节点开始，顺着箭线方向依次逐项计算。即：

1）

$$ET_i = 0 \qquad (i=1) \tag{5-18}$$

2）其他节点的最早时间 ET_j 按下式计算

$$ET_j = \max[ET_i + D_{i\text{-}j}] \tag{5-19}$$

（2）网络计划计算工期 T_c 的计算

网络计划的计算工期等于其终点节点 n 的最早时间，即：

$$T_c = ET_n \tag{5-20}$$

（3）节点最迟时间 LT_i 的计算

节点最迟时间是以该节点为完成节点的工作的最迟完成时间。

节点 i 的最迟时间 LT_i 应从网络计划的终点节点开始，逆着箭线方向依次逐项计算。

1）终点节点的最迟时间 LT_n 应按网络计划的计划工期 T_p 确定，即

$$LT_n = T_p \tag{5-21}$$

2）其他节点的最迟时间 LT_i 应为：

$$LT_i = \min[LT_j - D_{i\text{-}j}] \tag{5-22}$$

2. 根据节点时间计算工作时间参数

（1）工作 $i\text{-}j$ 的最早开始时间 $ES_{i\text{-}j}$ 应按下列公式计算：

$$ES_{i\text{-}j} = ET_i \tag{5-23}$$

（2）工作 $i\text{-}j$ 的最早完成时间 $EF_{i\text{-}j}$ 应按下列公式计算：

$$EF_{i\text{-}j} = ET_i + D_{i\text{-}j} \tag{5-24}$$

（3）工作 $i\text{-}j$ 的最迟完成时间 $LF_{i\text{-}j}$ 应按下列公式计算：

$$LF_{i\text{-}j} = LT_j \tag{5-25}$$

（4）工作 $i\text{-}j$ 的最迟开始时间 $LS_{i\text{-}j}$ 应按下列公式计算：

$$LS_{i\text{-}j} = LT_j - D_{i\text{-}j} \tag{5-26}$$

（5）工作 $i\text{-}j$ 的总时差 $TF_{i\text{-}j}$ 应按下列公式计算：

$$TF_{i\text{-}j} = LT_j - ET_i - D_{i\text{-}j} \tag{5-27}$$

（6）工作 $i\text{-}j$ 的自由时差 $FF_{i\text{-}j}$ 应按下列公式计算：

$$FF_{i\text{-}j}=ET_j-ET_i-D_{i\text{-}j} \tag{5-28}$$

【例 5-2】 计算图 5-23 中双代号网络计划的节点时间参数，并标注在图上。

【解】 1. 计算各节点的时间参数

各节点时间参数的计算结果标注在节点上方相应的位置，如图 5-25 所示。

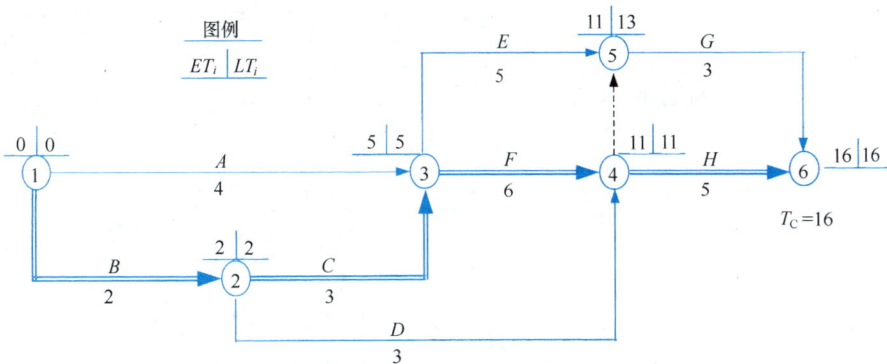

图 5-25 双代号网络计划节点计算法计算实例

（1）计算各节点的最早时间：

$$ET_1=0$$
$$ET_2=ET_1+D_{1\text{-}2}=0+2=2$$
$$ET_3=\max[ET_1+D_{1\text{-}3},ET_2+D_{2\text{-}3}]$$
$$=\max[0+4,2+3]=5$$
$$ET_4=ET_3+D_{3\text{-}4}=5+6=11$$
$$ET_5=\max[ET_3+D_{3\text{-}5},ET_4+D_{4\text{-}5}]$$
$$=\max[5+5,11+0]=11$$
$$ET_6=\max[ET_4+D_{4\text{-}6},ET_5+D_{5\text{-}6}]$$
$$=\max[10+3,11+5]=16$$

（2）网络计划的计算工期 $T_c=ET_6=16$

由于未规定要求工期时，可令计划工期等于计算工期，即：

$$T_p=T_c=16$$

（3）计算各节点的最迟时间：

$$LT_6=T_p=16$$
$$LT_5=LT_6-D_{5\text{-}6}=16-3=13$$
$$LT_4=\min[LT_6-D_{4\text{-}6},LT_5-D_{4\text{-}5}]$$
$$=\min[16-5,13-0]=11$$
$$LT_3=\min[LT_5-D_{3\text{-}5},LT_4-D_{3\text{-}4}]$$
$$=\min[13-5,11-6]=5$$
$$LT_2=\min[LT_4-D_{2\text{-}4},LT_3-D_{2\text{-}3}]$$
$$=\min[11-3,5-3]=2$$
$$LT_1=\min[LT_3-D_{1\text{-}3},LT_2-D_{1\text{-}2}]$$
$$=\min[5-4,2-2]=0$$

2. 工作时间参数的计算

根据节点时间推算各工作时间参数，结果标注在图 5-23 中。

（1）工作 i-j 最早开始时间 $ES_{i\text{-}j}$ 的计算：

$$ES_{1\text{-}2} = ES_{1\text{-}3} = ET_1 = 0$$
$$ES_{2\text{-}3} = ES_{2\text{-}4} = ET_2 = 2$$
$$ES_{3\text{-}4} = ES_{3\text{-}5} = ET_3 = 5$$

$$\cdots\cdots$$

余类推。

（2）工作 i-j 最早完成时间 $ES_{i\text{-}j}$ 的计算：

$$EF_{1\text{-}2} = ES_{1\text{-}2} + D_{1\text{-}2} = 0 + 2 = 2$$
$$EF_{1\text{-}3} = ES_{1\text{-}3} + D_{1\text{-}3} = 0 + 4 = 4$$
$$EF_{2\text{-}3} = ES_{2\text{-}3} + D_{2\text{-}3} = 2 + 3 = 5$$

$$\cdots\cdots$$

余类推。

（3）工作 i-j 最迟完成时间 $LF_{i\text{-}j}$ 的计算：

$$LF_{1\text{-}2} = LT_2 = 2$$
$$LF_{1\text{-}3} = LT_3 = 5$$
$$LF_{2\text{-}4} = LT_4 = 11$$

$$\cdots\cdots$$

余类推。

（4）工作 i-j 最迟开始时间 $LS_{i\text{-}j}$ 的计算：

$$LS_{1\text{-}2} = LT_2 - D_{1\text{-}2} = 2 - 2 = 0$$
$$LS_{1\text{-}3} = LT_3 - D_{1\text{-}3} = 5 - 4 = 1$$
$$LS_{2\text{-}4} = LT_4 - D_{2\text{-}4} = 11 - 3 = 8$$

$$\cdots\cdots$$

余类推。

（5）工作 i-j 总时差 $TF_{i\text{-}j}$ 的计算：

$$TF_{1\text{-}2} = LT_2 - ET_1 - D_{1\text{-}2} = 2 - 0 - 2 = 0$$
$$TF_{1\text{-}3} = LT_3 - ET_1 - D_{1\text{-}3} = 5 - 0 - 4 = 1$$
$$TF_{2\text{-}4} = LT_4 - ET_2 - D_{2\text{-}4} = 11 - 2 - 3 = 6$$
$$TF_{3\text{-}5} = LT_5 - ET_3 - D_{3\text{-}5} = 13 - 5 - 5 = 3$$

$$\cdots\cdots$$

余类推。

（6）工作 i-j 自由时差 $FF_{i\text{-}j}$ 的计算：

$$FF_{1\text{-}2} = ET_2 - ET_1 - D_{1\text{-}2} = 2 - 0 - 2 = 0$$
$$FF_{1\text{-}3} = ET_3 - ET_1 - D_{1\text{-}3} = 5 - 0 - 4 = 1$$
$$FF_{2\text{-}4} = ET_4 - ET_2 - D_{2\text{-}4} = 11 - 2 - 3 = 6$$
$$FF_{3\text{-}5} = ET_5 - ET_3 - D_{3\text{-}5} = 11 - 5 - 5 = 1$$

$$\cdots\cdots$$

余类推。

关键工作及关键线路的确定同前，见图 5-25 所示。

(五) 标号法确定关键线路

标号法是一种快速确定网络计划计算工期和关键线路的方法。该方法仅计算出各节点的最早时间（标号值），从而可快速确定网络计划的计算工期和关键线路，即：

（1）起点节点 i 如未规定最早时间 ET_i 时，其值应等于零，即：

$$ET_i = 0 (i = 1) \tag{5-29}$$

（2）当节点 j 只有一条内向箭线时，最早时间 ET_j 应为：

$$ET_j = ET_i + D_{i-j} \tag{5-30}$$

（3）当节点 j 有多条内向箭线时，其最早时间 ET_j 应为：

$$ET_j = \max[ET_i + D_{i-j}] \tag{5-31}$$

（4）在 ET_j 值的旁边标出产生最大值来源节点的编号，如有多个相同的最大值，则应将其全部标注出来。

（5）网络计划的计算工期 T_c 应按下式计算：

$$T_c = ET_n \tag{5-32}$$

式中 ET_n——终点节点 n 的最早时间。

（6）按照已标注出的 ET_j 最大值的节点编号来源，从终点节点向起点节点逆向搜索，即可确定网络计划的关键线路。

【例 5-3】 仍以图 5-23 所示双代号网络计划为例，用标号法确定其计算工期和关键线路。

【解】 1. 计算各节点的最早时间（标号值）

计算各节点的最早时间及标号值并标出源节点的编号，如图 5-26 所示；

2. 确定关键线路

从终点节点向起点节点方向按照各节点的源节点号逆向搜索，确定网络计划的关键线路为：①—②—③—④—⑥，并用双箭线标注，如图 5-26 所示。

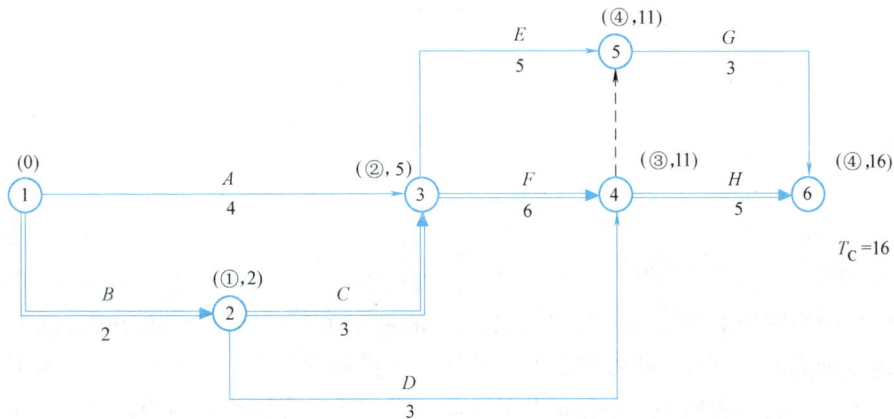

图 5-26 双代号网络计划标号法计算实例

第三节　单代号网络计划

一、单代号网络图

单代号网络图是以节点及该节点的编号表示工作、以箭线表示工作之间逻辑关系的网络图，如图 5-27 所示。

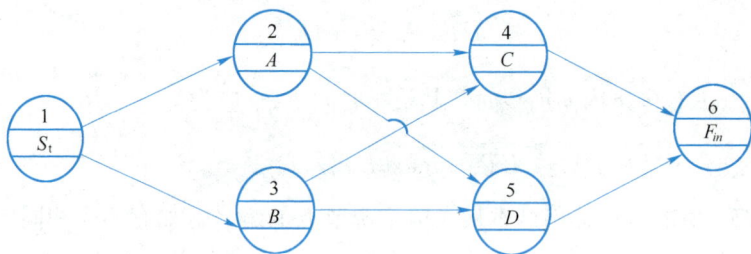

图 5-27　单代号网络图

（一）单代号网络图的特点

单代号网络图与双代号网络图相比，具有以下特点：

（1）工作之间的逻辑关系容易表达，且不用虚箭线，故绘图较简单；

（2）便于网络图的检查和修改；

（3）由于工作的持续时间表示在节点之中，没有长度，故时间不直观；

（4）表示工作之间逻辑关系的箭线可能产生较多的纵横交叉现象。

（二）单代号网络图的基本符号

1. 节点

单代号网络图中的每一个节点表示一项工作，节点应以圆形或矩形表示。节点所表示的工作名称、持续时间和工作代号等应标注在节点内，如图 5-28 所示。

单代号网络图中的节点应编号。编号标注在节点内，其号码可间断，但不得重复。箭线的箭尾节点编号应小于箭头节点的编号。一项工作应有唯一的一个节点及相应的一个编号。

图 5-28　单代号网络图中工作的表示方法

2. 箭线

单代号网络图中的箭线表示紧邻工作之间的逻辑关系，既不耗用时间、也不耗用资源。箭线应画成水平直线、折线或斜线。箭线水平投影的方向应自左向右，表示工作的行进方向。工作之间的逻辑关系包括工艺关系和组织关系，在网络图中均表现为工作之间的先后顺序。

3. 线路

单代号网络图中，各条线路应用该线路上的节点编号从小到大依次表述。

(三) 单代号网络图的绘图规则

(1) 单代号网络图应正确表达已定的逻辑关系。

(2) 单代号网络图中，不得出现回路。

(3) 单代号网络图中，不得出现双向箭头或无箭头的连线。

(4) 单代号网络图中，不得出现没有箭尾节点的箭线和没有箭头节点的箭线。

(5) 绘制网络图时，箭线不宜交叉，当交叉不可避免时，可采用过桥法或指向法绘制。

(6) 单代号网络图应只有一个起点节点和一个终点节点；当网络图中有多项起点节点或多项终点节点时，应在网络图的两端分别设置一项虚拟节点，作为该网络图的起点节点（S_t）和终点节点（F_{in}），如图 5-27 所示。

单代号网络图的绘图规则大部分与双代号网络图的绘图规则相同，故不再进行解释。

单代号网络图工作间逻辑关系的处理方法见图 5-14 中的右边列图示。

二、单代号网络计划时间参数的计算

在单代号网络图中加注工作的持续时间，便形成单代号网络计划。单代号网络计划时间参数的计算应在确定各项工作的持续时间之后进行。时间参数的计算顺序和计算方法与双代号网络计划时间参数的计算基本相同。单代号网络计划时间参数的标注形式如图 5-29 所示。

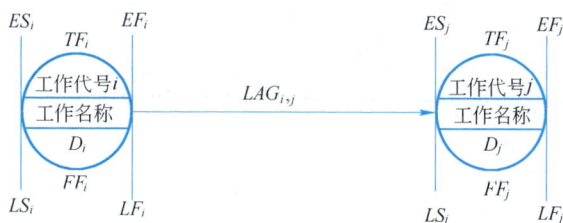

图 5-29 单代号网络计划时间参数的标注形式

单代号网络计划时间参数的计算方法和步骤如下：

1. 计算工作最早开始时间和最早完成时间

网络计划中各项工作的最早开始时间和最早完成时间的计算应从网络计划的起点节点开始，顺着箭线方向依次逐项计算。

(1) 当网络计划的起点节点的最早开始时间为零。如起点节点的编号为 1，则：

$$ES_i = 0 (i = 1) \tag{5-33}$$

(2) i 工作的最早完成时间等于该工作的最早开始时间加上其持续时间：

$$EF_i = ES_i + D_i \tag{5-34}$$

(3) 其他工作的最早开始时间等于该工作的各个紧前工作的最早完成时间的最大值。如工作 j 的紧前工作的代号为 i，则：

$$ES_j = \max[EF_i] \tag{5-35}$$

或

$$ES_j = \max[ES_i + D_i] \tag{5-36}$$

式中　ES_i——工作 j 的各项紧前工作的最早开始时间。

（4）网络计划的计算工期 T_c

T_c 等于网络计划的终点节点 n 的最早完成时间 EF_n，即：

$$T_c = EF_n \tag{5-37}$$

2. 计算相邻两项工作之间的间隔时间 $LAG_{i,j}$

相邻两项工作 i 和 j 之间的间隔时间 $LAG_{i,j}$ 等于紧后工作 j 的最早开始时间 ES_j 和本工作的最早完成时间 EF_i 之差，即：

$$LAG_{i,j} = ES_j - EF_i \tag{5-38}$$

3. 计算工作总时差 TF_i

工作 i 的总时差 TF_i 应从网络计划的终点节点开始，逆着箭线方向依次逐项计算。

（1）网络计划终点节点的总时差 TF_n，当计划工期等于计算工期时其值为零，即：

$$TF_n = 0 \tag{5-39}$$

（2）其他工作 i 的总时差 TF_i 等于该工作的各个紧后工作 j 的总时差 TF_j，加该工作与其紧后工作之间的间隔时间 $LAG_{i,j}$ 之和的最小值，即：

$$TF_i = \min[TF_j + LAG_{i,j}] \tag{5-40}$$

4. 计算工作自由时差 FF_i

（1）工作 i 若无紧后工作，其自由时差 FF_i 等于计划工期 T_p 减该工作的最早完成时间 EF_n，即：

$$FF_n = T_p - EF_n \tag{5-41}$$

（2）当工作 i 有紧后工作 j 时，其自由时差 FF_i 等于该工作与其紧后工作 j 之间的间隔时间 $LAG_{i,j}$ 的最小值，即：

$$FF_i = \min[LAG_{i,j}] \tag{5-42}$$

5. 计算工作最迟开始时间和最迟完成时间

（1）工作 i 的最迟开始时间 LS_i 等于该工作的最早开始时间 ES_i 加上其总时差 TF_i 之和，即：

$$LS_i = ES_i + TF_i \tag{5-43}$$

（2）工作 i 的最迟完成时间 LF_i 等于该工作的最早完成时间 EF_i 加上其总时差 TF_i 之和，即：

$$LF_i = EF_i + TF_i \tag{5-44}$$

6. 关键工作和关键线路的确定

（1）关键工作：单代号网络计划中工作总时差最小的工作应确定为关键工作。

（2）关键线路的确定按以下规定：从起点节点开始到终点节点均为关键工作，且所有关键工作之间的间隔时间为零的线路应确定为关键线路。

【例 5-4】　已知单代号网络计划如图 5-30（a）所示，若计划工期等于计算工期，试计算单代号网络计划的时间参数，将其标注在网络计划图上；并用双箭线标示出关键线路。

【解】　1. 计算工作最早开始时间和最早完成时间

$$ES_1 = 0$$

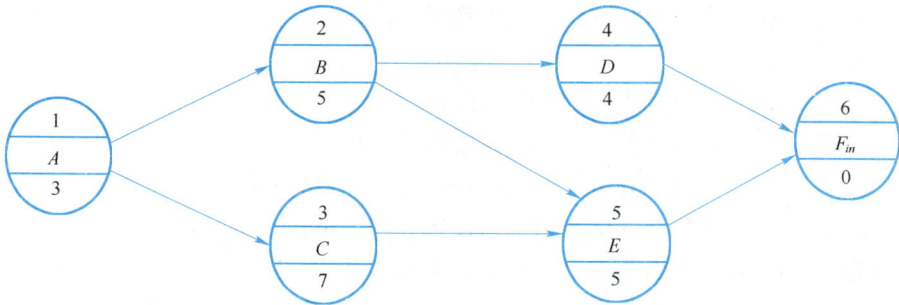

图 5-30 （a）单代号网络计划示例

$$EF_1 = ES_1 + D_1 = 0 + 3 = 3$$
$$ES_2 = EF_1 = 3$$
$$EF_2 = ES_2 + D_2 = 3 + 5 = 8$$
$$ES_3 = EF_1 = 3$$
$$EF_3 = ES_3 + D_3 = 3 + 7 = 10$$
$$ES_4 = EF_2 = 8$$
$$EF_4 = ES_4 + D_4 = 8 + 4 = 12$$
$$ES_5 = \max[EF_2, EF_3] = \max[8, 10] = 10$$
$$EF_5 = ES_5 + D_5 = 10 + 5 = 15$$
$$ES_6 = \max[EF_4, EF_5] = \max[12, 15] = 15$$
$$EF_6 = ES_6 + D_6 = 15 + 0 = 15$$

已知计划工期等于计算工期，故有：$T_p = T_C = EF_6 = 15$

2. 计算相邻两项工作之间的间隔时间 $LAG_{i,j}$

$$LAG_{1,2} = ES_2 - EF_1 = 3 - 3 = 0$$
$$LAG_{1,3} = ES_3 - EF_1 = 3 - 3 = 0$$
$$LAG_{2,4} = ES_4 - EF_2 = 8 - 8 = 0$$
$$LAG_{2,5} = ES_5 - EF_2 = 10 - 8 = 2$$
$$LAG_{3,5} = ES_5 - EF_3 = 10 - 10 = 0$$
$$LAG_{4,6} = ES_6 - EF_4 = 15 - 12 = 3$$
$$LAG_{5,6} = ES_6 - EF_5 = 15 - 15 = 0$$

3. 计算工作的总时差 TF_i

已知计划工期等于计算工期：$T_p = T_C = 15$，故终节点⑥节点的总时差为零，即：

$$TF_6 = 0 \qquad \text{其他工作的总时差为：}$$
$$TF_5 = TF_6 + LAG_{5,6} = 0 + 0 = 0$$
$$TF_4 = TF_6 + LAG_{4,6} = 0 + 3 = 3$$
$$TF_3 = TF_5 + LAG_{3,5} = 0 + 0 = 0$$
$$TF_2 = \min[(TF_4 + LAG_{2,4}), (TF_5 + LAG_{2,5})] = \min[(3+0), (0+2)] = 2$$
$$TF_1 = \min[(TF_2 + LAG_{1,2}), (TF_3 + LAG_{1,3})] = \min[(2+0), (0+0)] = 0$$

4. 计算工作的自由时差 FF_i

已知计划工期等于计算工期：$T_p = T_C = 15$，故终节点⑥节点的自由时差为：

$FF_6 = T_p - EF_6 = 15 - 15 = 0$，其他工作的自由时差为：

$$FF_5 = LAG_{5,6} = 0$$
$$FF_4 = LAG_{4,6} = 3$$
$$FF_3 = LAG_{3,5} = 0$$
$$FF_2 = \min[LAG_{2,4}, LAG_{2,5}] = \min[0,2] = 0$$
$$FF_1 = \min[LAG_{1,2}, LAG_{1,3}] = \min[0,0] = 0$$

5. 计算工作的最迟开始时间 LS_i 和最迟完成时间 LF_i

$$LS_1 = ES_1 + TF_1 = 0 + 0 = 0 \qquad LF_1 = EF_1 + TF_1 = 3 + 0 = 3$$
$$LS_2 = ES_2 + TF_2 = 3 + 2 = 5 \qquad LF_2 = EF_2 + TF_2 = 8 + 2 = 10$$
$$LS_3 = ES_3 + TF_3 = 3 + 0 = 3 \qquad LF_3 = EF_3 + TF_3 = 10 + 0 = 10$$
$$LS_4 = ES_4 + TF_4 = 8 + 3 = 11 \qquad LF_4 = EF_4 + TF_4 = 12 + 3 = 15$$
$$LS_5 = ES_5 + TF_5 = 10 + 0 = 10 \qquad LF_5 = EF_5 + TF_5 = 15 + 0 = 15$$
$$LS_6 = ES_6 + TF_6 = 15 + 0 = 15 \qquad LF_6 = EF_6 + TF_6 = 15 + 0 = 15$$

将以上计算结果标注在图 5-30 （b）中的相应位置。

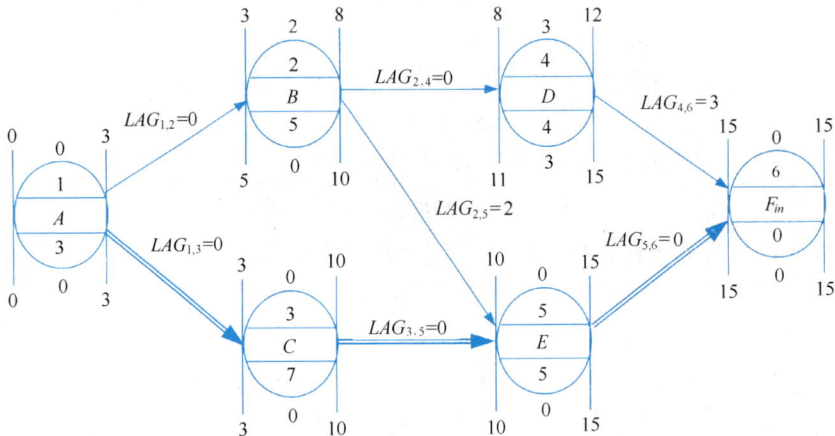

图 5-30　（b）单代号网络计划时间参数计算

6. 关键工作和关键线路的确定

根据计算结果，总时差为零的工作为关键工作，包括 A、C、E、F。

从起点节点开始到终点节点均为关键工作，且所有关键工作之间的间隔时间均为零的线路为关键线路，即①—③—⑤—⑥为关键线路，用双箭线标示在图 5-30 （b）中。

第四节　施工项目网络计划编制和应用

一、一般网络计划的编制和应用

（一）施工网络计划的分类

在工程施工的网络图上加注上各工作的持续时间，就成为一个工程施工网络计划。在这个基础上就可以进行时间参数计算，从而为改进计划和加强施工管理提供各种有用的信息。实践证明，网络计划的确是表现施工进度的一种较好形式，它能明确表示出各项工作之间的逻辑关系，把计划变成一个有机的整体，成为整个施工组织与管理工作的中心。

为了适应不同用途的需要，工程施工网络计划的内容和形式是颇为不同的，一般分类如下：

1. 按应用范围划分

网络计划按应用范围的大小可分为局部网络计划、单位工程网络计划和总网络计划。

局部网络计划是按建筑物或构筑物的一部分或某一施工阶段编制的分部工程（或分项工程）网络计划。例如可以按基础、结构、装修不同阶段分别编制，也可以按土建、设备安装、材料供应等不同专业分别编制。

单位工程网络计划是按单位工程（一个建筑物或构筑物）编制的网络计划。例如某办公楼或框架厂房施工网络计划。

总网络计划是对一个新建企业或民用建筑群编制的施工网络计划。

以上三种网络计划是具体指导施工的文件。对于不复杂的、节点总数在200以下的工程对象或者对应用大量标准设计的工程对象，通常可以只编制一张较详细的单位工程网络计划；对于复杂的、协作单位较多的群体工程，则可能分别按照需要编制三种不同的网络计划。

2. 按详略程度划分

网络计划按内容的详略程度可分为详图和简图。

详图是按工作划分较细并把所有工作详细地反映到网络计划中而形成的，这种计划多在施工现场使用，以便直接指导施工。

简图是用于讨论方案或供领导使用的计划。它把某些工作组合成较大的工作，从而把工艺上复杂的、工程量较大的工作及主要工种之间的逻辑关系突出出来。

3. 按最终目标的多少划分

按网络计划最终目标的多少可分为单目标网络计划和多目标网络计划。

单目标网络计划只有一个最终目标，也就是整个网络图只有一个终点节点。例如建造一幢建筑物或有规定总工期的一群建筑物。

多目标网络计划是由许多具有独立的最终目标的部分组成的网络计划。例如工业区中的建筑群，一个施工单位负责许多工程项目的施工等。在多目标网络计划中，每个目标都有自己的关键线路，而目标之间又是互相有联系的。

4. 按时间表示方法划分

按网络计划时间的表示方法可分为无时标的网络计划和时标网络计划。

无时标的网络计划，其工作的持续时间是用数字注明的，与箭线的长短无关。

时标网络计划是用箭线在横坐标上的投影长度表示工作持续时间长短的计划，因而可以直接从图上反映出网络计划中工作的持续时间。

（二）施工网络计划的排列方法

为了使网络计划更条理化和形象化，在绘图时应根据不同的工程情况，不同的施工组织方法及使用要求等，灵活选用排列方法，以便简化层次，使各工作之间在工艺上及组织上的逻辑关系准确而清晰，便于施工组织者和工人群众掌握，也便于计算和调整。

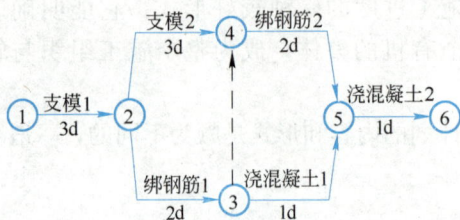

图 5-31　混合排列

1. 混合排列（图 5-31）

这种排列方法可以使图形看起来对称美观，但在同一水平方向既有不同工种的作业，也有不同施工段中的作业。一般用于画较简单的网络图。

2. 按施工段排列（图 5-32）

这种排列方法把同一施工段的作业排在同一条水平线上，能够反映出工程分段施工的特点，突出表示工作面的利用情况。这是工程项目习惯使用的一种表达方式。

3. 按工种排列（图 5-33）

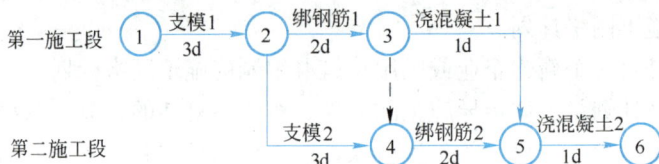

图 5-32　按施工段排列

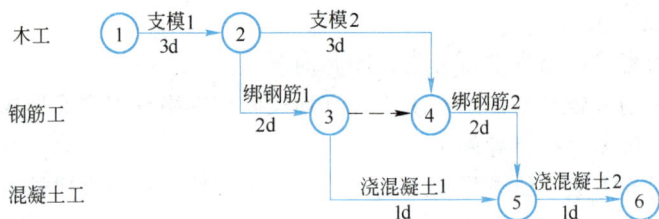

图 5-33　按工种排列

这种排列方法把相同工种的工作排在同一条水平线上，能够突出不同工种的工作情况，也是工程项目上常用的一种表达方式。

4. 按楼层排列（图 5-34）

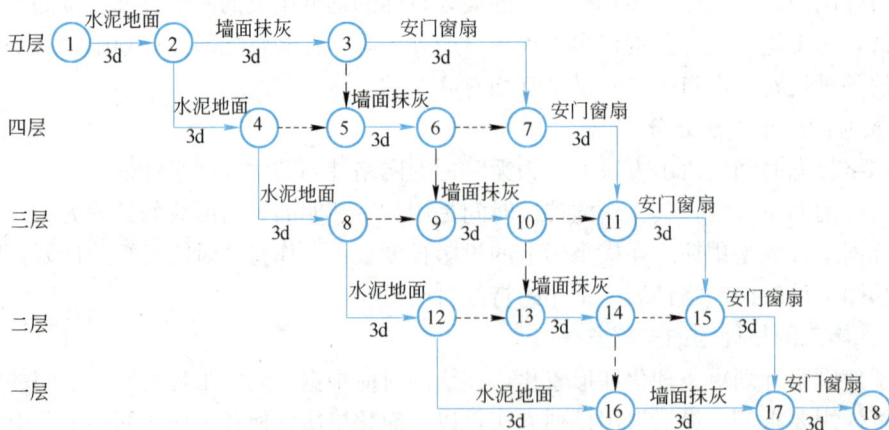

图 5-34　按楼层排列

这是一个一般内装修工程的三项工作按楼层由上到下进行施工的网络计划。在分段施工中，当若干项工作沿着建筑物的楼层展开时，其网络计划一般都可以按楼层排列。

5. 按施工专业或单位工程排列（图 5-35）

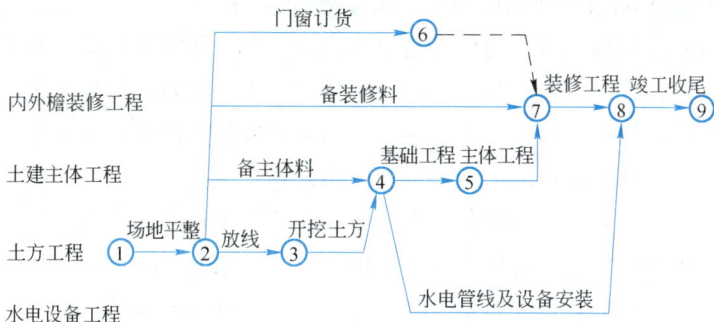

图 5-35　按施工专业或单位工程排列

有许多施工单位参加完成一项单位工程的施工任务时，为了便于各施工单位对自己负责的部分有更直观地了解，网络计划就可以按施工单位来排列。

6. 按工程栋号（房屋类别、区域）排列（图 5-36）

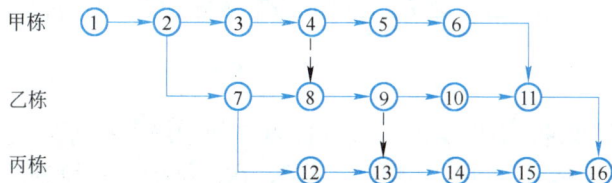

图 5-36　按工程栋号排列

这种排列方法一般用于群体工程施工中，各单位工程之间可能还有某些具体的联系。比如机械设备需要共用，或劳动力需要统一安排，这样每个单位工程的网络计划安排都是相互有关系的，为了使总的网络计划清楚明了，可以把同一单位工程的工作画在同一水平线上。

7. 按室内外工程排列（图 5-37）

在某些工程中，有时也按建筑物的室内工程和室外工程来排列网络计划，即室内外工程或地上地下工程分别排列在不同的水平线上。

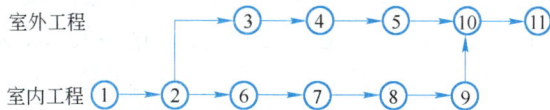

图 5-37　按室内外工程排列

在实际工作中可以按需要灵活选用以上几种网络计划的某一种排列方法，或把几种方法结合起来使用。

网络图的图面布置是很重要的，给施工现场人员使用时，图面的布置更为重要，必须把施工过程中的时间与空间的变化反映清楚，要针对不同的使用对象分别采取适当的排列方式。有许多网络图在逻辑关系上是正确的，但往往因为图面混乱，别人就不易看清，因而也就难以起到应有的作用。

（三）单体工程施工网络计划

1. 单体工程施工网络计划的两种逻辑关系处理方法

网络计划的逻辑关系，即是网络计划中所表示的各工作在进行施工时客观上存在的先后顺序关系。这种关系可归纳为两大类：一类是工艺上的关系，称作工艺关系；一类是组织上的关系。因此，我们在编制网络计划时，只要把握住这两种逻辑关系，在网络计划上予以恰当的表达，就可以编制出正确实用的网络计划。

（1）工艺关系。工艺关系是由施工工艺所决定的各工作之间的先后顺序关系。这种关系，是受客观规律支配的，一般是不可改变的。一项工程，当它的施工方法被确定之后，工艺关系也就随之被确定下来。如果违背这种关系，将不可能进行施工，或会造成质量、安全事故，导致返工和浪费。

工艺关系的客观性可以用图 5-38 为例来说明。图 5-38 所示的是某基础工程网络计划。其中 5 道工作的先后关系纯粹是由工艺要求决定的。很明显，这种顺序是绝对不能改变的。例如，如果不做完基础，填土就不能进行。

图 5-38　某基础工程工艺关系

从工艺关系的角度讲，有时会发生技术间歇（如干燥养护等），它们也要占用时间，实际上也是施工过程中必不可少的一项"工作"，在网络图上必须表达清楚。否则，按照习惯看似乎没有问题，但是在逻辑关系上则是错误的，用以指导施工则会导致失误。

工艺关系虽是客观的，但也是有条件的，条件不同，工艺关系也不会一样，所以，不能将一种工艺关系套在工程性质、施工方法不相同的另一种工程上。例如图 5-38 所示的基础工程，如果有地下室并要求打桩，那么在打桩之前就需要增加一个挖土方工作，而回填土也需待做完地下室防潮工程以后才能进行，其结果如图 5-39 所示。

图 5-39　有地下室的基础工程工艺关系

（2）组织关系。组织关系是在施工过程中，由于劳动力、机械、材料和构件等资源的组织与安排需要而形成的各工作之间的先后顺序关系。这种关系不是由工程本身决定的，而是人为的。组织方式不同，组织关系也就不同，所以它不是一成不变的。但是，不同的组织安排往往产生不同的经济效果。所以组织关系不但可以调整，而且应该优化，这是由组织管理水平决定的，应该按组织规律办事。

图 5-40 所示是在一个工程上砌砖的先后顺序。

图 5-40　砌砖工程组织关系

严格讲来，砌暖沟与砌基础，女儿墙砖与隔墙砖等都不是非要这样安排不可的，是可以按另外的顺序安排的；一层砖与二层砖，二层砖与三层砖之间本来还有其他工作，但是在一项工程中，却往往把它们联系到一起了。这是为了表示瓦工的流水而人为安排的。在单体工程的网络计划中必须表示出主要工种的流水施工或转移顺序。

综上所述，一项工程的两种逻辑关系虽同时出现，但性质完全不同，可以分别进行安排。于是就出现了工艺网络图和组织网络图。将两种网络图合并在一起才可以构成一项工程的施工网络图。图 5-43 所示的某下水管道工程施工网络图，就是由图 5-41 的工艺网络图和图 5-42 的组织网络图合并而成的。

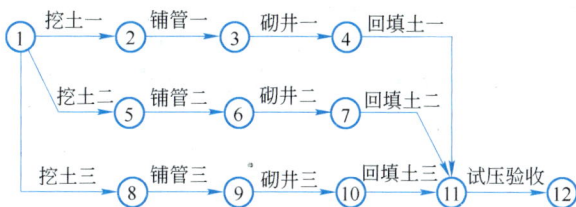

图 5-41　某下水管道工程施工工艺网络计划

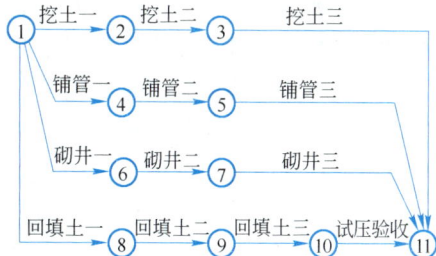

图 5-42　某下水管道工程组织网络计划

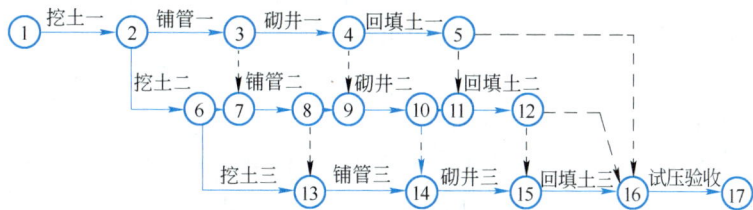

图 5-43　某地下水管道工程施工网络计划

正确理解单项工程网络计划的这两种逻辑关系有以下好处：

（1）在编制网络计划前，可以将各工作之间的关系全部分析清楚，从而明确相互之间的逻辑关系。

（2）绘制网络计划图可以按照已确定的逻辑关系将全部工作表达清楚，不致发生遗漏或混乱。

（3）当情况发生变化而须对网络计划进行调整时，一般变化了的是组织关系，而工艺关系一般不会变动，因而只要调整组织关系就可以了。如果施工方案或工艺关系或工程本身发生了重大变化，此时对网络计划就不能只作简单的调整，而是要重新进行编制了。

2. 单体工程施工网络计划的编制程序

编制单体工程施工网络计划有它自身的规律，编制程序来自工程管理过程的客观要求。按合理的程序编制网络计划，就可以不走或少走弯路，又能保证计划的质量。根据国家标准的规定，现对单体工程施工网络计划的编制各步骤加以说明。

（1）调查研究。调查研究是编制网络计划的第一步，是一项必不可少的重要工作，其目的是，了解和分析单体工程的构成与特点及施工时的客观条件等，掌握编制网络计划的必要资料，并对计划执行中可能发生的问题做出预测，保证计划的编制质量和执行后取得好的技术经济效果。

调查研究的内容包括：工程的施工图，施工机械设备、材料、构件等物质资源的供应，交通运输条件，人力供应，技术力量，组织水平，水文、地质条件，季节、气候等自然条件，场地情况，水源、电源及可能的供应量等。凡编制和执行计划所涉及的情况和原始资料都在调查之列。对调查所得的资料和单体工程本身的内部联系还必须进行综合分析与研究，掌握其间的相互关系，了解其发展变化的规律性。因此，调查研究是一项比较复杂的工作，要求调查人员具有一定的施工经验与技术、组织水平。

（2）确定施工方案。施工方案决定该工程施工的顺序、施工方法、资源供应方式、主要指标控制量等基本要求，是编制网络计划的基础。

编制单体工程的施工方案应考虑编制网络计划的基本要求，这些要求是：在工艺上符合技术要求，符合目前的技术水平和工作习惯，质量能够保证；在组织上切合实际情况，有利于提高施工效率、缩短工期和降低成本。

（3）划分施工过程。施工过程是网络计划的基本组成单元。其内容的多少，划分的粗细程度，应该根据计划的需要来决定。在单位工程网络计划中，施工过程应明确到分项工程或更具体，以满足指导施工作业的要求。

通常在划分施工过程时，应按顺序列成表格，编排序号，查对是否遗漏或重复，以便分析其逻辑关系。顺序的安排一般可按施工的先后来定。

（4）确定工作的持续时间。工作的持续时间是一项工作从施工开始到完成所需的作业时间。它是对网络计划进行计算的基础。

工作持续时间最好是按正常情况确定，它的费用一般是最低的。待编出初始计划并经过计算后，再结合实际情况作必要的调整，这是避免盲目抢工造成浪费的有效办法。当然，按照实际施工条件来估算工作的持续时间是较为简便的办法，现在一般也多采用这种办法。具体计算法有以下两种。

一是"经验估计法"，即根据过去的施工经验进行估计。这种方法多适用于采用新工艺、新方法、新材料等而无定额可循的工程。在经验估计法中，有时为了提高其准确程度而采用"三时估计法"。二是"定额计算法"，这也是最普遍的方法。三时估计法与工作持续时间的计算公式见第四章公式（4-3）及公式（4-2）。

（5）编制网络计划初始方案。根据施工方案、工作的划分、工作之间逻辑关系的分析以及工作的持续时间，就可以编制网络计划的初始方案。编制单体工程初始网络计划初始方案的目的在于构造一个网络计划模型，供计算和调整使用，以便最终编制出正式的网络计划。

编制网络计划初始方案是一项工作量大、费时多的工作，需要反复研究才能较好地完成。

编制单体工程网络计划初始方案，可以先按分部工程分别编制，然后将各分部工程的网络计划连接起来。对于多层或高层住宅也可以先编出标准层的网络计划，然后再把它们连接起来。编制网络计划，要求编制人员要对工程对象非常熟悉，掌握网络图的画法。将整个项目用网络图正确地表达出来，填上各工作的持续时间，则完整的网络计划初始方案就形成了。

（6）计算各项时间参数并求出关键线路。计算时间参数的目的是从时间安排的角度去考察网络计划的初始方案是否合乎要求，以便对网络计划进行优化，计算方法和公式见本章第二节。

（7）对计划进行审查与优化。对网络计划的初始方案进行审查，是要确定它是否符合工期要求与资源限制条件。

首先要分析网络计划的总工期是否超过规定的要求。如果超过，就要调整关键工作的持续时间，使总工期符合要求。如果总工期小于规定工期，就要适当延长关键工作的持续时间。

其次要对资源需要量进行审查，检查劳动力和物资的供应是否能够满足计划的要求，如不符合要求，就要进行调整（具体方法见本章第五节），以使计划切实可行。

（8）正式绘制可行的单体工程施工网络计划。网络计划初始方案通过调整，就成为一个可行的计划，可以把它绘制成正式的网络计划，这样的网络计划还不是最优的网络计划。要得到一个令人满意的网络计划，还必须进行优化。

正式的网络计划必须有必要的说明。

图 5-44 是一个单体工程施工网络计划示例。

（四）群体工程施工网络计划

网络计划方法作为一种科学的计划方法与管理方法，不仅可用于单体工程上，而且还可用于规模庞大的工业与民用建筑群体工程上进行总体的大统筹，能更充分地发挥它本身特有的优越性。应用网络计划不仅达到缩短施工周期，提高劳动效率的目的，还能取得整体建设经济效果。

1. 群体工程施工的特点

群体工程在工业建筑中是指一个大型工业建设项目，一个工业厂区或一个工业装置系统。在民用建筑中则指住宅建筑小区或成街、成片的建筑群体。工业群体建筑工程，除主厂房和主要装置建筑安装工程外，辅助的工业配套项目繁多，系统性强；在民用住宅群体建筑上，除住宅建筑外，还包括人民生活所必须的文化教育、商业服务等公共建筑配套项目，以及市政设施。

过去对群体工程缺乏整体规划统筹安排，从设计到施工往往只重视主要的建筑安装项目，轻视辅助项目及市政设施的配套完成，致使工业厂房建设竣工而不能投产，小区住宅建筑竣工也不能使用，导致建设投资不能及早地发挥效益。群体工程无论规模多大，都是一个彼此紧密联系的不可分割的整体，必须把它作为一个整体看待，其施工计划必须统筹安排，使工程及时交付生产和使用。归纳起来，群体工程施工主要具有以下几个特点：

（1）群体工程子项多。在民用住宅群体中可能有采用标准设计的多个栋号，便于组织分区的多栋号多项目大流水施工；在工业群体工程中，各种建筑物和构筑物的类型比较多，应注意主要工种与大型机械的流水组织。

（2）整体性强。群体工程子项目虽多，但它们却不是孤立的，彼此之间都有紧密的联系。民用建筑群中，住宅与市政建设以及文教、商业服务设施必须要配套，协调施工，同步配合，同时交工，只有如此才能完一区用一区，完一片用一片。工业项目的整体性更强，必须要分期分批地按照生产系统同步施工，除主要车间和设施之外，所有与之配套的

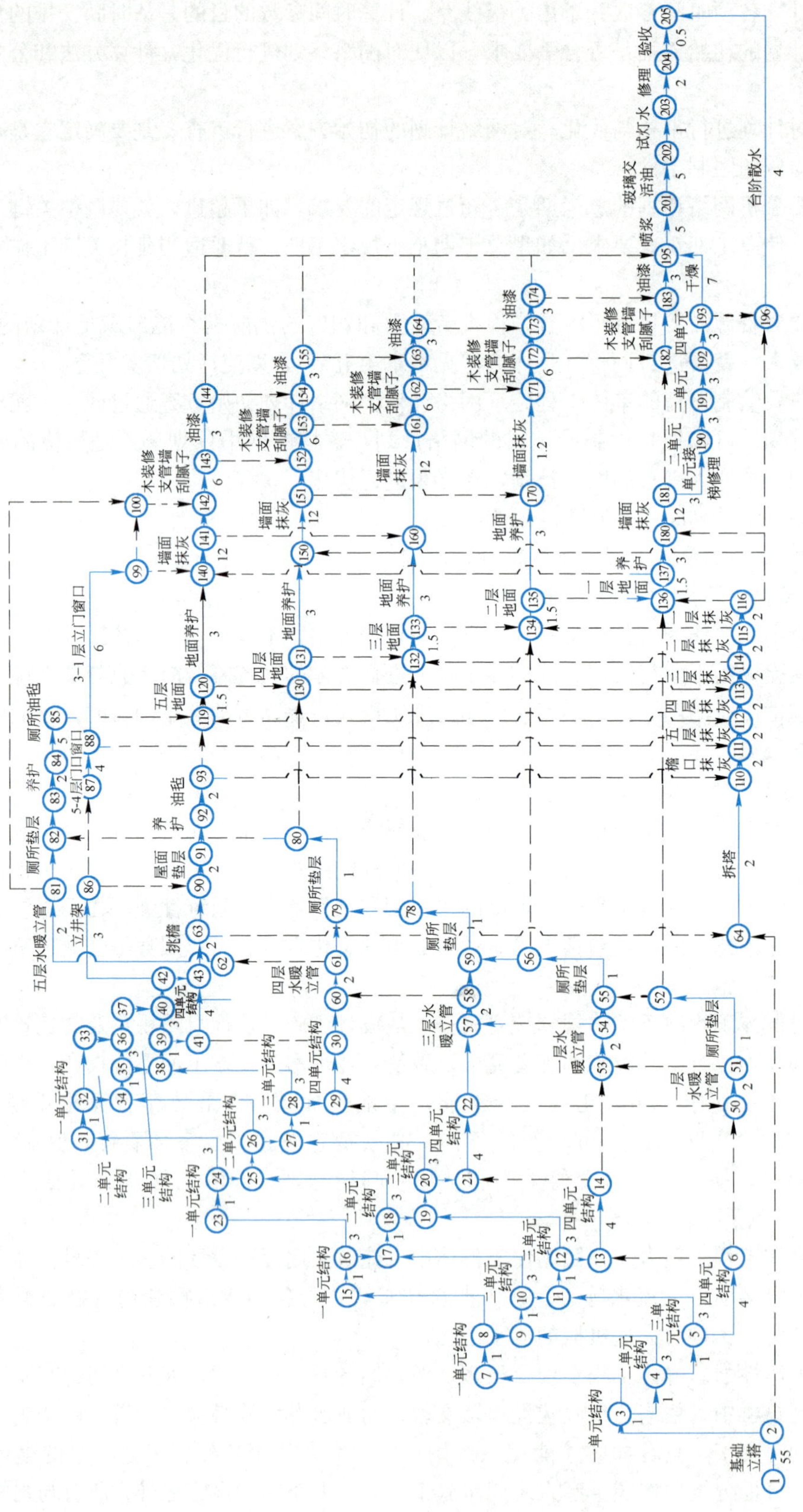

图 5-44 （*a*）　单体工程施工网络计划（无时标网络计划）示例

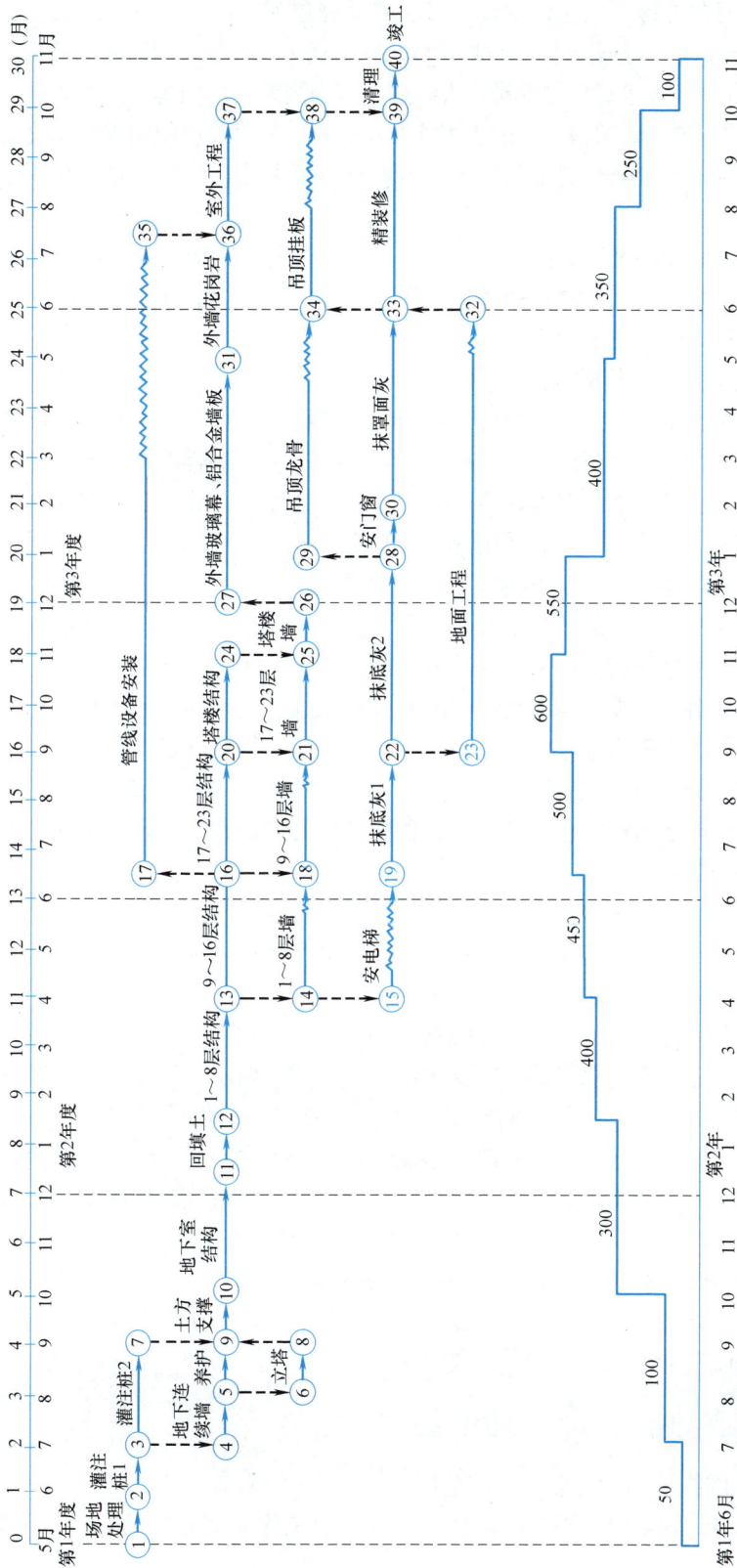

图 5-44 (b) 单体工程施工网络计划 (时标网络计划) 及劳动力曲线示例

工程都须有计划地配合进行，以保证主要车间能够及时顺利投产。

（3）施工周期长。由于子项目多，同时项目之间的相关性又强，所以施工期长。必须要分期分批地按系统和分阶段进行统筹安排，大统筹中有小统筹，以便集中使用力量，并控制整个项目的进行，使每期、每阶段完工的工程能互相配套，尽早投产使用或发挥效益。

（4）施工单位多，专业配合复杂。在组织施工时，要求综合统筹，充分发挥计划的协调作用。

群体工程虽然规模大，牵涉面广，相互间的关系错综复杂，但只要进行统筹安排，就能理出头绪，从项目繁多、错综复杂的环节中找出关键项目和关键线路，利用网络计划所提供的各种有用信息，加强施工管理。

2. 群体工程施工网络计划的编制原则

（1）把群体工程当成一个整体进行统一筹划，即使局部不优，也要使整体效果良好。

（2）从系统观点出发。把群体工程当成一个大系统，它是由若干子系统组成的。小系统的网络计划和大系统的网络计划构成该群体工程的计划体系。故可以用大系统的计划控制小系统，以小系统计划的实现保大系统计划的实现。

（3）要组织群体工程内的大流水施工。在民用群体项目中要组织分区流水和分栋流水；工业群体工程应做到主要工程与附属、辅助工程间流水，在子系统内和单体工程内组织流水。流水施工可充分利用工作面，劳动力和机械设备，实现均衡施工。

（4）进行分级编制。分级的标志是计划的范围和粗细程度不同。各级间互相补充。分级的本质是化大为小，化粗为细，化整体为局部，从而保证群体项目实现。

3. 群体工程施工网络计划的编制方法

除遵循国家标准规定的网络计划在项目管理中应用的一般程序外，还应针对群体工程的特点，注意以下几点：

（1）在编制网络计划前，准备工作必须充分，特别要做好施工部署，包括建立项目管理组织，进行任务分配，划分施工区段，明确分期分批交工期限和顺序，确定重点，明确拟采用新技术、新设备、新方法、新材料的项目等。

（2）按以下要点进行分级编制。首先编制总体施工网络计划（一级网络计划），以确定总顺序、总关系和总工期；总工期一定要满足合同工期的要求，满足合同分期分批交工的要求；每条箭线可代表一项单位工程或分部工程（视工程的规模定）；箭线不宜太多，应使之有整体性、可控性、区域性。其次，编制二级网络计划。它受控于一级网络计划；它可以是一级网络计划中的重点和复杂的单位工程，也可以是有代表性的工程；可以是一级网络中的一条箭线，也可以是若干"工作"（如一个系统）的细化。再次，二级网络计划编制完成以后，可以根据需要编制更具体的三级网络计划，乃至四级、五级网络计划，其注意事项与编制二级网络计划相同。这样，由于科学分级，每个网络计划都比较简单明了，便于分工和按计划施工。

二、双代号时标网络计划的编制和应用

1. 双代号时标网络计划的特点和应用范围

双代号时标网络计划是以水平时间坐标为尺度表示工作时间编制的双代号网络计划，其主要特点如下：

（1）时标网络计划兼有网络计划与横道计划的优点，它能够清楚地表明计划的时间进程，使用方便，所以在项目施工中受到欢迎。

（2）时标网络计划能在图上直接显示出各项工作的最早开始与完成时间、工作的自由时差及关键线路。

（3）在时标网络计划中可以统计每一个单位时间的资源需要量，以便进行资源优化或调整。

（4）由于箭线受到时间坐标的限制，当情况发生变化时，对网络计划的修改比较麻烦，往往要重新绘图。但在使用计算机以后，这一问题已较容易解决。

时标网络计划多应用于以下几种情况：

（1）编制工作项目较少、工艺过程较简单的工程项目进度计划，能迅速地进行绘图、计算与调整；

（2）对于大型复杂的工程项目，可以先使用时标网络图的形式绘制各分部分项工程的网络计划，然后再综合起来绘制出较简明的总网络计划。也可以先编制一个总的工程项目进度计划，以后每隔一段时间，向前滚动编制下一时段详细的时标网络计划，向前滚动的时间应根据工作的性质、计划所需的详细程度和工程的复杂性决定；

（3）在计划执行过程中，如果时间有变化，则不必改动整个网络计划，而只对这一阶段的时标网络计划进行修改即可。

2. 编制双代号时标网络计划的一般规定

（1）网络计划中时间坐标的时间单位应根据需要在编制计划之前确定，可为：年、季、月、周、天等。

（2）时标网络计划应以实箭线表示工作，以虚箭线表示虚工作，以波形线表示工作的自由时差和间隔时间（虚工作中的自由时差）。

（3）时标网络计划中所有符号在时间坐标上的水平投影位置，都必须与其时间参数相对应。节点中心必须对准相应的时标位置。

（4）虚工作必须以垂直方向的虚箭线表示，有自由时差（间隔时间）时应用波形线表示。

3. 双代号时标网络计划的编制

双代号时标网络计划宜按各个工作的最早开始时间编制。在编制时标网络计划之前，应先按已确定的时间单位绘制出时标计划表，如表 5-4 所示。

时标计划表 表 5-4

日　　历																
（时间单位）	1	2	3	4	5	6	7	8	9	10	11	12	13	14	15	16
网　络　计　划																
（时间单位）																

双代号时标网络计划的编制方法有两种：

（1）间接法

先绘制出无时标网络计划，计算各工作的最早时间参数，再根据最早时间参数在时标计划表上确定节点位置，连线完成；某些工作箭线长度不足以到达该工作的结束节点时，用波形线补足。

（2）直接法

根据网络计划中工作之间的逻辑关系及各工作的持续时间，直接在时标计划表上绘制时标网络计划。绘制步骤如下：

1）将起点节点定位在时标计划表的起始刻度线上。

2）按工作持续时间在时标计划表上绘制起点节点的外向箭线。

3）其他工作的开始节点必须在其所有紧前工作都绘出以后，定位在这些紧前工作最早完成时间最大值的时间刻度上，某些工作的箭线长度不足以到达该节点时，用波形线补足，箭头画在波形线与节点连接处。

4）用上述方法从左至右依次确定其他节点位置，直至网络计划终点节点，绘图完成。

【例 5-5】 已知网络计划的有关资料如表 5-5 所示，试用直接法绘制双代号时标网络计划。

【解】 （1）将网络计划的起点节点定位在时标表的起始刻度线上，起点节点的编号为 1，如图 5-45 所示。

网络计划资料表　　　　　　　　　　　　表 5-5

工 作 名 称	A	B	C	D	E	F	G	H	J
紧 前 工 作	—	—	—	A	A、B	D	C、E	C	D、G
持续时间(d)	3	4	7	5	2	5	3	5	4

（2）画节点①的外向箭线，即按各工作的持续时间，画出无紧前工作的 A、B、C 工作，并确定节点②、③、④的位置，如图 5-45 所示。

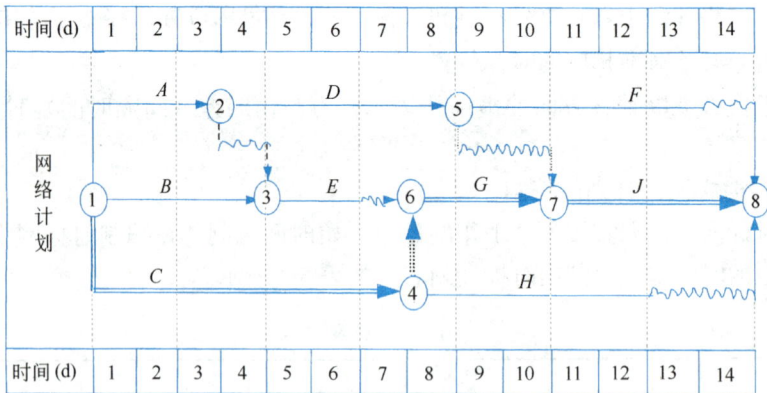

图 5-45　双代号时标网络计划

（3）依次画出节点②、③、④的外向箭线工作 D、E、H，并确定节点⑤、⑥的位置。节点⑥的位置定位在其两条内向箭线的最早完成时间的最大值处，即定位在时标值 7 的位置，工作 E 的箭线长度达不到⑥节点，则用波形线补足。

（4）按上述步骤，直到画出全部工作，确定出终点节点⑧的位置，时标网络计划绘制完成。

4. 双代号时标网络计划关键线路和计算工期的确定

（1）时标网络计划关键线路的确定，应自终点节点逆箭线方向朝起点节点逐次进行判定：从终点到起点不出现波形线的线路即为关键线路。如图 5-45 中，关键线路是：①—④—⑥—⑦—⑧，用双箭线表示。

（2）时标网络计划的计算工期，应为终点节点与起点节点所在位置之差。如图 5-45 中，计算工期 $T_C = 14 - 0 = 14d$。

5. 双代号时标网络计划时间参数的确定

在时标网络计划中，六个工作时间参数的确定步骤如下：

（1）最早时间参数的确定

按最早开始时间绘制的时标网络计划，最早时间参数可以从图上直接确定：

1）最早开始时间 ES_{i-j}

每条实箭线左端箭尾节点（i 节点）中心所对应的时标值，即为该工作的最早开始时间。

2）最早完成时间 EF_{i-j}

当箭线右端无波形线时，则该箭线右端节点（j 节点）中心所对应的时标值为该工作的最早完成时间；当箭线右端有波形线时，则实箭线右端点所对应的时标值即为该工作的最早完成时间。

如图 5-45 中：$ES_{1-3} = 0$，$EF_{1-3} = 4$；$ES_{3-6} = 4$，$EF_{3-6} = 6$。以此类推。

（2）自由时差的确定

时标网络计划中各工作的自由时差值应为表示该工作的波形线部分在坐标轴上的水平投影长度。

如图 5-45 中：工作 E、H、F 的自由时差分别为：$FF_{3-6} = 1$；$FF_{4-8} = 2$；$FF_{5-8} = 1$。

（3）总时差的确定

时标网络计划中工作的总时差的计算应自右向左进行，并应符合下列规定：

1）以终点节点（$j = n$）为箭头节点的工作的总时差 TF_{i-n} 应按网络图的计划工期 T_p 计算确定，即：

$$TF_{i-n} = T_p - EF_{i-n} \tag{5-45}$$

如图 5-45 中，工作 F、J、H 的总时差分别为：

$$TF_{5-8} = T_p - EF_{5-8} = 14 - 13 = 1$$
$$TF_{7-8} = T_p - EF_{7-8} = 14 - 14 = 0$$
$$TF_{4-8} = T_p - EF_{4-8} = 14 - 12 = 2$$

2）其他工作的总时差等于其紧后工作 j-k 总时差的最小值与本工作的自由时差之和，即：

$$TF_{i-j} = \min[TF_{j-k}] + FF_{i-j} \tag{5-46}$$

图 5-45 中，各项工作的总时差计算如下：

$$TF_{6-7} = TF_{7-8} + FF_{6-7} = 0 + 0 = 0$$
$$TF_{3-6} = TF_{6-7} + FF_{3-6} = 0 + 1 = 1$$

$$TF_{2\text{-}5}=\min[TF_{5\text{-}7},TF_{5\text{-}8}]+FF_{2\text{-}5}=\min[2,1]+0=1+0=1$$

$$TF_{1\text{-}4}=\min[TF_{4\text{-}6},TF_{4\text{-}8}]+FF_{1\text{-}4}=\min[0,2]+0=0+0=0$$

$$TF_{1\text{-}3}=TF_{3\text{-}6}+FF_{1\text{-}3}=1+0=1$$

$$TF_{1\text{-}2}=\min[TF_{2\text{-}3},TF_{2\text{-}5}]+FF_{1\text{-}2}=\min[2,1]+0=1+0=1$$

（4）最迟时间参数的确定

时标网络计划中工作的最迟开始时间和最迟完成时间可按下式计算：

$$LS_{i\text{-}j}=ES_{i\text{-}j}+TF_{i\text{-}j} \tag{5-47}$$

$$LF_{i\text{-}j}=EF_{i\text{-}j}+TF_{i\text{-}j} \tag{5-48}$$

如图 5-45 中，工作的最迟开始时间和最迟完成时间为：

$$LS_{1\text{-}2}=ES_{1\text{-}2}+TF_{1\text{-}2}=0+1=1$$
$$LF_{1\text{-}2}=EF_{1\text{-}2}+TF_{1\text{-}2}=3+1=4$$
$$LS_{1\text{-}3}=ES_{1\text{-}3}+TF_{1\text{-}3}=0+1=1$$
$$LF_{1\text{-}3}=EF_{1\text{-}3}+TF_{1\text{-}3}=4+1=5$$

依此类推，可计算出各项工作的最迟开始时间和最迟完成时间。由于所有工作的最早开始时间、最早完成时间和总时差均为已知，故计算容易，此处不再一一列举。

三、单代号搭接网络计划的应用

（一）搭接网络计划原理

1. 搭接网络计划的特点

在工程项目的实践中，工作之间存在大量的搭接关系，要求进度计划的图形能够表达和处理好这种关系。然而，传统的单代号网络计划和双代号网络计划却只能表示两项工作之间首尾相接的关系，即前一项工作完成，后一项工作立即开始，而不能表示搭接关系，遇到搭接关系时，不得不将前一项工作分成两段进行，以符合"前面工作完成，后面工作才能开始"的要求，因而使网络计划变得较复杂，绘图与调整均不方便。针对这一重大问题和普遍需要，各国陆续出现了多种表示搭接关系的网络计划，可将其统称为"搭接网络计划"，其共同特点是，当前一项工作尚未完成时，后一项工作便可插入进行，即可以将前后工作搭接起来，从而使网络计划图形大大简化，但也因此使网络计划的计算复杂化，故应借助计算机进行计算。搭接网络计划用单代号网络图表达既方便又清楚，研究和应用成熟，故本书只讲授单代号网络计划。

2. 搭接网络计划搭接关系的种类

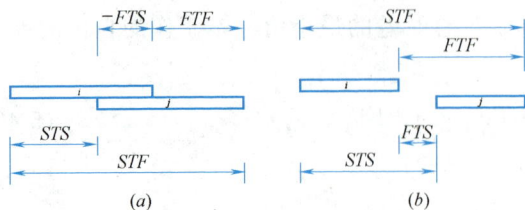

图 5-46   搭接关系的种类

搭接关系通常以前一项工作开始或完成和后一项工作的开始或完成的间隔时间（或称时距）表示。搭接关系共有四种类型，见图 5-46 所示。

（1）STS 关系，即前一项工作开始到后一项工作开始的时距。

（2）STF 关系，即前一项工作开

始到后一项工作完成的时距。

（3）FTF 关系，即前一项工作完成到后一项工作完成之间的时距。

（4）FTS 关系，即前一项工作完成到后一项工作开始之间的时距。图 5-46（b）中的 FTS 时距为正数，图 5-46（a）中的 FTS 时距为负数。

在编制网络计划时究竟采用何种时距，其数值为多少，应根据计划对象的工程量、技术要求、资源供应条件、自然条件、领导指令等，由计划人员在编制实施方案后计算确定。时距一经确定，则后一项工作便应严格按时距规定的时间开始或完成，不能随意改变。为了简化计算，两项工作之间的时距应尽量只确定一种。

3. 单代号搭接网络计划的表达方法

单代号搭接网络计划的表达方法是将时距标注在箭线之上，节点的标注与单代号网络图相同。如图 5-47 所示。

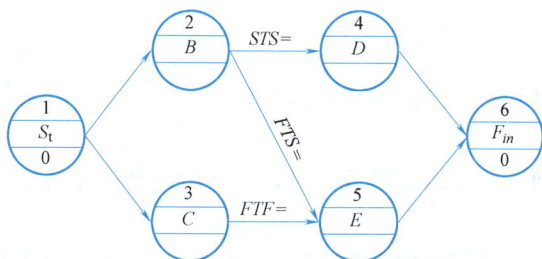

图 5-47　单代号搭接网络计划的表达方法

（二）搭接网络计划的编制

搭接网络计划的编制步骤、方法和绘图规则与前面所述的单代号网络计划基本相同。所不同的有两点：

（1）在编制施工方案时要认真研究搭接关系，在计算持续时间时，要估算时距，在计算时间参数和优化时要考虑时距。

（2）编制单代号搭接网络计划时，必须设置虚拟起点节点和虚拟终点节点，这是时间参数计算时所需要的。

【例 5-6】　某工程项目可划分为 A、B、C、D、E、F 共 6 项工作，各项工作之间的逻辑关系、搭接关系、持续时间等资料如表 5-6 所示，试绘制单代号搭接网络计划。

【解】　根据表 5-6 中的资料，绘制的单代号搭接网络计划如图 5-48 所示。

网络计划资料表　　　　　　　　　　　　　　　表 5-6

工作	持续时间	紧后工作	搭接关系及搭接时间(d)					
			A	B	C	D	E	F
A	10	B、C、D		FTS=0	STS=6	FTF=5		
B	15	C、E			STS=5		STF=25	
C	6	F						STS=3
D	22	E、F					STS=1	STS=3
E	20	F						STS=5
F	10	—						

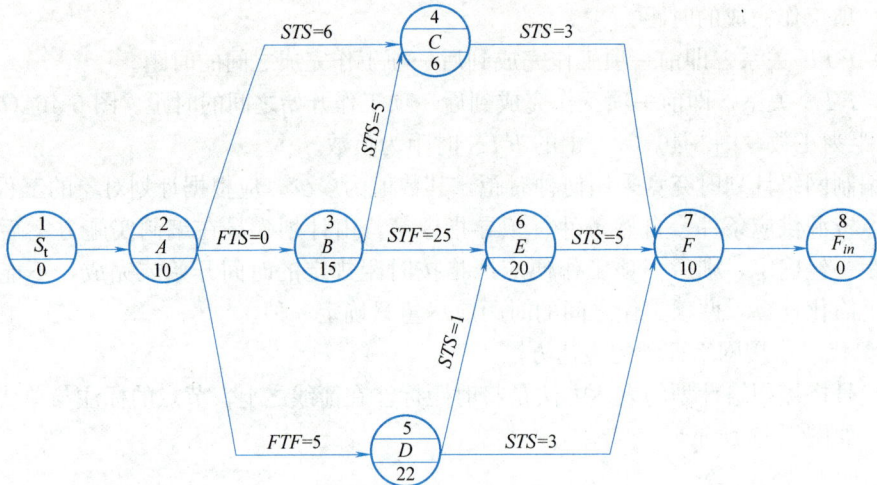

图 5-48　根据表 5-6 中的资料绘制的单代号搭接网络计划

（三）单代号搭接网络计划时间参数的计算

1. 计算要求

（1）单代号搭接网络计划时间参数计算，应在确定各工作持续时间和各项工作之间的时距之后进行。

（2）单代号搭接网络计划中的时间参数基本内容和形式应按图 5-49 所示方式标注。

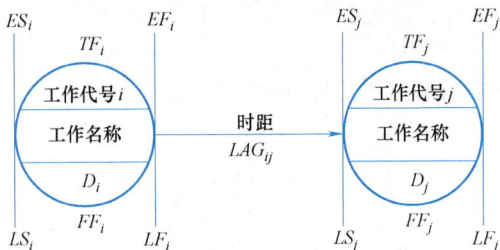

图 5-49　单代号搭接网络计划时间参数标注形式

（3）工作最早时间的计算。

1）计算最早时间参数应从起点节点开始依次进行，只有紧前工作计算完毕，才能计算本工作；

2）计算工作最早开始时间应按下列步骤进行：

① 凡与起点节点相联的工作，最早开始时间都应为零，即：

$$ES_i = 0 \qquad (i=1) \qquad (5\text{-}49)$$

② 其他工作 j 的最早开始时间根据时距应按下列公式计算：

相邻时距为 $STS_{i,j}$ 时

$$ES_j = ES_i + STS_{i,j} \qquad (5\text{-}50)$$

相邻时距为 $FTF_{i,j}$ 时

$$ES_j = ES_i + D_i + FTF_{i,j} - D_j \qquad (5\text{-}51)$$

相邻时距为 $STF_{i,j}$ 时

$$ES_j = ES_i + STF_{i,j} - D_j \qquad (5\text{-}52)$$

相邻时距为 $FTS_{i,j}$ 时

$$ES_j = ES_i + D_i + FTS_{i,j} \qquad (5\text{-}53)$$

式中　ES_i——工作 i 的紧后工作的最早开始时间；

D_i，D_j——相邻的两项工作的持续时间；

$STS_{i,j}$——i、j 两项工作开始到开始的时距；

$FTF_{i,j}$——i、j 两项工作完成到完成的时距；

$STF_{i,j}$——i、j 两项工作开始到完成的时距；

$FTS_{i,j}$——i、j 两项工作完成到开始的时距。

③ 计算工作最早时间时，当出现最早开始时间为负值时，应将该工作与起点节点用虚箭线相连接，并取其时距为：

$$STS=0 \tag{5-54}$$

3）工作 j 的最早完成时间 EF_j 应按下式计算：

$$EF_j=ES_j+D_j \tag{5-55}$$

4）当有两项或两项以上紧前工作限制工作间的逻辑关系时，应分别计算其最早开始时间，取最大值。

5）当中间工作的最早完成时间大于终点节点的最早完成时间时，应将该工作与终点节点用虚箭线相连接，并确定其时距为：

$$FTS=0 \tag{5-56}$$

（4）搭接网络计划计算工期 T_c 应为终点节点的最早完成时间。

（5）搭接网络计划的计划工期 T_p 应符合本章第三节的规定。

（6）相邻两项工作 i 和 j 之间在满足时距之外，还有多余的间隔时间 $LAG_{i,j}$，应按下式计算：

$$LAG_{i,j}=\min\begin{bmatrix}ES_j-EF_i-STS_{i,j}\\ES_j-ES_i-STS_{i,j}\\EF_j-EF_i-FTF_{i,j}\\EF_j-ES_i-STF_{i,j}\end{bmatrix} \tag{5-57}$$

（7）工作 i 的总时差 TF_i 的计算、自由时差 FF_i 的计算、最迟完成时间 LF_i 的计算、最迟开始时间 LS_i 的计算，与单代号网络计划相同。

2. 计算举例

试计算【例 5-7】中图 5-48 单代号搭接网络计划的时间参数，并将计算结果标注在图 5-50 上。

（1）工作最早时间的计算

根据公式（5-49）～公式（5-56）计算如下：

$$ES_2=0 \qquad EF_2=0+10=10$$
$$ES_3=EF_2+FTS_{2,3}=10+0=10 \quad EF_3=10+15=25$$
$$ES_4=\max[ES_2+STS_{2,4},ES_3+STS_3]=\max[0+6,10+5]=15 \qquad EF_4=15+6=21$$
$$ES_5=EF_2+FTF_{2,5}-D_5=10+5-22=-7$$

由于 ES_5 出现了负值，不合理，故令 $ES_5=0$，并将工作 5 与起点节点用虚箭线相连，并令 $STS_{1,5}=0$。

$$ES_5=0 \qquad EF_5=0+22=22$$
$$ES_6=\max[ES_5+STS_{5,6},ES_3+STF_{3,6}-D_6]=\max[0+1,10+25-20]=15$$

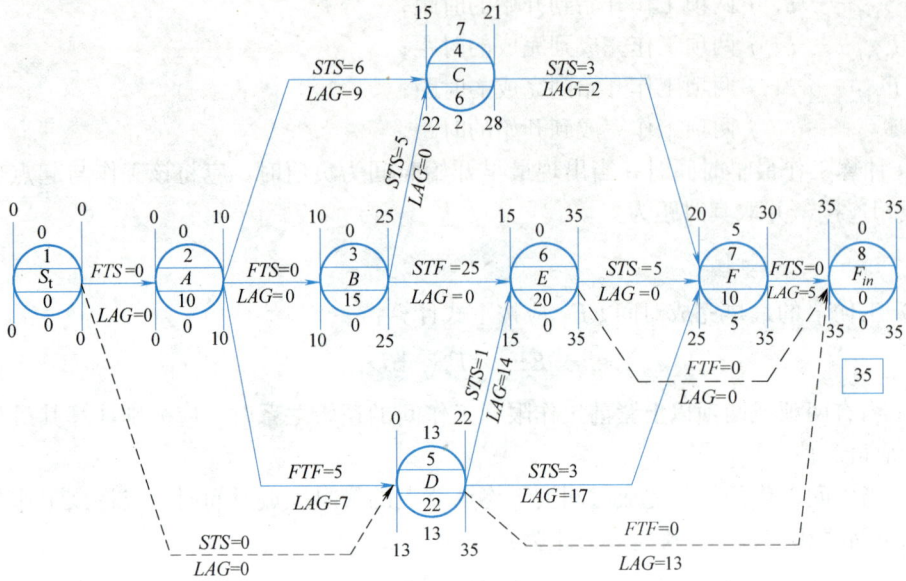

图 5-50　根据图 5-48 的单代号搭接网络计划计算的时间参数

$$EF_6 = 15 + 20 = 35$$

$$ES_7 = \max[ES_6 + STS_{6,7}, ES_4 + STS_{4,7}, ES_5 + STS_{5,7}] = \max[15+5,15+3,0+3] = 20$$

$$EF_7 = 20 + 10 = 30$$

$$ES_8 = \max[EF_7 + FTS_{7,8}] = 30 + 0 = 30 \quad EF_8 = 30$$

由于终点节点 8 的 $EF_8 < EF_6$，故节点 8 的 EF 值取 EF_6 即取 35，并将节点 6 与节点 8 用虚箭线相连，并令 $FTF_{6,8} = 0$。

$$EF_8 = ES_8 = 35$$

（2）单代号搭接网络计划计划工期的计算

由于终点节点 8 的最早完成时间已经求出，$T_c = 35$；本例没有规定工期，故节点 8 的最早完成时间就是计划工期，$T_p = T_c = 35$

（3）间隔时间（$LAG_{i,j}$）的计算

最早时间已经求出，便可按公式（5-57）计算间隔时间。

$$LAG_{1,2} = ES_2 - EF_1 - FTS_{1,2} = 0 - 0 - 0 = 0$$

$$LAG_{1,5} = ES_5 - EF_1 - FTS_{1,5} = 0 - 0 - 0 = 0$$

$$LAG_{2,3} = ES_3 - EF_2 - FTS_{2,3} = 10 - 10 - 0 = 0$$

$$LAG_{2,5} = EF_5 - EF_2 - FTF_{2,5} = 22 - 10 - 5 = 7$$

$$LAG_{2,4} = ES_4 - ES_2 - STS_{2,4} = 15 - 0 - 6 = 9$$

$$LAG_{3,4} = ES_4 - ES_3 - STS_{3,4} = 15 - 10 - 5 = 0$$

$$LAG_{3,6} = EF_6 - ES_3 - STF_{3,6} = 35 - 10 - 25 = 0$$

$$LAG_{4,7} = ES_7 - ES_4 - STS_{4,7} = 20 - 15 - 3 = 2$$

$$LAG_{5,6} = ES_6 - ES_5 - STS_{5,6} = 15 - 0 - 1 = 14$$

$$LAG_{5,7} = ES_7 - ES_5 - STS_{5,7} = 20 - 0 - 3 = 17$$

$$LAG_{5,8} = ES_8 - EF_5 - FTS_{5,8} = 35 - 22 - 0 = 13$$

$$LAG_{6,7}=ES_7-ES_6-STS_{6,7}=20-15-5=0$$
$$LAG_{6,8}=ES_8-EF_6-FTS_{6,8}=35-35-0=0$$
$$LAG_{7,8}=ES_8-EF_7-FTS_{7,8}=35-30-0=5$$

（4）工作总时差的计算

$$TF_8=T_p-EF_8=35-35=0$$
$$TF_7=TF_8+LAG_{7,8}=0+5=5$$
$$TF_6=\min[TF_7+LAG_{6,7},TF_8+LAG_{6,8}]=\min[5+0,0+0]=0$$
$$TF_5=\min[TF_6+LAG_{5,6},TF_7+LAG_{5,7},TF_8+LAG_{5,8}]=\min[0+14,5+17,0+13]=13$$
$$TF_4=TF_7+LAG_{4,7}=5+2=7$$
$$TF_3=\min[TF_4+LAG_{3,4},TF_6+LAG_{3,6}]=\min[7+0,0+0]=0$$
$$TF_2=\min[TF_3+LAG_{2,3},TF_4+LAG_{2,4},TF_5+LAG_{2,5}]=\min[0+0,7+9,13+7]=0$$
$$TF_1=0$$

（5）工作自由时差的计算

终点节点 8 的自由时差 $FF_8=T_p-EF_8=35-35=0$

其他节点的自由时差为 $FF_i=\min[LAG_{i,j}]$

$$FF_7=5 \qquad FF_6=0 \qquad FF_5=13 \qquad FF_4=2 \qquad FF_3=0 \qquad FF_2=0 \qquad FF_1=0$$

（6）工作最迟时间的计算

按公式 $LF_i=EF_i+TF_i$ 及 $LS_i=LF_i-D_i$ 进行计算。

$$LF_8=LF_7=LF_6=T_p=35$$
$$LS_8=35 \quad LS_7=35-10=25 \quad LS_6=35-20=15$$
$$LF_5=EF_5+TF_5=22+13=35$$

由于 LF_5 与 T_p 相等，故应将工作 5 与终点节点用虚箭线相连，并令 $FTS_{5,8}=0$。

$$LF_5=35 \quad LS_5=35-22=13$$
$$LF_4=EF_4+TF_4=21+7=28 \quad LS_4=28-6=22$$
$$LF_3=EF_3+TF_3=25+0=25 \quad LS_3=25-15=10$$
$$LF_2=EF_2+TF_2=10+0=10 \quad LS_2=10-10=0$$
$$LF_1=LS_1=0$$

至此，全部时间参数计算并标注完毕，见图 5-50 所示。

（四）单代号搭接网络计划关键工作和关键路线的确定

（1）单代号搭接网络计划中，总时差最小的工作是关键工作。图 5-50 中的最小总时差为 0，故其关键工作是 A、B、E。

（2）关键线路是从起点节点到终点节点均为关键工作，且其间隔时间均为零的通路，图 5-50 的关键线路是 1—2—3—6—8，或为 $S_t-A-B-E-F_{in}$。

第五节　网络计划优化

一、优化的内容及意义

网络计划的优化，是在网络计划的编制阶段，为满足一定约束条件，按照既定目标对网络计划不断改进，以寻求满意方案，从而编制可供实施的网络计划的过程。网络计划的优化目标应按计划任务的需要和条件确定，包括工期目标、费用目标和资源目标。根据优化目标的不同，网络计划的优化可分为工期优化、费用优化和资源优化。

通过网络计划的优化实现其既定目标，有着重要的现实意义，甚至可使工程项目取得良好的经济效果，因此，应当尽量利用网络计划模型可优化的特点，努力实现其优化目标。

网络计划的优化只是相对地获得满意的结果，不可能做到绝对优化。优化的原理是可认识的，且在一定原理指导下进行。优化的方法可以多种多样，但手工优化只能针对小型的简单网络计划。要对大型网络计划进行优化，则必须借助计算机及相应的软件完成。

本节主要介绍工期优化、工期-资源优化和工期-成本优化的基本原理，至于这些原理的具体应用步骤及如何在计算机上实现，需要另外进行深入地学习。

二、工期优化

网络计划的工期优化是当网络计划的计算工期大于要求工期时，在不改变网络计划中各项工作之间逻辑关系的前提下，通过压缩关键工作的持续时间来满足工期的要求。

（一）工期优化步骤

网络计划的工期优化是通过压缩关键工作的持续时间来达到优化目标。当网络计划中出现多条关键线路时，必须将各条关键线路的总持续时间压缩相同数值，否则，不能有效地缩短工期。网络计划的工期优化可以按照下列步骤进行：

（1）确定初始网络计划的计算工期和关键线路。

（2）按要求工期计算应缩短的时间 ΔT：

$$\Delta T = T_c - T_r \tag{5-58}$$

式中　T_c——网络计划的计算工期；

　　　T_r——网络计划的要求工期。

（3）选择应缩短持续时间的关键工作。选择压缩对象时应在关键工作中考虑下列因素：

1）缩短工作的持续时间不得影响其质量和安全。

2）有充足备用资源的工作。

3）缩短持续时间所需增加费用最少的工作。

综合考虑质量、安全，资源和费用增加等情况，确定各压缩对象的优先选择系数，并按照优选系数从小到大的原则，选择应优先压缩的关键工作。

（4）确定所选关键工作能够压缩的时间。即将所选定的关键工作的持续时间压缩至最短，但应按照经济合理的原则，不能将关键工作压缩成非关键工作，若被压缩的关键工作变成非关键工作，则应延长其持续时间，使之仍为关键工作，并重新确定计算工期和关键线路。在工期优化过程中，缩短关键工作持续时间的措施通常有：

1）增加资源数量。

2）增加工作班次。

3）改变施工方法。

4）组织流水施工。

5）采取技术措施。

（5）如已满足工期要求，则优化完成，否则，重复上述（2）～（4）步，直至计算工期满足要求工期为止。

（6）当所有关键工作的持续时间都已达到其能缩短的极限，而网络计划的计算工期仍不能满足要求工期时，则应对网络计划的原技术方案、组织方案进行调整，或对要求工期重新进行审定。

（二）工期优化示例

【例 5-8】 已知某工程项目双代号网络计划如图 5-51 所示，图中箭线下面括号外数字为工作的正常持续时间，括号内数字为其最短持续时间（单位：周），箭线上方括号内数字为该工作的优选系数。若要求工期为 15 周，试对其进行工期优化。

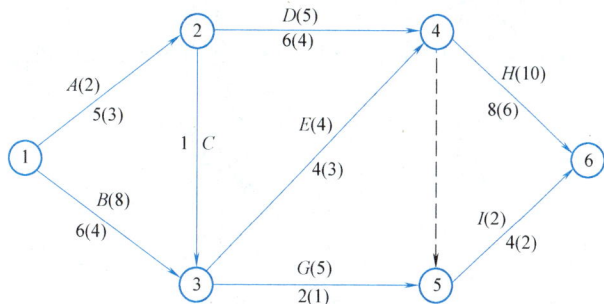

图 5-51 初始网络计划

【解】 1. 根据各项工作的正常持续时间，用标号法确定网络计划的计算工期和关键线路，如图 5-52 所示。此时关键线路为 ①—②—④—⑥。

2. 计算应缩短的时间：$\Delta T = T_c - T_r = 19 - 15 = 4$（周）。

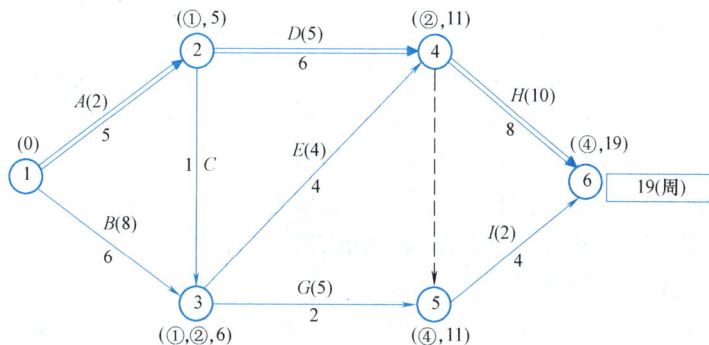

图 5-52 初始网络计划中的关键线路

3. 选择应缩短持续时间的关键工作。初始网络计划中的关键工作为：A、D 和 H，而其中 A 工作的优选系数最小，故应将 A 工作作为优先压缩对象。

4. 确定 A 工作能够压缩的时间。将关键工作 A 的持续时间压缩至其最短时间 3 周，并利用标号法确定新的计算工期和关键线路，如图 5-53 所示。

由图 5-53 中可见关键工作 A 被压缩成为非关键工作，故将其持续时间 3 周延长为 4 周，使之成为关键工作。A 工作恢复为关键工作以后，网络计划中出现了两条关键线路，即：①—②—④—⑥ 和 ①—③—④—⑥，如图 5-54 所示。

5. 第一次压缩后网络计划的计算工期为 18 周，仍大于要求工期，故需继续进行优化。

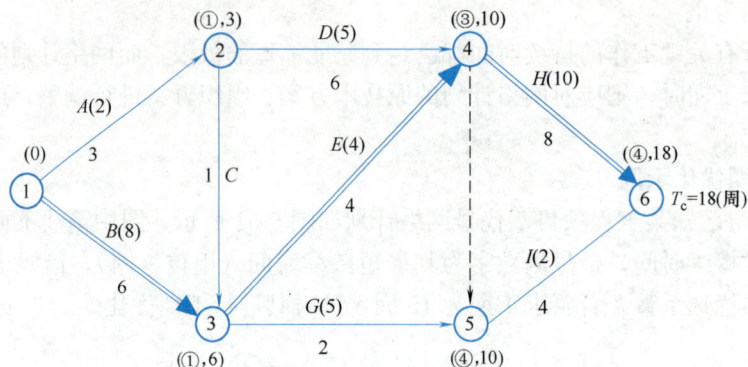

图 5-53　A 工作的持续时间压缩至最短时的关键线路

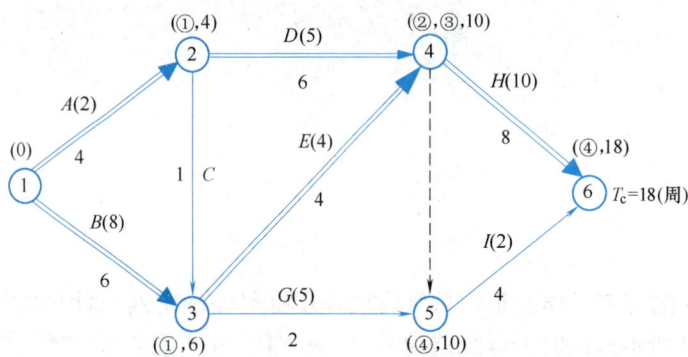

图 5-54　第一次压缩后的网络计划

（1）计算需要缩短的时间：$\Delta T_1 = 18 - 15 = 3$ 周。

（2）选择优化方案。在图 5-55 所示的网络计划中，有以下五个可行的压缩方案：

1）同时压缩 A 工作和 B 工作，组合优选系数为：2+8=10

2）同时压缩 A 工作和 E 工作，组合优选系数为：2+4=6

3）同时压缩 B 工作和 D 工作，组合优选系数为：8+5=13

4）同时压缩 D 工作和 E 工作，组合优选系数为：5+4=9

5）压缩 H 工作，优选系数为：10

在上述五个备选方案中，由于第 2）种方案的组合优选系数最小，故应选择同时压缩 A 工作和 E 工作的方案。将这两项工作的持续时间各压缩 1 周（A 压缩至最短），再用标号法确定计算工期和关键线路，如图 5-55 所示。此时，关键线路仍为两条，即：①—②—④—⑥ 和①—③—④—⑥。

在图 5-55 中，关键工作 A 和 E 的持续时间已达最短持续时间，不能再压缩，故将其的优选系数改为无穷大。

6. 第二次压缩后网络计划的计算工期为 17 周，仍大于要求工期，故需继续进行优化。

（1）需要缩短的时间为：$\Delta T_2 = 17 - 15 = 2$（周）。

（2）选择优化方案。在图 5-55 所示的网络计划中，由于关键工作 A 和 E 已不能再压缩，故此时只有两种可行的压缩方案：

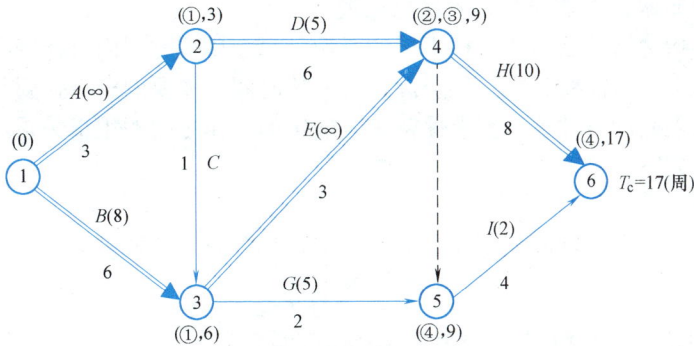

图 5-55 第二次压缩后的网络计划

1）同时压缩 B 工作和 D 工作，组合优选系数为：8+5＝13

2）压缩 H 工作，优选系数为：10

在两种备选方案中，第 2）种方案的优选系数最小，故应选择压缩 H 工作的方案。将 H 工作的持续时间压缩 2 周，再用标号法确定计算工期和关键线路，如图 5-56 所示。此时，计算工期为 15 周，已满足工期要求，故图 5-56 所示的网络计划即为优化方案。

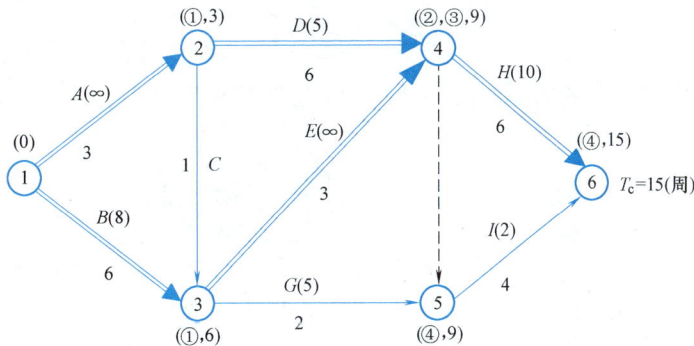

图 5-56 工期优化后的网络计划

三、工期—资源优化

资源是指为完成一项计划任务所需投入的人力、材料、机械设备和资金等。完成一项工程任务所需要的资源量基本上是不变的，不可能通过资源优化将其减少。资源优化的目的是通过改变工作的开始时间和完成时间，使资源按照时间的分布符合优化目标。

网络计划的资源优化通常可分为两种情况，即"资源有限，工期最短"的优化和"工期固定，资源均衡"的优化。前者是通过调整计划安排，在满足资源限制的条件下，使工期延长最少的过程；而后者则是通过调整计划安排，在工期保持不变的条件下，使资源需用量尽可能均衡的过程。此处进行资源优化的前提条件是：

① 在优化过程中，不改变网络计划中各项工作之间的逻辑关系；

② 在优化过程中，不改变网络计划中各项工作的持续时间；

③ 网络计划中各项工作的资源强度（单位时间所需资源数量）是常数，而且是合理的；

④ 除规定可中断的工作外，一般不允许中断工作，应保持其连续性。

（一）"资源有限，工期最短"的优化原理

这类问题是指网络计划需要多种不同的资源，每个单位时间内每种资源都有一定的供应限量，每一项工作只需要其中一种资源，且单位时间所需要的资源强度是固定的。问题是在资源供应有限制的条件下，要求保持预先确定的工作之间的逻辑关系不变，寻求整个计划工期最短的方案。

1. 优化步骤

在每项工作所需要的资源强度固定的前提下，其资源需要数量为：

$$W_{i-j}^{K} = r_{i-j}^{K} \cdot D_{i-j} \tag{5-59}$$

式中 r_{i-j}^{K}——工作 i-j 对第 K 种资源的单位时间需要强度；

D_{i-j}——i-j 工作的持续时间。

整个计划对第 K 种资源的总需要量为

$$\sum_{(i-j)} W_{i-j}^{K} = \sum_{(i-j)} r_{i-j}^{K} \cdot D_{i-j} \tag{5-60}$$

如果假定每天可能供应的资源数量 $A_K(t)(K=1, 2, \cdots, S)$ 为常数，即 $A_K(t)=A_K$，那么网络计划最短工期的下界为：

$$\max\left[\frac{1}{A_K} \cdot \sum_{(i-j)} W_{i-j}^{K}\right] \tag{5-61}$$

如果不考虑资源供应的限制时网络计划的关键线路长度为 L_{cp}，那么在考虑了资源供应限制的条件下，其工期必然满足下式：

$$T \geqslant \max_{K}\left\{L_{cp}, \max\left[\frac{1}{A_K}\sum_{(i-j)} W_{i-j}^{K}\right]\right\} \tag{5-62}$$

为了使问题简化，假定所有的工作都需要同样一种资源，这个问题的解法有多种，RSM 法就是一种较多用的方法之一。RSM 法的一般步骤为：

（1）按照工作的最早开始时间绘制时标网络图及资源动态曲线。

（2）从开始日期起，逐次检查每个时间单位资源数量是否超过资源限额。如果整个工期范围内每个时段的资源需用量均能满足资源限额要求，则初始可行方案即编制完成，否则，必须转入下一步进行计划的优化。

（3）对有资源冲突时段的工作进行分析。如果该时段内有几项工作平行进行，则采取将一项工作安排在与之平行的另一项工作之后进行的方法，以降低资源需要量。

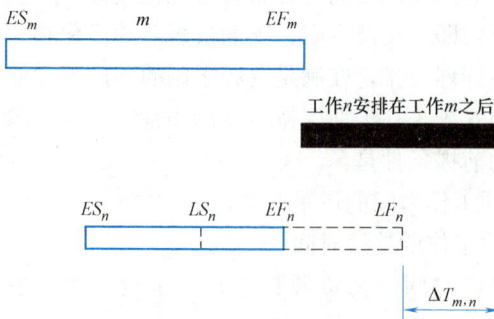

图 5-57 m，n 两项工作的排序

对于两项并行操作的工作 m 和 n 来说，把工作 n 放在 m 之后进行，如图 5-57 所示。此时网络计划的工期延长值为：

$$\begin{aligned}\Delta T_{m,n} &= EF_m + D_n - LF_n \\ &= EF_m - (LF_n - D_n) \\ &= EF_m - LS_n\end{aligned} \tag{5-63}$$

式中 $\Delta T_{m,n}$——将工作 n 安排在工作 m 之后进行时网络计划的工期延长值；

EF_m——工作 m 的最早完成时间；

D_n——工作 n 的持续时间；

LF_n——工作 n 的最迟完成时间；

LS_n——工作 n 的最迟开始时间。

这样在有资源冲突的时段中，对并行操作的工作进行两两排序，得出若干个增加的时间 $\Delta T_{m,n}$，选择其中最小的（即延长工期最短的）$\Delta T_{m,n}$，将相应的工作 n 移动到工作 m 之后进行，既可降低该时段的资源需用量，又使网络计划的工期延长最短。

（4）每调整一次，要重新绘制时标网络图及对应的资源动态曲线，再逐个时段检查，发现有资源冲突时再进行调整，如此循环，直到每个时间单位的资源需要量均满足资源限量为止，便得到可行的计划方案。

如果不对资源冲突处进行调整，就需要增加资源供应，造成直接工程费用增加。但经过调整后工期延长，又会使间接费用增加。因此，在方案调整时应进行比较，看哪种情况节省。如果工期延长导致间接费增加的幅度大于增加资源而不调整工期所增加的费用，那就不应当调整。如果调整后费用仍能降低，该调整后的可行方案就是最优方案。

2. 优化示例

【例 5-9】 某工程项目的进度计划如图 5-58 网络计划所示，箭线之下的数字是工作持续时间（时间单位：d），箭线之上的数是工作资源强度。假如每天可供资源为 10 个单位，试确定其满足资源限制条件下的最短工期。

【解】 该网络计划可按"资源有限，工期最短"的方法进行优化，其步骤为：

（1）绘制该工程项目的早时标网络计划，如图 5-59 上方所示；计算网络计划每个单位时间的资源需用量，并绘制出资源需用量动态曲线，如图 5-59 下方所示。

（2）从计划开始日期起，逐个时段检查资源是否满足要求。检查发现第二、第三天资源需用量均超过了限量（12＞10），故需要进行调整。该时段有三项工作并行操作，即为工作：1-3、2-3、2-4。利用公式（5-63）计算 ΔT 值，其结果见表 5-7。

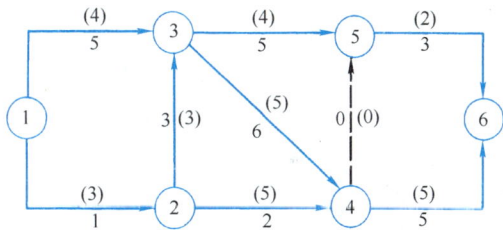
图 5-58 某工程网络计划

并行操作的三项工作计算 ΔT 值　　　　　　　　　　　表 5-7

工作序号	工作代号	最早完成时间	最迟开始时间	$\Delta T_{1,2}$	$\Delta T_{1,3}$	$\cdot \Delta T_{2,1}$	$\Delta T_{2,3}$	$\Delta T_{3,1}$	$\Delta T_{3,2}$
1	1-3	5	0	3	−4	—	—	—	—
2	2-3	4	2	—	—	4	−5	—	—
3	2-4	3	9	—	—	—	—	3	1

由表 5-7 可知，$\Delta T_{2,3}$＝−5 最小，说明将第 3 号工作（工作 2-4）安排在第 2 号工作（工作 2-3）之后进行，不会使工期延长。因此，将工作 2-4 安排在工作 2-3 完成之后进行。调整后的网络计划如图 5-60 所示。

（3）重新计算调整后的网络计划每个单位时间的资源需求量，并绘制出资源需用量动态曲线，如图 5-60 中所示。从图 5-60 中可知，第六天的资源需用量为 14，超过了资源限量 10。故需要对该时段进行调整。

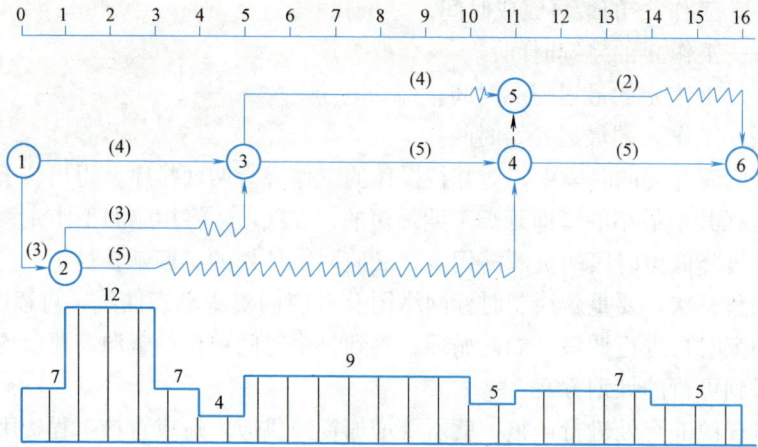

图 5-59　初始时标网络计划及资源需用量曲线

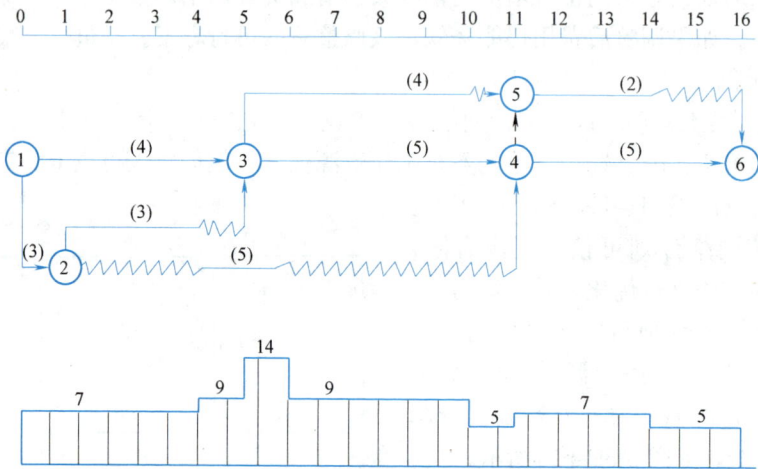

图 5-60　第一次调整后的时标网络计划及资源需用量曲线

（4）在第六天有工作 2-4，工作 3-4，工作 3-5 三项工作并行操作，利用公式（5-63）计算 ΔT 值，其结果见表 5-8 所示。

并行操作的三项工作计算 ΔT 值　　　　　　　　表 5-8

工作序号	工作代号	最早完成时间	最迟开始时间	$\Delta T_{1,2}$	$\Delta T_{1,3}$	$\Delta T_{2,1}$	$\Delta T_{2,3}$	$\Delta T_{3,1}$	$\Delta T_{3,2}$
1	2-4	6	9	1	−2	—	—	—	—
2	3-4	11	5	—	—	2	3	—	—
3	3-5	10	8	—	—	—	—	1	5

由表 5-8 可知，$\Delta T_{1,3}=-2$ 最小，说明将第 3 号工作（工作 3-5）安排在第 1 号工作（工作 2-4）之后进行，工期不会延长。因此，将工作 3-5 安排在工作 2-4 完成之后进行。调整后的网络计划如图 5-61 所示。

（5）重新计算调整后的网络计划每个时段的资源需用量，绘制出资源需用量动态曲线，如图 5-61 中所示，由此可见整个工期范围内的资源需用量均未超过资源限量，故图 5-61 所示方案即为最优方案，其最短工期为 16d。

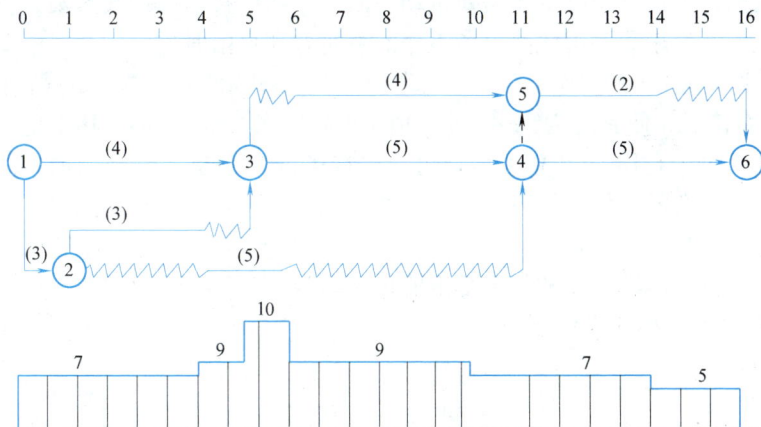

图 5-61　修正结束后的时标网络计划及资源需用量曲线

(二)"工期固定，资源均衡"的优化

安排建设工程进度计划时，需要使资源需用量尽可能地均衡，使整个工程单位时间的资源需用量不出现过多的高峰和低谷，这不仅有利于工程建设的组织与管理，而且可以降低工程费用。

衡量资源需用量的均衡程度有两个指标，一个是方差，一个是极差。因此，要通过优化，使方差值或极差值为最小。

1. 使方差值最小法的优化原理

方差的计算公式是：

$$\begin{aligned}
\sigma^2 &= \frac{1}{T}\int_0^T \left[R(t)-R_m\right]^2 \mathrm{d}t \\
&= \frac{1}{T}\int_0^T R^2(t)\mathrm{d}t - \frac{2R_m}{T}\int_0^T R(t)\mathrm{d}t + R_m^2 \\
&= \frac{1}{T}\int_0^T R^2(t)\mathrm{d}t - R_m^2
\end{aligned} \tag{5-64}$$

式中　$R(t)$——在瞬时 t 需要的资源数量；

$\quad\quad R_m$——资源需要量的平均值；

$\quad\quad T$——规定的工期。

因为 T 和 R_m 为常数，故欲使方差值最小，就是使 $\int_0^T R^2(t)\mathrm{d}t$ 为最小。

因为在工程施工网络计划中，资源需要量动态曲线是阶梯形的，故欲使 $\int_0^T R^2(t)\mathrm{d}t$ 为最小，就是使

$$R_1^2+R_2^2+R_3^2+\cdots+R_i^2+\cdots R_T^2$$

为最小。式中 R_i 是第 i 天需要的资源数量。

这就是"工期规定，资源均衡"问题的优化原理。根据这一原理，网络计划的优化步骤如下。

第一步，根据满足工期规定条件的网络计划绘制相应于各工作最早开始时间的时标网

络计划，并根据这个计划绘制资源需要量动态曲线，从中找出关键线路及其长度、位于关键线路上的工作及位于非关键线路上各工作的总时差和自由时差。

第二步，关键线路上的工作不动。非关键工作按最早开始时间的先后顺序，自右向左地进行调整，每次右移 1d，使 $R_1^2+R_2^2+\cdots+R_T^2$ 值减小为有效，直至不能右移为止。在自由时差许可的范围内，每次右移 1d 不能奏效，可一次右移 2d，乃至 3d，到总时差用完为止。

第三步，在所有的工作都按最早开始时间的先后顺序，自右向左地进行了一次调整之后，为使方差进一步缩小，再按工作最早开始时间的先后顺序自右向左地进行第二次调整。循环反复，直至所有工作的位置都不能再移动为止。

2. 使极差值为最小的优化原理

极差值为：

$$\min_{t\in[0,T]}|R_t-R_m|$$

因为 R_m 为常数，因此欲使极差值最小，就要使 $\max R_t$ 为最小。

根据这一原理，网络计划优化的步骤如下：

第一步，根据满足规定工期条件的网络计划，绘制相应于各工作最早时间的时标网络计划及资源需要量动态曲线，找出关键工作及关键线路，位于非关键线路上各工作的总时差，各工作的最早开始时间，以及每天需要的资源的最大数量。

第二步，关键线路上的工作不动。假定每天可能供应的物资资源的数量比资源动态曲线上的最高峰数量小一个单位，然后再进行第三步。

第三步，对超过资源限量的时间区段中每一项工作是否能调整根据下式判断：

$$\Delta T_{i-j}=TF_{i-j}-(T_{k+1}-ES_{i-j})\geqslant0 \tag{5-65}$$

式中　ΔT_{i-j}——工作的时间差值；

T_{k+1}——表示在时间轴上超过资源限量的时间区段的下界时间点。

若不等式成立，则该工作可以右移至高峰值之后，即移动（$T_{k+1}-ES_{i-j}$）时间单位。若不等式不成立，则该工作不能移动。

当需要调整的时段中不止一项工作使不等式成立时，应按时间差值 ΔT_{i-j} 的大小顺序，最大值的先移动；如果 ΔT_{i-j} 值相同，则资源数量小的先移动。

移动后看峰值是否小于或等于资源限量。如果因为这次移动在其他时段中出现超过资源限量的情况时，则重复第三步，直至不超过资源限量为止。

第四步，画出移动后的网络计划，并计算出相应的每日资源数量，再规定资源限量为资源峰值减 1，逐日检查超过规定数量的时段，再重复第三步。

如此，每次减少一个资源单位，进行调整，直至按上述步骤计算后所有工作都不能再向右移动，资源峰值不能再减少为止。

第五步，绘制调整后的时标网络计划及资源动态曲线。

【例 5-10】 某工程的时标网络计划见图 5-62，箭线下的数字表示工作的资源强度，欲保持工期 22d 不变，

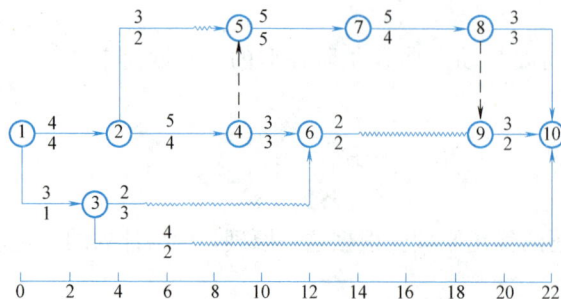

图 5-62　某工程的时标网络计划

试进行资源均衡的优化。

【解】 （1）计算每日资源需要量，见表5-9。

优化前资源数量　　　　　　　　　　　　　　表5-9

工作日	1	2	3	4	5	6	7	8	9	10	11
资源数量	5	5	5	9	11	8	8	4	4	8	8
工作日	12	13	14	15	16	17	18	19	20	21	22
资源数量	8	7	7	4	4	4	4	4	5	5	5

（2）将表5-9中的最大值减1，得其资源限量为10。

（3）找出下界时间点 $T_{k+1}=5$。在第5d有2-5，2-4，3-6，3-10四个工作，其 TF_{i-j} 分别为2，0，12，15；其 ES_{i-j} 分别为4，4，3，3。

（4）计算 ΔT_{i-j} 如下：

$$\Delta T_{2-5}=2-(5-4)=1$$
$$\Delta T_{2-4}=0-(5-4)=-1$$
$$\Delta T_{3-6}=12-(5-3)=10$$
$$\Delta T_{3-10}=15-(5-3)=13$$

其中 ΔT_{3-10} 最大，故优先将该工作向右移动2d，即第5d后开始。调整后的结果见图4-63。

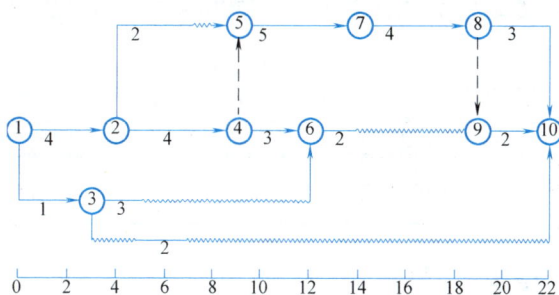

图5-63　第一次调整后的时标网络计划

（5）再计算每日资源数量，见表5-10。

第一次均衡结果　　　　　　　　　　　　　　表5-10

工作日	1	2	3	4	5	6	7	8	9	10	11
资源数量	5	5	5	7	9	8	8	6	6	8	8
工作日	12	13	14	15	16	17	18	19	20	21	22
资源数量	8	7	7	4	4	4	4	4	5	5	5

从表5-10看出，资源峰值为9，故将资源限量定为8。

（6）逐天检查资源需要量，发现在第5d超限。第5d有2-4，3-6，2-5三项工作，其 TF_{i-j} 分别为0，12，2；其 ES_{i-j} 分别为4，3，4。

（7）计算 ΔT_{i-j} 如下：

$$\Delta T_{2-4}=0-(5-4)=-1$$
$$\Delta T_{3-6}=12-(5-3)=10$$

$$\Delta T_{2-5}=2-(5-4)=1$$

其中 ΔT_{3-6} 最大，故优先调整 3-6，将它移至第 5d 后（即右移 2d）进行。

（8）计算新的资源需要量，见表 5-11。

第二次均衡结果　　　　　　　　　　　　　　　表 5-11

工作日	1	2	3	4	5	6	7	8	9	10	11
资源数量	5	5	5	4	6	11	11	6	6	8	8
工作日	12	13	14	15	16	17	18	19	20	21	22
资源数量	8	7	7	4	4	4	4	4	5	5	5

由表 5-11 可知，6、7 两天资源数量又超过 8。这一段时间有 2-5，2-4，3-6，3-10 四项工作。再计算 ΔT_{i-j}，得：

$$\Delta T_{2-5}=2-(7-4)=-1$$
$$\Delta T_{2-4}=0-(7-4)=-3$$
$$\Delta T_{3-6}=10-(7-5)=8$$
$$\Delta T_{3-10}=12-(7-5)=10$$

虽然 ΔT_{3-10} 最大，但它的资源强度只有 2，调整它不能降低峰值，故选择时间差值次大的工作 3-6，向右移动 2d。

重复上述计算步骤，最后资源限量定为 7，不能再减少了。优化结果见表 5-12 及图 5-64。

优化的最后结果　　　　　　　　　　　　　　　表 5-12

工作日	1	2	3	4	5	6	7	8	9	10	11
资源数量	5	5	5	4	6	6	6	7	7	7	7
工作日	12	13	14	15	16	17	18	19	20	21	22
资源数量	7	7	5	7	7	7	6	6	5	5	5

四、工期—费用优化

（一）工程费用与工期的关系

工程费用由直接费与间接费组成。直接费由人工费、材料费和机械费组成。施工方案不同，直接费也就不相同；施工方案一定，如工期不同，直接费也就不同。间接费一般也会随着工期的增加而增加。考虑工程总费用时，还应考虑拖期要接受罚款，提前竣工会得到奖励，提前投产而得到收益。工期与费用的关系曲线可用图 5-65 表示。

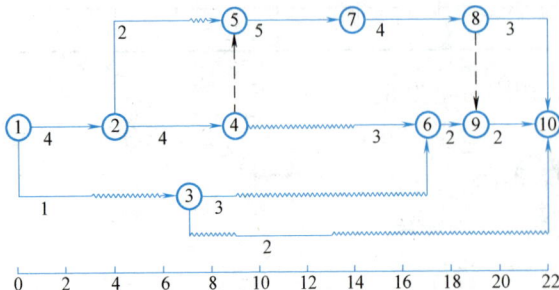

图 5-64　资源调整完成的时标网络计划

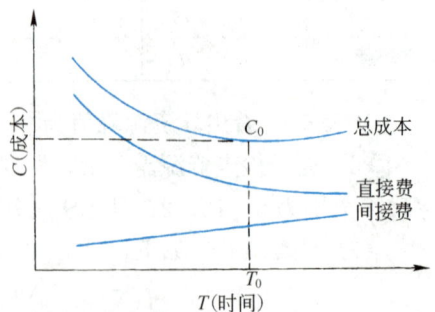

图 5-65　工期—费用关系曲线

工期—费用优化的目的是：求出与最低工程总费用 C_0 相对应的工程总工期 T_0，或求出在规定工期条件下的工程最低费用。网络计划中工期的长短取决于关键线路的持续时间。关键线路由关键工作组成。为了达到工期—费用优化的目的，必须研究分析网络计划中工作的持续时间和费用（主要是直接费）之间的关系。

（二）工作持续时间和直接费的关系

工作持续时间和费用的关系有以下几种类型。

（1）连续直线型，见图 5-66（a）所示，即 A 点时间为 t_1，直接费为 C_A；在 B 点时间为 t_2，直接费为 C_B；A、B 间各点的时间费用关系点在 A、B 的连线上。就整个工程而言，可以认为直线型关系有其使用价值，而且会给优化工作带来方便。

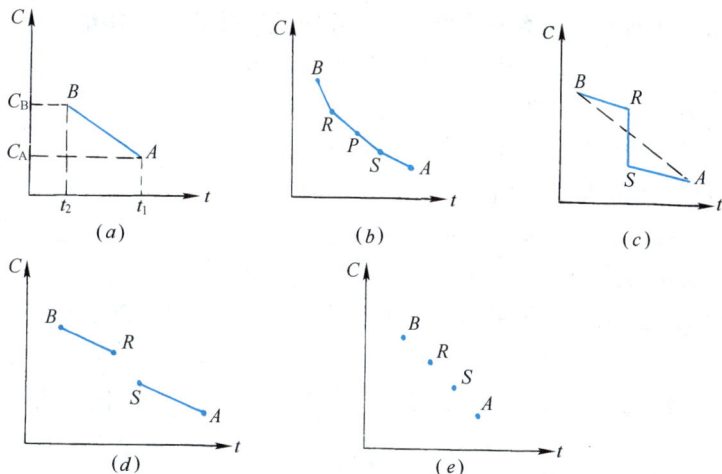

图 5-66　工作的时间-费用关系类型

（2）折线型，见图 5-66（b）所示，表示不同时间的直接费变化率是不同的。对一项较小型工程的网络计划来讲，这种线型有实际应用意义，且比较精确。

（3）突变型，见图 5-66（c）所示。AS 段代表一种方案直接费和时间的关系；RB 段表示另一种施工方案增加资源而引起的时间缩短与直接费增加的关系。在优化时，可用 AB 线表示这种关系的近似值。

（4）断裂型，见图 5-66（d）所表示。它表示时间和直接费的关系不是连续型的。AS 和 RB 分别代表两种不同施工方案的时间费用关系。这种情况多属不同的机械施工方案。

（5）离散型，如图 5-66（e）所示。这也多属机械施工方案，各方案之间无任何关系，工作也不能逐天缩短，只能在几个方案中选择。

在工程的工期—费用优化中，直线型关系用得最多。

工程的工期—费用优化的基本思想就在于，不断从这些工作的时间和费用关系中，找出能使工期缩短而又能使得直接费用增加额最少的工作，缩短其持续时间，然后考虑间接费随工期缩短而减少的情况。把不同工期时的直接费和间接费分别叠加，即可求出工程费用最低时相应的最优工期或工期指定时相应的最低工程费用。

（三）工期—费用优化的步骤

第一步，绘制正常时间下的网络计划。

第二步，求出网络计划中各项工作采取可行的方案后可加快的时间。

第三步，求出正常工作时间和加快工作时间下工作的直接费，并用下式求出直接费变化率：

$$\Delta C_{i\text{-}j} = \frac{C_B - C_A}{t_A - t_B} \tag{5-66}$$

第四步，寻找可以加快的工作。这些工作应当满足以下三项标准：它是一项关键工作；它是可以压缩的工作；它的费用变化率在可压缩的关键工作中是最低的。

第五步，确定本次压缩可以加快多少时间，增加多少费用。这就要通过下列标准进行决策：

（1）如果网络计划中有几条关键线路，则几条关键线路都要压缩，且压缩同样数值，而压缩的时间应是各条关键线路中可压缩量最少的工作。

（2）每次压缩以恰好使原来的非关键线路变成关键线路为度。这就要利用总时差值判断，即不要在压缩后经计算非关键工作出现负总时差。

第六步，根据所选加快的关键工作及加快的时间限制，逐个加快工作，每加快一次都要重新计算时间参数，用以判断下次加快的幅度。直到形成下列情况之一时为止：

（1）有一条关键线路的全部工作的可缩时间均已用完。

（2）为加快工程施工进度所引起的直接费增加数值，超过了因提前完工而节约的间接费时。

第七步，求出优化后的总工期，总费用，绘制工期—费用优化后的网络计划，付诸实施。

（四）工期—费用优化举例

【例 5-11】 图 5-67 是某工程的网络计划及其正常作业时间的算例。表 5-13 是它的原始资料，经计算得出了第 9 栏中的数字。要求进行工期—费用优化。

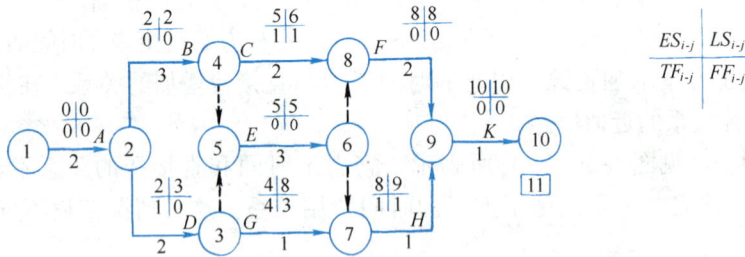

图 5-67　某工程网络计划

【解】 第一步，压缩工作 E 一周，增加费用 100 万元，工程直接费增至 19900＋100＝20000 万元，工期由 11 周变为 10 周。工作 C 变成了关键工作（计算结果列于表 5-14 中）。

第二步，压缩工作 B 一周，增加费用 120 万元，工程直接费增至 20000＋120＝20120 万元，工期变为 9 周，工作 D 变成了关键工作。

第三步，压缩工作 F 一周，增费 150 万元，工程直接费增至 20120＋150＝20270 万元，工期变为 8 周，工作 H 变成了关键工作。

第四步，压缩工作 A 一周，增费 180 万元，工程直接费增至 20270＋180＝20450 万元，工期变为 7 周。关键工作没有增加。

赶工费率计算表　　　　　　　　　　表 5-13

工作代号	工作名称	正常持续时间(周)	正常时间费用(万元)	最短作业时间(周)	最短时间费用(万元)	时间差值(周)	费用差额(万元)	赶工费率(万元/周)
(1)	(2)	(3)	(4)	(5)	(6)	(7)	(8)	(9)
1-2	A	2	2000	1	2180	1	180	180
2-4	B	3	2800	1	3040	2	240	120
4-8	C	2	1800	1	1980	1	180	180
2-3	D	2	2100	1	2250	1	150	150
5-6	E	3	3000	1	3200	2	200	100
8-9	F	2	2600	1	2750	1	150	150
3-7	G	1	1400	1	1400	0	0	—
7-9	H	1	2300	1	2300	0	0	—
9-10	K	1	1900	1	1900	0	0	—
合 计			19900		21000			

压缩结果　　　　　　　　　　表 5-14

调整次数	压缩工作名称	压缩时间(周)	赶工费率(万元/周)	费用增加额(万元)	工程直接费(万元)	工程总工期(周)
(1)	(2)	(3)	(4)	(5)	(6)	(7)
0					19900	11
1	E	1	100	100	20000	10
2	B	1	120	120	20120	9
3	F	1	150	150	20270	8
4	A	1	180	180	20450	7
5	B、D	1	270	270	20720	6
6	C、E	1	280	280	21000	5
7						

第五步，压缩 B 和 D 各一周，增费 120+150＝270 万元，直接费增至 20450＋270＝20720 万元，工期缩至 6 周。G 成为关键工作。

第六步，压缩 C 和 E 各一周，增费 180+100＝280 万元，直接费增至 20720＋280＝21000 万元，工期缩至 5 周。

至此，各条线路均变成了关键线路，各项工作的压缩潜力已经用完，故压缩停止。图 5-68 是压缩完成后的网络计划。

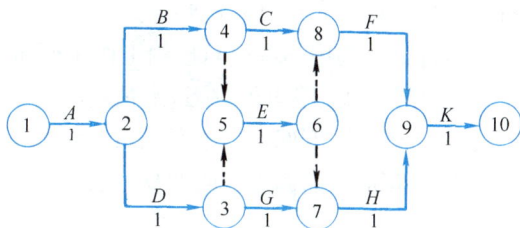

图 5-68　优化后的网络计划

现假定每周间接费是 160 万元，则该网络计划的总费用见表 5-15，从表中可见，工期为 8 周时总费用最低。

网络计划总费用表　　　　　　　　　　表 5-15

工期(周)	5	6	7	8	9	10	11
直接费(万元)	21000	20720	20450	20270	20120	20000	19900
间接费(万元)	800	960	1120	1280	1440	1600	1760
总费用(万元)	21800	21680	21570	21550	21560	21600	21660

将优化过程所得的各项费用绘制成工期—费用曲线，见图 5-69。

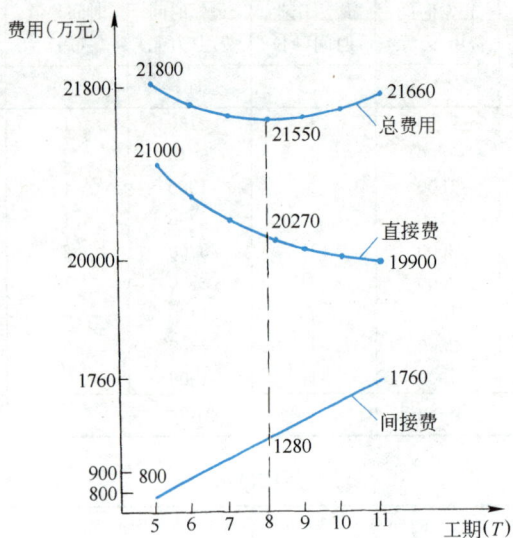

图 5-69   优化后的工期—费用曲线

从正常施工工期加快到最短工期，平均每加快一周增直接费为（21000－19900）÷6＝183.3 万元，减间接费 160 万元，实际增加费用 23.3 万元。

第六节   网络计划实施中的调整和控制

将正式网络计划报请有关部门审批后，即可组织实施。在网络计划的实施过程中，由于资源、外部环境、自然条件等因素的变化，人为因素的影响，不可预见事件的发生等，往往会造成工程实际进度与计划进度产生偏差，如果这种偏差不能及时得以纠正，势必影响工程进度目标的实现。因此，在网络计划的实施过程中，采取相应措施进行控制，对保证进度目标的顺利实现具有重要意义。

网络计划实施中的调整与控制工作主要包含以下几个方面：

1. 检查并掌握工程的实际进展情况。

2. 分析产生进度偏差的主要原因。

3. 确定相应的纠偏措施或调整方法。

一、网络计划的检查

（一）网络计划的检查方法

1. 计划执行中的跟踪检查

在网络计划的执行过程中，必须建立相应的检查制度，定期定时地对计划的实际执行情况进行跟踪检查，并收集反映工程实际进度的有关数据、资料。

2. 收集数据、资料的加工处理

收集反映工程实际进度的原始数据或有关资料面广量大，必须对其进行整理、统计和分析，形成与计划进度具有可比性的数据或资料，以便在网络图上进行记录和比较。根据对实际进度记录的结果可以分析判断工程的实际进展状况，及时发现进度偏差，为网络计划的调整提供信息或依据。

3. 实际进度检查记录的方式

（1）当采用时标网络计划时，可采用实际进度前锋线记录网络计划的实际执行状况，将工程实际进度与计划进度进行比较。

实际进度前锋线是在原时标网络计划上，自上而下地从计划执行中某一检查时刻的时标点出发，用点划线依次将各项工作实际进度达到的前锋点连接而成的折线。实际进度前锋点的标定方法有两种：

1）按已完成的实物工程（工作）量比例进行标定

假设工程项目中各项工作均按匀速进行，且时标网络图上箭线的长短与相应工作的持续时间对应，也与其实物工程量的多少成正比。检查时刻某工作的实物工程量完成了几分之几，其前锋点就从表示该工作的箭线起点由左至右标在箭线长度几分之几的位置。

2）按尚需时间进行标定

有些工作的持续时间难以按实物工程量进行计算，只能凭经验估算，估算出检查时刻起到该工作全部完成尚需要的持续时间，从该工作的箭线末端反过来标出实际进度前锋点的位置。

通过实际进度前锋线与原进度计划中各工作箭线交点的位置可以判断实际进度与计划进度的偏差。见图 5-70。

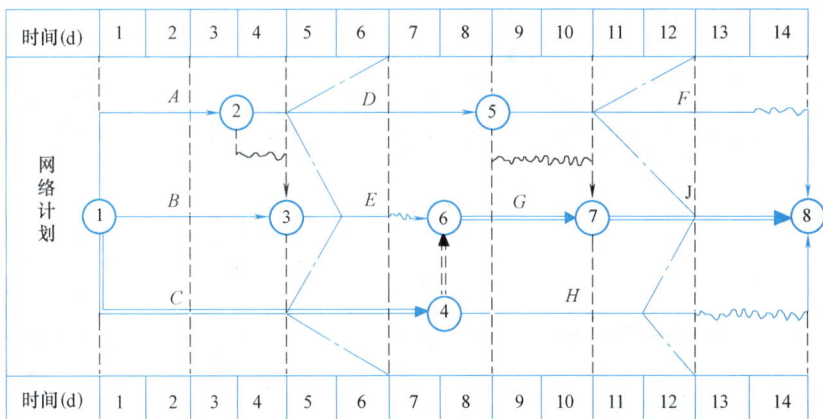

图 5-70　某工程实际进度前锋线比较图

（2）当采用无时标网络计划时，可在图上直接用文字、数字、适当符号、或列表记录计划的实际执行状况，进行工程实际进度与计划进度的比较。见图 5-71。

（二）网络计划检查的主要内容

在网络计划实施过程中，对其进行检查的主要内容为：

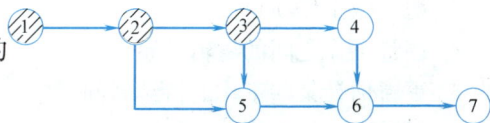

图 5-71　某工程实际进度图上记录法

1. 关键工作的进度和关键线路的变化。

2. 非关键工作的进度及其时差利用情况。

3. 实际进度对各项工作之间逻辑关系的影响。

4. 资源状况。

5. 费用状况。

6. 存在的其他问题。

（三）对网络计划检查结果进行分析判断

通过对网络计划实施情况进行检查、对比，应进一步对检查结果进行分析判断，为尚未实施计划的调整提供依据。对检查结果一般应进行如下分析判断：

1. 对时标网络计划宜利用绘制的实际进度前锋线，分析计划的执行情况及其发展趋势，对未来的进度作出预测、判断，找出偏离计划目标的原因及可供挖掘的潜力所在。

例如，在图 5-70 中，根据第 6d 结束时对工程实际进度进行检查绘制的实际进度前锋线表明：

（1）D 工作的实际进度比计划进度拖后 2d，其总时差和自由时差分别为 1d 和 0d，故 D 工作将影响总工期 1d、使其紧后工作 F 的最早开始时间推后 2d。

（2）E 工作的实际进度比计划进度拖后 1d，其总时差和自由时差均为 1d，故 E 工作对总工期和紧后工作均无影响。

（3）C 工作的实际进度比计划进度拖后 2d，由于 C 工作为关键工作，其总时差和自由时差均为 0d，故它将使总工期和紧后工作 G、H 的最早开始时间均推迟 2d。

2. 对无时标网络计划宜按表 5-16 记录的情况对网络计划中未完成的工作进行分析判断。

例如，借助图 5-70 中第 12d 结束时对工程实际进度检查结果进行分析判断，记录于表 5-16 中。

网络计划检查结果分析表　　　　　　　　　表 5-16

工作编号	工作名称	检查时尚需作业时间	到计划最迟完成时尚有时间	原有总时差	目前尚有总时差	原有自由时差	目前尚有自由时差	情况判断
⑤—⑧	F	3d	2d	1d	—1d	1d	—1d	拖期 1d，影响工期 1d
⑦—⑧	J	2d	2d	0d	0d	0d	0d	正常
④—⑧	H	1d	2d	2d	1d	2d	1d	拖期 1d，但不影响工期

二、网络计划的调整

（一）网络计划调整的内容

1. 调整关键线路的长度。

2. 利用时差调整非关键工作的开始时间、完成时间或持续时间。

3. 增、减工作项目。

4. 调整工作之间的逻辑关系。

5. 重新估计某些工作的持续时间。

6. 对资源的投入作相应调整。

（二）网络计划调整的方法

1. 调整关键线路的方法

（1）当关键线路的实际进度比原计划进度拖后时，应在尚未完成的关键工作中，选择资源强度小或直接费用率低的工作，缩短其持续时间，并重新计算未完成部分的时间参数，即将原来的网络计划进行更新后，作为一个新计划实施。

（2）当关键线路的实际进度比原计划进度提前时，若不拟提前完工，应选用资源占用量大或者直接费率用高的后续关键工作，适当延长其持续时间，以降低其资源强度或直接工程费用；当确定要提前完工时，应将原计划尚未完成的部分作为一个新计划，重新确定关键工作的持续时间，按更新后的计划实施。

2. 非关键工作的调整方法

非关键工作时间参数的调整应在其拥有的时差范围内进行，以便更充分地利用资源、降低工程成本或满足施工的需要。每一次对非关键工作进行调整后都必须重新计算其时间参数，并观察该调整对计划全局的影响。一般可采用以下几种调整方法：

（1）将工作在其最早开始时间与最迟完成时间范围内移动。

（2）延长工作持续时间。

（3）缩短工作持续时间。

3. 增、减工作项目的调整方法

当采用增、减工作项目进行调整时，应符合下列规定：

（1）不打乱原网络计划总的逻辑关系，只对局部逻辑关系进行调整。

（2）在增、减工作后应重新计算时间参数，并分析对原网络计划的影响。当对工期有影响时，应采取相应的措施进行调整，以保证计划工期不变。

4. 调整逻辑关系

例如将原顺序进行的工作改为平行作业、搭接施工或分段组织流水施工等。逻辑关系的调整只有当实际情况要求改变施工方法或组织方法时才可进行。调整时应避免影响原定计划工期和其他工作的顺利进行。

5. 调整工作的持续时间

在计划实施过程中，当发现某些工作的原持续时间估计有误或实现条件不充分时，应重新估算其持续时间，并重新计算工作时间参数，尽量使原计划工期不受影响。

6. 调整资源的投入

当资源供应发生异常时，应采用资源优化方法对计划进行调整，或采取应急措施，使其对工期的影响程度最小。

网络计划的调整，可以定期进行，亦可根据计划检查的结果在必要时进行调整。通过不断对网络计划的实施过程进行监测、检查与调整，才能确保工程项目进度目标的顺利实现。

第一节　施工组织纲要编制

一、施工组织纲要的内容

施工组织纲要包括下列内容：
（1）编制说明。
（2）编制依据。
（3）项目概况。
（4）施工目标及风险分析。
（5）项目管理体系和施工部署。
（6）施工准备工作。
（7）本工程的特点、重点、难点分析及应对措施。
（8）本工程采用的新技术、新材料、新工艺、新设备。

二、施工组织纲要的编制依据

编制施工组织纲要依据如下：
（1）工程设计文件，国家、行业和地方有关工程建设的法律、法规、规范、规程、标准和图集等。
（2）建设单位提供的工程招标文件、补充招标文件、答疑文件。
（3）工程项目现场勘察的情况，建设单位提供的其他资料。包括：用地范围，地形、地貌、气象、地下水位、地上或地下管线及障碍物，现场周边道路有无特殊交通限制，现场周边建筑物新旧程度、结构形式、基础埋深、高度、与招标工程间距，市政给水、消防、供水、污水、雨水、燃气、热力，通信、供电电缆等管线坐标、管径、压力，废水污水处理方式等。
（4）企业有关技术标准、技术与管理措施，企业工法、专利及企业发展战略。

三、施工组织纲要项目概况的编制

编制项目概况，应说清下列内容：
（1）项目投资单位及性质，投资规模和来源。

（2）项目的基本情况，包括：工程项目的名称，建设地点，建设规模，建设单位及设计单位等基本情况。

（3）工程项目发包情况，包括：建设单位拟订的工程项目发包范围，各单位工程各专业工程的发包范围等。

（4）项目设计概况，包括：工程项目总体设计及各单位工程设计、各专业工程设计简要介绍，项目特点、重点、难点分析。

四、施工组织纲要的施工管理目标及风险分析

1. 施工目标承诺

投标单位对实现项目施工管理目标承诺按表 6-1 要求编写。

投标单位项目施工管理目标承诺 表 6-1

项目	建设单位要求	投标单位承诺	备注
工期目标			
质量目标			
环保目标			
安全管理目标			
其他			

2. 施工管理目标风险分析

对承诺实现的目标，施工单位应当进行风险分析，提出防范风险的对策和具体措施。风险主要来自设计和施工两个方面。不应忽视设计文件缺陷和设计标准变更带来的风险，对此进行分析，制定对策和有效措施予以防止。但是同时也要防止发包方可能导致的风险。

五、施工组织纲要的项目管理体系和施工部署

1. 项目管理体系

项目管理体系指项目的组织机构，技术管理体系，质量管理与保证体系，职业健康与安全管理体系、环境管理体系等。各类管理体系的内容包括：组织机构框图，岗位设置及其职责等。

2. 施工部署

施工部署应视为施工组织纲要的核心加以特别重视。施工部署带有宏观性，综合反映出统筹全局重大施工管理活动的能力和水平。编写要求如下：

（1）结合施工特点，阐述完成该工程的总体主导思想及施工部署原则。

（2）施工资源的组织和配备（包括：材料、劳动力的供应、施工机械及设备、构配件施工及订货等计划）。

（3）施工活动的时间安排和空间组织（施工进度控制计划，工程项目区域划分，专业、专项施工界限划分和接口，单位工程流水段划分等）。

六、施工准备工作

1. 水源、电源和热源的设置

在建设单位提供"三通一平"基础上，对施工所需的水源、电源、热源和通信等进行

规划。

2.临时设施

对施工现场的围挡、办公及生活用房、各种作业场所、临时设施及原材料、构配件加工和堆放场地、现场道路等进行统筹安排。

3.施工总平面图

施工总平面图应根据需要按基础工程、结构工程、装饰装修及机电安装工程三个施工阶段分别绘制，按常规内容标注齐全，并符合国家有关绘图标准。

七、本工程的特点、重点、难点分析及应对措施

施工组织纲要应突出阐述投标工程的管理重点和技术难点，以体现企业自身的创新能力、生产技术和管理水平。

（1）根据拟建工程的地理位置、人文环境等特点，分析确定施工管理难点和重点，有针对性地制定相应的对策和措施。

（2）根据设计特点和施工单位的具体情况，分析确定本工程施工技术难点，有针对性地编制相应的技术措施。

八、拟采用的"四新"描述

所谓"四新"指新技术、新材料、新工艺、新设备，是指本企业独创的或是经过科研部门转化的成果，均应有鉴定结论，并已被政府部门推广。在施工组织纲要中，应对本工程拟采用的"四新"进行简要描述。

第二节　施工组织总设计编制

一、施工组织总设计编制概述

（一）施工组织总设计的编制内容
施工组织总设计的编制内容如下：

（1）工程概况。

（2）总体施工部署。

（3）施工总进度计划。

（4）总体施工准备与主要资源配置计划。

（5）施工总平面布置图。

（6）施工管理计划。

（7）技术经济指标。

（二）施工组织总设计的编制程序
施工组织总设计的编制程序是根据其各项内容的内在联系确定的，见图6-1所示，现简要说明如下：

1.进行调查研究，获得编制依据

这是编制施工组织总设计的准备工作，目的是获得足够的信息，作为编制施工组织总

设计的信息资源。

2. 描述工程概况

工程概况可根据获得的编制依据进行描述，它是施工组织设计的前提。

3. 确定总体施工部署

总体施工部署是战略性安排，是编制其他施工组织设计内容的总依据。

4. 编制施工总进度计划

施工总进度计划是时间利用设计，必须在编制施工部署之后进行，而只有编制了施工总进度计划，才具备了编制其他各种计划的条件。

5. 编制总体施工准备与主要资源配置计划

这是资源利用设计。在具备施工部署和施工总进度计划以后，如何进行总体施工准备和对资源配置的总体要求就比较明确了，便可以编制施工准备与主要资源配置计划。

6. 编制施工总平面布置图

施工总平面布置图是施工空间设计，只有在编制了施工方案和各种计划以后才具备条件。例如，只有编制了生产和生活的临时设施计划以后，才能确定施工总平面布置图中临时设施的数量和现场布置等。

7. 制定施工管理计划

针对质量、进度、成本等目标，制定应采取的措施。

8. 技术经济指标的计算

技术经济指标的计算目的是对所编制的各项内容进行量化展示，它可以用来评价施工组织总设计的设计水平，为决策使用提供依据。

9. 审批

施工组织总设计只有经过规定部门或人员审批以后才具有效力。

（三）"工程概况"的编制内容

工程概况包括两部分，一是项目主要情况，二是项目主要施工条件环境。为了清晰易读，宜尽量采用表格及图形说明，如表 6-2～表 6-4。

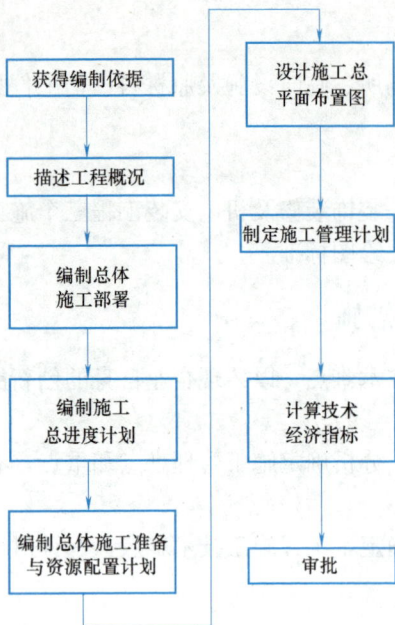

图 6-1　施工组织总设计编制程序框图

建筑安装工程项目一览表　　　　表 6-2

序号	工程名称	建筑面积(m²)	建安造价(万元)		吊装和安装工程量(t 或件)		建筑结构类型
			土建	安装	吊装	安装	

主要建筑物构筑物一览表　　　　表 6-3

序号	工程名称	建筑结构特征(或示意图)	建筑面积(m²)	占地面积(m²)	建筑体积(m³)	备注

工程量总表 表 6-4

序号	工程量名称	单位	合计	生产车间			仓库运输			管网						生活福利	大型暂设	
				××车间	××车间	⋮	仓库	铁路	公路	供电	供水	排水	供热	电信	⋮	宿舍	文化福利	生产	生活

注：生产车间按主要生产车间、辅助生产车间、动力车间顺序安排。

1. 项目主要情况

项目主要情况包括下列内容：

（1）项目名称，性质，地理位置，建设规模。项目性质可分为工业和民用两大类，应简要介绍项目的使用功能；建设规模可包括项目的占地面积、投资规模（产量）、分期分批建设范围等。

（2）项目的建设、勘察、设计和监理等相关单位的情况。

（3）项目设计情况。简要介绍项目的建筑面积、建筑高度、建筑层数、结构形式、建筑结构及装饰用料、建筑抗震设防烈度、安装工程和机电设备的配置等情况。

（4）项目承包范围及主要分包工程范围。

（5）施工合同及招标文件对项目施工的重点要求。

（6）其他应说明的情况。

2. 项目主要施工条件环境

项目主要施工条件环境包括下列内容：

（1）项目建设地点气象状况。简要介绍项目建设地点的气温、雨、雪、风和雷电等气象变化情况，冬雨期的期限和冬季土的冻结深度等情况。

（2）项目施工区域地形和工程水文地质情况。简要介绍项目施工区域地形变化和绝对标高，地质构造、土的性质和类别、地基土承载力，河流流量和水质、最高洪水位和枯水期水位，地下水位高低变化、含水层厚度、流向、流量和水质等情况。

（3）项目施工区域地上、地下管线及相邻的地上、地下建（构）筑物情况。

（4）与项目施工有关的道路、河流等状况。

（5）当地建筑材料、设备供应和交通运输等服务能力状况。简要介绍工程项目的主要材料、特殊材料和生产工艺设备供应条件及交通运输条件。

（6）当地供水、供电、供热和通信能力状况。根据当地供热、供水和通信情况，按照施工需求，描述相关资源提供能力及解决方案。

（7）其他与施工有关的主要因素。如有关本建设项目的决策、指示和文件，拆迁要求，场地"七通一平"要求等。

二、总体施工部署编制

（一）总体施工部署的内容

1. 确定施工总目标

施工项目总目标应根据合同目标或施工组织纲要确定的目标确定，并根据单项工程或单位工程进行分解以具体确定，做到积极可靠。

2. 确定项目分阶段交付计划（里程碑计划）

所谓分阶段，就是把工程项目划分为相对独立交付使用或投产的子系统，在保证施工总目标的前提下，实行分期分批建设，既可以使各子项目迅速建成，尽早投入使用，又可在全局上实现施工的连续性和均衡性，减少暂设工程数量，降低工程成本。例如，大型工业项目可以划分为主体生产系统、辅助生产系统、附属生产系统；住宅小区可以划分为居住建筑、服务性建筑、附属性建筑。

3. 确定项目分阶段（期）施工的合理程序及空间组织

根据项目分阶段交付的计划，合理地确定每个单位工程的开竣工时间，划分各参与施工单位的工作任务，明确各单位之间的分工与协作关系，确定综合的和专业的施工组织，保证先后投产或交付使用的系统都能正常运行。（工程开展程序详见本节"（二）"）

4. 对于项目施工的重点和难点进行简要分析

确定施工的合理顺序及空间组织以后，就要具体分析施工的重点和难点，以便抓住关键进行各项施工组织总体设计。所谓重点，就是对总目标的实现起重要作用的施工对象；所谓难点，就是施工实施技术难度和组织难度大的、消耗时间和资源多的施工对象。

5. 总承包单位明确项目管理组织形式

根据项目的规模、复杂程度、专业特点、人员特点和地域范围确定项目管理的组织形式（见第三章第二节所述），绘制施工组织结构体系框图。

6. 主要施工方法的确定。

（1）施工组织总设计要对一些工程量大、施工难度大、工期长、对整个项目完成起关键作用的单位（子单位）工程和主要分部（分项）工程所采用的施工方法进行选择性简要说明，以便进行技术和资源的准备工作、顺利开展施工、进行施工现场的合理布置。

（2）对脚手架工程、起重吊装工程、临时用水和用电工程、季节性施工等专项工程所采用的施工方法进行选择和简要说明。

（3）施工方法的确定要兼顾技术的先进性、可操作性和经济合理性，特别要安排采用住房和城乡建设部及地方建设行政主管部门要求推广的新技术和新工艺。

7. 对项目施工中开发和使用的新技术、新工艺做出部署

开发和使用新技术应在现有技术水平和管理水平的基础上，立足创新，以住房和城乡建设部（或其他相关行业）推行的各项新技术为纲进行策划，采取可行的技术、管理措施，满足工期和质量等要求。

（二）工程开展程序的确定

工程开展程序既是总体施工部署问题，也涉及施工方法，应确立以下指导思想。

（1）在满足合同工期要求的前提下，分期分批施工。

合同工期是施工的时间总目标，不能随意改变。有些工程在编制施工组织总设计时没有签订合同，则应保证总工期控制在定额工期之内。在这个大前提下，进行合理的分期分批施工及合理搭接。例如，施工期长的、技术复杂的、施工困难多的工程，应提前安排施工；急需的和关键的工程应先期施工和交工；应提前施工和交工可供施工使用的永久性工程和公用基础设施工程（包括：水源及供水设施、排水干线、铁路专用线、卸货台、输电线路、配电变压所、交通道路等）；按生产工艺要求起主导作用或须先期投入生产的工程应优

先安排；在生产上应先期使用的机修、车库、办公楼及家属宿舍等工程应提前施工和交工。

（2）一般应按先地下、后地上，先深、后浅，先干线、后支线的原则进行安排；路下的管线先施工，然后筑路。

（3）安排施工程序时要注意工程的配套交工，使建成的工程能迅速投入生产或交付使用，尽早发挥该部分的投资效益。这一点对于工业建设项目尤其重要。

（4）在安排施工程序时还应注意使已完工程的生产或使用和在建工程的施工互不妨碍，使生产、施工两方便。

（5）施工程序应当与各类物资及技术条件供应相协调，与合理利用这些资源相协调，以促进均衡施工。

（6）施工程序必须注意季节的影响，应把不利于某季节施工的工程，提前到该季节来临之前或推迟到该季节终了之后施工，但应注意这样安排以后能保证质量、不拖延进度，不延长工期。大规模土方工程和深基础土方施工，一般要避开雨季；寒冷地区的房屋施工尽量在入冬前封闭，使冬季可进行室内作业和设备安装。

（7）选择大型机械应注意其可能性、适用性及经济合理性，即可以得到的机械，技术性能适合使用要求并能充分发挥效率，使用费用节省。大型机械应能进行综合流水作业，在同一个项目中应减少其装、拆、运的次数。辅机的选择应与主机配套。

（8）选择主要工种的施工方法应尽量采用预制化和机械化方法，即能在工厂或现场预制或在市场上可以采购到成品的，不在现场制造，能采用机械施工的应尽量不进行手工作业。

三、施工总进度计划的编制

（一）施工总进度计划的编制概述

1. 施工总进度计划的编制依据

施工总进度计划的编制依据如下：

（1）总体施工部署确定的施工顺序和空间组织。

（2）施工合同。

（3）施工进度目标。

（4）有关技术经济资料。

2. 施工总进度计划的内容

施工总进度计划包括以下内容：

（1）编制说明。

（2）施工总进度计划表（图）。

（3）分期分批实施工程的开、竣工日期。

（4）工期一览表。

3. 施工总进度计划的形式

施工总进度计划宜优先采用网络计划，且应按现行国家标准《网络计划技术》（GB/T 13400）和行业标准《工程网络计划技术规程》（JGJ/T 121）的要求编制。

4. 施工总进度计划表

施工总进度计划是根据施工总体部署，合理确定各单项工程的控制工期及它们之间的施工顺序和搭接关系的计划，应形成总进度计划表（见表6-5）和主要分部分项工程流水施工进度计划（见表6-6）。

施工总（综合）进度计划　　　　　　　　　　　　表 6-5

序　号	工程名称	建筑指标		设备安装指标(t)	造价(万元)			总劳动量（工日）	进度计划						
		单位	数量		合计	建筑工程	设备安装		第一年				第二年	第三年		
									I	II	III	IV				

注：1. 工程名称的顺序应按生产、辅助、动力车间、生活福利和管网等次序填列。
　　2. 进度线的表达应按土建工程、设备安装工程和试运转，以不同线条表示。

主要分部分项工程流水施工进度计划　　　　　　　　表 6-6

序号	单位工程和分部分项工程名称	工程量		机械			劳动力			施工持续天数(d)	施工进度计划											
		单位	数量	机械名称	台班数量	机械数量	工种名称	总工日数	平均人数		年　　月											
											1	2	3	4	5	6	7	8	9	10	11	12

注：单位工程按主要项目填列，较小项目分类合并。分部分项工程只填列主要的，如土方包括竖向布置，并区分开挖与回填。砌筑包括砌砖与砌石。现浇混凝土与基础混凝土包括基础、框架、地面垫层混凝土。吊装包括装配式板材、梁、柱、屋架、砌块和钢结构。抹灰包括室内外装修、地面、屋面，安装包括水、电、暖、卫、通信和设备。

（二）施工总进度计划的编制要点

1. 计算工程量

（1）应根据批准的承建工程项目一览表，按工程开展程序和单位工程计算主要实物工程量。计算工程量的目的不但是为了编制施工总进度计划，还服务于编制施工方案和选择主要的施工机械、运输机械，初步规划主要工程的流水施工，计算人工及技术物资的需要量。因此，工程量只需粗略地计算即可。

（2）计算工程量可按初步设计（或扩大初步设计）图纸，并根据各种定额手册或参考资料进行。常用的定额、资料有：

①　万元、十万元投资工程量、劳动量及材料消耗扩大指标。

②　概算指标和扩大结构定额。

③　已建房屋、构筑物的资料。

（3）除房屋外，还必须确定主要的全工地性工程的工程量，如铁路及道路长度、地下管线长度等。这些长度可从建筑总平面图上量得。

计算的工程量应填入"工程量总表"（表 6-4）中。

2. 确定各单位工程（或单个构筑物）的施工期限

影响单位工程施工期限的因素很多，应根据建筑类型、结构特征、施工方法、施工管理水平、施工机械化程度及施工现场条件等确定。但工期应控制在合同工期以内，无合同工期的工程，以工期定额为准。

3. 确定各单位工程的开竣工时间和相互搭接关系

确定单位工程的开竣工时间主要应考虑以下诸因素：

（1）同一时期施工的项目不宜过多，以避免人力、物力过于集中。

（2）尽量使劳动力和技术物资消耗在全工程上均衡。

（3）努力做到基础、结构、装修、安装和试生产在时间上和量的比例上均衡、合理。

（4）在第一期工程投产的同时，应安排好第二期及以后各期工程的施工。

（5）以一些附属工程项目作为后备项目，调节主要项目的施工进度。

（6）注意主要工种和主要机械能连续施工。

4. 编制施工总进度计划表

在进行上述工作之后，便着手编制施工总进度计划表。先编制施工总进度计划草表，在此基础上绘制资源动态曲线，评估其均衡性，经过必要的调整使资源均衡后，再绘制正式施工总进度计划表。如果是编制网络计划，还可进行优化，实现最优进度目标、资源均衡目标和成本目标。

5. 编制说明

编制说明应阐述以下内容：本计划的编制依据；对施工总进度计划的重点内容进行描述；执行计划的重点；执行计划的难点；执行计划的风险；进度控制的主要措施。

四、总体施工准备和主要资源配置计划的编制

（一）总体施工准备的内容

总体施工准备包括技术准备、现场准备和资金准备等施工要素资源的准备。各项准备应当满足项目分阶段（分期）施工的需要。因此要根据施工开展顺序和主要施工项目施工方法编制总体施工准备工作计划。

（1）技术准备。包括：施工过程所需技术资料的准备，施工组织总设计编制，施工方案编制计划，试验检验及设备调试工作计划。

（2）现场准备。包括：现场生产、生活等临时设施准备，如临时生产用房，临时生活用房；临时道路规划；材料堆放场规划；临时供水计划；临时供电计划，临时供热与供气计划。

（3）资金准备。主要是根据施工总进度计划编制资金使用计划。

（4）编制主要生产要素、资源配置计划。

（二）主要资源配置计划的内容

主要资源配置计划包括劳动力配置计划和物资配置计划。

1. 劳动力配置计划

劳动力配置计划的内容包括：确定各施工阶段（施工期）的总用工量；根据施工总进度确定各施工阶段（施工期）的劳动力配置计划。

劳动力配置计划应按照各工程项目的工程量和总进度计划，参考有关资料［如概（预）算定额］编制。该计划可减少劳务作业人员不必要的进场、退场，避免窝工。

2. 物资配置计划

物资配置计划包括下列内容：根据施工总进度计划确定主要工程材料和设备的配置计划；根据总体施工部署和施工总进度计划确定主要施工周转材料和施工机具的配置计划。

物资配置计划根据总体施工部署和施工总进度计划确定主要物资的计划总量及进场、退场时间。作为物资进场、退场的依据，保证施工顺利进行并降低工程成本。

（三）主要资源配置计划的编制

1. 劳动力配置计划的编制

按照施工准备工作计划、施工总进度计划和主要分部分项工程流水施工进度计划，套用概算定额或经验资料，便可计算所需劳动力工日数及人数，进而编制保证施工总进度计划实现的劳动力需要量计划（见表 6-7）。

劳动力需要量计划表　　　　　　　　　　　　　　表 6-7

序号	工种名称	施工高峰需用人数	年				年				年				现有人数	多余（＋）或不足（－）
			一季	二季	三季	四季	一季	二季	三季	四季	一季	二季	三季	四季		

注：1. 工种名称除生产工人外，应包括附属辅助用工（如机修、运输、构件加工、材料保管等）以及服务和管理用工。

　　2. 表下应附以分季度的劳动力动态曲线（纵轴表示人数，横轴表示时间）。

2. 主要材料和预制加工品需用量计划

根据拟建的不同结构类型的工程项目和工程量总表，参照概算定额或已建类似工程资料，便可计算出各种材料和预制品需用量、有关大型临时设施施工和拟采用的各种技术措施用料数量，然后编制主要材料和预制品需用量计划（表 6-8）。

主要材料和预制品需用量计划表　　　　　　　　表 6-8

工程名称　材料名称　单位	主要材料（预制品）需用量									

注：1. 主要材料可按型钢、钢板、钢筋、管材、水泥、木材、砖、石、砂、石灰、油毡、油漆等填列，木材按成材计算。

　　2. 预制品按品种及型号填列。

3. 主要材料和预制品运输量计划

根据表 6-8 的计划，参照施工总进度计划和主要分部分项工程流水施工进度计划，便可编制主要材料、预制品需用量进度计划（见表 6-9），以便组织运输和筹建仓库。运输量计划见表 6-10。

主要材料、预制品需用量进度计划　　　　　　　表 6-9

序号	材料或预制品名称	规格	单位	需用量				需用进度						
				合计	正式工程	大型临时设施	施工措施	年				年	年
								一季	二季	三季	四季		

注：材料名称应与表 6-8 一致。

主要材料、预制品运输量计划　　　　　表 6-10

序号	材料或预制品名称	单位	数量	折合吨数(t)	运距(km) 装货点	卸货点	距离	运输量(t-km)	分类运输量(t-km)		备注

注：材料和预制品所需运输总量应另加入 8%～10%的不可预见系数，生活日用品运输量按人年 1.2～1.5t 计算。

4. 主要施工机具需用量计划

主要施工机具需用量计划的编制依据是：施工部署和施工方案，施工总进度计划，主要工种工程量和主要材料、预制品运输量计划，机械化施工参考资料。计划表可参照表 6-11。

主要施工机具、设备需用量计划表　　　　　表 6-11

序号	机具设备名称	规格型号	电动机功率(kW)	数量 单位	需用	现有	不足	购置价值(万元)	使用时间	备注

注：机具设备名称可按土方、钢筋混凝土、起重、金属加工、运输、木加工、动力、测试、脚手架等机具设备分类填列。

5. 大型临时设施计划

大型临时设施计划应本着尽量利用已有或拟建工程的原则，按照施工部署、施工方案、各种需用量计划，再参照业务量和临时设施计算结果进行编制。计划表见表 6-12。

大型临时设施计划表　　　　　表 6-12

序号	项目	名称	需用量 单位	数量	利用现有建筑	利用拟建建筑	新建	单价(元/m²)	造价(万元)	占地(m²)	修建时间

注：项目名称包括一切属于大型临时设施的生产、生活用房、临时道路，临时用水、用电和供热系统等。

五、施工总平面布置图设计和暂设工程计算

（一）施工总平面布置概述

1. 施工总平面布置图的作用

施工总平面布置图的作用是用来正确处理全工地在施工期间所需各项设施和永久建筑物之间的空间关系，按总体施工部署和施工总进度计划合理规划交通道路、材料仓库、附属生产企业、临时房屋建筑和临时水、电管线等，指导现场文明施工。施工总平面图按规定的图例绘制，一般比例为 1∶1000 或 1∶2000。

2. 施工总平面布置图的设计依据

（1）设计资料，包括：建筑总平面图、竖向设计图、地貌图、区域规划图、工程项目范围内有关的一切已有和拟建的地下管网位置图等。

（2）已调查收集到的地区资料，包括：建筑市场情况，材料和设备情况，交通运输条件，水、电、蒸汽等条件，社会劳动力和生活设施情况。

（3）施工部署和主要工程的施工方案。

（4）施工总进度计划。

（5）各种材料、构件、加工品、施工机械和运输工具需要量一览表。

（6）构件加工厂、仓库等临时建筑一览表。

（7）工地业务量计算结果及施工组织设计参考资料。

（8）现场管理及安全用电、消防等方面有关文件和规范规程等。

3. 施工总平面布置的原则

（1）平面布置科学合理，施工场地占用面积少。

（2）合理组织运输，减少二次搬运和运输费用，保持道路通畅。

（3）施工区域的划分和场地的临时占用应符合总体施工部署和施工流程的要求，减少相互干扰。

（4）充分利用建筑现场的条件、已有建筑物及构筑物和既有设施为施工服务，降低临时设施的建造费用和占地。

（5）临时设施要方便生产与生活，办公区、生产区和生活区宜分离设置。

（6）符合节能、环保、安全和消防的要求。

（7）遵守当地主管部门和建设单位关于施工现场安全文明施工的相关规定。

4. 对施工总平面布置图的要求

（1）根据总体施工部署绘制不同施工阶段（期）的施工现场总平面布置图。

（2）一些特殊内容，如临时用电、临时用水布置等，当总平面布置图不能清晰表示时，也可单独绘制平面布置图。

（3）所有设施及用房，由总平面布置图表示，避免采用文字叙述的方法。

（4）平面布置图应有比例关系，各种临时设施应标注外围尺寸，并有文字说明。

（5）绘制施工总平面布置图应符合国家相关标准和法规。

（6）对施工总平面布置图进行必要的说明。

（7）一般项目需绘制基础施工、主体结构、装饰装修设备安装三个阶段的平面布置图。

5. 施工总平面布置图的内容

施工总平面布置图应包括下列内容：

（1）项目施工用地范围内的地形状况。

（2）全部拟建的建筑物、构筑物和其他基础设施的位置。

（3）项目施工用地范围内的加工设施、运输设施、存储设施、供电设施、供水供热设施、排水排污设施、临时施工道路、办公和生活用房等。

（4）施工现场必备的安全消防、保卫和环境保护等设施。

（5）相邻的地上、地下既有建筑物、构筑物及相关环境。

（二）施工总平面布置图的设计步骤和设计要点

施工总平面布置图的设计步骤是：引入场外交通道路→布置仓库→布置加工厂和混凝土搅拌站→布置内部运输道路→布置临时房屋→布置临时水电管网和其他动力设施→绘正式施工总平面布置图。

具体说明如下：

1. 场外交通道路的引入与场内布置

一般大型工业企业都有永久性道路，可提前修建以便工程使用，但应恰当确定起点和进场位置，考虑转弯半径和坡度限制，有利于施工场地的利用。当采用公路运输时，公路应与加工厂、仓库的位置结合布置，与场外道路连接，符合标准要求。

当采用水路运输时，卸货码头不应少于两个，宽度不应小于 2.5m，江河距工地较近时，可在码头附近布置主要加工厂和仓库。

2. 仓库的布置

一般应接近使用地点，其纵向宜与交通线路平行，装卸时间长的仓库应远离路边。

（1）当有铁路时，宜沿路布置周转库和中心库。

（2）一般材料仓库应邻近公路和施工区，并应有适当的堆场。

（3）水泥库和砂石堆场应布置在搅拌站附近。砖、石和预制构件应布置在垂直运输设备工作范围内，靠近用料地点。基础用块石堆场应离坑沿一定距离，以免压塌边坡。钢筋、木材应布置在加工厂附近。

（4）工具库布置在加工区与施工区之间交通方便处，零星、小件、专用工具库可分设于各施工区段。

（5）车库、机械站应布置在现场入口处。

（6）油料、氧气、电石库应在边缘、人少的安全处；易燃材料库要设置在拟建工程的下风向。

3. 加工厂和混凝土搅拌站的布置

总的指导思想是应使材料和构件的货运量小，有关联的加工厂适当集中。

（1）如果有足够的混凝土输送设备时，混凝土搅拌宜集中布置，或现场不设搅拌站，而使用商品混凝土；混凝土输送设备可分散布置在使用地点附近或起重机旁。

（2）临时混凝土构件预制厂尽量利用建设单位的空地。

（3）钢筋加工厂设在混凝土预制构件厂及主要施工对象附近；木材加工厂的原木、锯材堆场应靠铁路、公路或水路沿线；锯材、成材、粗细木工加工间和成品堆场要按工艺流程布置，应设在施工区的下风向边缘。

（4）金属结构、锻工、电焊和机修厂等宜布置在一起。

4. 内部运输道路的布置

（1）提前修建永久性道路的路基和简单路面为施工服务。

（2）临时道路要把仓库、加工厂、堆场和施工点贯穿起来。按货运量大小设计双行环形干道或单行支线。道路末端要设置回车场。路面一般为土路、砂石路或礁碴路。道路做法应查阅施工手册。

（3）尽量避免临时道路与铁路、塔轨交叉，若必须交叉，其交角宜为直角，否则，至少应大于 30°。

5. 临时房屋的布置

（1）尽可能利用已建的永久性房屋为施工服务，不足时再修建临时房屋。临时房屋应尽量利用活动房屋。

（2）全工地行政管理用房宜设在全工地入口处。职工用的生活福利设施，如商店、俱乐部等，宜设在职工较集中的地方，或设在职工出入必经之处。

（3）职工宿舍一般宜设在场外，并避免设在低洼潮湿地及有烟尘不利于健康的地方。

（4）食堂宜布置在生活区，也可视条件设在工地与生活区之间。

6. 临时水电管网和其他动力设施的布置

(1) 尽量利用已有的和提前修建的永久线路。

(2) 临时总变电站应设在高压线进入工地处，避免高压线穿过工地。

(3) 临时水池、水塔应设在用水中心和地势较高处。管网一般沿道路布置，供电线路应避免与其他管道设在同一侧，主要供水、供电管线采用环状，孤立点可设枝状。

(4) 管线穿过道路处均要穿套钢管，一般电线用 $\phi 51 \sim \phi 76$ 管，电缆用 $\phi 102$ 管，并埋入地下 0.6m 处。

(5) 过冬的临时水管须埋在冰冻线以下或采取保温措施。

(6) 排水沟沿道路布置，纵坡不小于 0.2%，过路处须设涵管，在山地建设时应有防洪设施。

(7) 消火栓间距不大于 120m，距拟建房屋不小于 5m，不大于 25m，距路边不大于 2m。

(8) 各种管道布置的最小净距应符合规范的规定。

7. 绘制正式施工总平面布置图

现场平面布置是一个系统工程，应全面考虑，正确处理各项内容的相互联系和相互制约的关系，认真设计与修正，尽量优化，然后绘制正式施工总平面布置图。该图应使用标准图例绘制，按照建筑制图规则的要求绘制完善。

（三）暂设工程计算

1. 工地暂设建筑物

工地暂设建筑物包括混凝土搅拌站、临时混凝土预制厂、半永久性混凝土预制厂、木材加工厂、钢筋加工厂、金属结构加工厂等；木工作业棚、电锯房、钢筋作业棚、搅拌棚、卷扬机棚、烘炉房、焊工房、电工房、白铁工房、油漆工房、机钳工修理房、锅炉房、发电机房、水泵房、空压机房等现场作业棚房；各种机械存放场所；仓库面积。所有这些设施均可参照有关需用面积参考表进行计算和决策（各种表格可查阅《施工手册》）。

2. 工地临时供水

临时供水设施设计的主要内容有：确定用水量；选择水源；设计配水管网。

(1) 用水量计算

① 现场施工用水量，可按式（6-1）计算：

$$q_1 = k_1 \frac{\sum Q_1 N_1}{T_1 t} \cdot \frac{k_2}{8 \times 3600} \tag{6-1}$$

式中　q_1——施工用水量（L/s）；

k_1——未预计的施工用水系数（1.05~1.15）；

Q_1——年（季）度工程量（以实物计量单位表示）；

N_1——施工用水定额（可查《施工手册》）；

T_1——年（季）度有效作业日（d）；

t——每天工作班数（班）；

k_2——用水不均衡系数，见表 6-13。

施工用水不均衡系数　　　　表 6-13

编　号	用 水 名 称	系　　数
k_2	现场施工用水、附属生产企业用水	1.5、1.25
k_3	施工机械 运输机械、动力设备用水	2.00、1.05～1.10
k_4	施工现场生活用水	1.30～1.50
k_5	生活区生活用水	2.00～2.50

② 施工机械用水量，可按式（6-2）计算：

$$q_2 = k_1 \sum Q_2 N_2 \frac{k_3}{8\times3600} \tag{6-2}$$

式中　q_2——机械用水量（L/s）；

　　　k_1——未预计施工用水系数（1.05～1.15）；

　　　Q_2——同一种机械台数（台）；

　　　N_2——施工机械台班用水定额（可查《施工手册》）；

　　　k_3——施工机械用水不均衡系数（见表 5-13）。

③ 施工现场生活用水量，可按式（6-3）计算：

$$q_3 = \frac{P_1 N_3 k_4}{t\times8\times3600} \tag{6-3}$$

式中　q_3——施工现场生活用水量（L/s）；

　　　P_1——施工现场高峰昼夜人数（人）；

　　　N_3——施工现场生活用水定额（一般为 20～60L/人·班，主要需视当地气候而定）；

　　　k_4——施工现场用水不均衡系数（见表 6-13）；

　　　t——每天工作班数（班）。

④ 生活区生活用水量，可按式（6-4）计算：

$$q_4 = \frac{P_2 N_4 k_5}{24\times3600} \tag{6-4}$$

式中　q_4——生活区生活用水（L/s）；

　　　P_2——生活区居民人数（人）；

　　　N_4——生活区昼夜全部生活用水定额，每一居民每昼夜为 100～120L，随地区和有无室内卫生设备而变化；各分项用水参考定额可查《施工手册》；

　　　k_5——生活区用水不均衡系数（见表 6-13）。

⑤ 消防用水量（q_5）（可查《施工手册》）

⑥ 总用水量（Q）计算：

a) 当（$q_1+q_2+q_3+q_4$）≤q_5 时，则 $Q=q_5+\frac{1}{2}(q_1+q_2+q_3+q_4)$

b) 当（$q_1+q_2+q_3+q_4$）>q_5 时，则 $Q=q_1+q_2+q_3+q_4$

c) 当工地面积小于 5 公顷而且（$q_1+q_2+q_3+q_4$）<q_5 时，则 $Q=q_5$

（2）管径的选择

计算公式

$$d = \sqrt{\frac{4Q}{\pi \cdot v \cdot 1000}}$$ (6-5)

式中 d——配水管直径（m）；

     Q——耗水量（L/s）；

     v——管网中水流速度（m/s）。

临时水管经济流速可参见表 6-14。

临时水管经济流速参考表   表 6-14

管径	流速（m/s）	
	正 常 时 间	消 防 时 间
1. $D < 0.1m$	0.5～1.2	—
2. $D = 0.1～0.3m$	1.0～1.6	2.5～3.0
3. $D > 0.3m$	1.5～2.5	2.5～3.0

3. 工地临时供电

建筑工地临时供电组织一般包括：计算用电量；选择电源；确定变压器；布置配电线路和决定导线断面。

（1）用电量计算

建筑工地临时供电，包括动力用电与照明用电两种，在计算用电量时，从下列各点考虑：

① 全工地所使用的机械动力设备，其他电气工具及照明用电的数量。

② 施工总进度计划中施工高峰阶段同时用电的机械设备最高数量。

③ 各种机械设备在工作中需用的情况。

总用电量可按式（6-6）计算：

$$P = 1.05～1.10 \left(k_1 \frac{\sum P_1}{\cos\varphi} + k_2 \sum P_2 + k_3 \sum P_3 + k_4 \sum P_4 \right)$$ (6-6)

式中 P——供电设备总需要容量（kVA）；

         P_1——电动机额定功率（kW）；

         P_2——电焊机额定容量（kVA）；

         P_3——室内照明容量（kW）；

         P_4——室外照明容量（kW）；

     $\cos\varphi$——电动机的平均功率因数（在施工现场最高为 0.75～0.78，一般为 0.65～0.75）；

k_1、k_2、k_3、k_4——需要系数，参见表 6-15。

单班施工时，用电量计算可不考虑照明用电。

各种机械设备以及室内外照明用电定额可查《施工手册》相应表格。

由于照明用电量所占的比重较动力用电量要少得多，所以在估算总用电量时可以简化，只要在动力用电量之外再加 10％作为照明用电量即可。

需要系数 （k 值）　　　　　　　　　表 6-15

用电名称	数　量	需要系数		备　注
		k	数　值	
电 动 机	3～10 台 11～30 台 30 台以上	k_1	0.7 0.6 0.5	施工中需要电热时，应将其用电量计算进去。为使计算结果接近实际，各项动力和照明用电应根据不同工作性质分类计算
加工厂动力设备			0.5	
电 焊 机	3～10 台 10 台以上	k_2	0.6 0.5	
室内照明		k_3	0.8	
室外照明		k_4	1.0	

（2）电源选择

1）选择建筑工地临时供电电源时须考虑的因素。

① 建筑工程及设备安装工程的工程量和施工进度。

② 各个施工阶段的电力需要量。

③ 施工现场的大小。

④ 用电设备在建筑工地上的分布情况和距离电源的远近情况。

⑤ 现有电气设备的容量情况。

2）临时供电电源的几种方案。

① 完全由工地附近的电力系统供电，包括在全面开工前把永久性供电外线工程做好，设置变电站（所）。

② 工地附近的电力系统只能供给一部分，尚需自行扩大原有电源或增设临时供电系统以补充其不足。

③ 利用附近高压电力网，申请临时配电变压器。

④ 工地位于边远地区，没有电力系统时，电力完全由临时电站供给。

3）临时电站一般有内燃机发电站，火力发电站，列车发电站，水力发电站，风力发电站。

（3）电力系统选择

当工地由附近高压电力网输电时，则在工地上设降压变电所把电能从 110kV 或 35kV 降到 10kV 或 6kV，再由工地若干分变电所把电能从 10kV 或 6kV 降到 380/220V。变电所的有效供电半径为 400～500m。

常用变压器的性能可查《施工手册》。

工地变电所的网路电压应尽量与永久企业的电压相同，主要为 380/220V。对于 3kV、6kV、10kV 的高压线路，可用架空裸线，其电杆距离为 40～60m，或用地下电缆。户外 380/220V 的低压线路亦采用裸线，只有与建筑物或脚手架等不能保持必要安全距离的地方才宜采用绝缘导线，其电杆间距为 25～40m。分支线及引入线均应由电杆处接出，不得由两杆之间接出。

配电线路应尽量设在道路一侧，不得妨碍交通和施工机械的装、拆及运转，并要避开堆料、挖槽、修建临时工棚用地。

室内低压动力线路及照明线路，皆用绝缘导线。

（4）配电箱布置

① 金属箱架、箱门、安装板、不带电的金属外壳及靠近带电部分的金属护栏等，均需采用绿黄双色多股软绝缘导线与 PE 保护零线做可靠连接。

② 施工现场临时用电的配置，以"三级配电、二级漏保"，"一机、一闸、一漏、一箱、一锁"为原则，推荐"三级配电、三级漏保"配电保护方式。A 级箱、B 级箱采用线路保护型开关。控制电动加工机械的 C 级箱，采用具有电动机专用短路保护和过载保护脱扣特性的漏电保护开关保护。

③ 配电箱（柜）必须使用定型产品，不允许使用开放式配电屏、明露带电导体和接线端子的配电箱（柜）。

④ 交、直流焊机须配置弧焊机防触电保护器，设专用箱。

⑤ 消防供用电系统、消防泵保护，须设专用箱，配电箱内设置漏电声光报警器，空气开关采用无过载保护型。消防漏电声光报警配电箱由专门指定厂生产。

⑥ 空气开关、漏电保护器、电焊机二次降压保护器等临电工程电器产品，必须采用有电工产品安全认证、试验报告、工业产品生产许可证厂家的产品。

（5）导线截面选择

导线截面的选择要满足以下基本要求：

① 按机械强度选择：导线必须保证不致因一般机械损伤折断。

② 按允许电流选择：导线必须能承受负载电流长时间通过所引起的温升。

③ 按允许电压降选择：导线上引起的电压降必须在一定限度之内。

所选用的导线截面应同时满足以上三项要求，即以求得的三个截面中的最大者为准，从电线产品目录中选用线芯截面，也可根据具体情况抓住主要矛盾。一般在道路工地和给排水工地作业线比较长，导线截面按电压降选用；在建筑工地配电线路比较短，导线截面可按容许电流选定；在小负荷的架空线路中往往按机械强度选定。

④ 现场总电源线截面的选择与计算：

a）按最小机械强度选择

架空：BX＝$10mm^2$，BLX＝$16mm^2$（BX 为橡皮护套铜线，BLX 为橡皮护套铝线）

b）按允许电流选择

$$I = \frac{P}{\sqrt{3} \cdot V \cdot \cos\phi} \tag{6-7}$$

式中　I——电流值（A）；

　　　P——功率（W）；

　　　V——电压（V）；

　　$\cos\phi$——功率因数，一般建筑工地取 0.75。

c）按容许电压降确定

$$S = \frac{\sum P \cdot L}{C \cdot \varepsilon} \tag{6-8}$$

式中　S——导线断面积（mm^2）；

　　P——负荷电功率或线路输送的电功率（kW）；

　　L——送电距离（m）；

　　C——系数，视导线材料，送电电压及配电方式而定。如三相四线制铜线 380V 时取 77，220V 时取 12.8；

　　ε——容许的相对电压降（即线路的电压损失）。一般为 2.5%～5%。

六、施工管理计划及技术经济指标

（一）施工管理计划

施工管理计划主要阐述质量、进度、节约、安全、环保等各项目标的要求、建立保证体系、制定所需采取的主要措施。

1. 质量管理计划

建立施工质量管理体系。按照施工部署中确定的施工质量目标要求，以及国家质量评定与验收标准、施工规范和规程有关要求，找出影响工程质量的关键部位或环节，设置施工质量控制点，制订施工质量保证措施（包括：组织、技术、经济、合同等方面的措施）。

2. 进度保证计划

根据合同工期及工期总体控制计划，分析影响工期的主要因素，建立控制体系，制定保证工期的措施。

3. 施工总成本计划

根据建设项目的计划成本总指标，制订节约费用，控制成本的措施。

4. 安全管理计划

确定安全组织机构，明确安全管理人员及其职责和权限，建立健全安全管理规章制度（含安全检查、评价和奖励），制订安全技术措施。

5. 绿色施工及环境保护管理计划

确定建设项目绿色施工及总环保目标和独立交工系统绿色施工环保目标，确定相应组织机构和管理人员，明确绿色及施工环保事项内容和措施。如现场泥浆、污水和排水，防烟尘和防噪声，防爆破危害、打桩震害，地下旧有管线或文物保护，卫生防疫和绿化工作，现场及周边交通环境保护等。

（二）技术经济指标

为了考核施工组织总设计的编制质量以及产生的效果，应计算下列技术经济指标。

1. 施工期

施工期是指建设项目从正式工程开工到全部投产使用为止的持续时间。应计算的相关指标有：

（1）施工准备期：从施工准备开始到主要项目开工止的全部时间。

（2）部分投产期：从主要项目开工到第一批项目投产使用止的全部时间。

（3）单位工程工期：指建筑群中各单位工程从开工到竣工止的全部时间（按施工总进度计划安排计）。

2. 劳动生产率

（1）单方用工（工日/m^2竣工面积）。

（2）劳动力不均衡系数

$$劳动力不均衡系数 = \frac{施工期高峰人数}{施工期平均人数} \qquad (6-9)$$

3. 工程质量

以合格和奖项表示。

4. 降低成本

（1）降低成本额：

$$降低成本额 = 承包成本额 - 计划成本额 \qquad (6-10)$$

（2）降低成本率：

$$降低成本率 = \frac{降低成本额}{承包成本额} \times 100\% \qquad (6-11)$$

5. 安全管理指标

以安全事故频率控制数表示。

6. 临时工程

（1）临时工程投资比例：

$$临时工程投资比例 = \frac{全部临时工程投资}{承包工程造价} \times 100\% \qquad (6-12)$$

（2）临时工程费用比例：

$$临时工程费用比例 = \frac{临时工程投资 - 回收费 + 租用费}{承包工程造价} \times 100\% \qquad (6-13)$$

7. 节约三大材料百分比

（1）节约钢材百分比。

（2）节约木材百分比。

（3）节约水泥百分比。

第三节 单位工程施工组织设计编制

一、单位工程施工组织设计编制概述

(一) 单位工程施工组织设计的内容

单位工程施工组织设计的内容如下：

（1）工程概况。

（2）施工部署。

（3）施工进度计划。

（4）施工准备与资源配置计划。

（5）主要施工方案。

（6）施工现场平面布置。

（7）施工管理措施。

（二）单位工程施工组织设计的编制程序

单位工程施工组织设计的编制程序见图 6-2 所示。

（三）"工程概况"的内容

1. 工程主要情况

（1）工程名称、性质和地理位置。

（2）工程的勘察、设计、监理和总承包等相关单位的情况。

（3）总承包范围和分包工程范围。

（4）施工合同、招标文件或总承包单位对工程施工的重点要求。

（5）其他应说明的情况。

2. 各专业设计简介

（1）建筑设计简介。依据建设单位提供的建筑设计文件进行描述，包括建筑规模、建筑功能、建筑特点、建筑耐火、防水及节能要求等，并应简单描述工程的主要装修做法。

（2）结构设计简介。依据建设单位提供的结构设计文件进行描述，包括结构形式、地基基础形式、结构安全等级、抗震设防级别、主要结构构件类型及要求等。

（3）机电及设备安装专业设计简介。依据建设单位提供的各相关专业设计文件进行描述，包括给水、排水及采暖系统、通风与空调系统、电气系统、智能化系统、电梯等各个专业系统的做法和要求。

3. 工程施工条件

当单位工程施工组织设计是施工组织总设计的一部分时，工程施工条件可包括"七通一平"情况，材料及预制加工品的供应情况，施工单位的机械、运输、劳动力和企业管理情况等。当单位工程施工组织设计不是施工组织总设计的一部分时，工程施工条件还应包括施工组织总设计的七项施工条件的主要相关内容（见本章第二节"一"中"（三）"的相关内容）。

二、单位工程施工部署编制

（一）施工部署的编制内容与要求

1. 工程施工目标

工程施工目标应根据施工合同、招标文件以及上级单位对管理目标的要求确定，包括进度、质量和成本等目标。如果是施工组织总设计中的补充内容时，各目标应满足施工组织总设计中确定的总体目标。

2. 进度安排和空间组织

施工部署中的进度安排和空间组织应符合下列规定：

（1）对本工程的主要分部（分项）工程施工做出统筹安排，工程主要内容和里程碑节点应明确说明，施工顺序应符合工艺和组织逻辑关系。

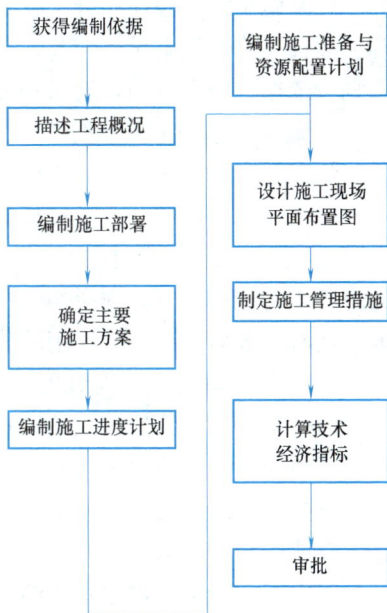

图 6-2 单位工程施工组织设计
编制程序框图

（2）施工流水段应结合工程具体情况分阶段进行划分，一般应包括地基基础、主体结构、装饰装修和机电设备安装三个阶段。要根据工程特点及工程量进行科学合理划分，说明划分依据、流水方向，确保均衡流水施工。

3. 施工的重点和难点分析

施工重点和施工难点分析应包括组织管理和施工技术两个方面。工程的重点和难点对不同的工程和不同的企业具有相对性。某些重点和难点工程的施工方法和管理方法可能已经通过专家论证成为企业工法或企业施工工艺标准，此时企业可直接引用。重点难点工程的施工方法选择着重考虑影响整个单位工程的分部（分项）工程，如工程量大、施工技术复杂或对工程质量起关键作用的分部（分项）工程。

4. 工程管理组织机构形式

单位工程施工管理组织的形式选择亦应按照第二章第二节的要求执行，用系统图（或称组织结构图）表达出来，确定项目经理部的部门设置、工作岗位设置及相应的职责划分，作为建立组织机构的科学依据。

5. "四新"要求

对于工程施工中计划开发的新技术和新工艺，选用的新技术和新工艺，都要认真做出部署，确定选题、计划和实施要点。对新材料、新设备的使用应提出明确的对象和技术及管理要求。

6. 分包单位选择

对分包单位的选择做出下列部署：对分包工程范围、招标规划、合同模式、管理方式等，进行简要说明。

（二）施工流向和施工程序的确定

1. 施工流向的确定

施工流向的确定是指单位工程在平面上或竖向上施工开始的部位及展开方向。单层建筑物要确定出分段（跨）在平面上的施工流向；多层建筑物除了应确定每层平面上的流向外，还应确定其层或单元在竖向上的施工流向。竖向施工要在层数多的一段开始流水，以使工人不窝工。不同的施工流向可产生不同的质量、时间和成本效果。施工流向应当优化。确定施工流向应考虑以下因素：生产使用的先后，适当的施工区段划分，与材料、构件、土方的运输方向不发生矛盾，适应主导施工过程（工程量大、技术复杂、占用时间长的施工过程）的合理施工顺序，以及保证工人连续工作而不窝工。具体应注意以下几点：

（1）车间的生产工艺过程往往是确定施工流向的关键因素，故影响其试车投产的工段应先施工。

（2）建设单位对生产或使用要求在先的部位应先施工。

（3）技术复杂、工期长的部位应先施工。

（4）当有高低层或高低跨并列时，应先从并列处开始；当基础埋深不同时应先深后浅。

2. 施工程序的确定

施工程序指分部工程、专业工程或施工阶段的先后施工关系。

（1）单位工程的施工程序应遵守"先地下、后地上"，"先土建、后设备"，"先主体、后围护"，"先结构、后装修"的基本要求。

　　"先地下、后地上"，指的是在地上工程开始之前，尽量把管道、线路等地下设施和土方工程做好或基本完成，以免对地上部分施工有干扰、带来不便、造成浪费、影响质量。

　　"先土建、后设备"是指土建施工先行，水电暖卫燃等管线及设备随后进行。施工中，土建与设备管线常进行交叉作业，但前者需为后者创造施工条件。在装饰装修阶段，还要从保证质量和保护成品的角度处理好两者的关系。对于具有大型生产设备（如冶炼、冲压、核反应堆等）的重工业厂房，基础深度往往超过房屋基础、且生产设备重大，因此其设备安装有时需先于土建施工（即"先设备后土建"）或与土建施工并行。

　　"先主体、后围护"主要指排架、框架或框架剪力墙结构的房屋，其围护结构或隔墙应滞后于主体结构，以避免相互干扰、利于提高质量、保护成品和施工安全。

　　"先结构、后装修"，是指装饰装修工程应在结构全部或部分完成后进行。应注意在总的程序上有合理的搭接。一般来说，多层民用建筑工程结构与装修以不搭接为宜，而高层建筑则应尽量搭接施工，以有效地节约时间。

　　（2）要及时完成有关的施工准备工作，为正式施工创造良好条件。包括砍伐树木，拆除已有的建筑物，清理场地，设置围墙，铺设施工需要的临时性道路以及供水、供电管网，建造临时性工房、办公用房、加工企业等。准备工作视施工需要，可以一次完成或者分期完成。

　　（3）正式施工前，应该先进行平整场地，铺设管网，修筑道路等全场性工程及可供施工使用的永久性建筑物，然后再进行各个工程项目的施工。在正式施工之初完成这些工程，有利于利用永久性管线、道路、房屋为施工服务，从而减少暂设工程，节约投资，并便于现场平面的管理。在安排管线道路施工程序时，一般宜先场外、后场内，场外由远而近，先主干、后分支；地下工程要先深后浅，排水要先下游、后上游。

　　（4）对于单个房屋和构筑物的施工程序，既要考虑空间程序，也要考虑工种之间的程序。空间程序是解决施工流向的问题，要根据生产需要、缩短工期和保证工程质量的要求来决定。工种程序是解决时间上搭接的问题，要做到保证质量、工种之间互相创造条件、充分利用工作面、争取时间。

　　（5）在施工程序上要注意施工最后阶段的收尾、调试，生产和使用前的准备，以及交工验收。前有准备，后有收尾，这才是周密的安排。

　　(三) 施工段的划分
　　参见本书第四章第一节"四、流水施工主要参数"。

　　(四) 施工方法和施工机械的选择
　　由于建筑产品的多样性、地区性和施工条件的不同，因而施工机械和施工方法的选择也是多种多样的。施工机械和施工方法的选择应当统一协调。也即是说，相应的施工方法要求选用相应的施工机械；不同的施工机械适用于不同的施工方法。选择时，要根据建筑物（构筑物）的结构特征、抗震要求、工程量大小、工期长短、物资供应条件、场地四周环境等因素，拟订可行方案，进行优选后再决策。

　　1. 选择施工机械的原则
　　施工机械的选择应遵循切合需要、实际可能、经济合理的原则，具体考虑以下几点：
　　（1）技术条件。包括技术性能，工作效率，工作质量，能源耗费，劳动力的节约，使用安全性和灵活性，通用性和专用性，维修的难易程度、耐用程度等。

（2）经济条件。包括原始价值、使用寿命、使用费用、维修费用等。如果是租赁机械，应考虑其租赁费。

（3）要进行定量的技术经济分析比较，以优化机械选择。

2. 选择施工机械的要求

（1）选择施工机械时，首先应该选择主导工程的机械，根据工程特点决定其最适宜的类型。例如选择起重设备时，当工程量较大而又集中时，可采用塔式起重机；当工程量较小或工程量虽大但又相当分散时，则采用无轨自行式起重机。

（2）为了充分发挥主导机械的效率，应相应选好与其配套的辅助机械或运输工具，以使其生产能力协调一致，充分发挥主导机械的效率。起重机械与运输机械要配套，保证起重机械连续作业；土方机械如采用汽车运土，汽车的容量应为斗容量的整数倍，汽车数量应保证挖土机械连续工作。

（3）应力求一机多用及综合利用。挖土机可用于挖土、装卸和打桩，起重机械可用于吊装和短距离水平运输。

3. 制定施工方法的重点

选择施工方法时，应着重于影响整个工程施工的分部（分项）工程的施工方法。对于按照常规做法和工人熟知的分项工程，则不予详细拟定，只要提出应注意的一些特殊问题即可，一般应对以下项目详细具体地做出设计：

（1）工程量大，在单位工程中占有重要地位的分部（分项）工程。

（2）施工技术复杂的或采用新技术、新工艺及对工程质量起关键作用的分部（分项）工程。

（3）不熟悉的特殊结构工程或由专业施工单位施工的特殊专业工程。

（4）方法可行，条件允许时，应满足施工工艺要求。

（5）符合国家颁发的专业工程施工质量验收规范和《建筑工程施工质量验收统一标准》。

（6）尽量选择那些经过试验鉴定的科学、先进、节约的方法，并进行技术经济分析。

（7）要与选择的施工机械及划分的施工段相协调。

4. 主要分部（分项）工程施工方法的选择

（1）土石方工程

采用何种机械，开挖方法，放坡要求，石方的爆破方法及所需机具、材料，排水方法及所需设备，土石方的平衡调配。

（2）混凝土及钢筋混凝土工程

模板类型和支模方法，隔离剂的选用，钢筋加工、运输和安装方法，混凝土搅拌和运输方法，混凝土的浇筑顺序，施工缝位置，分层高度，工作班次，振捣方法和养护制度等。

在选择施工方法时，特别应注意大体积混凝土的施工，模板工程的工具化和钢筋、混凝土施工的机械化。

（3）结构吊装工程

根据选用的机械设备确定吊装方法，安排吊装顺序、机械位置和行驶路线，构件的制做和拼装方法，场地，构件的运输、装卸和堆放方法，所需的机具和设备型号、数量，对运输道路的要求。

（4）现场垂直、水平运输

确定垂直运输量（有标准层的要确定标准层的运输量），选择垂直运输方式，脚手架的选择及搭设方式，水平运输方式及设备的型号、数量，配套使用的专用工具设备（如砖车、砖笼、混凝土车、灰浆车和料斗等），确定地面和楼层上水平运输的行驶路线，合理地布置垂直运输设施的位置，综合安排各种垂直运输设施的任务和服务范围，混凝土后台上料方式。

（5）装修工程

围绕室内装修、幕墙、室外装修、门窗安装、木装修、油漆、玻璃等，确定采用工厂化、机械化施工方法并提出所需机械设备，确定工艺流程和劳动组织，组织流水施工，确定装修材料逐层配套堆放的数量和平面布置。

（6）特殊项目

如采用新结构、新材料、新工艺、新技术、高耸、大跨、重型构件，以及水下、深基和软弱地基项目等，应单独选择施工方法，阐明工艺流程，主要的平面、剖面示意图，施工方法，劳动组织，技术要求，质量与安全注意事项，施工进度，材料、构件和机械设备需用量。

（五）施工顺序的确定

确定施工顺序就是在已定的施工展开程序和流向的基础上，按照施工的技术规律和合理的组织关系，确定出各分项工程之间在时间上的先后顺序和搭接关系，以期做到工艺合理、保证质量和安全、充分利用工作面、争取时间、缩短工期的目的。

1.确定施工顺序的基本原则

① 符合施工工艺及构造要求。例如：支模板后方可浇筑混凝土；柱子宜先扎筋后支模，而楼板则应先支模后扎筋；

② 与施工方法及采用的机械相协调。例如：地下防水"外贴法"与"内贴法"施工顺序不同；单厂结构吊装时，采用分件吊装法与综合吊装法有不同的施工顺序。

③ 考虑施工组织的要求。有些施工过程可能有多种可行的顺序安排，这时应考虑便于施工，有利于人员、机械安排，可缩短工期的组织方案来安排施工顺序。如：砖混住宅的地面下的灰土垫层，可安排在基础及房心回填后立即铺压，也可在装饰阶段的地面混凝土垫层施工前铺压，若结构及装饰为同一个单位施工常采用前者。

④ 保证施工质量。确定施工顺序应以利于保证施工质量为前提。例如：在确定楼地面与顶棚、墙面抹灰的顺序时，先做水泥砂浆楼地面，可防止由于顶棚、墙面落地灰清理不净而造成的楼地面空鼓。又如白灰砂浆墙面与水泥砂浆墙裙或踢脚的连接处，先抹墙裙或踢脚就有利于其粘结牢固、防止空鼓剥落。

⑤ 有利于成品保护。施工顺序合理与否是成品保护的关键一环，特别是在装饰装修阶段更应重视。如：室外墙面抹灰材料需通过室内运输，则抹灰宜先室外后室内；室内楼地面抹灰先房间、后楼道、再楼梯，逐渐退出。又如吊顶内的设备管线经检验试压合格后，再安装吊顶面板；铝合金及塑料门窗框须在墙面抹灰后安装，以减少损坏；油漆后再贴壁纸、地毯最后铺设，以避免污染等。

⑥ 考虑气候条件。例如：土方施工避开冬雨期；在雨季到来之前，先做完屋面防水及室外抹灰，再做室内装饰装修；在冬季到来前，先安装门窗及玻璃，以便在有保温或供暖条件下，进行室内装饰。

⑦ 符合安全施工的要求。例如：装饰装修施工与结构施工至少要隔一个楼层进行；脚手架、护身栏杆、安全网等应配合结构施工及时搭设；现浇楼盖模板的支撑拆除，不但要待混凝土达到拆模强度要求，还应保持连续支撑 2～3 个楼层以上，以分散和传递上部的施工超载。

2. 钢筋混凝土框架结构教学楼、办公楼的施工顺序

这种建筑的施工，一般可分为基础工程、主体结构工程、屋面工程、内外装饰工程、水电暖卫管线与设备安装等五个分部工程。施工顺序及安排要求如下：

（1）基础工程

一般施工顺序为：定位放线→挖土（基坑、基槽开挖）→钎探、验槽→（地基处理）→浇混凝土垫层→绑扎柱基钢筋及柱子插筋→支柱基模板及基础梁模板→绑扎基础梁钢筋→浇柱基及基础梁混凝土→养护、拆模板→砌墙基→（暖气沟施工）→基槽及房心填土。

（2）主体结构工程

现浇混凝土框架每层或每段的一般顺序为：抄平、放线→扎柱筋→支柱模→浇柱混凝土→养护、拆柱模→支梁底模→扎梁筋→支梁侧模、板模→扎板底层筋→设备管线预埋敷设→扎板上层筋→隐检验收→浇梁、板混凝土→养护→拆梁、板模。

在结构施工之前，即应安装塔吊，保证首层柱子混凝土的浇筑进行。脚手架应随结构施工搭设，在梁板支模前，必须完成该楼层的脚手架搭设。楼梯应与梁板同时施工。

（3）装饰装修工程（含二次结构）

该项内容应待主体结构完成并经验收合格后进行。如某办公楼装饰施工顺序为：砌围护墙及隔墙→安钢门框、窗衬框→外墙抹灰→养护、干燥→拆脚手架及外墙涂料施工→室内墙面抹灰→吊顶安装→安装铝合金窗→铺贴楼地面石材或面砖→养护→顶、墙腻子、涂料→室内门套、门扇安装→木装饰及裱糊→检查整修。

（4）屋面工程

屋面工程在主体结构完成后应及早进行，以避免屋面板的温度变形而影响结构，也为顺利进行室内装饰装修创造条件。屋面工程可以和粗装修工程（砌墙及内外抹灰）平行施工。一般屋面按构造自下向上分层次进行，正置式屋面的常用施工顺序为：铺设找坡层→铺保温层→铺抹找平层→养护、干燥→涂刷基层处理剂→铺防水层→检查验收→做保护层。

（5）水电暖卫燃等与土建的关系

水电暖卫燃等工程需与土建工程交叉施工，且应紧密配合。以保证质量、便于施工操作、有利于成品保护作为确定配合关系的原则。一般配合关系如下：

① 在基础工程施工时，应将上下水管沟和暖气管沟的垫层、墙体做好后再回填土。

② 在主体结构施工时，应在砌墙和现浇钢筋混凝土楼板施工的同时，预留上下水、暖气立管的孔洞及配电箱等设备的孔洞，预埋电线管、接线盒及其他预埋件。

③ 在装饰装修施工前，应完成各种管道、设备箱体的安装及电线管内的穿线。各种设备的安装应与装饰装修工程穿插配合进行。

④ 室外上下水及暖气等管道工程，可安排在基础工程之前或主体结构完工之后进行。

三、单位工程施工进度计划编制

单位工程施工进度计划按照其施工部署中的"进度安排和空间组织"进行编制，对工

程的施工顺序，各个项目的持续时间及项目之间的搭接关系，工程的开工时间、竣工时间及计划工期等做出安排。如果是施工组织总设计中的单位工程，还应满足施工总进度计划的要求。在这个基础上，可以编制劳动力计划，材料供应计划，成品、半成品计划，机械需用量计划等。所以，施工进度计划是施工组织设计中一项非常重要的内容。

绘制网络计划图或流水施工进度计划横道图。规模大或较复杂的单位工程，宜采用网络计划技术，用计算机管理。

(一) 单位工程施工进度计划的编制依据

单位工程施工进度计划的编制依据包括：施工总进度计划，施工部署与方案，施工预算，企业定额，工程量计算规则，资源供应状况，领导对工期的要求，建设单位对工期的要求（合同要求）等。

(二) 单位工程施工进度计划的编制程序

单位工程施工进度计划的编制程序如图 6-3 所示。

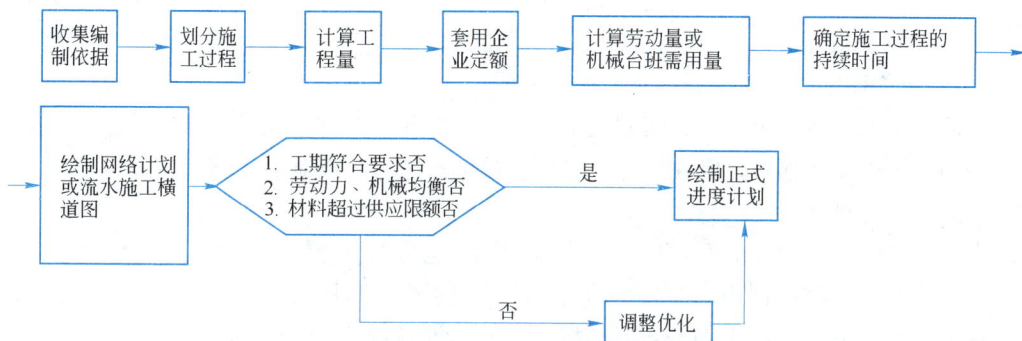

图 6-3　单位工程施工进度计划编制程序

(三) 划分施工过程

施工过程是进度计划的基本组成单元，其包含的内容多少、划分的粗细程度，应根据计划的需要决定。一般说来，单位工程进度计划的施工过程应明确到分项工程或工序，以满足指导施工作业的要求。通常划分施工过程应按顺序列成表格，编排序号，查对是否遗漏或重复。凡是与工程对象现场施工直接有关的内容均应列入。辅助性内容和服务性内容则不必列入。划分施工过程应不与施工方案矛盾。大型工程常编制控制性进度计划，其施工过程较粗。在这种情况下，还必须编制详细的实施性计划，不能以"控制"代替"实施"。

(四) 计算工程量和持续时间

工程量应针对划分的每一个施工过程分段计算。可根据工程量计算规则计算工程量，也可根据施工预算加工整理。施工过程的持续时间最好是按正常情况确定。待编制出初始计划并经过计算再结合实际情况作必要的调整，这是避免因盲目抢工而造成浪费的有效办法。按照实际施工条件来估算项目的持续时间是较为简便的办法，现在一般也多采用这种办法。具体计算法也有以下两种，即定额计算法和经验估计法（第四章公式 4-2，4-3）。

注意，公式中的 S，最好是本企业的定额水平。如果项目是综合性的，定额也应是综合的，计算公式见式（6-1）：

$$\overline{S} = \frac{\sum_{i=1}^{n} Q_i}{\dfrac{Q_1}{S_1} + \dfrac{Q_2}{S_2} + \cdots + \dfrac{Q_n}{S_n}} \qquad (6\text{-}14)$$

式中　Q_1，Q_2，…，Q_n——同一性质的各分项工程的工程量；

　　　　S_1，S_2，…，S_n——同一性质的各分项工程的产量定额；

　　　　$\overline{S}$——综合产量定额。

（五）确定施工过程的施工顺序

施工顺序是在施工部署与方案中确定的施工流向和施工程序的基础上，按照所选施工方法和施工机械的要求确定的，也可在编制施工进度计划时具体确定。

工业与民用建筑的施工顺序不同。同是工业建筑或民用建筑的不同工程，其施工顺序也难以做到完全相同。因此，优化施工顺序时，应对工程的特点、技术上和组织上的要求以及施工方案等进行研究，不能拘泥于某种僵化的顺序。

（六）组织流水施工并绘制施工进度计划图

流水施工原理是组织施工、编制施工进度计划的基本原理，在第三章中已作了详细介绍。编制施工进度计划时，应在做完了以上各项工作之后，编制流水施工进度计划图，此时应注意以下几点：

（1）首先应选择进度图的形式。可以是横道图，也可以是网络图。为了方便与国际交往、使用计算机计算、调整和优化，提倡使用网络计划。使用网络计划可以是无时标的，也可以是有时标的。当计划定案后，最好绘制时标网络计划，使执行者更直观地了解计划进程。

（2）应先安排各分部工程的计划，然后再组合成单位工程施工进度计划。

（3）安排各分部工程施工进度计划时应首先确定主导施工过程，并以它为主导，尽量组织等节奏流水施工或异节奏流水施工，从而组织单位工程的分别流水施工。

（4）施工进度计划图编制以后要计算总工期并进行判别，看是否满足工期目标要求，如不满足，应进行调整或优化；然后绘制资源动态曲线（主要是劳动力动态曲线），进行资源均衡程度的判别，如不满足要求，便进行资源优化，主要是进行"工期规定、资源均衡"的优化。

（5）优化完成以后再绘制正式的单位工程施工进度计划图，付诸实施。

四、单位工程施工准备工作和资源配置计划编制

（一）施工准备工作

施工准备工作既是单位工程开工的条件，也是施工中的一项重要内容。开工之前必须为开工创造条件，开工后必须为施工创造条件，它贯穿于施工过程的始终。所以，在施工组织设计中应进行规划，实行责任制，且宜在施工进度计划编制完成后进行。单位工程施工组织设计的施工准备比起施工组织总设计的相应部分应相对具体，也包括技术准备、现场准备和资金准备。

1. 技术准备

技术准备包括施工所需资料的准备，施工方案编制计划，试验检验及设备调试工作计

划，样板制作计划等。要求如下：

（1）主要分部（分项）工程和专项工程在施工前应单独编制施工方案，施工方案可根据工程进展情况，分阶段编制完成。对需要编制的主要施工方案应制定编制计划。

（2）试验检验及设备调试工作计划应根据现行规范、标准中的有关要求及工程规模、进度等实际情况制定。

（3）样板制作计划应根据施工合同或招标文件的要求并结合工程特点制定。

2. 现场准备

现场准备应根据现场施工条件和工程实际需要进行，包括绘制施工现场平面布置图、准备生产临时设施、生活临时设施。

3. 资金准备

应根据施工进度计划编制资金使用计划。

施工准备工作计划表见表 6-16。

单位工程施工准备工作计划

表 6-16

序号	准备工作项目	简要内容	负责单位	负责人	起止日期		备注
					日/月	日/月	

（二）资源配置计划

1. 资源配置计划的种类

（1）劳动力配置计划。应包括确定施工阶段用工量和根据施工进度计划确定各施工阶段劳动力配置计划。

（2）物资配置计划

物资配置计划包括以下两类：

① 主要材料和设备的配置计划。应根据施工进度计划确定，包括施工阶段所需主要工程材料、设备的种类和数量；

② 工程主要周转材料和施工机具的配置计划。应根据施工部署和施工进度计划确定，包括各施工阶段所需主要周转材料、施工机具的种类和数量。

2. 单位工程劳动力需要量计划

单位工程劳动力需要量计划是根据单位工程施工进度计划编制的，可用于调配劳动力，安排生活福利设施，优化劳动组合。将单位工程施工进度计划表内所列的各施工过程每天（每旬、每日）所需的工人人数按工种进行汇总即可得出每天（每旬、每月）所需的各工种人数，如表 6-17 所示。

单位工程劳动力需要量计划

表 6-17

序号	工种名称	人数	时间（　）																	
			1	2	3	4	5	6	7	8	9	10	11	12	13	14	15	16	17	18	…

3. 单位工程主要材料需要量进度计划

单位工程主要材料需要量计划可用以备料、组织运输和建库（堆场）。可将进度表中的工程量与消耗定额相乘、加以汇总、并考虑储备定额计算求出，也可根据施工预算和进度计划进行计算，如表 6-18 所示。

单位工程主要材料需要量进度计划　　　　　　　　　　表 6-18

序号	材料名称	规格	需要量		供应时间	备注
			单位	数量		

4. 单位工程构件需要量计划

构件需要量计划用以与加工单位签订合同，组织运输，设置堆场位置和面积。应根据施工图和施工进度计划编制，如表 6-19 所示。

单位工程构件需要量计划　　　　　　　　　　表 6-19

序号	品名	规格	图号	需要量		使用部位	加工单位	备注
				单位	数量			

5. 单位工程施工机械需要量计划

施工机械需要量计划用以供应施工机械，安排机械进场、工作和退场日期，可根据施工方案和施工进度计划进行编制，如表 6-20 所示。

单位工程施工机械需要量计划　　　　　　表 6-20

序号	机械名称	类型型号	需要量		来源	使用起止时间	备注
			单位	数量			

五、单位工程施工平面布置图设计

（一）单位工程施工现场平面布置概述

施工平面图是布置施工现场的依据，也是施工准备工作的一项重要依据，是保护环境、实现文明施工、节约土地、减少临时设施费用的先决条件。其绘制比例一般为1：200～1：500。如果单位工程是拟建建筑群的组成部分，它的施工平面图就是全工地施工总平面图的一部分，应受到全工地施工总平面图的约束，并应具体化。

1. 单位工程施工平面图的布置原则和要求

施工现场平面图的布置原则和要求参见第六章第二节之"六、"中的相关内容。

2. 单位工程施工平面图应包括的内容

（1）工程施工场地状况。

（2）拟建建（构）筑物的位置、轮廓尺寸、层数等。

（3）工程施工现场的加工设施、存储设施、办公和生活用房等的位置和面积，包括：材料、加工半成品、构件和机具的堆场，生产、生活用临时设施，如搅拌站、高压泵站、钢筋棚、木工棚、仓库、办公室、供水管、供电线路、消防设施、安全设施、道路以及其他需搭建或建造的设施。

（4）在施工现场的垂直运输设施（移动式起重机的开行路线及固定垂直运输设施的位置）、供电设施、供水设施、排水排污设施和临时施工道路等。

（5）施工现场必备的安全消防、保卫和环境保护等设施。

（6）相邻的地上、地下既有建（构）筑物及相关环境。

（7）测量放线标桩、地形等高线和取舍土地点。

（8）必要的图例、比例尺，方向及风向标记。

上述内容可根据建筑总平面图、施工图、现场地形图、现有水源和电源、场地大小、可利用的已有房屋和设施、调查得来的资料、施工组织总设计、施工方案、施工进度计划等，经过科学的计算甚至优化，并遵照国家有关规定来进行设计。

3. 单位工程施工平面图的设计步骤

单位工程施工平面图的一般设计步骤如下：

确定起重机的位置→确定搅拌站、仓库、材料和构件堆场、加工厂的位置→布置运输道路→布置行政管理、文化、生活、福利用临时设施→布置水电管线→计算技术经济指标。合理的设计步骤有利于节约时间、降低成本、减少矛盾。

（二）单位工程施工平面图设计要点

1. 起重设施布置

井架、门架等固定式垂直运输设备的布置，要结合建筑物的平面形状、高度、材料及构件的重量，考虑机械的负荷能力和服务范围，做到便于运送，便于组织分层分段流水施工，便于楼层和地面的运输，缩短运距。

塔式起重机的布置要结合建筑物的形状及四周的场地情况布置。起重高度、幅度及起重量要满足要求，使材料和构件可达建筑物的任何使用地点。路基或基础按规定进行设计和建造。

履带吊和轮胎吊等自行式起重机的行驶路线要考虑吊装顺序、构件重量、建筑物的平面形状、高度、堆放场位置以及吊装方法等。

还要注意避免机械能力的浪费。

2. 搅拌站、加工厂、仓库、材料、构件堆场的布置

它们要尽量靠近使用地点或在起重机起重能力范围内，运输、装卸要方便。

搅拌站要与砂、石堆场及水泥库一起考虑，既要靠近，又要便于大宗材料的运输装卸。木材棚、钢筋棚和水电加工棚可离建筑物稍远，并有相应的堆场。

仓库、堆场的布置，应进行计算，能适应各个施工阶段的需要。按照材料使用的先后，同一场地可以供多种材料或构件堆放。易燃、易爆品的仓库位置，须遵守防火、防爆安全距离的要求。

构件重量大的，要在起重机臂下，构件重量小的，可离起重机稍远。

3. 运输道路的修筑

应按材料和构件运输的需要，沿着仓库和堆场进行布置，使之畅行无阻。宽度要符合规定，单行道不小于 3～3.5m，双车道不小于 5.5～6m。路基要经过设计，转弯半径要满足运输要求。要结合地形在道路两侧设排水沟。现场应设环形路，在易燃品附近也要尽量设计成进出容易的道路。木材场两侧应有 6m 宽通道，端头处应有 12m×12m 回车场。消防车道宽度应不小于 4m。

4. 行政管理、文化、生活、福利用临时设施的布置

应使用方便，不妨碍施工，符合防火、安全的要求，一般建在工地出入口附近。要务

力节约，尽量利用已有设施或正式工程，必须修建时要经过计算确定面积。

5. 供水设施的布置

临时供水首先要经过计算、设计，然后进行设置，其中包括水源选择、取水设施、贮水设施、用水量计算（施工用水、机械用水、生活用水、消防用水）、配水布置、管径的计算等。单位工程施工组织设计的供水计算和设计可以简化或根据经验进行安排。一般 $5000 \sim 10000 m^2$ 的建筑物施工用水主管径为 50mm，支管径为 40mm 或 25mm。消防用水一般利用城市或建设单位的永久消防设施。如自行安排，应按有关规定设置。消防水管线直径不小于 100mm，消火栓间距不大于 120m，布置应靠近十字路口或道边，距道边不大于 2m，距房屋不少于 5m。高层建筑施工用水要设置蓄水池和加压泵，以满足高处用水需要。管线布置应使线路总长度小，消防管和生产、生活用水管可以合并设置。

6. 临时供电设施

临时供电设计，包括用电量计算、电源选择、电力系统选择和配置输电线路布置和配电箱设计。用电量包括电动机用电量、电焊机用电量、室内和室外照明容量。如果是扩建的单位工程，可计算出施工用电总数，请建设单位解决，不另设变压器。独立的单位工程施工，要计算出现场施工用电和照明用电的数量，选用变压器和导线的截面及类型。变压器应布置在现场边缘高压线接入处，离地应大于 50cm，在 1m 以外四周建高度大于 1.7m 的围栏以保安全，但不要布置在交通要道口处。

六、施工管理措施与评价指标

（一）施工管理措施

施工管理措施是指在技术、组织方面对保证质量、安全、节约和季节施工、防止污染等所采用的方法及管理计划。这是编制者带有创造性的工作。

1. 保证工期措施

应按照施工部署及进度、准备、资源计划，保证劳动力、机具设备、材料构件的及时供应与合理应用，控制施工质量，避免返工。在进度管理方面，主要作好以下工作：

（1）对施工进度计划进行逐级分解，通过阶段性目标的实现保证最终工期目标；

（2）建立施工进度管理的组织机构并明确职责，制定相应管理制度；

（3）针对不同施工阶段的特点，制定进度管理的相应措施，包括施工组织措施、技术措施和合同措施等；

（4）建立施工进度动态管理机制，及时纠正施工过程中的进度偏差，并制定特殊情况下的赶工措施；

（5）根据项目周边环境特点，制定相应的协调措施，减少外部因素对施工进度的影响。

2. 保证质量措施

保证质量的关键是对施工组织设计的工程对象经常发生的质量通病制定防治措施，要按全面质量管理的方法，把措施定到实处，建立质量管理体系，保证"PDCA 循环"的正常运转。对采用的新工艺、新材料、新技术和新结构，须制定有针对性的技术措施，以保证工程质量。认真制定放线定位正确无误的措施，确保地基基础特别是特殊、复杂地基基础的措施，保证主体结构中关键部位质量的措施，复杂特殊工程的施工技术组织措施等。

3. 安全施工措施

安全施工措施应贯彻《建设工程安全生产管理条例》和安全操作规程等,对施工中可能发生安全问题的危险源进行预测,提出预防措施。安全施工措施主要包括:

(1) 对于采用的新工艺、新材料、新技术和新结构,制定有针对性的、行之有效的专门安全技术措施,以确保安全。

(2) 预防自然危害(防台风、防雷击、防洪水、防地震、防暑降温、防冻、防寒、防滑等)的措施。

(3) 高空及立体交叉作业的防护和保护措施。

(4) 防火防爆措施。

(5) 安全用电和机电设备的保护措施。

4. 降低成本措施

降低成本措施的制定应以施工预算为标准,以企业(或项目经理部)年度、季度降低成本计划和技术组织措施计划为依据进行编制。要针对工程施工中降低成本潜力大的(工程量大、有采取措施的可能性、有条件的)项目,充分开动脑筋,把措施提出来,并计算出经济效果指标,加以评价与决策。这些措施必须是不影响质量的,能保证实施的,能保证安全的。降低成本措施应包括节约劳动力、节约材料、节约机械设备费用、节约工具费、节约间接费、节约临时设施费、节约资金等措施。一定要正确处理降低成本、提高质量和缩短工期三者的对立统一关系。

5. 季节性施工措施

当工程施工跨越冬季和雨季时,就要制定冬期施工措施和雨期施工措施,目的是保质量,保安全,保工期,保节约。雨期施工措施要根据工程所在地的雨量、雨期及施工工程的特点(如深基础,大量土方,使用的设备,施工设施,工程部位等)进行制定。要在防淋、防潮、防泡、防淹、防拖延工期等方面,分别采用"疏导""堵挡""遮盖""排水""防雷""合理储存""改变施工顺序""避雨施工""加固防陷"等措施。

在冬季,因为气温与降雪量不同,工程部位及施工内容不同,施工单位的条件不同,应采用不同的冬期施工措施。北方地区冬期施工措施必须严格、周密。要按照《冬期施工手册》或有关资料(科研成果)选用措施,以达到保温、防冻、改善操作环境、保证质量、控制工期、安全施工、减少浪费的目的。

6. 防止环境污染的措施

为了保护环境,防止污染,尤其是防止在城市施工中造成污染,在编制施工方案时应提出防止污染的措施。

(1) 防止施工废水污染的措施。如搅拌机冲洗废水,油漆废液,灰浆水等。

(2) 防止废气污染的措施。如熬制沥青、熟化石灰等。

(3) 防止垃圾粉尘污染的措施。如运输土方与垃圾,白灰堆放,垃圾堆放,散装材料运输等。

(4) 防止噪声污染的措施。如打桩、搅拌混凝土、混凝土振捣等。

(5) 防止光污染的措施。如夜间室外照明、电焊作业、大型灯具等。

因此,为防止污染,必须遵守有关施工现场及环境保护的有关规定,设计出防止污染的有效办法,列进施工组织设计之中。

（二）单位工程施工组织设计评价指标

单位工程施工组织设计以上内容完成后，应计算各项评价指标，以评价设计的效果。

1. 单位工程施工组织设计评价指标体系

单位工程施工组织设计评价指标体系如图 6-4 所示。

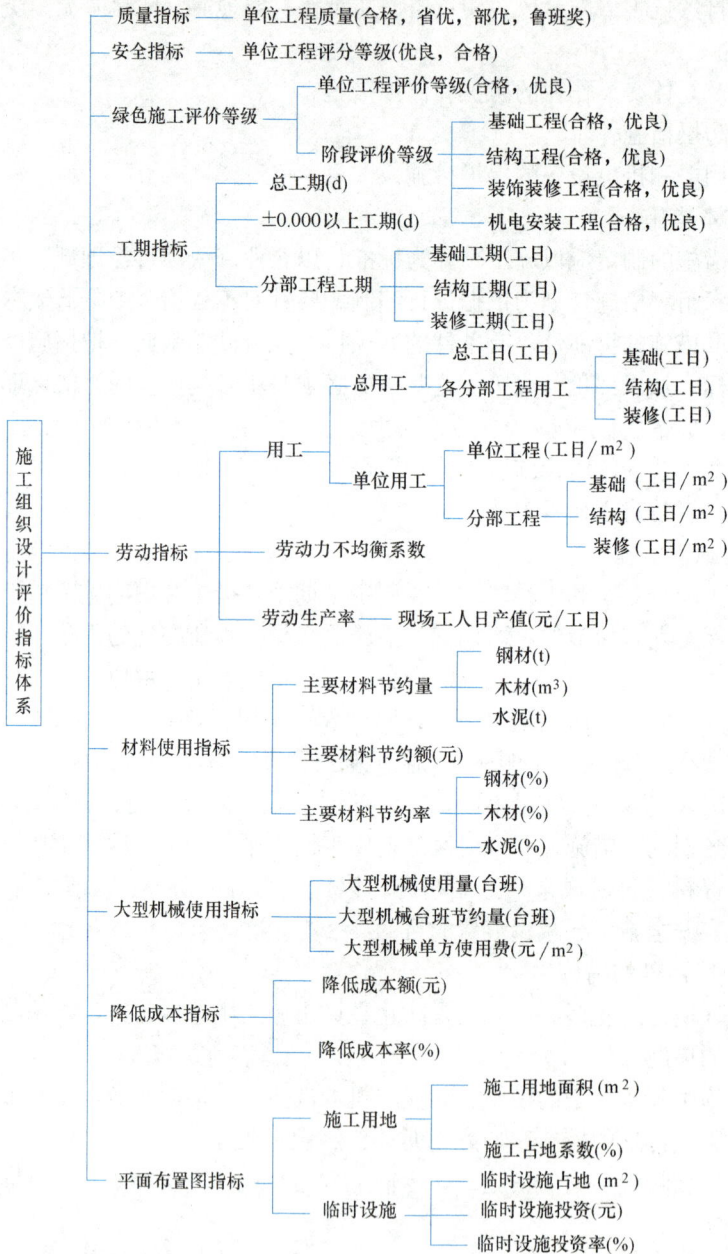

图 6-4　施工组织设计评价指标体系

2. 主要指标的计算

图 6-4 中的一些主要指标计算如下：

（1）质量指标

单位工程合格按《建筑工程施工质量验收统一标准》GB 50300—2013 检查、计算、评定：（1）所有分部工程质量全部合格；（2）质量控制资料完整；（3）所含分部工程中有关安全、节能、环境保护和主要使用功能的检验资料完整；（4）主要使用功能的抽检结果符合相关专业验收规范的规定；（5）质量观感符合要求。

（2）安全指标

单位工程评定等级按《建筑施工安全检查标准》JGJ 59—2011 的规定检查、计算、评价：

优良：保证项目均达到规定的评分标准，汇总表得分应在 80 分及其以上。

合格：保证项目均应达到规定的评分标准，汇总表得分应在 70 分及其以上；有一个分表未得分，但汇总表得分在 75 分及其以上；起重吊装检查评分表或施工机具检查评分表未得分，但汇总表得分在 80 分及其以上。

（3）绿色施工评价指标

按《建设工程绿色施工评价标准》GB/T 50640—2010 第 10 章有关规定检查、计算、评价：

优良：控制项全部满足要求；单位工程总得分 W≥80 分，结构工程得分≥80 分；至少每个评价要素有两项优选项得分，优选项总分≥10 分。

合格：控制项全部满足要求；单位工程总的得分 60≤W≤80 分，结构工程得分≥60 分；至少每个评价要素各有一项优选项得分，优选项总分≥5 分。

（4）工期指标

$$计划总工期=自计划开工之日到计划竣工之日的全部日历天数 \tag{6-15}$$

（5）劳动指标

$$单方用工=\frac{总用工数（工日）}{建筑面积（m^2）} \tag{6-16}$$

$$总工日=平均日用工×计划总工期 \tag{6-17}$$

或

$$总工日=计划工期内每日用工之和 \tag{6-18}$$

$$劳动力不均衡系数=\frac{高峰人数}{平均人数} \tag{6-19}$$

$$现场工人日产值=\frac{单位工程的合同造价（元）}{计划单位工程总用工（工日）} \tag{6-20}$$

（6）材料使用指标

$$主要材料节约量=技术组织措施节约量 \tag{6-21}$$

或

$$主要材料节约量=预算用量-施工组织设计用量 \tag{6-22}$$

$$主要材料节约率=\frac{主要材料节约量}{施工组织设计用量}×100\% \tag{6-23}$$

（7）大型机械使用指标

$$大型机械单方使用费=\frac{计划大型机械使用总费用(元)}{建筑面积(m^2)} \qquad (6-24)$$

$$大型机械节约量=预算使用台班-施工组织设计使用台班 \qquad (6-25)$$

(8) 降低成本指标

$$降低成本额=预算成本(元)-施工组织设计计划成本 \qquad (6-26)$$

$$降低成本率=\frac{降低成本额(元)}{预算成本(元)}\times100\% \qquad (6-27)$$

(9) 平面布置图指标

$$施工占地系数=\frac{施工占地面积(m^2)}{建筑面积(m^2)}\times100\% \qquad (6-28)$$

$$临时设施投资率=\frac{临时设施投资(元)}{工程合同造价(元)}\times100\% \qquad (6-29)$$

第四节　施工方案编制

一、施工方案的编制原则和对象

1. 编制原则

(1) 结合工程的具体情况和施工工艺、工法等，按照施工顺序进行阐述。

(2) 先进性、可行性和经济性兼顾。

2. 施工方案的编制对象

(1) 按《建筑工程施工质量验收统一标准》的划分原则，对主要分部（分项）工程制定施工方案。

(2) 对脚手架工程、起重吊装工程、临时用水工程、临时用电工程、季节性施工等专项工程编制施工方案，并进行必要的验算和说明。

二、施工方案编制内容

施工方案包括两种情况：一种是专业承包公司独立承包项目中的分部（分项）工程或专项工程所编制的施工方案；另一种是作为单位工程施工组织设计的补充，由施工总承包单位编制的分部（分项）工程或专项工程的施工方案。由施工总承包单位编制的分部（分项）工程或专项工程的施工方案按照下列要求执行（单位工程中已包含的内容可省略）：

(一) 工程概况

1. 工程主要情况

工程主要情况包括以下内容：

(1) 分部（分项）工程或专项工程名称。

(2) 工程参建单位的相关情况。

(3) 工程施工范围。

（4）施工合同，招标文件。

（5）总承包单位对工程施工的要求。

2. 设计简介

主要介绍施工范围内的工程设计内容和相关要求。

3. 工程施工条件

重点说明与分部（分项）工程或专项工程相关的内容。

（二）施工安排

1. 工程施工目标

工程施工目标包括进度、质量、安全管理、环境管理和成本等目标，各目标应满足施工合同、招标文件和总承包单位对工程施工的要求。

2. 确定工程施工顺序及施工流水段划分。

3. 主要管理措施和技术措施

针对工程的重点和难点进行施工安排并简述主要管理措施和技术措施。

4. 工程管理组织机构

根据分部（分项）工程或专项工程的规模、特点、复杂程度、目标控制和总承包单位的要求设置工程管理的组织机构，该机构各种专业人员配备齐全，完善项目管理网络，建立健全岗位责任制。

（三）施工进度计划

1. 分部（分项）工程或专项工程进度计划应按照上述施工安排，并结合总承包单位的施工进度计划进行编制。施工进度计划应内容全面、安排合理、科学实用，反映出各施工区段或各工种之间的搭接关系、施工期限和开始、结束时间。施工进度计划应能体现和落实施工总进度计划的目标控制要求；通过编制分部（分项）工程或专项工程进度计划进而体现总进度计划的合理性。

2. 施工进度计划表达方式可以是网络计划或横道图计划，并附必要的说明。

（四）施工准备及资源配置计划

1. 施工准备

（1）技术准备。包括施工所需技术资料的准备，图纸深化和技术交底的要求，试验检验和测试工作计划，样板制作计划，与相关单位的技术交接计划。

（2）现场准备。包括生产、生活等临时设施的准备，与相关单位进行现场交接的计划等。

（3）资金准备。编制资金使用计划。

2. 资源配置计划

（1）劳动力配置计划。确定工程用工量，编制专业工种劳动力计划。

（2）物资配置计划。包括工程材料和设备配置计划，周转材料配置计划，施工机具配置计划，计量、测量和检验仪器配置计划等。

（五）施工方法及工艺要求

1. 施工方法是工程施工期间所采用的技术方案、工艺流程、组织措施、检验手段等。它直接影响施工进度、质量、安全以及工程成本。明确分部（分项）工程或专项工程施工方法，要抓住关键，并进行必要的技术核算。

2. 对易发生质量通病、易出现安全问题、施工难度大、技术含量高的分部（分项）

工程或专项工程等做出重点说明。

3. 施工方法可采用目前国家和地方推广的新技术、新工艺、新材料、新设备，也可以根据工程具体情况由企业创新。由企业创新的，要编制计划，制定理论和试验研究实施方案，并组织鉴定评价。

4. 对季节施工应提出具体要求。为此，可以根据施工地点的实际气候特点，提出具有针对性的施工措施。在施工过程中，还应根据气象部门提供的预报资料，对具体措施进行细化。

第一节　施工项目目标管理概述

一、施工项目目标管理的概念

目标管理（MBO）指集体中的成员亲自参加工作目标的制定，在实施中运用现代管理技术和行为科学，借助人们的事业感、能力、自信、自尊等，实行自我控制，努力实现目标。

目标管理是 20 世纪 50 年代由美国的德鲁克提出的。其基本特点是以被管理活动的目标为中心，把经济活动和管理活动的任务转换为具体的目标加以实施和控制，通过目标的实现，完成经济活动的任务。目标管理的精髓是以目标指导行动。由于目标有未来属性，故目标管理是面向未来的主动管理。目标管理是组织的系统功能的集中体现，是评价管理效果的基本标准，是组织全体人员参加管理的有效途径，故目标管理是系统整体的管理。目标管理重视过程管理、成果的管理和人的管理。它实际上是参与管理和自主管理。由于它的以上特点和科学性，故是一种很重要的现代化管理方法，被广泛应用于各经济领域的管理之中，也适用于施工项目管理。

施工项目目标管理是指为实现项目全过程目标和计划中确定的管理目标而实施的收集数据、与计划目标对比分析、采取措施纠正偏差等活动，基本的目标管理包括项目进度管理、项目质量管理和项目成本管理。

施工项目管理应用目标管理方法，可大致划分为以下几个阶段：

（1）确定施工项目组织内各层次、各部门的任务分工，既对完成施工任务提出要求，又对工作效率提出要求。

（2）把项目组织的任务转换为具体的目标。

（3）落实制定的目标。一是要落实目标的责任主体，即谁对目标的实现负责；二是落实目标主体的责、权、利；三是要落实对目标责任主体进行检查、监督的上一级责任人及手段；四是要落实目标实现的保证条件。

（4）对目标的执行过程进行调控。即监督目标的执行过程，进行定期检查，发现偏差后，分析产生偏差的原因，及时进行协调和控制。对目标执行好的主体进行适当激励。

（5）对目标完成的结果进行评价。即把目标执行结果与计划目标进行对比，评价目标管理的好坏。

二、施工项目的目标管理体系

施工项目的总目标是企业目标的一部分。施工企业的目标体系应以施工项目为中心，形成纵横结合的目标体系结构。图 7-1 是施工企业目标管理体系的一般模式。

分析图 7-1 可以了解，企业的总目标是一级目标，其经营层和企业管理层的目标是二级目标，项目管理层的目标是三级目标。对项目而言，需要制定成果性目标；对职能部门而言，需要制定效率性目标。不同的时间周期，要求有不同的目标，故目标有年、季、月度目标。不同的管理主体、不同的时期、不同的管理对象，其目标值不同。

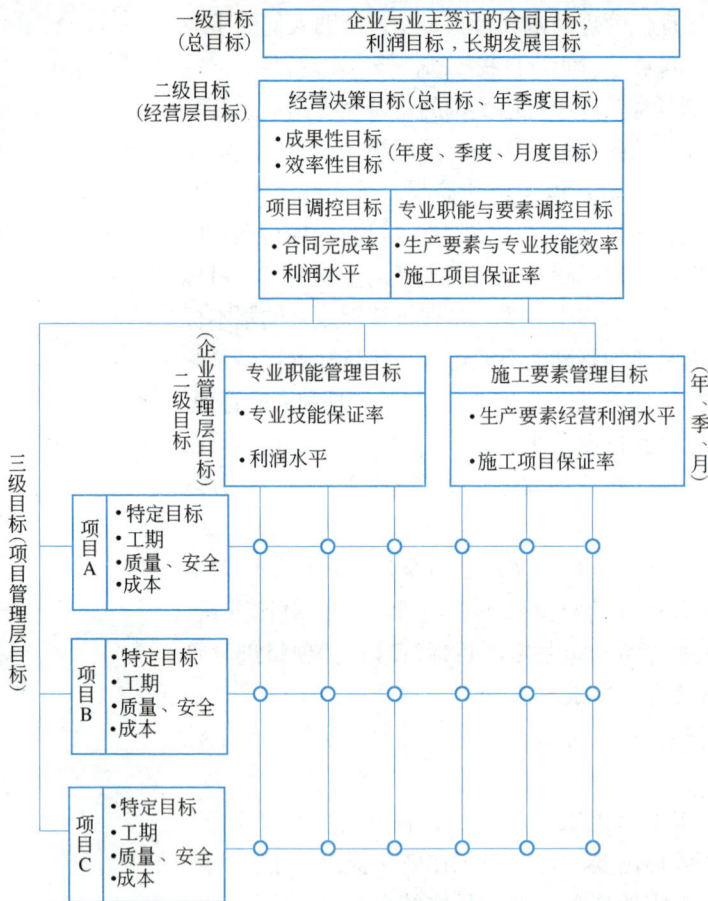

图 7-1 施工企业目标管理体系一般模式

三、施工项目控制目标的制定

1. 施工项目控制目标的制定依据

（1）工程施工合同提出了施工企业应承担的施工项目总目标。项目经理部与企业之间签订的项目管理目标责任书中项目经理部的责任目标，依据工程施工合同目标制定。

（2）国家的政策、法规、方针、标准和定额。

（3）生产要素市场的变化动态和发展趋势。

（4）有关文件、资料，如设计图纸、招标文件、施工组织设计等。

（5）对于国际工程施工项目，制定控制目标还应依据工程所在国的各种条件及国际市场情况。

2. 施工项目控制目标的制定原则

施工项目控制目标制定原则是：实现工程施工合同目标，以目标管理方法进行目标分解，将总目标落实到项目组织直至每个执行者；充分发挥施工项目管理规划在制定控制目标中的作用；注意目标之间的相互制约和依存关系。

3. 施工项目控制目标的制定程序

第一步，认真研究，核算工程施工合同中界定的施工项目控制总目标，收集制定控制目标的各种依据，为控制目标的落实做准备。

第二步，施工项目经理部与企业签订项目管理目标责任书，定出项目经理部的控制目标。

第三步，项目经理部编制施工项目管理实施规划，确定施工项目的计划总目标。

第四步，制定施工项目的阶段控制目标和年度控制目标。

第五步，按时间、部门、人员、班组落实控制目标，明确责任。

第六步，责任者提出控制措施。

四、目标分解和责任落实

（1）目标展开。施工企业总目标制定后，应自上而下地分解与展开。目标分解从三方面进行：一是纵向展开，把目标落实到各层次；二是横向展开，把目标落实到各层次内的各部门，明确主次关联责任；三是时序展开，把年度目标分解为季度、月度目标。如此，可把目标分解到最小的可控制单位或个人，以利于目标的执行、控制与实现。目标的展开采用系统图法。如图 7-2 及图 7-3 所示。

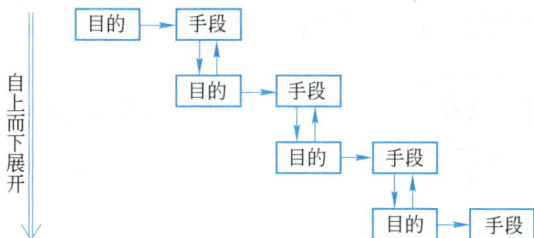

图 7-2 系统图示意图　　　　　图 7-3 项目目标展开图

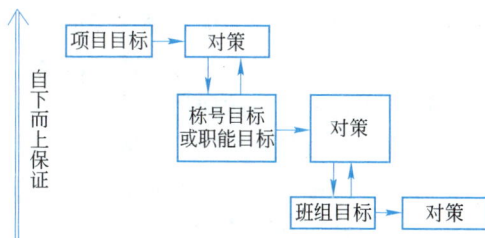

（2）目标管理点。目标管理点是指在一定时期内，影响某一目标实现的关键问题和薄弱环节，也就是重点管理对象。不同时期的管理点是可变的，应对目标管理点制订措施和管理计划。

（3）目标落实。目标分解不等于责任落实。落实责任是定出主要责任人、次要责任人和关联责任人，要定出检查标准，也要定出实现目标的具体措施、手段和各种保证条件（生产要素供应及必须的权力）。

（4）施工项目的目标实施和经济责任。项目管理层的目标实施和经济责任一般有以下几方面：

第一，根据工程施工合同要求，树立用户至上的思想，完成施工任务；在施工过程中按企业的授权范围处理好施工过程中所涉及的各种外部关系。

第二，努力节约各种生产要素，降低工程成本，实现施工的高效、安全、文明。

第三，努力做好项目核算，做好施工任务、技术能力、进度的优化组合和平衡，最大限度地发挥施工潜力并做好原始记录。

第四，做好精神文明建设工作。

第五，及时向决策层、经营层和企业管理层提供信息和资料。

五、施工项目目标管理的共性问题

施工项目目标管理的共性问题强调以下几点：

（1）项目管理的责任主体是项目经理，因此，应组织以项目经理为首的目标管理体系，且应由项目经理和相应的专业人员及各专业的相关人员组成各目标管理分体系，集体履行目标管理的责任。

（2）项目管理应遵循 PDCA 循环法则，以实现目标管理的持续改进。因此，目标管理应按规定程序依次操作。

（3）项目管理的基本方法是"目标管理方法"（MBO），其本质是"以目标指导行动"。因此，首先要确定管理总目标，然后自上而下地进行目标分解（WBS），落实责任，制定措施，按措施控制实现目标的活动，从而自下而上地实现项目管理目标责任书中确定的责任目标。

（4）项目管理措施是在项目管理实施规划（或施工组织设计，下同）的基础上确定的。项目管理实施规划以项目管理目标责任书中确定的目标为依据编制。因此，项目管理实施规划的编制质量极大地影响着管理的效果。

（5）进度、质量、成本三项目标是各自独立的，也是平等的，其管理不需围绕着某个"核心"，但是它们之间却有着对立统一的关系。过于强调任何一个都会影响到其他，因此，确定目标必须进行认真设计和科学决策。要进行动态控制，搞好协调。总的精神是：不求全优，只求综合为优，要在保证质量和安全的前提下，使进度合理、成本节约。

（6）项目管理要以执行法律、法规、标准、规范、制度等作保证。

（7）实行总分包的项目，管理由总包人全面负责，分包人进行分包任务的管理并向总包人负责。对分包人发生的问题，总包人和分包人对发包人承担连带责任。

（8）实施施工项目管理应执行《建设工程项目管理规范》GB/T 50326—2017 相应章节的规定，并按其中"沟通管理"的规定搞好组织协调。

（9）在施工项目管理中充满了风险，因此要进行风险管理，防止风险对实现目标产生干扰或造成损失。

第二节　施工项目进度管理

一、施工项目进度管理目标和施工进度计划

（一）施工项目进度管理目标

项目进度管理的程序是：确定进度管理目标→编制施工进度计划→申请开工并按指令

日期开工→实施施工进度计划→进度管理总结→编写施工进度管理报告。因此，项目进度管理的第一项任务就是确定进度管理目标。项目进度管理应以实现合同约定的竣工日期为最终目标。这个目标首先是由企业管理层承担的，企业管理层根据经营方针在"项目管理目标责任书"中确定项目经理部的进度管理目标，项目经理部根据这个目标在"施工项目管理实施规划"中编制施工进度计划，确定计划进度管理目标，并进行进度目标分解。总进度目标分解可按单位工程分解为交工分目标，也可按承包的专业分解为完工分目标，还可按年、季、月计划期分解为时间目标。

(二) 施工进度计划

施工进度计划是进度管理的依据。因此，如何编制施工进度计划以提高进度管理的质量便成为进度管理的关键问题。由于施工进度计划分为施工总进度计划和单位工程施工进度计划两类，故其编制应分别对待。

1. 施工总进度计划的编制

见第六章第二节之"三、"。

2. 单位工程施工进度计划的编制

见第六章第三节之"三、"。

二、施工进度计划的实施

施工进度计划的实施实际上就是进度目标的过程管理，是 PDCA 循环的 D（DO）阶段。在这一阶段中主要应做好以下工作：

（1）编制并执行时间周期计划。时间周期计划包括年、季、月、旬、周施工进度计划。该计划落实施工进度计划，并以短期计划落实、调整并实施长期计划，做到短期保长期、周期计划保项目施工进度（计划）、项目施工进度（计划）保项目进度管理目标。

（2）用施工任务书把计划任务落实到班组。施工任务书是几十年来我国坚持使用的有效班组管理工具，是项目管理层向作业人员下达任务的好形式，可用来进行作业控制和核算，特别有利于进度管理，故应当坚持使用。它的内容包括：施工任务单，考勤表和限额领料单。

（3）坚持进度过程管理。应做好以下工作：跟踪监督并加强调度，记录实际进度，执行施工合同对进度管理的承诺，跟踪进行统计与分析，落实进度管理措施，处理进度索赔，确保资源供应进度计划实现，等等。

（4）加强分包进度管理，措施如下：由分包人根据施工进度计划编制分包工程施工进度计划并组织实施；项目经理部将分包工程施工进度计划纳入项目进度管理范畴；项目经理部协助并监督分包人解决进度管理中的相关问题。

三、施工进度检查

施工进度的检查与进度计划的执行是融汇在一起的。计划检查是计划执行信息的主要来源，是施工进度调整和分析的依据，因此是进度管理的关键步骤。

进度计划的检查方法主要是对比法，即实际进度与计划进度进行对比，从而发现偏差，以便调整或修改计划。最好是在图上对比。故计划图形的不同便产生了多种检查方法。

1. 利用横道计划检查

在图 7-4 中，粗线表示计划进度，在计划进度线下方用细线表示实际进度。图中显示，由于工序 E、F、K 提前 0.5d 完成，使整个计划提前完成了 0.5d。

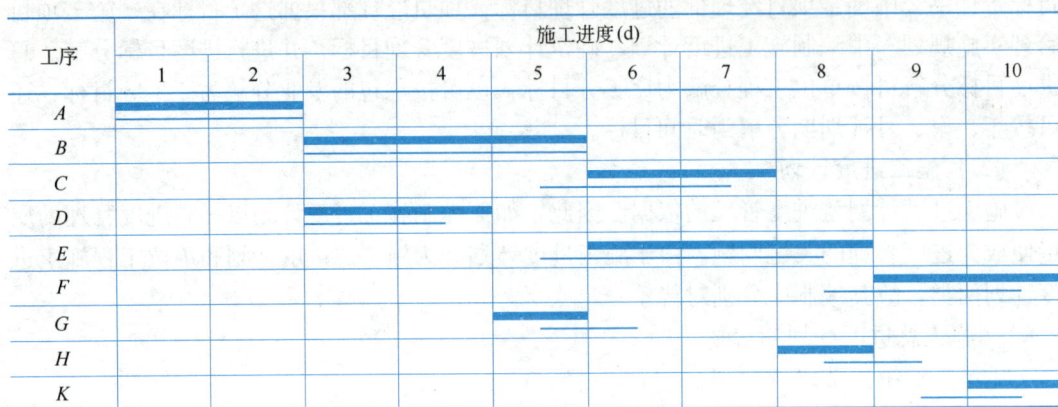

图 7-4   在横道计划上用细线记录施工进度

2. 利用网络计划检查

利用网络计划进行施工进度检查在第五章第六节中已经详述，现举例如下：

（1）记录实际作业时间。例如某项工作计划为 8d，实际进度为 7d，如图 7-5 所示，将实际进度记录于括弧中，显示进度提前 1d。

（2）记录工作开始日期和结束日期。例如图 7-6 所示为某项工作计划为 8d，实际进度为 7d（5 月 8 日晚至 5 月 15 日晚），亦表示实际进度提前 1d。

图 7-5   记录实际作业时间

图 7-6   记录工作实际开始与结束日期

（3）标注已完工作。可以在网络图上用特殊符号、阴影或颜色记录其已完成部分，如图 7-7 所示，阴影部分为已完成部分。

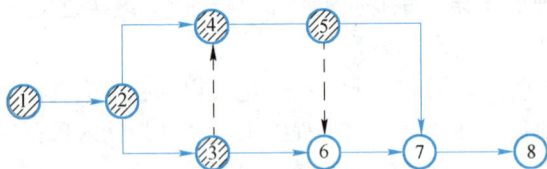

图 7-7   用阴影记录已完工作

（4）当采用时标网络计划时，可以用"实际进度前锋线"记录实际进度，如图 7-8 所示。图中的折线是实际进度前锋的连线，在记录日期右方的点，表示提前完成进度计划，在记录日期左方的点，表示进度延误。进度前锋点的确定可采用比例法。这种方法形象、直观、便于采取措施。

（5）用切割线记录实际进度。如图 7-9 所示，点画线称为"切割线"。在第 10d 进行记录时，D 工作尚需 1d（方括号内的数）才能完成，G 工作尚需 8d 才能完成，L 工作尚

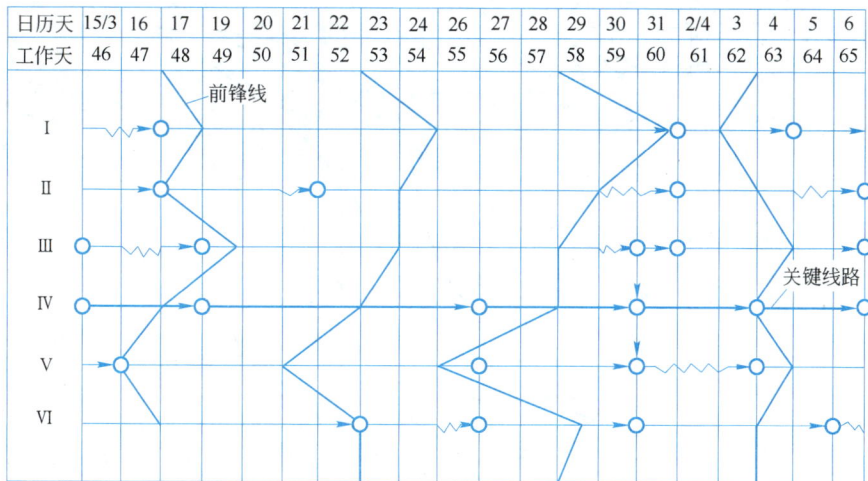

图 7-8　用实际进度前锋线记录实际进度

需 2d 才能完成。这种检查方法可利用表 7-1 进行分析。经过计算，判断进度进行情况是：D、L 工作正常，G 延误 1d。由于 G 工作是关键工作，所以它的延误很有可能影响整个计划导致拖期，故应调整计划，追回损失的时间。

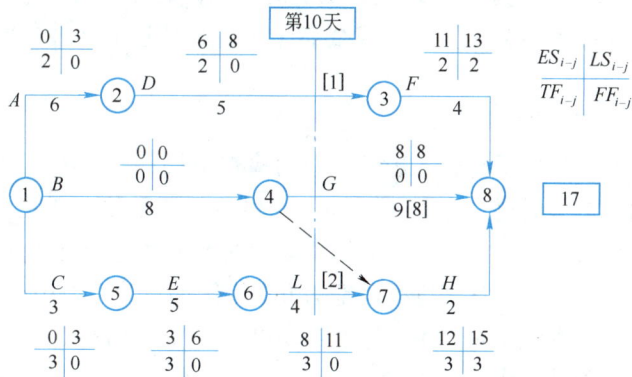

图 7-9　用切割线记录实际进度

注：[ ] 内数字是第 10d 检查工作尚需时间。

网络计划进行到第 10d 的检查结果表　　　　　　　　　　　　　　表 7-1

工作编号	工作代号	检查时尚需时间	到计划最迟完成前尚有时间	原有总时差	尚有总时差	情况判断
2—3	D	1	13−10＝3	2	3−1＝2	正常
4—8	G	8	17−10＝7	0	7−8＝−1	拖期 1d
6—7	L	2	15−10＝5	3	5−2＝3	正常

3. 利用"香蕉"曲线进行检查

图 7-10 是根据计划绘制的累计完成数量与时间对应关系的轨迹。A 线是按最早开始时间绘制的计划曲线，B 线是按最迟完成时间绘制的计划曲线，P 线是实际进度记录线。由于一项工程开始、中间和结束时曲线的斜率不相同，总的呈"S"形，故称"S"形曲线。又由于 A 线与 B 线所围面积构成香蕉状，故又称为"香蕉"曲线。

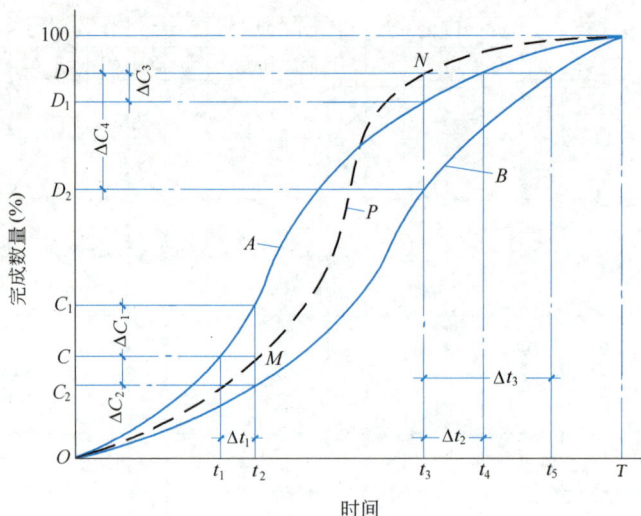

图 7-10 "香蕉"曲线图

检查方法是：当计划进行到时间 t_1 时，实际完成数量记录在 M 点。这个进度比最早开始时间计划曲线 A 的要求少完成 $\Delta C_1 = OC_1 - OC$；比最迟完成时间计划曲线 B 的要求多完成 $\Delta C_2 = OC - OC_2$。由于它的进度比最迟时间要求提前，故不会影响总工期，只要控制得好有可能提前 $\Delta t_1 = Ot_2 - Ot_1$ 完成全部计划。同理可分析 t_2 时间的进度状况。

四、施工进度计划调整

施工进度计划调整的依据是施工进度计划的检查结果。调整的内容包括：施工内容、工程量、起止时间、持续时间、工作关系和资源供应。调整施工进度计划应采用科学方法，如网络计划计算机调整方法，并应编制调整后的施工进度计划且付诸实施。

利用网络计划对施工进度计划进行调整的方法在第四章第六节中已经阐述。较为有效的方法是采用工期—成本优化，就是当进度拖期以后进行赶工时，要逐次缩短那些有压缩可能，且费用最低的关键工作。

【例 7-1】 图 7-11 中：箭线上数字是缩短一天需增加的费用（元/d）；箭线下括弧外数字是工作正常施工时间；箭线下括弧内数字是工作最短施工时间。原计划工期是 210d。假设在第 95d 进行检查，工作④—⑤（垫层）已全部完成，工作⑤—⑥（构件安装）刚开工，即延误了 15d。因为工作⑤—⑥是关键工作，它延误 15d，将可能导致总工期延长15d。要求按工期—成本优化原理进行调整，使之按原计划工期完成，而增加的费用最少。

【解】 按照工期成本优化的方法，缩短⑤—⑥工作及以后各关键工作持续时间，步骤如下：

第一步：先压缩关键工作中费用增加率最小的工作，压缩量不能超过实际可能压缩值。从图 7-8 中可以看出，三个关键工作⑤—⑥、⑥—⑨和⑨—⑩中，赶工费最低的是 $a_{5-6} = 200$ 元/d，可压缩量 $= 45 - 40 = 5$d，因此先压缩工作⑤—⑥5d。于是需支出压缩费 $5 \times 200 = 1000$（元）。至此，工期缩短了 5d，但⑤—⑥不能再压缩了。

第二步：按上述方法，压缩未经调整的各关键工作中费用增加率最省者。比较⑥—⑨

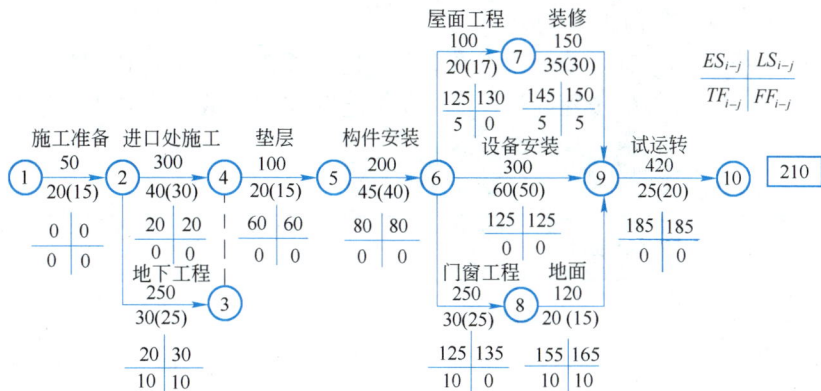

图 7-11　某单项工程施工进度网络计划

和⑨—⑩两个关键工作，$a_{6-9}=300$ 元/d 为最小，所以压缩⑥—⑨。但压缩⑥—⑨工作必须考虑与其平行进行的工作，它们最小时差为 5d，所以只能先压缩 5d，增加费用 $5\times300=1500$（元），至此工期已压缩 10d。此时⑥—⑦与⑦—⑨也变成关键工作。如⑥—⑨再加压缩还需考虑⑥—⑦或⑦—⑨同时压缩，不然不能缩短工期。

第三步：⑥—⑦与⑥—⑨同时压缩，但压缩量是⑥—⑦小，只有 3d，故先各压缩 3d，费用增加了 $3\times100+3\times300=1200$（元），至此，工期已压缩了 13d。

第四步：分析仍能压缩的关键工作，⑥—⑨与⑦—⑨同时压缩，费用增加了 $a_{6-9}+a_{7-9}=300+150=450$ 元/d，而⑨—⑩工作 $a_{9-10}=420$ 元/d，因此，⑨—⑩工作较节省，压缩⑨—⑩2d，费用增加为 $2\times420=840$（元），至此，工期压缩 15d 已完成。总增加费用为 $1000+1500+1200+840=4540$（元）。

压缩调整后的网络计划如图 7-12 所示。调整后的计划工期仍是 210d，但各工作的开工时间和部分工作作业时间有变动。劳动力、物资，机械计划及平面布置按调整后的进度计划作相应调整。

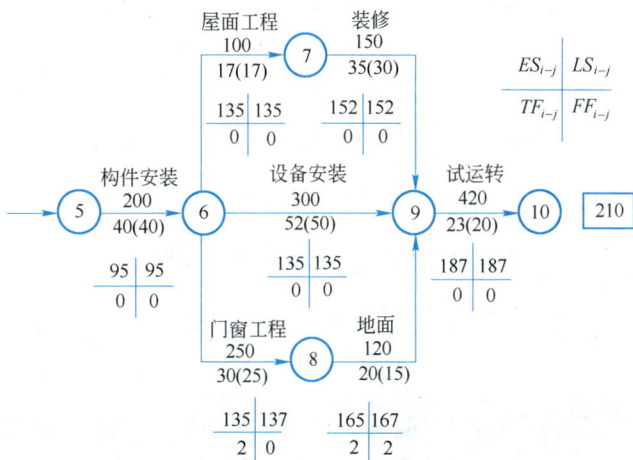

图 7-12　压缩调整后的网络计划

【例 7-2】　仍用图 7-11 的资料，如果按合同规定：工期提前一天完工，发包单位奖给承包单位 400 元，迟延一天每天罚款 300 元。在第 25d 检查时，发现施工准备刚结束，问承包单位的进度计划应作何决策？

【解】 分析图 7-11 得知，第一项工作工期就拖后了 5d，如果不作调整，承包单位将被罚 1500 元。如按表 7-2 的步骤调整，将工期确定为 187d，承包单位可多得 2000 元，是最高收益值。

调整计划计算表　　　　　　　　　　　　　　表 7-2

计划方案	工期(d)	压缩天数(d)	压缩费用增加(元)	累计压缩费用增加(元)	工期奖惩额(元)	承包单位益损(元)
①	②	③	④	⑤	⑥	⑦＝⑥－⑤
现状方案	210	0	0	0	−1500	−1500
压缩④−⑤	210	5	500	500	0	−500
压缩⑤−⑥	205	5	1000	1500	+2000	+500
压缩②−④	195	10	3000	4500	+6000	+1500
压缩⑥−⑨	190	5	1500	6000	+8000	+2000
压缩⑥−⑦	187	3	1200	7200	+9200	+2000
压缩⑨−⑩	182	5	2100	9300	+11200	+1900
压缩⑥−⑨ ⑦−⑨	180	2	900	10200	+12000	+1800

五、进度管理的分析与总结

（一）进度管理分析

进度管理的分析阶段比其他阶段更为重要，因为它对实现管理循环和信息反馈起重要作用。进度管理分析是对进度管理进行评价的前提，是提高管理水平的阶梯。

1. 进度管理分析的内容

进度管理分析的主要工作内容是：各项目标的完成情况分析，进度管理中的问题及原因分析，进度管理中经验的分析，提高进度管理工作水平的措施。

2. 目标完成情况分析

（1）时间目标完成情况的分析应计算下列指标：

$$合同工期节约值＝合同工期－实际工期 \tag{7-1}$$

$$指令工期节约值＝指令工期－实际工期 \tag{7-2}$$

$$定额工期节约值＝定额工期－实际工期 \tag{7-3}$$

$$计划工期提前率＝\frac{计划工期－实际工期}{计划工期}×100\% \tag{7-4}$$

$$缩短工期的经济效益＝缩短一天产生的经济效益×缩短工期天数 \tag{7-5}$$

还要分析工期缩短的原因，大致有以下几种：计划积极可靠，执行认真，控制得力，协调及时有效，劳动效率提高，实施方案优化。

（2）资源情况分析使用下列指标：单方用工，劳动力不均衡系数，节约工日数，主要材料节约量和大型机械台班节约量。其计算公式见第六章第三节之"六、"中相关内容。

资源节约的原因大致有以下几种：资源优化效果好，按计划保证供应，认真制定并实施了节约措施，协调及时得力，劳动力及机械的效率高等。

（3）成本目标分析

成本分析的主要指标包括降低成本额和降低成本率。其计算公式见第六章第五节。

节约成本的原因主要是：计划积极可靠，成本优化效果好，认真制定并执行了节约成本措施，成本核算及成本分析工作效果好等。

3. 进度管理的问题分析

这里所指的问题是：某些进度管理目标没有实现，或在计划执行中存在缺陷。在总结分析时可以定量计算（指标与前项分析相同），也可以定性地分析。对产生问题的原因也要从编制和执行计划中去找。问题要找够，原因要摆透，不能文过饰非。遗留的问题应反馈到下一循环解决。

进度管理中大致有以下一些问题：劳动效率低，协调不到位，资源供应不及时和环境变化太大等。管理中出现上述问题的原因大致是：计划本身的原因，资源供应和使用中的原因，协调方面的原因，环境方面的原因，业主方面的原因和设计方面的原因等。

4. 进度管理的经验教训分析

经验、教训是指对成绩、问题及其原因进行分析以后，归纳出来的可以为以后进度管理借鉴的本质的、规律性的东西。分析进度管理的经验、教训可以从以下几方面进行：

（1）怎样编制计划，编制什么样的计划才能取得更大效益，包括准备、绘图、计算。

（2）怎样优化计划才更有实际意义，包括优化目标的确定、优化方法的选择、优化计算、优化结果的评审、计算机应用等。

（3）怎样实施、调整与管理计划，包括组织保证、宣传、培训、建立责任制、信息反馈、调度、统计、记录、检查、调整、修改、成本控制方法、资源节约措施等。

（4）进度管理工作的创新。

总结出来的经验，是企业的创新，是企业的宝贵财富，可通过企业和有关领导部门的审查与批准，形成规程、标准及制度，作为指导以后工作的制度文件。

5. 提高进度管理水平的措施

（1）编制好计划的措施。

（2）更好地执行计划的措施。

（3）有效的控制措施。

6. 进度管理分析的方法

（1）在计划编制执行中，应积累资料，作为分析的基础。

（2）在分析之前应实际调查，取得原始记录中没有的情况和信息。

（3）召开总结分析会议。

（4）用定量的对比分析法。

（5）尽量用计算机，以提高分析的速度和准确性。

（6）分析资料要分类归档。

（二）进度管理总结

（1）施工进度计划实施检查后，应向企业提供月度施工进度报告，这是进度管理的中间总结。总结的内容是：进度执行情况的综合描述，实际施工进度图，工程变更，价格调整，索赔及工程款收支情况，进度偏差的状况及导致偏差的原因分析，解决问题的措施，计划调整意见。

（2）在施工进度计划完成后，进行进度管理最终总结。总结的依据是：施工进度计划，实际记录，检查结果，调整资料。总结的内容是：合同工期目标及计划工期目标完成情况，施工进度管理经验，施工进度管理中存在的问题及分析，科学的施工进度计划方法的应用情况，施工进度管理的改进意见。

施工进度管理总结是进度管理持续改进的重要一环，是信息积累和信息反馈的主要方法，应予高度重视。

第三节　施工项目质量管理

一、质量管理体系

"质量"是一组固有特性满足要求的程度。"要求"指明示的、通常隐含的或必须履行的需求或期望。质量管理体系是在质量方面指挥和控制组织的管理体系。质量方针是由组织的最高管理者正式发布的关于质量方面的全部意图和方向。质量目标是在质量方面所追求的目的。

（一）质量管理原则

成功地领导和运作一个组织，需要采用系统和透明的方式进行管理。针对所有相关方的需求，实施并保持持续改进其业绩的管理体系，可使组织获得成功。质量管理是组织各项管理的内容之一。我国等同采用 ISO 9000 的质量体系标准是 GB/T 19000 系列标准，该标准提出的八项质量管理原则被确定为最高管理者用于领导组织进行业绩改进的指导原则。

1. 以顾客为关注焦点

组织依存于顾客。因此，组织应当理解顾客当前和未来的需求，满足顾客要求并争取超越顾客期望。

2. 领导作用

领导者确保组织统一的宗旨目的及方向的一致性。他们应当创造并保持良好的内部环境，使员工能充分参与实现组织目标的活动。

3. 全员参与

各级人员都是组织之本，唯有他们的充分参与，才能使他们为组织的利益发挥其才干。

4. 过程方法

将活动和相关资源作为过程进行管理，可以更高效地得到期望的结果。

5. 管理的系统方法

将相互关联的过程作为体系来看待、理解和管理，有助于组织提高实现目标的有效性和效率。

6. 持续改进

持续改进总体业绩应当是组织的永恒目标。

7. 基于事实的决策方法

有效决策建立在数据和信息分析的基础上。

8. 与供方互利的关系

组织与供方相互依存，互惠互利的关系可增强双方创造价值的能力。

这八项质量管理原则形成了 GB/T 19000 族质量管理体系标准的基础。

（二）质量管理体系的过程方法

任何使资源将输入转化为输出的一项或一组活动均可视为一个过程。

为使组织有效运行，必须识别和管理许多相互关联和相互作用的过程。通常，一个过程的输出将直接成为下一个过程的输入。系统地识别和管理组织所应用的过程，特别是这些过程之间的相互作用，称为"过程方法"。鼓励采用过程方法管理组织。

由 GB/T 19000 族标准表述的，以过程为基础的质量管理体系模式如图 7-13 所示。该图表明在向组织提供输入方面相关方起重要作用。监视相关方满意程度需要评价有关相关方感受的信息，这种信息可以表明其需求和期望已得到满足的程度。

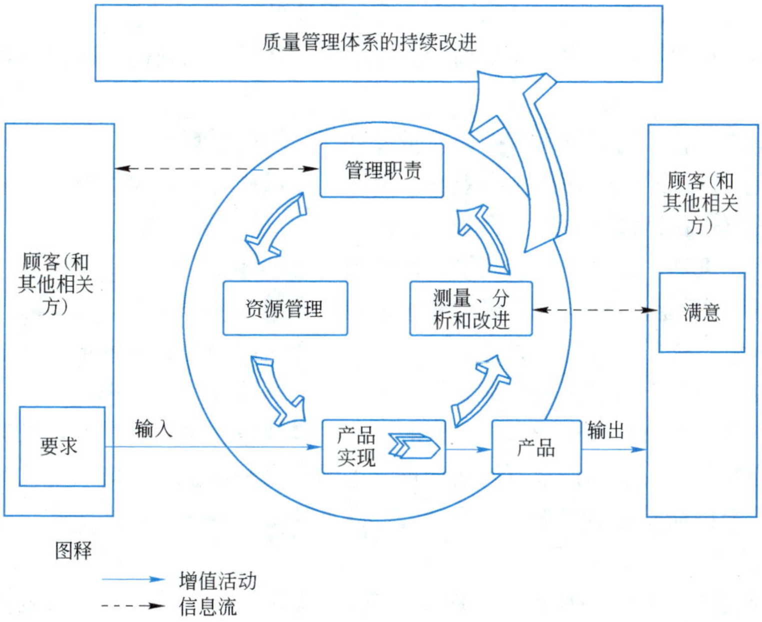

图 7-13 以过程为基础的质量管理体系模式

（三）质量管理体系要求

1. 总要求

建立质量管理体系，形成文件，加以实施和保持，并持续改进其有效性。

2. 文件要求

（1）总则。质量体系文件应包括：形成文件的质量方针和质量目标；质量手册；GB/T 19001 要求的形成文件的程序和记录；组织确定的为确保其过程有效策划、运行和控制所需的文件，包括记录。

（2）质量手册。组织应编制和保持质量手册。质量手册包括：质量管理体系的范围，包括任何删减的细节和正当的理由；为质量管理体系编制的形成文件的程序或对其引用；质量管理体系过程之间的相互作用的表述。

（3）文件控制。应编制形成文件的程序，以规定以下方面所需的控制：为使文件是充分与适宜的，文件发布前得到批准；必要时对文件进行评审与更新，并再次批准；确保文件的更改和现行修订状态得到识别；确保在使用处可获得适用文件的有关版本；确保文件清晰、易于识别；确保组织所确定的策划和运行质量管理体系所需的外来文件得到识别，并控制其分发；防止作废文件的非预期使用，如果出于某种目的而保留作废文件，对这些文件进行适当标识。

（4）记录控制。为提供符合要求和质量管理体系有效运行的证据而建立的记录应得到控制。组织应编制形成文件的程序，以规定记录的标识、贮存、保护、检索、保留和处置所需的控制。记录应保持清晰、易于识别和检索。

3. 管理职责

（1）管理承诺。最高管理者应通过以下活动对其建立、实施质量管理体系并持续改进其有效性的承诺提供证据；向组织传达满足顾客和法律法规要求的重要性；制定质量方针；确保质量目标的制定；进行管理评审；确保资源的获得。

（2）以顾客为关注焦点。最高管理者应以增强顾客满意为目的，确保顾客的要求得到确定并予以满足。

（3）质量方针。最高管理者应确保质量方针与组织的宗旨相适应；质量方针应包括对满足要求和持续改进质量管理体系有效性的承诺；提供制定和评审目标的框架；在组织内得到沟通和理解；在持续适宜性方面得到评审。

（4）策划。策划的内容包括：质量目标和质量管理体系。

（5）职责、权限与沟通。最高管理者应指定一名管理者代表使其有以下职责和权限：确保质量管理体系所需的过程得到建立、实施和保持；向最高管理者报告质量管理体系的绩效和任何改进的需求；确保在整个组织内提高满足顾客要求的意识。

（6）管理评审。最高管理者应按策划的时间间隔评审质量管理体系，以确保其持续的适宜性、充分性和有效性。评审应包括评价改进的机会和质量管理体系变更的需求，包括质量方针和质量目标变更的需求。应保持管理评审的记录。

4. 资源管理

（1）资源提供。组织应确定并提供以下方面所需资源：实施、保持质量管理体系并持续改进其有效性；通过满足顾客要求，增强顾客满意。

（2）人力资源。基于适当的教育、培训、技能和经验，从事影响产品要求符合性工作的人员应是能够胜任的。组织应确定从事影响产品要求符合性工作的人员所需的能力；适用时，提供培训或采取其他措施以获得所需的能力；评价所采取措施的有效性；确保组织的人员认识到所从事活动的相关性和重要性，以及如何为实现质量目标做出贡献；保持教育、培训、技能和经验的适当记录。

（3）基础设施。组织应确定、提供并维护为达到产品符合要求所需的基础设施。适用时，基础设施包括：建筑物、工作场所和相关设施，过程设备（硬件和软件），支持性服务（如运输、通信或信息系统）。

（4）工作环境。组织应确定并管理为达到产品符合要求所需的工作环境。

5. 产品实现

（1）产品实现策划。组织应策划和开发产品实现所需的过程。产品实现的策划应与质量管理体系其他过程的要求相一致。

（2）与顾客有关的过程。包括：与产品有关的要求的确定；与产品有关的要求的评审；顾客沟通。

（3）设计和开发。包括：设计和开发策划；设计和开发输入；设计和开发输出；设计和开发评审；设计和开发验证；设计和开发更改的控制。

（4）采购。组织应确保采购的产品符合规定的采购要求。对供方及采购产品的控制类型和程度应取决于采购产品对随后的产品实现或最终产品的影响。组织应根据供方按组织的要求提供产品的能力评价和选择供方，应制定选择、评价和重新评价的准则，评价结果及评价所引起的任何必要措施的记录应予保持。在与供方沟通前，组织应确保所规定的采购要求是充分与适宜的。组织应确定并实施检验或其他必要的活动，以确保采购的产品满足规定的采购要求。

（5）生产和服务提供。包括：生产和服务提供的控制；生产和服务提供过程的确认；标识和可追溯性；爱护在组织控制下或使用的顾客财产；在产品内部处理和交付到预定地点期间对其提供防护，以保持符合要求。

（6）监视和测量装置的控制。组织应确定需实施的监视和测量以及所需的监视和测量设备，为产品符合确定的要求提供证据。组织应建立过程，以确保监视和测量活动可行并以与监视和测量的要求相一致的方式实施。

6. 测量、分析和改进

组织应策划并实施以下监视、测量、分析和改进过程：证实产品的符合性；确保质量管理体系的符合性；持续改进质量管理体系的有效性。

（1）监视和测量。内容包括：顾客满意；内部审核；过程的监视和测量；产品的监视和测量。

（2）不合格控制。组织应通过下列一种或几种途径处置不合格品：采取措施，消除已发现的不合格；经授权人员批准，适用时经顾客批准，让步使用、放行或接收不合格品；采取措施，防止其原预期的使用或应用。当在交付或开始使用后发现产品不合格时，组织应采取与不合格的影响或潜在影响的程度相适应的措施。

（3）数据分析。数据分析应提供以下信息：顾客满意，与产品要求的符合性，过程和产品的特性及趋势，采取预防措施的机会和供应商。

（4）改进。包括：持续改进，纠正措施和预防措施。

二、施工项目质量管理的主要环节

（一）质量管理程序

无论是项目承包人还是分包人，进行质量管理均应依次完成下列工作内容：

（1）确定项目质量目标。一般说来，该目标是指质量验收标准的合格要求。国家规定了分项工程、分部工程和单位工程的质量验收标准，现行国家标准《建筑工程施工质量验收统一标准》是工程项目的质量目标。有时项目质量目标也可以是发包人提出的质量要求，发包人在执行质量标准的前提下，也可以根据自身的经营方针确定质量目标。

（2）编制项目质量计划。项目质量计划是规定项目由谁及何时应使用哪些程序和相关资源的文件。这些程序通常包括所涉及的质量管理过程和工程实现过程。通常，质量计划引用质量手册的部分内容和程序文件。质量计划通常是质量策划的结果之一。对施工项目而言，质量计划主要是针对特定项目所编制的规定程序和相应资源的文件。

（3）项目质量计划实施。项目质量计划实施通常是按阶段进行的，包括施工准备阶段的质量管理，施工阶段的质量管理和竣工验收阶段的质量管理。

（4）项目质量持续改进与检查、验证。项目质量持续改进指对项目质量增强满足要求的能力的循环活动。该循环活动通过不断制定改进目标和寻求改进机会实现。该过程使用审核发现、审核结论、数据分析、管理评审或其他方法，其结果通常导致纠正措施或预防措施。项目检查、验证，是对项目质量计划执行情况组织的检查、内部审核和考核评价，验证实施效果。对考核中出现的问题、缺陷或不合格，应召开有关专业人员参加的质量分析会，并制定整改措施。

（二）项目质量计划

1. 项目质量计划的作用和内容

项目质量计划的第一项作用是为质量控制提供依据，使工程的特殊质量要求能通过有效的措施得以满足；其第二项作用是在合同情况下，供方用质量计划向顾客证明其如何满足特定合同的特殊质量要求，并作为顾客实施质量监督的依据。根据以上作用的要求，项目质量计划应包括的内容是：编制依据，项目概况，质量目标，组织机构，质量控制及管理组织协调的系统描述，必要的质量控制手段，施工过程检验和试验程序等，确定关键工序和特殊过程的作业指导书，更改和完善质量计划的程序。

2. 质量计划的编制

编制项目质量计划应注意以下几点：

（1）由于项目质量计划的重要作用，项目经理应亲自主持编制。

（2）项目质量计划应集体编制。编制者应有丰富的知识、实践经验、较强的沟通能力和创新精神。

（3）始终以业主为关注焦点，找出关键质量问题，逐步修改完善质量计划。

（4）质量计划应体现从检验批、分项工程、分部工程、单位工程的过程控制，且应体现从资源投入到完成工程质量最终检验和试验的全过程控制，使质量计划成为对外质量保证和对内质量控制的依据。

3. 质量计划的实施与验证

质量计划实施时，质量管理人员应按照分工进行控制，按规定保存质量控制记录。当发生质量缺陷或事故时，必须分析原因、分清责任，进行整改。项目负责人应定期组织质量检查人员和内部质量审检员验证质量计划的实施效果。发现质量问题或隐患时，提出措施予以解决。对重复出现的不合格，责任人应按规定承担责任，并依据验证评价的结果进行处罚。

（三）施工准备阶段的质量控制

1. 技术资料及文件准备的质量控制

（1）施工项目所在地的自然条件和技术经济条件调查资料应做到周密、详细，科学、妥善保存，为施工准备提供依据。

（2）施工组织设计文件的质量控制要求是：一要使施工顺序、施工方法和技术措施等能保证质量，二要进行技术经济比较，使质量好，经济效果也好。

（3）要认真收集并学习有关质量管理方面的法律、法规和质量验收标准、质量管理体系标准等。

（4）工程测量控制资料应按规定收集、整理和保管。

2. 设计交底和图纸审核的质量控制

应通过设计交底、图纸审核（或会审），使施工技术人员了解设计意图、工程特点、工艺要求和质量要求，发现、纠正设计差错，消灭图纸中的质量隐患，做好记录，以保证工程质量。

3. 采购和分包质量控制

（1）项目经理应按质量计划中的物资采购和分包的规定选择和评价供应人，并保存评价记录。

（2）采购要求包括：产品质量要求或外包服务要求，有关产品提供的程序要求，对供方人员资格的要求，对供方质量管理体系的要求。采购要求的形式可以是合同、订单、技术协议、询价单及采购计划等。

（3）物资采购应符合设计文件、标准、规范、相关法规及承包合同的要求。

（4）对采购的产品应根据验证要求规定验证部门及验证方式，当拟在供方现场实施验证时，应在采购要求中事先做出规定。

（5）对各种分包服务选用的控制应根据其规模和控制的复杂程度区别对待，一般通过分包合同对分包服务进行动态控制。

4. 质量教育与培训

通过质量教育培训，增强质量意识和顾客意识，使员工具有所从事的质量工作要求的能力。

可以通过考试或实际操作等方式检查培训的有效性，并保存教育、培训及技能认可的记录。

（四）施工阶段的质量控制

1. 施工阶段质量控制的内容

施工阶段质量控制的内容包括：技术交底，工程测量，材料，机械设备，环境，计量，工序，特殊过程，工程变更，质量事故处理等。

2. 施工阶段质量控制的要求

（1）技术交底的质量控制应注意：交底时间，交底分工，交底内容，交底方式（书面）和交底资料保存。

（2）工程测量的质量控制应注意：编制控制方案，由技术负责人管理，保存测量记录，保护测量点线。还应注意对原有基准点、基准线、参考标高、控制网的复测和测量结果的复核。

（3）材料的质量控制应注意：在合格材料供应人名录中选择供应人，按计划采购，按规定进行搬运和储存，进行标识，不合格的材料不准投入使用，发包人供应的材料应按规定检验和验收，监理工程师对承包人供应的材料进行验证等。

（4）机械设备的质量控制应注意：按计划进行调配，满足施工需要，配套合理使用，操作人员应进行确认并持证上岗，搞好维修与保养等。

（5）为保证项目质量，对环境的要求是：建立环境控制体系，实施环境监控，对影响环境的因素进行监控，包括工程技术环境、工程管理环境和劳动环境。

（6）计量工作的主要任务是统一计量单位，组织量值传递，保证量值的统一。对计量质量控制的要求是：建立计量管理部门、配备计量人员，建立计量规章制度，开展计量意识教育，按规定控制计量器具的使用、保管、维修和检验。

（7）检验批质量控制应注意：作业人员按规定经考核后持证上岗，按操作规程、作业指导书和技术交底文件进行施工，检验批的检验和试验应符合过程检验和试验的规定，对查出的质量缺陷按不合格控制程序及时处理，记录工序施工情况，把质量的波动限制在要求的界限内，以对因素的控制保证工序的质量。

（8）特殊过程是指在质量计划中规定的特殊过程，其质量控制要求是：设置其工序质量控制点，由专业技术人员编制专门的作业指导书，经技术负责人审批后执行。

（9）工程变更质量控制要求：严格按程序变更并办理批准手续，管理和控制那些能引起工程变更的因素和条件，要分析提出工程变更的合理性和可行性，当变更发生时，应进行管理，注意分析工程变更引起的风险。

（10）成品保护要求：首先要加强教育，提高成品保护意识；其次要合理安排施工顺序，采取有效的成品保护措施。成品保护措施包括护、包、盖、封，可根据需要选择。

（五）竣工验收阶段的质量控制

竣工验收阶段的质量控制包括最终质量检验和试验，技术资料的整理，施工质量缺陷的处理，工程竣工验收文件的编制和移交准备，产品防护，撤场计划。这个阶段的质量控制要求主要有以下几点：

（1）最终质量检验和试验指单位工程竣工验收前的质量检验和试验，必须按施工质量验收规范的要求进行检验和试验。

（2）对发现的质量问题应按不合格控制程序进行处理，处理方法包括：修补处理、返工处理、限制使用和不做处理。

（3）应按规定整理技术资料、竣工资料和档案，做好移交准备。

（4）在最终检验和试验合格后，对产品采取防护措施，防止丢失或损坏。

（5）工程交工后应编制符合文明施工要求和环境保护要求的撤场计划，拆除、运走多余物资，达到场清、地平乃至树活、草青的目的。

（六）质量持续改进

质量持续改进指增强满足要求的能力的循环活动。持续改进的规定如下：

（1）项目经理部应分析和评价项目控制现状，识别质量持续改进区域，确定改进目标，实施选定的解决办法。

（2）质量持续改进应按全面质量管理的方法进行。

（3）项目经理部按规定控制不合格：按程序控制不合格；按规定对不合格产品进行鉴别、标识、记录、评价、隔离和处置；进行不合格评审；根据不合格严重程度，按返工、返修或让步接受、降级使用、拒收或报废四种情况进行处理；构成等级质量事故的不合格，按法律、法规进行处理；对返修或返工后的产品，应按规定重新进行检验和试验，并保存记录；进行不合格让步接收时，承发包双方签字确认让步接收协议和标准；对影响主体结构安全和使用功能的不合格，各方共同确定处理方案；保存不合格控制记录。

（4）采取"纠正措施"，包括：对各单位提出的质量问题进行分析，找出原因，制定纠正措施；对已发生的潜在的不合格信息进行分析并记录结果；由项目技术负责人对质量问题判定不合格程度，制定纠正措施；对严重的不合格或重大事故，必须实施纠正措施；实施纠正措施的结果应验证、记录；项目经理部或责任单位应定期评价纠正措施的有效性。

（5）采取"预防措施"，包括：项目经理部定期召开质量分析会，对影响质量的潜在原因采取预防措施；对可能出现的不合格制定防止再发生的措施并实施；采取预防质量通病的措施；对潜在的严重不合格实施预防措施程序；项目经理部定期评价预防措施的有效性。

三、建筑工程施工质量验收

《建筑工程施工质量验收统一标准》GB 50300—2013，为加强工程质量管理，统一建筑工程施工质量的验收，保证工程质量提供了依据。其主要内容如下：

（一）基本规定

（1）施工现场应具有健全的质量管理体系、相应的施工技术标准、施工质量检验制度和综合施工质量水平评定考核制度。

（2）未实行监理的建筑工程，建设单位相关人员应履行本标准涉及的监理职责。

（3）建筑工程的施工质量控制应符合下列规定：

1）建筑工程采用的主要材料、半成品、成品、建筑构配件、器具和设备应进行进场检验。凡涉及安全、节能、环境保护和主要使用功能的重要材料、产品，应按各专业工程施工规范、验收规范和设计文件等规定进行复验，并应经监理工程师检查认可；

2）各施工工序应按施工技术标准进行质量控制，每道施工工序完成后，经施工单位自检符合规定后，才能进行下道工序施工。各专业工种之间的相关工序应进行交接检验，并应记录；

3）对于监理单位提出检查要求的重要工序，应经监理工程师检查认可，才能进行下道工序施工。

（4）建筑工程施工质量应按下列要求进行验收：

1）工程质量验收均应在施工单位自检合格的基础上进行；

2）参加工程施工质量验收的各方人员应具备相应的资格；

3）检验批的质量应按主控项目和一般项目验收；

4）对涉及结构安全、节能、环境保护和主要使用功能的试块、试件及材料，应在进场时或施工中按规定进行见证检验；

5）隐蔽工程在隐蔽前应由施工单位通知监理单位进行验收，并应形成验收文件，验收合格后方可继续施工；

6）对涉及结构安全、节能、环境保护和使用功能的重要分部工程，应在验收前按规定进行抽样检验；

7）工程的观感质量应由验收人员现场检查，并应共同确认。

（5）建筑工程施工质量验收合格应符合下列规定：

1）符合工程勘察、设计文件的要求；

2）符合本标准和相关专业验收规范的规定。

（二）建筑工程质量验收的划分

（1）建筑工程施工质量验收应划分为单位工程、分部工程、分项工程和检验批。

（2）单位工程应按下列原则划分：

1）具备独立施工条件并能形成独立使用功能的建筑物或构筑物为一个单位工程；

2）对于规模较大的单位工程，可将其能形成独立使用功能的部分划分为一个子单位工程。

（3）分部工程应按下列原则划分：

1）可按专业性质、工程部位确定；

2）当分部工程较大或较复杂时，可按材料种类、施工特点、施工程序、专业系统及类别将分部工程划分为若干子分部工程。

（4）分项工程可按主要工种、材料、施工工艺、设备类别进行划分。

（5）检验批可根据施工、质量控制和专业验收的需要，按工程量、楼层、施工段、变形缝进行划分。

（6）建筑工程的分部工程、分项工程划分宜按本标准要求表格采用。

（7）施工前，应由施工单位制定分项工程和检验批的划分方案，并由监理单位审核。

（8）室外工程可根据专业类别和工程规模按本标准的规定划分子单位工程、分部工程和分项工程。

（三）建筑工程质量验收

（1）检验批质量验收合格应符合下列规定：

1）主控项目的质量经抽样检验均应合格；

2）一般项目的质量经抽样检验合格。当采用计数抽样时，合格点率应符合有关专业验收规范的规定，且不得存在严重缺陷。对于计数抽样的一般项目，正常检验一次、二次抽样可按本标准要求表格判定；

3）具有完整的施工操作依据、质量验收记录。

（2）分项工程质量验收合格应符合下列规定：

1）所含检验批的质量均应验收合格；

2）所含检验批的质量验收记录应完整。

（3）分部工程质量验收合格应符合下列规定：

1）所含分项工程的质量均应验收合格；

2）质量控制资料应完整；

3）有关安全、节能、环境保护和主要使用功能的抽样检验结果应符合相应规定；

4）观感质量应符合要求。

（4）单位工程质量验收合格应符合下列规定：

1）所含分部工程的质量均应验收合格；

2）质量控制资料应完整；

3）所含分部工程中有关安全、节能、环境保护和主要使用功能的检验资料应完整；

4）主要使用功能的抽查结果应符合相关专业验收规范的规定；

5）观感质量应符合要求。

（5）建筑工程施工质量验收记录可按下列规定填写：

1）检验批质量验收记录可按本标准规定表格填写，填写时应具有现场验收检查原始记录；

2）分项工程质量验收记录可按规定表格填写；

3）分部工程质量验收记录可按规定表格填写；

4）单位工程质量竣工验收记录、质量控制资料核查记录、安全和功能检验资料核查及主要功能抽查记录、观感质量检查记录应按规定表格填写。

（6）当建筑工程施工质量不符合要求时，应按下列规定进行处理：

1）经返工或返修的检验批，应重新进行验收；

2）经有资质的检测机构检测鉴定能够达到设计要求的检验批，应予以验收；

3）经有资质的检测机构检测鉴定达不到设计要求、但经原设计单位核算认可能够满足安全和使用功能的检验批，可予以验收；

4）经返修或加固处理的分项、分部工程，满足安全及使用功能要求时，可按技术处理方案和协商文件的要求予以验收。

（7）工程质量控制资料应齐全完整。当部分资料缺失时，应委托有资质的检测机构按有关标准进行相应的实体检验或抽样试验。

（8）经返修或加固处理仍不能满足安全或重要使用要求的分部工程及单位工程，严禁验收。

（四）建筑工程质量验收的程序和组织

（1）检验批应由专业监理工程师组织施工单位项目专业质量检查员、专业工长等进行验收。

（2）分项工程应由专业监理工程师组织施工单位项目专业技术负责人等进行验收。

（3）分部工程应由总监理工程师组织施工单位项目负责人和项目技术负责人等进行验收。

勘察、设计单位项目负责人和施工单位技术、质量部门负责人应参加地基与基础分部工程的验收。

设计单位项目负责人和施工单位技术、质量部门负责人应参加主体结构、节能分部工程的验收。

（4）单位工程中的分包工程完工后，分包单位应对所承包的工程项目进行自检，并应按本标准规定的程序进行验收。验收时，总包单位应派人参加。分包单位应将所分包工程的质量控制资料整理完整，并移交给总包单位。

（5）单位工程完工后，施工单位应组织有关人员进行自检。总监理工程师应组织各专业监理工程师对工程质量进行竣工预验收。存在施工质量问题时，应由施工单位整改。整改完毕后，由施工单位向建设单位提交工程竣工报告，申请工程竣工验收。

（6）建设单位收到工程竣工报告后，应由建设单位项目负责人组织监理、施工、设计、勘察等单位项目负责人进行单位工程验收。

四、质量管理的数理统计方法

1. 排列图法

排列图又称主次因素排列图。它是根据意大利经济学家帕累托（Pareto）提出的"关键的少数和次要的多数"的原理，由美国质量管理专家朱兰（J. M. Juran）运用于质量管理中而发明的一种质量管理工具。其作用是寻找主要质量问题或影响质量的主要原因，以便抓住提高质量的关键，取得好的效果。图 7-14 是根据表 7-3 绘制的排列图。1、2 项问题是主要问题（在 A 区），3 项问题是次要问题（在 B 区），其他问题是一般问题（在 C 区）。

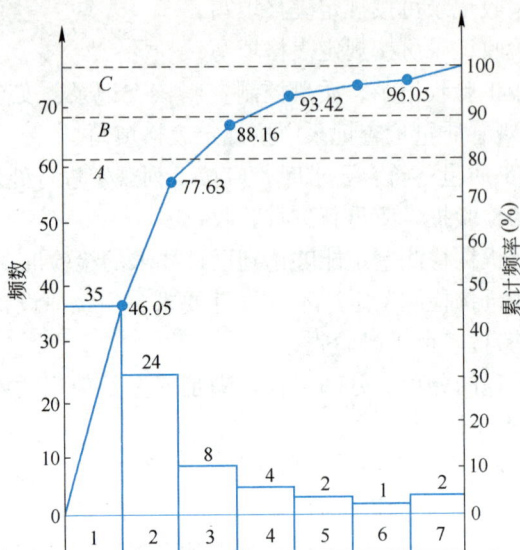

图 7-14　排列图

柱子不合格点频数频率统计表　　　　　　　表 7-3

序号	项目	容许偏差(mm)	不合格点数	频率(%)	累计频率(%)
1	轴线位移	5	35	46.05	46.05
2	柱高	±5	24	31.58	77.63
3	截面尺寸	±5	8	10.53	88.16
4	垂直度	5	4	5.26	93.42
5	表面平整度	8	2	2.63	96.05
6	预埋钢板中心偏移	10	1	1.32	97.37
7	其他	—	2	2.63	100.00
合计			76	100.00	

2. 因果分析图

因果分析图，按其形状又可称为鱼刺图或树枝图，也叫特性要因图。所谓特性，就是施工中出现的质量问题。所谓要因，也就是对质量问题有主要影响的因素或原因，一般包括人、材料、工艺、设备、环境等大原因。

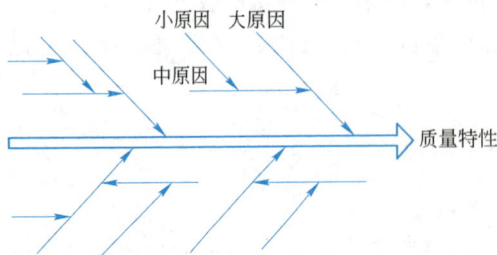

图 7-15　因果分析图

因果分析图是一种用来逐步深入地研究和讨论质量问题，寻找其影响因素，以便从重要的因素着手进行解决的一种工具，其形状如图 7-15 所示。因果分析图也像座谈会的小结提纲，可以供人们集体地、一步一步地，像顺藤摸瓜一样地去寻找影响质量特性的大原因、中原因和小原因。找出原因后便可以有针对性地制定相应的对策加以改进。对策表见表7-4。

对策表　　　　　　　　　　　　　　　　　　　　　　表 7-4

序号	项目	现状	目标	措施	地点	负责人	完成期	备注

3. 频数分布直方图

所谓频数，是在重复试验中，随机事件重复出现的次数，或一批数据中某个数据（或某组数据）重复出现的次数。

产品在生产过程中，质量状况总是会有波动的。其波动的原因，正如因果分析图中所提到的，可能有人的因素、材料的因素、工艺的因素、设备的因素和环境的因素。

为了了解上述各种因素对产品质量的影响情况，在现场随机地实测一批产品的有关数据，将实测得来的这批数据进行分组整理，统计每组数据出现的频数。然后，在直角坐标的横坐标轴上自小至大标出各分组点，在纵坐标轴上标出对应的频数。画出其高度值为其频数值的一系列直方形，即成为频数分布直方图，图 7-16 是根据表 7-5 绘制的频数分布直方图。

频数分布直方图的作用是，通过对数据的加工、整理、绘图，掌握数据的分布状况，从而判断加工能力、加工质量，以及估计产品的不合格品率。频率分布直方图又是控制图产生的直接理论基础。

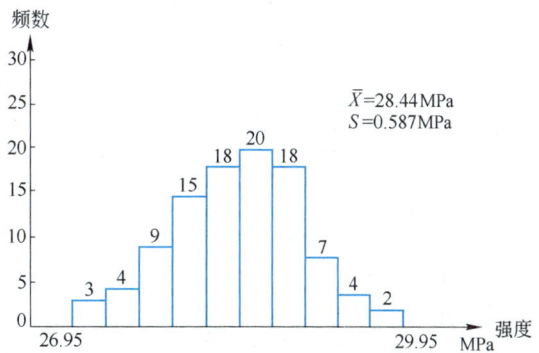
图 7-16　频数分布直方图

4. 控制图

控制图又称管理图，是能够表达施工过程中质量波动状态的一种图形。使用控制图能够及时地提供施工中质量状态偏离控制目标的信息，提醒人们不失时机地采取措施，使质量始终处于控制状态。使用控制图使工序质量的控制由事后检查转变为以预防为主，使质量管理产生了一个飞跃。1924 年美国人休哈特发明了控制图，此后在质量管理中得到了日益广泛的应用。

数据表　　　　　　　　　　　　　　　　　　　　　　表 7-5

数据(MPa)										最大值	最小值
29.4	27.3	28.2	27.1	28.3	28.5	28.9	28.3	29.9*	28.0	29.9*	27.1
28.9	27.9	28.1	28.3	28.9	28.3	27.8	27.5	28.4	27.9	28.9	27.5
28.8	27.1	27.1	27.9	28.0	28.5	28.6	28.3	28.9	28.8	28.9	27.1*
28.5	29.1	28.1	29.0	28.6	28.9	27.9	27.8	28.6	28.4	29.1	27.8
28.7	29.2	29.0	29.1	28.0	28.5	28.9	27.7	27.9	27.7	29.2	27.7
29.1	29.0	28.7	27.6	28.3	28.3	28.6	28.0	28.3	28.5	29.1	27.6
28.5	28.7	28.3	28.3	28.7	28.3	29.1	28.5	27.7	29.3	29.3	27.7
28.8	28.3	27.8	28.1	28.4	28.9	28.1	27.3	27.5	28.4	28.9	27.3
28.4	29.0	28.9	28.3	28.6	27.7	28.7	27.7	29.0	29.4	29.4	27.7
29.3	28.1	29.7	28.5	28.9	29.0	28.8	28.1	29.4	27.9	29.7	27.9

控制图与前述各统计方法的根本区别在于，前述各种方法所提供的数据是静态的，而控制图则可提供动态的质量数据，使人们有可能控制异常状态的产生和蔓延。

如前所述，质量的特性总是有波动的，波动的原因主要有人、材料、设备、工艺、环境五个方面。控制图就是通过分析不同状态下统计数据的变化，判断五个系统因素是否有异常而影响着质量，也就是要及时发现异常因素加以控制，保证工序处于正常状态。它通过子样数据判断总体状态，以预防不良产品的产生。图 7-17 是根据表 7-6 绘制的控制图。

混凝土构件强度数据表（单位：MPa）　　　　　　表 7-6

组　　号	测定日期	X_1	X_2	X_3	X_4	X_5	$\overline{X}$	R
1	10—10	21.0	19.0	19.0	22.0	20.0	20.2	3.0
2	11	23.0	17.0	18.0	19.0	21.0	19.6	6.0
3	12	21.0	21.0	22.0	21.0	22.0	21.4	1.0
4	13	20.0	19.0	19.0	23.0	20.0	20.8	4.0
5	14	21.0	22.0	20.0	20.0	21.0	20.8	2.0
6	15	21.0	17.0	18.0	17.0	22.0	19.0	5.0
7	16	18.0	18.0	20.0	19.0	20.0	19.0	2.0
8	17	22.0	22.0	19.0	20.0	19.0	20.4	3.0
9	18	20.0	18.0	20.0	19.0	20.0	19.4	2.0
10	19	18.0	17.0	19.0	20.0	17.0	18.4	3.0
11	20	18.0	19.0	19.0	24.0	21.0	20.2	6.0
12	21	19.0	22.0	19.0	20.0	21.0	20.2	3.0
13	22	22.0	19.0	16.0	19.0	18.0	18.8	6.0
14	23	20.0	22.0	21.0	21.0	18.8	20.0	3.0
15	24	19.0	18.0	21.0	21.0	20.0	19.8	3.0
16	25	16.0	18.0	19.0	20.0	20.0	18.6	4.0
17	26	21.0	22.0	21.0	20.0	18.0	20.4	4.0
18	27	18.0	18.0	16.0	21.0	22.0	19.0	6.0
19	28	21.0	21.0	21.0	21.0	20.0	21.4	4.0
20	29	21.0	19.0	19.0	19.0	19.0	19.4	2.0
21	30	20.0	19.0	19.0	20.0	22.0	20.0	3.0
22	31	20.0	20.0	23.0	22.0	18.0	20.6	5.0
23	11—1	22.0	22.0	20.0	18.0	22.0	20.8	4.0
24	2	19.0	19.0	20.0	24.0	22.0	20.4	5.0
25	3	17.0	21.0	21.0	18.0	19.0	19.2	4.0
合　　计							497.2	93.0

5. 相关图

相关图又叫散布图。与前述各种方法不同之处在于，它不是对一种数据进行处理和分析，而是对两种测定数据之间的相关关系进行处理、分析和判断。它也是一种动态的分析

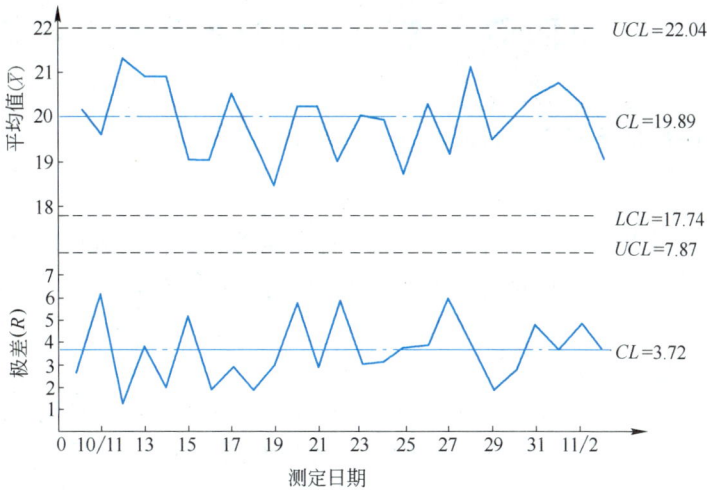

图 7-17　$\overline{X}$-R 控制图

方法。在工程施工中，工程质量的相关关系有三种类型：第一种是质量特性和影响因素之间的关系，例如混凝土强度与温度的关系；第二种是质量特性与质量特性之间的关系，如混凝土强度与水泥强度之间的关系，钢筋强度与钢筋混凝土强度之间的关系等；第三种是影响因素与影响因素之间的关系，如混凝土密度与抗渗能力之间的关系，沥青的粘结力与沥青的延伸率之间的关系等。

通过对相关关系的分析、判断，可以给人们提供对质量目标进行控制的信息。

分析质量结果与产生原因之间的相关关系，有时从数据上比较容易看清，但有时从数据上很难看清，这就必须借助于相关图为进行相关分析提供方便。

使用相关图，就是通过绘图、计算与观察，判断两种数据之间究竟是什么关系，建立相关方程，从而通过控制一种数据达到控制另一种数据的目的。正如我们掌握了在弹性极限内钢材的应力和应变的正相关关系，可以通过控制拉伸长度（应变）而达到提高钢材强度的目的一样（冷拉的原理）。图 7-18是根据表 7-7 绘制的相关图。

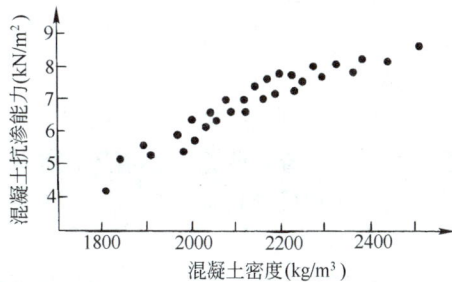

图 7-18　混凝土密度与抗渗相关图

混凝土密度与抗渗的关系　　　　　　　　　　　　　　　　表 7-7

抗渗能力	密度	抗渗能力	密度	抗渗能力	密度	抗渗能力	密度	抗渗能力	密度
780	2290	650	2080	480	1850	580	2040	550	1940
500	1919	700	2150	730	2200	590	2050	680	2140
550	1960	840	2520	750	2240	640	2060	620	2110
810	2400	520	1900	810	2440	780	2350	630	2120
800	2350	750	2250	690	2170	350	2300	700	2200

注：抗渗能力单位为 kN/m^2，混凝土密度单位为 kg/m^3。

第四节　施工项目成本管理

一、施工项目成本管理概述

（一）施工项目成本的概念

施工项目成本是指在施工项目上发生的全部费用总和，它包括直接成本和间接成本。其中直接成本包括人工费、材料费、机械费和措施费；间接成本指施工项目经理部发生的现场管理费。

（二）成本管理的环节

施工项目成本管理包括成本预测和决策、成本计划编制、成本计划实施、成本核算、成本检查、成本分析和考核等环节。其中成本计划编制与成本计划实施是关键环节。因此，进行施工项目成本管理，必须具体研究每个环节的有效工作方式和关键管理措施，从而取得施工项目整体的成本控制效果。

1. 施工项目成本预测

施工项目成本预测是其成本管理的首要环节，是事前控制的环节之一。成本预测的目的是预见成本的发展趋势，为成本管理决策和编制成本计划提供依据。

2. 施工项目成本决策

施工项目成本决策是根据成本预测情况，经过认真分析做出决定，确定成本管理目标。成本决策是先提出几个成本目标方案，然后再从中选择理想的成本目标做出决定。

3. 成本计划的编制

施工项目成本计划是实现成本目标的具体安排，是成本管理工作的行动纲领，是根据成本预测、决策结果，并考虑企业经营需要和经营水平编制的，它也是事先成本控制的环节之一。成本控制必须以成本计划作依据。

4. 成本计划实施

施工项目计划实施即是根据成本计划所作的具体安排，对施工项目的各项费用实施有效控制，不断检查，收集实施信息，并与计划比较，发现偏差，分析原因，采取措施纠正偏差，从而实现成本目标。

5. 成本核算

施工项目成本核算是对施工中各种费用支出和成本的形成进行核算。项目经理部应作为企业的成本中心，加强施工项目成本核算，为成本控制各环节提供必要的资料。成本核算应贯穿于成本管理的全过程。

6. 成本检查

施工项目成本检查是根据核算资料及成本计划实施情况，检查成本计划完成的情况，以评价成本控制水平，并为企业调整与修正成本计划提供依据。

7. 成本分析与考核

施工项目成本分析分为中间成本分析和竣工成本分析，是对成本计划的执行情况和成本状况进行的分析，也是总结经验教训的重要方法和信息积累的关键步骤。成本考核的目的在于通过考察责任成本的完成情况，调动责任者成本管理的积极性。

以上各个环节构成成本管理的 PDCA 循环，每个施工项目在施工成本管理中，不断地进行着大大小小（工程组成部分）的成本管理循环，促使成本管理水平不断提高。

（三）施工项目成本管理的手段

1. 计划管理

计划管理即是用计划的手段对施工项目成本进行管理。施工项目的成本预测和决策为成本计划的编制提供依据。编制成本计划首先要设计降低成本技术组织措施，然后编制降低成本计划，将承包成本额降低而形成计划成本，成为施工过程中的成本管理标准。

2. 预算管理

预算是在施工前根据一定标准（如定额）或要求（如利润）计算的买卖（交易）价格，也可称为估算价格或承包价格。它作为一种收入的最高限额，减去预期利润，便是工程成本（预算成本）数额，也可用以作为成本的控制标准。用预算管理成本可分为两种类型：

一是包干预算，即一次包死预算总额，不论中间有何变化，成本总额不予调整。

二是弹性预算，即先确定包干总额，但可根据工程变更进行洽商，费用作相应的变更。我国目前大部分是弹性预算控制。

3. 会计管理

会计管理，是以会计方法为手段，以记录实际发生的经济业务及证明经济业务发生的合法凭证为依据，对成本支出进行核算与监督，从而发挥成本管理作用。会计控制方法系统性强、严格、具体、计算准确、政策性强，是理想的和必需的成本管理方法。

4. 制度管理

制度是对例行性活动应遵循的方法、程序、要求及标准所作的规定。成本的制度管理就是通过制定成本管理制度，对成本管理做出具体规定，作为行动准则，约束管理人员和工人，达到管理成本的目的。如成本管理责任制度、技术管理制度、成本管理制度、定额管理制度、材料管理制度、劳动工资管理制度、固定资产管理制度等，都与成本管理关系非常密切。

在施工项目管理中，上述手段是同时综合使用的，不应孤立地使用某一种成本控制手段。

（四）施工项目成本管理责任

项目经理部是成本管理的中心。首先，项目经理部应成立以项目经理为中心的成本管理体系；其次，应按内部各岗位和作业层进行成本目标分解；再次，应明确各管理人员和作业层的成本责任、权限及相互关系。项目经理部应对施工过程中发生的各种消耗和费用进行责任成本控制，并承担成本风险。

企业对项目经理部的成本管理提供服务。首先应通过"项目管理目标责任书"明确项目经理部应承担的成本责任和风险；其次应为成本管理创造优化配置生产要素和实施动态管理的环境和条件。企业不是项目成本管理的直接责任者，但是企业是项目经理部进行成本管理的支持者。企业的盈利目标有赖于项目成本的降低。

二、施工项目成本预测与计划

施工项目的成本预测与计划是施工项目成本的事前控制，它的任务是通过成本预测估计出施工项目的成本目标，并通过成本计划的编制做出成本控制的安排。因此施工项目成本的预测与计划的目的是提出一个可行的成本管理实施纲领和作业设计。

（一）施工项目成本预测

1. 施工项目成本预测的依据

（1）施工项目成本目标预测的首要依据是施工企业的利润目标对企业降低工程成本的要求。企业根据经营决策提出经营利润目标后，便对企业降低成本提出了总目标。每个施工项目的降低成本率水平应等于或高于企业的总降低成本率水平，以保证降低成本总目标的实现。在此基础上才能确定施工项目的降低成本目标和成本目标。

（2）施工项目的合同价格。施工项目的合同价格是其销售价格，是所能取得的收入总额。施工项目的成本目标就是合同价格与利润目标之差。这个利润目标是企业分配到该项目的降低成本要求。根据目标成本降低额，求出目标成本降低率，再与企业的目标成本降低率进行比较，如果前者等于或大于后者，则目标成本降低额可行，否则，应予调整。

（3）施工项目成本估算（概算或预算）。成本估算（概算或预算）是根据市场价格或定额价格（计划价格）对成本发生的社会水平做出估计，它既是合同价格的基础，又是成本决策的依据，是量入为出的标准。这是最主要的依据。

（4）施工企业同类施工项目的降低成本水平。这个水平，代表了企业的成本管理水平，是该施工项目可能达到的成本水平，可用以与成本管理目标进行比较，从而做出成本目标决策。

2. 施工项目成本预测的程序

第一步，进行施工项目成本估算，确定可以得到补偿的社会平均水平的成本。目前，主要是根据预算定额或工程量清单进行计算。

第二步，根据合同承包价格计算施工项目的承包成本，并与估算成本进行比较。一般承包成本应低于估算成本。如高于估算成本，应对工程索赔和降低成本做出可行性分析。

第三步，根据企业利润目标提出的施工项目降低成本要求，并根据企业同类工程的降低成本水平以及合同承包成本，做出降低成本决策；计算出降低成本率，对降低成本率水平进行评估，在评估的基础上作出决策。

第四步，根据降低成本率决策计算出决策降低成本额和决策施工项目成本额，在此基础上定出项目经理部责任成本额。

（二）施工项目成本计划

1. 成本计划的作用和编制程序

成本计划的作用是：作为成本控制的标准或依据；作为编制其他计划的基础；作为对生产消耗进行控制、分析和考核的依据。

成本计划的编制程序是：企业根据项目施工决策成本确定项目经理部的责任目标成本，通过"项目管理目标责任书"下达给项目经理部；项目经理部通过编制项目管理实施规划对降低成本的途径进行规划；项目经理部编制施工预算，确定计划目标成本；项目经理部对计划目标成本进行分解；项目经理部编制目标成本控制措施表，落实成本控制责任。

2. 责任目标成本

由企业确定的项目经理的责任目标成本是根据合同造价分解出来的。合同造价减去应缴税额、企业的预期经营利润、企业管理费、企业承担的风险费用等，便可把项目经理的责任目标成本剥离出来。在向项目经理下达责任目标成本之前，必须同项目经理进行协商并做出交底，然后才可写进"项目管理目标责任书"中。

3. 施工预算

施工预算实际上是项目经理部的成本计划。该计划的编制依据是责任目标成本、施工方案、本企业的管理水平、消耗定额、作业效率、市场价格信息、类似工程施工经验、招标文件（包括其中的工程量清单）。

施工预算的内容包括分部分项预算书、技术组织措施表和降低成本表。在编制施工预算时应首先设计降低成本的技术组织措施，再计算降低成本费用，最后形成分部分项工程预算书（直接成本）和间接成本预算书。施工预算应得出项目经理部的计划成本和计划成本降低额，这就是项目经理部的计划目标成本，是实现责任目标成本的策划结果，它应当比责任目标成本更积极可靠（更节约）。

4. 计划目标成本分解和责任落实

对计划目标成本分解的要求是：既要按工程部位进行成本分解，为分部分项工程成本核算提供依据，又要按成本项目进行成本分解，为生产要素的成本核算提供依据。

为了落实成本控制责任，项目经理部应编制"目标成本控制措施表"并将各分部分项工程成本控制目标和要求、各成本要素的控制目标和要求，连同控制措施，一并落实到责任者。

5. 降低施工项目成本的技术组织措施与降低成本计划

（1）降低成本的措施要从技术方面和组织方面进行全面策划。技术措施要从施工作业所涉及的生产要素方面进行考虑，以降低生产消耗为宗旨。组织措施要从经营管理方面，尤其是从施工管理方面进行筹划，以降低固定成本、消灭非生产性损失、提高生产效率和组织管理效果为宗旨。

（2）从费用构成的要素方面考虑，首先应降低材料费用。因为材料费用占工程成本的大部分，降低成本的潜力最大。而降低材料费用首先应抓住关键性的 A 类材料，因为它们的品种少，所占费用比重大，故不但容易抓住重点，而且易见成效。降低材料费用最有效的措施是改善设计或采用代用材料，它比改进施工工艺更有效，潜力更大。而在降低材料成本措施的设计中，ABC 分类法和价值分析法是有效的科学手段。

（3）降低机械使用费的主要途径是设计出提高机械利用率和机械效率，以充分发挥机械生产能力的措施。因此，科学的机械使用计划和完好的机械状态是必须重视的。随着施工机械化程度的不断提高，降低机械使用费的潜力也越来越大，必须做好施工机械使用的技术经济分析。

（4）降低人工费用的根本途径是提高劳动生产率。提高劳动生产率必须通过提高生产工人的劳动积极性实现。提高工人劳动积极性则与适当的分配制度、激励办法、责任制及思想工作有关。要正确应用行为科学的理论，进行有效的"激励"。

（5）降低成本计划的编制必须以施工组织设计为基础。在施工项目管理实施规划中必须有降低成本措施，施工进度计划所设计的工期，应与成本优化相结合。施工总平面图无论对施工准备费用支出或施工中的经济性都有重大影响。因此，施工项目管理规划既要做出技术和组织设计，也要做出成本设计。只有在施工项目管理实施规划基础上编制的成本计划，才是有可靠基础的、可操作的成本计划，也是考虑缜密的成本计划。

6. 用价值分析法确定降低成本对象

（1）价值分析原理

价值分析的公式是 $V=F/C$，即功能与成本的比值，要求以最小的成本支出，取得更多的功能。根据公式分析，为使价值大于 1，提高价值的途径有 5 条：

① 功能提高，成本不变；

② 功能不变，成本降低；

③ 功能提高，成本降低；

④ 降低辅助功能，大幅度降低成本；

⑤ 功能大大提高，成本稍有提高。

其中②、③、④条途径也是降低成本的途径。

（2）价值分析的工程对象

价值分析对象的选择原则是：选择价值系数低、降低成本潜力大的工程作为价值分析的对象，寻求对成本的有效降低。故价值分析的对象应以下述内容为重点：

① 选择数量大，应用面广的构配件。

② 选择成本高的工程和构配件。

③ 选择结构复杂的工程和构配件。

④ 选择体积与重量大的工程和构配件。

⑤ 选择对产品功能提高起关键作用的构配件。

⑥ 选择在使用中维修费用高、耗能量大或使用期的总费用较大的工程和构配件。

⑦ 选择畅销产品，以保持优势，提高竞争力。

⑧ 选择在施工（生产）中容易保证质量的工程和构配件。

⑨ 选择施工（生产）难度大、多花费材料和工时的工程和构配件。

⑩ 选择可利用新材料、新设备、新工艺、新结构及在科研上已有先进成果的工程和构配件。

（3）用价值分析法选择降低成本对象举例

【例 7-3】 为了节省某工程的施工成本，项目经理部将工程划分为：①挖土和基础工程；②地下结构工程；③主体结构工程；④装饰装修工程，并对其进行功能评分，得出了其预算成本（见表 7-8）。企业在项目管理目标责任书中要求项目经理部降低成本 6%。请用价值分析的方法选择降低成本的对象。

功能评分和预算成本 表 7-8

分部工程	功 能 评 分	预算成本(万元)	分部工程	功 能 评 分	预算成本(万元)
①	9	2475	④	36	8445
②	13	4203	合计	100	24463
③	42	9340			

【解】 将计算的结果列入表 7-9 中，步骤如下：

1）计算分部工程的功能系数、成本系数和价值系数：见表 7-9（1）～（6）列。

2）用价值分析求出降低成本的工程对象和目标：

企业要求的降低成本 6%，价值为 $24463 \times 6\% = 1467.8$ 万元，即目标成本为

24463.00−1467.8＝22995.2 万元。

3）按功能系数分配目标成本 22995.2 万元，见表中的第（7）列。第（4）列和第（7）列之差填入第（8）列。

4）从第（8）列可见，降低成本潜力大的是地下结构工程，其降低成本目标是1213.6万元，占降低成本总任务的 82.7%，可作为降低成本的首选对象，设计降低成本措施。其次的降低成本对象是挖土和基础工程；再次是装饰装修工程。主体结构工程的目标成本比预算成本为高，故可不考虑降低成本。

价值工程计算表

表 7-9

分部工程	功能评分	功能系数	预算成本（万元）	成本系数	价值系数	目标成本	成本降低额（万元）
(1)	(2)	(3)	(4)	(5)	(6)	(7)	(8)
挖土和基础工程	9	0.09	2475	0.10	0.90	2069.6	405.4
地下结构工程	13	0.13	4203	0.17	0.76	2989.4	1213.6
主体结构工程	42	0.42	9340	0.38	1.10	9658.0	−318.0
装饰装修工程	36	0.36	8445	0.35	1.04	8278.2	166.8
合计	100	1.00	24463	1.00		22995.2	1467.8

三、施工项目成本控制运行

（一）控制要求

（1）坚持增收节支、全面控制、责权利相结合的原则，用目标管理方法进行有效控制。

（2）做好采购策划，优化配置、合理使用、动态管理生产要素。特别要控制好材料成本。

（3）加强施工定额管理和施工任务单管理，控制活劳动和物化劳动的消耗。

（4）加强调度工作，克服可能导致成本增加的各种干扰。

（5）及时进行索赔，使实际成本支出真实。

（6）做好月度成本原始资料的收集和整理，正确计算月度成本，分析月度计划成本和实际成本的差异，充分注意不利差异，认真分析有利差异的原因，特别重视盈亏比例异常现象的原因分析，并采取措施尽快消除异常现象。

（7）在月度成本核算的基础上实行责任成本核算。即利用原有会计核算的资料，重新按责任部门或责任者归集成本费用，每月结算一次，并与责任成本进行对比，由责任者自己采取措施，纠正实际成本与责任成本之间的偏差。

（8）必须强调对分包工程成本的控制。分包工程成本管理由分包单位自己负责，它也应当编制成本计划并按计划实施。但是分包工程成本影响项目经理部的工程成本，故项目经理部应当协助分包单位进行成本控制，作好服务、监督和考核工作。

（二）质量成本管理

质量成本是指为达到和保证规定的质量水平所耗费的那些费用。其中包括预防成本、鉴定成本、内部损失成本和外部损失成本。

　　预防成本是致力于预防故障的费用；鉴定成本是为了确定保持规定质量所进行的试验、检验和验证所支出的费用；内部损失成本是由于交货前因产品或服务没有满足质量要求而造成的费用；外部损失成本是交货后因产品或服务没有满足质量要求而造成的费用。

　　质量成本控制应抓成本核算，计算各科目的实际发生额，然后进行分析（见表7-10），根据分析找出的关键因素，采取有效措施加以控制。

质量成本分析表　　　　　　　　　　表 7-10

质量成本项目		金额（元）	质量成本率(%)		对比分析(%)
			占本项	占总额	
预防成本	质量管理工作费	13800	10.37	0.94	预算成本 44175000 元
	质量情报费	8540	6.42	0.58	实际成本 38967650 元
	质量培训费	18750	14.09	1.28	降低成本 5207350 元
	质量技术宣传费	—	—	—	成本降低率 11.79%
	质量管理活动费	91980	69.12	6.28	
	小　计	133070	100.00	9.08	
鉴定成本	材料检验费	11540	12.82	0.79	① $\frac{质量成本}{实际成本}=\frac{1464700}{38967650}\times100\%=3.76\%$
	工序质量检查费	78510	87.18	5.36	② $\frac{质量成本}{预算成本}=\frac{1464700}{44175000}\times100\%=3.32\%$
	小　计	90050	100.00	6.15	③ $\frac{预防成本}{预算成本}=\frac{133070}{44175000}\times100\%=0.30\%$
内部损失成本	返工损失	538230	49.80	36.74	④ $\frac{鉴定成本}{预算成本}=\frac{90050}{44175000}\times100\%=0.21\%$
	返修损失	279990	25.91	19.11	⑤ $\frac{内部损失成本}{预算成本}=\frac{1080790}{44175000}\times100\%=2.45\%$
	事故分析处理费	19560	1.81	1.34	⑥ $\frac{外部损失成本}{预算成本}=\frac{160790}{44175000}\times100\%=0.36\%$
	停工损失	24880	2.30	1.70	
	质量过剩支出	218130	20.18	14.90	
	技术超前支出费	—	—	—	
	小　计	1080790	100.00	73.79	
外部损失成本	回访修理费	44310	27.56	3.03	
	劣质材料额外支出	116480	72.44	7.95	
	小　计	160790	100.00	10.98	
质量成本支出额		1464700	100.00	100.00	

（三）施工项目成本计划执行情况检查与协调

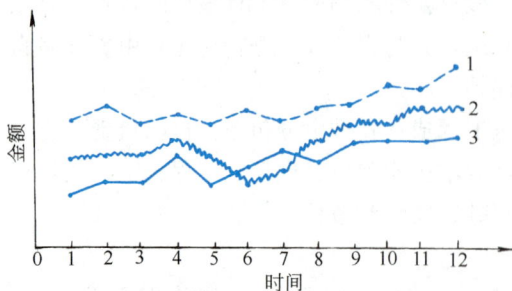
图 7-19　成本控制折线图
注：1—承包成本；2—计划成本；3—实际成本

　　项目经理部应定期检查成本计划的执行情况，并在检查后及时分析，采取措施，控制成本支出，保证成本计划的实现。

　　（1）项目经理部应根据承包成本和计划成本，绘制月度成本折线图。在成本计划实施过程中，按月在同一图上打点，形成实际成本折线，如图7-19所示。该图不但可以看出成本发展动态，还可用以分析成本偏差。成本偏差有三种：

$$实际偏差＝实际成本－承包成本 \qquad (7\text{-}6)$$

$$计划偏差＝承包成本－计划成本 \qquad (7\text{-}7)$$

$$目标偏差＝实际成本－计划成本 \qquad (7\text{-}8)$$

应尽量减少目标偏差，目标偏差越小，说明控制效果越好。目标偏差为计划偏差与实际偏差之和。

（2）根据成本偏差，用因果分析图分析产生的原因，然后设计纠偏措施，制定对策，协调成本计划。对策要列成对策表，落实执行责任。最后，应对责任的执行情况进行考核。

四、施工项目成本核算

1. 施工项目成本核算制

施工项目成本核算制是施工项目管理的基本制度之一。成本核算是实施成本核算制的关键环节，是搞好成本控制的首要条件。项目经理部应建立成本核算制，明确成本核算的原则、范围、程序、方法、内容、责任及要求。这项制度与项目经理责任制同等重要。

2. 成本核算的基础工作

由于成本核算是一项很复杂的工作，除了建立成本核算制以外，主要有以下几项：

（1）建立健全原始记录制度。

（2）制定先进合理的企业成本核算标准（定额）。

（3）建立企业内部结算体制。

（4）对成本核算人员进行培训，使其具备熟练的核算技能。

3. 对施工项目成本核算的要求

（1）每一月为一个核算期，在月末进行。

（2）核算对象按单位工程划分，并与责任目标成本的界定范围相一致。

（3）坚持形象进度、施工产值统计、实际成本归集"三同步"。

（4）采取会计核算、统计核算和业务核算"三算结合"的方法。

（5）在核算中做好实际成本与责任目标成本的对比分析、实际成本与计划目标成本的对比分析。

（6）编制月度项目成本报告上报企业，以接受指导、检查和考核。

（7）每月末预测后期成本的变化趋势和状况，制定改善成本管理的措施。

（8）搞好施工产值和实际成本的归集：

1）应按统计人员提供的当月完成工程量的价值及有关规定，扣减各项上缴税费后，作为当期工程结算收入。

2）人工费应按照劳动管理人员提供的用工分析和受益对象进行账务处理，计入工程成本。

3）材料费应根据当月材料消耗和实际价格，计算当期消耗，计入工程成本；周转材料应实行内部租赁制，按照当月使用时间、数量、单价计算，计入工程成本。

4）机械使用费按照项目当月使用台班和单价计入工程成本。

5）措施费应根据有关核算资料进行账务处理，计入工程成本。

6）间接成本应根据现场发生的间接成本项目的有关资料进行账务处理，计入工程成本。

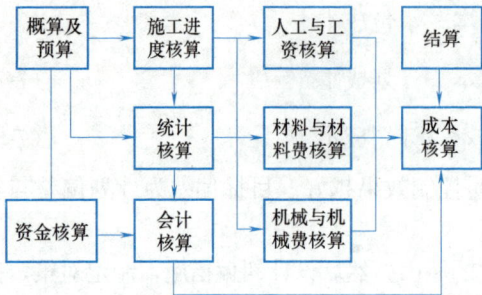

图 7-20　施工项目成本核算信息关系图

4. 施工项目成本核算信息关系

施工项目成本核算需要的各方面信息见图 7-20。

五、施工项目成本分析与考核

（一）施工项目成本分析

施工项目成本分析是根据会计核算、统计核算和业务核算提供的资料，对项目成本的形成过程和影响成本升降的因素进行分析，寻求进一步降低成本的途径，增强项目成本的透明度和可控性，为实现成本目标创造条件。成本分析的方法有许多种，主要有对比分析法、连环替代法、差额计算法、比率法和挣值法。

1. 对比法

对比法是通过实际完成成本与计划成本或承包成本进行对比，找出差异，分析其原因，以便改进。这种方法简便易行，但应注意使比较的指标所含的内容一致。

2. 因素分析法

因素分析法又可称为连环替代法，可用来分析各种因素对成本形成的影响。

【例 7-4】　某工程的材料成本资料见表 7-11，试用因素分析法分析各因素的影响。

【解】　经计算分析，结果见表 7-12。分析的顺序是：先实物量指标，后货币量指标；先绝对量指标，后相对量指标。

材料成本情况表　　　　　　　　　　　　　　　　　　　　表 7-11

项　　目	单　　位	计　　划	实　　际	差　　异	差异率（%）
工程量	m³	100	110	+10	+10.0
单位材料耗量	kg	320	310	−10	−3.1
材料单价	元/kg	400	420	+20	+5.0
材料成本	元	12800000	14322000	+1522000	+12.0

材料成本影响因素分析法表　　　　　　　　　　　　　　　表 7-12

计算顺序	替换因素	影响成本的变动因素			成本（元）	与前一次之差异（元）	差异原因
		工程量（m³）	单位材料耗量（kg）	单价（元）			
①替换基数		100	320	400	12800000		
②一次替换	工程量	110	320	400	14080000	1280000	工程量增加
③二次替换	单耗量	110	310	400	13640000	−440000	单位耗量节约
④三次替换	单价	110	310	420	14322000	682000	单价提高
合计						1522000	

3. 差额计算法

这是因素分析法的一种简化形式，它利用各因素计划与实际的差额计算其对成本的影响程度。

【例7-5】 按表7-11采用差额计算法进行成本分析。

【解】

（1）由于工程量增加使成本增加：
$$(110-100)×320×400=1280000 \text{元}$$

（2）由于单位耗料量节约使成本降低：
$$(310-320)×110×400=-440000 \text{元}$$

（3）由于单价提高使成本增加：
$$(420-400)×110×310=682000 \text{元}$$

4. 比率法

比率法指用两个以上指标的比例进行分析的方法，该法的基本特点是先把对比分析的数值变为相对数，再观察其相互之间的关系。该法所用的比率有三种：

（1）相关比率。该比率用两个性质不同而又相关的指标加以对比，得出比率，用来考查成本的状况，如成本利润率就是相关比率。

（2）构成比率。某项费用占项目总成本的比重就是构成比率，可用来考查成本的构成情况，分析量、本、利的关系，为降低成本指明方向。

（3）动态比率。将同类指标不同时期的成本数值进行对比，就可求得动态比率，包括定比比率和环比比率两类，可用来分析成本的变化方向和变化速度。

5. 挣值法

挣值法主要用来分析成本目标实施与期望之间的差异，是一种偏差分析方法。其分析过程如下：

（1）明确三个关键中间变量：

第一，项目计划完成工作的预算成本（BCWS）。它是在成本估算阶段就确定的与项目活动时间相关的成本累积值，同成本绩效指标中的累积实际成本（CAC）是相同的含义，相同的数值。在项目的进度时间—预算成本坐标中，随着项目的进展，BCWS呈S状曲线不断增加，直到项目结束，达到最大值。其计算公式为：BCWS＝计划工作量×预算单价。

第二，项目已完工作的实际成本（ACWP）。项目在计划时间内，实际完工投入的成本累积总额。它同样也随着项目的推进而不断增加。

第三，项目已完工作的预算成本（BCWP），即"挣值"。它是项目在计划时间内，实际完成工作量的预算成本总额，也就是说，以项目预算成本为依据，计算出的项目已创造的实际已完工作的计划支付成本。其计算公式为：BCWP＝已完成工作量×该工作量的预算单价。

（2）明确两种偏差的计算：

第一，项目成本偏差CV。其计算公式为：

$$CV=BCWP-ACWP \tag{7-9}$$

这个指标的含义为已完成工作量的预算成本与实际成本之间的绝对差异。当CV大于零时，表明项目实施处于节支状态，完成同样工作所花费的实际成本少于预算成本；当CV小于零时，表明项目处于超支状态，完成同样工作所花费的实际成本多于预算成本。

第二，项目进度偏差SV。其计算公式为：

$$SV = BCWP - BCWS \tag{7-10}$$

这个指标的含义是截止到某一时点，实际已完成工作的预算成本同截止到该时点计划完成工作的预算成本之间的绝对差异。当 SV 大于零时，表明项目实施超过计划进度；当 SV 小于零时，表明项目实施落后于计划进度。

（3）明确两个指数变量

第一，进度绩效指数 SCI。其计算公式为：

$$SCI = BCWP / BCWS \tag{7-11}$$

这个指标的含义为以截止到某一时点的预算成本的完成量为衡量标准，计算在该时点之前项目已完工作量占计划应完工作量的比例。当 SCI 大于 1 时，表明项目实际完成的工作量超过计划工作量；当 SCI 小于 1 时，表明项目实际完成的工作量少于计划工作量。

第二，成本绩效指数 CPI。其计算公式为：

$$CPI = ACWP / BCWP \tag{7-12}$$

这个指标的含义为已完工作实际所花费的成本是已完工作计划花费的预算成本的多少倍。即用来衡量资金的使用效率。当 CPI 大于 1 时，表明实际成本多于计划成本，资金使用效率较低；当 CPI 小于 1 时，表明实际成本少于计划成本，资金使用效率较高。

（4）举例

【例 7-6】　某项目计划工期为 4 年，预算总成本为 800 万元。在项目的实施过程中，通过对成本的核算和有关成本与进度的记录得知，在开工后第二年年末的实际情况是：开工后两年末实际成本发生额为 200 万元，所完成工作的计划预算成本额为 100 万元。与项目预算成本比较可知：当工期过半时，项目的计划成本发生额应该为 400 万元。试分析项目的成本执行情况和进度情况，如图 7-21 所示。

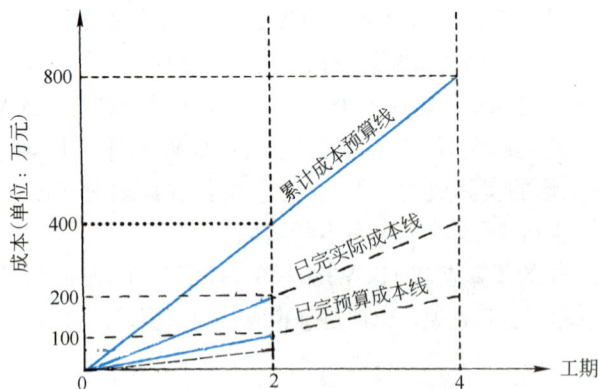

图 7-21　某项目预算工期图

【解】

（1）项目进行到两年时，使用挣值法所需的 3 个中间变量的数值分别为：

项目计划完成工作的预算成本（BCWS）＝400 万元

项目已完工作的实际成本（ACWP）＝200 万元

项目已完工作的预算成本（BCWP）＝100 万元

项目成本差异 CV＝BCWP－ACWP＝100 万元－200 万元＝－100 万元

项目进度差异 SV＝BCWP－BCWS＝100 万元－400 万元＝－300 万元

进度绩效指数 SCI＝BCWP/BCWS＝100/400＝25％

成本绩效指数 CPI＝ACWP/BCWP＝200/100＝200％

（2）项目成本差异为负，表明项目已完工作的实际支付成本超过计划预算成本，项目处于超支状态，超支额为 100 万元。

项目进度差异为负，表明在项目实施的前两年里项目的预算成本没有足额完成，项目实际施工进度落后于计划进度，落后额为 300 万元。

1）进度绩效指数小于 1，表明计划进度的实际完成程度只有 25％，在项目实施的两年时间里只完成了计划工作量的 25％，即对应的是 0.5 年工期的计划完工量。

2）成本绩效指数大于 2，表明同样的工作量实际发生的成本是预算成本的 2 倍。

（3）结论

虽然开工后第 2 年年末，项目实际成本发生额小于计划成本发生额 200 万元，但这不是由于节约了项目施工成本而导致的，而是因为项目实际施工进度少于计划进度 1.5 年，实际完成的工作量仅为相同工期计划完成工作量的 25％而导致的。项目不但没有节约成本，而且已完工作的实际成本还比计划预算成本多支出了 100 万元。如果不采取任何纠正措施，照此按线性规律发展下去，那么到第 4 年末的时候项目仅能完成全部工作量的 25％，而且对所完成的 25％的工作量，还会出现 200 万元的成本超支。

（二）成本考核

（1）施工项目成本考核的目的是通过衡量项目成本降低的实际成果，对成本指标完成情况进行总结和评价。

（2）施工项目成本考核应分层进行：企业对项目经理部进行成本管理考核；项目经理部对项目内部各岗位及各作业队进行成本管理考核。

（3）施工项目成本考核的内容是：既要对计划目标成本的完成情况进行考核，又要对成本管理工作业绩进行考核。

（4）施工项目成本考核的要求：

1）企业对项目经理部进行考核时，以责任目标成本为依据；

2）项目经理部以控制过程为考核重点；

3）成本考核要与进度、质量、安全指标的完成情况相联系；

4）应形成考核文件，为对责任人进行奖罚提供依据。

第一节　施工项目合同管理

一、建设工程施工合同

建设工程施工合同是指发包人和承包人为完成商定的施工工程，明确相互权利、义务的协议。是发包人支付价款，承包人进行工程建设施工，进行工程建设管理、进度管理、投资管理的主要依据。

为了指导建设工程施工合同当事人的签约行为，维护合同当事人的合法权益，住房和城乡建设部、国家工商行政管理总局对《建设工程施工合同（示范文本）》GF-2013-0201 进行了修订，制定了《建设工程施工合同（示范文本）》GF-2017-0201（以下简称《示范文本》），自 2017 年 10 月 1 日起执行。

（一）《示范文本》的性质和适用范围

《示范文本》使用为非强制性，合同当事人可结合建设工程具体情况，根据《示范文本》订立合同，也可以使用各省、自治区、直辖市建设行政机关制定的文本，或参考使用国际通用的 FIDIC 合同条款。《示范文本》适用于房屋建筑工程、土木工程、线路管道和设备安装工程、装修工程等建设工程的施工承发包活动。

（二）《示范文本》的组成

《示范文本》由合同协议书、通用合同条款和专用合同条款三部分组成。

（1）合同协议书。合同协议书共计 13 条，主要包括：工程概况、合同工期、质量标准、签约合同价和合同价格形式、项目经理、合同文件构成、承诺以及合同生效条件等，集中约定了合同当事人基本的合同权利义务。

（2）通用合同条款。通用合同条款是合同当事人根据《中华人民共和国建筑法》《中华人民共和国合同法》等法律法规的规定，就工程建设的实施及相关事项，对合同当事人的权利义务做出的原则性约定。通用合同条款共计 20 条，具体为：一般约定、发包人、承包人、监理人、工程质量、安全文明施工与环境保护、工期和进度、材料与设备、试验与检验、变更、价格调整、合同价格、计量与支付、验收和工程试车、竣工结算、缺陷责任与保修、违约、不可抗力、保险、索赔和争议解决。这些条款内容既考虑了现行法律法规对工程建设的有关要求，也考虑了建设工程施工管理的特殊需要。

（3）专用合同条款。专用合同条款是对通用合同条款原则性约定的细化、完善、补充、修改或另行约定的条款。合同当事人可以根据不同建设工程的特点及具体情况，通过双方的谈判、协商对相应的专用合同条款进行修改补充。

（三）施工合同文件的组成及解释顺序

建设工程施工合同的文件包括下列内容：（1）合同协议书；（2）中标通知书；（3）投标函及其附录；（4）专用合同条款及其附件；（5）通用合同条款；（6）技术标准和要求；（7）图纸；（8）已标价工程量清单或预算书；（9）其他合同文件。上述各项合同文件包括合同当事人就该项合同文件所做出的补充和修改，属于同一类内容的文件，应以最新签署的为准。

合同文件应能够互相解释、互相说明。当合同文件中出现不一致时，上述顺序就是合同的优先解释顺序。当合同文件出现含糊不清或者当事人有不同理解时，按照合同争议的解决方式处理。

二、施工项目合同的签订与履行

（一）施工项目合同的签订

施工项目合同的签订大致经历以下程序：

（1）合同洽谈。投标人接到中标通知书后，应组建包括项目经理的谈判小组，与招标人取得联系，就合同原则进行洽谈。

（2）合同草拟。双方根据达成一致的合同原则，依据招标文件和中标书草拟合同专用条款。

（3）合同协商。投标人与发包人就工程项目具体问题进行实质性谈判。通过协商、达成一致，确立双方具体权利与义务，形成合同条款。

（4）合同签署。确认发包人或委托代理人的法人资格或代理权限，参照施工合同示范文本和发包人拟定的合同条件，与发包人订立施工合同，订立的合同内容要详尽具体，责任义务明确，条款严密完整，文字表达准确规范。

（5）合同备案。合同签署后，应在合同规定的时限内完成履约保函、预付款保函、有关保险等保证手续，同时，依据合同双方意愿，决定是否送交工商行政管理部门对合同进行鉴证，或对合同进行公证，确认合同的真实性、合法性。

（二）施工项目合同的履行

施工项目合同履行的主体是项目经理和项目经理部。项目经理部必须做好以下工作，以避免或减少风险。

（1）应在施工合同履行前，针对工程的承包范围、质量标准和工期要求、承包人的义务和权利，工程款的结算、支付方式与条件、合同变更、不可抗力影响、物价上涨、工程中止、第三方损害等问题产生时的处理原则和责任承担、争议的解决方法等重要问题进行合同分析，对合同内容、风险、重点或关键性问题做出特别说明和提示，向各职能部门人员交底，落实根据施工合同确定的目标，依据施工合同指导工程实施和项目管理工作。

（2）组织施工力量，作好施工准备，按时进入现场，按期开工。多方筹集资金，满足项目资金需要。制订科学周密的材料、设备采购计划，采购符合质量标准的材料、设备，按施工进度计划，及时进场。

（3）不得将其承包的全部工程倒手转给他人承包，也不得将全部工程肢解后以分包的名义分别转包给他人。非经发包人同意，承包人不得将承包工程的任何部分分包。

（4）发生不可抗力，承包人应在力所能及的条件下迅速采取措施，尽量减少损失，并在不可抗力事件发生过程中，定期报告受害情况。不可抗力致使合同不能履行或不能完全履行时，应及时向企业报告，并在委托权限内依法及时进行处置。

（5）履行合同期间，应注意收集、记录对方当事人违约事实的证据，作为索赔的依据。

（三）施工项目合同的变更

合同变更是在项目履行合同的过程中，针对实施条件或相关因素的变化，依法对原来合同进行的修改和补充。合同变更是在条件改变时，对双方利益和义务的调整，适当及时的合同变更可以弥补原合同条款的不足。

1. 变更的范围和内容

履行合同中发生以下情形之一，应进行变更：（1）取消合同中任何一项工作，但被取消的工作不能转由发包人或其他人实施；（2）改变合同中任何一项工作的质量或其他特性；（3）改变合同工程的基线、标高、位置或尺寸；（4）改变合同中任何一项工作的施工时间或改变已批准的施工工艺或顺序；（5）为完成工程需要追加的额外工作。

2. 工程变更的程序

（1）变更提出。在合同履行过程中，监理人认为可能发生通用条款约定变更情形的，可向承包人发出变更意向书（对于已经发生通用条款约定变更情形的，监理人应按合同约定的程序向承包人发出变更指示）；承包人收到监理人按合同约定发出的图纸和文件，经检查认为其中存在合同约定情形的，在14d内向监理人提出书面变更建议。监理人收到承包人书面建议后，应与发包人共同研究，确认存在变更的，应在收到承包人书面建议后的14d内做出变更指示。经研究后不同意作为变更的，应由监理人书面答复承包人。

（2）变更指示。变更指示只能由监理人发出。变更指示应说明变更的目的、范围、变更内容以及变更的工程量及其进度和技术要求，并附有关图纸和文件。承包人收到变更指示后，应按变更指示进行变更工作。

3. 变更估价

（1）已标价工程量清单中有适用于变更工作的子目的，采用该子目的单价；

（2）已标价工程量清单中无适用于变更工作的子目，但有类似子目的，可在合理范围内参照类似子目的单价，由监理人按合同约定或确定变更工作的单价；

（3）已标价工程量清单中无适用或类似子目的单价，可按照"成本加利润"的原则，由监理人按照合同约定商定或确定变更工作的单价；

（4）发包人认为有必要时，由监理人通知承包人以计日工方式实施变更的零星工作。

（四）施工合同争议的解决

合同争议，是指当事人双方对合同订立和履行情况以及不履行合同的后果所产生的纠纷。争议、纠纷解决的方式有和解、调解、仲裁和诉讼等。

（1）和解，是指争议的合同当事人，依据有关法律规定或合同约定，以合法、自愿、平等为原则，在互谅互让的基础上，经过谈判和磋商，自愿对争议事项达成协议，从而解决分歧和矛盾的一种方法。和解方式无需第三者介入，简便易行，能及时解决争议，避免当事人经济损失扩大，有利于双方的协作和合同的继续履行。

（2）调解，是指争议的合同当事人，在第三方的主持下，通过其劝说引导，以合法、自愿、平等为原则，在分清是非的基础上，自愿达成协议，以解决合同争议的一种方法。调解有民间调解、仲裁机构调解和法庭调解三种。调解协议书对当事人具有与合同一样的法律约束力。运用调解方式解决争议，双方不伤和气，有利于今后继续履行合同。

（3）仲裁，也称公断，是双方当事人通过协议自愿将争议提交第三者（仲裁机构）做出裁决，并负有履行裁决义务的一种解决争议的方式。仲裁包括国内仲裁和国际仲裁。仲裁须经双方同意并约定具体的仲裁委员会。仲裁可以不公开审理从而保守当事人的商业秘密，节省费用，一般不会影响双方日后的正常交往。

（4）诉讼，是指合同当事人相互间发生争议后，只要不存在有效的仲裁协议，任何一方向有管辖权的人民法院起诉并在其主持下，为维护自己合法权益进行的活动。通过诉讼，当事人的权利可得到法律的严格保护。

三、施工索赔

索赔是在经济活动中，合同当事人一方因对方违约，或其他过错，或无法防止的外因而受到损失时，要求对方给予赔偿或补偿的活动。

在施工项目合同管理中的施工索赔，一般是指承包商（或分包商）向业主（或总承包商）提出的索赔，而把业主（或总承包商）向承包商（或分包商）提出的索赔称为反索赔，索赔与反索赔广义上统称索赔。施工索赔是承包商由于非自身原因，发生合同规定之外的额外工作或损失时，向业主提出费用或时间补偿要求的活动。

（一）施工索赔原因

在施工过程中，通常可能发生以下索赔事件，导致索赔：

（1）发包人违约。业主没有按合同规定的时间交付设计图纸数量和资料，未按时交付合格的施工现场，未能及时支付工程款等，造成工程拖延和损失。

（2）施工条件变化。工程地质条件与合同规定、设计文件不一致。

（3）工程师指令。监理工程师变更原合同规定的施工顺序，提高设计、施工、材料的质量标准，指令增加额外工程，或指令工程加速。扰乱了施工计划及施工方案，使工程数量有较大增加，工程成本有大量提高。

（4）设计失误。由于设计错误，造成工程修改、返工、窝工等损失。

（5）施工环境变化。物价上涨，汇率浮动，造成材料价格、工人工资上涨，承包商蒙受较大损失。

（6）国家政策、法令修改。

（7）不可抗力因素等。

（二）施工索赔的程序

1. 索赔意向通知

索赔事件发生时或发生后，承包商应在28d内递交索赔意向通知，表明索赔意向。如果未在规定期限内，发包人有权拒绝承包人的索赔要求。

2. 提出索赔申请

索赔事件发生后的有效期内，承包商要向监理工程师提出正式书面索赔申请，并抄送业主。其内容主要是索赔事件发生的时间、实际情况及事件影响程度，同时提出索赔依据的合同条款等。

3. 提交索赔报告

承包商在索赔事件发生后，要立即搜集证据，寻找合同依据，进行责任分析，计算索赔金额，最后形成索赔报告，在规定期限内报送监理工程师，抄送业主。

4. 索赔处理

承包商在索赔报告提交之后，还应每隔一段时间主动向对方了解情况并督促其快速处理，并根据所提出意见随时提供补充资料，为监理工程师处理索赔提供帮助、支持与合作。

监理工程师（业主）接到索赔报告后，应认真阅读和评审，对不合理、证据不足之处提出反驳和质疑，与承包商沟通、协商。最后由监理工程师起草索赔处理意见，双方就有关问题协商、谈判。合同内单一索赔，一般协商就可以解决。对于双方争议较大的索赔问题，可由中间人调解解决，或进而由仲裁、诉讼解决。

四、合同实施管理

1. 实施计划

企业在合同实施前应编制合同实施计划，计划中包括下列内容：合同实施总体安排；合同分解与分包策划；合同实施保证体系的建立；其他。

2. 合同实施控制

项目经理部在企业的领导下全面履行合同，实施控制。合同实施控制内容如下：合同交底；合同跟踪与诊断；合同完善与补充；信息反馈与协调；其他应自主完成的合同管理工作。

（1）合同交底。合同实施前，企业的相关部门和合同谈判人员应对项目经理部进行合同交底，交底的内容如下：合同的主要内容；合同订立过程中的特殊问题及合同待定问题；合同实施计划及责任分配；合同实施的主要风险；其他应进行交底的合同事项。

（2）合同跟踪和诊断。项目经理部在合同实施过程中定期按下列要求进行合同跟踪与诊断：

第一，对合同实施信息进行全面收集、分类处理，查找合同实施中的偏差；

第二，定期对合同实施中出现的偏差进行定性、定量分析，通报合同实施情况及存在的问题。

（3）制定合同纠偏措施或方案。项目经理部根据合同实施偏差结果制定合同纠偏措施或方案，经授权人批准后实施。实施需要其他相关方配合时，项目经理部应事先征得各相关方的认同，并在实施中协调一致。

（4）合同变更管理。项目经理部按照规定实施合同变更的管理工作，将变更文件和要求传递至相关人员。合同变更应当符合下列条件：

① 变更的内容应符合合同约定或者法律法规规定，变更超过原设计标准或者批准规

模时，应由企业按照规定程序办理变更审批手续；

② 变更或变更异议的提出，应符合合同约定或者法律法规规定的程序和期限；

③ 变更应经企业或其授权人员签字或盖章后实施；

④ 变更对合同价格及工期有影响时，相应调整合同价格和工期。

（5）合同中止。项目经理部应按下列方式控制和管理合同中止行为：

① 合同中止履行前，以书面形式通知对方并说明理由。因对方违约导致合同中止履行时，在对方提供适当担保时应恢复履行；中止履行后，对方在合理期限内未恢复履行能力并且未提供相应担保时，应报请企业决定是否解除合同；

② 合同中止或恢复履行，如依法需要向有关行政主管机关报告或履行核验手续，应在规定的期限内履行相关手续；

③ 合同中止后不再恢复履行时，根据合同约定或法律规定解除合同。

（6）索赔。项目经理部按照规定实施合同索赔时，应符合下列条件：

① 索赔依据合同约定提出。合同没有约定或者约定不明时，按照法律法规规定提出；

② 全面、完整地收集和整理索赔资料；

③ 按照约定或法定的程序和期限提出索赔意向通知及索赔报告；

④ 索赔报告应说明索赔理由，提出索赔金额及工期。

（7）争议解决。合同实施过程中产生争议时，按下列方式解决：双方通过协商达成一致，请求第三方调解，按照合同约定申请仲裁或向人民法院起诉。

3. 合同管理总结

项目经理部应进行项目合同管理评价，总结合同订立和执行过程中的经验和教训，提出总结报告。合同总结报告的内容如下：合同订立情况评价，合同履行情况评价，合同管理工作评价，对本项目有重大影响的合同条款评价，其他经验和教训等。

合同总结报企业有关管理部门。企业据以改进项目合同管理，制订改进措施，完善合同管理制度，并按照规定保存合同总结报告。

第二节　施工项目技术管理

一、施工项目技术管理概述

（一）施工项目技术管理的概念

施工项目技术管理是对工程项目全过程中相关的技术工作进行的计划、组织、指挥、协调、监督与控制的总和。包括：技术标准管理、施工组织设计管理、工程测量管理、实验工作管理、技术交底管理、新技术的推广与应用管理、施工质量检验技术管理、图纸与设计变更文件管理、技术信息管理、工程技术人员培训管理、施工技术资料管理、工法管理等。

（二）施工项目技术管理的作用

（1）以技术管理工作保证工程质量，实现质量管理目标。这也是技术管理工作的中心任务。

（2）建立施工项目技术管理组织体系和技术管理制度，明确施工项目技术管理人员的工作职责。

（3）做好技术策划和技术准备，为工程项目施工正常进行创造技术条件。

（4）进行技术服务和技术处置，解决施工中的技术难题，保证施工正常进行。

（5）进行工程施工技术创新，满足施工需要，促进施工技术发展。

（6）推广应用新技术，发展施工技术和生产力。

（7）收集、整理技术资料，总结技术管理经验，编制工法，创造与积累技术资源。

（三）施工项目技术管理的重要性

（1）施工项目技术管理是实现质量目标的支柱。

施工项目技术管理是充分发挥施工技术作用的管理活动。技术是生产力的要素之一，是施工生产活动的方法、手段和工具，是施工活动得以开展必不可少的要素之一。但是，技术要发挥作用，必须辅以相应的管理活动。也就是说，充分发挥技术要素在施工生产中的作用，必须对技术工作进行规划、计划、组织、检查、监督和处理。施工项目质量目标的实现，离不开相应的技术，包括：施工技术、统计技术、测量技术、试验技术、起重技术、质量检验技术等硬技术及相应的管理活动。但是以往在进行项目管理及质量目标管理的时候，往往忽视技术管理，缺乏对技术管理规律的认识；更有甚者，把技术管理排除在项目管理范围之外，造成了施工项目管理学科的一大缺憾。

（2）施工项目技术管理是施工项目技术创新的法宝。

当今时代，各种技术爆炸性地发展，新技术不断涌现。体现在建设工程中的新技术有两种：一种是新技术在建设工程中不断地被采用，从而构成（形成）新的、更高技术含量的或更高档次的建筑物或构筑物；另一种是为了建造新的建筑物或构筑物，需要采用新的施工技术，使施工活动得以成功，设计成果能够实现。正是这后一种新技术，促成了施工项目中的大量技术创新。施工项目的技术管理好坏，对技术创新成果具有极大关系。例如，在2008北京奥运工程的建设中，正是因为进行了卓越的技术管理，才完成了大量的技术创新，实现了绿色、科技、人文三大理念，开创了绿色施工并把它推到了施工和项目管理的发展之路，也出色地完成了全部奥运工程的施工任务。我国的建设事业无论从规模上或科技水平上，都正在飞速发展，使得几乎每一个大型建筑施工企业、每一项大型工程，都承担着必须完成的技术创新任务。工程项目管理中的技术管理担子越来越重，因为它是施工项目技术创新的法宝。

（3）施工项目技术管理是推动技术进步与发展的强大动力。

施工项目应用新技术必然要求加强施工技术管理，使每一项新技术的应用都能成功。自1994年以来，原建设部及现住建部曾多次发布10项推广的新技术，每次发布的新技术项目都是在前次推广的新技术项目的基础上增加了更多的新水平、新难度的子项目，以此推进我国建设技术的快速发展。许多建筑业企业在进行一项工程施工之前，都做出推广应用这些新技术的规划；在施工过程中，努力实现这些规划；完成一项工程之后，把推广应用新技术的成果总结出来，作为衡量项目管理成果的重要指标。因此，要求每个施工项目管理团队在应用新技术时都要重视并搞好技术管理，把成功的施工项目技术管理作为建筑技术发展的强大动力。

（4）施工项目技术管理是提高技术活动效果的催化剂。

按照施工项目管理团队进行技术活动的规律来说，在施工项目中的技术活动大体有以下环节：学习和审查图纸，设计变更洽商，编制施工方案和施工组织设计，进行施工技术准备（如测量、试验、编制施工方案、技术交底等），在施工中应用传统技术和新技术，计量，处理技术难题，对完成的分项工程进行质量检验和验收，整理技术资料并存档，编写工法，等等。这些技术活动环节都要进行相应的管理，做好其组织、计划、控制、监督、检查、处理等管理工作，以提高技术活动的效果。

二、技术管理工作内容与技术工作流程

1. 技术管理工作内容

技术管理工作由技术管理基础工作与技术管理基本工作两部分组成。

（1）技术管理基础工作。包括：建立健全技术管理体系，提高技术人员和职工素质，制定技术管理制度，加强技术情报、技术档案管理，执行技术标准与技术规程，技术开发、引进与推广，技术经济分析与评价。

（2）技术管理基本工作。包括：图纸会审，技术交底，技术问题处理，设计变更。

2. 技术工作流程

技术工作流程如下：

（1）施工准备阶段技术工作：中标文件熟悉审查，建址测量定位，临建设计布置，混凝土原材料及配合比确定，施工图纸会审，编制施工组织设计，技术培训，技术交底，新技术、新工艺、新材料试验。

（2）施工过程阶段技术工作：材料检验，技术检验，质量检查评定，工程变更与洽商，技术问题处理，施工技术日志，规程、规范、标准贯彻与实施。

（3）竣工阶段技术工作：施工技术总结，建立技术档案，整理、移交技术资料。

三、施工项目技术管理组织

（1）施工项目技术管理组织体系。

项目经理部设立技术负责人1人，接受项目经理的领导和企业技术负责人、技术管理部门的业务指导；根据项目的规模和技术复杂程度，设若干名专业工程师（或设立若干名技术员），组成技术部门，接受项目技术负责人领导。

（2）项目技术负责人管理职责。

项目技术负责人全面负责项目经理部的技术管理工作，组织建立项目经理部技术管理体系与规章制度，明确项目经理部技术人员的岗位责任；积极应用和推广新技术，组织编制施工组织设计和施工方案，进行技术交底，参加施工中质量事故处理，制定技术处理方案，对本项目进行技术标准管理、试验管理、计量和测量管理、技术培训工作、工法编写等。

四、四新技术推广应用管理

1. 四新技术推广应用基本要求

"四新"技术指经过鉴定、评估的先进、成熟、适用的技术、材料、工艺、产品。其推广应用的基本要求如下：

（1）新技术推广工作应依据《中华人民共和国促进科技成果转化法》、住房和城乡建设部《建设领域推广应用新技术管理规定》等法律、法规，重点围绕住房和城乡建设部及

地方发布的新技术推广应用项目进行。

（2）对技术进步有重大作用的新技术，在充分论证的基础上，可以采用行政和经济等措施予以推广。

（3）从事新技术推广应用的有关人员应当具备一定的专业知识和技能，具有较丰富的工程实践经验。

（4）工程中推广的新技术、新材料、新产品、新工艺，应有鉴定报告和检测报告，使用前应进行复验并得到设计、监理认可。

2. 新技术推广立项

新技术推广项目立项应符合以下条件：

（1）符合重点实施领域、技术公告和科技成果推广应用的需要。

（2）通过鉴定的时间在一年以上。

（3）具备完整、配套且指导性强的标准化应用技术文件。

（4）技术先进、成熟、辐射能力强，适合推广应用。

（5）申报单位必须是成果持有单位，且具备较强的技术服务能力。

（6）没有成果或其权属的争议。

3. 新技术推广应用实施管理

（1）企业对列入推广计划的项目应进行过程检查与总结。

（2）对于未能按期执行的项目，应分析原因并对该项目予以撤销或延期执行。

（3）对新技术推广工作做出突出贡献的单位和个人，应按"促进科技成果转化法"给予奖励。

4. 新技术应用示范工程管理

（1）新技术应用示范工程，是指采用了先进实用的成套建筑应用技术，在建筑节能、环保技术应用等方面有突出示范作用，并且工程质量达到优质工程要求的建筑工程。

（2）示范工程的过程管理与验收应符合下列要求：

1）列入示范工程计划的项目应认真组织实施。实施单位应进行示范工程年度总结或阶段性总结，并将实施进展情况报上级主管部门备案。主管部门进行必要检查。

2）示范工程完成后应进行总结验收。实施单位应在验收前提交验收申请。

3）验收文件应包括：《示范工程申报书》及批准文件、单项技术总结、质量证明文件、效益分析证明（经济、社会、环境），示范工程总结的技术规程、工法等规范性文件，以及示范工程技术录像及其他相关技术创新资料等。

五、技术信息管理

1. 技术信息管理的概念

技术信息包括技术资料、技术图纸、技术情报资料、技术成果、专利信息以及标准、规范等。

技术信息管理主要是指技术信息系统的建立，相关信息的收集、分类、整理、检索、汇编、翻译、报道与交流等。包括编制技术信息工作规划和计划，建立技术信息管理网络，形成技术信息有序的传递和反馈，开展技术信息的调查、分析、汇总，组织技术交流等。

技术信息工作是一个组织技术工作的重要组成部分，为组织的生产、经营及发展服务，为组织的产业结构和产品结构调整、工程建设、科技开发、技术引进、信息化施工、技术推广等提供信息。

2. 技术信息管理要点

（1）企业和项目应配备具有必要专业知识和技能的技术信息专、兼职人员，形成有效的技术信息网络。有条件时，建立计算机信息库，逐步实现计算机网络化管理。

（2）技术信息工作以现代信息技术作为依托，充分应用计算机技术、声、光、文字资料、图形、图像作为载体进行管理。

（3）组织应加强技术信息交流，开展产、学、研相结合的信息交流活动，统一收集、整理技术信息。

（4）技术信息系统所形成的信息资料应坚持技术性、资料性、系统性，力求及时、准确、适用。

（5）技术信息管理工作中，应注意知识产权的保护和技术保密工作。

六、试验工作管理

1. 施工现场试验管理

（1）现场试验室应按工程规模配备不少于1名专职试验员，专职试验员应持证上岗。现场试验人员应经过培训，考核合格后持证上岗。现场试验工作由项目技术部门领导。

（2）现场试验室负责原材料和砂浆、混凝土试块的送试及简易的土工、砂石试验等。现场试验室应经质量监督部门验收、批准、备案，试验项目应经计量认证。

（3）单位工程施工前，应由项目技术人员与试验员结合工程进度编写工程试验计划，包括见证取样和实体检验计划。当材料变更时，应及时调整试验计划。

（4）现场试验员应按计划取样送检，各种材料取样和样品的制作应符合相关规定，确保样品的真实性和代表性。

（5）试件送检后，应及时取回试验报告，对不合格项目应通知项目负责人，并按有关规定处理。

（6）现场试验室应建立台账与记录，包括：原材料送检台账，混凝土试块台账，计量器具、试验设备台账和检定记录，砂、石含水率检测记录，坍落度测定记录，养护室温度测定记录，现场自检回填土干密度试验记录，大气测温记录等。

2. 见证取样管理

（1）施工单位的现场试验人员应在建设单位或监理人员的见证下，对工程中涉及结构安全的试块、试件进行现场取样，送至有资质的检测单位进行检测。

（2）单位工程施工前，建设单位确定检测机构。每个单位工程只能选定一个承担有见证试验的检测机构，原则上不能中途更换。承担该工程的企业试验室不得承担该工程的有见证试验项目。

（3）各种有见证取样和送检试验资料必须真实、完整，不得伪造、涂改、抽换或丢失。

（4）对涉及结构安全和使用功能的重要分部工程应进行抽样检测，并应按照各专业分部（子分部）验收计划，在分部（子分部）工程验收前完成。

七、图纸与设计变更文件的管理

1. 图纸审查管理

（1）施工单位在领取图纸后，应由项目技术负责人组织技术、施工、预算、测量、翻样及分包方等有关部门和人员对图纸进行审查。

（2）应重点审查图纸的有效性、对施工条件的适应性、各专业之间和全图与样图之间的协调一致性等。

（3）图纸审查应形成记录，将审查中各方所提出的问题按专业整理、汇总后，报建设（监理）单位提交给设计单位做设计交底准备。

（4）图纸会审由建设单位组织设计、监理和施工单位技术负责人及有关人员参加。施工单位负责将设计交底内容按专业汇总、整理，形成图纸会审记录。

（5）图纸会审记录应由建设、设计、监理和施工单位的相关负责人签认，形成正式会审记录。不得擅自在会审记录上涂改或变更其内容。

2. 设计变更与工程技术洽商管理

工程项目施工的范围变更主要是由于设计（范围）变更引起的。因此，设计变更管理便成为施工项目十分重视的技术管理内容。设计变更与技术洽商管理要点如下：

（1）工程技术洽商的内容应具体准确。对于原设计的变更处，均应详细标明相关图纸的页号、轴线位置和修改内容。

（2）设计变更洽商可由技术人员办理，水电、设备安装等专业的洽商由相应专业工程师负责办理。分包方的有关设计变更洽商记录，应经工程总承包单位确认后方可办理。

（3）工程洽商内容若涉及其他专业、部门及分包方，应征得有关专业部门、分包方同意后，方可办理。

（4）工程洽商应由建设单位、监理单位、设计单位、施工单位项目负责人或其委托人共同签认后生效。设计单位如委托建设或监理单位办理签认，应依法办理书面委托书，才能由被委托方代为签认。

（5）设计图纸交底后，应办理一次性洽商记录。

（6）凡需设计变更的项目，应在收到有效的设计变更通知或办理工程洽商后，再进行施工。

（7）施工单位在收到设计变更通知书或设计变更图纸后，如对施工进度或施工准备情况产生影响，应及时向建设单位说明情况，并办理经济洽商。

（8）施工过程中增发、续发、更换施工图纸时，应同时签办洽商记录，确定新发图纸的启用日期、应用范围及与原图的关系；如有已按原图施工的情况，要说明处理意见。

（9）各责任人在收到工程洽商记录后，应及时在施工图纸上对应部位标注洽商记录日期、编号、更改内容。

（10）工程洽商记录需进行修改时，应在原洽商记录中注明洽商记录日期、编号、更改内容，并在原洽商被修正的条款上注明"作废"标记。

（11）同一地区内相同的工程如需同一个洽商（同一设计单位，工程的类型、变更洽商的内容和部位相同），可采用复印件或抄件，但应注明原件存放处。

八、技术交底管理

1. 技术交底内容

技术交底包括施工组织设计交底、专项施工方案技术交底、分项工程施工技术交底、"四新"技术交底和设计变更技术交底等。

2. 施工组织设计交底

（1）施工组织设计交底包括主要设计要求、施工措施以及重要质量安全注意事项等。

（2）施工组织设计交底由项目技术负责人组织专业技术人员、项目经理、质量员、安全员及分包方有关人员等进行交底。重点和大型工程施工组织设计由企业的技术负责人进行交底。

3. 专项施工方案技术交底

（1）专项施工方案技术交底，应结合工程的特点和实际情况，对设计要求、现场情况、工程难点、施工部位及工期要求、劳动组织及职责分工、施工准备、主要施工方法及措施、质量标准和验收，以及施工、安全防护、消防、临时用电、环保注意事项等进行交底。

（2）专项施工方案技术交底应由项目技术负责人负责，根据专项施工方案对专业工长进行交底。

（3）季节性施工方案的技术交底还应重点明确季节性施工特殊用工的组织管理、设备及料具准备计划、分项工程施工方法及技术措施、消防安全措施等项内容。

4. 分项工程施工技术交底

（1）分项工程施工技术交底是将施工方法向操作者进行交底，是施工方案的具体细化。按照各分部分项工程的顺序、进度，独立编写。根据工程特点明确作业条件、施工工艺及施工操作要点、质量要求及注意事项等内容。

（2）分项工程施工技术交底以工艺为主，应有工艺流程图。在交底中应详细说明每个分项工程各道工序如何按工艺要求进行正确施工。

（3）应详细介绍分项工程关键点、重点、难点工序的主要施工要求和方法。对关键部位、重点部位的施工方法应详图进行说明。

（4）分项工程施工技术交底应由专业工长对专业施工班组（或专业分包）进行。

5. "四新"技术交底

（1）对于难度较大的"四新"技术，施工前要编制技术交底。结合工程使用的新技术、新材料、新工艺、新产品的特点、难点，明确"四新"技术的使用计划、主要施工方法与措施，以及注意事项。

（2）"四新"技术交底由项目技术负责人组织相关专业技术人员编制并对专业工长（施工员）交底。

6. 设计变更技术交底

（1）修改量大、变更内容复杂的设计变更及技术洽商应编制设计变更、洽商交底文件。

（2）设计变更交底应由项目技术部门根据变更要求，并结合具体施工步骤、措施及注意事项等对施工员进行交底。

7. 技术交底注意事项

（1）技术交底必须在相关项目施工前进行，并为施工留出足够的准备时间。技术交底不得后补。

（2）技术交底应以书面形式进行，辅以口头讲解。交底人和被交底人应履行交接签字手续。技术交底记录应及时归档。

（3）技术交底应根据施工过程的变化，及时补充新内容。施工方案、方法改变时也要及时进行重新交底。

（4）分包单位应负责其分包范围内技术交底资料的收集整理，并应在规定时间内向总包单位移交。总包单位负责对各分包单位技术交底工作进行监督检查。

九、工程隐检和预检技术管理

（1）施工项目技术负责人负责工程隐检、预检项目的计划、组织、管理工作。

（2）对重要工序进行预先控制，防止可能发生的差错造成质量事故。预检由项目技术负责人组织，质量员、施工员参加，做好记录。监理单位负责对预检工作进行监督并予以审核。

（3）隐蔽工程是保证工程质量与安全的重要过程，应分专业、分系统、分区段、分部位、分工序、分层次进行。隐蔽工程验收由项目技术负责人、质量员、施工员、建设（监理）单位参加并签署意见。

（4）预检、隐检项目内容及要求应符合规范及相关标准的规定。检查记录必须随施工部位及时办理，严禁后补。凡一次验收不符合要求的，必须经改正后重新复查验收。隐检、预检未通过，不允许进行下道工序的施工。

第三节　施工项目安全管理

一、《建筑法》对建筑安全生产管理的规定

1. 建筑工程安全生产管理必须坚持安全第一，预防为主的方针，建立健全安全生产责任制度和群防群治制度。

2. 建筑工程设计应当符合按照国家规定制定的建筑安全规程和技术规范，保证工程的安全性能。

3. 建筑施工企业在编制施工组织设计时，应当根据建筑工程的特点制定相应的安全技术措施；对专业性较强的工程项目，应当编制安全专项施工方案，并采取安全技术措施。

4. 建筑施工企业应当在施工现场采取维护安全、防范危险、预防火灾等措施；对施工现场实行封闭管理。施工影响范围内的建筑物、构筑物和特殊作业环境应当采取安全防护措施。

5. 建设单位应当向建筑施工企业提供与施工现场相关的地下管线资料，建筑施工企业应当采取措施加以保护。

6. 建筑施工企业应当遵守有关环境保护和安全生产的法律、法规的规定，采取控制和处理施工现场的各种粉尘、废气、废水、固体废物以及噪声、振动对环境的污染和危害的措施。

7. 有下列情形之一的，建设单位应当按照国家有关规定办理申请批准手续：

（1）需要临时占用规划批准范围以外场地的。

（2）可能损坏道路、管线、电力、邮电通信等公共设施的。

（3）需要临时停水、停电、中断道路交通的。

（4）需要进行爆破作业的。

（5）法律、法规规定需要办理报批手续的其他情形。

8. 建设行政主管部门负责建筑安全生产的管理，并依法接受安全应急部门对建筑安全生产的指导和监督。

9. 建筑施工企业必须依法加强对建筑安全生产的管理，执行安全生产责任制度，采取有效措施，防止伤亡和其他安全生产事故的发生。

建筑施工企业的法定代表人对本企业的安全生产负责。

10. 施工现场安全由建筑施工企业负责。实行施工总承包的，由总承包单位负责。分包单位向总承包单位负责，服从总承包单位对施工现场的安全生产管理。

11. 建筑施工企业应当建立健全劳动安全生产教育培训制度，加强对职工安全生产的教育培训；未经安全生产教育培训的人员，不得上岗作业。

12. 建筑施工企业和作业人员在施工过程中，应当遵守有关安全生产的法律、法规和建筑行业安全规章、规程，不得违章指挥或者违章作业。作业人员有权对影响人身健康的作业程序和作业条件提出改进意见，有权获得安全生产所需的防护用品。作业人员对危及生命安全和人身健康的行为有权提出批评、检举和控告。

13. 建筑施工企业必须为从事危险作业的职工办理意外伤害保险，支付保险费。

14. 涉及建筑主体和承重结构变动的装修工程，建设单位应当在施工前委托原设计单位或者具有相应资质条件的设计单位提出设计方案；没有设计方案的，不得施工。

15. 房屋拆除应当由具备保证安全条件的建筑施工单位承担，由建筑施工单位负责人对安全负责。

16. 施工中发生事故时，建筑施工企业应当采取紧急措施减少人员伤亡和事故损失，并按照国家有关规定及时向有关部门报告。

二、有关方的安全责任

（一）建设单位的安全责任

1. 建设单位应当向施工单位提供施工现场及毗邻区域内供水、排水、供电、供气、供热、通信、广播电视等地下管线资料，气象和水文观测资料，相邻建筑物和构筑物、地下工程的有关资料，并保证资料的真实、准确、完整。

2. 建设单位不得对勘察、设计、施工、工程监理等单位提出不符合建设工程安全生产法律、法规和强制性标准规定的要求，不得任意压缩合同约定的工期。

3. 建设单位在编制工程概算时，应当确定建设工程安全作业环境及安全施工措施所需费用。

4. 建设单位不得明示或者暗示施工单位购买、租赁、使用不符合安全施工要求的安全防护用具、机械设备、施工机具及配件、消防设施和器材。

5. 建设单位在申请领取施工许可证时，应当提供建设工程有关安全施工措施的资料。

依法批准开工报告的建设工程，建设单位应当自开工报告批准之日起 15 日内，将保证安全施工的措施报送建设工程所在地的县级以上地方人民政府建设行政主管部门或者其他有关部门备案。

6. 建设单位应当将拆除工程发包给具有相应资质等级的施工单位。

（二）勘察、设计、监理及其他有关单位的安全责任

1. 勘察单位应当按照法律、法规和工程建设强制性标准进行勘察，提供的勘察文件应当真实、准确，满足建设工程安全生产的需要。

勘察单位在勘察作业时，应当严格执行操作规程，采取措施保证各类管线、设施和周边建筑物、构筑物的安全。

2. 设计单位应当按照法律、法规和工程建设强制性标准进行设计，防止因设计不合理导致生产安全事故的发生。

设计单位应当考虑施工安全操作和防护的需要，对涉及施工安全的重点部位和环节在设计文件中注明，并对防范生产安全事故提出指导意见。

采用新结构、新材料、新工艺的建设工程和特殊结构的建设工程，设计单位应当在设计中提出保障施工作业人员安全和预防生产安全事故的措施建议。

设计单位和注册建筑师等注册执业人员应当对其设计负责。

3. 工程监理单位应当审查施工组织设计中的安全技术措施或者专项施工方案是否符合工程建设强制性标准。

工程监理单位在实施监理过程中，发现存在安全事故隐患的，应当要求施工单位整改；情况严重的，应当要求施工单位暂时停止施工，并及时报告建设单位。施工单位拒不整改或者不停止施工的，工程监理单位应当及时向有关主管部门报告。

工程监理单位和监理工程师应当按照法律、法规和工程建设强制性标准实施监理，并对建设工程安全生产承担监理责任。

4. 为建设工程提供机械设备和配件的单位，应当按照安全施工的要求配备齐全有效的保险、限位等安全设施和装置。

5. 出租的机械设备和施工机具及配件，应当具有生产（制造）许可证、产品合格证。

出租单位应当对出租的机械设备和施工机具及配件的安全性能进行检测，在签订租赁协议时，应当出具检测合格证明。

6. 禁止出租检测不合格的机械设备和施工机具及配件。

在施工现场安装、拆卸施工起重机械和整体提升脚手架、模板等自升式架设设施，必须由具有相应资质的单位承担。

安装、拆卸施工起重机械和整体提升脚手架、模板等自升式架设设施，应当编制拆装方案、制定安全施工措施，并由专业技术人员现场监督。

施工起重机械和整体提升脚手架、模板等自升式架设设施安装完毕后，安装单位应当自检，出具自检合格证明，并向施工单位进行安全使用说明，办理验收手续并签字。

7. 施工起重机械和整体提升脚手架、模板等自升式架设设施的使用达到国家规定的检验检测期限的，必须经具有专业资质的检验检测机构检测。经检测不合格的，不得继续使用。

8. 检验检测机构对检测合格的施工起重机械和整体提升脚手架、模板等自升式架设设施，应当出具安全合格证明文件，并对检测结果负责。

（三）施工单位的安全责任

1. 施工单位从事建设工程的新建、扩建、改建和拆除等活动，应当具备国家规定的注册资本、专业技术人员、技术装备和安全生产等条件，依法取得相应等级的资质证书，并在其资质等级许可的范围内承揽工程。

2. 施工单位主要负责人依法对本单位的安全生产工作全面负责。施工单位应当建立健全安全生产责任制度和安全生产教育培训制度，制定安全生产规章制度和操作规程，保证本单位安全生产条件所需资金的投入，对所承担的建设工程进行定期和专项安全检查，并做好安全检查记录。

施工单位的项目负责人应当由取得相应执业资格的人员担任，对建设工程项目的安全施工负责，落实安全生产责任制度、安全生产规章制度和操作规程，确保安全生产费用的有效使用，并根据工程的特点组织制定安全施工措施，消除安全事故隐患，及时、如实报告生产安全事故。

3. 施工单位对列入建设工程概算的安全作业环境及安全施工措施所需费用，应当用于施工安全防护用具及设施的采购和更新、安全施工措施的落实、安全生产条件的改善，不得挪作他用。

4. 施工单位应当设立安全生产管理机构，配备专职安全生产管理人员。

专职安全生产管理人员负责对安全生产进行现场监督检查。发现安全事故隐患，应当及时向项目负责人和安全生产管理机构报告；对违章指挥、违章操作的，应当立即制止。

专职安全生产管理人员的配备办法由国务院建设行政主管部门会同国务院其他有关部门制定。

5. 建设工程实行施工总承包的，由总承包单位对施工现场的安全生产负总责。总承包单位应当自行完成建设工程主体结构的施工。总承包单位依法将建设工程分包给其他单位的，分包合同中应当明确各自的安全生产方面的权利、义务。总承包单位和分包单位对分包工程的安全生产承担连带责任。分包单位应当服从总承包单位的安全生产管理，分包单位不服从管理导致生产安全事故的，由分包单位承担主要责任。

6. 垂直运输机械作业人员、安装拆卸工、爆破作业人员、起重信号工、登高架设作业人员等特种作业人员，必须按照国家有关规定经过专门的安全作业培训，并取得特种作业操作资格证书后，方可上岗作业。

7. 施工单位应当在施工组织设计中编制安全技术措施和施工现场临时用电方案，对危险性较大的分部分项工程编制专项施工方案，并附具安全验算结果，经施工单位技术负责人、审核、总监理工程师审查后实施，由专职安全生产管理人员进行现场监督。对于超过一定规模的危险性较大工程还应当组织专家会议对专项施工方案进行论证。其中危险性较大工程范围有：基坑工程、模板工程及支撑体系、起重吊装及起重吊装拆卸工程、脚手架工程、拆除工程等。

8. 建设工程施工前，施工单位负责项目管理的技术人员应当对有关安全施工的技术要求向施工作业班组、作业人员做出详细说明，并由双方签字确认。

9. 施工单位应当在施工现场入口处、施工起重机械、临时用电设施、脚手架、出入通道口、楼梯口、电梯井口、孔洞口、桥梁口、隧道口、基坑边沿、爆破物及有害危险气体和液体存放处等危险部位，设置明显的安全警示标志。安全警示标志必须符合国家标准。

　　施工单位应当根据不同施工阶段和周围环境及季节、气候的变化，在施工现场采取相应的安全施工措施。施工现场暂时停止施工的，施工单位应当做好现场防护，所需费用由责任方承担，或者按照合同约定执行。

　　10. 施工单位应当将施工现场的办公、生活区与作业区分开设置，并保持安全距离；办公、生活区的选址应当符合安全性要求。职工的膳食、饮水、休息场所等应当符合卫生标准。施工单位不得在尚未竣工的建筑物内设置员工集体宿舍。

　　施工现场临时搭建的建筑物应当符合安全使用要求。施工现场使用的装配式活动房屋应当具有产品合格证。

　　11. 施工单位对因建设工程施工可能造成损害的毗邻建筑物、构筑物和地下管线等，应当采取专项防护措施。

　　施工单位应当遵守有关环境保护法律、法规的规定，在施工现场采取措施，防止或者减少粉尘、废气、废水、固体废物、噪声、振动和施工照明对人和环境的危害和污染。

　　在城市市区内的建设工程，施工单位应当对施工现场实行封闭围挡。

　　12. 施工单位应当在施工现场建立消防安全责任制度，确定消防安全责任人，制定用火、用电、使用易燃易爆材料等各项消防安全管理制度和操作规程，设置消防通道、消防水源，配备消防设施和灭火器材，并在施工现场入口处设置明显标志。

　　13. 施工单位应当向作业人员提供安全防护用具和安全防护服装，并书面告知危险岗位的操作规程和违章操作的危害。

　　作业人员有权对施工现场的作业条件、作业程序和作业方式中存在的安全问题提出批评、检举和控告，有权拒绝违章指挥和强令冒险作业。

　　在施工中发生危及人身安全的紧急情况时，作业人员有权立即停止作业或者在采取必要的应急措施后撤离危险区域。

　　14. 作业人员应当遵守安全施工的强制性标准、规章制度和操作规程，正确使用安全防护用具、机械设备等。

　　15. 施工单位采购、租赁的安全防护用具、机械设备、施工机具及配件，应当具有生产（制造）许可证、产品合格证，并在进入施工现场前进行查验。

　　施工现场的安全防护用具、机械设备、施工机具及配件必须由专人管理，定期进行检查、维修和保养，建立相应的资料档案，并按照国家有关规定及时报废。

　　16. 施工单位在使用施工起重机械和整体提升脚手架、模板等自升式架设设施前，应当组织有关单位进行验收，也可以委托具有相应资质的检验检测机构进行验收；使用承租的机械设备和施工机具及配件的，由施工总承包单位、分包单位、出租单位和安装单位共同进行验收。验收合格的方可使用。

　　《特种设备安全监察条例》规定的施工起重机械，在验收前应当经有相应资质的检验检测机构监督检验合格。

　　施工单位应当自施工起重机械和整体提升脚手架、模板等自升式架设设施验收合格之日起 30 日内，向建设行政主管部门或者其他有关部门登记。登记标志应当置于或者附着于该设备的显著位置。

　　17. 施工单位的主要负责人、项目负责人、专职安全生产管理人员应当经建设行政主管部门或者其他有关部门考核合格后方可任职。

施工单位应当对管理人员和作业人员每年至少进行一次安全生产教育培训，其教育培训情况记入个人工作档案。安全生产教育培训考核不合格的人员，不得上岗。

18. 作业人员进入新的岗位或者新的施工现场前，应当接受安全生产教育培训。未经教育培训或者教育培训考核不合格的人员，不得上岗作业。

施工单位在采用新技术、新工艺、新设备、新材料时，应当对作业人员进行相应的安全生产教育培训。

19. 施工单位应当为施工现场从事危险作业的人员办理意外伤害保险。

意外伤害保险费由施工单位支付。实行施工总承包的，由总承包单位支付意外伤害保险费。意外伤害保险期限自建设工程开工之日起至竣工验收合格止。

三、施工项目安全管理的依据、方针和程序

1. 施工项目安全管理的依据

施工项目安全管理的依据主要有：《中华人民共和国安全生产法》《中华人民共和国建筑法》《中华人民共和国消防法》《中华人民共和国劳动法》《企业职工伤亡事故报告和处理规定》（国务院第 75 号令），《建设工程安全生产管理条例》，有关安全技术的国家标准、行业标准等。员工应熟悉安全控制的依据，做好安全控制工作。

2. 施工项目安全管理的方针

根据安全生产法和建筑法的规定，施工项目安全管理的方针是"安全第一，预防为主"。"安全第一"体现了"以人为本"的理念，在生产中应把安全工作放在第一位，处理好安全与生产的辩证关系。"预防为主"是强调在生产中要做好预防工作，把事故消灭在发生之前，它是实现安全生产的基础。

3. 施工项目安全管理的程序

施工项目安全管理的程序是：确定施工安全目标→编制项目安全管理规划→项目安全规划实施→项目安全管理规划实施检查→持续改进。

四、施工项目安全目标和不安全因素分析

1. 施工项目安全管理目标

施工项目的安全管理目标是通过对施工中人的不安全行为、物的不安全状态、环境的不安全因素和管理缺陷进行控制，确保没有危险，不出事故，不造成人身伤亡和财产损失。项目的安全管理目标应按"目标管理"方法在以项目经理为首的安全管理体系内进行分解，然后制定责任制度，实现责任安全控制目标。

2. 危险源与事故

危险源是可能导致人身伤害或疾病、财产损失、工作环境破坏或以上情况组合的危险因素或有害因素。危险源可分为两类：

第一类危险源是可能发生意外释放的能量的载体或危险物质。如电线和电、硫酸容器和硫酸、爆炸物品等。

第二类危险源是造成约束、限制能量措施失效或破坏的各种不安全因素。如工人违反操作规程、不良的操作环境和条件、物的不安全状态等。

事故的发生是两类危险源共同作用的结果。第一类危险源是事故发生的前提，第二类

危险源的出现是第一类危险源导致事故发生的必要条件。在事故的发生发展过程中，两类危险源相互依存，相辅相成。第一类危险源是事故发生的主体，决定事故的严重程度；第二类危险源的出现难易，决定事故发生的可能性大小。

3. 不安全因素分析

（1）人的不安全行为

管理靠人，人也是管理的对象。人的行为是安全的关键。人的不安全行为可能导致安全事故，所以要对人的不安全行为加以分析。

人的不安全行为是人的生理和心理特点的反映，主要表现在身体缺陷、错误行为和违纪违章三个方面。

身体缺陷指疾病、职业病、精神失常、智商过低、紧张、烦躁、疲劳、易冲动、易兴奋、运动迟钝、对自然条件和其他环境过敏、不适应复杂和快速工作、应变能力差等。

错误行为指嗜酒、吸毒、吸烟、赌博、玩耍、嬉闹、追逐、误视、误听、误嗅、误触、误动作、误判断、意外碰撞和受阻、误入险区等。

违纪违章指粗心大意、漫不经心、注意力不集中、不履行安全措施、安全检查不认真、不按工艺规程或标准操作、不按规定使用防护用品、玩忽职守、有意违章等。

统计资料表明：有88％的安全事故是由人的不安全行为所造成的，而人的生理和心理特点直接影响人的不安全行为。因此在安全管理中，一定要抓住人的不安全行为这一关键因素，采取相应对策。在采取对策时，又必须针对人的生理和心理特点对安全的影响，培养劳动者的自我保护能力，以结合自身生理和心理特点预防不安全行为发生，增强安全意识，搞好安全管理。

（2）物的不安全状态

如果人的心理和生理状态能适应物质和环境条件，而物质和环境条件又能满足劳动者生理和心理的需要，便不会产生不安全行为，反之就可能导致安全伤害事故。

物的不安全状态表现为三方面，即设备和装置的缺陷、作业场所的缺陷、物质和环境的危险源。

设备和装置的缺陷指机械设备装置的技术性能降低、强度不够、结构不良、磨损、老化、失灵、腐蚀、物理和化学性能达不到要求等。作业场所的缺陷指施工场地狭窄、立体交叉作业组织不当、多工种交叉作业不协调、道路狭窄、机械拥挤、多单位同时施工等。物质和环境的危险源有化学方面的、机械方面的、电气方面的、环境方面的等。

（3）环境的不安全因素

物质和环境均有危险源存在，是产生安全事故的另一类主要因素。在安全管理中，必须根据施工的具体条件，采取有效的措施断绝危险源。当然，在分析物质、环境因素对安全的影响时，也不能忽视劳动者本身生理和心理的特点。故在创造和改善物质、环境的安全条件时，也应从劳动者生理和心理状态出发，使两方面能相互适应。解决采光照明、树立色彩标志、调节环境温度、加强现场管理等，都是将人的不安全行为导因和物的不安全状态的排除结合起来考虑，并将心理和生理特点结合考虑以控制安全事故、确保安全的重要措施。

五、施工项目安全管理规划

在项目开工前，项目经理部应编制安全管理规划，经项目经理批准后实施。项目安全管理规划的作用是配置必要的资源，建立保证安全的组织和制度，明确安全责任，制定安全技术措施，确保安全目标实现。

项目安全管理规划的内容有：工程概况，控制目标，控制程序，组织结构，职责权限，规章制度，资源配置，安全措施，检查评价，奖惩制度。在编制安全管理规划时，以下几点特殊情况应予遵守：

（1）专业性较强的施工项目，应编制安全专项施工方案并采取安全技术措施。

（2）对结构复杂、施工难度大的项目，除制定项目总体安全管理规划外，还必须制定单位工程或分部分项工程的安全技术措施。

（3）高空作业、井下作业等专业性强的作业，电器、压力容器等特殊工种作业，应制定专项安全技术措施，并应对管理人员和操作人员的安全作业资格和身体状况进行合格检查。

（4）安全预防的内容，包括防火、防毒、防爆、防洪、防尘、防雷击、防触电、防高空坠落、防物体打击、防坍塌、防机械伤害、防溜车、防交通事故、防寒、防暑、防疫、防环境污染。

（5）安全技术措施：

施工安全技术措施是在施工中为防范安全事故和职业病危害，从技术上采取的措施，包括安全防护设施和安全预防措施，是安全技术措施计划的主要内容，是施工组织设计的组成部分。制定安全技术措施要有超前性、针对性、可靠性和操作性。由于工程分为结构共性较多的"一般工程"和结构比较复杂的"特殊工程"，故应当根据工程施工特点、不同的危险因素和季节要求，按照有关安全技术规程的规定，并结合以往的施工经验与教训，编制施工安全技术措施。工程开工前应进行施工安全技术措施交底。在施工中应通过下达施工任务书将施工安全技术措施落实到班组或个人。实施中应加强检查，进行监督，纠正违反安全技术措施的行为。

为了进行安全生产，保障工人的健康和安全，必须加强安全技术措施管理，编制安全技术措施，并有下列有关规定。

1）所有工程的施工组织设计（施工方案）都必须有安全技术措施；爆破、吊装、水下、深坑、支模、拆除等大型特殊工程，都要编制单项安全施工方案，否则不得开工。安全技术措施要有针对性，要根据工程特点、施工方法、劳动组织和作业环境等情况来制定。施工现场道路、给排水及采暖管道、电气线路、材料堆放、临时和附属设施等的平面布置，都要符合安全、卫生和防火要求，并要加强管理，做到安全生产和绿色施工。

2）安全技术措施所需的设备、材料应列入物资、技术供应计划。对于每项措施，应该确定实现的期限和负责人。企业的领导人应该对安全技术措施计划的编制和贯彻执行负责。

3）安全技术措施计划的范围，包括以改善劳动条件（主要指影响安全和健康的）、防止安全事故、预防职业病和职业伤害为目的的各项措施，不要与生产、基建和福利等措施混淆。

4）安全技术措施所需的经费列入工程造价的措施费之中。

六、安全管理规划实施及安全管理的基本要求

（一）安全生产责任制

项目经理部应根据安全生产责任制的要求，把安全责任目标分解到岗，落实到人。安全生产责任制必须经项目经理批准后实施。

1. 项目经理安全职责

项目经理是项目安全生产第一责任人，应认真贯彻安全生产方针、政策、法规和各项规章制度，制定和执行安全生产管理办法，严格执行安全考核指标和安全生产奖惩办法，严格执行安全技术措施审批和施工安全技术措施交底制度；定期组织安全生产检查和分析，针对可能产生的安全隐患制定相应的预防措施；当施工过程中发生安全事故时，项目经理必须按安全事故处理的有关规定和程序及时上报和处置，并制定防止同类事故再次发生的措施。

2. 安全员安全职责

落实安全设施的设置；对施工全过程的安全进行监督，纠正违章作业，配合有关部门排除安全隐患，组织安全教育和全员安全活动，监督劳保用品质量和正确使用。

3. 作业队长安全职责

向作业人员进行安全技术措施交底，组织实施安全技术措施；对施工现场安全防护装置和设施进行验收；对作业人员进行安全操作规程培训，提高作业人员的安全意识，避免产生安全隐患；当发生重大或恶性工伤事故时，应保护现场，立即上报并参与事故调查处理。

4. 班组长安全职责

安排施工生产任务时，向本工种作业人员进行安全措施交底；严格执行本工种安全技术操作规程，拒绝违章指挥；作业前应对本次作业所使用的机具、设备、防护用具及作业环境进行安全检查，消除安全隐患，检查安全标牌是否按规定设置，标识方法和内容是否正确完整；组织班组开展安全活动，召开上岗前安全生产会；每周应进行安全讲评。

5. 操作工人安全职责

认真学习并严格执行安全技术操作规程，不违规作业；自觉遵守安全生产规章制度，执行安全技术交底和有关安全生产的规定；服从安全监督人员的指导，积极参加安全活动；爱护安全设施；正确使用防护用具；对不安全作业提出意见，拒绝违章指挥。

6. 承包人对分包人的安全生产责任

审查分包人的安全施工资格和安全生产保证体系，不应将工程分包给不具备安全生产条件的分包人；在分包合同中应明确分包人安全生产责任和义务；对分包人提出安全要求，并认真监督、检查；对违反安全规定冒险蛮干的分包人，应令其停工整改；承包人应统计分包人的伤亡事故，按规定上报，并按分包合同约定协助处理分包人的伤亡事故。

7. 分包人安全生产责任

分包人对本施工现场的安全工作负责，认真履行分包合同规定的安全生产责任；遵守承包人的有关安全生产制度，服从承包人的安全生产管理，及时向承包人报告伤亡事故并参与调查，处理善后事宜。

施工中发生安全事故时，项目经理必须按国务院安全行政主管部门的规定及时报告并协助有关人员进行处理。

（二）实施安全教育

根据住房和城乡建设部的规定，建筑企业应实施三级安全教育，即公司、项目经理部和班组三级安全教育：

（1）公司的教育内容：国家和地方有关安全生产的方针、政策、法规、标准、规范、规程和企业的安全规章制度等，包括《建筑法》和《建设工程安全生产管理条例》的有关规定。

（2）项目经理部的安全教育内容：施工现场安全管理制度，施工现场环境管理制度，预防施工现场的不安全因素等。

（3）施工班组的安全教育内容：本工种的安全操作规程，安全劳动纪律，事故案例剖析，正确使用安全防护装置（设施）及个人劳动防护用品的知识，本班组作业中的不安全因素及防范对策，作业环境安全知识，所使用的机具安全知识等。

（三）安全技术交底的实施

（1）单位工程开工前，项目经理部的技术负责人必须将工程概况、施工方法、施工工艺、施工程序、安全技术措施，向承担施工的作业队负责人、工长、班组长和相关人员进行交底。

（2）结构复杂的分部分项工程施工前，项目经理部的技术负责人应有针对性地进行全面、详细的安全技术交底。

（3）项目经理部应保存双方签字确认的安全技术交底记录。

（四）安全检查

安全检查是为了预知危险和消除危险。它告诉人们如何去识别危险和防止事故的发生。安全检查的目标是预防伤亡事故，不断改善生产条件和作业环境，达到最佳安全状态。安全检查的方式有：定期检查，日常巡回检查，季节性和节假日安全检查，班组的自检查和交接检查。安全检查的内容主要是查思想，查制度，查机械设备，查安全设施，查安全教育培训，查操作行为，查劳保用品使用，查伤亡事故的处理等"八查"。要求如下：

（1）定期对安全管理计划的执行情况进行检查和考核评价。

（2）根据施工过程的特点和安全目标的要求确定安全检查的内容。

（3）安全检查应配备必要的设备或器具。

（4）检查应采取随机抽样、现场观察和实地检测的方法，并记录检查结果，纠正违章指挥和违章作业。

（5）对检查结果进行分析，找出安全隐患部位，确定危险程度。

（6）编写安全检查报告并上报。

（7）安全检查可使用以下方法：

1）一般方法。常采用看、听、嗅、问、查、测、验、析等八种方法。

看：看现场环境和作业条件，看实物和实际操作，看记录和资料等。

听：听汇报、听介绍、听反映、听意见或批评、听机械设备的运转响声或承重物发出的微弱声等。

嗅：对挥发物、腐蚀物、有毒气体进行辨别。

问：对影响安全的问题，详细询问，寻根究底。

查：查明问题、查对数据、查清原因，追查责任。

测：测量、测试、监测。

验：进行必要的试验或化验。

析：分析安全事故的隐患、原因。

2）安全检查表法。是一种原始的、初步的定性分析方法，它通过事先拟定的安全检查明细表或清单，对安全生产进行初步的诊断和控制。

（五）安全控制的基本要求

（1）只有在取得了安全行政主管部门颁发的《安全施工许可证》后方可施工。

（2）总包单位和分包单位都应持有《施工企业安全资格审查认可证》方可组织施工。

（3）各类人员必须具备相应的安全资格方可上岗。

（4）所有施工人员必须经过三级安全教育。

（5）特殊工程作业人员必须持有特种作业操作证。

（6）对查出的安全隐患要做到"五定"：定整改责任人；定整改措施；定整改完成时间；定整改完成人；定整改验收人。

（7）必须把好安全生产"六关"：措施关、交底关、教育关、防护关、检查关、改进关。

（六）安全隐患

（1）区别通病、顽症、首次出现、不可抗力等类型，修订和完善安全整改措施。

（2）对查出的隐患立即发出整改通知单，由受检单位分析原因，制定纠正和预防措施。

（3）当场指出检查出的违章指挥和违章作业，限期纠正。

（4）跟踪检查与记录纠正措施和预防措施的执行情况。

（七）职业健康安全事故分类

1. 职业伤害事故

职业伤害事故分为 20 类，包括：物体打击，车辆伤害，机械伤害，起重伤害，触电，淹溺，灼烫，火灾，高处坠落，坍塌，冒顶片帮，透水，放炮，火药爆炸，瓦斯爆炸，锅炉爆炸，容器爆炸，其他爆炸，中毒窒息，其他伤害。

2. 按事故后果严重程度分类

（1）轻伤事故：造成职工肢体或者某些器官功能性或器质性轻度损伤，表现为劳动能力轻度或暂时丧失的伤害，一般每个受伤人员休息 1 个工作日以上，105 个工作日以下。

（2）重伤事故：一般指受伤人员肢体残缺或视觉、听觉等器官受到严重损伤，能引起人体长期存在功能障碍或劳动能力有重大损失的伤害，或造成每个受伤人员损失 105 工作日以上的失能伤害。

（3）死亡事故：一次事故中死亡职工 1～2 人的事故。

（4）重大伤亡事故：一次事故中死亡 3 人以上（含 3 人）的事故。

（5）特大伤亡事故：一次死亡 10 人以上（含 10 人）的事故。

3. 职业病

经诊断因从事接触有毒有害物质或不良环境的工作而造成急慢性疾病。职业病分为

10 大类共 115 种。主要包括：尘肺，职业性放射性疾病，职业中毒，物理因素所致职业病，生物因素所致职业病，职业性皮肤病，职业性眼病，职业性耳鼻喉口腔疾病，职业性肿瘤，其他职业病。

（八）安全事故处理

1. 坚持"四不放过"的原则

事故原因不清楚不放过，事故责任者和员工没有受到教育不放过，事故责任者没有处理不放过，没有制定防范措施不放过。

2. 安全事故处理程序

（1）报告安全事故：安全事故发生后，受伤者或最先发现事故的人员应立即用最快的传递手段，将发生事故的时间、地点、伤亡人数、事故原因等情况，上报至企业安全主管部门。企业安全主管部门视事故造成的伤亡人数或直接经济损失情况，按规定向政府主管部门报告。

（2）事故处理：抢救伤员、排除险情、防止事故蔓延扩大，做好标识，保护好现场。

（3）事故调查：项目经理应指定技术、安全、质量等部门的人员，会同企业工会代表组成调查组，开展调查。

（4）调查报告：调查组应把事故发生的经过、原因、性质、损失责任、处理意见、纠正和预防措施撰写成调查报告，并经调查组全体人员签字确认后报企业安全主管部门。

3. 伤亡事故处理

伤亡事故的处理程序是：迅速抢救伤员并保护好现场，组织调查组，现场勘察，分析事故原因，制定预防措施，写出调查报告，事故的审查和结案，员工伤亡事故登记记录。

（九）建筑施工安全检查评定

《建筑施工安全检查标准》JGJ 59—2018 对建筑施工安全检查评定做出下列规定：

（1）对建筑施工中易发生伤亡事故的主要环节、部位和工艺等的完成情况作安全检查评价时，应采用检查评分表的形式，分为安全管理、文明工地、脚手架、基坑支护与模板工程、三宝（安全帽、安全带、安全网）四口（通道口、预留洞口、楼梯口、电梯井口）防护、施工用电、物料提升机与外用电梯、塔吊、起重吊装、施工机具共 10 项分项检查评分表和一张检查评分汇总表。

（2）除三宝四口防护和施工机具外的检查评分表，均设立保证项目和一般项目，前者是检查的重点和关键。

（3）各分项检查评分表中，满分为 100 分。

（4）在检查评分中，当保证项目中有一项不得分或保证项目小计得分不足 40 分时，此检查评分表不得分。

（5）汇总表满分为 100 分，10 个分项评分表分配如表 8-1 所示。

分项检查评分表在汇总表中所占分数表　　　　　　　　表 8-1

检查表名	安全管理	文明施工	脚手架	基坑支护与模板工程	三宝四口防护	施工用电	物料提升机与外用电梯	塔式起重机	起重吊装	施工机具
在汇总表中所占分数	10	20	10	10	10	10	10	10	5	5

（6）在汇总表中各分项项目实得分数按下式计算：

$$在汇总表中各分项项目实得分数=\frac{汇总表中该项应得满分值×该项检查表实得分数}{100}$$

（7）建筑施工安全检查评分，以汇总表的总得分及保证项目达标与否，作为对一个施工现场安全生产情况评价依据，分为优良、合格、不合格三个等级。

1）优良级：

保证项目均应达到规定的评分标准，汇总表得分应在 80 分及其以上。

2）合格级：

① 保证项目均应达到规定的评分标准，汇总表得分应在 70 分及其以上。

② 有一个分表未得分，但汇总表得分值在 75 分及其以上。

③ 起重吊装检查评分表或施工机具检查评分表未得分，但汇总表得分值在 80 分及其以上。

3）不合格：

① 汇总表得分值不足 70 分。

② 有一个分表未得分，且汇总表得分在 75 分以下。

③ 起重吊装检查评分表或施工机具检查评分表未得分，且汇总表得分在 80 分以下。

第四节　施工项目环境管理

一、施工项目环境管理

（一）施工项目环境管理概述

1. 环境的概念

环境是组织运行活动的外部存在，包括人与社会、土地、水、空气、自然资源、动物、植物、现场以及以上各方之间的关系等。

2. 环境管理体系是组织整个管理体系的一部分，包括为制定、实施、实现、评审和保持环境方针所需的组织结构、计划活动、职责惯例、程序、过程和资源。

3. 工程项目环境管理的目的是控制作业现场可能产生污染的各种活动，保护生态环境，节约能源，避免资源浪费，进而为社会的经济发展与人类的生存环境相协调做出贡献。

（二）环境管理体系

1. 环境管理体系结构和要素

《环境管理体系要求及使用指南》GB/T 24001—2016 规定了环境管理体系的总体结构，包括：范围，引用标准，定义，环境管理体系要求四部分。其中环境管理体系要求有五个一级要素和与一级要素相对应的 17 个二级要素，如表 8-2 所示。

2. 环境管理体系的运行模式

环境管理体系的运行模式是其一级要素按"计划—实施—检查—处置"的循环模式运行，体现了环境持续改进的理念（见图 8-1）。

环境管理体系要素表　　　　　　　　　　　　　　　表 8-2

一级要素	二级要素
（一）环境方针	1. 环境方针
（二）规划（策划）	2. 环境因素 3. 法律和其他要求 4. 目标和指标
（三）实施和运行	5. 资源、作用、职责与权限 6. 能力、意识与培训 7. 信息交流 8. 文件 9. 文件控制 10. 运行与控制 11. 应急准备与响应
（四）检查	12. 监测和测量 13. 合规性评价 14. 不符合、纠正与预防措施 15. 记录控制 16. 内部审核
（五）管理评审	17. 管理评审

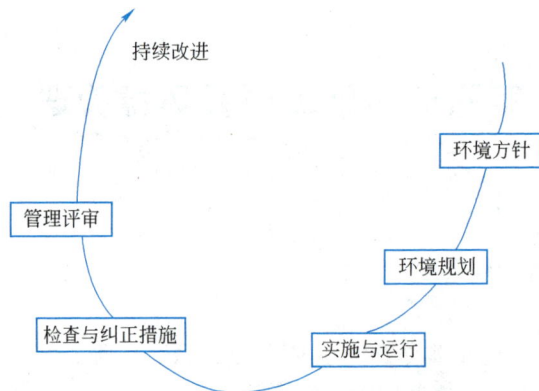

图 8-1　环境管理体系运行模式图

（三）施工项目污染的防治

1. 大气污染的防治

（1）大气污染物有：气体污染物，粒子状态污染物，施工中产生的烟尘和粉尘。

（2）现场空气污染防治措施：

1）施工现场主要道路必须进行硬化处理。施工现场采取覆盖、固化、绿化、洒水措施，做到不泥泞、不扬尘。

2）四级以上大风不进行土方回填、转运以及其他可能扬尘的施工。

3）建筑物内施工垃圾清运采用封闭式垃圾道或封闭式容器调运。设密闭式垃圾站分类存放，垃圾清运时提前洒水。

4）水泥及其他易飞扬的细颗粒建筑材料密闭存放，使用中采取措施防止扬尘，土方集中存放，采取覆盖或固化措施。

5）土方、渣土和施工垃圾运输用密闭式车辆，施工现场出入口设置冲洗车辆的设备，出厂时冲洗车辆。

6）施工现场使用清洁燃料，施工机械和车辆尾气排放应符合环保要求。

7）拆除旧建筑物时，应随时洒水，减少扬尘。渣土在拆除完成后三日内清运完毕。

2. 水污染的防治

（1）水污染源有：工业污染源、生活污染源、农业污染源。

（2）水体污染物有：各种有机和无机有毒物质；施工现场废水和固体废物随水流入水体部分。

（3）防止水体污染的措施如下：

1）搅拌机前台、混凝土输送泵及运输车辆清洗处设置沉淀池，废水不得排入市政管网，经二次沉淀后循环使用或用于洒水降尘。

2）现场存放油料时，对库房进行防渗漏处理，防止油料泄漏污染土壤水体。

3）食堂设隔油池定期掏油，防止污染。

3. 施工现场噪声控制

噪声控制技术有：声源控制、传播途径控制、接收者防护。

（1）声源控制：采用低噪声设备和工艺；在声源处安装消声器消声；严格控制人为噪声。

（2）传播途径控制：吸声、隔声、消声和减震降噪。

（3）接收者的防护：让处于噪声环境下的人员使用耳塞、耳罩等防护用品。

（4）现场的强噪声设备搭设封闭式机棚，尽可能远离居民区。

（5）晚10点到次日早6点之间施工要申请批准，采取措施减少噪声。

（6）施工现场噪声限值：在人口稠密区进行强噪声作业时，严格控制作业时间，一般在晚10点到次日早6点之间停止强噪声作业；根据《建筑施工场界环境噪声排放标准》GB 12523实施噪声控制（见表8-3）。

4. 施工现场固体废弃物处理

（1）施工现场的固体废弃物包括：建筑渣土，废弃的散装建筑材料，生活垃圾，设备材料的包装物和粪便。

建筑施工现场噪声限值　　　　　表8-3

施工阶段	主要噪声源	噪声限值(dB)	
		白天	夜间
土石方	推土机、挖掘机、装载机	75	55
打桩	各种打桩机械	85	禁止施工
结构	混凝土搅拌机振捣棒、电锯	70	55
装修	吊车、升降机等	65	55

（2）固体废弃物处理的基本思想是采取资源化、减量化和无害化处理，可综合利用和回收等。

（3）固体废弃物的主要处理处置方法有：

1）物理处理：压实浓缩，破碎，分选，脱水干燥等。

2）化学处理：氧化还原，中和，化学浸出等。

3）生物处理：好氧处理，厌氧处理。

4）热处理：焚烧，热解，焙烧，烧结等。

5）固化处理：水泥固化法，沥青固化法等。

6）回收利用：回收利用和集中处理等资源化、减量化方法。

7）处置：填埋，焚烧，贮留池贮存等。

（四）环境管理措施

（1）实行环境保护目标责任制，将环境保护责任落实到部门或人员，项目经理是环境保护第一责任人。

（2）加强环境检查和监控工作，以便采取有针对性的措施。

（3）建立并有效运转环境管理体系，调动与现场有关组织的积极性，进行综合治理。

（4）采取有效的技术措施（如前所述）。

（5）加强现场管理，组织文明施工。

二、施工项目现场管理

（一）施工项目现场管理的意义

施工项目现场指从事工程施工活动经批准占用的施工场地。该场地既包括红线以内占用的建筑用地和施工用地，又包括红线以外现场附近经批准占用的临时施工用地。施工项目现场管理是指这些场地如何科学筹划，合理使用，并与环境各因素保持协调关系，达到绿色施工的要求。施工项目现场管理的意义体现在以下4个方面。

（1）良好的施工项目现场有助于施工活动正常进行。施工现场是施工的"枢纽站"，大量的物资进场后"停站"于施工现场。活动于现场的劳动力、机械设备和管理人员，通过施工活动将这些物资一步步地转变成建筑物或构筑物。这个"枢纽站"管理好坏，涉及人流、物流和财流是否畅通，涉及施工生产活动是否顺利进行。

（2）施工项目现场是一个"绳结"，把各专业管理联系在一起。各项专业管理工作按合理分工分头进行，而又密切协作，相互影响，相互制约，很难截然分开。施工现场管理得好坏，直接关系到各项专业管理的技术经济效果。

（3）工程施工现场管理是一面"镜子"，能照出施工单位的形象。通过观察工程施工现场，施工单位的精神面貌、管理面貌、施工面貌赫然显现。一个文明的施工现场有着重要的社会效益，会赢得很好的社会信誉。反之也会损害施工企业的社会信誉。

（4）工程施工现场管理是贯彻执行有关法规的"焦点"。施工现场与许多城市管理法规有关，诸如：地产开发、城市规划、市政管理、环境保护、市容美化、环境卫生、城市绿化、交通运输、消防安全、文物保护、居民安全、人防建设、居民生活保障、工业生产保障、文明建设等。每一个在施工现场从事施工和管理工作的人员，都应当有法制观念，执法、守法、护法。每一个与施工现场管理发生联系的单位都关注施工现场管理。所以施工现场管理是一个严肃的社会问题和政治问题，不能有半点疏忽。

（二）施工项目现场管理的内容

1. 合理规划施工用地

首先要保证场内占地的合理使用。当场内空间不充分时，应会同建设单位按规定向规划部门和公安交通部门申请，经批准后才能获得并使用场外临时施工用地。

2. 在施工组织设计中，科学地进行施工总平面设计

施工组织设计是工程施工现场管理的重要内容和依据，尤其是施工总平面设计，目的就是对施工场地进行科学规划，以合理利用空间。在施工总平面图上，临时设施、大型机械、材料堆场、物资仓库、构件堆场、消防设施、道路及进出口、加工场地、水电管线、周转使用场地等，都应各得其所，布置合理，有利于安全和环境保护，方便于工程施工。

3. 根据施工进展的具体需要，按阶段调整施工现场的平面布置

不同的施工阶段，施工的需要不同，现场的平面布置亦应进行调整。当然，施工内容变化是主要原因，另外分包单位也随之变化，他们也对施工现场提出新的要求。因此，不应当把施工现场当成一个固定不变的空间组合，而应当对它进行动态的管理和控制，调整也不能太频繁，以免造成浪费。一些重大设施应基本固定，调整的对象应是消费不大的规模小的设施，或已经实现功能失去作用的设施，代之以满足新需要的设施。

4. 加强对施工现场使用的检查

现场管理人员应经常检查现场布置是否依据施工平面图，是否符合各项规定，是否满足施工需要，还有哪些薄弱环节，从而为调整施工现场布置提供有用的信息，也使施工现场保持相对稳定，不被复杂的施工过程打乱或破坏。

5. 建立文明的施工现场

文明施工现场即指按照有关法规的要求，使施工现场和临时占地范围内秩序井然，文明安全，环境得到保持，绿地树木不被破坏，交通畅达，文物得以保存，防火设施完备，居民不受干扰，场容和环境卫生均符合要求。建立文明施工现场有利于提高工程质量和工作质量，提高企业信誉。为此，应当做到领导负责，系统把关，普遍检查，建章建制，责任到人，落实整改，严明奖惩。

(1) 领导负责，即公司和分公司均成立主要领导负责、各部门主管理人员参加的施工现场管理领导小组，在企业范围内建立以项目管理班子为核心的现场管理组织体系。

(2) 系统把关，即各管理业务系统对现场的管理进行分口负责，每月组织检查，发现问题便及时整改。

(3) 普遍检查，即对现场管理的检查内容，按达标要求逐项检查，填写检查报告，评定现场管理先进单位。

(4) 建章建制，即建立施工现场管理规章制度和实施办法，按章办事，不得违背。

(5) 责任到人，即管理责任不但明确到部门，而且各部门要明确到员工个人，以便落实管理工作。

(6) 落实整改，即对各种问题，一旦发现，必须采取措施纠正，避免再度发生。无论涉及哪一级、哪一部门、哪一个人，决不能姑息迁就，必须整改落实。

(7) 严明奖惩。对于成绩突出单位和个人，应按奖惩办法予以奖励；存在问题的要按规定给予必要的处罚。

6. 及时清场转移

施工结束后，项目管理班子应及时组织清场，将临时设施拆除，退场剩余物资，整治规划场地，恢复被临时占用土地，不留后遗症。

7. 坚持现场管理标准化，堵塞浪费漏洞

现场管理标准化的范围很广，比较突出而又需要特别关注的是现场平面布置管理和现

场安全生产管理，稍有不慎，就会造成浪费和损失。

（1）现场平面布置管理

施工现场的平面布置，是根据工程特点和场地条件，以配合施工为前提合理安排的，有一定的科学根据。但是，在施工过程中，往往会出现不执行现场平面布置，造成人力、物力浪费的情况。例如：

1）材料、构件不按规定地点堆放，造成二次搬运，不仅浪费人力，材料、构件在搬运中还会受到损失。

2）钢模和钢管脚手等周转设施，用后不予整修并堆放整齐，而是任意乱堆乱放，既影响场容整洁，又容易造成损失，特别是将周转设施放在路边，一旦车辆开过，轻则变形，重则报废。

3）任意开挖道路，又不采取措施，造成交通中断，影响物资运输。

4）排水系统不畅，一遇下雨，现场积水严重，造成电器设备受潮容易触电，水泥受潮就会变质报废。

由此可见，施工项目强化现场平面布置的管理，堵塞可能发生的漏洞，争创绿色安全工地。

（2）现场安全生产管理

现场安全生产管理的目的，在于保护施工现场的人身安全和设备安全，减少和避免不必要的损失。要达到这个目的，就必须强调按规定的标准去管理，不允许有任何细小的疏忽。否则，将会造成难以估量的损失，其中包括人身、财产和资金等损失。

1）不遵守现场安全操作规程，容易发生工伤事故，甚至死亡事故，不仅本人痛苦，家属痛苦，项目还要支付一笔可观的医药、抚恤费用，还会造成停工损失。

2）不遵守机电设备的操作规程，容易发生一般设备事故，甚至重大设备事故，不仅会损坏机电设备，还会影响正常施工。

3）忽视消防工作和消防设施的检查，容易发生火警，影响对火警的有效抢救，其后果更是不可想象。

（三）施工现场防火

1. 施工现场防火的特点

（1）建筑工地易燃建筑物多，且场地狭小，缺乏应有的安全距离。因此，一旦起火，容易蔓延成灾。

（2）建筑工地易燃材料多，如木材、木模板、脚手架木、沥青、油漆、乙炔发生器、保温材料、油毡等。因此，应特别加强管理。

（3）建筑工地临时用电线路多，容易漏电起火。

（4）在施工期间，随着工程的进展，工种增多，施工方法不同，会出现不同的火灾隐患。

（5）施工现场人员流动性大，交叉作业多，管理不便，火灾隐患不易发现。

（6）施工现场消防水源和消防道路均系临时设置，消防条件差，一旦起火，灭火困难。

2. 施工现场的火灾隐患

（1）石灰受潮发热起火。工地储存的生石灰遇水和受潮后，便会在熟化的过程中达到

800℃左右温度，遇到可燃烧的材料后便会起火燃烧。

（2）木屑自燃起火。大量木屑堆积时，就会发热，积热量增多后，再吸收氧气，便可能自燃起火。

（3）熬沥青作业不慎起火。熬制沥青温度过高或加料过多，就会沸腾外溢，或产生易燃蒸气，接触炉火而起火。

（4）仓库内的易燃物触及明火就会燃烧起火。这些易燃物有塑料、油类、木材、酒精、油漆、燃料、防护用品等。

（5）焊接作业时火星溅到易燃物上引火。

（6）电气设备短路或漏电，冬期施工用电热法养护不慎起火。

（7）乱扔烟头，遇易燃物引火。

（8）烟囱、炉灶、火炕、冬季炉火取暖或养护，管理不善起火。

（9）雷击起火。

（10）生活用房不慎起火，蔓延至施工现场。

3. 火灾预防管理工作

（1）对上级有关消防工作的政策、法规、条例要认真贯彻执行，将防火纳入领导工作的议事日程，做到在计划、布置、检查、总结、评比时均考虑防火工作，制定各级领导防火责任制。

（2）企业建立以下防火制度：

1）各级安全防火责任制。

2）工人安全防火岗位责任制。

3）现场防火工具管理制度。

4）重点部位安全防火制度。

5）安全防火检查制度。

6）火灾事故报告制度。

7）易燃、易爆物品管理制度。

8）用火、用电管理制度。

9）防火宣传、教育制度。

（3）建立安全防火组织机构。由现场施工负责人主持，在进入现场后立即建立。有关技术、安全保卫、行政等部门参加。在项目经理的领导下开展工作。其职责是：

1）贯彻国家消防工作方针、法律、文件及会议精神，结合本单位具体情况部署防火工作。

2）定期召开防火工作会议，研究布置现场安全防火工作。

3）开展安全消防教育和宣传。

4）组织安全防火检查，提出消除隐患措施，并监督落实。

5）制定安全消防制度及保证防火的安全措施。

6）对防火灭火有功人员奖励，对违反防火制度及造成事故的人员批评、处罚以至追究责任。

（4）成立义务消防队，设专职、兼职防火员，其职责是：

1）监督、检查、落实防火责任制的情况。

2）审查防火工作措施并督促实施。

3）参加制订，修改防火工作制度。

4）经常进行现场防火检查，协助解决防火问题，发现火灾隐患有权指令停止生产或查封，并立即报告有关领导研究解决。

5）推广消防工作先进经验。

6）对工人进行防火知识教育，组织义务消防队员培训和灭火演习。

7）参加火灾事故调查、处理、上报。

（四）施工项目现场管理评价

为了加强施工现场管理，提高施工现场管理水平，实现绿色施工，确保工程质量和安全，应该对施工现场管理进行综合评价。评价内容应包括经营行为管理、工程质量管理、施工安全管理、文明施工管理及施工队伍管理五个方面。

1. 经营行为管理评价

经营行为管理评价的主要内容是合同签订及履约、总分包、施工许可证、企业资质、施工组织设计及实施等情况。不得有下列行为：未取得施工许可证而擅自开工；企业资质等级与其承担的工程任务不符；层层转包；无施工组织设计；由于建筑施工企业的原因严重影响合同履约。

2. 工程质量管理评价

工程质量管理评价的主要内容是质量体系建立及运转情况、质量管理状况、质量保证资料情况。不得有下列情况：无质量体系；工程质量不合格；无质量保证资料。工程质量检查按有关标准规范执行。

3. 施工安全管理评价

施工安全管理评价的主要内容是：安全生产保证体系及执行，施工安全各项措施情况等。不得有下列情况：无安全生产保证体系；无安全施工许可证；施工现场的安全设施不合格；发生人员死亡事故。

4. 文明施工管理评价

文明施工管理的主要内容是场容场貌、料具管理、消防保卫、环境保护、职工生活状况等。不准有下列情况：施工现场的场容场貌严重混乱，不符合管理要求；无消防设施或消防设施不合格；职工集体食物中毒。

5. 施工队伍管理评价

施工队伍管理评价的主要内容是项目经理及其他人员持证上岗；民工的培训和使用；社会治安综合治理情况等。

6. 评价方法

（1）进行日常检查制，每个施工现场一个月综合评价一次。

（2）检查之后评分，5个方面评分比重不同。假如总分满分为100分，可以给经营行为管理、工程质量管理、施工安全管理、文明施工管理、施工队伍管理分别评为20分、25分、25分、20分、10分。

（3）综合评分达70分及其以上，方可算作合格施工现场。如为不合格现场，应对该施工现场和项目经理警告或罚款。

三、绿色施工

（一）绿色施工概述

1. 绿色施工的概念

绿色施工是指工程建设中，在保证质量、安全等基本要求的前提下，通过科学管理和技术进步，最大限度地节约资源，减少对环境负面影响，实现节能、节地、节水、节材和环境保护（四节一环保）的建筑施工活动。

2. 绿色施工的意义

（1）促进可持续发展。我国处于经济快速发展阶段，作为大量消耗资源、影响环境的建筑业，应全面实施绿色施工，承担起可持续发展的社会责任。

（2）节约资源。建筑施工消耗大量资源，包括土地、能源、材料、水资源等，因此有着很大的节约潜力和巨大的经济效益。实施绿色施工，贯彻节约原则，利国、利民、利发展。

（3）保护环境。建筑施工在广袤的露天里进行，消耗大量资源的同时也排放大量的废弃物、含碳气体、有害液体等，如果管理不善，会严重影响环境的净化和安全，危及人类健康和国家发展。绿色施工就是倡导并实施环境保护的原则，把施工活动的负面影响减少到最小。

（4）促进经济社会可持续发展

绿色施工实施绿色战略思想；符合国家的法律、法规及相关的标准规范，实现经济效益、社会效益和环境效益的统一原则；实施绿色施工，依据因地制宜的原则，贯彻执行国家、行业和地方相关的技术经济政策；运用 GB/T 24000 和 GB/T 28000 管理体系，将绿色施工有关内容分解到管理体系目标中去，使绿色施工规范化、标准化；绿色施工鼓励各地区开展绿色施工的政策与技术研究，发展绿色施工的新技术、新设备、新材料与新工艺，推行应用示范工程。这一切都有利于我国经济社会的可持续发展。

3. 绿色施工的原则

（1）把绿色施工作为工程项目全寿命期中的一个重要阶段。实施绿色施工，应进行总体方案优化。在规划、设计阶段，应充分考虑绿色施工的总体要求，为绿色施工提供基础条件。

（2）实施绿色施工应对施工策划、材料采购、现场施工、工程验收等各阶段进行控制，加强对整个施工过程的管理和监督。

（3）实施绿色施工，必须建立绿色理念，坚持节约和环境保护，做好绿色施工的每一项内容，实现每一项指标，并注重取得实效。

4. 绿色施工的内容

绿色施工由施工管理、环境保护、节材与资源利用、节水与水资源利用、节能与能源利用、节地与施工用地保护六个方面组成。这六个方面涵盖了绿色施工的基本指标，同时包含了施工策划、材料采购、现场施工、工程验收等各阶段的指标的子集。具体列举如下：

（1）施工管理：组织管理，规划管理，实施管理，评价管理，人员安全与健康管理。

（2）环境保护：扬尘控制，噪声振动控制，废气排放控制，光污染控制，水污染控制，土壤保护，建筑垃圾控制，地下设施、文物和资源保护。

（3）节材与材料资源利用：节材措施，选用符合绿色建造要求的结构材料、维护材料、装饰装修材料和周转材料。

（4）节水与水资源利用：提高用水效率，非传统水资源利用，用水安全。

（5）节能与能源利用：节能措施，机械设备与机具，生产、生活及办公临时设施，施工用电及照明。

（6）节地与施工用地保护：临时用地指标，临时用地保护，施工总平面布置。

（二）绿色施工职责

绿色施工应由建设单位、监理单位和施工单位共同负责。

1. 建设单位职责

（1）向施工单位提供建设工程绿色施工的相关资料。

（2）在工程预算和招标文件中明确绿色施工的要求，提供场地、环境、工期、资金等方面的保障。

（3）协调参建各方的绿色施工活动。

2. 监理单位职责

（1）对工程绿色施工承担监理责任。

（2）审查施工组织设计中的绿色施工方案（或技术措施），并在实施中监督检查。

3. 施工单位职责

（1）施工单位是绿色施工的主体，组织绿色施工的全面实施。

（2）实行总承包管理的建设工程，施工总承包单位对绿色施工负总责。

（3）总承包单位应对专业承包单位的绿色施工实施管理，专业承包单位应对承包范围的绿色施工负责。

（4）施工单位应建立以项目经理为第一责任人的绿色施工管理体系，制定绿色施工管理制度，负责绿色施工管理实施，进行绿色施工教育培训，定期开展自检、联检和评价工作。

（5）绿色施工组织设计、绿色施工方案或绿色施工专项方案编制前，应进行绿色施工影响因素分析，并据此制定实施对策和绿色施工评价方案。

（三）绿色施工管理

绿色施工管理主要包括组织管理、规划管理、实施管理、评价管理和人员安全与健康管理五个方面。

1. 组织管理

（1）建立绿色施工管理体系，制定相应的管理制度与目标。

（2）项目经理为项目绿色施工第一责任人，负责绿色施工的组织实施及目标实现，并指定绿色施工管理人员和监督人员。

2. 绿色施工策划管理

规划管理是指编制绿色施工方案，该方案应在施工组织设计（项目管理实施规划）中独立成章，并按有关规定进行审批。

绿色施工方案应包括以下内容：

（1）环境保护措施：制定环境管理计划及应急救援预案，采取有效措施，降低环境负荷，保护地下设施和文物等资源。

（2）节材措施：在保证工程安全与质量的前提下，制定节材措施。如进行施工方案的节材优化，建筑垃圾减量化，尽量利用可循环材料等。

（3）节水措施：根据工程所在地的水资源状况，制定节水措施。

（4）节能措施：进行施工节能策划，确定目标，制定节能措施。

（5）节地与施工用地保护措施：制定临时用地指标、施工总平面布置规划及临时用地节地措施等。

3. 实施管理

（1）绿色施工应对整个施工过程实施动态管理，加强对施工策划、施工准备、材料采购、现场施工、工程验收等各阶段的管理和监督。

（2）应结合工程项目的特点，有针对性地对绿色施工作相应的宣传，通过宣传营造绿色施工的氛围。

（3）定期对职工进行绿色施工知识培训，增强职工绿色施工意识。

4. 资料与信息管理

（1）参建各单位应积极推进建筑工业化和信息化施工。

（2）施工单位应强化技术管理，在施工过程中收集和归档绿色施工技术资料。

5. 评价管理

（1）对照本导则的指标体系，结合工程特点，对绿色施工的效果及采用的新技术、新设备、新材料与新工艺进行自评估。

（2）成立专家评估小组，对绿色施工方案、实施过程至项目竣工进行综合评估（按《建筑工程绿色施工评价标准》GB/T 50640—2010 执行）。

6. 人员安全与健康管理

（1）制订施工防尘、防毒、防辐射等防止职业危害的措施，保障施工人员的长期职业健康。

（2）合理布置施工场地，保护生活及办公区不受施工活动的有害影响。施工现场建立卫生急救、保健防疫制度，在安全事故和疾病疫情出现时提供及时救助。

（3）提供卫生、健康的工作与生活环境，加强对施工人员的住宿、膳食、饮用水等生活与环境卫生等管理，明显改善施工人员的生活条件。

第五节　施工项目资源管理

一、施工项目人力资源管理

施工项目人力资源管理是指项目组织对该项目的人力资源所进行的科学的计划、适当的培训、合理的配置、准确的评估和有效的激励等方面的一系列管理工作。

（一）人力资源需求计划

人力资源管理需求计划是从施工项目目标出发，根据内外部环境的变化，通过对项目未来人力资源需求的预测，确定完成项目所需人力资源的数量和质量、各自的工作任务，并为满足这些需要而预先进行系统安排的过程。

（1）项目管理人员需求的确定应根据岗位编制计划，使用合理的预测方法，来进行人员需求预测。

（2）劳动力需要量计划是根据施工方案、施工进度和预算，依次确定的专业工种、进场时间、劳动量和工人数。劳动力需要量计划是根据项目经理部的生产任务和劳动生产率水平以及项目施工进度计划的需要和作业特点进行的。

（二）人力资源配置计划

根据组织发展计划和组织工作方案，结合人力资源核查报告，来制定人员配置计划。劳动力的优化配置是为了保证施工项目进度计划实现，使人力资源充分利用，降低工程成本，项目经理部应根据施工进度计划、劳动力需要量计划和工种需要量计划进行合理配置。管理人员的配置根据人力资源需求计划对管理人员数量、职务名称、知识技能等方面的要求，遵循公开、平等、竞争、全面等原则选择施工项目管理人员。

（三）人力资源培训计划

（1）人力资源培训计划包括新员工的上岗培训、老员工的继续教育以及各种专业培训等。培训计划涉及培训政策、培训需求分析、培训目标的建立、培训内容、培训方式。培训内容包括规章制度、安全施工、操作技术和文明教育四个方面。具体有：人员的应知应会知识、法律法规及相关要求，操作和管理的沟通配合须知、人体工效要求等。

（2）教育培训的内容包括管理人员的培训和工人的培训。

1）管理人员的培训包括岗位培训、继续教育和学历教育。岗位培训是指按照不同的劳动规范，本着干什么学什么，缺什么补什么的原则进行的培训活动。继续教育应建立以施工、质量、安全、材料、经济为主的技术、业务人员继续教育体系，采取按系统、分层次、多形式的方法进行。学历教育主要是有计划选派部分管理人员到高等院校深造，毕业后仍回本单位继续工作。

2）工人的培训包括班组长培训、技术工人等级培训、特种作业人员的培训和对外埠施工队伍的培训。

二、施工项目材料管理

材料管理是项目经理部为顺利完成工程施工任务，合理使用和节约材料，努力降低材料成本所进行的材料计划、订货采购、运输、库存保管、供应加工、使用、回收等一系列的组织和管理工作。

（一）施工项目材料管理计划

（1）材料需求计划是根据各工程量汇总表所列各建筑物和构筑物的工程量，查万元定额或概算指标便可得出各施工项目所需的材料需要量；也可通过施工图预算求得。

（2）材料使用计划是根据施工项目进度计划，大致估计出某些建筑材料在某季度的需要量，从而按照时间、地点要求编制出建筑材料需要量计划。材料使用计划是落实组织货源、签订供应合同、确定运输方式、编制运输计划、组织进场、确定暂设工程规模的依据。

（二）施工项目材料控制

（1）施工项目材料供应权应主要集中在法人层次上。为便于各项目材料供应的协调，达到节约材料费用，降低成本的目的。企业材料供应部门对工程项目所需的主要材料、大宗材料实行统一计划、统一采购、统一供应、统一调度和统一核算；企业材料部门既要与社会建材市场对接，又要与本企业的项目管理层对接。

（2）企业应建立材料市场。为便于材料供应权主要集中在法人层次上，并与社会市场对接，建立新型生产方式，适应市场经济发展和项目施工需要，企业应以经济效益为中心，在专业分工的基础上，把市场的契约关系、交换方式等引入企业，建立企业材料市场。材料的企业市场，企业材料部门是卖方，项目管理层是买方，各自的权限和利益由双方签订买卖合同加以明确。除了主要材料由内部材料市场供应外，周转材料、大型工具均采用租赁方式，小型工具采取支付费用方式，由班组在内部市场自行采购。

（3）项目经理部有部分的材料采购供应权。企业内部材料市场建立后，作为买方的项目经理部的材料管理主要任务是提出材料需要量计划，与企业材料部门签订供料合同，控制材料使用，加强现场管理，设计材料节约措施，完工后组织材料结算与回收等。

（三）现场材料管理

1. 现场材料管理责任

项目经理是现场材料管理全面领导责任者；项目经理部主管材料人员是施工现场材料管理直接责任人；班组料具员在主管材料员业务指导下，协助班组长组织并监督本班组合理领、用、退料。

2. 现场材料管理的内容

（1）材料进场验收。为把住质量和数量关，在材料进场时根据材料使用计划、送料凭证、质量证明文件或产品合格证，进行验收；验收按质量验收规范规定进行；验收内容包括品种、规格、型号等；验收要做好记录、办理验收手续；对不符合要求的材料应拒绝验收。

（2）材料的储存与保管。材料入库，应建立台账；对现场存放材料应采取防火、防盗、防雨、防变质、防损坏等措施；现场材料放置要合理，保管得当；做到日清、月结、定期盘点、账物相符。

（3）材料领发。凡工程用料，凭限额领料单领发材料；超限额的用料，用料前办理手续，填写超限额领料单，注明消耗原因，经签发批准后实施；建立领发料台账，记录领发状况和节超状况。

（4）材料使用监督。现场材料管理责任者应对现场材料的使用进行分工监督。监督内容包括：是否按材料计划合理用料，是否严格执行配合比，是否认真执行领发料手续，是否做到谁用谁清、随领随用、是否按规定进行用料交底和作业交接，是否按要求保护材料等。检查是监督的手段，检查要做到情况有记录、原因有分析、责任要明确、处理有结果。

（5）材料回收。班组余料必须收回，及时办理退料手续，并在限额领料单中登记扣除，设施用料、包装物及容器在使用周期结束后组织回收，建立回收台账。

（6）周转材料的现场管理。

三、施工项目机械设备管理

机械设备管理是指项目经理部根据所承担施工项目的具体情况，科学优化选择和配备施工机械，并在生产过程中合理使用、维修保养等各项管理工作。机械设备管理的中心环节是尽量提高施工机械设备的使用效率和完好率，严格实行责任制，依操作规程加强机械设备的使用、保养和维修。

（一）机械设备管理计划

（1）需求计划。主要施工机械的需要量应根据施工进度计划、施工方案和工程量，套用机械产量定额确定。

（2）机械设备使用计划。机械设备使用计划的编制依据是施工项目施工组织设计。编制施工组织设计应在考虑合理的施工方法、工艺、技术安全措施时，合理选择机械设备去组织施工才能最合理、最有效地保证工期和质量，降低施工成本。

（3）机械设备保养与维修计划。设备进入现场经验收合格后，在使用的过程中，其保护装置、机械质量、可靠性等都有可能发生质的变化，保养与维修是确保其安全、正常使用必不可少的手段。机械设备保养的目的是为了保持机械设备的良好技术状态，提高设备运转的可靠性和安全性，减少零件的磨损，延长使用寿命，降低消耗，提高经济效益。

（二）施工机械设备的合理使用

（1）人机固定。实行机械使用保养责任制，指定专人使用、保养，将机械设备的使用效益与个人经济利益联系起来。

（2）实行操作证制度。施工机械的操作人员必须经过培训及统一考试，确认合格，持证上岗，保证机械设备得到合理使用，防止机械设备事故发生。

（3）遵守走合期的使用规定。该规定可以防止机件早期磨损，延长机械使用寿命和修理周期。所谓的走合期就是指新机械设备和经过大修或改造的机械设备在投产使用初期，经过运行磨合使机械零配件摩擦表面逐渐达到良好配合的时间。

（4）实行单机或机组核算。根据核算的成绩实行奖罚，有助于提高机械设备管理水平。

（三）机械设备的保养与维修

（1）机械设备的保养目的是保持机械设备的良好技术状态，提高设备运转的可靠性和安全性，减少零件的磨损，延长使用寿命，降低消耗，提高机械施工的经济效益。保养分为例行保养和强制保养，应按制度执行。

（2）机械设备的修理是指对机械设备的自然损耗进行修复，排除机械运行故障，对损坏的零部件进行更换、修复。对机械设备的预检和修理，可以保证机械的使用效率，延长寿命。机械设备修理可分为大修、中修和零星小修，均应按相应制度实施。

四、施工项目资金管理

资金管理是施工项目经理部根据工程项目施工进度计划，结合资金运动规律，进行资金预测、编制资金计划、筹集投入资金、资金核算与分析等一系列资金管理工作。项目的资金管理要以保证收入、节约支出、防范风险和提高经济效益为目的。

（一）施工项目资金管理计划

年度资金收支计划的编制，要根据施工合同工程款支付的条款和年度生产计划安排，预测年内可能达到的资金收入，安排好工、料、机费用等资金分阶段投入，做好收入与支出在时间上的平衡。编制年度计划，主要是摸清工程款到位情况，测算筹集资金的额度，安排资金分期支付，平衡资金，确立年度资金管理工作总体安排。季度、月度资金收支计划的编制，是年度资金收支计划的落实和调整，要结合生产计划的变化，安排好季、月度资金收支。特别是月度资金收支计划，要以收定支，量入为出。

（二）施工项目资金预测

（1）资金收入预测。项目资金是按项目合同价款收取的，在施工项目实施过程中，应从收取工程预付款开始，每月按进度收取工程进度款，到最终竣工结算。应依据项目施工进度计划及施工项目合同按时间测算收入数额，做出项目收入预测表，绘出项目资金按月收入图及项目资金按月累加收入图。

（2）资金支出预测。项目资金支出预测的依据是成本费用控制计划、施工组织设计和材料、物资储备计划。根据以上依据，测算出随着施工项目的实施，每月预计的人工费、材料费、机械使用费等各项支出，使整个项目费用的支出在时间上和数量上有个总体概念，以满足项目资金管理上的需要。

（3）资金收入与支出的对比。将施工项目资金收入预测累计结果和支出预测累计结果绘制在一个坐标图上，绘制出现金收入与支出对比示意图。

（三）施工项目资金的来源与筹措

项目施工过程所需要的资金来源一般是在承包合同条件中做出规定，由发包方提供工程备料款和分期结算工程款。为了保证生产过程的正常进行，施工企业可垫支部分自有资金，但应有所控制，以免影响整个企业生产经营活动的正常进行。因此，施工项目资金来源渠道是预收工程备料款、已完施工价款结算、银行贷款、企业自有资金、其他项目资金的调剂占用。

（四）施工项目资金的使用管理

（1）建立健全施工项目资金管理责任制。明确项目资金的使用管理由项目经理负责，项目经理部财务人员负责协调组织日常工作，做到统一管理、归口负责，明确项目预算员、计划员、统计员、材料员、劳动定额员等有关职能人员的资金管理职责和权限。

（2）项目资金的使用原则。项目资金的使用管理应本着促进生产、节省投资、量入为出、适度负债的原则；本着国家、企业、员工三者利益兼顾的原则，优先考虑上缴国家的税金和应上缴的各项管理费；要依法办事，按照劳动法保证员工工资按时发放；按照劳务分包合同，保证外包工劳务费按合同规定结算和支付；按材料采购合同按期支付货款，按分包合同支付分包款。

（五）资金的风险管理

注意发包方资金到位情况，签好施工合同，明确工程款支付办法和发包方供料范围。在发包方资金不足的情况下，尽量要求发包方供应部分材料，要防止发包方把属于甲方供料、甲方分包的范围转给承包方支付。关注发包方资金动态，在已经发生垫资施工的情况下，要适当掌握施工进度，以利于回收资金。如果出现工程垫资超出原计划控制幅度，要考虑调整施工方案，压缩规模，甚至暂缓施工，并积极与发包方协调。

（六）资金使用分析与评价

（1）项目经理部应进行资金使用分析，对比计划收支与实际收支，找出差异，分析原因，改进资金管理。

（2）项目经理部应结合项目成本核算与分析，进行资金收支情况和经济效益考核评价。

第六节　施工项目风险管理

一、施工项目中的风险

（一）风险的概念

风险指可以通过分析，预测其发生概率、后果很可能造成损失的未来不确定性因素。风险包括三个基本要素：一是风险因素的存在性；二是风险因素导致风险事件的不确定性；三是风险发生后其产生损失量的不确定性。

项目的一次性使其不确定性要比其他经济活动大得多，而施工项目由于其特殊性，比其他项目的风险又大得多，使得它成为最突出的风险事业之一，因此风险管理的任务是很重的。根据风险产生原因的不同，可以将施工项目的风险因素进行分类，见表8-4。

风险因素分类表　　　　　　　　　　　　　表 8-4

风险分类		风险因素
技术风险	设计	设计内容不全，设计缺陷、错误和疏漏、规范不恰当，未考虑地质条件，未考虑施工可能性等
	施工	施工工艺的落后，不合理的施工技术和方案，施工安全措施不当，应用新技术新方案的失败，未考虑现场情况等
	其他	工艺设计未达到先进性指标，工艺流程不合理，未考虑操作安全性等
非技术风险	自然与环境	洪水、地震、火灾、台风、雷电等不可抗拒自然力，不明的水文气象条件，复杂的工程地质条件，恶劣的气候，施工对环境的影响等
	政治法律	法律及规章的变化，战争和骚乱、罢工、经济制裁或禁运等
	经济	通货膨胀，汇率的变动，市场的动荡，社会各种摊派和征费的变化等
	组织协调	业主和上级主管部门的协调不善，业主和设计方、施工方以及监理方的协调不当，业主内部的组织协调不周等
	合同	合同条款遗漏，表达有误，合同类型选择不当，承发包模式选择不当，索赔管理不力，合同纠纷等
	人员	业主人员、设计人员、监理人员、工人、技术员、管理人员的素质（能力、效率、责任心、品德）不高等
	材料	原材料、成品、半成品的供货不足或拖延，数量差错，质量规格有问题，特殊材料和新材料的使用有问题，损耗和浪费等
	设备	施工设备供应不足，类型不配套，故障，安装失误、选型不当
	资金	资金筹措方式不合理，资金不到位，资金短缺

（二）风险产生的原因及风险成本

1. 风险产生的原因

首要的原因是施工项目及环境的不确定性，即人们由于认识不足，不能清楚地描述和说明项目的目的、内容、范围、组成、性质以及项目同环境之间的关系。风险的未来性使这项原因成为最主要的原因。

二是计量的不确定性，即由于缺少必要的信息、尺度或准则而产生的项目变数数值大小的不确定性。因为在确定项目变数数值时，人们有时难以获取有关的准确数据，甚至难以确定采用何种计量尺度或准则。

三是事件后果的不确定性，即人们无法确认事件的预期结果及其发生的概率。

总之，风险产生的原因既由于项目外部环境的千变万化难以预料周详，又由于项目本身的复杂性，还源于人的认识和预测能力的局限性。

2. 风险成本

风险事件造成的损失或减少的收益，以及为防止风险事故发生而采取预防措施而支付的费用，均构成风险成本。风险成本包括有形成本、无形成本及预防与控制费用。

有形风险成本指风险事件造成的直接损失和间接损失。直接损失指财产损毁和人员伤亡的价值，如洪水冲走的材料损失及导致的人员伤亡费用等；间接损失指直接损失之外由于为减少直接损失或由直接损失导致的费用支出，如产生火险后灭火、停工等发生的费用支出。

无形风险成本指项目主体在风险事件发生前后付出的非物质和费用方面的代价，包括信誉损失、生产效率的损失以及资源重新配置而产生的损失。

风险预防及控制的费用是指预防和控制风险损失而采取的各种措施的支出，包括措施费，投保费，咨询费，培训费，工具设备维护费，地基、堤坝加固费等。

认真研究和计算风险成本是有意义的。当风险的不利后果超过为项目风险管理而付出的代价时，就有进行风险管理的必要。

二、施工项目风险管理

风险管理是识别风险，度量和评价风险，制定、选择和实施风险处理方案，从而达到风险控制目的的过程，见图 8-2。

（一）与风险管理有关的过程

项目风险是指与项目过程有关的和与项目产品有关的两个方面的风险。与风险管理有关的过程有 5 个：

（1）风险识别。

（2）风险分析和评估。

（3）风险规划并决策。

（4）风险规划执行。

（5）检查。

以上过程的具体化见图 8-2。

（二）风险识别

1. 风险识别的质量要求

对风险识别的质量要求如下：

（1）应识别项目过程和项目产品的风险以及确定风险何时超出接受极限的方法。为

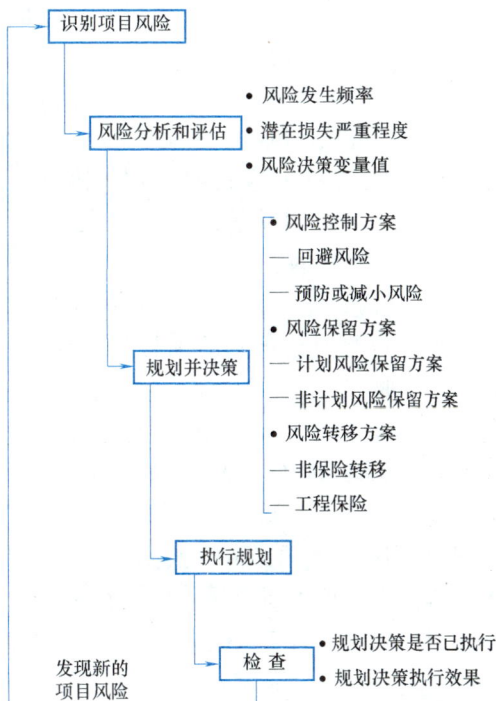

图 8-2　风险管理流程图

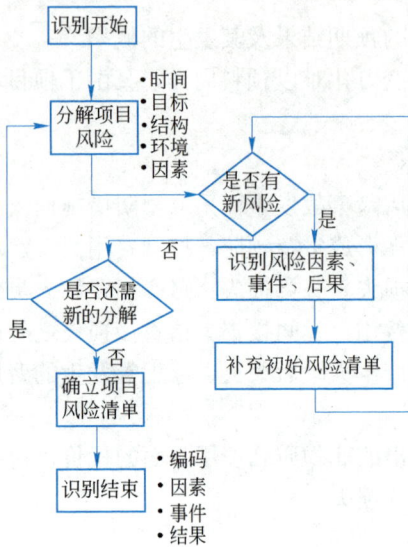

图 8-3 风险识别程序

此，应使用以前的经验和历史资料。

（2）在立项、进展评价以及做出重大决定的偶然事件时，应进行风险识别。

（3）风险识别不应仅考虑成本、时间和产品方面，还应考虑保密、可信性、职业责任、信息、技术、安全性、健康和环境以及当前法律或法规要求，更应指出不同风险需求之间的相互影响。应识别关键技术和新技术。

（4）应安排一名具备相应职责、权限的人员来管理一个经识别具有重要影响的风险，并为其配备相应的资源。

2. 风险识别活动

应从项目管理的目标出发，通过风险调查、数据整理、信息分析、专家咨询及试验论证等手段，对项目风险进行多维预测，从而全面认识风险，形成风险清单。风险识别程序见图 8-3。

从图 8-3 可见，风险识别是项目过程中不断进行的过程。风险识别的结果是形成风险清单，而风险清单中应列明编码、因素、事件和结果。它是风险管理其他过程的前提并影响风险管理的质量。

（三）风险评定

风险评定是对已识别的项目过程和项目产品的风险进行分析与评价的过程，它包括的内容是：确定风险事件发生的概率，对项目目标影响的严重程度，如经济损失量，工期迟延量等；确定项目总周期内对风险事件实际发生的经验、预测力及发生后的处理能力；评价所有风险的潜在影响，得到项目的风险决策变量值，作为项目决策的重要依据。

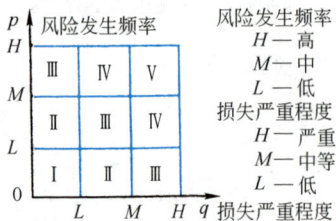

图 8-4 风险分析与评价过程

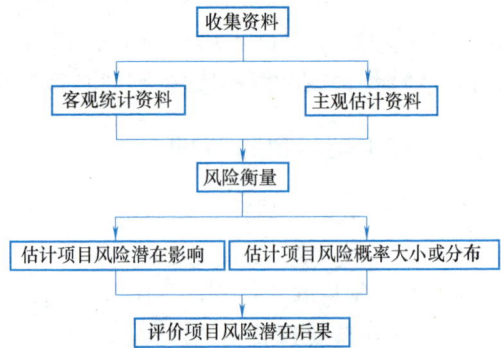

图 8-5 风险坐标

风险分析与评价的过程如图 8-4 所示。

每一项风险都可用其出现的概率和潜在的损失值衡量。亦可借助于风险坐标进行分析，如图 8-5 所示，坐标上的九个格分别表示不同的风险量。

图 8-5 中，Ⅰ—可忽略风险，Ⅱ—可容许风险；Ⅲ—中度风险；Ⅳ—重大风险；Ⅴ—不容许风险。风险量化的方法很多，最常用的方法是求出风险期望值：

$$R = P \cdot q \tag{8-1}$$

式中 R——风险期望值；

P——风险事件发生的概率；

q——潜在的损失值。

（四）风险处理

根据已掌握的技术或从以往的经验所获得的资料，可提出消除、缓和、转移风险的方法、接受风险的决定和利用有利机会的计划，从而避免产生新的风险。

因此，应对风险处理对策进行规划，该规划可从三方面制订方案。

1. 风险控制对策

风险控制对策是为避免或减少发生风险的可能性及各种潜在损失的对策。风险控制对策有风险回避和损失控制两种。

（1）风险回避对策。即通过回避项目风险因素而使潜在损失不发生。它通常是一种制度，用以强制禁止进行某种活动。

（2）损失控制对策。即通过减少损失发生的机会或通过降低所发生损失的严重性来处理风险。损失控制手段分为损失预防手段和损失减少手段两种。"损失预防手段"旨在减少或消除损失发生的可能性；"损失减少手段"是降低损失的潜在严重性。两者的组合是损失控制方案，其内容包括：制定安全计划，评估及监控有关系统及安全装置，重复检查工程建设计划，制定灾难计划，制订应急计划等。

图8-6是损失控制图。从图上可见，"安全计划""灾难计划"和"应急计划"是损失控制计划的关键组成部分。

图 8-6　损失控制图

损失控制计划的编制要点是：各部门配合编制；计划要列出所有影响项目实施的事件，明确各类人员的责任和义务。制订计划时应考虑：某种风险事件发生可能产生的后果，能采取哪些措施，该事件发生时应由哪个部门负责；应列入包括模拟训练的人员培训内容；应设立检查人员定期检查各项计划的实施情况。安全计划应包括一般性安全要求，特殊设备运转规程，各种保护措施。

灾难计划为现场人员提供明确的行动指南，以处理各种紧急事件。

应急计划是对付损失造成的局面的措施和职责。

表8-5是风险控制策划表。

2. 风险自留对策

风险自留是一种重要的财务性管理技术，由自己承担因风险所造成的损失。风险自留对策有两种，即非计划性风险自留和计划性风险自留。

（1）非计划性风险自留。当风险管理人员没有认识到项目风险的存在因而没有处理项目风险的准备时，风险自留是非计划性的，且是被动的。应通过减少风险识别失误和风险分析失误而避免这种风险自留。

（2）计划性风险自留。计划性风险自留是指风险管理人员有意识地、不断地降低风险的潜在损失。

风险控制策划表 表 8-5

风　　险	措　　施
Ⅰ可忽略的	不采取措施，不必保存文件记录
Ⅱ可容许的	不需要另外的控制措施，应考虑投资效果更佳的解决方案或不增加额外成本的改进措施，需要监视来确保控制措施得以维持
Ⅲ中度的	应努力降低风险，但应仔细测定并限定预防成本，并在规定的时间期限内实施降低风险的措施。在中度风险与严重伤害后果相关的场合，必须进一步地评价，以更准确地确定伤害的可能性，以确定是否需要改进控制措施
Ⅳ重大的	直至风险降低后才能开始工作。为降低风险，有时必须配给大量的资源。当风险涉及正在进行中的工作时，就应采取应急措施
Ⅴ不容许的	只有当风险已经降低时，才能开始或继续工作。如果无限地资源投入也不能降低风险，就必须禁止工作

3. 风险转移对策

（1）合同转移。是指用合同规定双方的风险责任，从而将活动本身转移给对方以减少自身的损失。因此合同中应包含责任和风险两大要素。承包人合同转移的对象是发包人、供应人和分包人。

（2）工程保险。是项目风险管理的最重要的转移技术，目的在于把项目进行中发生的大部分风险作为保险对策，以减轻与项目实施有关方的损失负担和可能由此而产生的纠纷。付出了保险费，却提高了损失控制效率，并能在损失发生后得到补偿。工程保险的目标是最优的工程保险费和最理想的保障。

第七节　施工项目沟通管理和组织协调

一、施工项目沟通管理概述

（一）施工项目沟通管理的内涵和类型

1. 沟通管理的内涵

沟通就是信息的交流。项目沟通管理就是确保通过正式的结构和步骤，及时、适当地对项目信息进行收集、分发、储存和处理，并对非正式的沟通网络进行必要的控制，以利于项目目标的实现。

项目相关方之间良好有效的沟通是组织效率的切实保证，而管理者与被管理者之间的有效沟通是管理艺术的精髓。

2. 项目管理沟通的类型

沟通管理按照信息流向的不同，可分为下向沟通，上向沟通，平行沟通，外向沟通，单向沟通，双向沟通（见图 8-7）；按沟通的方法不同，可分为正式沟通，非正式沟通，书面沟通，口头沟通，言语沟通，体语沟通；按沟通渠道的不同可分为链式沟通，轮式沟通，环式沟通，Y 式沟通，全通道式沟通（见图 8-8）。现简述如下：

（1）正式沟通是制度规定的沟通方法，如命令、指示、文件、正式会议、法令、手册、简报、通知、公告等，以及上下级之间、同事之间的正式接触。其优点是沟通效果

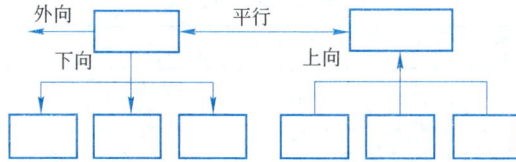

图 8-7 按信息流向区分的沟通方式

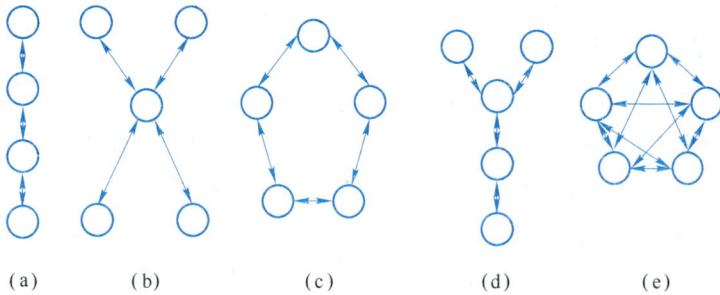

图 8-8 沟通渠道

(a) 链式；(b) 轮式；(c) 环式；(d) Y式；(e) 全通道式

好，严肃，有约束力，易于保密。缺点是沟通速度慢。

（2）非正式沟通是在正式沟通之外进行的信息传递与交流，如员工之间的私下交谈、小道消息、微信等。它以社会关系为基础，超越了单位、部门及层次。其优点是沟通方便、速度快，可提供一些正式沟通难以提供的信息。其缺点是容易产生失真的信息，且产生与组织愿望违背的效果。

（3）上行沟通是指下级意见向上级反映。它有利于项目经理掌握情况。

（4）下行沟通是上级向下级提供信息，一般是以命令或指示的方式传达。其优点是有利于集中领导。

（5）平行沟通指组织中平行部门之间的信息交流。

（6）单向沟通指一方只发送信息，另一方只接受信息，不需要信息反馈。

（7）双向沟通指信息发送者和接受者之间的位置不断交换，如交谈、谈判。其优点是沟通信息准确性较高，信息接受者有反馈信息的机会。但是沟通速度较慢。

（8）书面沟通指用文件形式进行的信息交流。其优点是可长期保存、反复查阅、沟通正式而严肃。

（9）口头沟通：优点是传递消息较为准确，沟通比较灵活，速度快。

（10）链式沟通：逐级传递信息，传递快，易失真。

（11）轮式沟通：领导是信息中心，集中化程度高，沟通渠道少，成员满意率低。

（12）环式沟通：主管人员与低层人员联系，上下层联系。能提高群体成员的士气。

（13）Y式沟通：链式和轮式的组合。集中化程度高，解决问题快，成员满意程度低。

（14）全通道式：开放式的沟通，利于建立民主气氛和合作精神。

五种沟通的比较见表 8-6。

五种沟通渠道的比较　　　　　　　　　　　　　　　　　　　　表 8-6

沟通渠道	速度	信息精确度	组织化	领导人的产生	士气	工作变化弹性
链式	较快	较高	慢、稳定	较显著	低	慢
轮式	快	高	迅速、稳定	较显著	低	慢
环式	慢	低	不易	不发生	高	快
全通道式	最慢	最高	最慢、稳定	不发生	最高	最快
Y 式	较快	较低	不一定	会易位	不一定	较快

3. 网络沟通

（1）网络沟通的优势。

网络沟通可大大降低沟通成本，使沟通主体直观化，极大地缩小了信息存储空间，工作便利，安全性好，跨平台，容易集成。

（2）网络沟通的方式。

网络沟通的方式包括：基于网络的信息处理平台；数据通信网络；互联网；基于互联网的项目专用网站（PSWS）；电子邮件；基于互联网的项目信息门户（PIP）；微信群；QQ 群。

（二）沟通在施工项目管理中的作用

项目经理最重要的工作之一就是沟通。通常花在这方面的时间应该占到全部工作的75％以上。沟通在施工项目管理中的作用如下：

（1）激励——良好的组织沟通，可以起到振奋员工士气，提高工作效率的作用。

（2）创新——在有效的沟通中，沟通者互相讨论，启发共同思考，探索，往往能迸发创新的火花。

（3）交流——沟通的一个重要职能就是交流信息，例如，在一个具体的工程项目中，业主、设计方、施工方、监理方要通过定期经常的例会，以便各部门达成共识，更好的推进项目的进展。

（4）联系——项目主管可通过信息沟通了解业主的需要，设备方的供应能力及其他外部环境信息。

（5）信息分发——在信息社会中，获得信息的能力和对信息占有的数量及质量对于规避风险，管好项目是不可替代的。有不少项目缺乏效率甚至失败，就是因为没有很好地管理项目的信息资源。所谓信息分发，就是把有效信息及时准确地分发给项目的利益相关者。

（三）施工项目沟通管理过程

在一个比较完整的沟通管理体系中，应该包含以下几个过程：沟通计划编制；信息分发；绩效报告；管理收尾。

1. 施工项目沟通计划

（1）施工项目沟通计划的重要性。施工项目沟通计划是施工项目整体计划中的一部分，它的作用非常重要，但是也常常容易被忽视。沟通计划决定项目利益相关者的信息沟通需求：谁需要什么信息，什么时候需要，怎样获得。项目经理就位后的第一件事就是检查整个项目的沟通计划，因为在沟通计划中描述了项目信息的收集和归档结构、信息的发布方式、信息的内容、每类沟通产生的进度计划、约定的沟通方式等。只有把这些理解透彻，才能把握好沟通，在此基础之上熟悉项目的其他情况。很多项目中没有完整的沟通计划，导致沟通非常混乱。完全依靠客户关系或以前的项目经验，或者说完全靠项目经理个人能力的高低，对有的项目沟通也还有效；然而，严格说来，一种高效的体系不应该只在大脑中存在，落实到规范的计划编制中是很有必要的。在项目初始阶段应该编制沟通计划。在编制项目沟通计划时，最重要的是理解组织结构和做好项目利益相关者分析。

（2）沟通计划的内容。

1）详细说明不同类别信息的生成、收集和归档方式，以及对先前发布材料的更新和纠正程序。

2）详细说明信息（状态报告、数据、进度计划、技术文档等）流程及其相应的发布方式。

3）信息描述，如格式、内容、详细程度以及应采取的准则。

4）沟通类型表。

5）各种沟通类型之间的信息获取方式。

6）随着项目的进展，更新和细化沟通管理计划的程序。

（3）施工项目沟通计划编制的依据。

施工项目沟通计划编制的依据包括沟通要求、沟通技术、制约因素和假设。

1）沟通要求。沟通要求是项目参加者的信息要求总和。项目沟通要求的信息一般包括：项目组织和各利益相关者之间的关系；该项目涉及的技术知识；项目本身的特点决定的信息特点；与项目组织外部的联系等。

2）沟通技术。沟通技术即传递信息所使用的技术和方法。技术和方法很多，如何选择才能有效地、快捷地传递信息，取决于下列因素：对信息要求的紧迫程度，技术的取得性，预期的项目环境等。

3）制约因素和假设。制约因素和假设是限制项目管理班子选择计划方案的因素，具有预测性，因此带有主观性，并使计划具有一定的不可预见因素。

4）沟通计划编制的结果

沟通计划编制的结果包括：项目利益相关者分析结果，沟通计划文件。

2. 施工项目沟通管理要素

沟通过程就是发送者将信息通过选定的渠道传递给接收者的过程，沟通过程主要由以下六个要素构成：发送者；通道；接收者；信息反馈；障碍源；背景。

3. 沟通的技术方法

沟通可选择的方法众多，包括：会议与个别交流，指示与汇报，书面与口头，内部刊物与宣传广告，意见箱与投诉站，技术方法等。其中技术方法包括：谈判，现代信息技术工具，执行情况报告及审查，偏差分析和趋势预测，语言。

二、沟通控制

沟通控制即是执行沟通计划，采取措施克服沟通障碍，解决冲突成功沟通，保证目标实现的过程。

（一）施工项目沟通障碍和沟通技巧

1. 施工项目沟通障碍

沟通障碍导致信息没有到达目的地，或使另一方产生误解，是导致项目失败的重要原因。

（1）沟通有两条关键原则，即尽早沟通和主动沟通。

（2）保持畅通的沟通渠道。如果要想最大程度保障沟通顺畅，就要当信息在媒介中传播时尽力避免各种干扰，使得信息在传递中保持原始状态。信息发送出去并接收到之后，双方必须对理解情况做检查和反馈，确保沟通的正确性。

（3）越过沟通障碍的方法

1）系统思考，充分准备。在进行沟通之前，信息发送者必须对其要传递的信息有详尽准备，并据此选择适宜的沟通通道、场所等。

2）沟通要因人制宜。信息发送者必须充分考虑接收者的心理特征、知识背景等状况，依次调整自己的谈话方式。

3）充分运用反馈。许多沟通问题是由于接收者未能准确把握发送者的意思而造成的，如果沟通双方在沟通中积极使用反馈这一手段，就会减少这类问题的发生。

4）积极倾听。积极倾听要求你能站在说话者的立场上，运用对方的思维架构去理解信息。

5）调整心态。情绪对沟通的过程有着巨大影响，过于兴奋、失望等情绪既易造成对信息的误解，也易造成过激的反应。

6）注意非言语信息。非言语信息往往比言语信息更能打动人。因此，如果你是发送者，必须确保你发出的非语言信息能强化语言的作用。体语沟通非常重要。

7）组织沟通检查。组织沟通检查是指检查沟通政策、沟通网络以及沟通活动的一种方法。这一方法把组织沟通看成实现组织目标的一种手段，而不是为沟通而沟通。

2. 施工项目沟通技巧

（1）项目管理者应有的素质。

一个成功的项目管理者在沟通时应具有的基本沟通素质：

1）能简明扼要的说明任务的性质。

2）应告知员工去做什么，如何去做。

3）会鼓励员工圆满完成任务。

4）能与员工建立和谐关系。

5）能与员工一起探讨问题，并听取他们的意见。

6）能有效地分配职责，并了解职员应该向你提出的问题。

7）作为领导，恰当地解释在特定环境中你的失常行为。

（2）施工项目冲突管理。

1）施工项目冲突管理的目的就是引导冲突的结果向积极的、协作的、非破坏性的方向发展。项目进程中各种冲突源的平均强度如图8-9所示；项目生命期冲突分布情况如图8-10所示。

① 项目进度冲突：项目工作任务（或活动）的完成次序及所需时间的冲突。

② 优先权冲突：项目参加者因对现实项目目标应该执行的工作活动和任务的次序关

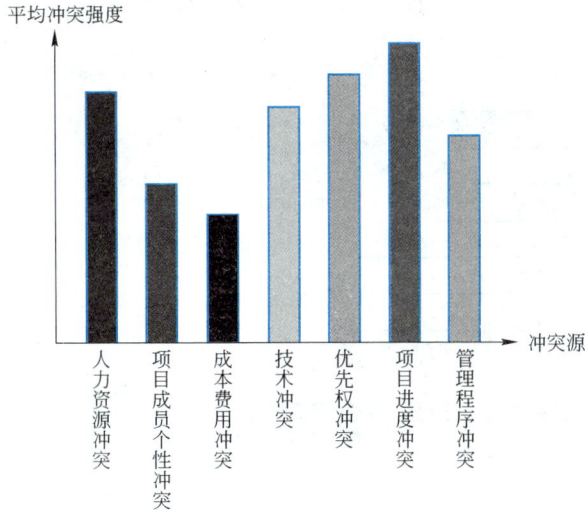

图 8-9 项目进程中各种冲突源的平均强度

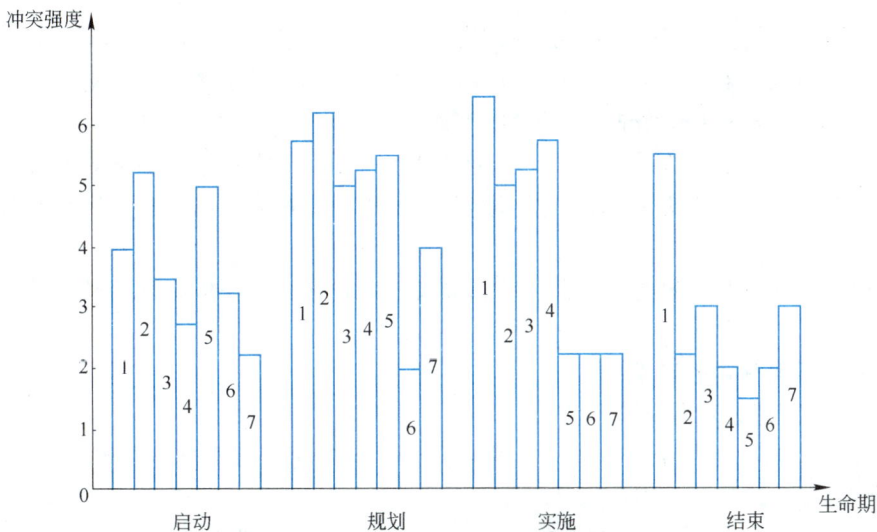

图 8-10 项目生命期冲突分布情况

系意见不同而产生的冲突。

③ 人力资源冲突：由于来自不同职能部门而引发的有关项目团队成员支配问题等用人方面的冲突。

④ 技术冲突：在技术质量、技术性能要求、技术权衡以及实现性能的手段等技术问题上产生的冲突。

⑤ 管理程序冲突：围绕项目管理问题而产生的冲突。包括项目经理的报告关系界定、责任界定、项目工作范围、运行要求、实施计划、与其他组织协商的工作协议以及管理支持程序等方面。

⑥ 成本费用冲突：在费用分配问题上产生的冲突。

⑦ 项目成员个性冲突：由于项目成员的价值观、事物判断标准等不同而产生的冲突。

2）冲突的基本解决模式有五种（如图 8-11 所示）。

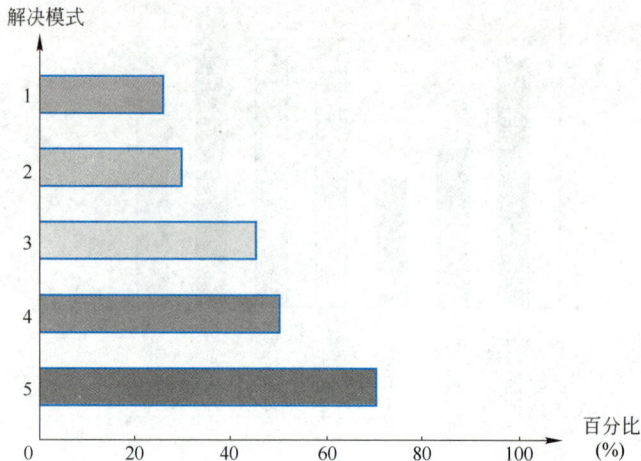

图 8-11　项目冲突的解决模式

1—回避；2—强制；3—缓和；4—妥协；5—协商

① 回避。指卷入冲突的项目成员从中退出，从而避免发生实质的或潜在的争端。

② 强制。这一策略的实质是"非赢即输"，认为在冲突中获胜要比"勉强"保持人际关系更为重要，是一种积极的解决冲突的方式。

③ 缓和。实质是"求同存异"，尽可能在冲突中强调意见一致的方面，而忽视差异。

④ 妥协。实质是协商并寻求冲突双方在一定程度上都满意的方法，旨在寻找一种折中方案。

⑤ 协商。直接面对冲突以克服分歧，解决冲突。是一条积极的冲突解决途径，既正视问题的结局，也重视团队之间的关系。

（二）变更管理中的沟通

（1）变更管理必须实现以下目标：

1）项目团队与业务部门领导、公司决策层之间能进行开诚布公、及时有效的沟通，从而获得他们的支持、参与推动。

2）项目团队内部能进行清楚高效的沟通，以保证项目团队成员的工作能协调一致，按时、保质、保量完成预期的交付成果，并得到认同和提升。

3）所有员工都应理解项目实施的原因、意义及其对整个组织及组织内部每个功能、地域的影响。

4）广大员工能看到公司高层领导通过实际行动所表现出来的对于项目实施的支持与承诺。

5）保证组织合理安排员工的工作职责和角色转换，以及可能发生的组织结构调整。

6）对系统相关的最终用户进行教育与培训，使其以积极主动的心态迎接可能的变更，并具有相应的技能来适应这种变更。

7）加强内外部的宣传与沟通，为项目顺利推进营造一种适宜的组织氛围。

（2）变更管理工作的核心就是沟通。变更沟通必须做到：

1）培养用户对项目的价值与战略重要性的认同感。

2）保持信息的一致性与重复性，因为在长期变更中最容易受到影响的就是信息的清晰性。

3）通过行动的一致性来建立信任。

4）形成双向交流，就信息源所提出的问题及其回答给予回应。

5）了解不同的对象会有不同的需求、兴趣及理解事物的倾向性。

6）增强项目进度的透明度，确保包括各相关业务部门在内的各方了解项目的进展。

三、施工项目组织协调

1. 组织协调的概念

组织协调指以一定的组织形式、手段和方法，对项目中产生的关系不畅进行疏通，对产生的干扰和障碍予以排除的活动。

项目中之所以产生关系不畅就是因为有干扰。施工项目中的干扰来自多个方面：

（1）人为的干扰因素

人为的干扰因素主要包括：决策失误、计划不周、指挥不当、控制协调不力、责任不清、行为有误等。总之，人是管理的主体，人为的干扰是最主要的干扰。

（2）材料的干扰因素

材料的干扰因素主要包括：供应不及时，供应品种、规格、数量、质量不符合要求，价格不合理，材料试验中出现问题，材料使用不当等。构件等预制品也可能发生类似材料的问题。

（3）机械设备干扰因素

机械设备干扰因素主要包括：选用决策不当，供应不及时，操作中出现问题，机械故障，维修不当，利用率低，效率发挥不好，更新不及时，取费不合理等。周转材料和工具产生的干扰与机械设备类似。

（4）工艺及技术干扰因素

工艺及技术方面的干扰因素主要包括：施工方案设计不周或没有优选，对施工方案实施不力，工艺方法选用和使用不当，在操作中出现问题，执行技术标准、工艺规程不力，检查不及时，管理点没有设计或没有执行好。

（5）资金干扰因素

资金干扰因素一般是资金不到位，其中又包括时间不及时和数量不足，也有在结算、索赔中发生矛盾影响施工的。

（6）环境干扰因素

环境因素的干扰极为复杂而多变。一是技术环境，如地质、水文、气象等；二是工程管理环境，如质量体系、管理制度不合要求等；三是劳动环境，如劳动组合不优，劳动工具不足或使用不便，工作面狭窄；四是社会环境，如环保、环卫、交通、治安、绿化、文物保护等的干扰；另外还有行政环境、政治环境方面的干扰等。

对干扰因素的排除，只能通过认真分析、研究，采取有针对性的措施，并加以实施使之成功，才能见效，这就是协调的作用。

2. 组织协调的范围

组织协调范围包括内部关系的协调、近外层关系的协调和远外层关系的协调，

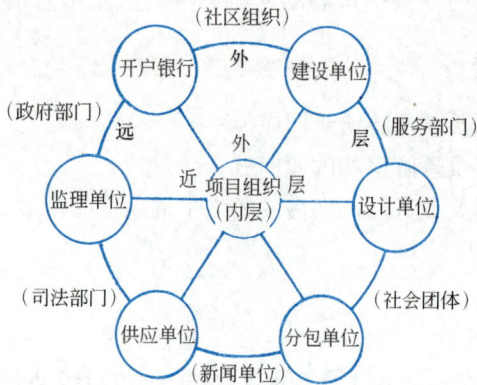

图 8-12　项目协调管理的范围

见图 8-12。

（1）内部关系包括项目经理部内部关系、项目经理部与企业的关系，项目经理部与作业层的关系。

（2）近外层关系（图 8-12 中外层圈）是与承包人有直接的或间接合同的关系，包括与发包人、监理工程师、设计人、供应人、分包人、贷款人、保险人等的关系。近外层关系的协调应作为项目管理组织协调的重点。

（3）远外层关系（图 8-12 中各近外层单位之间）是与承包人虽无直接或间接合同关系，但却有着法律、法规和社会公德等约束的关系，包括承包人与政府、环保、交通、环卫、绿化、文物、消防、公安、新闻、司法、社区等单位的关系。

3. 组织协调的程序

组织协调贯穿于施工项目管理的始终，施工项目管理的各个阶段都存在大量的组织协调工作，应始终坚持公平、公正、双赢互利、实事求是、互谅互让、合情合理的原则，把工作中存在的矛盾和问题解决在萌芽之中。要充分体现及时、快速、彻底、不留隐患、有利于后续工作的理念，做到通过协调使得组织意愿、项目目标得以更可靠地实现。

组织协调工作通常可分为主动协调和被动协调两类。所谓主动协调就是通过政策制定、制度实施、宣传、教育、严格执行合同、标准等工作将各方组织意愿最大限度地达到一致，使得相互之间的合作渠道畅通、合作信息共享，将可能存在的不一致消灭在事件开展前期，确保项目实施运行过程环环相扣，运行到位，各方利益均可有效保障，顺利实现项目实施各方总体目标，相互之间相得益彰，共赢互惠。主动协调的程序见图 8-13。

所谓被动协调就是当合作双方或多方在项目运行过程中出现意见分歧、利益冲突、权益受损等问题时，通过有效沟通，双方达成理解、支持、让步、谅解和共识的管理行为。被动协调的程序见图 8-14。

4. 组织协调的内容

组织协调的内容包括人际关系、组织关系、供求关系、协作配合关系和约束关系等。

（1）人际关系的协调，包括施工项目组织内部人际关系的协调和施工项目组织与关联单位的人际关系协调。

施工项目组织内部人际关系是指项目经理部各成员之间、项目经理部成员与班组之间、班组相互之间的人员工作关系的总称。

施工项目组织与关联单位的人际关系是指项目组织成员与企业管理层管理人员和职能部门成员、近外层关系单位工作人员、远外层关系单位工作人员之间的工作关系的总称。

（2）组织关系协调主要是对施工项目组织内部各部门之间工作关系的协调，具体包括各部门之间的合理分工和有效协作。分工和协作同等重要，合理的分工能保证任务之间的平衡匹配，有效协作既避免了相互之间利益分割，又提高了工作效率。

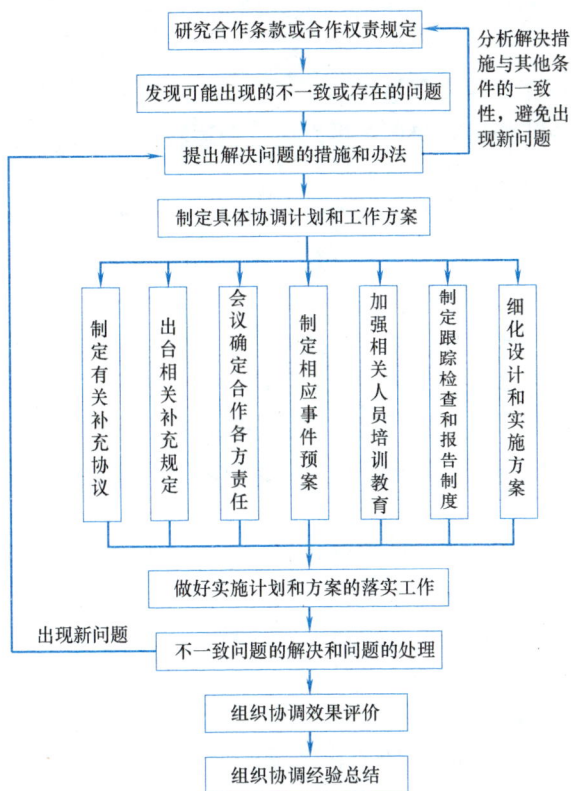

图 8-13　组织协调程序图（主动协调）

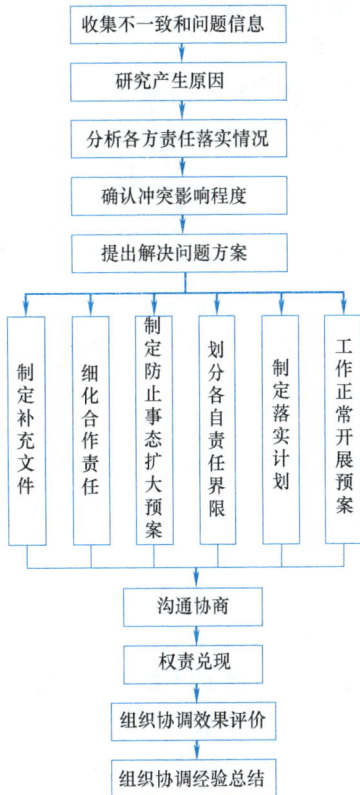

图 8-14　组织协调程序图（被动协调）

（3）供求关系的协调主要是保证项目实施过程中所发生的人力、材料、机械设备、技术、资金、信息等生产要素供应的优质、优价和适时、适量，避免相互之间的矛盾、保证项目目标的实现。

（4）协作配合协调主要是指与近外层关系的协作配合协调和内部各部门、各层次之间协作关系的协调。

（5）约束关系的协调包括法律、法规的约束关系的协调和合同约束关系的协调。法律法规的约束关系主要是通过提示、教育等手段提高关系双方的法律法规意识，避免产生矛盾，及时、有效地解决矛盾。合同约束关系主要通过过程监督和适时检查以及教育等手段主动杜绝冲突和矛盾，或者依照合同及时、有效地解决矛盾。

5. 组织协调的动态工作原则

施工项目在实施过程中，随着运行阶段的不同，所存在的关系和问题都有所不同，比如项目进行的初期主要是供求关系的协调，项目进行的后期主要是合同和法律、法规约束关系的协调。这就要求协调工作应根据不同的发展阶段，适时、准确地把握关系的发展，及时、有效地沟通关系、化解矛盾，提高项目运行的效率和效益。

6. 施工项目内部关系的组织协调运作

内部关系的组织协调运作应注意以下几点：

（1）施工项目内部人际关系的协调。施工项目内部人际关系的协调主要靠执行制度，坚持民主集中制，做好思想政治工作，充分调动每个人的积极性。要用人所长，责任分明、实事求是地对每个人的绩效进行评价和激励。在调解人与人之间矛盾时要注意方法，重在疏导。

（2）施工项目内部组织关系的协调。施工项目中的组织形成了系统，系统内部各组成部分构成一定的分工协作和信息沟通关系。组织关系协调，可以使组织运转正常，发挥组织力的作用。组织关系的协调应主要从以下几个方面进行：

一是设置组织机构要以职能划分为基础；二是要明确每个机构的职责；三要通过制度明确各机构在工作中的相互关系；四要建立信息沟通制度，制定工作流程图；五要根据矛盾冲突的具体情况及时灵活地加以解决，不使矛盾冲突扩大化。

（3）施工项目内部需求关系的协调。施工中需要资源。因此人力资源、材料、机械设备、动力等需求，实际上是求得施工项目的资源保证。需求关系协调的环节如下：

第一，满足人、财、物的需求要抓计划环节。计划的编制过程，就是生产要求与供应之间的平衡过程，用计划规定供应中的时间、规格、数量和质量。执行计划的过程，就是按计划供应的过程。

第二，抓住瓶颈环节，对需求进行平衡。瓶颈环节即关键环节，主要矛盾，对全局影响较大，因此协调抓瓶颈，就是抓重点和关键。

第三，加强调度工作，排除障碍。调度工作做的就是协调工作。调度人员是协调工作的责任者，应健全调度体系，充分发挥调度人员的作用。

7. 施工项目近外层关系的组织协调运作

施工项目的近外层关系都是合同涉及的关系或服务关系，应在平等的基础上进行协调。

（1）项目经理部与发包人关系的协调

这两者之间的关系从招投标开始，中间经过施工准备、施工中的检查与验收、进度款支付、工程变更、进度协调、交工验收等，关系非常密切。处理两者之间的关系主要是洽谈、签订和履行合同。有了纠纷，也以合同为依据解决。如果发包人委托监理单位进行监理，则施工项目与监理的关系就是监理与被监理的关系。施工项目经理部应接受监理，按监理制度协调关系。

1）在施工准备阶段发包人应做好的工作：

① 取得政府主管部门对该项建设任务的批准文件。

② 取得地质勘探资料及施工许可证。

③ 取得施工用地范围及施工用地许可证。

④ 取得施工现场附近的铁路支线可供使用的许可证。

⑤ 取得施工区域内地上、地下原有建筑物及管线资料。

⑥ 取得在施工区域内进行爆破的许可证。

⑦ 施工区域内征地、青苗补偿及居民迁移工作。

⑧ 施工区域内地面、地下原有建筑物及管线、坟墓、树木、杂物等障碍的拆迁、清理、平整工作。

⑨ 将水源、电源、道路接通至施工区域，电源一般由业主委托供电单位将规定的高压电送到施工区域，包括架设变压器（变压器由发包人提供）。

⑩ 向所在地区市容办公室申请办理施工用临时占地手续，负责缴纳应由发包人承担

的费用。

⑪ 确定建筑物标高和坐标控制点及道路、管线的定位标桩。

⑫ 对国外提供的设计图纸，应组织人员按本地区的施工图标准及使用习惯进行翻译、放样及绘制工作。

⑬ 向项目经理部交送全部施工图纸及有关技术资料，并组织有关单位进行施工图交底。

⑭ 向项目经理部提供应由发包人供应的设备、材料、成品、半成品加工订货单，包括品种、规格、数量、供应时间及有关情况的说明。

⑮ 会审、签认项目经理部提出的《施工项目管理实施规划》（或施工组织设计）。

⑯ 向建设银行提交开户、拨款所需文件。

⑰ 指派工地代表并明确负责人，书面通知施工项目经理部。

2）在施工准备阶段，项目经理部应在规定时间内做好以下各项工作：

① 编制施工项目管理实施计划。

② 根据施工平面图的设计，搭建施工用临时设施。

③ 组织有关人员学习、会审施工图纸和有关技术文件，参加发包人组织的施工图交底与会审。

④ 根据出图情况，组织有关人员及时编制施工预算，并交发包人审核。

⑤ 向发包人提交应由发包人采购、加工、供应的材料、设备、成品、半成品的数量、规格清单，并明确进场时间。

⑥ 负责办理属于项目经理部供应的材料、成品、半成品的加工订货手续。

⑦ 如遇工程特殊（如结构复杂、需用异型钢模多、一次性投入的施工准备费用大等），需由发包人在开工前预拨资金和钢材指标时，应将钢材规格、数量、金额、预拨时间、抵扣办法等，在合同中加以明确。

3）项目经理部应及时向发包人提供生产计划、统计资料、工程事故报告等。

4）发包人应按规定向承包人提供下列技术资料：

① 发包人应将单位工程施工图纸，按规定时间送交给项目经理部。如遇外资工程，全部施工图纸不能一次交给项目经理部时，在不影响项目经理部施工准备工作和开工前签订合同的前提下，经项目经理部同意，可分期交付，但应列出分期交付时间明细表，作为合同的附件。

② 发包人应将设备的技术文件在规定时间内送交给承包人。

③ 国外设计工程，发包人应向承包人提供外文原文图纸及有关技术资料。

④ 如要求按外国规范施工时，发包人应向项目经理部提供翻译成中文的国外施工规范。

⑤ 项目经理部应及时向发包人提供该工程有关的生产计划、统计资料、工程事故报告等。

⑥ 如果发包人没有力量完成其负责的现场准备或拆迁改线工程时，可委托项目经理部代为施工，但费用由发包人承担。

（2）施工项目经理部与监理单位关系的协调

在工程项目实施过程中，监理工程师不仅履行监理职能，同时也履行协调职能。监理工程师在很大程度上是项目组织与发包人、银行以及其他相关单位之间关系的协调者，因此项目经理部必须处理好与监理工程师之间的关系。处理关系时，应坚持相互信任、相互支持、相互尊重、共同负责的原则，以施工合同为准，确保项目实施质量。同时要按《建设工程监理规范》的规定，接受监督和相关管理，使双方的关系融洽起来。

（3）施工项目经理部与设计人关系的协调

施工项目经理部与设计人同是承包单位，他们两者均与发包人订有合同，但两者之间没有合同关系。共同为发包人服务决定了施工方与设计方的密切关系，这种关系是图纸供应关系，设计与施工技术关系等。这些关系发生在设计交底、图纸会审、设计变更与修改、地基处理、隐蔽工程验收和竣工验收等环节中。项目的实施必须取得设计人的理解和支持，尽量避免冲突和矛盾，如果出现问题应及时协商或通过发包人和监理工程师解决。由于项目经理部与设计人之间的关系主要发生在设计交底、图纸会审、设计洽商变更、地基处理、隐蔽工程验收和交工验收等活动中，故应针对活动要求处理好协作关系。

（4）施工项目经理部与供应人之间关系的协调

施工项目经理部与供应人之间关系的协调分合同供应与市场供应，一要充分利用合同，二要充分利用市场机制。所谓合同供应关系是指项目资源的需求以合同的形式与供应人就资源供应数量、规格、质量、时间、配套服务等事项进行明确，减少资源采购风险，提高资源利用效率。所谓市场供应关系是指项目所需资源直接从市场通过价格、质量、服务等的对比择优获取。

（5）施工项目组织与公用部门关系的协调

施工项目组织与公用部门的关系包括与道路、市政管理部门，自来水、煤气、热力、供电、电信等单位的关系。由于项目建设中与这些单位的关系非常密切，他们往往与业主有合同关系，故应加强计划协调，主要是进行质量保证、施工协作、进度衔接方面的协调。

（6）施工项目组织与分包单位关系的协调

在协调与分包单位关系方面，应注意选好具备相应营业资质等级及施工能力的分包单位；落实好总分包之间的责任；处理好总分包之间的经济利益；解决好总分包之间的纠纷；按合同办事。

8. 施工项目经理部与远外层关系的组织协调运作

远外层与项目组织不存在合同关系，关系的处理主要以法律、法规和社会公德为准绳，相互支持、密切配合、共同服务于项目目标。在处理关系和解决矛盾过程中，应充分发挥中介组织和社会管理机构的作用。在协调中注意以下各项：

（1）项目经理部应要求作业队伍到建设行政主管部门办理分包队伍施工许可证。

（2）项目经理部的安全监察部门应办理企业安全资格认可证、安全施工许可证、项目经理安全生产资格证等手续。

（3）项目经理部的安全保卫部门应办理施工现场消防安全资格认可证；到交通管理部门办理通行证。

（4）项目经理部应到当地户籍管理部门办理劳务人员暂住手续。

（5）项目经理部应到当地城市管理部门办理街道临建审批手续。

（6）项目经理部应到当地政府质量监督管理部门办理建设工程质量监督手续。

（7）项目经理部应到市容监察部门审批运输不遗洒、污水不外流、垃圾清运、场容与场貌的保证措施方案和通行路线图。

（8）项目经理部应配合环保部门做好施工现场的噪音检测工作，及时报送有关厕所、化粪池、道路等的现场平面布置图、管理措施及方案。

（9）项目经理部因建设需要砍伐树木时必须提出申请，报市园林主管部门审批。

（10）现有城市公共绿地和城市总体规划中确定的城市绿地及道路两侧的绿化带，如特殊原因确需临时占用时，需经城市园林部门、城市规划管理部门及公安部门同意并报当地政府批准。

（11）大型项目施工或者在文物较密集地区进行施工，项目经理部应事先与省市文物部门联系，在开工范围内有可能埋藏文物的地方进行文物调查或者勘探工作，若发现文物，应共同商定处理办法。在开挖基坑、管沟或其他挖掘中，如果发现古墓葬、古遗址和其他文物，应立即停止作业，保护好现场，并报告当地政府文物管理机关。

（12）项目经理部持建设项目批准文件、地形图、建筑总平面图、用电量资料等到城市供电管理部门办理施工用电报装手续。委托供电部门进行方案设计的应办理书面委托手续。

（13）供电方案经城市规划管理部门批准后即可进行供电施工设计。外部供电图一般由供电部门设计，内部供电设计主要指三级配电系统的设计，既可由供电部门设计，也可由有资格的设计人设计，并报供电管理部门审批。

（14）项目经理部在项目的用水量计算后，即应委托供水管理部门进行供水方案设计，同时应提供项目批准文件、标明建筑红线和建筑物位置的地形图、建设地点周围自来水管网情况、建设项目的用水量等资料。

（15）供水方案经城市规划管理部门审查通过后，应在供水管理部门办理报装手续，并委托其进行相关的施工图设计。同时应准备建设用地许可证、地形图、总平面图、钉桩坐标成果通知单、施工许可证、供水方案批准文件等资料。由其他设计人员进行的自来水工程施工图设计，应送供水管理部门审查批准。

第八节　施工项目信息管理

施工项目信息管理是指项目经理部以项目管理为目标，以施工项目信息为管理对象，所进行的有计划地收集、处理、储存、传递、应用各类各专业信息等一系列工作的总和。项目经理部为满足项目管理的需要，提高管理水平，应建立项目信息管理系统，优化信息结构，通过动态的、高速度、高质量地处理大量项目施工及相关信息和有组织的信息流通，实现项目管理信息化，做出最优决策并取得良好经济效果和预测未来提供科学依据。

一、施工项目信息管理的任务

2016 年 9 月住房和城乡建设部发布《2016—2020 年建筑业信息化发展纲要》，旨在增强建筑业信息化发展能力，优化建筑业信息化发展环境，加快推动信息技术与建筑业发展深度融合。这为施工项目信息管理指明了方向，明确了任务。

（1）加强信息化基础设施建设

在施工现场建设互联网基础设施，广泛使用无线网络及移动终端，实现项目现场与企业管理的互联互通，强化信息安全，完善信息化运维管理体系，保障设施及系统稳定可靠运行。

（2）推进管理信息系统升级换代

普及项目管理信息系统，开展施工阶段的 BIM 基础应用。有条件的企业应研究 BIM 应用条件下的施工管理模式和协同工作机制，建立基于 BIM 的项目管理信息系统。

完善并集成项目管理、人力资源管理、财务资金管理、劳务管理、物资材料管理等信息系统，实现企业管理与主营业务的信息化。有条件的企业应推进企业管理信息系统中项目业务管理和财务管理的深度集成，实现业务财务管理一体化。推动基于移动通信、互联网的施工阶段多参与方协同工作系统的应用，实现企业与项目其他参与方的信息沟通和数据共享。

（3）拓展管理信息系统新功能

研究建立风险管理信息系统，提高企业风险管控能力。建立并完善电子商务系统，或利用第三方电子商务系统，开展物资设备采购和劳务分包，降低成本。开展 BIM 与物联网、云计算、3S 等技术在施工过程中的集成应用研究，建立施工现场管理信息系统，创新施工管理模式和手段。

（4）优化工程总承包项目信息化管理，提升集成应用水平

进一步优化工程总承包项目管理组织架构、工作流程及信息流，持续完善项目资源分解结构和编码体系。利用新技术提升并深化应用项目管理信息系统，实现设计管理、采购管理、施工管理、企业管理等信息系统的集成及应用。

探索 PPP 等工程总承包项目的信息化管理模式，研究建立相应的管理信息系统。

（5）推进"互联网＋"协同工作模式，实现全过程信息化

研究"互联网＋"环境下的工程总承包项目多参与方协同工作模式，建立并应用基于互联网的协同工作系统，实现工程项目多参与方之间的高效协同与信息共享。研究制定工程总承包项目基于 BIM 的多参与方成果交付标准，实现从设计、施工到运行维护阶段的数字化交付和全生命期信息共享。

（6）推进信息技术在劳务实名制管理中的应用

应用物联网、大数据和基于位置的服务（LBS）等技术建立全国建筑工人信息管理平台，并与诚信管理信息系统进行对接，实现深层次的劳务人员信息共享。推进人脸识别、指纹识别、虹膜识别等技术在工程现场劳务人员管理中的应用，与工程现场劳务人员安全、职业健康、培训等信息联动。

（7）建立完善数字化成果交付体系

建立设计成果数字化交付、审查及存档系统，推进基于二维图的、探索基于 BIM 的数字化成果交付、审查和存档管理。开展白图代蓝图和数字化审图试点、示范工作。完善工程竣工备案管理信息系统，探索基于 BIM 的工程竣工备案模式。

（8）加强信息技术在工程质量安全管理中的应用

构建基于 BIM、大数据、智能化、移动通信、云计算等技术的工程质量、安全监管模式与机制。建立完善工程项目质量监管信息系统，对工程实体质量和工程建设、勘察、设计、施工、监理和质量检测单位的质量行为监管信息进行采集，实现工程竣工验收备

案、建筑工程五方责任主体项目负责人等信息共享，保障数据可追溯，提高工程质量监管水平。建立完善建筑施工安全监管信息系统，对工程现场人员、机械设备、临时设施等安全信息进行采集和汇总分析，实现施工企业、人员、项目等安全监管信息互联共享，提高施工安全监管水平。

(9) 推进信息技术在工程现场环境、能耗监测和建筑垃圾管理中的应用

研究探索基于物联网、大数据等技术的环境、能耗监测模式，探索建立环境、能耗分析的动态监控系统，实现对工程现场空气、粉尘、用水、用电等的实时监测。建立建筑垃圾综合管理信息系统，实现项目建筑垃圾的申报、识别、计量、跟踪、结算等数据的实时监控，提升绿色建造水平。

(10) 探索物联网、3D 打印和智能化技术

开展传感器、高速移动通信、无线射频、近场通信及二维码识别等物联网技术与工程项目管理信息系统的集成应用研究，开展示范应用。结合 BIM 技术应用，探索 3D 打印技术运用于建筑部品、构件生产，开展示范应用。开展智能机器人、智能穿戴设备、手持智能终端设备、智能监测设备、3D 扫描等设备在施工过程中的应用研究，提升施工质量和效率，降低安全风险。

二、项目信息管理计划

(一) 项目信息管理计划的内容

(1) 项目信息管理范围；

(2) 项目信息管理目标；

(3) 项目信息需求；

(4) 项目信息管理手段和协调机制；

(5) 项目信息编码系统；

(6) 项目信息渠道和管理流程；

(7) 项目信息资源需求计划；

(8) 项目信息管理制度与信息变更控制措施。

(二) 项目信息管理计划的要求

(1) 项目信息编码系统应有助于提高信息的结构化程度，方便使用，并且应与组织信息编码保持一致。

(2) 项目信息渠道和管理流程应明确信息产生和提供的主体，明确该信息在项目管理机构内部和外部的具体使用单位、部门和人员之间的信息流动要求，并有利于保持信息畅通。

(3) 项目信息资源需求计划应明确所需的各种信息资源名称、配置标准、数量、需用时间和费用估算。

(4) 项目信息管理制度应确保信息管理人员以有效的方式进行信息管理，信息变更控制措施应确保信息在变更时进行有效控制。

三、项目信息过程管理

项目信息过程管理包括信息的采集、传输、存储、应用和评价过程。

（一）信息管理过程管理的范围

（1）与项目有关的自然信息、市场信息、法规信息、政策信息；

（2）项目利益相关方信息；

（3）项目内部的各种管理和技术信息。

（二）信息过程管理的要求

（1）项目信息采集宜采用移动终端、计算机终端、物联网技术或其他技术进行及时、有效、准确地采集。

（2）项目信息应采用安全、可靠、经济、合理的方式和载体进行传输。

（3）项目经理部应建立相应的数据库，对信息进行储存。项目竣工后应保存和移交完整的项目信息资料。

（4）项目经理部应通过项目信息的应用，掌握项目的实施状态和偏差情况，以便于实现通过任务安排进行偏差控制。

（5）项目信息管理评价应确保定期检查信息的有效性、管理成本以及信息管理所产生的效益，评价信息管理效益，持续改进信息管理工作。

四、文件与档案管理

（1）项目经理部应配备专职或兼职的文件与档案管理人员。

（2）项目管理过程中产生的文件与档案均应进行及时收集、整理，并按项目的统一规定标识，完整存档。

（3）项目文件与档案管理宜应用信息系统，重要项目文件和档案应有纸介质备份。

（4）项目经理部应保证项目文件和档案资料的真实、准确和完整。

（5）文件与档案宜分类、分级进行管理，保密要求高的信息或文件应按高级别保密要求进行防泄密控制，一般信息可采用适宜方式进行控制。

五、信息技术应用管理

（一）项目信息系统功能要求

（1）信息收集、传送、加工、反馈、分发、查询的信息处理功能；

（2）进度管理、成本管理、质量管理、安全管理、合同管理、技术管理及相关的业务处理功能；

（3）与工具软件、管理系统共享和交换数据的数据集成功能；

（4）利用已有信息和数学方法预测、提供辅助决策的功能；

（5）支持项目文件与档案管理的功能。

（二）项目信息系统管理效果

（1）实现项目文档管理的一体化；

（2）获得项目进度、成本、质量、安全、合同、资金、技术、环保、人力资源、保险的动态信息；

（3）支持项目管理满足事前预测、事中控制、事后分析的需求；

（4）提供项目关键过程的具体数据并自动产生相关报表和图表。

（三）项目信息系统安全技术措施

（1）身份认证；

（2）防止恶意攻击；

（3）信息权限设置；

（4）跟踪审计和信息过滤；

（5）病毒防护；

（6）安全监测；

（7）数据灾难备份。

六、工程网络计划的计算机应用

《工程网络计划技术规程》JGJ/T 121—2015 对工程网络计划技术的计算机应用做出了以下规定：

（1）工程网络计划的编制、检查、调整宜采用计算机软件进行。

（2）工程网络计划的计算机应用应符合国家现行标准《信息技术 元数据注册系统（MDR）》GB/T 18391.1～18391.6 及《建筑施工企业管理基础数据标准》JGJ/T 204 的有关规定。

（3）计算机软件应具有各种网络计划的编制、绘图、计算、优化、检查、调整、分析、总结和输出打印功能。

（4）计算机软件应实时计算时间参数，并以适当的形式展示时间信息。

（5）计算机软件宜具有单代号网络计划、双代号网络计划、时标网络计划图形相互转化的功能，将网络计划转化成按最早时间或最迟时间绘制的横道图计划。

（6）计算机软件在横道图、单代号网络图与双代号网络图中计算的时间参数应一致。

（7）计算机软件宜有绘制实际进度前锋线功能以及实际时间、计划时间比较功能。

（8）计算机软件宜有在工作上指定资源，并计算、统计、输出资源需要量计划的功能。

（9）计算机软件宜具有与其他软件进行数据交换的接口。

（10）软件实现的网络计划图宜用不同的线型（粗细、颜色、形状等）表示不同的工作。

（11）软件宜有保存网络计划的修改变更痕迹，记录变更的原因，实现与以前的对比或溯源。

七、BIM 技术应用

（一）BIM 技术的概念和特点

1. 概念

BIM，Building Information Modeling 的缩写，即建筑信息模型，是应用于数字建造的一项新技术，它是一种可用于改善建设项目全生命期内相关组织和团队内部信息沟通，提升生产和管理效率，减少返工和重复劳动，消除不确定性，从而降低风险，更好地实现项目运营和维修的技术系统，可以用以实现数字建造、极大地提高投资效益。

2. BIM 技术的特点

（1）参数化。参数化指通过修改描述几何形状参数的参数值来改变模型几何形状的能力，它是 BIM 应用的核心技术。

（2）协同性。协同性是指设计和建造协同、专业之间协同、组织之间协同、部门之间协同等。实现方法是用计算机建模技术实现虚拟设计和建造，允许项目的不同参与方将各自的设计成果和建造计划整合在同一个模型中，这个模型是真实世界中工程设计和建造的数字孪生兄弟，如果各参与方或各专业之间在模型中能够完美协同，在真实世界就不会出现冲突，实现完美的协同。

（3）集成性。集成性指 BIM 技术可在虚拟模型中整合尽可能多的工程信息，实现对全生命期中的信息集成管理。这个特点使 BIM 技术不但适用于数字建造而且更适用于数字化工程项目管理。

（二）BIM 技术的适用范围

从硬件和软件的角度搭建 BIM 应用系统的框架，是 BIM 应用的必要条件。从纵向上看，BIM 技术可应用于工程项目的全生命期，包括项目策划与规划、设计、施工、竣工、交付使用、运行和维修，直到拆除或自然毁坏；从横向上看，BIM 技术可用于项目的各相关组织和组织内的各相关部门及相关专业；各相关组织包括业主、设计单位、施工单位、供应商、房地产经纪人和使用者，以及咨询服务单位、监理单位、造价咨询单位等。因此，BIM 的应用系统必须覆盖广泛，全盘考虑，形成一个巨大的应用系统网络，让使用者都能从中充分享用到交换的信息。

（三）BIM 技术在工程项目管理中的应用概述

BIM 技术的主要用途是为工程项目管理全过程的各阶段提供信息服务，提高目标控制和过程管理所需的信息应用效率和效益。以下是基于 BIM 技术施工阶段的项目管理概述。

基于 BIM 技术的施工项目管理，包括进度管理、质量管理、安全管理、成本管理、环境管理、合同管理、沟通管理等。

1. 进度管理

BIM 在工程项目管理中的应用体现在项目运行过程中的方方面面。其关键点有施工进度模拟、施工安全与冲突分析系统、施工优化系统、三维技术交底及安装指导、移动终端现场管理等。其中施工进度模拟是将 BIM 与施工进度计划相连接，将时间信息与空间信息整合在一个可视的 4D（即 3D＋Time）模型中，从而反映施工进展过程，实时追踪当前的进度状况，分析影响进度的因素排除进度障碍，从而控制进度目标。

2. 基于 BIM 的质量管理

基于 BIM 的质量管理包括产品质量管理和技术质量管理。

产品质量管理是利用 BIM 模型中储存的大量建筑构件和设备信息，快速查找所需的信息，并根据 BIM 设计模型，对现场施工作业产品进行跟踪、记录、分析，掌握现场施工的不确定因素，避免不良后果，监控施工质量。

技术质量管理是通过 BIM 的软件平台动态模拟施工技术流程，再由施工人员按照仿真施工流程施工，确保不会出现施工技术信息的传递偏差，从而避免出现实际做法和计划（设计）做法出现偏差，减少可预见问题的发生，达到监控质量的目的。

3. 基于 BIM 的安全管理

使用 BIM 技术，可对设计、施工和运营维护等阶段的安全风险进行全程监控。

在施工准备阶段，可利用 BIM 技术进行与实践相关的安全分析，降低发生施工安全事故风险。在施工阶段，可利用 BIM 技术进行仿真模拟为结构安全施工提供保障；也可利用 BIM 技术对结构施工方案进行安全验证；还可以利用 BIM 技术模拟三维虚拟环境进行漫游，形象而直观地提前发现现场的各类潜在风险，查看监测处的应力应变状态，提前自动报警，以避免发生实际安全风险。

4. 基于 BIM 的成本管理

利用 BIM 技术进行成本管理首先要建立 5D 关系数据库，该 5D 指 3D（实体）加时间和工序，以各 WBS（工作分解结构）单位工程量的人、机、料单价为主要数据进入成本 BIM 数据库中，实现多维度（时间、空间、WBS）成本分析，从而对项目成本进行动态控制。

第一节　工程项目收尾管理概述

一、项目经理部项目管理收尾工作的内容

（1）编制项目收尾计划；

（2）提出有关收尾管理要求；

（3）理顺、终结所涉及的对外关系；

（4）执行相关标准与规定；

（5）清算合同双方的债权债务。

二、工程竣工收尾准备和竣工验收管理

工程竣工收尾准备和竣工验收管理要求如下：

（1）由项目经理部按下述内容编制工程收尾竣工计划，经批准后执行：

工程收尾工作内容；工程收尾工作原则和要求；工程收尾工作职责分工；工程收尾工作顺序与时间安排。

（2）工程竣工收尾工作按计划完成后，由承包人自行检查，根据规定在监理机构组织下进行预验收，合格后向发包人提交竣工验收申请。

（3）工程竣工验收的条件、要求、组织、程序、标准、文档的整理和移交，应符合国家有关标准和规定。

（4）发包人接到工程承包人提交的工程竣工验收申请后，组织工程竣工验收，验收合格后编写竣工验收报告书。

（5）工程竣工验收后，承包人在合同约定的期限内进行工程移交。

三、竣工结算管理

竣工结算管理要求如下：

（1）承包人在工程竣工验收后，按照约定的条件向发包人提交工程竣工结算报告及完整的结算资料，报发包人确认。

（2）依据下列资料进行工程竣工结算：合同文件；竣工图和工程变更文件；有关技术资料和材料代用核准资料；工

程计价文件和工程量清单；双方确认的有关签证和工程索赔资料。

（3）工程竣工结算由承包人编制，发包人审查，双方共同确认后支付。

四、竣工决算管理

工程竣工决算管理要求如下：

（1）工程竣工决算由发包人按下列程序编制并实施：收集、整理有关工程竣工决算依据；清理账务、债务，结算物资；填写工程竣工决算报表；编写工程竣工决算说明书；按规定送审。

（2）编制工程竣工决算的依据如下：

1）项目可行性研究报告和有关文件；

2）项目总概算书和单项工程综合概算书；

3）项目设计文件；

4）设计交底和图纸会审资料；

5）合同文件；

6）工程竣工结算书；

7）设计变更文件及经济签证；

8）设备、材料调价文件及记录；

9）工程竣工档案资料；

10）相关项目资料、财务结算及批复文件。

（3）工程竣工决算书包括：工程竣工财务决算说明书；工程竣工财务决算报表；工程造价分析表。

五、保修期管理

保修期管理要求如下：

（1）承包人制定并执行工程保修期管理制度。

（2）由发包人与承包人协商签订工程保修期保修合同，确定质量保修范围、期限、责任与费用的计算方法。

（3）承包人在工程保修期内承担质量保修责任，回收质量保修资金，实施相关服务工作。

（4）承包人根据保修合同文件、保修责任期、质量要求、回访安排和有关规定编制保修工作计划，其内容如下：主管保修的部门；执行保修工作的责任者；保修与回访时间；保修工作内容。

六、项目管理总结

项目管理总结要求如下：

（1）项目经理部依据下列内容进行项目管理总结，编写项目管理总结报告：项目可行性研究报告；项目管理策划；项目管理目标；项目合同文件；项目管理规划；项目设计文件；项目合同收尾资料；项目工程收尾资料；项目的有关管理标准。

（2）项目管理总结报告应包括下列内容：

1）项目可行性研究报告的执行总结；

2）项目管理策划总结；

3）项目合同管理总结；

4）项目管理规划总结；

5）项目设计管理总结；

6）项目施工管理总结；

7）项目管理目标执行情况；

8）项目管理经验与教训；

9）项目管理绩效与创新评价。

（3）将项目管理总结报告纳入项目管理档案

（4）企业在项目管理总结完成后进行下列工作：

1）在适当的范围内发布项目总结报告；

2）兑现在项目管理目标责任书中对项目经理部的承诺；

3）根据岗位责任制和部门责任制对职能部门进行奖罚。

第二节 工程项目竣工验收管理

一、工程项目竣工验收的概念和意义

工程项目竣工验收交付使用，是项目生命期的最后一个阶段，是检验项目管理好坏和项目目标实现程度的关键阶段，也是工程项目从实施到投入运行使用的衔接转换阶段。

从宏观上看，工程项目竣工验收是国家全面考核项目建设成果，检验项目决策、设计、施工、设备制造、管理水平，总结工程项目建设经验的重要环节。一个工程项目建成投产交付使用后，能否取得预想的工程效益，需经过国家权威性的管理部门按照技术规范、技术标准组织验收确认。

从投资者角度看，工程项目竣工验收是投资者全面检验项目目标实现程度，并就工程投资、工程进度和工程质量进行审查认可的关键。它不仅关系到投资者在项目建设周期的经济利益，也关系到项目投产后的运营效果。因此，投资者应重视和集中力量组织好竣工验收，并督促承包者抓紧收尾工程，通过验收发现隐患，消除隐患，为项目正常生产、迅速达到设计能力创造良好条件。

从承包者角度看，工程项目竣工验收是承包者对所承担施工的工程接受投资者全面检验，按合同全面履行义务、按完成的工程量收取工程价款、积极主动配合投资者组织好试生产、办理竣工工程移交手续的重要阶段。

工程项目竣工验收有大量检验、签证和协作配合，容易产生利益的冲突，故应严格管理。国家规定，凡已具备验收和投产条件，3个月内不办理验收投产和移交固定资产手续的，取消建设单位和主管部门（或地方）的基建试车收入分成，由银行监督全部上缴财政，并由银行冻结其基建贷款或停止贷款。如3个月内办理验收和移交固定资产手续确有困难，经验收主管部门批准，期限可以适当延长。竣工验收对促进建设项目及时投入生产、发挥投资效益，总结建设经验，有着重要的作用。

建设项目的竣工验收主要由建设单位负责组织和进行现场检查、收集与整理资料，设计、施工、设备制造单位有提供有关资料及竣工图纸的义务。在未办理竣工验收手续前，建设单位（或委托监理单位）对每一个单项工程要逐个组织检查，包括检查工程质量情况、隐蔽工程验收资料、关键部位施工记录、按图施工情况、有无漏项等，使工程达到竣工验收的条件。同时还要评定每个单位工程和整个工程项目质量的优劣、进度的快慢、投资的使用等情况以及尚需处理的问题和期限等。

大中型建设项目和指定由省、自治区、直辖市或国务院组织验收的项目，为使正式验收的准备工作做得更充分，有必要组织一次预验收，这对促进全面竣工、积极收尾和完善验收都有好处。预验收的范围和内容，可参照正式验收进行。对于小型建设项目的竣工验收，根据国家有关规定，结合项目的具体情况，适当简化验收手续。

二、工程项目竣工验收的范围和依据

凡列入固定资产投资计划的建设项目或单项工程，按照上级批准的设计文件所规定的内容和施工图纸的要求全部建成，工业项目经负荷试车考核或试生产期能够正常生产合格产品，非工业项目符合设计要求、能够正常使用，不论新建、扩建、改造项目，都要及时组织验收，并办理固定资产交付使用的移交手续。使用技术改造资金进行的基本建设项目或技术改造项目，按现行的投资规模限额规定，亦应按国家关于竣工验收规定，办理竣工验收手续。

按国家现行规定，竣工验收的依据是经过上级审批机关批准的可行性研究报告、初步设计或扩大初步设计（技术设计）、施工图纸和说明、设备技术说明书、招标投标文件和工程施工合同、施工过程中的设计修改签证、现行的施工技术验收标准、规范以及主管部门有关审批、修改、调整文件等。建设项目的规模、工艺流程、工艺管线、土地使用、建筑结构形式、建筑面积、外形装饰、技术装备、技术标准、环境保护、单项工程等，必须与各种批准文件内容或工程施工合同内容相一致。其他协议规定的某一个国家或国际通用的工艺规程和技术标准、从国外引进技术或成套设备项目及中外合资建设的项目，还应按照签订的合同和国外提供的设计文件等资料进行验收。国外引进的项目合同中未规定标准的，按设计时采用的国内有关规定执行。若国内也无明确规定标准的，按建设单位规定的技术要求执行。由国外设计的土木、建筑、结构、安装工程验收标准，中外规范不一致时，参照有关规定协商，提出适用的规范。

三、工程项目竣工验收标准

工程项目竣工验收、交付生产和使用，必须有相应的标准以资遵循。目前有土建工程、安装工程、人防工程、管道工程、桥梁工程、电气工程及铁路建筑安装工程等的验收标准。此外，还可根据工程项目的重要性和繁简程度，对单位工程、分部工程和分项工程，分别制定国家标准、部门有关标准以及企业标准。

对于技术改造项目，可参照国家或部门有关标准，根据工程性质提出各自适用的竣工验收标准。

1. 竣工验收交付生产和使用标准

（1）生产性工程和辅助公用设施，已按设计要求建完，能满足生产使用。

（2）主要工艺设备配套，设备经联动负荷试车合格，形成生产能力，能够生产出设计文件所规定的产品。

（3）必要的生活设施已按设计要求建成。

（4）生产准备工作能适应投产的需要。

（5）环境保护设施，劳动安全卫生设施、消防设施等已按设计要求与主体工程同时建成使用。

2. 土建安装、人防、大型管道必须达到竣工验收标准

（1）土建工程

凡是生产性工程、辅助公用设施及生活设施，按照设计图纸、技术说明书在工程内容上按规定全部施工完毕，室内工程全部做完，室外的明沟、勒脚、踏步、坡道全部做完，内外粉刷完毕；建筑物、构筑物周围 2m 以内场地平整，障碍物清除，道路、给排水、用电、通信畅通，经验收组织单位按验收规范进行验收，使工程质量符合各项要求。

（2）安装工程

凡是生产性工程，其工艺、物料、热力等各种管道均已安装完，并已做好清洗、试压、吹扫、油漆、保温等工作，各种设备、电气、空调、仪表、通信等工程项目全部安装结束，经过单机、联动无负荷及投料试车，全部符合安装技术的质量要求，具备生产的条件，经验收组织单位按验收规范进行验收。

（3）人防工程

凡有人防工程或结合建设项目搞人防工程的工程竣工验收，必须符合人防工程的有关规定，应按工程等级，安装好防护密闭门。室外通道在人防防护密闭门外的部位，增设防雨便门、设排风孔口。设备安装完毕，应做好内部粉刷并防潮。内部照明设备完全通电，必要的通信设施完全通话，工程无漏水，做完回填土，使通道畅通无阻等。

（4）大型管道工程

大型管道工程（包括铸铁管、钢管、混凝土管和钢筋混凝土预应力管等）和各种泵类电动机按照设计内容、设计要求、施工规范全部（或分段）按质按量铺设和安装完毕，管道内部积存物要清除，输油管道、自来水管道、热力管道等还要经过清洗和消毒，输气管道还要经过赶气、换气。这些管道均应做打压试验。在施工前，要对管道材质及防腐层（内壁及外壁）根据规定标准进行验收，钢管要注意焊接质量，并进行质量评定和验收。对设计中选定的闸阀产品质量要慎重检验。地下管道铺设完后，回填土要按施工规范要求分层夯实。经验收组织单位按验收规范验收合格，方能办理竣工验收手续，交付使用。

四、工程项目竣工验收程序和内容

1. 由施工单位作好竣工验收的准备

（1）做好施工项目的收尾工作。

项目经理要组织有关人员逐层、逐段、逐房间地进行查项，看有无丢项、漏项，一旦发现丢项、漏项，必须确定专人逐项解决并加强检查。

对已经全部完成的部位或查项后修补完成的部位，要组织清理，保护好成品，防止损坏和丢失。高标准装修的建筑工程（如高级宾馆、饭店、写字楼、医院、使馆、有关公共建筑等），每个房间的装修和设备安装一旦完毕，立即加封，乃至派专人按层段加以看管。

要有计划地拆除施工现场的各种临时设施、临时管线，清扫施工现场，组织清运垃圾和杂物。有步骤地组织材料、工具及各种物资回收退库、向其他施工现场转移和进行相应处理。

做好电气线路和各种管道的交工前检查，进行电气工程的全负荷试验和管道的打压试验。有生产工艺设备的工程项目，要进行设备的单体试车，无负荷联动试车和有负荷联动试车。

（2）组织工程技术人员绘制竣工图，清理和准备各项需向建设单位移交的工程档案资料，编制工程档案资料移交清单。

（3）组织造价人员（为主）、生产、管理、技术、财务、劳资等管理人员编制竣工结算书。

（4）准备工程竣工通知书、工程竣工报告、工程竣工验收证明书、工程保修证书。

（5）组织好工程自验，报请企业管理层进行竣工验收检查，对检查出的问题及时进行处理和修补。

（6）准备好工程质量评定的各项资料。按结构性能、使用功能、处理效果等方面对工程的地基基础、结构、装修及水、暖、电、卫、设备的安装等各个施工阶段所有质量检查资料，进行系统的整理，为评定工程质量提供依据，为技术档案移交归档做准备。

2. 进行工程初验

施工单位决定正式提请验收后，应向监理机构或建设单位送交验收申请报告，监理工程师或建设单位收到验收申请报告后，应根据工程施工合同、验收标准进行审查，若认为可以进行验收，则应组织验收班子对竣工的工程项目进行初验，在初验中发现质量问题后，及时以书面通知或备忘录的形式告诉施工单位，并令施工单位按有关质量要求进行修理甚至返工。

3. 正式验收

规模较小或较简单的工程项目，可以一次进行全部项目的竣工验收；规模较大或较复杂的工程项目，可分两个阶段验收。

第一阶段验收是单项工程验收，是指一个总体建设项目中，一个单项工程（或一个车间）已按设计规定的内容建完，能满足生产要求或具备使用条件，且已预验和初验，施工单位提出"验收交接申请报告"，说明工程完成情况、验收准备情况、设备试运转情况及申请办理交接日期，便可组织正式验收。

由几个建筑施工企业负责施工的单项工程，当其中某一个企业所负责的部分已按设计完成，也可组织正式验收，办理交工手续，但应请总承包单位参加。对于建成的住宅，可分幢进行正式验收。对于设备安装工程，要根据设备技术规范说明书的要求，逐项进行单体试车、无负荷联动试车、负荷联动试车。验收合格后，双方要签订"交工验收证明"。如发现有需要返工、补修的工程，要明确规定完成期限。验收通过后，由建设单位报主管部门批准进行生产或使用。验收合格的单项工程，在全部验收时，原则上不再办理验收手续。

第二阶段是全部验收。全部验收又称动用验收，是指整个建设项目按设计规定全部建成、达到竣工验收标准，可以使用（生产）时，由验收委员会（小组）组织进行的验收。

全部验收工作首先要由建设单位会同设计、施工单位、施工监理单位进行验收准备，其主要内容有：

（1）财务决算分析。凡决算超过概算的，要报主管财务部门批准。

（2）整理汇总技术资料（包括工程竣工图），装订成册，分类编目。

（3）核实未完工程。列出未完工程一览表，包括项目、工程量、预算造价、完成日期等内容。

（4）核实工程量并评定工程质量等级。

（5）编制固定资产构成分析表，列出各项竣工决算价所占的百分比。

（6）总结试车考核情况。

整个工程项目竣工验收，一般要经现场初验和正式验收两个阶段，即验收准备工作结束后，由上级主管部门组织现场初验，要对各项工程进行检验，进一步核实验收准备工作情况，在确认符合设计规定和工程配套的前提下，按有关标准对工作做出评价，对发现的问题提出处理意见，公正、合理地排除验收工作中的争议，协调厂外有关方面的关系，如把铁路、公路、电力、电信等工程移交有关部门管理等。现场初验要草拟"竣工验收报告书"和"验收鉴定书"。对在现场初验中提出的问题处理完毕后，经竣工验收机构复验或抽查，确认对影响生产或使用的所有问题都已经解决，即可办理正式验收交接手续，竣工验收机构成员要审查竣工验收报告，并在验收鉴定书上签字，正式验收交接工作即告结束，然后迅速办理固定资产交付使用的交接手续。

竣工验收的证明文件包括：建筑工程竣工验收证明文件；设备竣工验收证明文件；建设项目交工、验收鉴定书；建设项目统计报告。

五、竣工验收的组织

1. 验收组织的要求

国有资产投资的工程项目的竣工验收的组织，要根据建设项目的重要性、规模大小和隶属关系而定。大中型基本建设项目和技术改造项目，由国家发改委或由国家发改委委托项目主管部门、地方政府部门组织验收；小型建设项目和技术改造项目，由项目主管部门或地方政府主管部门组织验收。竣工验收要根据工程规模大小和复杂程度组织验收委员会或验收小组。验收委员会或验收小组应由银行、物资、环保、劳动、统计、消防及其他有关部门组成，建设单位、接管单位、施工单位、勘察设计单位、监理单位参加验收工作。

2. 验收组织的职责

验收委员会或验收小组，负责审查工程建设的各个环节，听取各有关单位的工作报告，审阅工程档案资料，实地察验建筑工程和设备安装情况，对工程设计、施工和设备质量等方面做出全面评价。不合格的工程不予验收。对遗留问题提出具体解决意见，限期落实完成。其具体职责是：

（1）制定竣工验收工作计划。

（2）审查各种交工技术资料。

（3）审查工程决算。

（4）按验收规范对工程质量进行鉴定。

（5）负责试生产的监督与效果评定。

（6）签发工程项目竣工验收证书。

（7）对遗留问题作处理决定。

（8）提出竣工验收总结报告。

六、竣工资料移交

（一）移交资料的内容

各有关单位（包括设计、施工、监理单位）应在工程准备开始就建立起工程技术档案，汇集整理有关资料，把这项工作贯穿于整个施工过程，直到工程竣工验收结束。这些资料由建设单位分类立卷，在竣工验收时移交给生产单位（或使用单位）统一保管，作为今后维护、改造、扩建、科研、生产组织的重要依据。

凡是列入技术档案的技术文件、资料，都必须经有关技术负责人正式审定。所有的资料、文件都必须如实反映情况，不得擅自修改、伪造或事后补作。工程技术档案必须严加管理，不得遗失损坏，人员调动时要办理交接手续，重要资料（包括隐蔽工程照相）还应分别报送上级领导机关。技术资料按《建设工程文件归档规范》GB/T 50328—2014执行。

（二）竣工图绘制

1. 竣工图绘制程序

建设项目竣工图，是准确、完整、真实记录各种地下、地上建筑物、构筑物等详细情况的技术文件，是工程竣工验收、交付使用后的维修、扩建、改建的依据，是生产（使用）单位必须长期妥善保存的技术档案。按现行规定绘制好竣工图是竣工验收的条件之一，在竣工验收前不能完成的，应在验收时明确商定补交竣工图的期限。

建设单位（或监理单位）要组织、督促和协助各设计、施工单位检查自己负责的竣工图绘制工作情况，发现有拖期、不准确或短缺时，要及时采取措施解决。

2. 竣工图绘制要求

（1）按图施工没有变动的，可由施工单位（包括总包和分包）在原施工图上加盖"竣工图"标志，即作为竣工图；在施工中，虽有一般性设计变更，但能将原施工图加以修改补充作为竣工图的，可不再重新绘制，由施工单位负责在原施工图（必须是新蓝图）上注明修改的部分，并附以设计变更通知单和施工说明，加盖"竣工图"标志后，即可作为竣工图。

（2）结构形式改变、工艺改变、平面布置改变、项目改变以及其他重大的改变，不宜在原施工图上修改、补充的，应重新绘制改变后的竣工图。由设计原因造成的，由设计单位负责重新绘制；由施工单位原因造成的，由施工单位重新绘制；由于其他原因造成的，由建设单位（或监理单位）自行绘制或委托设计单位绘制，施工单位负责在新图上加盖"竣工图"标志，并附以有关记录和说明，作为竣工图。重大的改建、扩建工程涉及原有工程项目变更时，应将相关项目的竣工图资料统一整理归档，并在原图案卷内增补必要的说明。

（3）各项基本建设工程，特别是基础、地下建（构）筑物、管线、结构、井巷、洞室、桥梁、隧道、港口、水坝以及设备安装等隐蔽部位都要绘制竣工图。各种竣工图的绘制，在施工过程中就应着手准备，由现场技术人员负责，在施工时做好隐蔽工程检验记录，整理好设计变更文件，确保竣工图质量。

（4）竣工图一定要与实际情况相符，要保证图纸质量，做到规格统一、图面整洁、字迹清楚，不得用圆珠笔或其他易于褪色的墨水绘制，并要经过承担施工的技术负责人审核签认。大中型建设项目和城市住宅小区建设的竣工图，不能少于两套，其中一套移交生产使用单位保管，一套交主管部门或技术档案部门长期保存。全国性特别重要的建设项目，应增交一套给国家档案馆保存。小型建设项目的竣工图至少具备一套，移交生产（使用）单位保管。

（三）工程技术档案资料管理

做好建设项目的工程技术档案资料工作，对保证各项工程建成后顺利地交付生产、使用以及为将来的维修、扩建、改建都有着十分重要的作用。各建设项目的管理、设计、施工、监理单位应对整个工程建设从建设项目的提出到竣工投产、交付使用的各个阶段所形成的文字材料、图纸、图表、计算材料、照片、录像、磁带等进行收集、整理、归档，并努力保管好。技术档案资料管理内容如下：

（1）在建设项目的提出、调研、可行性研究、评估、决策、计划安排、勘测、设计、施工、生产准备、竣工验收、交付使用的全过程中，有关的上级主管机关、建设单位、勘察设计单位、施工单位、设备制造单位、监理单位以及有关的环保、市政、银行、统计等部门，都应重视该建设项目文件资料的形成、积累、整理、归档和保管工作，尤其要管好建筑物、构筑物和各种管线、设备的档案资料。

（2）在工程建设过程中，现场的指挥管理机构要有一位负责人分管档案资料工作，并建立与档案资料工作相适应的管理部门，配备能胜任工作的人员，制定管理制度，集中统一地管理好建设项目的档案资料。

（3）对于引进技术、引进设备的建设项目，应做好引进技术、设备的各种技术图纸、文件的收集工作。无论通过何种渠道得到的与引进技术、设备有关的档案资料都应交档案部门集中统一管理。

（4）竣工图是建设项目的实际反映，是工程的重要档案资料，施工单位在施工中要做好施工记录、检验记录，整理好变更文件，并及时做出竣工图，保证竣工图质量。

各级建设主管部门以及档案部门，要负责检查和指导本专业、本地区建设项目的档案资料工作，档案管理部门参加工程竣工验收中档案资料验收工作。

第三节 工程项目管理总结评价和工法

一、项目管理总结评价

项目管理总结评价是指当项目竣工以后，对前面特别是实施阶段的项目管理工作所进行的总结评价，其目的是通过对项目实施过程中实际情况的分析研究，全面总结项目管理经验，为以后改进项目管理服务。

（一）项目管理总结评价的作用

提高项目管理水平。因为项目管理总结评价是在项目竣工以后，通过对项目实施过程中正反两方面的经验和教训的总结，可以使项目决策者和管理者学习到更加科学合理的方法和策略，提高决策和管理水平；通过信息反馈，可以帮助完善和调整相关方针、政策和管理程序，提高日后项目的管理水平。

增强项目决策和管理人员的工作责任心。通过对项目实施过程的全面总结、评价，能客观公正地评价决策者和管理者在项目实施过程中的工作，评价他们所取得的成绩和存在的问题，从而进一步提高他们的责任心和工作水平。因此，项目管理总结评价是全面提高项目决策和管理水平的必要和有效手段。

提高投资决策水平。通过总结项目管理经验，吸取项目管理教训，可以有效地改进今后项目管理工作，提高投资决策水平。

（二）项目管理总结评价的依据

（1）项目管理策划；

（2）项目合同文件；

（3）项目管理规划；

（4）项目设计文件；

（5）项目工程收尾资料；

（三）项目管理总结评价的内容

1. 项目实施准备

（1）项目实施准备组织管理及其评价。组织形式及机构设置，管理制度的建立，勘察设计、咨询、监理等建设参与方的引入方式及程序，各参与方资质及工作职责情况。

（2）项目施工图设计情况。施工图设计的主要内容，以及施工图设计审查意见执行情况。

（3）各阶段与可行性研究报告相比主要变化及原因分析。根据项目设计完成情况，可以选取包括初步设计（大型项目应在初步设计前增加总体设计阶段）、施工图设计等各设计阶段与可行性研究报告相比的主要变化，并进行主要原因分析。对比的内容主要包括：工程规模、主要技术标准、主要技术方案及运营管理方案、工程投资、建设工期。

（4）项目勘察设计工作评价。主要包括：勘察设计单位及工作内容，勘察设计单位的资质等级是否符合国家有关规定的评价，勘察设计工作成果内容、深度、全面性及合理性评价，以及相关审批程序符合国家及地方有关规定的评价。

（5）征地拆迁工作情况及评价。

（6）项目招投标工作情况及评价。

（7）项目资金落实情况及评价。

（8）项目开工程序执行情况。主要包括开工手续落实情况，实际开工时间，存在问题及评价。

2. 项目实施组织与管理

（1）项目管理组织机构（项目法人、组织结构形式）。

（2）项目的管理方式（法人直管、总承包、代建、BOT 特许经营等）。

（3）参与单位的名称及组织机构（设计、施工、监理、其他）。

（4）管理制度的制定及运行情况（管理制度的细目、重要的管理活动、管理活动的绩效）。

（5）对项目组织与管理的评价（针对项目的特点分别对管理主体及组织机构的适宜性、管理有效性、管理模式合理性、管理制度的完备性以及管理效率进行评价）。

3. 合同执行与管理

（1）项目合同清单（包括正式合同及其附件并进行合同的分类、分级）。

（2）主要合同的执行情况。

（3）合同重大变更、违约情况及原因。

（4）合同管理的评价。

4. 信息管理

（1）信息管理的机制。

（2）信息管理的制度。

（3）信息管理系统的运行情况。

（4）信息管理的评价。

5. 实施控制

（1）进度控制。

（2）质量控制。

（3）成本控制。

（4）安全、卫生、环保管理。

6. 新技术、新工艺、新材料、新设备的运用情况

7. 竣工验收情况

8. 项目管理工作绩效

二、工法及其管理

（一）工法的概念

为了提高建筑业企业的技术素质和管理水平，促进企业进行技术积累和技术跟踪，调动广大职工研究、开发和推广应用施工新技术的积极性，逐步形成使科研成果迅速转化为生产力的施工技术管理新机制，原建设部于 1989 年底决定，在全国建筑业企业中逐步实行工法制度。这是工程项目管理的一项重大举措，是有关工程项目管理总结阶段的关键内容，有力地促进了工程项目管理学科的发展和工作水平的提高。

"工法"一词来自日本，日本《建筑大字典》称工法是"建造建筑物（构筑物）的施工方法或建造方法"。日本的《国语大辞典》则称工法是"工艺方法和工程方法"。日本有"构法"一词，与工法有些相近，指"建筑物（构筑物）的构成方法"。和工法相近的词义，美、英称"Construction Method and System"，含义和日本的基本相近。

我国住建部在 2014 年颁发的《工程建设工法管理办法》中对工法下了如下的定义：工法"是以工程为对象，工艺为核心，运用系统工程的原理，把先进技术和科学原理结合起来，经过一定的工程建设实践形成的综合配套的施工方法"。

工法必须符合国家工程建设方针、政策和标准、规范，必须具有先进性、科学性和实用性，能促进施工企业技术创新，提升技术水平，保证工程质量和安全，提高工程效率，降低工程成本，节约资源，保护环境。

（二）工法的特征

从以上工法的定义出发，可以归纳出工法有以下特征：

（1）工法的针对性和实践性。工法的主要服务对象是工程建设。工法来自工程实践，

并从中总结出确有经济效益和社会效益的施工规律，又要回到施工实践中去应用，为工程建设服务。

（2）工法既不是单纯的施工技术，也不是单项技术，而是技术和管理相结合、综合配套的施工技术。工法不仅有工艺特点（原理）、工艺程序等方面的内容，而且还要有配套的机具、质量标准、劳动组织、技术经济指标等方面的内容，综合地反映了技术和管理的结合，内容上类似于施工成套技术。

（3）工法是用系统工程原理和方法总结出来的施工经验，具有较强的系统性、科学性和实用性。系统有大有小，工法也有大小之分。如针对建筑群或单项工程的，可能是大系统；针对单位工程和分部分项工程的，可能是子系统，但都必须是一个完整的整体。因此，概括地说工法就是用系统工程原理总结出来的综合配套的施工方法。

（4）工法的核心是工艺。采用什么样的机械设备，如何去组织施工，以及保证质量、安全措施等，都是为了保证工艺这个核心。

（5）工法是企业标准的重要组成部分，是施工经验的总结，是企业宝贵的无形资产，并为管理服务。工法应具有新颖性、适用性，从而对保证工程质量、提高施工效率、降低工程成本有重大的作用。

（三）工法的内容

根据工法的定义，工法的内容是综合配套的。由于工法的对象有很大的差异，工法内容的综合配套程度和形式也必然有很大的区别。例如：工法的规模，大到工程项目、单位工程，小到分部或分项工程都可以有工法。由于规模不同，先进技术和科学管理的内容有显著的差异。一般来说，一个工序或工程部位可能是单纯技术问题，几乎涉及不到管理内容，但随着规模的扩大，管理内容的分量越来越大，甚至连技术问题也演化为系统工程。因此，施工工法的内容要视工法的具体情况而定。施工工法内容也不是无规律可循的。工法的内容应该是在贯彻国家以及有关部门颁布的规范、规程等技术标准的前提下，通过本企业的科学管理和工程实践，指出开发应用科技成果或新技术的经验总结。也就是说，工法应在满足设计要求、符合质量标准的基础上，既有新技术发展概貌，又有具体的工艺特点、施工程序、机具设备以及综合效益等要求。从大量工法实例看出，工法的主要内容一般应包括：前言、工法特点、工艺程序（流程）、操作要点、机具设备及材料、质量标准、劳动组织及安全、效益分析、工程实例等。对于一些小型工法或特殊工法，不一定每项内容都有，也可能还要增加某些内容。

1. 前言

说明工法的形成过程。包括：研究开发单位、鉴定时间、获奖情况及推广应用情况。

2. 工法的特点

说明工法的工艺原理及理论依据，如纯属应用方法的工法，仅说明工艺或使用功能上的特点。

3. 适用范围

工法适用的工程部位或范围以及要求满足的具体技术条件。

4. 施工工艺流程及操作要点

说明工法的工艺程序与作业特点，不但要讲明基本工艺过程，还要讲清程序间的衔接及关键所在。也可以用程序图（表格、框图）来表示。对于构造、材料或机具使用上的差异而引起的流程变化也应有所交代。有些专业操作技能要求较高的技艺，还应突出操作要点。

5. 材料与设备

采用本工法所必需的主要机械、设备、工具、仪器等，以及它们的规格、型号、性能、数量和合理配置；主要施工用料及工程辅助物料的需要量。

6. 质量控制

说明工法应遵循的国家、行业和企业的技术法规、标准，并列出关键部位、关键工序的质量要求，达到质量的主要措施。

7. 安全措施

说明工种构成、人员组织、应采取的安全措施、施工中应注意的安全事项等。

8. 环保措施

说明本工法可能遇到的环境、可能对环境的影响以及应采取的环境保护措施。

9. 效益分析

效益分析是对工法消耗的物料、工时、造价或费用等进行的综合分析。既要分析经济效益，也要分析社会效益。

10. 工程实例

介绍本工法曾经应用过的典型工程。

（四）工法的编写要点

编写工法应注意以下几点：

（1）工法必须是经过工程应用，并证明是属于技术先进、效益显著、经济适用的项目。对于未经工程应用的新技术成果，不能称为工法。

（2）编写工法的选题要适当。每项工法都是一个系统。在初编工法时宜选择小一点的分部或分项工程的工法，如：锚杆支护深基坑开挖工法、现浇混凝土楼板一次抹面工法等，并与新技术推广紧密结合起来。

（3）编写工法不同于写工程施工总结。施工总结往往是先交代工程情况，然后讲施工方法与经验，再介绍施工体会，大多是工程的写实。而工法是对施工规律性的剖析与总结，要把工艺特点（原理）放在前面，而最后可引用一些典型实例加以说明。有人形象地比喻说，"工法是施工总结的倒写"。

（4）编写工法的目的是为了在工程实践中得到应用，并为企业积累财富。因此，在编写时既要文字简练，又要让人明白、看得懂。

（五）工法的管理

1. 工法的类别与等级

工法有房屋建筑工程、土木工程和工业安装工程三个类别。

工法分为三个等级：国家级，省（部）级和企业级。分别由住房和城乡建设部、地方或部门、企业三个层次进行管理。

（1）企业根据承建工程的特点、科研开发规划和市场需求开发、编写的工法，经企业组织审定，为企业级工法。

（2）省（部）级工法由企业自愿申报，由省、自治区、直辖市建设主管部门或国务院有关部门（行业协会）组织评审和公布。

（3）国家级工法由企业自愿申报，经省（部）级工法主管部门推荐，由住房和城乡建设部评审和公布。

2. 国家级工法的申报条件

（1）已公布的省（部）级工法。

（2）工法的关键技术属国内领先及以上水平；工法中采用的新技术、新工艺、新材料尚没有相应的国家、行业或地方标准的，已经省级以上住房和城乡建设主管部门组织的技术专家委员会审定。

（3）工法经过2项及以上工程应用，安全可靠，具有较高推广应用价值，经济效益和社会效益显著。

（4）工法遵循国家工程建设方针、政策和工程建设强制性标准，符合国家建筑技术发展方向和节约资源、环境保护等要求。

（5）工法的内容齐全完整，应包括：前言、特点、适用范围、工艺原理、工艺流程及操作要点、材料与设备、质量控制、安全措施、环保措施、效益分析和应用实例。

3. 国家级工法申报与评审

（1）申报国家级工法按以下程序进行：

1）申报企业向省（部）级工法主管部门提交申报材料；

2）省（部）级工法主管部门审核企业申报材料，择优向住房和城乡建设部推荐。

（2）国家级工法申报资料应包括下列内容：国家级工法申报表；工法文本；省（部）级工法批准文件、工法证书；省（部）级工法评审意见（包括关键技术的评价）；建设单位或监理单位出具的工程应用证明、施工许可证或开工报告、工程施工合同；经济效益证明；工法应用的有关照片或视频资料；技术查新报告；涉及他方专利的无争议声明书；技术标准、专利证书、科技成果获奖证明等其他有关材料。

（3）住房和城乡建设部负责建立国家级工法评审专家库，评审专家从专家库中选取。专家库中的专家应具有高级及以上专业技术职称，有丰富的施工实践经验和坚实的专业基础理论知识，担任过大型施工企业技术负责人或大型项目负责人，年龄不超过70周岁。院士、获得省（部）级及以上科技进步奖和优质工程奖的专家优先选任。

（4）评审专家应坚持公正、公平的原则，严格按照标准评审，对评审意见负责，遵守评审工作纪律和保密规定，保证工法评审的严肃性和科学性。

（5）国家级工法评审实行专家回避制度，专业组评审专家不得评审本企业工法。

（6）住房和城乡建设部对审核通过的国家级工法进行公示，公示无异议后予以公布。

（7）对获得国家级工法的单位和个人，由住房和城乡建设部颁发证书。

4. 工法的有效期

国家级工法的有效期为8年。

第四节 工程项目用后管理

一、工程项目保修

工程竣工投产交付使用之后，建立保修制度，是施工单位对工程正常发挥功能负责的具体体现，通过保修可以听取和了解使用单位对工程施工质量的评价和改进意见，维护自己的信誉，提高企业的管理水平。

建设单位与施工单位应在签订工程施工承包合同中根据不同行业，不同的工程情况，协商制订"建筑安装工程保修证书"，对工程保修范围、保修时间、保修内容等做出具体规定。

1. 保修范围

保修范围应在《工程质量保修书》中具体约定。根据《房屋建筑工程质量保修书（示范文本）》的要求，工程质量保修范围是"地基基础工程、主体结构工程，屋面防水工程、有防水要求的卫生间、房间和外墙面的防渗漏，供热与供冷系统，电气管线、给排水管道、设备安装和装修工程以及双方约定的其他项目"。保修书中要具体商定保修的内容。总之工程的各部位都应实行保修，具体内容应是由于施工单位的责任或者施工质量造成的问题。就过去已发生的情况分析，一般包括以下几方面：

（1）屋面、地下室、外墙、阳台、厕所、浴室、厨房以及厕浴间等处渗水、漏水者。

（2）各种通水管道（包括自来水、热水、污水、雨水等）漏水者，各种气体管道漏气以及通气孔和烟道不通者。

（3）水泥地面有较大面积的空鼓、裂缝或起砂者。

（4）内墙抹灰有较大面积起泡，乃至空鼓脱落或墙面浆活起碱脱皮者，外墙粉刷自动脱落者。

（5）暖气管线安装不良，局部不热，管线接口处及卫生器具接口处不严而造成漏水者。

（6）其他由于施工不良而造成的无法使用或使用功能不能正常发挥的工程部位。

凡是由于用户使用不当而造成建筑功能不良或损坏者，不属于保修范围；凡属工业产品项目发生问题，亦不属保修范围。以上两种情况应由建设单位自行组织修理。

2. 保修期

根据《建设工程质量管理条例》第40条规定，建设工程的最低保修期限为：

（1）基础设施工程、房屋建筑的地基基础工程和主体结构工程，为设计文件规定的该工程的合理使用年限。

（2）屋面防水工程、有防水要求的卫生间、房间和外墙面的防渗漏，为5年。

（3）供热与供冷系统，为2个采暖期、供冷期。

（4）电气管线、给排水管道、设备安装和装修工程，为2年。

其他项目的保修期限由发包方与承包方约定。

建设工程的保修期，自竣工验收合格之日起计算。

3. 保修做法

（1）发送保修证书（或称《房屋保修卡》）

在工程竣工验收的同时（最迟不应超过3d到一周），由施工单位向建设单位发送《建筑安装工程保修证书》。保修证书目前在国内没有统一的格式或规定，应由施工单位拟定并印制。保修证书一般的主要内容包括：工程简况、房屋使用管理要求；保修范围和保修时间；保修说明；保修情况记录。此外，保修证书还应附有保修单位（即施工单位）的名称、详细地址、电话、联系接待部门（如科、室）和联系人，以便于建设单位联系。

（2）要求检查和修理

在保修期内，建设单位或用户发现房屋的使用功能不良，又是由于施工质量而影响使用者，可以用口头或书面方式通知施工单位的有关保修部门，说明情况，要求派人前往检查修理，施工单位自接到保修通知书日起，必须在两周内到达现场，与建设单位共同明确责任方，商议返修内容。属于施工单位责任的，如施工单位未能按期到达现场，建设单位应再次通知施工单位；施工单位自接到再次通知书起的一周内仍不能到达时，建设单位有权自行返修，所发生的费用由原施工单位承担。不属施工单位责任的，建设单位应与施工单位联系，商议维修的具体期限。

（3）验收

在发生问题的部位或项目修理完毕以后，要在保修证书的"保修记录"栏内做好记录，并经建设单位验收签认，以表示修理工作完结。

4.维修的经济责任处理

（1）施工单位未按国家有关规范、标准和设计要求施工，造成的质量缺陷，由施工单位负责返修并承担经济责任。

（2）由于设计方面造成的质量缺陷，由设计单位承担经济责任。由施工单位负责维修，其费用按有关规定通过建设单位向设计单位索赔，不足部分由建设单位负责。

（3）因建筑材料、构配件和设备质量不合格引起的质量缺陷，属于施工单位采购的或经其验收同意的，由施工单位承担经济责任；属于建设单位采购的，由建设单位承担经济责任。

（4）因使用单位使用不当造成的质量缺陷，由使用单位自行负责。

（5）因地震、洪水、台风等不可抗拒原因造成的质量问题，施工单位、设计单位不承担经济责任。

二、工程项目回访

1.回访的方式

回访的方式一般有 3 种：一是季节性回访。大多数是雨季回访屋面、墙面的防水情况，冬期回访锅炉房及采暖系统的情况；发现问题采取有效措施，及时加以解决。二是技术性的回访。主要了解在工程施工过程中所采用的新材料、新技术、新工艺、新设备等的技术性能和使用后的效果，发现问题及时加以补救和解决；同时也便于总结经验，获取科学依据，不断改进与完善，并为进一步推广创造条件。这种回访既可定期进行，也可以不定期地进行。三是保修期满前的回访。这种回访一般是在保修即将届满之前，进行回访，既可以解决出现的问题，又标志着保修期即将结束，使建设单位注意建筑物的维修和使用。

2.回访的方法

应由施工单位的领导组织生产、技术、质量、水电（也可以包括合同、预算）等有关方面的人员进行回访，必要时还可以邀请科研方面的人员参加。回访时，由建设单位组织座谈会或意见听取会，并察看建筑物和设备的运转情况等。回访必须认真并解决问题，做出回访记录，必要时写出回访纪要。

思考题和作业题

第一章　工程项目管理概论

一、思考题

1. 请归纳出各种"项目"和"项目管理"概念上的特征和差别
2. 工程项目管理的基本内容有哪些？
3. 认真领会工程项目控制的基本理论，掌握其动态控制原理及系统模式。
4. 工程项目管理有哪些方法？
5. 建设程序有哪些阶段？各个阶段的工作内容有哪些？它与计划、核算有哪些对应关系？
6. 推行建设项目法人责任制目的是什么？项目法人的主要职责有什么？
7. 试述建设项目总投资的构成，思考项目管理各阶段中，投资管理的重难点是什么？
8. CM方式是如何加快项目进度的？CM方式怎样实现？
9. 试述改革开放前我国工程项目管理的成功实践有哪些？对当前工程项目管理有何意义？
10. 思考我国工程项目管理发展和创新，体会工程项目管理的重大意义。

二、作业题

1. 梳理建设单位、设计单位、施工单位、供应单位、工程咨询单位和建设监理单位项目管理的目标和任务。
2. 查阅相关资料，整理BT、BOT和PPP融资模式的优点、缺点，各模式的适用情况。
3. 试述建设项目质量的形成过程，哪个阶段是建设项目质量的决定性环节？为什么？
4. 查阅鲁布革工程管理经验，阐述鲁布革工程项目对我国工程项目管理的意义？

第二章　中国工程项目管理相关制度

一、思考题

1. 《中华人民共和国建筑法》中，确立的工程项目管理制度都有什么？
2. 我国现行的投资体制主要内容有什么？制定的意义是什么？
3. 建设工程全面造价管理包括什么？在工程项目管理中如何实现？
4. 造价工程师职业资格如何获得？怎样注册？执业工作内容有什么？
5. 设立工程项目招标投标制度的目的是什么？工程项目招标投标程序是什么？

6. 工程总承包有什么优点？总承包的主要方式有什么？

7. 全过程工程咨询服务的意义是什么？全过程工程咨询服务内容是什么？

8. 现行建设工程监理范围和规模标准是什么？

9. 总监理工程师在建设项目管理中的地位是什么？总监理工程师怎样做好工程施工中的监理工作？

10. 一级建造师怎样进行考试与注册？对其执业资格、执业范围和技术能力都有哪些规定？

二、作业题

1. 网上阅读《中华人民共和国建筑法》，梳理《建筑法》与我国工程项目管理相关制度的关系。

2. 网上阅读《建设工程项目管理规范》，熟悉建设工程项目管理的主要环节、涉及要素。

3. 全过程工程咨询服务与建设工程监理是什么关系？如何推进和发展全工程工程咨询？

4. 阅读《建设工程监理规范》GB/T 50319—2013，理解如何进行工程施工阶段的监理，做出要点笔记。

第三章　施工项目管理

一、思考题

1. 归纳起来，施工项目管理的每个阶段主要做什么，目的是什么？

2. 施工项目管理与建筑市场是什么关系？

3. 什么是系统管理？系统管理思想的原则是什么？工程项目管理怎样利用系统管理思想？

4. 深入思考、领会现代科学管理观念与原理同施工项目管理的关系。

5. 结合实际理解：目标，目标管理，施工项目目标管理的概念，施工项目目标管理的全过程。

6. 归纳领会各种施工项目管理组织形式的最主要特点；各类施工项目选择哪种组织形式最适当？

7. 如果由你设置施工项目管理经理部，你应坚持什么原则？

8. 施工项目经理应当是一个什么样的人？

9. 施工项目经理做那些主要工作？如何实施施工项目经理责任制？

10. 各种施工项目管理规划与各种施工组织设计有怎样的对应关系？两者有什么区别？

11. 工程总承包的意义是什么？思考施工项目管理与工程总承包的关系。

12. 施工组织设计的基本内容是什么？各种施工组织设计的内容有何差别？

13. 认真思考施工组织设计的编制原则与依据，体会编制施工组织设计应具备的知识和工作的复杂性。

14. 认真领会施工组织设计的内容及其与施工准备的关系。

二、作业题

1. 阅读《建筑施工组织设计规范》GB/T 50502—2009，结合对本章课文的学习做出笔记。

2. 绘制一份建筑施工组织设计种类及其内容的垂直系统图。

3. 列表说明施工组织设计的编制分工与审批权限。

第四章 流水施工方法

一、思考题

1. 流水施工的基本原理是什么？

2. 联系实际思考与领会流水施工的基本条件。

3. 流水施工能给工程项目带来哪些经济效果？

4. 怎样划分施工段？为了保证结构的整体性，现浇钢筋混凝土框架结构的施工段应在哪里断开？

5. 流水节拍的数值应如何确定？

6. 如何计算流水步距？

7. 流水施工的组织方式有哪些？它们分别具有什么特点？分别适合在哪些工程上应用？

8. 认真领会每种流水施工组织方式的应用规律。

二、作业题

1. 某两层楼房主体工程可分解为 A、B、C、D 四个施工过程，各施工过程的流水节拍均为 3d，其中，施工过程 C 与 B 有 1d 插入时间，C 与 D 之间有 2d 的技术间隙时间。请组织流水施工，计算总工期，绘制流水施工水平图。

2. 某两层框架钢筋混凝土结构工程，由支模板、扎钢筋、浇混凝土三个施工过程组成，各施工过程的流水节拍分别为：$t_1 = 3d$, $t_2 = 2d$, $t_3 = 1d$，第 1 层与第 2 层有 2d 的技术间隙时间。试组织成倍节拍流水施工，计算总工期，绘制流水施工水平图。

3. 某工程项目共两层，有甲、乙、丙、丁 4 个施工过程，在组织施工时划分为 4 个施工段，层间有 2d 技术间歇，Ⅱ、Ⅲ 段搭接 1d。经计算，各层的流水节拍见附表 1-1。请组织流水施工，计算总工期，绘制流水施工水平图。

某工程项目各施工过程的流水节拍（周） 附表 1-1

施工过程	施 工 段			
	Ⅰ	Ⅱ	Ⅲ	Ⅳ
甲	2	3	3	2
乙	4	3	3	3
丙	3	3	4	4
丁	4	3	4	1

第五章　工程网络计划技术

一、思考题

1. 工程施工进度计划的编制采用网络计划比采用横道计划有哪些好处？

2. 领会双代号网络计划中虚箭线的作用；学会使用虚箭线。

3. 双代号网络图和单代号网络图各有哪些绘图规则与编号规则？

4. 网络计划的时间参数有哪些种类？其数值应如何确定？

5. 何谓关键线路？双代号网络计划和单代号网络计划中的关键线路应如何判定？

6. 怎样编制时标网络计划？怎样判断它的关键线路？

7. 单代号搭接网络计划具有哪几种时距？其时间参数的计算与单代号网络计划有何不同？它的关键线路如何确定？

8. 网络计划的优化主要分为哪几种类型？进行工期-资源优化和工期-费用优化各利用什么原理？

9. 领会网络计划在实施过程中的检查方法，学会其应用方法。

10. 如何调整网络计划的关键线路和非关键线路？

11. 编制工程网络计划有哪些排列方法？两种逻辑关系的特点是什么？

12. 深刻领会和思考单体工程施工网络计划的编制程序和要领。

13. 群体工程网络计划的特点有哪些？编制一份群体工程施工网络计划的要点有哪些？

二、作业题

1. 认真学习《工程网络计划技术规程》，写出学习笔记。

2. 某施工项目可分解的工作及其逻辑关系见附表 1-2。请绘制双代号网络图和单代号网络图。

绘制逻辑关系图资料表　　　　　　　　　　　　　　附表 1-2

工作名称	A	B	C	D	E	G	H
	—	—	—	—	A,B	B,C,D	C,D

3. 某工程项目可分解为：A、B……I、J 等 9 项工作，各项工作之间的逻辑关系和持续时间见附表 1-3。要求：

（1）绘制双代号网络计划图；

（2）计算每项工作的 6 个工作时间参数；

（3）确定计算工期和关键线路。

双代号网络计划资料表　　　　　　　　　　　　　　附表 1-3

工作名称	A	B	C	D	E	H	G	I	J
紧前工作	E	H、A	J、G	H、I、A	—	—	H、A	—	E
持续时间(d)	4	5	7	9	3	6	8	4	3

4. 某工程项目可分解为：A、B、C……J、K、L 等 12 项工作，各项工作之间的逻辑关系、持续时间见附表 1-4。要求：

（1）绘制双代号网络计划；

（2）按节点计算法计算工作 A、G、J 的 6 项工作时间参数。

双代号网络计划资料表　　　　　　　　　附表 1-4

工作名称	A	B	C	D	E	F	G	H	I	J	K	L
紧前工作	—	—	—	B.C	A.D	B.C	C	F	E.H	F	F.G	J
持续时间(周)	11	6	1	9	6	7	2	8	3	2	5	1

5. 某工程项目可分解为：A、B……G、H 等 7 项工作，各项工作之间的逻辑关系、持续时间见附表 1-5。要求：

（1）绘制单代号网络计划；

（2）计算每项工作的 6 个时间参数；

（3）确定计算工期和关键线路。

单代号网络计划资料表　　　　　　　　　附表 1-5

工作名称	A	B	C	D	E	G	H
紧前工作	—	—	A.B	A.B	B	C.D	C.D.E
持续时间(月)	8	5	4	7	6	5	4

6. 某施工项目可分解为：A、B……J、K 等 10 项工作，各项工作之间的逻辑关系、持续时间见附表 1-6。要求：

（1）按最早时间绘制双代号时标网络计划；

（2）判别各项工作的时间参数，确定关键线路。

时标网络计划资料表　　　　　　　　　附表 1-6

工作名称	A	B	C	D	E	G	H	I	J	K
紧前工作	—	A	A	B	B	D	G	E.G	C.E.G	H.I
持续时间(d)	2	3	5	2	3	3	2	3	6	2

7. 某施工项目的有关资料见附表 1-7。要求：

（1）编制单代号搭接网络计划；

（2）计算每项工作的 6 个时间参数；

（3）确定计算工期和关键线路。

单代号搭接网络计划资料表　　　　　　　　　附表 1-7

工作名称	紧前工作	持续时间(天)	搭接时距(天)
A	—	6	
B	A	8	$STS_{A.B}=2$
C	A	14	$FTS_{A.C}=4$
D	A	10	$STF_{A.D}=8$

续表

工作名称	紧前工作	持续时间(天)	搭接时距(天)
E	B.C	10	$FTS_{B,E}=2$，$STS_{C,E}=6$
G	C.D	14	$STS_{C,G}=3$，$FTF_{C,G}=6$，$FTF_{D,G}=14$
H	D	4	$FTS_{D,H}=0$
I	E.G	4	$STS_{E,I}=4$，$STF_{G,I}=6$
J	H	6	$FTF_{H,J}=4$

8. 某施工项目的初始网络计划有关资料如附图 1-1 所示，图中箭线下方为工作的正常持续时间（d）；箭线上方为各项工作相应的直接工程费用（万元）；若该项目的间接费率为 8000 元/d。要求：

（1）确定该项目初始进度计划对应的工期和工程总费用；

（2）确定该项目工程总费用最低时的进度计划；

（3）对该项目工程总费用最低时的进度计划与其初始进度计划相比较，可以缩短工期多少？可节省工程费用多少？

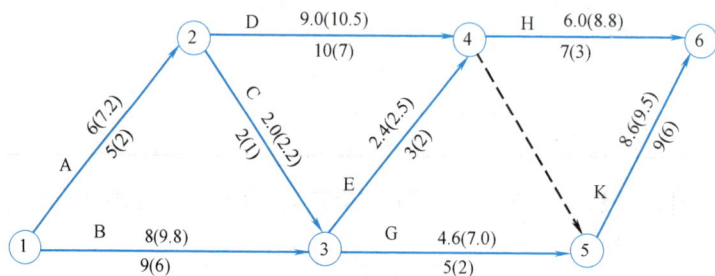

附图 1-1　某施工项目的初始网络计划

9. 学习图 4-44（a）和（b），领会单体工程施工网络计划的编制要领，写出学习笔记。

第六章　施工组织设计编制

一、思考题

1. 归纳阐述编制施工组织纲要的要点。

2. 思考施工组织总设计编制内容及其编制程序的内在联系。

3. 为什么要编制工程概况？其主要内容包括哪些方面？

4. 归纳理解编制总体施工部署的内容。

5. 深刻理解确定工程施工开展程序的要领。

6. 深刻领会编制施工总进度计划的要点。

7. 总体施工准备包括哪些内容？

8. 理解施工总平面布置图的布置原则和要求。

9. 记住施工总平面布置图的设计步骤，理解其设计要点。

10. 在设计施工总平面布置图之前，都要进行哪些业务量计算？其中临时供水和临时供电要计算哪些内容？如何计算？

11. 为什么要计算评价指标？要计算哪些指标？这些指标的计算依据是什么？

12. 思考单位工程施工组织设计的编制内容及其编制程序的内在联系。

13. 单位工程施工部署的编制内容有哪些？它与施工组织总设计施工部署比较，主要区别有哪些？

14. 哪些工程需要编制施工方案？施工方案的主要内容有哪些？

15. 深刻领会确定施工流向和施工程序的要点。

16. 归纳思考并理解选择施工方法的要领。

17. 根据《建筑施工组织设计规范》中第7章"主要施工管理计划"的规定，说明如何设计施工方案中的"技术组织措施"？

18. 深刻理解单位工程施工进度计划的编制程序。

19. 单位工程施工准备工作内容有哪些？要编制哪些资源配置计划？

20. 深刻领会单位工程施工平面布置图的设计步骤及要点。

21. 应计算哪些单位工程施工组织设计评价指标？如何计算？需要的计算数据从哪里得来？

二、作业题

1. 阅读一份施工组织设计案例，做出学习笔记（案例参考资料：彭圣浩主编《建筑工程施工组织设计实例应用手册（第四版）》；丛培经主编《建设工程施工组织设计方法与实例》）。

2. 理解临时供水的计算公式，自己假设条件进行用水量计算。

3. 理解临时供电的计算公式，自己假设条件进行用电量计算。

4. 阅读"单位工程施工组织设计"案例、"施工方案"案例、"施工管理计划"案例各一份，领会《建筑施工组织设计规范》的规定，做出要点笔记，为完成课程设计积累资料。（案例参考资料同第六章）

第七章　施工项目目标管理

一、思考题

1. 理解进度、质量、成本三者之间存在的关系。

2. 结合实际工程项目，思考如何才能加快工程项目施工进度。

3. 结合工程实例，理解质量管理体系的质量管理原则。如何应用这些原则？

4. 对照一个实际施工工程，认真理解施工项目质量管理的主要环节。

5. 通过查阅相关文献，明确你校主教学楼施工时涉及的分部工程和相应的分项工程都有哪些？

6. 检验批、分部工程、单位工程验收时被评为合格和优良各应符合哪些规定？

7. 分析理解各种质量管理数理统计方法的原理、作用、适用条件和构图规则。

8. 怎样降低成本？怎样利用价值工程原理降低成本？如何进行质量成本分析？

9. 成本分析有哪些定量方法？如何理解和应用挣值法？

二、作业题

1. 某工程基础底板施工，合同约定工期50d，项目经理部根据业主提供的电子版图纸编制了施工进度计划（附图1-2）。

在施工准备及施工过程中，发生了三个事件：

事件一：公司在审批该施工进度计划（横道图）时提出，计划未考虑工序B与C及工序D与F之间的技术间歇（养护）各2d，要求项目经理部修改计划。项目经理部按要求高速调整了进度计划，经监理批准后实施。

事件二：施工单位采购的防水材料进场抽样复试不合格，致使工序C比调整后的计划开始时间延后3d。因业主未按时提供正式图纸，致使工序E在6月11日才开始。

事件三：基于安全考虑，建设单位要求仍按原合同约定的时间完成底板施工。为此，施工单位采取调整劳动力计划、增加劳动力等措施，在15d内完成了2700t钢筋制作（工效为4.5t/工日）。

序号	施工过程	6月						7月					
		5	10	15	20	25	30	5	10	15	20	25	30
A	基层清理												
B	垫层及砖胎模												
C	防水层施工												
D	防水保护层												
E	钢筋制作												
F	钢筋绑扎												
G	混凝土浇筑												

附图1-2　某基础底板施工进度计划

基于以上情况，要求完成下列作业：

（1）根据"事件一"调整施工进度计划，并在图上用双线表示。然后转换成双代号网络计划。

（2）考虑"事件一""事件二"的影响，计算总工期。如果钢筋制作、钢筋绑扎及混凝土浇筑按两个流水段组织等节拍流水施工，其总工期将变为多少天？是否能完成原合同约定的工期？

（3）根据"事件三"的条件，计算钢筋制作的劳动力投入量。

2. 某工程项目的进度计划如附图1-3所示（时间单位：月）。工程进行到第6个月底时检查的实际进度如下：工作C尚需一个月完成，工作D完成了40%，工作E已经完工。试绘制该项目第6个月底检查时的实际进度前锋线并分析检查时该工程项目的实际进度情况对工期和后续工作的影响。

3. 学习《建筑工程施工质量验收标准》并查阅《施工手册》，回答下列问题：

（1）一般工程项目见证取样的具体要求有哪些？

（2）本校实验楼施工应进行的隐检和预检项目有哪些？

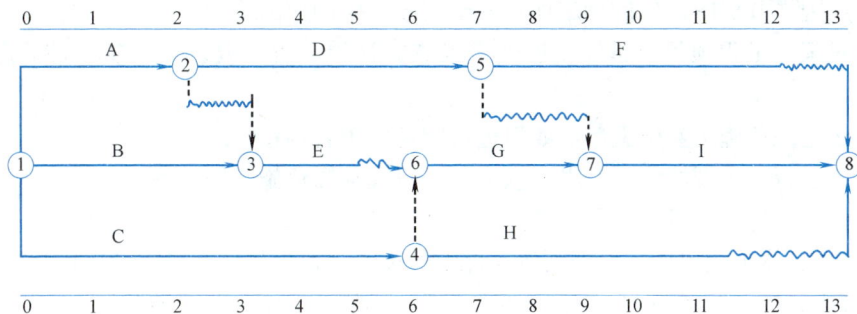

附图 1-3　某工程项目的进度计划

（3）本地区雨季施工交底的具体内容是什么？

4. 某新建站房工程，建筑面积 $56500m^2$，地下一层，地上三层，框架结构，建筑总高 24m。总承包单位搭设了双排扣件式钢管脚手架（高度 25m），在施工过程中有大量材料堆放在脚手架上面，结果发生了脚手架坍塌事故，造成 1 人死亡，4 人重伤，1 人轻伤，直接经济损失 600 多万元。事故调查中发现下列事件：

事件一：经检查，本工程项目经理持有一级注册建造师证书和安全考核资格证书（B），电工、电气焊工、架子工持有特种作业操作资格证书。

事件二：项目编制的重大危险源控制系统文件中，仅包含有重大危险源的辨识、重大危险源的管理、工厂选址和土地使用规划等内容，调查组要求补充完善。

事件三：双排脚手架连墙件被施工人员拆除了两次；双排脚手架同一区段，上下两层的脚手板堆放的材料重量均超过 $3kN/m^2$。项目对双排脚手架在基础完成后、架体搭设前，搭设到设计高度后，每次大风、大雨等情况下均进行了阶段检查和验收，并形成书面检查记录。

【问题】

（1）"事件一"中，施工企业还有哪些人员需要取得安全考核资格证书及其证书类别。与建筑起重作业相关的特种作业人员有哪些？

（2）"事件二"中，重大危险源控制系统还应有哪些组成部分？

（3）指出"事件三"中的不妥之处；脚手架还有哪些情况下也要进行阶段检查和验收？

（4）生产安全事故有哪几个等级？本事故属于哪个等级？

第八章　施工项目过程管理

一、思考题

1. 理解《建设工程施工合同（示范文本）》中，施工合同文件的组成及届时顺序。

2. 怎样履行施工项目合同？如何进行施工索赔？理解对合同实施管理的要点。

3. 比较施工组织设计交底、专项施工方案交底、分项工程施工技术交底的异同。

4. 生产安全事故等级划分的条件是什么？怎样才能降低生产安全事故？怎样处理生产安全事故？

5. 采用因果分析图，分析特定项目安全事故产生的原因。

6. 针对某一工程项目，具体说明安全检查方法看、听、嗅、问、查、测、验、析的具体应用。

7. 什么是绿色施工？施工单位如何进行绿色施工管理？

8. 怎样进行施工现场管理？思考领会现场管理与绿色施工的关系。

9. 怎样进行施工项目人力资源管理？

10. 结合具体工程项目，识别项目管理中的风险，提出具体的风险管理措施。

11. 对比分析风险处理的方法（风险控制、风险自留、风险转移）的特点及适用情况。

12. 结合实际，分析解决冲突的五种基本模式的特点和适用情况。

13. 分析位于本地区的某深基础开挖工程，可能面临哪些环境干扰因素需要协调？

14. 如果你是施工项目经理，你如何进行沟通？

15. 施工项目有哪些关系需要协调？做好协调工作的要点有哪些？

16. 结合工程网络计划计算机应用，理解工程项目信息管理计划与信息过程管理的要点。

第九章　工程项目收尾管理

一、思考题

1. 工程项目管理收尾有哪些工作要做？工程竣工验收管理工作有哪些？

2. 工程项目竣工验收的主要作用是什么？

3. 工程竣工工作主要包括哪几个方面？为什么竣工后还需要进行工程移交工作？

4. A、B 两栋相同的住宅项目，总建筑面积 8600m²。施工时分 A、B 区，项目经理下分设 2 名栋号主管，每人负责一个分区，每个分区又安排了一名专职的安全员。项目经理认为，由栋号经理负责每个栋号的安全生产，自己就可以不问安全的事了。工程竣工后，项目经理要求质量监督站组织竣工验收。项目经理向质量监督站要求竣工验收的做法是否恰当，为什么？

5. 某市阳光花园高层住宅 1 号楼，有两个地上 24 层，地下 2 层塔楼和一个连体建筑组成，建筑面积 31100m²，全现浇钢筋混凝土剪力墙结构。采用施工总承包管理方式。2009 年 9 月中旬挖槽，11 月中旬完成基础底板混凝土浇筑。12 月中旬完成地下 2 层墙、顶板支模、钢筋绑扎及混凝土浇筑工作，1 月中旬基础工程全部完工。

试述钢筋分项工程质量如何组织验收？该基础工程质量如何组织验收？该单位工程质量如何组织验收？

6. 某市一栋商品住宅小区 1 号住宅楼工程，系 6 层砖混结构，总建筑面积 7361.7m²，总长度 78.55m，房屋基础为砖砌条形基础，砖 MU10，混合砂浆 M7.5，基础埋深 1.9m，地基为强夯地基。该工程 2014 年开工，2015 年底竣工，经验收达不到合格等级，建设单位委托法定检测单位检测，结论是：该楼内墙砌体强度不满足设计要求，整栋房屋不满足 8 度抗震设防要求。试问，该工程验收时质量不符合要求应如何处理？

7. 单位工程完工后，施工单位应自行组织有关人员进行检验评定，应向谁提交工程验收报告？竣工验收应由谁来组织？工程项目正式竣工验收完成以后，由谁在《竣工验收鉴定书》中做出验收结论？施工企业在工程竣工验收以前如何处理施工文件档案？施工文件立卷有什么要求？

8. 建设行政主管部门发现竣工验收过程中有违反质量管理规定行为时，应如何处理？

9. 在什么情况下要重新绘制竣工图？

10. 为什么要进行项目管理总结评价？总结评价要做哪些工作？

11. 工法是个什么文件？认真理解工法的内容及编写要点。

12. 工程项目回访的方式有哪些？怎样进行雨季和冬季的季节性回访？

二、作业题

1. 假设你是施工项目经理，你如何参与收尾工作？写出你的工作计划。

2. 假设你是施工项目经理，你如何进行工程项目管理总结评价？写出总结评价大纲。

3. 假设你是施工项目技术负责人，你如何编写工法？请写出编写大纲和报批程序。

4. 假设你是施工项目经理，你如何做好用后服务？请写出你的保修计划。

单位工程施工组织设计任务书及指导书

一、设计任务书

（一）设计的任务和目的

完成课程设计任务是《工程项目管理》课程的主要教学环节之一。本次设计任务是编制某5层框架结构办公楼工程的单位工程施工组织设计，设计时间为两周。通过本次课程设计，掌握《工程项目管理》的基本知识，熟悉单位工程施工组织设计的编制步骤和方法，锻炼阅读和利用有关参考书籍和资料的本领，初步学会分析和解决工程施工及项目管理中的实际问题的能力。

（二）设计的内容

1. 编写工程概况并分析工程特点。

2. 拟订施工部署：

（1）确定施工项目管理组织机构及岗位职责；

（2）制定施工项目管理目标；

（3）进行时间安排和空间组织：确定施工展开程序；划分施工段；确定施工流向；确定各分部工程的施工顺序。

3. 制定基础及主体结构分部工程的施工方案：确定其主要分项工程的施工方法并选择施工机械。

4. 编制施工进度计划：进行 WBS、计算工程量等、绘制施工进度计划水平图及网络图。

5. 设计施工平面布置图（以主体结构阶段为主，兼顾装饰装修阶段）。

（1）确定垂直运输机械与加工场地、材料及构件堆放场地的关系，合理安排其位置；

（2）布置施工现场的临时道路、水电管网及其设施；

（3）确定各种临时房屋的面积，合理安排其位置。

6. 制定质量管理、安全管理及环境管理计划或措施。

（三）设计成果及要求

（1）设计说明书一份（6000～8000字）。其中包括：工程概况，施工段划分，施工流向确定，柱、梁、板的支模，起重机计算，以上内容应有必要的简图；施工方案选择的理由，起重机计算的过程，进度计划安排说明，平面布置图设计说明。

（2）基础与结构流水施工进度计划横道图，结构与装修网络计划图。（均用2号图纸，图上应附有必要的说明）。

（3）施工现场平面布置图一张（2号图纸），图上有说明和图例。

（四）工程概况

1. 设计概况

某5层办公楼位于市近郊区，建筑面积为4500m²。设计概况见附图2-1：基础埋深2.5m，室内外高差为0.9m。结构为现浇钢筋混凝土框架：柱截面为450mm×450mm，梁截面为550mm×300mm、板厚150mm；柱混凝土为C40，梁、板、楼梯混凝土均为C30。柱基础为台阶式独立基础，采用C25混凝土；墙基为在地梁上砌筑烧结页岩砖。

内、外填充墙采用250mm厚轻骨料空心砌块砌筑，门窗洞口处设置现浇钢筋混凝土芯柱及现浇过梁，在窗台高度处及过梁高度处设置现浇钢筋混凝土带。

平屋面为倒置式做法：轻骨料混凝土找坡层、水泥砂浆找平层、SBS改性沥青卷材防水层、挤塑板保温层上抹水泥砂浆保护层。

楼面为600mm×600mm地砖楼面；地面为3：7灰土夯实后浇筑C15混凝土垫层，地砖面层。内墙为混合砂浆普通抹灰，表面为内墙涂料墙面和调和漆墙裙。顶棚为涂料面层。外墙为水泥砂浆抹灰，涂料面层。散水面层为800mm宽60mm厚的细石混凝土随打随抹。窗为推拉式铝合金中空玻璃窗，门为成品木门及防火门。

2. 场地、地质及气候条件

施工场地地势平坦，地上、地下无障碍物。自然地面标高为－0.9m。地下水位在－3.0m以下，地表土层为1～1.2m厚房渣土，以下为粉土。一年中七、八月份为雨期施工阶段；十一月中至次年三月中为冬期施工阶段，最低气温－10℃，最大冻层深度0.8m；年最大降水量为600mm。主导风向：冬、春、秋三季为西北风，夏季为西南风，最大风力8级。

3. 施工工期要求

该工程合同工期为7.5个月（每月按24～26个工作日安排），开工日期可自定。

4. 施工条件

本工程所需的各种构件、材料、加工品及施工机具均可按计划需要量满足供应。可提供各工种劳动力如下：普工50人，木工60人，钢筋工45人，混凝土工30人，瓦工50人，架子安装工20人，防水工18人，抹灰工60人，油工45人。工地已具备"三通一平"条件。各种临时设施均需施工单位自行解决。楼外每侧可供施工使用场地的尺寸及市政道路的位置见附图2-2，场地东南角有高压电网、西南角有市政水井可供接引。

（五）参考资料

本教材，《土木工程施工》教材，《工程施工》教材，建筑施工手册（第五版），国家相关标准、规范和规程，有关施工组织设计案例，附表2-1，附图2-1及附图2-2，自选其他参考资料。

（六）附表及附图

主要施工过程的工程及劳动定额表　　　　　　　　　　　　　附表 2-1

序号	施工过程	工程量	定额(时间)	序号	施工过程	工程量	定额
1	定位放线		(1～2 天)	26	立门架		2～3 天/座
2	机挖基坑、梁槽	788.6m³	0.005 台班/m³	27	砌外墙	348.5m³	1.06 工日/m³
3	打钎、验槽		(1～2 天)	28	砌内墙	508.3m³	1.06 工日/m³
4	浇基础垫层	46.1m³	0.43 工日/m³	29	砌女儿墙	28.4m³	1.21 工日/m³
5	扎基础钢筋	15.6t	4.9 工日/t	30	铺屋面挤塑板保温层	868.8m³	0.01 工日/m²
6	支基础模板	246.3m²	0.26 工日/m²	31	铺屋面找坡层	91.9m³	0.81 工日/m³
7	浇基础混凝土	156.7m³	0.45 工日/m³	32	抹屋面水泥砂浆找平层	950.2m²	0.06 工日/m²
8	支基础梁模	256m²	0.26 工日/m²	33	铺卷材防水层	950.2m²	0.07 工日/m²
9	扎基础梁钢筋	5.24t	4.9 工日/t	34	安装铝窗	364.8m²	0.16 工日/m²
10	浇基础梁混凝土	41.2m³	0.56 工日/m³	35	外墙抹灰	2168.7m²	0.17 工日/m²
11	砌基础砖墙	13.56m³	1.183 工日/m³	36	外墙涂料	2168.7m²	0.04 工日/m²
12	基础回填土	368m³	0.26 工日/m³	37	拆脚手架	4568m²	0.04 工日/m²
13	安装塔吊		3～4 日/台	38	拆塔吊		2～3 天/台
14	搭脚手架	4568m²	0.07 工日/m²	39	浇抹散水面层	106.6m²	0.15 工日/m²
15	扎柱钢筋	26.38t	4.9 工日/t	40	内墙抹灰	8056.8m²	0.15 工日/m²
16	支柱模板	834.8m²	0.3 工日/m²	41	打地面灰土垫层	198.3m³	0.81 工日/m³
17	浇柱子混凝土	116.5m³	0.44 工日/m³	42	浇地面混凝土垫层	78.5m³	1.10 工日/m³
18	拆柱模板	834.8m²	0.10 工日/m²	43	铺楼地面面砖	4368.1m²	0.31 工日/m²
19	支梁底模	589.4m²	0.50 工日/m²	44	成品门安装	450.2m²	0.16 工日/m²
20	扎梁钢筋	36.8t	4.90 工日/t	45	顶墙腻子涂料	9876.6m²	0.09 工日/m²
21	支梁侧模	1248.6m²	0.40 工日/m²	46	墙裙油漆	2681m²	0.08 工日/m²
22	支楼板模板	5286.6m²	0.33 工日/m²	47	拆门架		1 天/座
23	扎楼板钢筋	120.8t	4.90 工日/t	48	水电暖卫信管线及设备安装		
24	浇梁板混凝土	886.5m³	0.48 工日/m³	49	其他工程		
25	拆梁板模板	6123.4m²	0.10 工日/m²	50	清理及验收		

二、设计指导书

（一）工程概况及特点分析内容

应反映施工组织设计的基本条件和工程特征，能作为编制、审批施工组织设计的依据。编写应简单明了，以文字叙述及简单的平、立、剖面图表示。编写内容包括：工程建设概况、地点特征、各专业设计简介、施工条件、工程特点及重难点分析。具体内容见教材和《建筑施工手册》第五版第 1 分册"施工项目技术管理"中单位工程施工组织设计的相关内容。任务书中未给出的内容，如果需要，可以自行合理拟设定。

（二）施工部署要求

1. 确定组织机构及岗位职责

(a) 标准层平面

(b) 南立面图

(c) 基础平面图

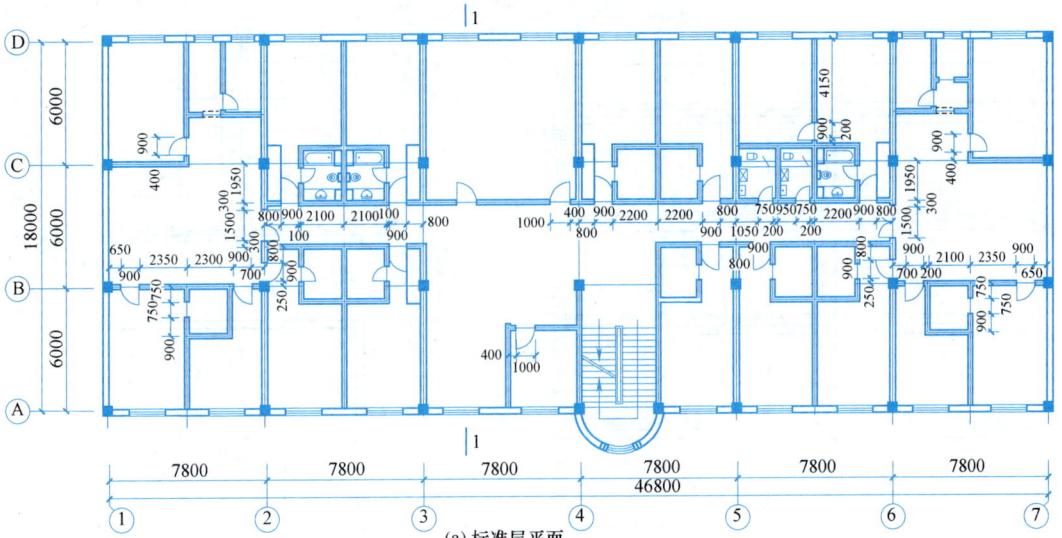

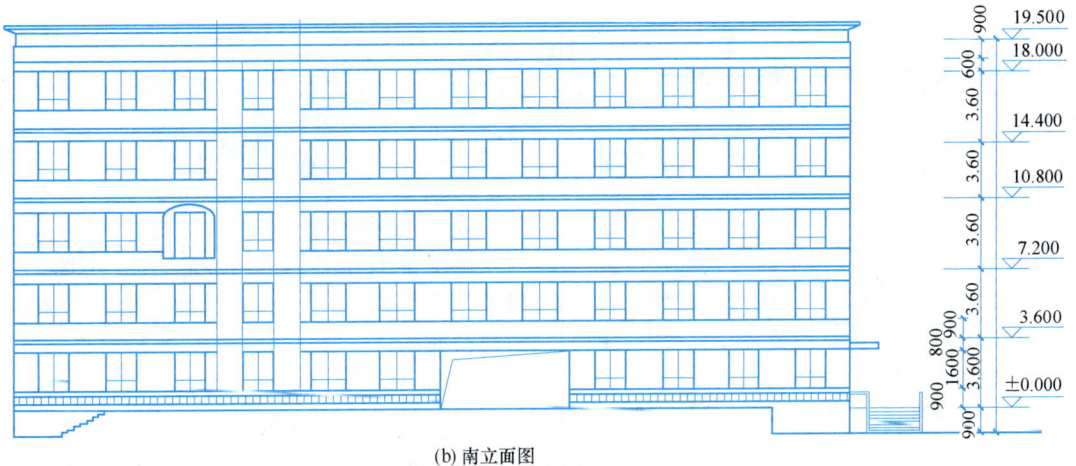

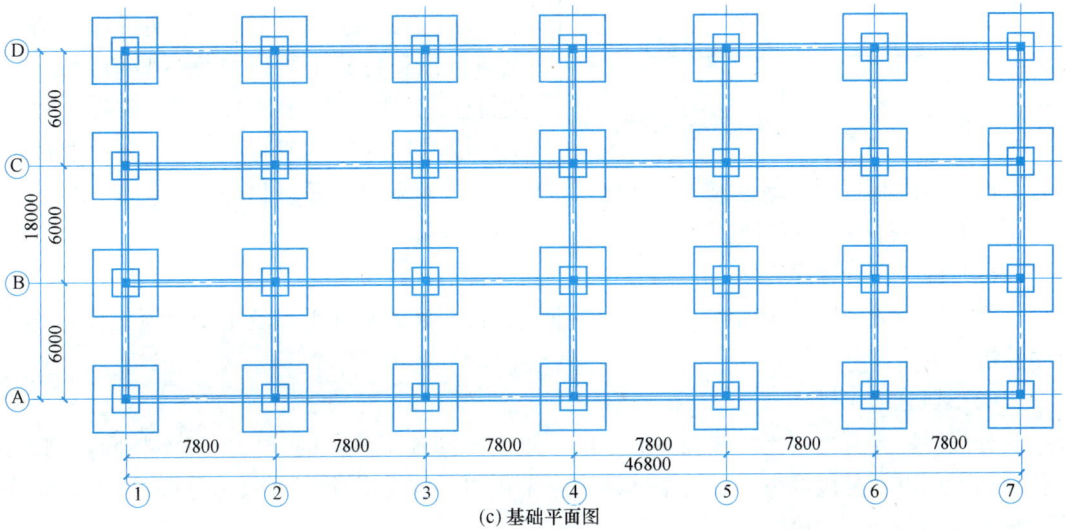

附图 2-1 设计简图（一）

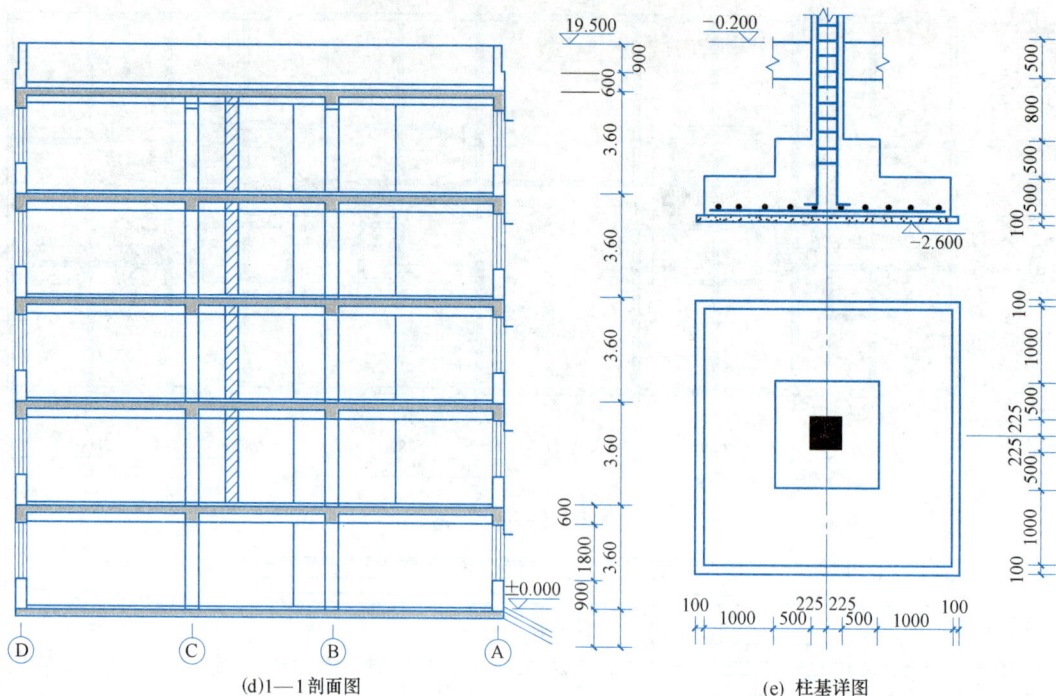

(d)1—1剖面图

(e) 柱基详图

附图 2-1 设计简图（二）

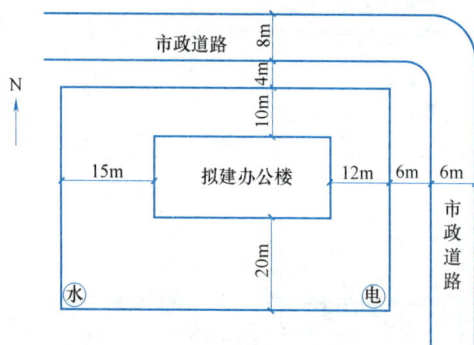

附图 2-2 施工场地及市政环境简图

确定本工程组织机构形式并画出施工项目管理组织机构图，选定管理人员并简要制定岗位职责。

2. 制定施工目标

根据施工合同及本单位对工程管理目标的要求，确定进度、质量、成本、安全管理、绿色施工目标。其中，工期目标包括总工期目标和各施工阶段目标（日历天）。质量目标应定出总目标（如市优、省优）和施工阶段目标（优良或合格）。安全管理目标为工伤频率限制目标。绿色施工目标包括单位工程目标和施工阶段目标（优良或合格）。

3. 时间安排和空间组织

（1）施工展开程序

确定遵循的原则；画出施工展开程序框图，以明确各分部工程及主要分项工程间的顺序及搭接关系。

（2）划分施工段

分段时，要遵循"流水施工"的分段原则。不同施工阶段的分段可以不相同，例如：基础施工可以不分段或少分段；主体结构施工可以每层分若干段（画出分段简图）；装饰装修施工可每层为一段。

（3）确定施工起点及流向

确定施工起点及流向应考虑建设单位的要求、施工的难易程度、保证构造合理及施工方便、保证质量和工期等因素，其中装饰装修阶段的起点和流向宜画图表示。

（4）确定施工顺序

逐一列出每个分部工程阶段（基础、主体结构、屋面、装饰装修工程）中各分项工程间的先后顺序。可用框图或用文字及箭线表示。

4. 施工方案

应重点围绕以下对象选择施工方法和主要施工机械。

（1）土方工程：确定是否采用机械开挖；如机械开挖则选择挖运机械；开挖方式，放坡要求或护壁方法；土方的运输与存放；防止超挖的方法；地基的检验与处理；回填的时间、方法与要求等。

（2）基础工程：垫层施工；混凝土基础的模板选择与安装；钢筋的安装要求；混凝土浇筑的方法与要求；运输机械的选择与布置等。

（3）钢筋工程：确定钢筋的加工制作地点、连接方法；确定各种构件钢筋的安装方法与要求；保护层的保证方法等。

（4）模板工程：选择模板的种类、数量；确定各种构件（柱、梁、板）模板的安装方法与要求；确定拆模的时间、方法与要求。

（5）混凝土工程：确定混凝土搅拌和运输方法并选择其机械；确定结构构件的浇筑顺序、施工缝留设的位置、各种构件的浇筑方法与要求；确定养护方法及质量控制方法。

（6）垂直与水平运输机械：选择不同施工阶段的垂直运输机械（起重机、混凝土泵、升降机或施工电梯等），确定其种类、型号、数量；确定安装位置、安装方法和使用要求；选择配套使用的专用工具设备（如混凝土吊斗、砂浆车等）；选择地面、楼层水平运输机具、运输路线及与垂直运输机械的配合方式。

在选择起重机型号时，应先计算吊运各种物料所需的最大起重量、起重高度及回转半径（幅度），按最不利的一组参数选择机械，使机械的性能满足各项要求，即：$Q \geqslant Q_1 + Q_2$，$R \geqslant B + b$，$H \geqslant h_1 + h_2 + h_3 + h_4$。

在计算机械数量时，应先计算标准层所需的运输量（吊次），再按塔吊或自行式起重机能力（80～100吊次/台班）、井架或施工电梯起重能力（60～80吊次/台班）计算。

（7）架子工程：确定主体结构脚手架的类型、材料、搭设形式、杆件布置要求，提出搭设及使用要求。

（8）砌筑工程：确定围护墙、隔墙的砌筑方法与要求（包括：与柱拉结，顶部稳定，底部防潮，门窗洞口边的处理，垂直度、平整度及砂浆饱满度要求，填充墙顶补缝时间，脚手架及运输等）。

（9）屋面工程：确定屋面各构造层的施工方法与要求，注意防水层的施工条件。

（10）装饰工程：提出主要装饰项目的施工方法与要求（包括：门窗安装，抹灰，外墙饰面，楼地面，室内涂料等）。

（11）设备安装工程：主要提出水、暖、电、卫、通风、空调、信息等管线及设备安装与土建的配合关系及协调配合方法等。

（三）施工进度计划编制

本设计要求编制指导性进度计划。编制步骤如下：

1. 划分施工项目

本设计的附表1中，已给出分项工程的施工过程，可直接应用，也可将某些项目适当合并（如工程量较小的同一构件的几个项目、同一工种同时或连续施工的几个项目均可合为一项）。此外，表中"水电暖卫信的管线及设备安装"等由专业队施工，只列为一项；"其他工程"包含了工程量及劳动量很小的多个项目（零星的混凝土、砌筑、抹灰，局部油漆，测量放线，局部验收，少量清理等）。

2. 计算工程量

本课程设计的工程量及定额均已在任务书中给出，一般不需计算。如果所定施工方案与附表1有异，则应按所定的施工方案计算。如土方开挖不是"挖基坑、梁槽"，而是大开槽或大开挖，则应按所定的放坡坡度、留工作面等进行实际计算。

3. 计算劳动量及机械台班量

根据工程量、时间定额 H_i 或产量定额 S_i，按下式计算各分项工程的劳动量或机械台班量 P_i：

$$P_i = Q_i \times H_i \text{ 或 } P_i = Q_i / S_i$$

若所列项目为合并项目，则有如下两种处理方法：

（1）将合并项目中的各项分别计算劳动量（或台班量）后汇总，将总量列入进度表中；

（2）先计算出各项的平均定额，再用各项的工程量总和及平均定额计算。平均时间定额按下式计算：

$$H_P = (Q_1 H_1 + Q_2 H_2 + \cdots\cdots + Q_n H_n) / (Q_1 + Q_2 + \cdots\cdots + Q_n)$$

4. 确定各施工项目的持续时间

先按正常情况确定，以降低工程费用。待编制出初始计划后再结合实际情况作必要调整。具体确定方法有以下两种：

（1）根据人员或机械数量、工作班，计算出施工项目的持续时间。

$$\text{持续时间 } T_i = P_i / (R_i \times N_i)$$

式中　R_i——工作人数或机械台数。安排时要考虑现有条件、工作面大小、最小劳动组合要求等；

　　N_i——该施工过程每天采用的工作班数，宜按人员施工一班制、大型机械施工两班制考虑。

（2）根据工期要求或流水节拍要求，确定出某个施工过程的持续时间，再配备施工人员或机械。（对组织节奏流水的相关施工过程常用此法，以实现节拍全等或倍数关系）

$$R_i = P_i / (T_i \times N_i)$$

式中所配备的人员数或机械数应符合现有条件，并符合工作面及最小劳动组合等要求。

5. 绘制施工进度计划图

（1）施工进度计划表的绘制步骤与要求如下（见附表2-2）：

1）按照分部分项工程的施工顺序依次填写附表2-2的项目名称及计算数据

施工进度计划表　　　　　　　　　　　　　　附表 2-2

序号	分部分项工程名称		工程量		时间定额	劳动量		机械量		工作班制	每班人(机)数	持续时间	施 工 进 度																	
						工种	工日数	型号	台班数				××××年×月																×月	
	分部	分项	数量	单位									2	4	6	8	10	12	14	16	18	20	22	24	26	28	30			
1																														
…																														

　　2）初排施工进度

　　根据施工方案所确定的施工顺序和流水方法及计算出的工作持续时间，依次绘制各施工项目的进度线，并应注意以下要求：

　　① 按分部分项工程的施工顺序依次绘制，总体上为搭接施工，力争在某些分部工程中或某几个分项工程间组织节奏流水。

　　② 每个施工过程占一横格，分层分段施工的施工过程应分层分段地画进度线，并在其上标明层段数。

　　③ 满足技术间歇要求。如混凝土浇筑与拆模间的养护时间（注意：本工程的现浇梁板，在结构施工中应保持 2～3 个楼层以上的连续支撑），屋面水泥砂浆找平层与防水层之间的养护干燥时间，抹灰与腻子涂料间的干燥时间等。

　　④ 尽量使主要工种连续作业，避免出现同一组劳动力（或同一台机械）在不同施工项目中同时使用的冲突现象。

　　⑤ 尽量使施工期内每日的劳动力用量基本均衡。

　　⑥ 水电暖卫信管线及设备安装，只画其进入到完成一条线，以体现其与土建的配合关系。

　　⑦ "其他工程"的劳动量一般为总量的 10% 左右，只画从工程开始至清理及验收前结束一条线。

　　各施工阶段所占用工期宜控制如下：基础占 10%～20%；主体结构占 30%～40%；装饰占 40%～50%。

　　3）检查与调整

　　检查内容如下：

　　① 工期不得超出规定，也不得过短（最多可比规定工期短 20 天。否则可能有重大错误或不合理）。

　　② 从全局出发，检查各施工过程在技术上、工艺上、组织上是否合理。

　　③ 有立体交叉或平行搭接施工的施工过程在工艺上、质量上、安全上有无问题。

　　④ 技术上与组织上的停歇是否考虑周全。

　　⑤ 有无劳动力、材料、机械使用过分集中，甚至出现冲突的现象，施工机械是否得到了充分利用。

　　检查完成之后，对不符合要求的部分进行调整或修改。经调整或修改后，劳动力不均衡系数应小于 2，最好控制在 1.5 以内。

（2）进度计划网络图的绘制

参考本书第四章或《工程网络计划技术规程》JGJ/T 121—2015 中的内容。

（四）施工平面布置图设计

1. 设计原则

（1）布置紧凑、少占地；

（2）最大限度地缩短场内运距，尽可能避免二次搬运；

（3）尽量少建临时设施，所建临时设施应方便生产和生活使用；

（4）要符合环境保护、安全、防火和绿色施工等要求。

2. 设计要求

（1）以主体结构阶段为主，兼顾装饰阶段；

（2）图例应按《施工手册》（第五版）的标准图例，尽量在图上直接标注文字；

（3）要标明主要的尺寸与面积数据，画指北针，设标题栏，有必要的文字说明；

（4）暗埋管线、待建与待安装项目用虚线绘制，拟建工程用粗实线，其他用中、细实线绘制；临时道路应涂红或画 45°斜线；

（5）用 2# 图纸；在 1∶100～300 比例范围内自行选定并标明；

3. 现场平面布置的内容

（1）已建、拟建建筑物或构筑物，围墙，已有的场内外道路、水电管线；

（2）起重、升降机械，混凝土泵，脚手架，临时运输道路；

（3）堆场（见附表 2-3）；

（4）临时水管，临时电线及配电箱。

临时设施与临时房屋面积参考表   附表 2-3

设施名称	面积(m²)	设施名称	面积(m²)
模板堆场	50～80	装饰材料库	30～40
脚手架料堆场	30～50	水、电材料库	25～35
空心砌块堆场	40～70	水电加工棚	25～40
干混砂浆罐	10～15	办公室 4 栋	12～15
钢筋原料堆场	80～100	警卫室	5～10
钢筋加工棚、场	50～80	宿舍 5 栋	12～15
钢筋成品堆场	50～85	工人休息室 4 栋	12～15
木料堆场	20～35	食堂	40～60
木加工棚	20～40	开水房	3～8
木成品堆场	15～25	厕所 2 个	6～10
工具库	20～40		

4. 设计方法

（1）场地的基本情况

根据建筑总平面图、场地的有关资料及实际状况，绘出场地的形状与尺寸，已建和拟建建筑物或构筑物，已有的水源、电源、水管、电线、排水设施，已有的场内与场外道路，围墙，施工需予以保护的树木、房屋及其他设施等。

（2）起重及垂直运输设备布置

1）塔式起重机：塔式起重机应布置在场地较宽的一侧，以利于堆放构件和修筑道路。对于轨道行走式塔吊，应保证其行驶时与建筑物凸出部及外脚手架有不少于 0.5m 的安全距离；塔轨铺设的长度，应以塔吊的控制范围能覆盖拟建物（且无死角）和足够的使用场地为准。对于固定式塔吊还应保证近端无死角，要便于安装与未来拆除。要绘出回转半径以及塔吊的服务控制范围，标明塔吊型号、臂长、与建筑物的关系等。

2）固定式垂直运输设备：布置井架、门架或施工电梯等垂直运输设备，应使地面及楼面上的水平运距小、运输方便。如有可能，尽量布置在门窗洞口处，以减少砌墙时留槎和以后的修补工作。为避免设备及其缆风绳会影响塔吊作业，应避开塔吊搭设。都应布置在外脚手架的外侧。卷扬机的位置应使钢丝绳不穿越道路，距井架或门架的距离不宜小于 15m，也要保证司机的视仰角不大于 30°，卷扬机距前面第一个导向滑轮的距离不得小于卷筒长度的 20 倍。

3）混凝土输送泵及管道：混凝土输送泵应设置在供料方便、配管短、水电供应方便处。当采用搅拌运输车供料时，混凝土输送泵宜布置在路边，其周围最好能停放两辆搅拌车，以保证供料方便和连续。

（3）运输道路布置

现场运输道路应按主要材料与构件运输的需要，沿堆场和仓库进行布置。为使其畅通无阻，尽量做环形或"U"形布置，否则应在尽端留有回转场地。单车道路面宽度不小于 3～3.5m，双车道路面宽度不小于 5.5～6m，消防车道不小于 4m。单车道转弯半径不小于 9m，双车道转弯半径不小于 7m。路面两侧设坡度为 2% 的排水沟。

（4）加工棚与材料堆场的布置

1）钢筋加工棚及加工场，木加工棚，水、电、通风等设备加工棚，应尽量避开塔吊，否则需搭设防护棚。

2）各种加工棚附近应设有原材料及成品堆放场（库）。

3）原材料堆放场地应靠近道路以方便来料卸车。

4）成品堆放应便于运往使用地点。

5）木加工棚应预防火险而设在下风处。

6）大宗的、重量大的和先期使用的材料，应尽量靠近使用地点、起重机和道路。

7）模板、脚手架料等需周转使用的材料，应布置在装卸、取用、整理方便处，靠近拟建工程。

8）材料库及工具、机械库的位置应利于保管、保护和取用。

9）对易燃、易爆和污染环境的材料堆场或库房应设置在下风处，易燃、易爆者还应远离火源。

（5）布置行政管理及生活、文化、福利等临时房屋

应注意将生产区与生活区分开，保证使用方便、安全、不妨碍施工、符合防火要求。房屋的开间、进深均不宜过大。活动房不得超过 3 层。

（6）布置水电管网

1）临时供水设施

由于设计时间较短，可不计算用水量和管径，只布置管线、龙头、阀门、消火栓。本

工程及场地较小，可按消防要求确定总管管径。

① 管道布置要求：管道宜做成枝状布置，使其长度最短，但要通达各主要用水点；宜暗埋，在使用点引出，并设置阀门及水龙头；管道不得妨碍在建或拟建工程，转弯宜为直角。

② 消火栓设置：消火栓应与主管相连，按《建设工程施工现场消防安全技术规范》GB 50720—2011 布置。

2）临时供电

本设计可不计算用电量、变压器容量及线径，只进行变配电室、动力用电的线路、配电箱、开关箱的布置，执行《施工现场临时用电安全技术规范》JGJ 46—2005。

（五）施工管理措施编制

为了编制施工管理措施，学生首先要学习有关标准、规范或规程，包括建筑工程质量验收规范，建筑工程安全施工规范，建筑工程绿色施工规范等；其次应阅读并参考有关施工组织设计实例中这方面的内容。本课程设计只要求编制施工质量管理措施、施工安全管理措施和施工环境管理措施。

1. 施工质量管理措施

（1）建立质量保证体系；

（2）制定防治质量通病措施；

（3）主要建筑材料使用质量保证措施；

（4）主要工种工程的施工质量保证措施

2. 施工安全管理措施

（1）高空作业、立体交叉作业的防护和保护措施；

（2）施工机械、设备、脚手架、上人电梯的稳定和安全措施；

（3）防火、防爆、防中毒的措施；

（4）安全用电和机电设备的保护措施；

（5）预防自然灾害（雷击、台风、洪水、地震、防暑、防冻、防寒、防滑等）的措施等。

3. 施工环境管理措施

（1）防止废水污染的措施；

（2）防止空气污染的措施；

（3）防止垃圾、粉尘污染的措施；

（4）防止噪声污染的措施。

参 考 文 献

[1] 中华人民共和国住房和城乡建设部　中华人民共和国质量监督检验检疫总局　联合发布. 建筑施工组织设计规范 GB/T 50502—2009 [S]. 北京：中国建筑工业出版社，2009.

[2] 中华人民共和国住房和城乡建设部　中华人民共和国质量监督检验检疫总局　联合发布. 建筑工程绿色施工评价标准 GB/T 50640—2010 [S]. 北京：中国建筑工业出版社，2010.

[3] 中华人民共和国住房和城乡建设部　中华人民共和国质量监督检验检疫总局　联合发布. 建筑工程绿色施工规范 GB/T 50905—2014 [S]. 北京：中国建筑工业出版社，2014.

[4] 中华人民共和国住房和城乡建设部. 工程网络计划技术规程 JGJ/T 121—2015 [S]. 北京：中国建筑工业出版社，2015.

[5] 中华人民共和国住房和城乡建设部. 建设工程项目管理规范 GB/T 50326—2017 [S]. 北京：中国建筑工业出版社，2017.

[6] 中华人民共和国住房和城乡建设部. 建筑工程施工质量验收统一标准 GB 50300—2013 [S]. 北京：中国建筑工业出版社，2013.

[7] 中华人民共和国住房和城乡建设部. 建设工程监理规范 GB/T 50319—2013 [S]. 北京：中国建筑工业出版社，2013.

[8] 建筑施工手册编写组. 建筑施工手册（第五版）[M]. 北京：中国建筑工业出版社，2013.

[9] 彭圣浩. 建筑工程施工组织设计实例应用手册（第四版）[M]. 北京：中国建筑工业出版社，2016.

[10] 丛培经，张义昆. 建设工程施工组织设计方法与实例 [M]. 北京：中国电力出版社，2015.